D1060770

La Bretagne féodale
XIe-XIIIe siècle

André Chédeville
Noël-Yves Tonnerre

La Bretagne féodale
XIe-XIIIe siècle

ÉDITIONS OUEST-FRANCE
13 rue du Breil, Rennes

AVANT-PROPOS

L'HISTOIRE ET SES SOURCES

A partir de la fin du Xe siècle, la documentation devient plus abondante et les enseignements qu'elle fournit sont moins sujets à controverses. On retrouve les trois grandes catégories de l'époque précédente : sources narratives, archives et archéologie mais la part des archives — actes privés et actes publics — l'emporte de plus en plus nettement.

LES SOURCES NARRATIVES : L'HAGIOGRAPHIE

Parmi les sources narratives, l'hagiographie n'occupe plus qu'une place minime. On continue pourtant à rédiger des Vies de saints ; il en subsiste même davantage de cette période que de celle qui l'a précédée. Elles demeurent toujours difficiles à dater, même la Vie de saint Goueznou qui, d'après la mauvaise copie du XVe siècle qui la contient, aurait été rédigée en 1019 par le prêtre Guillaume ; peut-être n'est-elle que de la fin du XIIe siècle. Il en est peu qui se rapportent à des saints contemporains ; citons les fragments de celles des saints Ehoarn, Gingurien et Goustan composées à Saint-Gildas de Rhuys par un moine inconnu, surtout celle de Robert d'Arbrissel par l'archevêque de Dol Baudry de Bourgueil bien que son héros ait atteint la célébrité hors de Bretagne, celle de Maurice de Carnoët, sans grand intérêt et enfin celle de Guillaume Pinchon, évêque de Saint-Brieuc mort en 1234. Les autres sont consacrées à des saints du Haut Moyen-Age. Beaucoup se présentent comme de nouvelles rédactions, comme des mises au goût du jour de textes plus anciens : c'est ainsi que le même Baudry de Bourgueil remanie la Vie de saint Samson. D'autres n'ont pas de sources connues, ce qui ne veut pas dire qu'elles en aient été dépourvues. Même si elles visent au panégyrique de personnages morts depuis des siècles, ces Vies apportent pourtant un témoignage intéressant sur les façons de penser et de croire au moment où elles ont été rédigées. Elles reflètent aussi l'évolution du monde ecclésiastique : plusieurs d'entre elles ont été écrites dans des entourages épiscopaux, voire par des évêques et non plus comme à l'époque carolingienne par des moines dans des monastères. De la même manière et pour cette raison, l'éloge du monachisme cède souvent la place à une valorisation du clergé séculier qui apparaît notamment dans la Vie de saint Corentin. Enfin, lorsque ces Vies contiennent des récits de miracles — il y en a une quinzaine dans celle de saint Goulven, le plus récent daté de 1186/1187 — elles participent directement à notre documentation.

LES SOURCES NARRATIVES : CHRONIQUES ET ANNALES

Les chroniques bretonnes sont rares. Un seul document présente une réelle consistance, la Chronique de Nantes. Ce texte concerne les IXe et Xe siècles ainsi que la première moitié du XIe. L'auteur, vraisemblablement un chanoine de l'Eglise de Nantes, a utilisé des annales et des chroniques plus anciennes pour reconstituer les événements de la période carolingienne. Par contre, à partir du début du XIe siècle, il limite son récit au comté nantais et livre son témoignage direct ou celui de témoins qu'il a rencontrés. Malheureusement, pour ce document capital nous ne disposons plus du manuscrit ni même de copies indiscutables. La première édition de la Chronique faite par dom Lobineau dans son *Histoire de la Bretagne* est en réalité une compilation à partir de trois documents de la fin du Moyen-Age : l'Histoire de Bretagne de Le Baud, la Chronique de Saint-Brieuc et un travail effectué par un chanoine nantais du XVe siècle appelé la *vetus collectio*, que l'on peut identifier à un manuscrit conservé dans le fonds La Borderie des Archives d'Ille-et-Vilaine. Cet ensemble, préparé en fait par un autre bénédictin de la congrégation de Saint-Maur, dom Denys Briant, souffre de fréquentes erreurs de transcription et offre pour plusieurs chapitres la seule traduction de Pierre Le Baud. René Merlet a tenté au début de ce siècle une nouvelle édition en se servant d'un autre ouvrage de Pierre Le Baud écrit vers 1480 pour Jean de Châteaugiron et d'une version de la Chronique de Nantes trouvée dans les archives de la chartreuse du Val-Dieu (document aujourd'hui perdu). R. Merlet a pu ainsi montrer que Pierre Le Baud avait recopié soigneusement le texte de la Chronique ; son édition s'appuie avant tout sur le texte de Le Baud, le chroniqueur de Saint-Brieuc ayant fait subir au texte des transformations profondes. Il reste que, faute de documents originaux, la prudence s'impose.

La Chronique de Nantes s'achève avec la déposition de l'évêque Budic en 1049 : il est donc probable que l'auteur a écrit son ouvrage dans le deuxième tiers du XIe siècle. Comme l'a montré R. Merlet, l'hostilité que manifeste l'auteur vis-à-vis des Bretons s'explique sans doute par l'installation à Nantes du comte de Cornouaille Alain Canhiart et par l'arrivée de nombreux Bretons dans le comté nantais (1051). L'évêque Airard dut quitter le diocèse, une partie au moins du clergé manifesta son hostilité aux nouveaux arrivants.

La Chronique de Nantes mise à part, l'historien doit se contenter de quelques chroniques très succinctes. Le manuscrit du cartulaire de Quimperlé contient une chronique qui va du commencement du monde jusqu'en 1314. Ce n'est pas à proprement parler un récit ; il s'agit plutôt d'un aide-mémoire chronologique où les principaux événements sont résumés avec la datation précise de l'année où ils se sont déroulés. Par sa sécheresse, ce document s'apparente donc plutôt aux annales. Ses auteurs ont utilisé des sources sûres : les renseignements sont presque toujours exacts quand on peut les contrôler autrement. Malheureusement, les informations données par le texte concernent avant tout l'état civil des personnages importants. L'activité des comtes de Cornouaille n'apparaît guère ; c'est une grosse lacune puisque ces comtes deviennent ducs de Bretagne après 1066. D'autres monastères bretons se sont préoccupés de se constituer des archives, ainsi Saint-Gildas de Rhuys ou Saint-Méen. Il n'en reste pratiquement plus rien aujourd'hui, à peine quelques feuillets de parchemin. Nous pouvons cependant avoir une idée de ces chroniques ou archives monastiques grâce aux ouvrages de Pierre Le Baud : celui-ci inventoria en effet à la fin du XVe siècle les principaux fonds monastiques bretons avec l'autorisation d'Anne de Bretagne.

Pour le XIIe siècle, par ailleurs si pauvre en chroniques bretonnes, nous disposons d'une œuvre tout à fait originale : les deux ouvrages que Guillaume le Breton a consacrés à Philippe Auguste. Guillaume naquit vers 1165 dans le Léon. A douze ans, il fut envoyé à Nantes pour y poursuivre ses études ; devenu clerc, il partit pour Paris où le roi lui confia la charge de la chapelle royale. Conseiller écouté du souverain, le clerc breton devait être chargé des missions les plus délicates : ainsi alla-t-il demander l'annulation du mariage du roi en cour de Rome. Avant même la mort du roi en 1223, Guillaume le Breton avait écrit ses deux livres : l'*Histoire de la vie et des gestes de Philippe Auguste* et *La Philippide*, tous deux en latin. Dans le premier de ces ouvrages, Guillaume résume et poursuit la chronique de Rigord. C'est un récit assez sec mais d'un grand intérêt pour l'histoire de la Bretagne car Guillaume y donne de nombreux renseignements sur l'histoire de son pays natal. Le second livre est un long poème de 10.000 vers hexamètres dans lequel l'auteur exalte le règne glorieux de son roi. Oeuvre par nature partisane, *La Philippide* ne se limite pas à l'évocation des victoires royales, on y trouve aussi des informations géographiques sur les régions visitées par le roi, sur l'activité commerciale et la richesse des villes. C'est donc un document très riche mais la Bretagne y occupe une place modeste.

L'historien de la Bretagne féodale a également à sa disposition quelques chroniques extérieures au duché. Les chroniques normandes occupent ici une place importante. Les rapports entre les deux principautés ont été étroits, qu'ils se soient traduits par de fréquents conflits de frontières ou, au contraire, par des entreprises communes telles la conquête de l'Angleterre ou la Première Croisade.

Historien de Guillaume le Conquérant, Guillaume de Poitiers

était particulièrement bien placé pour parler de la Bretagne. Issu d'une famille aristocratique, il avait reçu une formation militaire. Il participa bien que clerc à toutes les expéditions guerrières de Guillaume : ainsi était-il présent au siège de Dol. Cultivé, bon connaisseur des auteurs latins, il apporte un précieux témoignage sur le deuxième tiers du XIe siècle. Mais son récit est partial ; il dissimule tout ce qui n'est pas favorable à son héros et ne peut cacher une profonde antipathie à l'égard des Bretons.

Guillaume, moine de Jumièges, est lui aussi un contemporain de Guillaume le Conquérant. Il ne s'est pas contenté d'écrire l'histoire du vainqueur de Hastings : après avoir résumé l'œuvre de Dudon de Saint-Quentin, il a retracé les gouvernements de Richard II et de Richard III. Après la mort de Guillaume de Jumièges, son œuvre a été poursuivie par Orderic Vital et par Robert de Torigni. Ce dernier, abbé du Mont-Saint-Michel de 1154 à 1186, connaissait bien les affaires bretonnes. Son récit est essentiel pour connaître la politique d'Henri II vis-à-vis de la Bretagne. La documentation de Robert est abondante, mais, pris par la lourde charge de la restauration matérielle de son abbaye, l'auteur n'a pas eu le temps d'ordonner son travail, d'où trop souvent une impression de compilation. Il faut également ment attribuer à Robert de Torigni la rédaction des Annales du Mont-Saint-Michel de 1135 à 1173.

Quelques informations précieuses sur l'histoire de la Bretagne peuvent aussi être tirées des annales et chroniques d'Anjou. Dans un ensemble très dispersé, nous pouvons relever ici les Annales de Saint-Aubin qui présentent bien des rapports avec la petite Chronique bretonne du Mont-Saint-Michel et avec les quelques pages du *Chronicon britannicum* établi par dom Lobineau dans son *Histoire de Bretagne*. Les Annales de Vendôme sont généralement bien informées ; on y trouve des renseignements sur l'offensive de Conan II dans le Segréen en 1066. Les chroniques sont plus difficilement utilisables, surtout quand il s'agit des *Gesta consulum Andegavorum* qui ont été remaniés à plusieurs reprises.

Des sources narratives aquitaines il y a peu à retenir pour l'histoire de la Bretagne. Adémar de Chabannes, qui a vécu dans la première moitié du XIe siècle, est bien informé des affaires poitevines mais il ne mentionne qu'exceptionnellement la Bretagne. La Chronique de Saint-Maixent, compilation du XIIe siècle, offre peu d'éléments intéressants.

On ne peut achever cette présentation des chroniques sans mentionner les auteurs anglais qui ont fait le récit du règne d'Henri II : Raoul de Diceto, Guillaume de Malmesbury, Guillaume de Newburgh, Bernard de Peterborough nous donnent des renseignements précis sur la difficile soumission de la péninsule au Plantagenêt.

L'ARCHEOLOGIE

L'archéologie a déjà beaucoup apporté ; il reste encore beaucoup à lui demander. Dès le siècle dernier, l'on s'est beaucoup intéressé à l'architecture en pierre : monuments civils et religieux ont fait l'objet de nombreuses monographies. Cela n'a d'ailleurs pas suffi à empêcher les destructions ; trop d'églises romanes ont été remplacées par des pastiches néo-gothiques, voire néo-byzantins, dépourvus de tout intérêt. Actuellement, l'on s'efforce de sauvegarder ce qui peut encore l'être et l'héritage monumental est relativement bien connu.

En revanche, l'archéologie proprement dite, celle qui ne se contente pas des monuments qui existent mais qui s'efforce à partir des vestiges les plus humbles de retrouver comment l'on vivait aux siècles passés, celle-là a été longtemps négligée. Elle progresse depuis quelques années. Ici, une fouille ponctuelle a exhumé un village qui, à proximité de la mer, avait été recouvert par les sables au XIIe siècle ; là, sur une surface relativement étendue, une campagne de repérage systématique de tous les vestiges de surface doit permettre de mieux mesurer l'implantation humaine et son évolution. On ne tranche plus les mottes féodales — souvent confondues avec des tumulus — dans l'espoir d'y trouver un trésor mais on en fait l'étude systématique. L'archéologie désormais ne se borne plus à décrire les données que nous avons sous les yeux ou que nous exhumons ; elle s'efforce aussi d'analyser l'ensemble des raisonnements qui ont mis en œuvre ces données. A notre époque où les historiens ne s'intéressent pas seulement à l'événementiel et au prestigieux mais aussi au quotidien et au banal, l'archéologie est devenue à juste titre l'une des composantes de la science historique au lieu d'en être seulement l'auxiliaire. Bonnes volontés et compétences ne manquent pas ; ce sont trop souvent les moyens financiers qui font défaut alors qu'ils sont de plus en plus nécessaires si l'on veut vraiment faire œuvre scientifique. Or il y a urgence à un moment où les labours profonds, plus encore le remembrement et l'arasement des talus, modifient irrémédiablement les sites et les paysages. L'archéologie urbaine est encore plus en retard ; ni les destructions de la dernière guerre ni les rénovations de quartiers anciens n'ont été mises à profit pour lancer des opérations qui nous auraient beaucoup appris sur le premier essor de nos villes, si mal connu par ailleurs.

Enfin, ne négligeons pas la toponymie, déjà fortement sollicitée pour l'époque précédente, ni non plus certaines méthodes régressives à partir de données plus récentes, sinon même contemporaines ; leurs enseignements souvent fragiles en eux-mêmes, sont précieux quand ils viennent conforter d'autres indices.

ARCHIVES ET CARTULAIRES

En réalité, l'essentiel de nos connaissances sur la période — hormis la trame chronologique livrée par les sources narratives — provient encore des documents d'archives. Ceux-ci se présentent sous des formes diverses ; leur allure comme leur contenu a varié avec le temps. Ils ne sont pas nombreux, quelques milliers tout au plus pour trois siècles et pour l'ensemble de la Bretagne, soit une densité nettement inférieure à celle des régions voisines. De plus, ils sont répartis de manière irrégulière dans le temps et surtout dans l'espace puisque la moitié d'entre eux se rapportent aux seuls évêchés de Nantes et de Rennes. Tous sont rédigés en latin : le premier acte en français qui soit conservé doit être celui qui, en 1248, porta partage des biens de la maison de Porhoet. Il n'y a pas de documents en breton. Quelques termes spécifiques apparaissent ici ou là *(terguisaiet, minihi)* ; seul, le cartulaire de Sainte-Croix de Quimperlé livre quelques mots d'usage courant comme *hanter minot kerch* = un demi minot d'avoine ou *X mab X* = untel fils d'untel. Les scribes avaient une répugnance à utiliser le breton telle que dès la fin du XIe siècle l'un d'eux, à Quimperlé précisément, renonce à reporter des noms de témoins « en raison de leur excessive rusticité ». Enfin, ces archives sont presque toutes d'origine ecclésiastique, à la fois parce que les clercs avaient seuls une maîtrise suffisante de l'écrit et aussi parce qu'ils ont su conserver leurs chartriers au moins en partie jusqu'à l'époque moderne. Les documents qui n'ont que des laïques pour protagonistes n'apparaissent guère qu'au XIIIe siècle. L'éclairage fourni par la documentation est donc particulier et sélectif même si à cette époque l'Eglise jouait un rôle de premier plan dans la société comme dans l'économie.

Un petit nombre de ces documents nous sont parvenus sous forme d'originaux actuellement conservés dans les dépôts d'archives. D'autres ont été recopiés dès le Moyen-Age, souvent dans le siècle qui a suivi leur rédaction, soit pour constituer de petits dossiers relatifs à une affaire ou à un domaine particulier — ce sont des « pancartes » — soit pour former des ensembles plus importants appelés « cartulaires » : celui de Redon qui ne comprend pas que des pièces carolingiennes est le plus célèbre ; il fut compilé au XIe siècle avec quelques compléments au XIIe. Dans tous les cas, le support est le parchemin. L'écriture utilisée est la minuscule caroline qui prend avec le temps des caractères gothiques puis devient cursive, c'est-à-dire que dans un même mot les lettres sont liées les unes aux autres au bénéfice de la rapidité de l'écriture mais aux dépens de la facilité de la lecture.

Au XVIIe siècle, après que les bénédictins de Saint-Maur eurent jeté les bases de la science historique, dom Lobineau et dom Audren de Kerdrel, pour ne citer que les plus célèbres, prirent de nombreuses copies dans les chartriers bretons, reprises et augmentées par dom Morice qui en publia une partie en 1742 dans ses *Mémoires pour servir de preuves à l'histoire ecclésiastique et civile de Bretagne*. D'autres érudits, tel Roger de Gaignières, firent prendre d'autres copies, conservées de nos jours à Paris à la Bibliothèque nationale. Heureusement, car les troubles de la Révolution puis l'indifférence des premières décennies du XIXe siècle entraînèrent beaucoup de disparitions. Le courant fut inversé avec l'édition en 1863 par Aurélien de Courson du *Cartulaire de Redon*, qu'A. de La Borderie avait déjà précédé par des publications de moindre ampleur. D'autres cartulaires suivirent, les uns à partir de cartulaires médiévaux comme celui de Sainte-Croix de Quimperlé qui avait été compilé vers 1127 ou celui de Saint-Georges de Rennes rédigé au XIVe siècle, les autres artificiels, à partir de documents jusque-là dispersés comme le *Cartulaire général du Morbihan* de L. Rosenzweig (1895). Des fonds plus modestes furent publiés dans les revues des sociétés savantes de Bretagne. Récemment, des travaux universitaires, demeurés souvent inédits en dépit de leur qualité, comme *Les actes des ducs de Bretagne (944-1148)* d'H. Guillotel, sont encore venus accroître le volume documentaire mis à la disposition des historiens.

CHARTES ET NOTICES

Ces actes n'ont pas toujours été composés de la même manière ; ils ne présentent pas non plus tous pour l'historien un égal intérêt. Ils se divisent en deux grandes catégories : les chartes et les notices. Les chartes sont rédigées à la première personne et revêtent une forme plus ou moins solennelle ; surtout, elles se terminent par des signes de validation qui attestent leur authenticité. Ce peuvent être des souscriptions ou seings — notre moderne signature — souvent limités à une simple croix tracée de manière malhabile même par les plus grands, ou un ou plusieurs sceaux, ou encore les uns et les autres. Les notices sont plutôt des aide-mémoire rédigés par l'une ou l'autre des parties ; la forme en est plus libre ; en cas de contestation, elles ne valent que par les témoins dont elles ont retenu le nom auxquels on fait alors appel. Ces témoins, qu'ils souscrivent ou non, figurent également sur la plupart des chartes. Les grands personnages préféraient donner plus de solennité à leurs actes en les traduisant par des chartes mais ce n'est pas une règle : on connaît ainsi 15 notices qui rapportent des décisions du duc Alain IV alors que l'on n'a conservé que treize chartes intitulées au nom de ce prince. Il est vrai que quelle que soit la nature du document, charte ou notice, il était alors bien difficile d'assurer la pérennité des décisions qu'il contenait.

Aussi fallait-il multiplier les précautions pour donner plus d'éclat à la passation de l'acte et pour en assurer l'avenir. Lorsque les parties s'étaient mises d'accord, on veillait à ce que cet accord fût notoire. Dans une société peu familière de l'écrit, les gestes tiennent une grande place. Lors d'une donation, il est fréquent que le donataire fasse au donateur un contre-don pour l'engager davantage. Ce peuvent être des objets plus ou moins précieux : des coupes, des fourrures, des armes ; plus fréquemment si le don est important, un cheval dont la valeur est appréciée en sous. C'est le plus souvent une somme d'argent qui peut n'être pas négligeable — 50 ou 100 sous — mais qui est très inférieure à la valeur réelle du don. Un tel geste peut dissimuler une vente ou du moins l'appel à une générosité particulière : au début de son règne, Alain IV obtient ainsi en trois occasions un total de 50 livres des moines de Quimperlé ; mais quand en 1101 il confirme à Marmoutier ses biens dans le Nantais, il se contente de 60 sous pendant que son épouse Ermengarde en reçoît 20 et le futur Conan III encore enfant trois. Il peut y avoir aussi un geste d'investiture : le donateur embrasse le bénéficiaire ou lui remet un objet pour bien montrer qu'il agit de son plein gré. Ces objets sont variés : un livre, un bâton de laurier, une tige de fougère, une motte de terre, un gant ; en 1118, Geoffroy de Porhoet, alors malade et alité, investit le prieur de Marmoutier à Josselin au moyen de l'instrument qui servait à éloigner les mouches qui l'importunaient... Toutefois, en Bretagne, l'investiture par le couteau est de loin la plus fréquente. Si l'auteur de la donation est un grand personnage, le couteau peut être celui d'un de ses vassaux présents avec lui. Le couteau est déposé sur l'autel s'il s'agit d'une aumône ; sa lame peut être brisée ou pliée. Parfois, le couteau est joint au parchemin et conservé « en témoignage ».

Tout cela doit se faire publiquement en présence du plus grand nombre possible de témoins. Il y a là les membres de la famille du donateur, des représentants de l'établissement bénéficiaire mais aussi des notables et de simples spectateurs qui offrent l'avantage de n'être liés à aucune des parties : à la fin du XIe siècle, un acte est passé à Donges devant toute la population parce que c'était un mercredi, jour de marché ; en 1156 encore, le sire de La Guerche partant pour la Terre sainte confirme les aumônes qu'il avait faites au prieuré du lieu en présence de « près de mille personnes qui s'étaient rassemblées là ».

D'autres précautions ne sont pas inutiles. L'accord des ayants-droit éventuels est sollicité et consigné ; ils peuvent bénéficier eux aussi d'un contre-don, notamment l'épouse et le ou les fils du donateur. Mais les contours du lignage sont alors mal définis, tout comme la notion de propriété est incertaine : de là viennent la plupart des contestations d'autant que certains se montrent excessivement aumônieux au lendemain de quelque forfait ou à la veille de leur mort...

16

Figure aussi l'accord du seigneur, accord devenu avec le temps une simple formalité plus ou moins onéreuse. Viennent enfin, surtout au XIe siècle, les clauses comminatoires souvent redoutables : les actes de Landévennec menacent les contrevenants éventuels de l'anathème et du sort « de Dathan et d'Abiron que la terre engloutit ainsi que de Judas et de Pilate qui crucifièrent le Seigneur ». D'autres actes prévoient des amendes spécifiées en livres d'or pur d'un montant tel que nul n'aurait jamais pu alors les réunir ; aussi leur mention disparaît-elle après 1060.

L'autorité d'un acte, qu'il s'agisse d'une charte ou d'une notice, vaut donc surtout par les témoins qui y sont mentionnés. Le sceau n'a guère plus de valeur que le seing manuel longtemps préféré par les ducs eux-mêmes. Aussi les faux sont-ils nombreux ; les établissements religieux les plus vénérables ne craignent pas d'y recourir. Tels les moines de Redon qui, pour affirmer leurs prétentions sur Belle-Ile contre ceux de Quimperlé, rédigèrent plusieurs fausses chartes et même une bulle pontificale. Mais les archives de Sainte-Croix de Quimperlé ne sont pas non plus sans reproches : les moines cornouaillais falsifièrent aussi plusieurs pièces afin d'en renforcer l'autorité. Certains de ces faux ont été habilement rédigés, aussi leur caractère apocryphe n'est pas facile à établir surtout si l'on ne dispose pas du pseudo-original trahi souvent par son écriture. D'autres sont des faux grossiers à cause de leurs anachronismes comme cette notice attribuée au duc Geoffroy qui, vers l'an mil, crédite Rennes d'un corps de ville qui n'apparut qu'à la fin du Moyen-Age. Notons toutefois que ces faux ne sont pas sans intérêt pour l'historien puisqu'ils se doivent d'être vraisemblables au moment où ils ont été rédigés. De toute façon, l'écrit n'a alors qu'une autorité précaire. Cela tient pour une large part au caractère rudimentaire des structures administratives et à la faiblesse de l'autorité publique qui, même à court terme, n'a guère les moyens de faire respecter ses décisions.

L'EVOLUTION DES ACTES APRES 1150

Dans le courant du XIIe siècle, la documentation évolue ; évolution étroitement liée à celle de l'autorité publique. Cinq notices seulement sont attribuées au duc Conan IV (1118-1148) alors que l'on conserve 28 chartes à son nom. Ces actes revêtent une plus grande unité dans leur forme ; l'usage du sceau pour leur validation devient constant. L'autorité ducale s'affirme suffisamment pour limiter l'audace des faussaires : une seule charte attribuée à 1135, relative à la fondation de l'abbaye de Buzay doit être un faux. En même temps que diminue la proportion des notices, les chartes qui ne sont pas régulièrement datées avant 1220 sont rédigées d'une façon de plus en plus stéréotypée pendant que leur contenu se limite de plus en plus à l'essentiel : elles gagnent en clarté ce qu'elles perdent en pittoresque.

Chirographe scellé (sceaux perdus) dont, exceptionnellement, les deux parties ont été conservées, relatant un accord sur des dîmes passé en 1200 devant Pierre de Dinan, évêque de Rennes, assisté de témoins, (cliché Arch. Dép. I.et V.).

Apparaît aussi, sans jamais avoir un grand succès, une forme de document dont il était facile de vérifier l'authenticité : le chirographe. On appelle ainsi un acte rédigé en deux exemplaires sur un même parchemin que l'on découpe ensuite en dents de scie (d'où le nom d'endenture qu'il reçut à la fin du Moyen-Age) ou en passant à travers une brève sentence en gros caractères : en cas de contestation, il suffit de réunir les deux exemplaires et de vérifier la coïncidence des dentelures ou des lettres... à moins que l'une des parties ne nie l'existence d'un tel document !

La fin du XIIᵉ siècle est marquée — au moins en Haute-Bretagne — par l'institution de juridictions gracieuses et par la généralisation des sceaux individuels. Les juridictions gracieuses ont pour mission de donner une valeur authentique à des actes après les avoir scellés et — mais ce n'est pas une règle au début — après les avoir enregistrés. Ce rôle fut exercé par les sénéchaux mais aussi par les évêques. Les sénéchaux, dont l'institution apparaît clairement dans la seconde moitié du XIIᵉ siècle, n'ont pas exercé d'emblée cette juridiction gracieuse ; d'abord, ils se contentèrent souvent d'être simples témoins. Les plus actifs sont ceux de Nantes et de Rennes mais vers 1210 encore Guillaume, sénéchal de Rennes, instrumente en compagnie de l'évêque Pierre et tous deux prennent soin de dresser une liste de témoins et de rédiger l'acte sous forme de chirographe. Les évêques se firent ensuite remplacer, mais plus tardivement que dans le Maine ou en Anjou, par des officiaux ; le plus ancien est celui de Rennes connu en 1213, vient ensuite celui de Nantes mentionné en 1223 ; c'est seulement en 1239 que l'évêque de Saint-Malo demande au pape la permission d'en établir un. Au total, on conserve peu d'actes rédigés par leurs soins. Désormais, la plupart des chartes sont rédigées et scellées par l'une des parties ou par le seigneur dont elles dépendent l'une ou l'autre. Dans le royaume, l'usage du sceau individuel se répand très rapidement entre 1190 et 1210 et supplante les autres formes de validation. En Bretagne, sa diffusion est plus lente. Non que l'on doutât de son efficacité : en 1219, un frère de Beauport ayant brisé par accident le sceau d'une charte de 1189, l'abbé s'empressa de la faire sceller à nouveau par le sénéchal de Tréguier et par l'écolâtre de Quimper qui avaient été témoins du fait. Pourtant, de nombreux personnages et non des moindres continuèrent à ne pas avoir de sceau : en 1256 encore, le vicomte de Poudouvre Raoul n'a pas de sceau et doit utiliser celui de l'archidiacre de Saint-Malo. Dans la mesure où l'usage d'un sceau personnel traduit l'émancipation d'un individu par rapport à son lignage, on peut se demander si ce retard ne serait pas à mettre en rapport avec une cohésion plus durable du groupe familial en Bretagne. Toutefois, il convient de remarquer, à l'encontre de cette hypothèse, qu'en 1237 le chapitre cathé-

Sceau de Maurice de Blason, évêque de Nantes de 1184 à 1198: l'un des plus anciens sceaux intacts conservés en Bretagne (cliché Arch. dép. Loire-Atl.)

dral de Saint-Brieuc, auquel les problèmes de lignage étaient étrangers par nature, n'avait pas non plus de sceau propre...

En même temps, apparaissent progressivement de nouveaux types de documents. Ce sont les enquêtes rédigées sur l'ordre des autorités : l'une des premières, célèbre, établit en 1181 sur réquisition du roi Henri II les droits de l'Eglise de Dol sur les paroisses du littoral. Ou encore les testaments : l'un des plus anciens doit être celui que rédigea André de Varades en 1196. Mais manquent encore les registres, les comptes et les inventaires qui seuls permettent une histoire quantitative.

Finalement, les documents dont nous disposons doivent tous faire l'objet d'une analyse et d'une critique minutieuses ; ils laissent à l'historien le soin de choisir et de conclure mais ils l'investissent aussi d'une lourde responsabilité. Il ne peut pas non plus faire ce qu'il veut en raison de leur nature et de leur nombre relativement restreint. Les structures lui apparaissent mieux que les réalités vivantes : il connaît assez bien l'organisation féodale ou ecclésiastique mais il ignore à peu près tout des façons de croire et de penser ; il peut retrouver les traits essentiels de l'implantation humaine mais il ne sait que peu de choses de la vie quotidienne.

PREMIERE PARTIE

LA CROISSANCE DIFFICILE
D'UNE PRINCIPAUTE FEODALE

De 937 à 1212 près de trois siècles seront nécessaires pour construire une solide principauté féodale. On s'étonnera bien sûr devant un processus aussi long mais les obstacles se sont multipliés. Aux handicaps géographiques évidents se sont ajoutés les oppositions linguistiques entre une Haute-Bretagne de langue romane et une Basse-Bretagne de langue bretonne et surtout les aléas des successions ducales. De longues minorités, le droit donné aux femmes de prendre et de transmettre le titre ducal ont entraîné de graves crises politiques. Le contraste est grand entre le dynamisme des chevaliers bretons capables de s'illustrer avec éclat en Angleterre ou sur les routes de la Croisade et la fragilité de l'autorité princière. Et pourtant, avec la dynastie de Cornouaille, un relèvement se dessine. A partir d'une base territoriale solide, comprenant une grande partie de la Bretagne méridionale, les ducs s'efforcent de dépasser le cadre étroit de leur domaine. La mainmise des Plantagenêts sur la péninsule, dans la seconde moitié du XIIe siècle, enlève à la Bretagne la maîtrise de son propre destin, mais la domination de la dynastie angevine sur la péninsule ne doit pas être vue uniquement sous la forme de la « tyrannie » d'un prince étranger. Elle apparaît autant, sinon plus, comme l'intégration dans un vaste empire mi-insulaire, mi-continental dans lequel les Bretons ont joué un rôle important. Ce demi-siècle aura vu également s'affirmer l'unité de la Bretagne ainsi que l'administration ducale.

La mort tragique de Geoffroy Plantagenêt, les échecs de Jean sans Terre ruinent l'ambitieux projet d'Henri II. La Bretagne passe sous la tutelle des Capétiens. Guy de Thouars puis Pierre Mauclerc prennent en main le duché. A la suite des Plantagenêts ils renforcent l'autorité ducale mais ils auront ici la chance de la durée. Pendant près d'un siècle et demi le gouvernement ducal va dépendre étroitement du gouvernement royal.

CHAPITRE PREMIER

UNE PRINCIPAUTE BIEN FRAGILE

Au cours du siècle qui suit la prise de Nantes par Alain Barbe-torte, les ducs ne parviennent pas à établir une solide principauté. Le contraste est ici particulièrement frappant avec la Normandie, l'Anjou ou plus loin la Flandre. La Bretagne, qui n'avait cessé d'inquiéter le royaume de Francie Occidentale de Charles le Chauve, craint tout au cours de cette période les interventions extérieures.

Cette faiblesse de la Bretagne doit beaucoup aux invasions nor-mandes ; elles se sont terminées ici plus tard qu'ailleurs et ont désor-ganisé pour longtemps les structures administratives et religieuses de l'ancien royaume breton ; mais il ne faut pas exagérer le poids du phénomène scandinave. Les institutions carolingiennes sont encore bien vivantes au Xe siècle, elles survivent encore dans le premier quart du XIe siècle ; la puissance publique est restée longtemps monopolisée par les comtes et les vicomtes, c'est-à-dire les descen-dants des fonctionnaires carolingiens. Le morcellement de la puis-sance publique au profit des seigneuries châtelaines n'est pas une conséquence directe des invasions, il s'est fait progressivement au cours du XIe siècle. Pour expliquer l'affaiblissement du pouvoir ducal trois autres éléments plus ou moins reliés entre eux doivent être mis en évidence.

Les difficultés successorales n'ont pas permis d'établir une véri-table légitimité dynastique. Alain Barbetorte a eu l'ambition de créer une nouvelle dynastie. Son mariage avec la fille du comte de Blois et de Chartres l'unissait à ce milieu fermé de la haute aristocratie caro-lingienne, mais la mort prématurée du duc en 952, la disparition, quelques années après, de son fils Drogon réduisirent à néant les ambitions du comte de Nantes. Jamais les deux enfants naturels d'Alain, Hoël et Guérec, ne parvinrent à faire reconnaître leur hégé-monie sur l'ensemble de la Bretagne. Les comtes de Rennes qui suc-cédèrent à Alain Barbetorte à la tête du duché eurent plus de chance. Comme Alain Barbetorte ils s'intégrèrent à la haute aristocratie carolingienne et réussirent à fonder une dynastie ; malheureusement la mort prématurée des comtes Geoffroy et Alain provoquèrent de longues minorités dangereuses pour l'autorité ducale. Les ambitions du frère d'Alain III, Eudes de Bretagne, provoquèrent une longue guerre à l'intérieur du duché. Pour finir l'absence d'héritier mâle entraîna, en 1066, un changement dynastique difficile après le mariage de la sœur de Conan II avec Hoël, comte de Cornouaille et de Nantes.

L'étendue et la diversité du duché ont représenté un autre handicap pour l'affirmation du pouvoir ducal. Les actes des ducs concernent avant tout la Haute-Bretagne ; les interventions du duc dans les zones parlant breton sont rares, pratiquement nulles en ce qui concerne le Léon et la Cornouaille. L'obstacle représenté par les distances apparaît bien là un problème insurmontable. A l'intérieur de la Haute-Bretagne l'autorité ducale est elle-même discutée. Les comtes de Rennes acceptent tardivement l'autorité d'Alain Barbetorte et les comtes de Nantes refusent ensuite la suprématie des comtes de Rennes. Il faut attendre les années 1028-1030 pour que le comte de Nantes Budic reconnaisse la suprématie des comtes de Rennes et encore cette reconnaissance est-elle bien fragile.

Les rivalités permanentes des comtes de Rennes et de Nantes ont favorisé les interventions extérieures. Les comtes de Nantes n'hésitent pas à s'appuyer sur le comte d'Angers, ils s'engagent à plusieurs reprises dans sa fidélité mais Foulques Nerra n'apportera jamais un soutien très efficace à son voisin. Le comte d'Anjou a des ambitions poitevines, il veut renforcer ses positions au sud de la Loire dans les *pagi* de Mauges et de Tiffauges. C'est donc une alliance très coûteuse pour le comté de Nantes. La famille comtale de Rennes est traditionnellement alliée à la famille comtale de Blois et de Chartres. Cette alliance est efficace sous Thibaud le Tricheur et son fils puisqu'elle permet de contrarier la pression angevine mais elle n'apporte ensuite aucune aide sérieuse. La puissance des comtes de Blois s'effrite, Tours est perdue en 1025 et bientôt les comtes de Blois vont concentrer leurs efforts sur la Champagne. L'alliance avec le Maine apparaît tout aussi décevante ; dès 1051 ce comté passe sous l'hégémonie des comtes d'Anjou. Les comtes de Rennes se trouvent ainsi bien seuls face à l'Anjou et surtout face à la Normandie. Les relations avec le grand duché voisin suivent un rythme heurté. Les périodes de bonne entente concrétisées par des unions matrimoniales sont suivies par des phases d'affrontements sur une frontière longtemps indécise. Les ducs de Bretagne qui ont exercé jusqu'en 1008 une influence sur le Mont-Saint-Michel se trouvent dans les années 1020 en redoutable position d'infériorité vis-à-vis de leurs voisins ; d'où le serment de fidélité momentané d'Alain III à Robert le Magnifique.

Les difficultés des ducs de la maison de Rennes ne peuvent faire oublier cependant les résultats positifs. Les ducs sont parvenus à maintenir l'intégrité territoriale de la Bretagne ; certes les conquêtes d'Alain Barbetorte au sud de la Loire ne seront que partiellement conservées mais tout le reste de l'héritage est maintenu. Les frontières de la Bretagne sont fixées dès le début du XIe siècle.

LES LIMITES DE L'ŒUVRE DE RESTAURATION D'ALAIN BARBETORTE

L'installation d'Alain Barbetorte à Nantes en 937 ne met pas fin aux entreprises scandinaves contre la Bretagne. Des combats se déroulent encore les années suivantes. Ainsi en 939 les Bretons remportent une victoire contre les Normands à Trans, dans le Rennais ; en 944 une troupe normande s'empare de Dol. Cependant ces combats concernent avant tout la zone frontalière entre la Bretagne et la jeune principauté de Normandie. Les expéditions lointaines sont terminées, les tentatives de colonisation sont abandonnées. Le monde scandinave connaît au milieu du Xe siècle des secousses internes graves qui interdisent pendant plusieurs décennies de nouvelles offensives. Le retour d'Alain Barbetorte marque donc un tournant essentiel dans l'histoire de la Bretagne. Pour la première fois depuis longtemps un pouvoir princier tente de s'imposer à toute la péninsule ; cependant la Bretagne d'Alain Barbetorte n'est plus celle de Salomon ou d'Alain le Grand ; ruinée, la péninsule ne présente plus une puissance redoutable. Les princes qui menacent la faible autorité des derniers carolingiens sont désormais Hugues le Grand, père de Hugues Capet, maître de Paris et de l'Orléanais ; Herbert de Vermandois, détenteur d'un territoire étendu au nord de la Francia ; Guillaume Longue-Epée, duc de Normandie ; Guillaume Tête-d'Etoupe, comte de Poitiers. Face à eux le chef breton doit se contenter du titre ducal. Le « royaume breton » n'est plus qu'un vague souvenir.

Cet affaiblissement de l'autorité princière en Bretagne se manifeste également sur le plan territorial. Le Cotentin et l'Avranchin donnés autrefois à Salomon ont été remis dès 933 par le roi Raoul à Guillaume Longue-Epée. Plus au sud, le vicomte puis comte d'Anjou Foulques le Bon, en pleine ascension politique, reprend progressivement les territoires à l'ouest de la Mayenne que Salomon avait un moment contrôlés. Même à l'intérieur de son duché le pouvoir du chef breton paraît limité. Il est le maître incontesté du comté nantais, c'est là qu'il réside : il contrôle également le Poher qui semble se confondre encore avec la Cornouaille, il s'agit là de son bien patrimonial ; sans doute domine-t-il aussi le Vannetais. Par contre, au nord, l'autorité d'Alain se heurte à celle du comte de Rennes, Juhel Bérenger, issu très probablement d'une grande famille de l'aristocratie carolingienne. Celui-ci n'accepte que tardivement la prééminence du comte de Nantes. Quant à la Domnonée elle est trop éloignée pour qu'Alain puisse intervenir efficacement.

Nous connaissons très mal la personnalité et le gouvernement d'Alain Barbetorte ; nous ne conservons de ce prince qu'un seul acte authentique : la charte de donation à l'abbaye de Landévennec datée des années 944-952. La Chronique de Nantes est donc notre source essentielle ; écrite un siècle après les faits elle doit être utilisée avec une grande prudence.

Arthur de La Borderie avec une certaine emphase a crédité Alain Barbetorte d'une réforme essentielle : l'abolition du servage. Cette affirmation s'appuie sur une interprétation erronée de la Chronique de Nantes. Dans ce texte, en effet, la liberté n'est accordée qu'aux serfs extérieurs à la Bretagne qui viendraient s'installer dans la péninsule. Il s'agit de susciter un mouvement d'immigration, aucune mention n'est faite des serfs bretons ; d'ailleurs, comme nous le verrons plus loin, le servage est attesté en Bretagne au XIe siècle.

Alain Barbetorte s'est préoccupé activement de la réorganisation religieuse de son duché, son règne relativement court, 14 ans, ne lui a pas permis de restaurer l'ensemble des structures ecclésiastiques. L'abbaye de Landévennec fut le seul monastère restauré. Pour remercier l'abbé Jean d'avoir favorisé son retour en Bretagne Alain accorda vers 945 des biens importants à son abbaye dans le comté nantais : l'église Saint-Guénolé de Batz, la vicaria de Sucé, l'église Sainte-Croix de Nantes. Nous ne savons rien des autres monastères bretons. Redon par exemple ne réapparaît dans nos textes que dans le dernier quart du Xe siècle. Mais s'il n'eut pas les moyens de restaurer toutes les abbayes bretonnes, Alain prépara l'avenir en établissant des liens étroits avec les monastères ligériens. Ainsi Jean, abbé de Saint-Mesmin de Micy, fut appelé à l'évêché de Saint-Pol-de-Léon ; son successeur au même évêché finit ses jours à l'abbaye de Fleury à qui il offrit des reliques de saint Paul Aurélien. Alain envoya son propre fils Guérec à l'école de ce même monastère de Fleury.

Le règne d'Alain Barbetorte vit également la réorganisation de l'église séculière. L'exemple le mieux connu est celui de Nantes. A son arrivée le chef breton plaça à la tête du diocèse l'évêque de Saint-Pol-de-Léon Hesdren. Le choix était maladroit, l'évêque ne fut pas accepté par les Nantais. La Chronique de Nantes, toujours hostile aux clercs venus de Basse-Bretagne, raconte complaisamment que le prélat fit détruire une tour de la cathédrale parce qu'il avait cru voir à son sommet une pomme en or. Après quelques années d'épiscopat, Hesdren dut repartir et fut remplacé par le neveu de l'archevêque de Dol, Gautier. Alain se préoccupa également de la reconstitution des revenus ecclésiastiques. La Chronique de Nantes nous précise qu'il fit partager les tonlieux de la cité nantaise entre lui, l'évêque et les vicomtes. Ce partage confirmé par les textes ultérieurs allait entraîner dans les siècles suivants des conflits violents entre pouvoir ducal et pouvoir épiscopal. Cette répartition était cependant moins avantageuse que celle établie par Erispoé, ce partage donnait en effet la moitié des revenus de la cité à l'évêque.

Dans le volume précédent, H. Guillotel a mis en évidence les relations entre Alain Barbetorte et les princes territoriaux de la France du Nord. La « victoire » de 937 est moins un succès militaire que le résultat d'un rapprochement entre le duc de Normandie Guillaume Longue-Epée, le duc des Francs Hugues le Grand, Herbert de Vermandois et Guillaume Tête-d'Etoupe, comte de Poitiers, rapprochement qui permit le couronnement de Louis IV lui aussi réfugié en Angleterre. Plus que jamais, face à la faiblesse du pouvoir royal, les princes territoriaux par leurs alliances déterminent les événements politiques. Devenu maître de la Bretagne, Alain Barbetorte ne s'est jamais désintéressé des affaires du royaume ; il joue un rôle actif dans les rapports souvent conflictuels entre les principaux détenteurs d'*honores*.

Au cours de ses premières années de gouvernement Alain est resté proche d'Hugues le Grand. Lors de la bataille de Trans en 939 il combat les Normands aux côtés de Juhel Bérenger, comte de Rennes et d'Hugues, comte du Maine, fidèle du comte de Paris. Cependant, assez vite, Alain fait alliance avec le comte du Poitou, Guillaume Tête-d'Etoupe, alliance particulièrement fructueuse puisqu'elle permet d'acquérir au sud de la Loire les *pagi* de Mauges, Tiffauges, Herbauge, c'est-à-dire une bonne part du nord du Poitou. Karl Werner et J.P. Brunterc'h ont bien mis en valeur les circonstances de ce traité de 942 entre le duc d'Aquitaine et le chef breton. A la mort d'Ebles Manzer, comte de Poitiers et duc d'Aquitaine (935), le sud-ouest est le théâtre d'affrontements entre les plus puissants titulaires d'*honores*. Le comte de Toulouse Raymond III Pons s'empare de l'Auvergne et prend le titre de duc d'Aquitaine et un autre membre de la haute aristocratie, Hugues, en qui il faut sans doute reconnaître le comte du Maine, se fait appeler comte de Poitiers après avoir contesté au fils d'Ebles, Guillaume Tête-d'Etoupe, l'héritage paternel. Ces luttes traduisent en fait l'ambition d'Hugues le Grand qui, de la Francia et de la vallée de la Loire, cherche à étendre son influence vers le sud.

Pour vaincre, Guillaume doit trouver des alliés. Le faible Louis IV est incapable d'intervenir, aussi le fils d'Ebles se tourne vers la Normandie et surtout vers la Bretagne. Le prix de l'alliance pouvait paraître élevé. Erispoé, un siècle plus tôt n'avait reçu que la *vicaria* de Retz c'est-à-dire la partie septentrionale de l'Herbauge mais depuis, tout le nord du Poitou avait été dévasté par les raids scandinaves. C'est un territoire ruiné, échappant sans doute à l'autorité du comte de Poitiers, qui est laissé à Alain Barbetorte. Les trois *pagi* ne devaient donc pas apparaître d'une grande valeur économique ; par contre leur intérêt politique se révéla essentiel. Dès 942 Guillaume Tête-d'Etoupe et Alain Barbetorte se retrouvaient à Rouen chez Guillaume Longue-Epée pour prêter serment de fidélité à Louis IV. Hugues avait alors abandonné ses ambitions aquitaines et concentrait ses efforts sur l'est du royaume. Maître incontesté du Poitou, Guillaume Tête-d'Etoupe pouvait à son tour prendre l'offensive contre le duc des Francs en lui faisant la guerre dans la vallée de l'Oise.

L'alliance avec le duc d'Aquitaine et l'acquisition d'un vaste territoire au sud de la Loire ont considérablement renforcé l'autorité d'Alain Barbetorte. La Chronique de Nantes ne signale aucun conflit avec le comte de Rennes après 940, cependant il reste à savoir si effectivement le chef breton a pu installer solidement son pouvoir dans les trois *pagi* concédés qui correspondent aujourd'hui à une grande partie de la Vendée et à une fraction importante du Maine-et-Loire. Par chance notre enquête est ici possible grâce à un document largement postérieur : le diplôme de Louis VI le Gros en faveur de l'Eglise de Nantes. Ce texte authentifié par A. Luchaire et L. Maitre a été établi à Lorris en 1123 à la demande de l'évêque de Nantes Brice, préoccupé d'établir la liste des biens de son église. L'évêque, en effet, cherche à reconstituer le patrimoine ecclésiastique largement dilapidé à la suite de nombreuses usurpations. Ce document est donc une pancarte. Ce n'est pas un acte isolé. La chancellerie royale a rédigé d'autres actes similaires en faveur de Saint-Martin de Tours ou de l'Eglise d'Autun. La pancarte de Nantes présente un double intérêt. Tout d'abord elle prend comme référence l'état du patrimoine ecclésiastique après les invasions normandes. La mention de Louis IV et de Lothaire nous place en effet à la fin du Xe siècle ; ensuite et surtout, après la reproduction d'un diplôme de Charles le Chauve, la liste des biens suit un ordre géographique. Comme l'a bien montré J.P. Brunterc'h il s'agit d'abord des biens qui se trouvent dans le diocèse de Nantes puis de ceux localisés dans les évêchés plus ou moins voisins : Rennes, Angers, Chartres, enfin sont énumérées les églises de Nantes situées à l'extérieur des murs. Il est donc possible, en plaçant sur une carte les biens situés à l'intérieur du diocèse, de retrouver les limites du comté nantais dans la deuxième moitié du Xe siècle. La carte ci-après permet de voir qu'une partie importante du comté d'Herbauge a échappé à Alain Barbetorte.Au sud d'une ligne Aizenay-Le Boupère les *vicariae* carolingiennes de Brem et de Talmont unies dans la châtellenie de Talmont passèrent sous la dépendance des vicomtes de Thouars, eux-mêmes vassaux des comtes de Poitiers. Le comté nantais ne parvint donc jamais à atteindre les cours moyen et inférieur du

LA FAMILLE D'ALAIN BARBE-TORTE

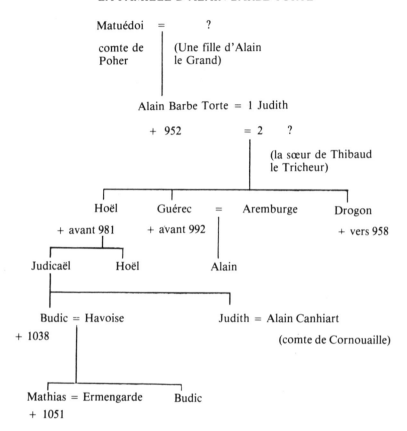

Lay. Dans les Mauges et le *pagus* de Tiffauges la domination nantaise fut plus sensible : Saint-Pierre-Montlimart, Liré, Drain, La Varenne, Gesté, Le Puy-Saint-Bonnet furent intégrés dans le comté nantais.

Ainsi Alain Barbetorte était parvenu à agrandir considérablement le comté nantais ; par là même il renforçait son pouvoir par rapport au comte de Rennes. Il était légitime qu'il rende ce rapport de forces définitif en assurant de manière incontestable sa succession. Ce fut au cours des dernières années de son règne sa principale préoccupation. En choisissant comme épouse la sœur du comte de Blois, Thibaud le Tricheur, le chef breton parvint à s'intégrer au réseau d'alliances matrimoniales de la haute aristocratie. Il renforçait ainsi

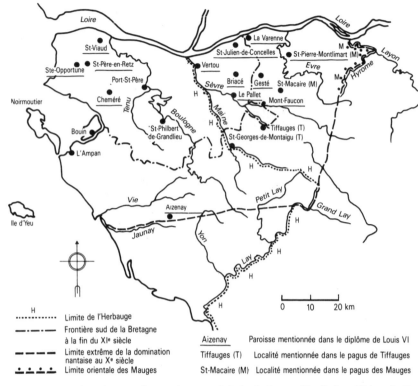

L'extension du comté nantais au sud de la Loire au Xᵉ siècle. (D'après J. P. Brunter'ch)

sa position dans le royaume. Cette attitude a-t-elle entraîné l'éloignement des deux enfants d'Alain, Hoël et Guérec issus d'une précédente union, illégitime celle-là ? Les documents sont muets à ce sujet mais il est certain qu'Hoël, mentionné comme comte dans la charte-notice de Landévennec fut dans un premier temps écarté de la succession de son père. Alain paraît donc avoir préparé une ambitieuse politique dynastique. Malheureusement le chef breton n'eut pas le temps de réaliser ses ambitions. Il disparaissait dès 952 et était enterré dans l'église Notre-Dame qu'il avait fondée à Nantes. En quelques années son œuvre allait être anéantie.

TRENTE ANS DE LUTTES ENTRE LES COMTES DE RENNES ET DE NANTES

De son union avec la sœur du comte de Blois et de Tours, Alain avait eu un fils nommé Drogon. Vu son très jeune âge, il fut confié à son oncle qui reçut en même temps le gouvernement des territoires laissés par Alain Barbetorte. Thibaud le Tricheur ne semble pas avoir accordé une grande attention à la Bretagne ; très vite il remaria sa sœur à l'ambitieux comte d'Anjou Foulques le Bon. Le pouvoir sur la Bretagne fut partagé comme l'atteste une donation conjointe à l'abbaye de Landévennec des comtes de Blois et d'Angers. D'après la Chronique de Nantes Foulques reçut la moitié de la ville et du comté de Nantes, Thibaud l'autre moitié, mais Thibaud, loin de Nantes, confia en fait l'administration de son propre territoire à deux de ses alliés : le comte de Rennes Juhel Bérenger et l'archevêque de Dol Wicohen.

Un tel partage ne pouvait qu'affaiblir le comté nantais. La Chronique de Nantes nous déclare qu'en 960 les Nantais rejetèrent l'autorité de Foulques le Bon car il avait été incapable de défendre la cité contre l'attaque d'une flotte normande venue de Normandie. Ils mirent à la place le fils bâtard d'Alain Barbetorte, Hoël. Cette version des faits nous semble fausse. En effet, s'il y eut bien une incursion navale normande, la dernière à notre connaissance, Hoël avait été déjà reconnu comte du Nantais dès 958 comme l'atteste une charte de Saint-Florent de Saumur. Comment Hoël était-il parvenu à prendre possession du Nantais ? Aucun texte nous le précise. Sans doute Drogon disparut-il peu après 952 et cette disparition prématurée entraîna la reconnaissance des droits d'Hoël sur l'héritage de son père.

La période 960-980 est particulièrement confuse. Ici comme ailleurs, les grands aristocrates laïcs et ecclésiastiques se combattent sans merci pour renforcer leur pouvoir et assurer leur hégémonie mais cette lutte dépasse le caractère breton. Derrière les protagonistes se profilent les princes territoriaux de la France de l'Ouest : le duc de Normandie, le comte d'Anjou, le comte de Blois et de Tours. Commence alors une longue période où la Bretagne va être soumise aux influences extérieures.

Trois personnages dominent la scène politique : l'archevêque de Dol, les comtes de Rennes et de Nantes.

Wicohen a repris à son profit les prétentions de la métropole de Dol. Il se fait appeler à l'extérieur « évêque des Bretons » et c'est vraisemblablement lui qui est à l'origine des deux nouveaux évêchés de Tréguier et de Saint-Brieuc. Au IXe siècle, nos documents mentionnent de façon sûre sept évêchés ; à la fin du Xe siècle nous en trouvons neuf, aux sept précédents se sont ajoutés les évêchés de Saint-Brieuc et de Tréguier. S'appuyant sur la Chronique de Nantes, La Borderie a placé la création de ces nouveaux diocèses au milieu du IXe siècle, lors des réformes religieuses de Nominoé. Cette datation est très fragile car elle ne peut s'appuyer sur aucun document contemporain ; de plus un tel bouleversement est contraire à la tradition de l'Eglise qui s'est toujours efforcée de maintenir les anciennes structures territoriales. Dans un travail récent, H. Guillotel a proposé une chronologie plus satisfaisante : la période qui a suivi le départ des Normands. Le pouvoir pontifical est alors considérablement affaibli et l'autorité royale n'était plus là pour maintenir les structures existantes. Un texte contemporain confirme cette interprétation. Vers 970 le pape Jean XIII écrit aux comtes bretons pour leur donner connaissance de la plainte que lui avait adressée l'archevêque de Tours à la suite de l'usurpation des droits de son église par l'évêque de Dol, usurpation liée aux troubles provoqués par les Scandinaves. Il est probable que l'usurpation concerne la création de nouveaux sièges épiscopaux. Les premiers évêques connus des deux diocèses apparaissent peu avant l'an mil.

L'activité de Wicohen ne se limite pas à la Domnonée ; comme nous l'avons vu plus haut, l'archevêque de Dol avait reçu de Thibaud le Tricheur des pouvoirs dans le comté Nantais ; de même intervint-il fréquemment dans le comté de Rennes. La Chronique de Nantes dénonce la tutelle qu'il aurait imposée au vieux comte de Rennes Juhel Bérenger ; il l'aurait contraint à vivre près de lui avec son épouse et un personnel réduit. Cette hégémonie semble avoir duré une dizaine d'années ; elle fut brisée vers 970 quand Conan, fils de Juhel Bérenger, entreprit de libérer son père de la tutelle de l'archevêque et de prendre en mains le gouvernement du comté de Rennes. Wicohen vécut jusqu'en 988, il conserva un pouvoir étendu sur la Domnonée mais désormais la scène politique allait être dominée par la lutte entre les comtes de Rennes et de Nantes.

Conan que la postérité appellera le Tort à la suite d'une claudication nous apparaît comme un homme politique de valeur. Issu d'une famille de la haute aristocratie franque, il consacra toute son énergie à donner au comte de Rennes l'hégémonie sur la Bretagne. Beaucoup plus vigoureusement que son père, il s'appuya sur le comte de Blois et de Chartres. Devenu son vassal il aurait obtenu d'après la Chronique de Nantes la majeure partie de la Bretagne. Cette assertion d'une source souvent discutée semble ici vraisemblable puisque dans un de ses actes, Eudes I, fils de Thibaud le Tricheur, donne en 979 au comte de Rennes le titre de *comes Britanniae*. Il est sûr d'autre part que Conan exerça un pouvoir réel en Domnonée et dans le Vannetais. A ce lien vassalique avec le comte de Blois s'ajouta la volonté de se rapprocher du comte d'Anjou Geoffroy Grisegonelle. En dépit de la rivalité entre les maisons de Blois et d'Angers, Conan, peu après 970, épousa la fille de Geoffroy, Ermengarde. Cette alliance allait beaucoup plus loin que des relations de bon voisinage. Par leurs ancêtres les comtes d'Anjou descendaient d'un ancien comte carolingien de Nantes : Lambert. Le comte de Rennes trouvait ainsi une double légitimité dans sa volonté de dominer le Nantais. D'une part, en tant que vassal de Thibaud puis d'Eudes, il pouvait revendiquer la fraction du territoire nantais attribuée au comte de Blois ; d'autre part, en tant qu'époux d'une descendante des comtes de Nantes, il s'affirmait comme un héritier légitime du comté de Nantes.

Pour les fils d'Alain Barbetorte la remarquable stratégie de Conan entraînait un redoutable isolement. Hoël réagit en engageant de longues hostilités avec le comte de Rennes. « Le comte Hoël, écrit la Chronique de Nantes, fut vaillant et puissant. Il soutint beaucoup de guerres contre le fils de Juhel Bérenger ». Ce laconisme pour une source favorable aux descendants d'Alain Barbetorte cache mal les échecs d'un prince qui manquait certainement de sens politique ; sans doute est-ce sous son règne que le nord du comté nantais passa sous la domination rennaise. A la mort d'Hoël, en 979 le comté nantais se trouvait dans une position difficile. Guérec bien que récemment consacré évêque de Nantes succéda à son frère. Elevé à Fleury-sur-Loire c'était un prince instruit qui avait certainement eu l'occasion de côtoyer les princes territoriaux de la vallée de la Loire. Dès son avènement il fit éclater l'alliance entre le comte d'Anjou et le comte de Rennes. Geoffroy Grisegonelle inquiet devant la montée de la puissance rennaise n'hésita pas à envoyer au comte de Nantes une partie de ses troupes pour affronter Conan. La bataille eut lieu à Conquereuil en 981 et il nous est impossible de savoir qui remporta la victoire. Ce qui est sûr, par contre, c'est que la participation d'un contingent angevin eut un effet dissuasif. Conan renonça jusqu'à la mort de Guérec à reprendre l'offensive. Mais pas plus qu'il ne voulait reconnaître l'hégémonie rennaise, le comte de Nantes ne pouvait accepter une tutelle angevine ; aussi s'efforça-t-il de reprendre la politique de son père en recherchant des alliances moins dangereuses. Le resserrement des liens avec le comte du Poitou allait tout à fait dans cette direction. En 982, très probablement, Guillaume Fierbrace confirma la cession des *pagi* d'Herbauge, Tiffauges et Mauges. Ce traité non seulement renforçait la présence nantaise au sud de la Loire mais plaçait aussi un verrou contre l'expansion angevine dans les Mauges où un des vassaux de Geoffroy, le vicomte Renaud Torrench, s'était constitué un domaine propre. La réaction du comte d'Anjou fut très vive et, sans doute, Guérec avait-il présumé de ses forces. En 983, alors que Guérec revenait de la cour du roi Lothaire où il avait prêté le serment de fidélité, il fut retenu prisonnier par le comte d'Anjou. Pour obtenir sa liberté, il dut s'engager dans la vassalité de Geoffroy. Le comte de Nantes n'avait donc réalisé que la moitié de ses objectifs. Certes, il avait écarté pour un temps la domination rennaise mais, d'un autre côté, il n'avait pu éviter la vassalité vis-à-vis du comte d'Anjou.

En dépit de cet échec Guérec avait assuré l'avenir ; malheureusement une nouvelle crise successorale allait enlever au comte de Nantes toute possibilité de l'emporter.En effet, en 988, Guérec disparaissait en laissant un jeune enfant qui mourut à son tour dès 990. Pour le comte de Rennes l'occasion était inespérée. En 990 ou 991, Conan lançait une nouvelle expédition et s'emparait de Nantes sans résistance. Il entreprenait aussitôt la construction d'une forteresse au sud-ouest de la cité, le château du Bouffay, et confiait le gouvernement de la ville à l'évêque de Vannes, Orscand. Une telle nomination prouve la mainmise du comte de Rennes sur le Vannetais. L'installation du comte de Rennes sur la Loire renversait l'équilibre fragile des dominations territoriales dans l'Ouest de la France. Le jeune comte d'Anjou, Foulques Nerra — il avait succédé à son père en 987 — pouvait se sentir pris en tenailles. A l'est il était déjà menacé par l'allié de Conan le comte de Blois et de Chartres Eudes. Il pouvait craindre désormais d'être attaqué sur deux fronts alors que ses relations avec le comte du Poitou, au sud, restaient difficiles. Face à ce défi Foulques Nerra réagit avec vigueur : quelques mois après la prise de Nantes par Conan, il venait faire le siège de Nantes. Il s'empara de la ville mais ne réussit pas à prendre le château du Bouffay, probablement une simple motte fortifiée. Après avoir rassemblé ses troupes dans le Vannetais, le comte de Rennes prit à son tour l'offensive et vint livrer bataille au comte d'Anjou à Conquereuil. Nous avons la chance de posséder trois récits de cette seconde bataille de Conquereuil : un texte peu fiable de Raoul Glaber, un document plus sûr du moine de Reims Richer et enfin le témoignage de la Chronique de Nantes. Ecoutons Richer qui nous décrit ici minutieusement la ruse et l'habileté guerrière du comte de Rennes : « Il y avait, à faible distance, une vaste plaine à la fois longue et large qui contenait une grande fougeraie. C'est là que Conan décida d'engager la bataille. Il y creusa des pièges ; il y fit de nombreuses tranchées qu'il noya, couvrant ensuite les trous de branches d'arbres, de baguettes d'osier et de tiges de roseau. Il fixa à l'intérieur des tranchées des piquets sur lesquels furent placés des claies qui simulaient le sol et, pour compléter l'illusion, il fit ramasser de la fougère qu'il répandit par dessus, masquant ainsi le piège. Après avoir préparé son piège et rangé son armée, il recourut à la ruse et déclara qu'il resterait sur place sans chercher à attaquer les ennemis. Tandis que ceux-ci croyaient les Bretons retenus par la peur, ils se jettent sur les tranchées en se défendant contre les traits. Ils s'y précipitent et s'y noient avec leurs chevaux... »

La victoire allait revenir au chef breton quand celui-ci commit l'imprudence fatale : « Pendant que Foulques fuyait, Conan déposa ses armes pour rafraîchir à l'air son corps échauffé. Un de ses adversaires l'ayant vu se précipita sur lui avec impétuosité et le transperça de son épée ce qui procura la victoire à Foulques ».

La défaite et la mort de Conan ne mirent pas en cause la position hégémonique de la maison de Rennes sur la Bretagne. Le fils de Conan, Geoffroy, reprit aussitôt l'héritage paternel. Foulques ne s'intéressa qu'au Nantais, il confia à un de ses vassaux, Aimery de Thouars, le gouvernement du comté en attendant la majorité d'un fils bâtard d'Hoël : Judicaël. L'installation d'un seigneur poitevin est significative de la politique de Foulques Nerra. Il ne chercha pas à s'emparer du comté nantais mais à l'affaiblir et surtout il justifia par vassal interposé la progression de son influence au sud de la Loire dans les Mauges et le *pagus* de Tiffauges.

LE REGNE DE GEOFFROY 992-1008

Le fils de Conan, Geoffroy, reste pour nous un inconnu ; il est le seul duc à ne nous avoir laissé aucun acte et les rares chroniques de l'époque en parlent brièvement. Ces lacunes traduisent de manière incontestable l'affaiblissement du pouvoir ducal. A son avènement Geoffroy réussit à reprendre en mains sans difficulté le comté de Rennes, le Vannetais et une grande partie de la Domnonée mais il dut renoncer au Nantais et vit sa position extérieure s'affaiblir. En effet le nouveau comte de Blois Eudes II (995-1037), personnage brouillon et aventureux, n'était pas capable d'apporter au comte de Rennes le soutien dont son père avait bénéficié. Les deux grandes puissances territoriales étaient désormais dans l'Ouest le duché de Normandie et le comté d'Anjou. Pour ne pas avoir à affronter deux adversaires Geoffroy, pourtant fils d'une princesse angevine, s'efforça de nouer des relations étroites avec la Normandie. Il épousa peu de temps après son avènement la sœur de Richard II, Havoise, et donna, quelques années après, sa propre sœur Judith en mariage au duc de Normandie. L'alliance se traduisit vraisemblablement par des opérations militaires communes ; Guillaume de Jumièges parle de combats livrés par les deux ducs contre le comte de Blois. Si l'information est exacte il s'agit d'un renversement d'alliance.

Ce rapprochement avec la Normandie ne donna pas les résultats escomptés ; en 996, une bande de mercenaires scandinaves appelés par le duc de Normandie vint attaquer et piller Dol. Cependant l'alliance avec Richard II permit à Geoffroy de se consacrer à un objectif prioritaire : la reconnaissance de son autorité dans le Nantais.

Le duc crut y parvenir aux alentours de l'an mil. Judicaël, dési-

DYNASTIE DES COMTES DE RENNES

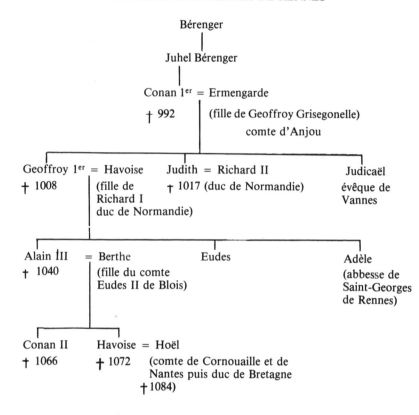

Bérenger
|
Juhel Bérenger
|
Conan 1er = Ermengarde
† 992 (fille de Geoffroy Grisegonelle)
comte d'Anjou

Geoffroy 1er = Havoise   Judith = Richard II   Judicaël
† 1008 (fille de   † 1017 (duc de Normandie)   évêque de
Richard I   Vannes
duc de Normandie)

Alain III = Berthe   Eudes   Adèle
† 1040 (fille du comte   (abbesse de
Eudes II de Blois)   Saint-Georges
de Rennes)

Conan II   Havoise = Hoël
† 1066   † 1072 (comte de Cornouaille et de
Nantes puis duc de Bretagne
† 1084)

reux de secouer la tutelle angevine, accepta l'hégémonie du comte de Rennes. La Chronique de Nantes précise même que c'est en se rendant à la cour de Geoffroy que le comte trouva la mort en 1004. Cette mort dont nous ignorons la cause semble marquer un tournant. Geoffroy s'efforça alors d'intervenir directement dans les affaires nantaises. A la mort de l'évêque Hervé, mort survenue à Blois, ce qui prouve des relations entre l'évêché de Nantes et la cour de Blois, Geoffroy plaça sur le siège épiscopal un chevalier de sa cour nommé Gautier. Homme de guerre avant tout — mais nous sommes encore loin de la réforme du clergé séculier — Gautier s'efforça d'affaiblir l'autorité comtale. Le contexte était favorable. Une nouvelle fois le comté de Nantes était revenu à un enfant illégitime et mineur : Budic, fils de Judicaël. La lutte se déroula à l'intérieur même de la cité. Le jeune comte de Nantes et ses familiers se retranchèrent solidement dans le château du Bouffay près de la confluence de l'Erdre et de la

Loire ; l'évêque, quant à lui, fortifia son palais épiscopal près de la cathédrale. D'après la Chronique de Nantes Gautier parvint assez vite à marquer quelques points grâce au soutien du duc qui lui amena un contingent militaire et au ralliement, probablement bien payé, de quelques chevaliers comtaux. Budic « qui n'osait pas sortir de son château » gardait pourtant, semble-t-il, le soutien de la plus grande partie de ses fidèles hostiles à une domination rennaise. Pour reprendre l'avantage, Budic ne vit qu'un seul moyen : se mettre dans la vassalité du comte d'Anjou. Dès lors la situation apparut bloquée ; aucun des adversaires n'était en mesure de l'emporter sur l'autre. D'après la Chronique de Nantes c'est seulement à la mort du duc Geoffroy survenue en 1008, lors d'un pèlerinage à Rome, que les deux protagonistes acceptèrent de cesser le combat. Le comte et l'évêque reconnurent mutuellement leur légitimité et leurs pouvoirs mais la Chronique ne signale aucune acceptation d'allégeance de la part du comte de Nantes vis-à-vis du comte de Rennes. L'affaire restait en suspens, elle allait provoquer de nouveaux rebondissements pendant le règne d'Alain III.

Geoffroy n'est donc pas parvenu à refaire l'unité de la Bretagne. Sur le plan politique l'échec est patent ; par contre dans le domaine religieux son action est nettement plus positive. S'il ne s'est pas soucié de la réforme épiscopale, il a lancé avec vigueur la réforme monastique. Redon, Saint-Gildas de Rhuys et sans doute Saint-Melaine de Rennes renaissent grâce à des moines appelés par le duc.

LE REGNE D'ALAIN III. 1008-1040

A la mort de Geoffroy, son fils aîné, Alain, est encore un enfant dont l'âge ne dépasse pas 11 ans. Le gouvernement ducal revient à la veuve du duc défunt Havoise. De cette princesse normande, sœur de Richard III, nous ne savons rien puisqu'aucune chronique ne nous relate les événements de cette période ; les rares précisions dont nous disposons nous permettent cependant de voir en elle une femme énergique qui sut maintenir l'autorité ducale. Elle continua à jouer un rôle politique bien après la mort d'Alain III puisqu'elle est présente jusqu'à sa mort dans les actes de son fils.

Havoise eut à affronter deux crises violentes. La Bretagne connut d'abord une révolte paysanne. Nous ne disposons ici d'aucune date précise mais l'agitation est signalée dans deux documents. Le texte le plus connu est la Vie de saint Gildas écrite au XIe siècle. Après avoir présenté la vie légendaire du saint, l'auteur évoque la ruine du monastère sous le coup des invasions normandes et le rétablissement de la vie conventuelle grâce à l'arrivée d'un moine de Fleury-sur-Loire, Félix ; or le séjour du saint homme fut vivement perturbé par l'agitation paysanne et le moine dut repartir : « les paysans s'assemblèrent en troupes contre leurs seigneurs, précise l'hagiographe, mais le comte Alain s'étant joint aux nobles, ils attaquèrent les groupes de paysans et ceux-ci allant au combat sans chef et sans prudence furent massacrés, poursuivis, dispersés ». A. de La Borderie a vu dans ce mouvement une protestation paysanne contre le maintien du servage, certains seigneurs ayant refusé de suivre la décision d'Alain Barbetorte. Cette explication ne résiste pas à l'examen. L'abolition du servage par Alain Barbetorte fut une mesure partielle, nous en reparlerons ; par contre la révolte semble bien liée au resserrement de l'encadrement des hommes dans le cadre de la seigneurie banale. La mainmise renforcée sur les rustres, le développement des *consuetudines* c'est-à-dire des coutumes, la multiplication des châteaux ont engendré partout en Occident des mouvements de résistance paysanne. Signalons ici les meurtres de Raoul de Guines et de Renier de Boulogne racontés par Lambert d'Ardres, les deux événements sont antérieurs à 1050, ou plus près de la Bretagne, la révolte des paysans normands, relatée par Guillaume de Jumièges et amplifiée par le roman du Rou de Wace, qui désola la Normandie pendant les années 996-997.

La Vie de saint Gildas mentionne également une révolte de nobles. D'après la Chronique de Gaël elle aurait été conduite par un personnage nommé Judicaël, fils de Cham, dans lequel A. de La Borderie a vu un fils de Conan le Tort. Cette interprétation apparaît surprenante puisque Conan a bien eu un fils nommé Judicaël mais il était évêque de Vannes. Devant l'imprécision et le caractère tardif du document il vaut mieux voir dans cette révolte un phénomène tout à fait significatif du XIe siècle, l'usurpation du pouvoir banal matérialisée par des constructions fortifiées.

Ces deux révoltes furent les seules qu'eut à affronter l'autorité ducale. En étroite relation avec sa mère et son frère Eudes, Alain III allait renforcer tout au long de son règne son autorité. Notre chance est ici de posséder un nombre d'actes ducaux appréciables : trente-deux actes dont treize chartes. Si le ressort territorial de ces actes reste limité — les donations ducales ne concernent que le domaine des comtes de Rennes à deux exceptions près : la donation de l'île d'Arz et d'une paroisse dans le Trégor — les souscriptions sont significatives ; elles montrent que des personnages importants de l'aristocratie laïque et ecclésiastique fréquentaient la cour ducale. La mainmise sur le haut clergé est ici très frappante. Présent dans un grand nombre d'actes, l'archevêque de Dol, Junguenée, apparaît comme le conseiller privilégié du duc ; il est assisté de l'évêque de Nantes Gautier qui manifesta une fidélité sans faille au comte de Rennes. L'évêque de Vannes Judicaël, oncle d'Alain, est également un personnage important de la cour ducale. Les évêques de Rennes et de Saint-

Brieuc apparaissent aussi comme souscripteurs. On voit donc que seuls les évêques de la partie la plus occidentale de la Bretagne, c'est-à-dire de l'ancienne cité des Osismes, échappent à l'autorité ducale. Le pouvoir d'Alain sur l'aristocratie laïque est évidemment moins net mais il est très significatif que les deux personnages les plus puissants, le comte de Nantes Budic et le comte de Cornouaille Alain Canhiart, signent à plusieurs reprises les actes ducaux. La présence du comte de Cornouaille à la cour des ducs de Bretagne est un progrès incontestable de l'autorité ducale ; jamais les deux prédécesseurs d'Alain III n'étaient parvenus à faire sentir leur hégémonie à l'ouest de la péninsule mais le résultat le plus significatif fut la réintégration du comté de Nantes.

Les comtes de Nantes n'avaient jamais accepté l'hégémonie des comtes de Rennes. Sous le règne de Geoffroy, on l'a vu, l'arrivée à l'évêché de Nantes d'un familier des comtes de Rennes avait entraîné un violent conflit. Une paix précaire avait été acceptée par les deux parties à la mort de Geoffroy, mais peu de temps après, le conflit rebondissait. D'après la Chronique de Nantes un pèlerinage imprudent de l'évêque en Terre sainte amena le comte Budic à s'emparer des biens épiscopaux et à détruire le manoir du prélat. On imagine la fureur de l'évêque à son retour. Après avoir prononcé l'excommunication du comte, l'évêque demanda l'aide du duc de Bretagne. Placé en position difficile, Budic, à son tour, alla demander de nouveau le soutien de Foulques Nerra et il confirma son hommage au comte d'Anjou. Nous ignorons ici encore le déroulement du conflit. Foulques Nerra, soucieux avant tout d'agrandir ses possessions au sud de la Loire, ne paraît pas avoir soutenu avec énergie le comte de Nantes ; d'ailleurs un affaiblissement du comte de Nantes ne pouvait que renforcer la présence angevine dans les Mauges et l'Herbauge. Voyant la fragilité de sa position, Budic finit par céder aux pressions rennaises. Au plus tard en 1030 il avait abandonné son allégeance à Foulques Nerra et s'était placé dans la fidélité du comte de Rennes.

A l'extérieur du duché Alain III se montra également actif. La maison de Blois était depuis longtemps alliée à la famille des comtes de Rennes : le duc de Bretagne ne fit ici que poursuivre la ligne politique de ses prédécesseurs. Son mariage avec Berthe, fille du comte de Blois, Eudes II, a été présenté sous la forme d'un enlèvement par Le Baud et A. de La Borderie. Devant le refus du comte de Blois Alain Canhiart aurait été chargé par le duc d'enlever la princesse. Vision évidemment bien romanesque. Le mariage traduit en fait le retour en force d'une alliance qui avait été négligée au cours du règne précédent.

Le soutien apporté au comte du Maine présente plus d'originalité. Pour mieux lutter contre le comte d'Anjou et pour éviter une soumission trop étroite au duc de Normandie, le duc de Bretagne se rapprocha du comte du Maine Herbert Eveille Chien. Au début du XIᵉ siècle la famille comtale du Maine n'était pas parvenue à créer une puissante principauté. Fidèles lieutenants des Robertiens, ancêtres de Hugues Capet, les premiers comtes réussirent à contrôler l'ensemble du *pagus Cenomannensis* c'est-à-dire la plus grande partie des actuels départements de la Sarthe et de la Mayenne, mais leurs successeurs durent affronter deux puissants adversaires : d'un côté le comte d'Anjou désireux d'étendre sa domination en direction du nord-est ; de l'autre l'évêque du Mans soucieux de conserver une large autonomie en s'appuyant sur un important domaine foncier.

Au début du XIᵉ siècle, Avejot, issu d'une des plus puissantes familles des confins de la Normandie et du Maine, les Bellême, était à la tête du diocèse. Ambitieux, ce personnage prit une mesure spectaculaire qui risquait de ruiner la puissance comtale : il fit construire sur un de ses domaines le château de Douneau ; or jusque-là le comte du Maine avait réussi à garder pour lui les prérogatives régaliennes dont la construction de forteresses était une des manifestations les plus nettes. Aussi Herbert réagit-il violemment. L'évêque fut chassé de la ville du Mans, ce qui entraîna la proclamation de l'interdit dans le diocèse. On aurait pu en rester là mais l'évêque disposait du soutien de sa famille : Guillaume de Bellême, frère de l'évêque, prit immédiatement fait et cause pour ce dernier. Une lutte indécise s'engagea entre les Bellême et le comte du Maine. Très vite un appui extérieur apparut indispensable à Herbert ; une alliance avait-elle été déjà conclue avec le duc de Bretagne ? Nous l'ignorons. En tout cas, à l'appel d'Herbert, Alain III intervint en 1027 et vint assiéger un second château construit par l'évêque : La Ferté-Bernard. Ce secours du duc de Bretagne fut, semble-t-il, décisif, le château fut pris mais Herbert, sous la pression de l'évêque de Chartres, Fulbert, dut renoncer à poursuivre les hostilités et se réconcilia avec l'évêque. Malgré ce demi-échec, Alain III maintint son alliance. Au cours de la même année il lança une expédition dans le sud du Maine pour libérer des chevaliers manceaux détenus en otage par Foulques Nerra. Les événements allaient pourtant rapidement ruiner la stratégie du duc de Bretagne. La disparition du comte du Maine en 1035, la difficile minorité de son fils, la mort prématurée d'Hugues IV après un mariage avec la veuve d'Alain III placèrent définitivement le Maine dans l'orbite de l'Anjou. Cependant, si le comte d'Anjou avait obtenu là un succès indéniable, il n'en avait été pas moins obligé à l'ouest d'accepter le retour du comté nantais dans le duché de Bretagne.

Les relations avec la Normandie furent beaucoup plus difficiles. Durant la minorité du duc il est très probable qu'Havoise, princesse normande, soit restée très proche de son frère le duc Richard II qui avait fait de la Normandie la plus forte des principautés du royaume. Les liens étaient d'autant plus forts que lui-même avait épousé la sœur de Geoffroy : Judith. Que ces liens se soient traduits par une vassalité comme le soutient Dudon de Saint-Quentin est certainement faux. Il s'agit là d'une interprétation erronée du serment de fidélité prêté à Rouen en 942 par Alain Barbetorte au roi Lothaire.

La puissance du duché de Normandie pouvait inquiéter le prince breton devenu majeur. Il semble qu'il ait tenté de profiter de la période d'incertitudes qui suivit la mort de Richard II en 1025 pour prendre ses distances avec la principauté voisine. Les années 1025-1030 correspondent à la période la plus heureuse du règne d'Alain III. L'alliance avec le comte du Maine, la réintégration du comté de Nantes sont les principales réussites de cette période. Mais en 1030 Robert le Magnifique avait solidement rétabli le pouvoir ducal en Normandie, il tentait alors une politique hégémonique vis-à-vis de la Bretagne. Il exigea d'Alain III un serment de fidélité. Dans un premier temps Alain refusa. Robert résolut d'employer la force ; il fit construire à Cheruel sur le Couesnon une redoutable forteresse et lança une première expédition en Bretagne. Alain riposta par une contre-offensive dans l'Avranchin. D'après Guillaume de Jumièges, cette initiative tourna au désastre. Le chef breton perdit un grand nombre de ses guerriers. En fait le rapport des forces était nettement en faveur du duc de Normandie. Pendant que des navires venus de Jersey pillaient le littoral breton, Robert préparait une nouvelle expédition. Alain III n'attendit pas cette nouvelle offensive, il demanda l'intervention de l'archevêque de Rouen qui était leur oncle commun. Une rencontre entre les deux ducs fut organisée au Mont-Saint-Michel et, là, Alain accepta de se placer dans la vassalité de Robert. L'humiliation fut cependant de courte durée puisqu'en 1035 le duc de Normandie disparaissait prématurément lors d'un pèlerinage aux Lieux saints. Alain III retrouvait alors toute sa liberté au moment où la Normandie connaissait, avec la longue minorité du jeune Guillaume, une période de désordres.

Alain III qui était par sa mère petit-fils de Richard II tenta d'ailleurs d'intervenir dans les affaires normandes. Il affirma qu'il avait été désigné par Robert pour être le tuteur de son fils, mais les barons normands refusèrent cette intervention extérieure. Des opérations militaires confuses furent menées par le duc de Bretagne pour revendiquer ces droits ; c'est au cours d'une de ces offensives qu'il mourut à Vimoutiers en 1040.

LE REGNE DE CONAN II. 1040-1066

La mort d'Alain III amenait de nouveau une longue minorité, le jeune duc n'ayant pas dix ans à la mort de son père. Le gouvernement du duché fut immédiatement saisi par Eudes, frère du duc défunt. A. de La Borderie a dramatisé cette succession en montrant qu'Eudes, assoiffé de pouvoir, s'était emparé du jeune duc et, après l'avoir exclu du gouvernement du duché, avait chassé de Bretagne la veuve d'Alain. En fait Eudes avait été étroitement associé au gouvernement de son frère, il était donc naturel qu'il jouât un rôle essentiel pendant la minorité de son neveu ; quant à la mère de Conan elle ne fut certainement pas exilée, elle resta quelques années près de son fils et ne se remaria au comte du Maine Hugues IV qu'après 1045, mariage d'ailleurs assez bref puisqu'Hugues IV disparaissait dès 1051.

Maître du duché, Eudes consacra toute son énergie à empêcher le jeune Guillaume de prendre le pouvoir ducal en Normandie. Descendant par sa mère de Richard II, Eudes, comme d'ailleurs son frère Alain, pouvait prétendre jouer un rôle dans le duché voisin. Il est possible qu'il ait tenté de s'emparer du Mont-Saint-Michel et très vraisemblablement il apporta son aide aux barons révoltés de Basse-Normandie. La victoire de Guillaume à Val-es-Dunes, près de Caen, mit fin aux espoirs d'Eudes (en 1047). Soutenu par le roi de France, Henri I, le Bâtard confortait définitivement son pouvoir. Cet échec affaiblit considérablement l'autorité d'Eudes sur l'aristocratie bretonne. Les principaux châtelains du comté de Rennes, impatients de voir le duc légitime prendre le pouvoir, en profitèrent pour réclamer la fin de la minorité de Conan. Au cours de l'année 1047, lors d'une grande cérémonie à Rennes où l'évêque de Rennes Main joua un rôle important, le jeune duc Conan fut présenté solennellement à la population rennaise. Le Cartulaire de Redon a relaté la scène et nous connaissons les principaux témoins de cette prise du pouvoir : Josselin de Porhoët, Robert de Vitré, Normand du Faou, Rivaud de Taillis, Rivallon de la Rouvraie. Ce sont tous des fidèles du précédent duc ; ils se montrèrent constamment fidèles au nouveau prince.

A. de La Borderie a voulu prolonger la minorité du jeune comte mais tout indique que Conan exerça réellement le pouvoir à partir de 1047. Eudes n'apparaît plus à partir de cette date dans les actes de son neveu, il s'est sans doute replié sur l'important apanage qu'Alain III lui a concédé en Domnonée. Les premières années du gouvernement de Conan furent marquées par un renforcement de l'autorité princière. A la mort du comte de Nantes Mathias, en 1050, Conan parvint même à prendre en mains le comté. Une charte du Cartulaire de Redon le mentionne expressément comme comte de Nantes : « Conan gouvernant le comté de Nantes, Airard étant évêque » (acte CCCLXVI du cartulaire). Dans un acte solennel de confirmation des biens de l'abbaye de Marmoutier en Bretagne, la présence de plusieurs seigneurs du comté nantais montre que cette autorité fut effective. Elle a pourtant été brève. Conan devait rapidement faire face à une révolte de l'aristocratie bretonne. Eudes n'accepta pas d'être écarté du pouvoir, peut-être espérait-il s'emparer de l'autorité ducale. Son vaste apanage en Domnonée lui donnait les moyens de constituer autour de lui un ample mouvement de mécontents. S'il ne réussit pas à attirer vers lui les principaux châtelains du comté de Rennes, il obtint un soutien essentiel : celui du comte de Cornouaille Alain Canhiart. La participation de ce dernier à la rébellion est liée à la succession du comté de Nantes. Marié à la sœur du comte Budic, Judith, Alain revendiquait le comté de Nantes détenu par Conan depuis la mort du jeune Mathias.

Nos sources ne nous donnent aucune précision sur les combats. Il est difficile de suivre le récit confus de Le Baud. L'aboutissement du conflit apparaît quant à lui nettement : Eudes ne parvint pas à s'emparer du pouvoir ducal mais les droits d'Alain Canhiart et de Judith furent reconnus et Hoël, leur fils, exerça, à partir de 1054, le pouvoir comtal en Nantais. Comme en même temps le frère d'Alain Canhiart, Quiriac, recevait le gouvernement du diocèse de Nantes, à la suite du départ de l'évêque légitime Airard, on voit que la famille comtale de Cornouaille sortait grandement renforcée du conflit. Quel fut le sort d'Eudes ? Il n'est pas sûr qu'il ait été emprisonné par son neveu et de toute façon il garda son apanage. Dans les années qui suivent, on le voit intervenir hors de Bretagne. Allié du comte d'Anjou, il s'efforce de contenir les ambitions du duc de Normandie sur le Maine. Initiative encore malheureuse. Une expédition dirigée par lui et le comte d'Anjou pour attaquer le château d'Ambrières construit par Guillaume tourne au désastre et Geoffroy de Mayenne doit prêter hommage au duc de Normandie.

Alors que les rapports avec Hoël, devenu, en 1058, à la mort de son père, également comte de Cornouaille, restaient très tendus, Conan dut affronter en 1064 la révolte d'un puissant vassal du comté de Rennes : Rivallon. Frère de l'archevêque Junguenée, Rivallon avait reçu les châteaux de Dol et de Combourg qui gardaient la frontière avec le duché de Normandie. La révolte mettait donc en péril la frontière septentrionale du duché. Conan réagit rapidement et vint donner l'assaut à la puissante motte fortifiée de Dol ; mais la campagne prit bientôt un tournant beaucoup plus dangereux. Isolé, Rivallon faisait appel au duc de Normandie, Guillaume le Bâtard. Une opération de modeste envergure se transformait ainsi en conflit majeur entre deux principautés. Notre chance est ici d'être admirablement bien renseignés car les péripéties de ce conflit ont été racontées par Guillaume de Poitiers et ont fait l'objet des premières scènes de la Tapisserie de Bayeux. Guillaume, après sa victoire sur le roi de

France Henri I et la conquête du Maine, cherche à renforcer sa frontière vis-à-vis de la Bretagne. Déjà, au cours des années précédentes, il a consolidé les défenses du Mont-Saint-Michel et commencé la construction de la puissante forteresse de Saint-James-du-Beuvron ; désormais la présence d'un allié de l'autre côté de la frontière lui permettra de compléter son dispositif de défense. Aussi répond-il favorablement à l'appel du seigneur de Dol. Au dire de Guillaume de Poitiers, Conan lui aurait alors lancé un défi et le duc de Normandie se serait rendu le jour convenu à proximité de Dol. La Tapisserie le montre, en compagnie d'Harold, traverser les sables mouvants de l'estuaire du Couesnon et arriver devant le donjon de Dol. A son approche le duc de Bretagne, qui n'a pas réussi à s'emparer du donjon de son vassal, s'enfuit. La Tapisserie le montre descendant par une corde un mur d'enceinte. Il vient se réfugier à Rennes.

La levée du siège de Dol est donc un net succès pour Guillaume et la Tapisserie de Bayeux n'hésite pas à faire de cette campagne en Bretagne une courte promenade victorieuse. Après Dol, le duc vient défier Conan devant Rennes, puis il s'empare de la forteresse de Dinan que le malheureux chef breton cherche vainement à secourir. La Tapisserie déforme ici à plaisir la vérité : dans les faits la stratégie de Guillaume fut mise en échec. Guillaume de Poitiers, pourtant zélé courtisan, ne peut cacher l'impossibilité pour le Bâtard d'exploiter son premier succès. Le problème du ravitaillement se pose avec acuité, les Bretons cachant le peu de céréales qu'ils récoltent ; Rivallon cherche à éloigner le plus vite possible son encombrant allié. Surtout le pays est dangereux : le chroniqueur normand nous offre une longue description de la sauvagerie bretonne dont il est intéressant de reproduire ici quelques extraits : « En ces contrées un seul chevalier en engendre cinquante, ayant en la manière des barbares, dix épouses ou davantage... Cette multitude s'adonne principalement aux armes et à l'art équestre ; elle se détourne de la culture des champs ou de celle des mœurs. Elle vit de lait en abondance, de pain avec parcimonie. De gras paturages nourrissent les troupeaux, en de vastes espaces où la moisson est à peu près inconnue. Lorsqu'ils ne sont pas occupés à la guerre, ils vivent de rapines, de brigandages, de guerres domestiques ou s'y exercent. Ils courent aux combats avec une ardeur joyeuse ; dans la lutte ils frappent avec fureur. Accoutumés à repousser l'ennemi, ils cèdent difficilement. La victoire et la gloire acquises au combat sont l'objet de grandes réjouissances et d'une excessive fierté... »

Curieux texte à la fois méprisant et admiratif mais qui manifeste bien l'étonnement du chroniqueur. Comment après ses brillants succès sur le roi de France et le comte d'Anjou, le duc de Normandie peut-il échouer devant le faible Conan ?

L'échec de Guillaume éveilla chez Conan une incontestable ambition. A croire Pierre le Baud, dans les mois qui suivirent le départ du duc de Normandie, Conan eut enfin raison de la révolte de Rivallon. Après avoir reçu l'appui de vassaux des comtés de Rennes et de Vannes et même du vicomte de Léon, il s'empara du château de Dol et chassa de Bretagne le vassal félon. Peu de temps après, le duc de Bretagne se serait réconcilié avec le comte Hoël.

L'année 1065 fut surtout marquée par la rupture avec le comte d'Anjou. Conan II voulut-il, comme le prétend A. de La Borderie, reconstituer cette marche angevine acquise par Salomon au IX⁰ siècle ? Nous ne le pensons pas. Il est plus vraisemblable qu'il tenta de consolider la présence rennaise dans une zone où les comtes d'Anjou Foulques Nerra et Geoffroy Martel avaient vu leur pouvoir se renforcer. Déjà en 1048 Conan II s'était emparé de Craon. Il avait dû ensuite relâcher sa pression à la suite de la révolte d'Eudes. Geoffroy en avait profité pour établir un puissant château comtal à Pouancé. Le renforcement de la position ducale après la chute de Dol permit à Conan de se préoccuper à nouveau de sa frontière orientale. Conformément à une tradition bien établie, il commença par réaffirmer son alliance avec le comte de Blois et de Chartres, Thibaud III, puis il engagea les hostilités. La situation était très favorable. Le comté d'Anjou connaissait alors une crise très grave du fait de l'affrontement de Geoffroy le Barbu avec son frère Foulques le Réchin. Le duc de Bretagne prit Pouancé sans grande résistance car la place appartenait déjà à un seigneur breton, Sylvestre de La Guerche, puis il s'empara de Segré et alla assiéger Château-Gontier.

Pensa-t-il profiter de ses victoires pour s'opposer une nouvelle fois au duc de Normandie qui venait de remporter une victoire décisive à Hastings ? Ce n'est pas impossible car le duc de Bretagne continuait à considérer Guillaume comme un usurpateur en Normandie ; mais Conan ne put réaliser son projet. Il mourut le 11 décembre 1066 devant Château-Gontier.

A sa mort, Conan II laissait un pouvoir ducal affaibli. Certes les menaces extérieures avaient été écartées mais à l'intérieur de la Bretagne le pouvoir ducal ne s'exerçait plus que dans le comté de Rennes. Au nord de la péninsule, Eudes chassé du gouvernement ducal exerçait en Penthièvre et en Trégor un pouvoir redoutable pour l'autorité ducale ; au sud de l'Armorique le duc n'avait pu empêcher la réunion des comtés de Nantes et de Cornouaille.

L'EVOLUTION DE LA PUISSANCE PUBLIQUE SOUS LA DYNASTIE RENNAISE

La période 950-1050 est marquée dans tout l'Occident par des transformations sociales et politiques profondes. L'autorité publique, le ban, c'est-à-dire le droit de commander, contraindre, punir échappe à l'autorité royale. Profitant de l'affaiblissement des derniers Carolingiens discrédités par leur incapacité à faire face aux invasions scandinaves et par de fréquentes discordes familiales, les comtes et les vicomtes, c'est-à-dire les agents locaux du pouvoir royal, réussissent à se maintenir dans une même circonscription et à transmettre à leurs héritiers leurs charges. En même temps ils parviennent à se constituer un important domaine foncier en regroupant les alleux du patrimoine familial, les biens du fisc royal qu'ils ont usurpés et les bénéfices que le roi ou de puissantes abbayes leur ont concédés. Devenus les hommes forts de leur région, ils cherchent avec succès à exercer l'autorité publique à leur seul profit. La construction d'un château de même que la constitution d'une clientèle de fidèles unis par des relations vassaliques matérialisent ce nouveau pouvoir.

La dilution de la puissance publique au profit de l'aristocratie a été favorisée par les transformations de l'activité militaire. La fiction d'un service militaire dû par tous les hommes libres est désormais lointaine. Au Xe siècle, dans le royaume de France tout au moins, combattre est devenu un métier. Le triomphe de la cavalerie a accéléré une évolution déjà perceptible au VIIIe siècle quand il était devenu impossible à beaucoup d'hommes libres de partir plusieurs mois pour des expéditions à longue distance. Au début du XIe siècle, le coût d'un équipement de cavalier, la nécessité de s'entraîner régulièrement amènent la réduction des effectifs militaires et la formation d'une élite sociale qui se confondra un jour avec la noblesse. Ainsi se constitue cette société des trois ordres célébrée par Adalbéron dans son poème au roi Robert le Pieux.

Montée en puissance de l'aristocratie, affaiblissement du pouvoir royal, voilà bien deux caractères essentiels de cette mutation qui entraîne l'Occident vers la féodalité, c'est-à-dire vers une société où les pouvoirs de commandement sont d'abord exercés par une aristocratie militaire encadrée par des devoirs et des services. Cependant, si l'évolution d'ensemble est nettement perceptible, les conditions mêmes du passage des structures carolingiennes à un pouvoir royal fort aux structures dites féodales sont évidemment complexes. La recherche historique depuis trente ans a été amenée à contester la vision chère à Marc Bloch d'une société féodale apparaissant immédiatement après les invasions du IXe et du début du XIe siècle. A l'idée de rupture, Georges Duby dans son étude sur le Mâconnais a préféré substituer le schéma d'une longue évolution de près d'un siècle. Les traditions carolingiennes ont pu ainsi se maintenir jusqu'au milieu du XIe siècle ; en même temps, Georges Duby, suivi par de nombreux médiévistes, a souligné l'importance des diversités régionales, le Nord évoluant plus lentement que le Midi. Le processus de désagrégation de l'autorité publique a donc été une dynamique complexe qui répond à des situations historiques différentes. N'y voyons pas une marche destructrice vers une « soi-disant anarchie féodale » mais, dans le cadre d'une économie largement rurale, percevons une recherche d'adaptation des structures de commandement aux conditions techniques et économiques.

LE POUVOIR DES PREMIERS DUCS

La Bretagne, par rapport à la *Francia Occidentalis*, présentait au IXᵉ siècle, une profonde originalité puisqu'elle constituait un royaume subordonné. Erispoe, Salomon avaient reçu de Charles le Chauve, en échange d'un engagement vassalique, l'essentiel du pouvoir souverain. Ç'était là un privilège réservé aux membres de la famille carolingienne. Les invasions normandes ruinèrent cette jeune principauté. Si Alain le Grand parvint, dans des conditions difficiles, à restaurer une royauté bretonne, Alain Barbetorte dut, à son retour en Armorique, abandonner toute prétention au titre royal. Il dut se contenter du titre ducal, ce qui le plaçait au même niveau que les principaux chefs territoriaux de la France du Nord. Encore ce titre apparut-il un peu disproportionné pour les successeurs. Le titre de comte apparaît en concurrence avec le titre ducal, même dans les actes souscrits par le duc, et il faudra attendre le règne de Philippe le Bel pour que la chancellerie royale reconnaisse aux princes bretons le titre de duc. Pourtant le souvenir de la royauté bretonne est encore présent dans les mémoires au XIᵉ siècle. Conan le Tort s'intitule, dans une charte notice pour le Mont-Saint-Michel, *Britannorum princeps* et Raoul Glaber nous dit que Conan se serait fait imposer une couronne à la manière des rois. Deux générations plus tard, Alain III et son frère Eudes s'intitulent monarques qualifiant leur principauté de *regnum nostrum*. Mais ce sont désormais des termes sans signification. Les princes de Bretagne doivent désormais se contenter d'un cercle de fer ; ils ne sont bien sûrs jamais couronnés. Très tôt cependant une cérémonie religieuse dans la cathédrale de Rennes a marqué leur prise du pouvoir. Le premier témoignage de cette cérémonie correspond au début du règne personnel de Conan II.

L'étude des actes des premiers ducs de Bretagne, tels qu'ils ont été publiés par Hubert Guillotel, permet de discerner avec précision l'évolution du pouvoir ducal d'Alain Barbetorte à Conan II.

Le premier duc ne nous a laissé qu'un seul acte. Il s'agit d'une importante donation à l'abbaye de Landévennec. Un document aussi isolé ne permet pas d'avoir une idée précise de l'autorité du chef breton ; au moins voyons-nous que son pouvoir s'exerçait avant tout sur la Bretagne méridionale, de la Cornouaille au Nantais.

Conan et Geoffroy, les premiers représentants de la dynastie rennaise, n'ont laissé aucune charte instrumentée en leur nom. Seules deux notices contiennent la souscription du fils de Juhel Bérenger. Ce vide traduit les difficultés du pouvoir comtal face aux comtes de Nantes et d'Angers, mais on peut admettre qu'un certain nombre de donations ont été faites oralement.

Avec Alain III, l'autorité ducale semble consolidée. Le duc nous a laissé trente-deux actes authentiques dont treize chartes, six notices au nom du prince et onze actes privés. Fait significatif, le duc dispose d'un début de chancellerie. Si un certain nombre d'actes ont été rédigés par les abbayes bénéficiaires, plusieurs diplômes ont été instrumentés à Rennes par l'archidiacre Moïse, chancelier de l'église de Rennes et membre de la cour ducale. Il y a là une volonté de créer l'embryon d'une administration centrale. Cette ambition politique est confirmée par le contenu des actes. A trois reprises, Alain III donne son accord préalable à la donation d'une terre cédée quelque temps auparavant en bénéfice par le prince. Ainsi entre 1009 et 1019 Alain, à la demande du clerc Agnès, donne à l'abbaye de Marmoutier le tiers de l'église Saint-Martin de Servon, une terre d'une charruée et plusieurs dimes. Ces biens et revenus avaient été donnés en bénéfice quelque temps auparavant par le duc et sa mère. Il n'y a donc pas encore confusion entre biens patrimoniaux et bénéfices concédés à titre viager par le prince sur ses terres. C'est le signe que l'autorité ducale était encore capable de faire respecter cette distinction. Au fil des actes une autre constatation s'impose. Le pouvoir ducal s'exerce bien sur toute la Bretagne. Les formules diplomatiques sont sans ambiguité. Alain est qualifié de *princeps Britanniae, comes totius Britanniae*. Un acte est établi *in presentia domni nostri Alani totius Britanniae princeps*. Les principaux vassaux du duc fréquentent sa cour et souscrivent ses actes ; le duc, de son côté, confirme leurs donations. Vers 1035 Alain confirme ainsi, en compagnie de Budic, comte de Nantes, la cession à la toute nouvelle abbaye de Saint-Gildas-des-Bois de la terre de Lampridic. Si la majeure partie des actes du duc concernent le domaine patrimonial des comtes de Rennes, c'est-à-dire le nord du même comté, le duc intervient aussi dans les autres comtés bretons : dans le Vannetais bien sûr où le duc possède le territoire d'Auray, une partie de Vannes et la presqu'île de Rhuys mais aussi dans le nord-ouest de la Domnonée. La paroisse trégorroise de Pleubihan est donnée à Saint-Georges de Rennes.

Avec les actes de Conan III une mutation profonde dans l'activité ducale est perceptible. Certes, les actes souscrits par le duc restent nombreux : vingt-quatre mais la part des chartes se réduit sensiblement : six (contre treize pour Alain) ; les actes privés, par contre, sont en augmentation, douze. Le duc n'a pas maintenu une activité de chancellerie. Ce sont les abbayes bénéficiaires qui ont rédigé les actes, Marmoutier jouant là un rôle essentiel puisque l'abbaye tourangelle a reçu treize actes de donation. Le pouvoir ducal ne se donne plus les moyens d'une certaine autonomie administrative ; c'est la preuve indirecte de son affaiblissement, confirmée par le contenu des actes : l'espace d'intervention du duc s'y rétrécit d'une manière frappante. En dehors de la donation de Plougasnou faite immédiatement après la mort d'Alain III et de sa confirmation vingt ans plus tard, le duc n'agit qu'à une seule occasion en dehors du comté de Rennes, pour juger quatre hommes qui s'étaient emparés d'une terre de l'abbaye Saint-Georges à Pleubihan. Parallèlement, les listes de souscripteurs s'appauvrissent. Le comte de Cornouaille, maître du Nantais à partir de 1054, ne fréquente plus la cour ducale ; Eudes n'y paraît plus après sa révolte contre son neveu. Même les seigneurs proches font défection ; après 1047, le baron de Fougères fait souscrire ses actes par le duc de Normandie. Les révoltes successives qu'a eues à affronter le prince breton ont sapé son autorité. Il n'est plus question de demander l'autorisation ducale pour la cession d'un bénéfice, dans le meilleur des cas le duc se contente de souscrire l'acte de donation. Dans ces conditions le titre ducal apparaît sans consistance : une seule charte établie à Saint-Florent de Saumur donne ce titre à Conan II ; dans tous les autres actes, Conan est appelé comte.

LE DECLIN DES STRUCTURES CAROLINGIENNES

Nous disposons d'un autre élément d'information pour suivre l'évolution de la puissance publique. Il s'agit de la survivance puis de la disparition des institutions carolingiennes. Les premiers Carolingiens se sont efforcés d'établir leur pouvoir sur des bases solides ; l'administration a été considérablement développée et l'écrit a occupé une place de choix dans l'activité gouvernementale. Avec l'aide de l'Eglise ils ont fait renaître, avec quelque difficulté, la conception d'une autorité conçue pour le bien public. La Bretagne a été fortement marquée par les institutions carolingiennes. Des comtés ont été mis en place, contrôlés par des *missi* ; l'Eglise a été profondément réformée sur le modèle de l'Eglise franque. Une activité de chancellerie est née, s'inspirant des chancelleries royale et ecclésiastique de l'empire carolingien.

L'influence carolingienne a été suffisamment forte pour ne pas être emportée par la grande crise des neuvième et dixième siècles. Jusqu'au milieu du XIe siècle survit, en dehors des liens d'homme à homme, la conception d'une autorité publique exercée pleinement par le prince breton. D'une manière formaliste cette tradition se discerne encore dans les actes d'Alain III. Les diplômes de ce duc s'inspirent des formulaires des actes publics carolingiens ; ils commencent toujours par une invocation et la suscription y revêt un caractère solennel. A la fin de l'acte, le plus souvent non daté, les clauses comminatoires sont fréquentes, les listes de souscripteurs sont importantes. Cependant une évolution est manifeste au cours du règne de ce prince ; le dispositif des actes a tendance à se simplifier. Cette évolution s'accélère sous Conan III ; les actes se rapprochent des actes privés des simples châtelains. La suscription est très courte, l'invocation est le plus souvent inexistante. Dans les chartes, les souscriptions sont remplacées par des listes de témoins.

Plus nettement encore, il est frappant de voir que les structures administratives carolingiennes survivent jusqu'au milieu du XIe siècle. Certes, les comtés carolingiens ont connu des modifications essentielles. Ceux qui ont survécu dans leurs limites territoriales du IXe siècle sont devenus de véritables principautés quand ils n'appartiennent pas au domaine ducal. Mais, au niveau inférieur, les vicomtes ne sont pas parvenus à créer des circonscriptions autonomes avant le milieu du XIe siècle. Jusqu'à cette date ils vivent dans l'entourage du comte. Ainsi, dans le comté nantais, l'installation d'un vicomte à Donges n'est pas antérieure aux années 1045-1050. A Rennes, les vicomtes sont présents lors de la rédaction des actes du duc. Leur charge est héréditaire mais le duc conserve le droit de choisir un nouveau titulaire s'il n'y a pas d'héritier. Ainsi Eudes détient une des charges vicomtales sous Conan le Tort tout en se mettant dans la fidélité du comte d'Anjou Geoffroy Grisegonelle. A sa mort, en l'absence d'héritier direct, le duc Geoffroy reprit la charge et les possessions bretonnes du vicomte puis les redonna à un fidèle, Guethenoc, dont le patrimoine familial se trouvait au sud du Poutrocoët. Le nouveau vicomte paraît avoir vécu dans l'entourage ducal, son fils au contraire, prit rapidement ses distances vis-à-vis de la cour ducale, il fixa définitivement la famille au bord de l'Oust en construisant un château qui porte son nom : Josselin.

Au-dessous du comté la *vicaria* resta longtemps une circonscription territoriale. Peu avant de mourir, le comte de Cornouaille, Budic donna ainsi à l'abbaye de Landévennec la *vicaria* d'Edern. Le célèbre monastère reçut également en Vannetais la *vicaria* de Carantoir. Entre 1009 et 1029, Alain III concéda à l'abbaye de Marmoutier la dîme de tous les revenus tirés par le comte de la *vicaria* de Saint-Médard dans le Rennais. La *vicaria* carolingienne semble avoir en fait survécu jusqu'au règne de Conan II. En effet, dans un acte établi entre 1040 et 1047, le fils d'Alain III parle de la *vicaria* de Louvigné formée par Louvigné et les neuf paroisses l'environnant. Parallèlement le terme de *vicarius* désigne un fonctionnaire de type carolingien. Lors de la donation du monastère de Saint-Spire de Gahard à l'abbaye de Marmoutier, Alain III demande aux *vicarii* du voisinage de respecter cette donation, sans doute n'était-il pas tout à fait sûr de la loyauté de ses agents. Ceux-ci se rendirent assez vite indépendants dans la seconde moitié du XIe siècle mais tous ne réussirent pas aussi brillamment que le *vicarius* de Vitré qui, après avoir assuré l'hérédité de sa charge, parvint à constituer une puissante châtellenie.

LES FRONTIERES DU DUCHE

Au cours du XIe siècle se sont fixées les frontières de la Bretagne. Les conquêtes des princes bretons avaient, au cours du IXe siècle, élargi considérablement la zone de domination bretonne. Nominoé, le premier, en s'emparant du Rennais et du Nantais, avait repoussé la frontière bretonne bien au-delà de la zone parlant le breton. Dès août 851, son successeur Erispoé s'était vu reconnaître par Charles le Chauve la possession de ces deux *pagi* auxquels s'étaient ajoutées la *vicaria* de Rais et sans doute une fraction de l'Anjou et du Maine. Douze ans plus tard, en 863, au traité d'Entrammes, le souverain de la *Francia Occidentalis* confirmait à Salomon la possession de ces territoires auxquels il ajoutait, pour s'assurer l'alliance du chef breton, l'espace angevin compris entre la Mayenne et la Sarthe. Quatre ans plus tard, après de nouvelles hostilités entre Francs et Bretons, Charles le Chauve concédait l'Avranchin et le Cotentin. Enfin, comme nous l'avons vu plus haut, Alain Barbetorte reçut peu de temps après son avènement les *pagi* d'Herbauge, de Mauges et de Tiffauges au sud de la Loire.

La jeune principauté bretonne n'était pas en mesure d'assimiler d'aussi vastes territoires. Les invasions normandes, les hostilités entre les maisons de Rennes et de Nantes, l'affaiblissement du comté de Nantes ont favorisé dès la fin du Xe siècle les convoitises extérieures. Dès 933, le duc de Normandie Guillaume Longue-Epée avait obtenu du roi Raoul la concession de l'Avranchin et du Cotentin. Par la suite Alain Barbetorte ne fut pas en mesure de mettre la main sur tous les territoires que lui avait abandonnés Guillaume Tête-d'Etoupe. Enfin les ambitions de Foulques Nerra et de Geoffroy mirent fin à la présence bretonne dans les fractions occidentales du Maine et de l'Anjou. Seuls le Rennais et le Nantais restèrent en Bretagne avec, au sud de la Loire, la *vicaria* de Rais intégrée désormais dans le comté nantais. Les horizons de la Bretagne recouvrirent ainsi les territoires des cinq cités de l'Armorique gallo-romaine : Riedones, Coriosolites, Osismes, Vénètes et Namnètes. La comparaison cependant ne doit pas être poussée trop loin car, en dehors même du nord de l'Herbauge, qui appartenait dans l'Antiquité à la cité des Pictons, il y eut des variations sensibles des frontières dans les comtés de Rennes et de Nantes à la suite de la pression militaire des ducs de Normandie et des comtes d'Anjou.

Ne voyons pas d'autre part dans cette frontière du XIᵉ siècle un tracé linéaire au sens où nous l'entendons aujourd'hui. Une grande partie de la zone frontière est en fait, au XIᵉ siècle, une marche séparante, c'est-à-dire un espace forestier ne laissant que de rares passages. Refuges privilégiés des ermites, ces déserts sont lentement défrichés au cours des XIᵉ et XIIᵉ siècles pour laisser place à un bornage. Cette réserve étant faite, il est incontestable que la frontière historique de la Bretagne date de la dynastie des comtes de Rennes ; grâce à quelques travaux récents il est possible de tracer avec une relative exactitude les limites du duché.

Au sud de la Loire, la domination bretonne ne dépassa pas la moitié septentrionale de l'Herbauge et quelques rares paroisses du *pagus* de Tiffauges. La moitié méridionale de l'Herbauge fut intégrée dans le comté du Poitou, quant aux Mauges et à la majeure partie du *pagus* de Tiffauges ils passèrent au comte d'Anjou qui réussit à s'implanter solidement au sud de la Loire, bien au-delà de la cité antique des Andécaves.

La frontière entre la Bretagne, l'Anjou et le Poitou devait être assez vite stabilisée ; elle donna lieu à une création originale : les marches. La frontière ne suivit pas en effet ici une limite naturelle. Ni cours d'eau, ni zone forestière ne constituèrent une barrière continue entre les principautés mais les paroisses limitrophes formèrent un glacis sur une largeur allant de quinze à vingt kilomètres. A l'est, quinze paroisses formaient les marches entre l'Anjou et la Bretagne. Dans leur état primitif elles constituaient une bande continue depuis la Loire jusqu'à la Maine aux abords de Clisson. Au sud-ouest les marches de Bretagne et de Poitou étaient beaucoup plus vastes. Elles comprenaient au départ trente-cinq paroisses et s'étendaient sur une quarantaine de kilomètres depuis Saint-Lumine de Clisson jusqu'à l'île de Bouin.

La situation juridique des marches était complexe. On distinguait les marches communes des marches avantagères. Dans les premières l'autorité banale était également partagée entre un seigneur breton et un seigneur poitevin. Ces paroisses étaient peu nombreuses. A l'exception de Gesté et de La Boissière, on ne les trouvait qu'à la frontière du Poitou et de la Bretagne formant deux groupes de paroisses : près de Clisson (Gétigné, Cugand, Boussay et La Bruffière) et autour de Machecoul et de Saint-Jean-de-Corcoué (Saint-Colombin, Saint-Jean et Saint-Etienne-de-Corcoué, Saint-Etienne-du-Blois, Grande-Lande, Paulx, La Garnache, La Trinité-de-Machecoul et l'Isle-de-Bouin). Dans les marches avantagères, si les autres droits seigneuriaux étaient partagés, les droits de justice appartenaient à un seul seigneur, or c'étaient les droits les plus considérables ; on parlait donc de seigneur avantagier et de marches avantagères. Entre l'Anjou et la Bretagne presque toutes les paroisses formaient des marches à l'avantage du comte d'Anjou, c'est une preuve de plus de la position hégémonique de l'Anjou au XIe siècle dans cette région car plusieurs paroisses comme Champtoceaux ou Montfaucon dépendaient du diocèse de Nantes. Entre la Bretagne et le Poitou la situation était plus équilibrée. Sept paroisses formaient les marches avantagères à la Bretagne. A l'exception de Saint-André-Treize-Voies et de La Bernardière, elles appartenaient au diocèse de Nantes : Montbert, Aigrefeuille, Saint-Lumine-de-Clisson, Saint-Hilaire-du-Bois, Vieillevigne ; au sud, douze paroisses formaient les marches avantagères au Poitou, elles appartenaient toutes depuis Roche-Servière jusqu'à Saint-Hilaire-de-Loulay à l'évêché de Poitiers.

L'origine des marches est ancienne ; malheureusement le premier texte qui les mentionne formellement est une convention de 1265 entre le seigneur de La Garnache et Olivier de Machecoul, seigneur de La Benaste. Il est certain pourtant que le système des marches était bien en place au début du XIIe siècle. Dans la charte de Louis le Gros en faveur de l'Eglise de Nantes, le roi n'attribue à l'évêque que la moitié des revenus seigneuriaux des paroisses de Gesté et de Saint-Etienne-de-Malmort (aujourd'hui Mermorte). Ce partage semble bien prouver l'existence d'une seigneurie mixte dès cette époque. Sans doute faut-il remonter encore plus loin et placer la création des marches dans le siècle qui a suivi la mort d'Alain Barbetorte. L'affaiblissement des comtes de Nantes explique que la frontière n'ait finalement pas dépassé les limites méridionales de la *vicaria* de Retz concédée en 851 à Erispoé. Après 1066, le tracé des marches évoluera peu, quelques paroisses cependant en sortiront : ainsi Gesté qui sera complètement intégré à l'Anjou. Les marches ne formeront plus dès lors un ensemble continu.

Au nord de la Loire la limite entre la cité des Namnètes et celle des Andécaves a donné lieu à d'âpres débats. Parmi les différentes frontières proposées, il semble que le tracé de Philippe Dain apparaisse le plus vraisemblable. D'après ce dernier, la frontière partait d'Ingrandes, suivait le cours de l'Argos et de la Verzé jusqu'à Segré puis remontait celui de l'Oudon et de l'Héré son affluent. Craon était ainsi englobé dans le territoire nantais conformément au passage de la Chronique de Nantes indiquant que Lambert, « après avoir fui Nantes en 843 se serait réfugié à Craon alors *vicus* du territoire nantais ». Au contraire les *villae Cauriacus et Lauriacus* aujourd'hui Loiré et Chazé-sur-Argos sont localisées dans un diplôme de Charlemagne du 17 février 797 en Anjou.

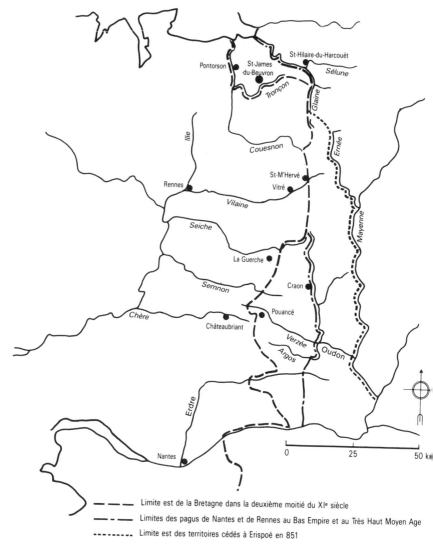

L'évolution de la frontière orientale de la Bretagne.

La cession à Erispoé de toute la partie occidentale du *pagus Andecavensis* en 851 pose un problème extrêmement compliqué. Hubert Guillotel a soutenu que les frontières avaient été modifiées et que le pays nantais s'était considérablement élargi pour atteindre la

Mayenne. J.P. Brunterc'h, quant à lui, a émis l'hypothèse d'une non concordance entre le *pagus* et le comté. Les limites du *pagus* et du diocèse d'Angers seraient restées inchangées, par contre le comté d'Angers se serait réduit à la moitié orientale du *pagus andecavensis*, la partie occidentale passant sous domination politique bretonne. Nous ne disposons actuellement d'aucun document permettant de justifier l'une des deux hypothèses mais il serait étonnant qu'un bouleversement complet des structures territoriales se soit opéré en 851. Jusqu'à cette date en effet la rive gauche de la Mayenne et du Maine est restée angevine, ainsi le 26 février 849, dans un acte de Charles le Chauve, le hameau d'Epiré aujourd'hui en Savennières à huit kilomètres à l'ouest d'Angers est localisé *in pago andecavo*. Quoi qu'il en soit, la domination politique de la Bretagne sur l'ouest de l'Anjou fut de courte durée. Sans que nous soyons capables d'établir une chronologie précise, les premiers comtes d'Anjou reprirent possession de tout le territoire angevin situé à l'ouest de la Mayenne. Foulques Nerra au cours de son long règne (987-1040) consolida de manière définitive la domination angevine. La construction du château de Pouancé créa un puissant verrou à proximité de la frontière entre les deux *pagi*. On sait que Conan II tenta tardivement en 1065-1066, de contrer la progression angevine. Profitant de la crise qui secoua le comté d'Anjou à la mort de Geoffroy Martel, il s'empara de Pouancé et alla mettre le siège devant Château-Gontier. La mort du duc, l'avènement de la dynastie de Cornouaille permirent à Foulques le Réchin de rétablir les positions qu'avaient acquises son père et son grand-père. La frontière entre l'Anjou et la Bretagne prit alors son aspect définitif suivant le tracé Ingrandes, Candé, Vritz, Soudan. On remarquera que la limite se fixa en retrait de la frontière entre les deux cités gallo-romaines puisque ni Candé, ni surtout Craon ne furent intégrés dans la Bretagne.

La limite entre le comté de Rennes et le comté du Maine est restée jusqu'à la fin du XIe siècle une vaste zone inhabitée, comme d'ailleurs une partie de la frontière angevine. On peut parler ici de marche séparante ou encore de haie forestière comme celle qui sépara au Haut Moyen-Age l'Angoumois de la Saintonge. Seules trois voies romaines vers Jublains, Le Mans, Angers trouaient cette frontière dans des conditions que nous connaissons assez mal puisque leur tracé précis est toujours discuté. Cette zone forestière ne fut pas cependant, comme on l'a dit parfois, un *no man's land*. Les *pagi* de Rennes et du Mans qui se sont constitués à partir des antiques cités des Riedones d'une part, des Diablintes et des Cénomans d'autre part se sont partagé dès le Haut Moyen-Age cet espace intermédiaire. Les évêques du Mans, les abbayes de Saint-Denis et de Prüm lancèrent des travaux de défrichement à partir de propriétés situées incontestablement dans le Maine mais se trouvant à l'ouest de la Mayenne dans le *pagus Muffa*, dans la vallée de l'Ernée ou même dans la haute vallée de l'Hière. Un travail récent de J.P. Brunterc'h sur la *Vita* de saint M'hervé met bien en évidence une double conception du mot frontière. Le saint dont la Vie a été écrite dans la seconde moitié du IXe siècle a déjà conscience de la notion de frontière linéaire. L'ermite, nous dit le chroniqueur, a longtemps vécu sur le territoire de *Coriacus*, qu'il faut identifier avec l'actuelle commune de Saint-M'hervé puis il a franchi la rivière *Ingolatus* qui coule entre le *pagus Cenomannensis* et le *pagus Redoniensis* et il s'est établi à *Crucicula*, aujourd'hui La Croixille. La rivière *Ingolatus* est aujourd'hui le ruisseau des Epronières après s'être appelé à la fin du Moyen-Age rivière de Ingolier. Elle a donc formé, dès le IXe siècle au moins, une frontière naturelle précise, linéaire, à l'intérieur d'un massif forestier formant une frontière épaisse.

Comme en Anjou, la conquête bretonne n'eut pas ensuite de conséquences durables dans l'organisation territoriale. Ce glacis forestier devient dans la seconde moitié du XIe siècle un des plus célèbres espaces érémitiques d'Occident mais plusieurs témoignages montrent que les limites des différents *pagi* étaient bien connues à l'intérieur de la forêt. Elles allaient servir à encadrer les structures paroissiales qui se mettent en place avec le développement rapide des défrichements au XIIe siècle.

Au nord-est de la Bretagne le littoral de la baie du Mont-Saint-Michel a été âprement disputé entre Bretons et Normands. Jusqu'à la mort de Geoffroy, en 1008, il ne fait aucun doute que la frontière entre le Rennais et l'Avranchin ait suivi le cours de la Sélune. Les ducs possédaient des biens patrimoniaux dans la région et ils contrôlaient l'abbaye du Mont-Saint-Michel. L'abbé Mainard, très proche du duc de Bretagne, fut à la fois abbé du Mont-Saint-Michel et abbé de Redon. Une tradition veut que les deux premiers ducs de la dynastie rennaise se soient fait enterrer dans la célèbre abbaye. Après la mort de Geoffroy, Richard II profita de la minorité d'Alain III pour mettre la main sur le Mont-Saint-Michel, Mainard dut alors se replier sur Redon et fut remplacé par un prélat normand, Hildebert. A partir de ce moment-là les ducs normands considérèrent le Couesnon comme la limite de leur duché. Robert le Magnifique entama une politique active de constructions militaires pour matérialiser la nouvelle frontière,c'est ainsi qu'il fit édifier à Cheruel , au sud de Pontorson, un puissant donjon. Devenu majeur, Alain III tenta de résister mais il fut contraint de s'engager dans la vassalité normande lors d'une grande cérémonie au Mont-Saint-Michel en 1030. Après avoir restauré pleinement le pouvoir ducal, Guillaume le Bâtard poursuivit la politique de son père. S'il consolida à partir du Mont-Saint-Michel et de Pontorson la frontière du Couesnon, il s'efforça surtout d'assurer la défense de la zone comprise entre le Couesnon et la frontière du Maine. Faute de rivière formant une limite naturelle, les châteaux du Teilleul, de la Chaise-Baudouin, des Loges-Marchix, de Saint-Hilaire-du-Harcouët assurèrent une protection très efficace. Un peu plus à l'ouest, sur la route de Fougères à Avranches qui commandait l'accès à la Normandie, le duc engagea des travaux très importants pour assurer la défense de Saint-James-du-Beuvron. Il y avait là, depuis le règne de Robert, un prieuré dédié à saint Jacques dépendant de Saint-Benoit-sur-Loire. Guillaume fit construire à proximité, dans une boucle du Beuvron, un puissant ouvrage fortifié. C'est peut-être lui aussi qui fit élever devant ce château sur une distance d'un kilomètre et demi un long rempart de terre doublé d'un fossé. Comme l'a montré Michel de Boüard, il s'agit sans doute d'un des premiers exemples de frontière linéaire entre deux principautés.

Ainsi, du Mont-Saint-Michel à Saint-Hilaire-du-Harcoüet, la frontière était définitivement fixée sur cinquante-deux kilomètres.

A travers ce siècle mouvementé qui voit la naissance du duché de Bretagne un personnage reste absent : le roi de France. Il n'est pourtant pas inconnu. Alain Barbetorte a rencontré le roi Louis IV d'Outremer à Rouen en 942, Robert le Pieux puis Henri I sont mentionnés dans les actes ducaux. Alain III s'est même déplacé en 1032 à la cour du roi à Orléans où il a souscrit un acte en faveur de Marmoutier. Le duc de Bretagne a conscience d'appartenir au royaume de France, mais cette relation est bien lointaine. La faiblesse des Capétiens au XIe siècle leur interdit d'intervenir loin de leur duché. L'ouest de la France reste dominé par les comtes d'Anjou et les ducs de Normandie. Il faudra attendre la période suivante pour que, timidement, le roi de France joue un rôle dans le duché qu'il considère toujours comme un simple comté.

BIBLIOGRAPHIE

Premier titulaire de la chaire d'histoire de la Bretagne à l'université de Rennes, A. de La Borderie a beaucoup travaillé sur le Moyen-Age breton. Si son œuvre a vieilli il est aujourd'hui encore nécessaire de consulter ses travaux. Nous mentionnons ici deux ouvrages particulièrement importants :

— **Histoire de Bretagne**, t. III, (995-1364), Rennes — Paris 1899.

— **Recueil d'actes inédits des ducs et princes de Bretagne (XIe-XIVe siècle)**, Paris, 1889.

L'histoire du premier siècle du duché de Bretagne a été renouvelée par les travaux d'Hubert Guillotel. Son édition des actes des premiers ducs de Bretagne (en cours de publication) donne accès à une source essentielle pour l'histoire politique de la Bretagne. A lire aussi la communication du même auteur au congrès des Sociétés savantes de Nancy-Metz en 1978 : « Le premier siècle du pouvoir ducal breton » (dans **Principautés et Territoires et Etudes d'histoire lorraine,** Paris, 1979, pp. 63-84) et l'article de A. Chédeville, « Un millénaire : la bataille de Conquereuil (992) et sa place dans l'histoire politique et militaire de la Bretagne », **M.S.H.A.B.,** 1993, t. LXX, pp. 365-384. Plusieurs travaux sur les principautés voisines de la Bretagne offrent des perspectives très intéressantes. On consultera en particulier : L. Halphen, **Le comté d'Anjou au XI\ :superscript:`e` siècle,** Paris, 1906. O. Guillot, **Le comte d'Anjou et son entourage au XI\ :superscript:`e` siècle,** Paris, 1972. R. Latouche, **Histoire du comté du Maine,** Paris, 1910 (« Bib. de l'école des Hautes Etudes, t. 183 »), J. Boussard, « Les destinées de la Neustrie du IX\ :superscript:`e` au XI\ :superscript:`e` siècle », **Cahiers de Civilisation Médiévale,** 1968, pp. 15-28. M. Fauroux, **Recueil des actes des ducs de Normandie (911-1066)** Caen, 1961, (« Mémoires de la Société des Antiquaires de Normandie », t. XXXVI). Karl Werner a replacé la Bretagne dans l'ensemble des principautés post-carolingiennes : « Untersuchungen zur Frühzeit des französischen Fürstentums (9-10 Jahrhundert) », **Die Welt als Geschichte,** 1958, pp. 256-289 ; 1959, pp. 146-193 ; 1960, pp. 87-119.

Beaucoup plus que l'histoire politique la question des frontières a suscité de nombreux travaux. J.P. Brunterc'h a publié deux articles sur ce sujet : « Puissance temporelle et pouvoir diocésain des évêques de Nantes entre 936 et 1049 », **M.S.H.A.B.,** t. LXI, 1984, pp. 29-82. « Géographie historique et hagiographie : la Vie de saint M'hervé », **Mélanges de l'Ecole française de Rome,** 1983, pp 7-59. P. Dain : « Les frontières de la cité des Andes » **A.B.,** 1968, pp 175-201 et D. Aupest Conduché « Hypothèse sur la limite nord de la cité des Riedones », **B.S.A.I.V.,** t. 78, 1974, pp 9-16, remontent à la Basse Antiquité et ont complété les travaux de R. Merlet : « La formation des diocèses et des paroisses en Bretagne », **M.S.H.A.B.,** t. XXX, pp 5-61 et t. XXXI, pp 137-160 (1950-1951). Sur les marches le travail ancien de M. Chenon : **Les marches séparantes d'Anjou, Bretagne et Poitou,** Paris, 1892, mériterait d'être repris. L'histoire du Mont-Saint-Michel intéresse évidemment de très près l'histoire de la Bretagne ; dans le **Millénaire monastique du Mont-Saint-Michel,** 1966, t. I, pp 53-81, Dom J. Laporte a dressé un tableau de l'abbaye au XI\ :superscript:`e` siècle.

CHAPITRE II

LES DUCS DE LA MAISON
DE CORNOUAILLE

En 1066 l'accession du comte Hoël au pouvoir ducal marque la dernière étape de la remarquable ascension politique de la maison des comtes de Cornouaille. Ascension politique si rapide, à peine trois quarts de siècle, qu'elle amène à poser la question des origines de la famille. Si celle-ci est incontestablement bretonne, ses origines restent mystérieuses. La liste des comtes de Cornouaille donnée par les cartulaires de Landévennec et de Quimperlé ne mérite aucun crédit jusqu'à la fin du Xe siècle. Il faut attendre le comte Budic, mort entre 1008 et 1017, pour disposer d'une confirmation écrite indiscutable.

Cette absence de sources doit-elle nous amener à voir dans la maison de Cornouaille une famille aristocratique de fraîche date qui se serait emparée par la force du pouvoir comtal ? Nous ne le pensons pas. Il est vraisemblable que la famille a reçu une charge comtale ou vicomtale, un *honor* d'un prince breton. Robert Latouche qui a longuement étudié les débuts de l'histoire de Cornouaille a reconnu dans le vicomte Dilès mentionné dans la charte d'Alain Barbetorte en faveur de Landévennec le père du comte Budic. Cette identification paraît possible ; il n'y a pas d'invraisemblance chronologique puisque l'acte date des années 944-952 et il est fréquent que les vicomtes prennent le titre comtal en cette fin du Xe siècle. Les vicomtes d'Angers et de Blois offrent d'excellents exemples. Reste cependant que le nom de Dilès ne se retrouve pas dans l'onomastique des comtes de Cornouaille, or, nous le savons, la règle est de conserver les mêmes noms à chaque génération, que ces noms viennent de la branche paternelle ou maternelle. Il convient donc de rester ici sur un point d'interrogation. Par contre l'examen des noms portés par la famille permet d'émettre une hypothèse. On constate en effet que plusieurs noms se retrouvent à la fois dans la famille des comtes de Nantes et dans celle des comtes de Cornouaille. Il en est ainsi de Budic, de Guérec et bien sûr d'Alain. Comme nous savons par ailleurs que les comtes de Nantes sont originaires du Poher, qui semble s'être confondu avec la Cornouaille, ne peut-on envisager un lien de parenté entre les deux familles ? Une telle hypothèse explique les liens étroits entre l'abbaye de Landévennec et les comtes de Quimper et surtout l'acquisition d'un titre comtal. En Bretagne seuls les descendants de familles comtales carolingiennes ont accédé à ce titre.

Quoi qu'il en soit, il est certain que le comté de Cornouaille s'est définitivement constitué dans le troisième quart du Xe siècle. La mort d'Alain Barbetorte, les difficultés de ses deux successeurs Hoël et Guérec ont permis au comte (ou vicomte) de Cornouaille d'échapper à l'autorité du comte de Nantes et d'exercer le droit de ban à son propre profit. Le comte s'est alors constitué une force militaire dont Châteaulin a pu être la première pièce maîtresse. Le comte Budic est en effet surnommé Castellin. Aux alentours de l'an mil, l'accession du fils de Budic, Benoît, à l'évêché de Quimper marque la mainmise de la famille comtale sur l'Eglise de Cornouaille. Elle se traduit concrètement par l'appropriation des biens et revenus ecclésiastiques et, à la mort de Budic, par le cumul des charges comtale et épiscopale. Les comtes ont eu ensuite l'intelligence de ne pas persévérer dans ces graves abus. Benoît partagea ses pouvoirs entre ses deux fils : Alain Canhiart reçut le pouvoir comtal, Orscand l'évêché. En même temps une partie des biens ecclésiastiques pris par Budic furent restitués à l'Eglise comme en témoigne la pancarte de l'église de Quimper. Mesure bien modeste, en fait, mais qui manifestait une volonté d'établir de bons rapports avec les milieux ecclésiastiques.

Alain Canhiart (1029-1058) allait faire de la Cornouaille le plus puissant des fiefs bretons. S'il porta secours en 1030 au duc Alain III dans sa lutte contre le duc de Normandie, il n'en manifesta pas moins un souci constant d'être le maître dans son propre comté et il partira en guerre contre le duc quand celui-ci tentera d'intervenir en Cornouaille. La fondation de l'abbaye Sainte-Croix de Quimperlé au tout début de son gouvernement comtal assure à Alain Canhiart un prestige considérable et le met sur le même pied que le duc qui vient de fonder le monastère de Saint-Georges de Rennes. Maître d'un vaste domaine, le comte de Cornouaille aime montrer sa force. Il réunit à plusieurs reprises une véritable cour d'où se détachent les principaux vassaux : les vicomtes de Gourin, du Faou et aussi de Léon puisque le vicomte de Léon possède des seigneuries en Cornouaille. Hors de Cornouaille, l'autorité d'Alain est sensible dans le Vannetais. Alain Canhiart possède des domaines étendus depuis Etel jusqu'à Quiberon ; il est allié au seigneur d'Hennebont qui a épousé une de ses sœurs. Mais la grande réussite du comte est d'avoir exercé son influence jusqu'à la Loire. Son mariage, en 1027, avec la sœur du comte de Nantes rapproche en effet les deux familles

DYNASTIE DES COMTES DE CORNOUAILLE

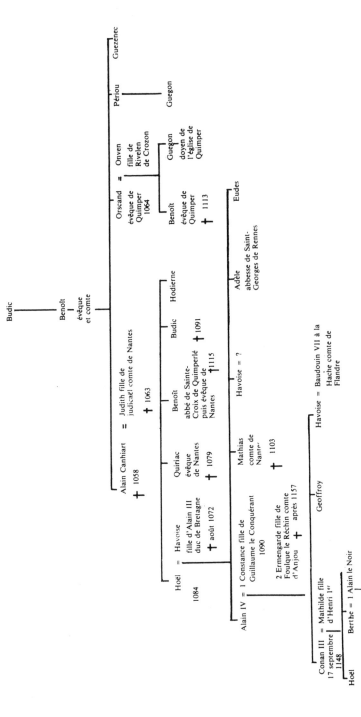

comtales. Après la mort du jeune Mathias (1050-1051), fils unique de Budic, Alain réussira à prendre en main le comté de Nantes au nom de son fils Hoël. Conan II après avoir tenté de s'emparer du comté doit s'incliner en 1054.

Le mariage d'Hoël avec la sœur du duc, Havoise, permet d'éviter un affrontement très dangereux pour l'unité de la Bretagne. Il offre aussi au pouvoir ducal, après un affaiblissement sensible sous la dynastie rennaise, la chance d'un relèvement durable.

LE REGNE DE HOEL. 1066-1084

En 1066, à l'avènement d'Hoël, toutes les conditions paraissent réunies pour un renforcement de l'autorité ducale. Le nouveau duc est maître de quatre comtés. A la Cornouaille et au comté nantais qu'il a reçus de ses parents s'ajoutent les comtés de Rennes et de Vannes qui lui viennent de son épouse. Hoël peut également s'appuyer sur les évêques de Nantes et de Quimper qui appartiennent à sa famille. Les circonstances accordent d'autre part au jeune duc une période de tranquillité. Les oppositions à l'installation d'une nouvelle dynastie ne peuvent en effet se manifester ; de nombreux chevaliers bretons se sont mis au service du duc de Normandie pour la conquête de l'Angleterre et, parmi eux, un fils au moins d'Eudes de Bretagne : Brient. La plus grande partie des chevaliers qui s'engagent dans l'expédition de Guillaume viennent du nord de la péninsule, or c'était la région la plus hostile à la nouvelle dynastie.

Hoël ne sut pas tirer parti de cette situation avantageuse. Conformément à la volonté de Conan II, il accorda à Geoffroy Grenonat, demi-frère du duc défunt, la ville de Rennes et le domaine ducal dans ce même comté. Il se privait ainsi d'une des plus grosses villes du duché et surtout affaiblissait considérablement sa position dans le nord de la Bretagne où Eudes, maître d'une grande partie de la Domnonée, ne lui cachait pas son hostilité. L'activité du nouveau duc devait, en conséquence, se limiter à la moitié méridionale de la Bretagne. L'examen des actes du duc est tout à fait significatif. Sur les seize actes établis ou confirmés par Hoël, neuf concernent le comté Nantais, cinq le Vannetais et quatre la Cornouaille. Le duc ne peut donc exercer son autorité que sur le territoire où il possède des domaines. Quand il réunit sa cour, seuls les vassaux de ces trois comtés y assistent. Ainsi, en 1069, Hoël réunit à Quimper « une grande quantité de nobles du pays de Nantes, du pays de Vannes, de la Cornouaille et du Léon », le Léon n'étant mentionné qu'en raison des seigneuries possédées par le vicomte du Léon en Cornouaille. De même, lors de l'assemblée d'Auray, en 1082, il ne semble pas qu'il y ait eu des vassaux du nord de la péninsule.

Les destinataires des actes ducaux sont toujours des établissements ecclésiastiques et, comme sous Conan II, il s'agit de générosités ducales. A une seule occasion, un vassal demande au duc la confirmation d'une donation : il s'agit de la charte du vicomte de Donges en faveur de Marmoutier. Par contre lors de la donation de l'île de Dareau à l'abbaye Saint-Nicolas d'Angers, Hoël demande le consentement du prévôt de la terre : cruel symbole du faible prestige ducal.

Comme pour les règnes précédents il est difficile d'établir une chronologie précise du règne d'Hoël. Les premières années furent apparemment tranquilles. Le duc ne quitta pas la Bretagne. Peu après la mort de son épouse Havoise, en 1072, il entreprit un long pèlerinage à Rome. Durant son absence plusieurs seigneurs de Cornouaille s'agitèrent. A son retour Hoël les combattit après s'être engagé à faire un don à l'église-cathédrale de Quimper s'il obtenait la victoire. Il dut soumettre ses vassaux puisque, quelques mois plus tard, le duc donnait à Saint-Corentin le domaine de Pentrez dans la paroisse de Saint-Nic. L'extrême concision de la notice ne nous permet pas de connaître la durée des hostilités mais le fait que les combats se déroulent en Cornouaille traduit ici encore la fragilité du pouvoir ducal.

En 1075, le siège de Dol par l'armée normande allait montrer encore plus crûment l'inexistence de ce pouvoir dans le nord de la péninsule. Cette année-là arrive en Bretagne Ranulf de Gaël. Issu d'une famille bretonne installée en Angleterre depuis le règne d'Edouard le Confesseur, Ranulf avait reçu à la mort de son père l'earldom de Norfolk, c'est-à-dire l'East Anglie. C'était une région riche, d'une importance stratégique essentielle à proximité de Londres et de la mer du Nord, mais Ranulf supportait mal l'autorité de Guillaume. En 1075, en l'absence du roi, il prépara un complot contre l'autorité royale avec la complicité de l'earl de Shrewsbury chargé de la frontière galloise. Prévenu de la mobilisation des hommes de Ranulf, l'archevêque de Cantorbéry, Lanfranc, qui gouvernait l'Angleterre au nom de Guillaume, réussit à étouffer dans l'œuf la révolte. Il alla faire le siège de Norfolk. Voyant son projet échouer Ranulf quitta alors l'Angleterre et prépara une nouvelle offensive contre le Conquérant à partir de la Bretagne. Il possédait en effet dans la péninsule plusieurs fiefs importants qui allaient donner les seigneuries de Gaël, Montfort, Montauban ainsi que la seigneurie de Brécilien. Il ne semble pas avoir eu de grandes difficultés à réunir autour de lui d'autres seigneurs bretons attirés par l'aventure guerrière. Déjà, en Angleterre, il avait appelé près de lui plusieurs chevaliers de la péninsule ; cette fois il obtint le soutien de Geoffroy Grenonat, d'Eudon de Porhoët, des sires de Combourg et d'Ancenis.

Contrairement à ce que soutient A. de La Borderie, il est peu probable que le vieux comte de Eudes ait participé à cette coalition. Ses fils possédaient en effet des biens importants en Angleterre : il n'était pas prudent d'attirer contre eux la colère de Guillaume ; or il s'agissait avant tout de s'attaquer à celui-ci.

Rapidement mobilisée, la troupe des seigneurs bretons entreprit de s'emparer de Dol, la place fut prise sans grande résistance et les coalisés disposèrent ainsi d'une forteresse. Au même moment, c'est-à-dire au début de 1086, on apprit que le comte d'Anjou Foulques le Réchin avait fait alliance avec Ranulf et s'apprêtait à venir faire le siège de La Flèche, tenue par un fidèle vassal du duc de Normandie : Jean de La Flèche. Pour Guillaume la sécurité de ses frontières normandes était une nouvelle fois menacée ; il prépara sans tarder une expédition pour s'emparer de Dol. Répondit-il comme le soutient A. de La Borderie à l'appel du duc de Bretagne ? Rien ne le prouve. Certes, dans cette affaire les intérêts du Conquérant et d'Hoël étaient convergents mais il ne faut pas accorder trop d'initiatives à un duc bien incapable de faire sentir son autorité aussi loin de ses domaines patrimoniaux. Tout semble montrer que le duc de Bretagne laissa faire le duc de Normandie. Il se contenta d'aller assiéger Ancenis.

Guillaume se présenta donc seul en septembre 1076 devant Dol. Son armée était presque exclusivement composée de Normands. A priori, la balance des forces penchait en faveur du duc de Normandie mais le comte d'Anjou allait obtenir pour ses alliés le soutien inattendu du roi de France, Philippe Ier. Le roi se trouvait alors en Poitou. Rapidement il fut capable de mobiliser une troupe de chevaliers poitevins et de venir surprendre les assiégeants au début du mois d'octobre. Menacé d'encerclement, Guillaume ne voulut pas livrer le combat ; prudemment il se retira à l'intérieur de ses frontières. L'échec était humiliant, tout au moins avait-il perdu peu d'hommes dans cette affaire. Sûrs d'eux, Ranulf et ses compagnons se précipitèrent sur La Flèche pour faire subir un nouvel échec au Conquérant mais Jean de La Flèche résista vaillamment. Au cours d'une attaque Foulques le Réchin fut sérieusement blessé et il fallut abandonner le siège. C'était cependant partie remise. En 1081, toujours avec le soutien de chevaliers bretons, Foulques enlevait la place.

Dans le déroulement de cette affaire, le duc de Bretagne est singulièrement absent. Nous ne savons même pas s'il a réussi à s'emparer d'Ancenis. La fin du règne d'Hoël fut donc très difficile. Jamais le pouvoir ducal n'avait été aussi bas.

LE REGNE D'ALAIN FERGENT. 1084-1115 ?

A l'opposé de son père, Alain Fergent fut un homme de guerre entreprenant. Le surnom que ses contemporains lui donnèrent reste énigmatique mais traduit bien l'appartenance du duc au milieu bretonnant. Le nouveau duc, très attaché à la Cornouaille, s'entoure de chevaliers de Basse-Bretagne et est probablement le dernier duc à avoir parlé couramment le breton. Fait significatif : sur les trente et un actes de son règne, quinze, soit près de la moitié concernent la Cornouaille, l'abbaye de Quimperlé occupant ici une place prépondérante. Le comté de Nantes échappe par contre au pouvoir ducal : dans les premières années de son gouvernement, Alain l'a conféré à son frère Mathias qui le conservera jusqu'à sa mort en 1103. La création de cet apanage n'est pas du tout comparable à la cession de la Domnonée à Eudes par Alain III. Mathias n'aura pas de descendance et servira fidèlement son frère aux côtés de son oncle, l'évêque Benoît.

La nomination de Mathias comme comte de Nantes manifeste certainement une volonté politique, Alain Fergent voulut dès son avènement consacrer toutes ses forces au rétablissement de l'autorité ducale dans le Rennais. Sa légitimité est ici incontestable puisqu'il descend par sa mère des comtes de Rennes alors que son père était seulement le beau-frère du dernier duc de la maison de Rennes.

Les événements sont ici particulièrement rapides. Dès son avènement, Alain demanda à Geoffroy Grenonat de lui ouvrir les portes de Rennes pour qu'il puisse se faire reconnaître solennellement comme duc dans la cathédrale. Le comte, peu habitué aux injonctions ducales, refuse. Alain prend alors la tête d'une expédition militaire et s'empare de la ville. Geoffroy qui avait précipitamment essayé de renforcer les défenses de Rennes est fait prisonnier ; il finira sa vie en résidence forcée à Quimper. Ainsi est éliminé un des adversaires les plus dangereux du pouvoir ducal. Devant cette manifestation de force les seigneurs du comté de Rennes reconnurent la suprématie ducale. En 1089, lors du procès entre les moines de Redon et les chapelains de la famille ducale, Alain Fergent est entouré des plus illustres représentants de l'aristocratie de Haute-Bretagne. On trouvait là Eudon, vicomte de Porhoët, Ranulf de Gaël, Raoul de Fougères, Josselin de Rieux, Daniel de Pontchâteau, Rieux de Lohéac.

Poussant son avantage, Alain Fergent tenta également de se faire reconnaître en Domnonée par les héritiers d'Eudes (qui était mort en 1079) l'entreprise ici n'était pas facile. Héritiers légitimes, les comtes Geoffroy, Alain et Etienne ne pouvaient être dépossédés. Le duc était, par conséquent, toujours à la merci d'une révolte contre son autorité, aussi Alain résolut-il de s'imposer par la force. Nous sommes ici encore très mal renseignés sur les événements. Après une première offensive attestée de manière sûre par une donation à l'abbaye de Quimperlé, Alain, à en croire la Chronique de Le Baud, aurait été contraint d'intervenir une nouvelle fois contre Geoffroy qui se serait enfermé dans la ville épiscopale de Dol. Or cette ville faisait partie du comté de Rennes. L'autorité ducale venait de s'y manifester lors de la concession de l'église de la Trinité aux moines de Saint-Florent de Saumur mais il est probable que les fils d'Eudes contestèrent l'intervention du duc dans une zone qu'ils revendiquaient. Toujours d'après Le Baud, Alain Fergent serait venu reprendre la ville et, au cours du siège, Geoffroy aurait été tué.

Dol resta donc bien sous contrôle ducal, par contre le duc ne put faire reconnaître son autorité dans le Penthièvre et dans le Trégor. Au cours du règne d'Alain Fergent les fils d'Eudes sont toujours absents dans les actes ducaux. Tout porte à croire que le duc dut se contenter d'un modus vivendi. Maîtres chez eux, Alain et Etienne ne contestèrent plus, militairement tout au moins, l'autorité d'Alain sur le reste de la Bretagne. Celui-ci put ainsi consolider son autorité à Rennes où il fit des séjours prolongés. Comme toujours, les nominations ecclésiastiques exprimèrent le nouveau rapport de forces. La sœur du duc, Agnès, fut placée à la tête de l'abbaye Saint-Georges ; quant à l'évêché de Rennes, il reçut comme titulaire, en 1093, un prélat angevin Marbode, familier de la nouvelle épouse du duc Ermengarde.

Cette politique énergique de restauration du pouvoir ducal coûtait fort cher. Le duc ne pouvait se contenter du service féodal de quarante jours. Il lui était désormais nécessaire de disposer d'un contingent de chevaliers en permanence, en même temps Alain Fergent entreprit la construction de plusieurs châteaux en Haute-Bretagne. Or les revenus ducaux reposaient essentiellement sur les revenus du domaine et sur quelques taxes indirectes ; aussi percevons-nous dans les actes ducaux la recherche de ressources nouvelles. Les dons nombreux faits aux abbayes dans les années 1085-1090 correspondent en fait à des contributions financières du clergé régulier. Ainsi, en 1085, année particulièrement difficile du fait d'une famine, le duc donne à Sainte-Croix de Quimperlé la terre de Locquénin et reçoit une somme de mille sous ainsi qu'un cheval de prix ; quelques mois plus tard il donne à la même abbaye sept parcelles de terre pour une somme de 500 sous. La donation de la terre de Ros-Amand, entre les deux paroisses d'Elliant et de Fouesnant, est encore plus explicite. Le duc reçoit quinze livres de son oncle l'abbé Benoît pour les distribuer à ses chevaliers. Ces trois actes traduisent bien les liens étroits entre l'abbaye de Quimperlé et le pouvoir ducal mais d'autres établissements monastiques, dans une proportion plus modeste, ont participé au budget ducal ; ainsi Saint-Florent de Saumur reçoit en 1089 une parcelle de terre dans la paroisse de Liffré moyennant dix livres.

L'installation du pouvoir ducal à Rennes rapprochait la maison de

Cornouaille de la Normandie. Selon une tradition rapportée par Orderic Vital, Guillaume le Conquérant aurait exigé un serment de fidélité du duc de Bretagne et, pour appuyer ses prétentions, serait venu une nouvelle fois faire le siège de Dol. Cette information reprise par A. de La Borderie ne correspond pas du tout à ce que l'on sait par ailleurs des dernières années du règne du Conquérant. On voit mal comment le duc de Normandie, vieilli, en butte à l'hostilité de son propre fils aîné, Robert Courteheuse, se serait aventuré une nouvelle fois dans une expédition difficile. En fait le chroniqueur anglonormand a lié deux événements distants d'une dizaine années : le siège de 1076 et le mariage du duc de Bretagne. Il paraît certain, au contraire, que les relations entre les deux ducs ont été cordiales dès l'avènement d'Alain Fergent. Les deux voisins avaient d'ailleurs tout intérêt à s'entendre. Les difficultés rencontrées par Guillaume dans la soumission du Maine le poussaient à une politique de bonne entente avec la Bretagne ; Alain Fergent, attaché à renforcer son autorité dans le nord-est de la péninsule, avait besoin de frontières sûres. Le mariage du duc de Bretagne avec Constance, fille du Conquérant, exprime parfaitement la volonté d'entente des deux princes. Tant que Constance vécut, les relations furent étroites entre les deux maisons princières, mais la disparition de la duchesse en 1090 amena Alain Fergent à prendre ses distances vis-à-vis de Robert Courteheuse et à se rapprocher du comte d'Anjou, Foulques le Réchin. Le duc de Bretagne devait épouser en 1093 la fille du comte d'Anjou, Ermengarde, qui avait été précédemment mariée au comte du Poitou Guillaume VII. Ce mariage concrétisait une alliance qui devait se maintenir jusqu'au milieu du XIIe siècle. Contrairement à la période précédente, ce rapprochement entre la Bretagne et l'Anjou n'entraîna pas une grave détérioration des rapports avec la Normandie. D'un côté, Foulques le Réchin manifestait peu d'ardeur à soutenir les Manceaux dans leur lutte contre le duc de Normandie, et, de son côté, Robert Courteheuse était menacé en Normandie même par son frère cadet Guillaume le Roux, roi d'Angleterre, qui voulait réunifier à son profit l'héritage paternel. On le voit, en cette fin du XIe siècle, les conditions extérieures étaient exceptionnellement favorables au duc de Bretagne et elles expliquent les succès d'Alain Fergent dans ses relations avec la haute aristocratie bretonne. Rarement une telle chance fut offerte au pouvoir ducal.

La tranquillité dans laquelle vivait le duché permit à Alain Fergent de répondre à l'appel d'Urbain II. Au cours de l'été 1096 le duc accompagné de plusieurs seigneurs bretons alla rejoindre la croisade des pays de langue d'oil dirigée par Robet Courteheuse, Hugues de Vermandois et Etienne de Blois. Il devait rester absent pendant cinq ans. Son épouse Ermengarde exerça d'un main ferme le gouvernement ducal.

A son retour, Alain Fergent se présente avec une personnalité singulièrement différente. La croisade, l'influence d'Ermengarde se conjuguent pour amener le duc à privilégier les questions religieuses. La nomination de Baudri de Bourgueil à l'évêché de Dol en 1107, de Brice à l'évêché de Nantes en 1114, le soutien apporté à Marbode, évêque de Rennes, donnent un élan décisif à la réforme du clergé séculier. Le concile de Nantes en 1105 organisé par l'évêque Benoît, oncle du duc, manifeste la volonté d'étendre la réforme à tout le duché. Mais c'est le clergé régulier qui bénéficie le plus de la ferveur religieuse ducale. Les abbayes ligériennes obtiennent des privilèges exceptionnels. Les chiffres sont très parlants : sur les quatorze actes instrumentés de 1100 à 1112, sept concernent des établissements monastiques ligériens : Marmoutier, Saint-Serge et Saint-Nicolas d'Angers. Les établissements bretons apparaissent par contre négligés. Deux actes seulement concernent l'abbaye de Quimperlé. On assiste là à un déplacement significatif du centre de gravité de l'action ducale. Dans les dix dernières années de son règne, Alain Fergent réside plus souvent à Nantes qu'en Cornouaille. La disparition du comte Mathias en 1103, l'influence de l'angevine Ermengarde expliquent ce changement dans les résidences ducales. Il s'ensuit des progrès sensibles dans l'unification du duché. Alain Fergent est désormais le duc de tous les Bretons. La distinction entre Bretons et Nantais qui apparaissait très bien dans la donation de Landugen à Sainte-Croix de Quimperlé vers 1084 s'estompe. Cette fusion est facilitée par une relative paix intérieure. Alain Fergent n'eut pas à livrer de guerres contre ses vassaux pendant la dernière partie de son règne.

Ce succès est cependant assombri par un échec sur le plan de la politique extérieure.

Les relations avec l'Anjou furent excellentes et n'entraînèrent pas de liens de subordination. La duchesse Ermengarde fit de fréquents séjours à Angers. Sa signature apparaît au bas de plusieurs actes de son père Foulques le Réchin. Alain Fergent lui-même prêta son concours à des opérations militaires menées par son beau-frère Geoffroy Martel, ainsi était-il présent lors du siège de Candé en 1106 au cours duquel Geoffroy fut tué.

Avec la Normandie Alain commit une grave erreur en soutenant Henri Beauclerc, déjà roi d'Angleterre, contre son frère Robert Courteheuse. La participation du duc de Bretagne à la bataille de Tinchebray qui assura en septembre 1106 la victoire d'Henri, loin d'être profitable à Alain Fergent entraîna une subordination de la Bretagne vis-à-vis de la Normandie. Alain Fergent, dut accepter en 1113 le mariage de son fils Conan avec une fille naturelle d'Henri I, Mathilde, ainsi que la vassalité de la Bretagne à l'égard de la Normandie. Cette vassalité fut reconnue par Louis VI lors de son entrevue avec Henri Beauclerc à l'Ormeteau-Ferré.

Cet échec ne s'explique pas uniquement par la volonté hégémonique du roi d'Angleterre ; à partir de 1112, Alain Fergent n'est plus en mesure d'exercer le pouvoir ducal, il va passer les dernières années de son existence à Redon près des moines de Saint-Sauveur. Abandonna-t-il formellement le pouvoir dès 1112 comme l'affirment dom Lobineau et A. de La Borderie en s'appuyant sur un acte douteux du Cartulaire de Redon? Il ne le semble pas car, dans une charte de l'évêque de Nantes Brice en faveur de Marmoutier il est fait mention du règne conjoint d'Alain III et de son fils Conan en mars 1115. Le premier acte dans lequel Conan intervient comme duc de Bretagne date de 1116. Entre 1112 et 1116 il y eut donc une période d'incertitudes qui affaiblit l'autorité ducale.

LE REGNE DE CONAN III

Le règne de Conan III apporte une longue période de tranquillité au duché. Contrairement à son père, Conan manifeste peu de goût pour les activités militaires. Il quitte rarement la Bretagne. Prudent, il cherche à établir par des moyens non conflictuels de nouveaux rapports de force à l'intérieur et à l'extérieur du duché. Son épouse Mathilde ne paraît pas avoir exercé une grande influence sur lui ; par contre sa mère, la duchesse Ermengarde, participe de près au gouvernement de la Bretagne. Fille de Foulques le Réchin, cultivée, d'une piété fervente, elle nous apparaît comme une des personnalités féminines les plus intéressantes de son temps. En relations épistolaires avec Geoffroy de Vendôme et surtout Bernard de Clairvaux elle pousse son fils à soutenir la réforme de l'Eglise. Elle jouera un rôle déterminant dans les premières fondations cisterciennes de la péninsule, particulièrement lors de la fondation de Buzay. Après la mort de son fils, en 1148, elle part en Terre sainte où elle finit ses jours près de l'église Sainte-Anne de Jérusalem.

Dès son arrivée au pouvoir, Conan affirma sa volonté d'indépendance vis-à-vis de la Normandie. Comme l'alliance angevine ne lui permettait pas de faire jeu égal avec la puissance anglo-normande d'Henri Beauclerc, le duc de Bretagne se rapprocha du roi de France. Celui-ci apparaissait alors peu dangereux. En guerre avec le roi d'Angleterre, duc de Normandie, menacé par le comte de Blois, Louis VI n'avait essuyé jusqu'ici que des revers. Conan participa aux deux expéditions royales en Auvergne en 1122 et 1126. Il s'agissait de défendre l'évêque de Clermont contre les violences du comte Guillaume IX. Ce fut un succès mais cette première participation d'un duc de Bretagne à une chevauchée royale fut sans lendemain. Déjà, prétextant un trajet trop long, Conan n'avait pas participé en 1124 à l'ost royal contre l'empereur Henri V. Louis VI, de son côté, décidé à ne plus prendre de risques, ne voulut rien entreprendre contre la Normandie. Le rapprochement avec le Capétien se soldait donc par un échec et les conséquences auraient pu être catastrophiques. En effet, en 1127, le mariage de la fille d'Henri Beauclerc, Mathilde, veuve d'Henri V, avec Geoffroy Plantagenêt entraînait le rapprochement de l'Anjou et de la Normandie. La Bretagne était encerclée et son indépendance bien compromise. La mort d'Henri Beauclerc, en 1135, sauva la situation du duc de Bretagne. Henri 1er ne laissait pas de fils. L'Angleterre et la Normandie furent paralysées pendant près de vingt ans par une guerre entre Etienne de Blois, choisi par les barons anglo-normands, et Mathilde qui n'acceptait pas d'être écartée de l'héritage paternel. Ces circonstances exceptionnelles garantirent au duc la sécurité à ses frontières. Conan en profita pour renforcer son pouvoir à l'intérieur de la Bretagne.

Mais ici, encore, le duc agit avec une grande prudence qui confine souvent à la pusillanimité. En deux occasions il entra en conflit avec ses vassaux. Vers 1120-1125, il dut intervenir contre deux importants seigneurs du comté nantais, Savary de Donges et Olivier de Pontchâteau. Le Cartulaire de Redon accuse ces deux barons de violences et de destruction de biens ecclésiastiques. Ils auraient même, mais l'authenticité du document est douteuse, profané le monastère de Redon. La réaction du duc fut efficace ; il arrêta les deux barons. Pour Conan l'affaire était intéressante. En se faisant le défenseur des institutions ecclésiastiques il s'attirait la bienveillance de l'Eglise et en enlevant au vicomte de Donges une partie de ses possessions il affaiblissait définitivement un vassal turbulent. Conan n'eut pas la même chance avec le baron de Vitré. Robert de Vitré avait été un compagnon de jeunesse du duc ; il l'avait accompagné, vers 1110, dans son pèlerinage à l'abbaye Saint-Nicolas d'Angers. Quelques années après l'accession de Conan au pouvoir ducal les relations entre les deux hommes se détériorèrent. Que se passa-t-il ? D'après Pierre Le Baud, Robert se serait montré dur et injuste envers ses vassaux et ces derniers auraient fait appel au duc. Celui-ci, après avoir en vain demandé à Robert de changer de comportement, se serait emparé du château de Vitré. Une chose est sûre : en 1132 le duc était bien en possession du château de Vitré. Il confirme alors la donation de l'église Notre-Dame à l'abbaye Saint-Melaine de Rennes. Mais Robert de Vitré n'avait pas abandonné la partie. Avec quelques seigneurs des environs, angevins et bretons, il organisa une résistance armée faite de coups de main et d'embuscades. Exaspéré, Conan tenta d'en finir en menant une expédition avec le comte d'Anjou Geoffroy le Bel, son cousin. Mal préparée, l'opération échoua lamentablement. Les chevaliers fidèles au duc allèrent s'enfermer dans le château de Vitré. Abandonnés par Conan, ils ne tinrent pas longtemps. A la suite d'une trahison Robert reprit la place forte, sans doute vers 1144 et Conan ne réagit pas.

Ces péripéties militaires montrent bien que Conan n'arriva pas à élargir son autorité au-delà des possessions paternelles. L'examen des actes de son règne est significatif ; sur les quarante-six actes, trente-deux concernent les évêchés de Quimper, Vannes et Nantes. L'autorité ducale continue à s'exercer avant tout dans la moitié méridionale de la péninsule. Le Rennais occupe certes une position importante mais les donations ou confirmations le concernant, à deux exceptions près, relèvent du domaine ducal. L'absence dans les actes des barons de La Guerche et de Fougères montre que les grandes baronnies-frontière échappent au pouvoir de Conan. Il en est de même bien sûr de la Domnonée. La vicomté de Léon, les comtés de Trégor, de Penthièvre et de Goello vivent à l'écart du reste de la Bretagne.

Les progrès de l'autorité ducale ne viennent pas d'un resserrement des liens entre le duc et ses principaux vassaux, celui-ci se montre incapable de les réunir tous autour de lui. Sur ce plan, il n'y a pas d'évolution. Par contre le prestige du pouvoir ducal sort renforcé de son étroite alliance avec l'Eglise. En soutenant avec énergie les principes humanitaires défendus par l'Eglise, Conan est le premier duc à avoir tenté de promulguer une législation pour l'ensemble du duché.

Deux événements sont ici connus. Lors du concile de Nantes en mars 1128, le duc fit approuver par les évêques deux textes importants. D'une part il supprima le droit de bris qui attribuait au seigneur du lieu toutes les marchandises d'un bateau qui avait fait naufrage ; d'autre part il abolit la coutume qui permettait à un seigneur de s'approprier les biens immobiliers de sujets roturiers morts sans héritier direct. Quelques années plus tard, en 1135, Conan réunit à Redon l'archevêque de Tours et les évêques de Quimper, Alet, Vannes et Nantes pour réglementer la paix de Dieu. Nous ne connaissons malheureusement pas les mesures qui furent prises mais il est probable que l'assemblée délibéra avant tout de la limitation des guerres privées et rappela l'inviolabilité des biens d'Eglise. Au cours de cette réunion, Conan devait d'ailleurs accorder un diplôme à l'abbaye de Saint-Méen qui venait d'être victime des malversations de Raoul de Montfort.

Ainsi, Conan s'efforça de dépasser le cadre strictement féodal pour s'affirmer comme un prince territorial responsable de l'ordre public dans tout son duché. Comme le roi de France il tira profit du renouveau de l'Eglise. En se servant de l'autorité de celle-ci, il essaya d'étendre au-delà de son domaine des mesures qui ne pouvaient que renforcer son pouvoir. Il jetait ainsi les bases d'un renforcement durable du pouvoir ducal.

Ces progrès devaient être hypothéqués par le règlement de la succession ducale. Le mariage, vers 1137-1138, de la fille du duc, Berthe, avec Alain le Noir, comte de Richmond, avait pu paraître comme un succès politique. Il paraissait assurer le ralliement de la famille d'Eudes de Bretagne à la maison de Cornouaille, même si ce mariage risquait de créer un conflit entre le fils du duc Hoël et son beau-frère. La mort prématurée d'Alain le Noir en 1146, le remariage de Berthe avec le vicomte Eudon de Porhoet et surtout la mise à l'écart de la succession d'Hoël, peu de temps avant la mort de Conan, créèrent une situation lourde de conflits à venir. Il était en effet surprenant que le duc ait attendu les derniers jours de son existence pour déclarer son fils de naissance illégitime et pour confier le gouvernement du duché à son gendre en attendant la majorité du jeune fils d'Alain, Conan. Cette décision est sans doute liée au départ d'Ermengarde pour la Terre sainte, elle devait provoquer quelques années plus tard un crise qui allait ruiner l'autorité de la maison de Cornouaille.

L'EVOLUTION DE LA PUISSANCE PUBLIQUE SOUS LA DYNASTIE DE CORNOUAILLE

Au cours des règnes d'Hoël, d'Alain Fergent et de Conan III le pouvoir ducal a obtenu un seul succès militaire : la déposition de Geoffroy Grenonat et la récupération du domaine ducal dans le comté de Rennes. Les ducs, par contre, ont subi des échecs sérieux. Ils n'ont pu imposer leur autorité ni aux barons des grandes seigneuries-frontière, ni aux principaux seigneurs de Léon et de Domnonée. Sur le plan extérieur, le soutien apporté par Alain Fergent à Henri Beauclerc a entraîné pendant plusieurs années une tutelle de la Normandie sur la Bretagne ; même sur le plan religieux le gouvernement ducal a essuyé quelques humiliations venant de la papauté. Conan III a dû reconnaître la légitimité des revendications de l'abbaye de Quimperlé sur Belle-Ile. Le duc avait soutenu les réclamations de Redon. De même, à la suite d'une intervention de l'évêque Brice auprès de la papauté, le même Conan a dû en 1135 annuler la donation de quatre églises nantaises à Marmoutier.

Cependant, malgré ces revers, il est incontestable que l'autorité des ducs a progressé dans les zones où elle pouvait s'exercer. L'examen des actes ducaux est ici encore très intéressant. Il montre une progression continuelle de l'activité des princes bretons.

Sous le règne d'Hoël l'autorité du duc est discutée, seize actes seulement ont été établis ou confirmés par lui, c'est-à-dire bien moins que sous ses deux prédécesseurs. Sur ce chiffre douze actes ont bien été instrumentés au nom du prince mais trois seulement nous sont parvenus sous la forme de chartes, les autres ne sont que de simples

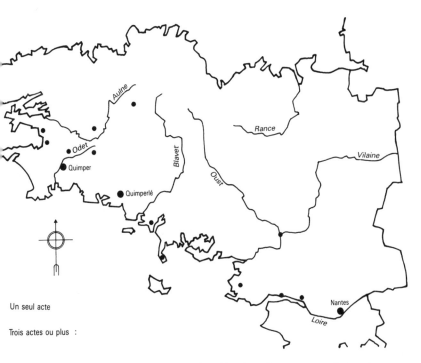

L'action ducale sous Hoël, d'après les bénéficiaires de ses actes et la localisation des biens concédés.

notices. A l'exception d'une charte-notice, les actes d'Hoël ont été rédigés par les établissements ecclésiastiques bénéficiaires. Le duc ne dispose donc pas d'un service élémentaire de chancellerie alors que son oncle, l'évêque de Nantes Quiriac, dispose lui d'une chancellerie, organisée vraisemblablement sur le modèle royal. Sans moyens de gouvernement, le premier représentant de la maison de Cornouaille est resté pendant tout son règne un prince faible.

L'avènement d'Alain Fergent marque le début d'un changement de tendance. Au cours de son long règne, Alain Fergent est présent dans trente et un documents diplomatiques ; aucun duc auparavant n'avait établi ou confirmé un aussi grand nombre d'actes, mais si vingt-cinq actes sont des actes publics, Alain ne nous a laissé que treize chartes ce qui reste un chiffre bien modeste.Le contenu des actes instrumentés explique ce déséquilibre. Le duc accorde des dons ou des privilèges par voie orale, ensuite seulement les scribes monastiques ou épiscopaux résument dans une notice la déclaration du duc.

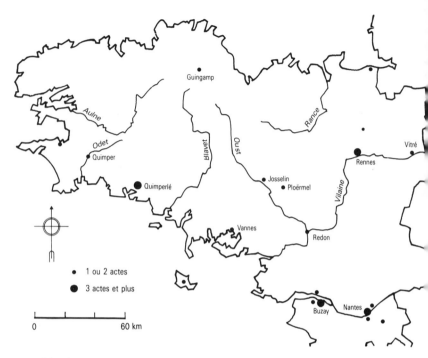

L'action ducale sous Conan III, d'après les bénéficiaires de ses actes et la localisation des biens concédés.

L'activité ducale reste donc modeste mais des transformations significatives apparaissent. Le duc continue de faire rédiger de nombreux documents par les établissements destinataires mais il dispose désormais d'un service de chancellerie assuré par plusieurs de ses chapelains. Nous connaissons leurs noms car ils apparaissent dans plusieurs actes. On trouve ainsi Gérald, Turold, Renoulf, Robert. Le fait qu'il y ait des noms normands indique peut-être qu'ils ont été formés dans le grand duché voisin. Ils ont pu ensuite accompagner en Bretagne la duchesse Constance, première épouse d'Alain IV. Innovation importante, c'est sous le règne d'Alain Fergent qu'apparaît pour la première fois le sceau ducal, apparition fort modeste d'ailleurs puisque ce sceau n'est attesté que dans une seule charte. Il s'agit de la charte du 15 mai 1108 de Marbode, évêque de Rennes, en faveur de l'abbaye Saint-Serge d'Angers. Le duc s'affirmait ainsi comme maître d'une importante principauté territoriale et il n'est pas sans intérêt de voir que, si Alain s'intitule rarement duc, il prend bien soin d'affirmer qu'il est comte de toute la Bretagne et non des seuls comtés qu'il a reçus en héritage.

L'accroissement du pouvoir ducal se poursuit sous le règne de Conan III. Celui-ci a fait établir ou a confirmé quarante-sept actes et, ce qui est encore plus significatif, sur ces quarante-sept actes vingt-huit sont des chartes. La chapelle ducale chargée de la chancellerie occupe désormais une position essentielle dans le gouvernement ducal. Les trois chapelains chargés de ce service accompagnent Conan dans ses déplacements et bénéficient de revenus réguliers pour assurer leur office et tenir leur rang. Les chapelains ne rédigent pourtant qu'une faible partie des actes mais ils surveillent les *scriptoria* monastiques qui mettent par écrit les décisions du duc en faveur de leurs abbayes. Il s'ensuit une uniformisation progressive des formules et de l'organisation des actes. La rédaction est désormais plus brève, plus impérative et le sceau est régulièrement employé pour authentifier le document. Témoignage d'un meilleur fonctionnement de l'activité ducale un classement est effectué entre les chartes solennelles, semi-solennelles et les brefs qui font leur apparition sous le règne de Conan III. Comme en même temps le duc fait promulguer dans des assemblées ecclésiastiques l'ébauche d'une véritable législation ducale on se rend compte que le règne du troisième représentant de la dynastie de Cornouaille a fait accomplir à l'autorité ducale un progrès important. L'utilisation fréquente du titre ducal est bien l'illustration de ce progrès.

LE DOMAINE DUCAL

Les ducs ont disposé à partir d'Alain Fergent d'un domaine relativement important. Contrairement à celui du roi de France le domaine ducal est dispersé dans quatre comtés, ce qui permet la surveillance de nombreuses seigneuries modestes et surtout assure le contrôle de cinq évêchés : Quimper, Vannes, Nantes, Rennes, Dol et Alet-Saint-Malo. En même temps la situation des différentes seigneuries dépendant directement du duc garantit des droits économiques intéressants : tonlieux, droits sur les marchés, droits sur le sel...

La Cornouaille, berceau de la famille ducale, reste sous Hoël et au début du règne d'Alain Fergent le lieu de résidence préféré des ducs. Les possessions ducales étaient concentrées au sud et à l'ouest du comté. Au sud, les ducs étaient en possession de toute la zone littorale entre l'Ellé et l'estuaire de l'Odet. On trouvait là les châtellenies de Carnoët et Quimperlé autour de la vaste forêt de Carnoët, puis, autour de la baie de la Forêt, les seigneuries de Conc, de Rosporden et de Fouesnant. A Quimper le duc ne possédait qu'un seul quartier, la paroisse Saint-Matthieu, la plus grande partie de la cité appartenant à l'évêque ; mais tout autour le duc disposait d'un vaste

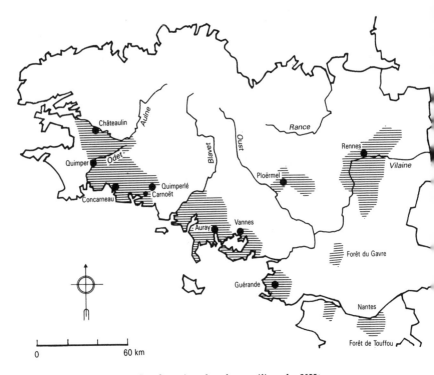

Le domaine ducal au milieu du XIIᵉ s.

domaine qui s'étendait surtout au nord-est jusqu'à Langolen et Saint-Goazec. Plus au nord, la basse vallée de l'Aulne formait, avec Châteaulin comme principale forteresse, la plus vaste seigneurie ducale en Cornouaille. Elle s'étendait sur une vingtaine de paroisses et comprenait un millier de km² ; nous avons vu plus haut que cette châtellenie a sans doute constitué le patrimoine initial des comtes de Cornouaille. Il est possible également que les comtes de Cornouaille aient possédé des biens importants dans le Poher. Vers 1078-1084 le duc a en effet donné à Sainte-Croix de Quimperlé l'église de Landugen et l'église de Saint-Quijau près de Carhaix mais le Poher fut ensuite inféodé à un vicomte que l'on trouve mentionné pour la première fois au début du XIIᵉ siècle.

En Vannetais, les comtes de Cornouaille possédaient dès le début du XIᵉ siècle un vaste patrimoine foncier le long du littoral entre le Blavet et la presqu'île de Quiberon. Devenu duc, Hoël ajouta à ces possessions initiales les terres qui avaient appartenu à la maison de Rennes ; il s'agissait de la vaste châtellenie d'Auray avec ses vingt

76

paroisses, de la châtellenie de Vannes et enfin de la presqu'île de Rhuys. Les ducs étaient donc maîtres de la plus grande partie du littoral. Seules la fraction la plus occidentale du littoral du Vannetais et la seigneurie de Muzillac leur échappaient. Ainsi ils contrôlaient les grands axes de circulation maritime et terrestre.

Dans le comté nantais, le domaine ducal était beaucoup moins étendu mais les seigneuries qui le composaient occupaient également des positions stratégiques essentielles. L'importance de Nantes comme résidence ducale ne fit que croître sous la dynastie de Cornouaille. Le temps des querelles entre le pouvoir comtal et l'autorité épiscopale était oublié, l'évêque étant nommé par le duc. Il s'en suivit une coexistence fructueuse qui allait permettre le développement de la cité dans le cadre d'une co-seigneurie, l'évêque et le duc contrôlant chacun une moitié de la ville. En dehors de Nantes, le duc possédait au sud de la Loire le domaine de Touffou. Ce vaste territoire forestier contenait sept paroisses et représentait un intérêt stratégique essentiel car il possédait les voies d'accès du pont de Pirmil, seul passage possible entre les deux rives de la Loire. Au nord du fleuve, les comtes de Nantes avaient abandonné à un vassal fidèle la châtellenie de Blain mais ils gardèrent la forêt du Gâvre qui permettait de surveiller la principale voie de communication entre Nantes et Rennes. Enfin, tout à fait à l'ouest du comté, les ducs possédaient la presqu'île guérandaise. Le développement des marais salants procura aux ducs des revenus appréciables.

Il fallut attendre Alain Fergent pour que le pouvoir ducal récupère son patrimoine dans le comté de Rennes. Le domaine était ici fortement concentré. En dehors de la ville de Rennes partagée avec l'évêque il comprenait essentiellement la forêt de Rennes. Ce territoire de 300 km² était limitée au nord par la baronnie de Fougères, à l'est par la baronnie de Vitré et au sud par la modeste seigneurie d'Acigné au bord de la Vilaine. Au cours des XIe et XIIe siècles, les défrichements permirent le développement de plusieurs paroisses mais il fallut attendre le règne de Pierre Mauclerc pour que la construction d'un donjon à Saint-Aubin-du-Cormier donne un centre à cette zone qui contrôlait les voies d'accès à la Normandie.

Au sud-ouest, dans la région centrale du Poutrocoët rattachée au comté de Rennes, le duc ne disposait que d'une seule châtellenie : Ploërmel. Etiré d'est en ouest sur une vingtaine de kilomètres ce domaine ducal très ancien était entourée par la vicomté de Porhoët et les seigneuries de Malestroit, Lohéac et Gaël-Montfort.

Ainsi constituée la carte du domaine ducal fait apparaître un vide. Au nord du duché le duc ne possède rien. La création du vaste apanage d'Eudes a privé le duc d'une présence effective en Domnonée. En cédant à son frère un territoire aussi vaste, Alain III avait commis une grave erreur politique. C'est seulement après la mort de Conan III que le duc parviendra à se donner à nouveau une assise territoriale sur le littoral de la Manche ; il le fera, on le verra dans des conditions discutables.

L'ARISTOCRATIE BRETONNE HORS DE BRETAGNE

Les Bretons des XIe et XIIe siècles ont cessé d'être un danger pour leurs voisins et pourtant, la soif d'aventure, le goût du voyage n'ont cessé de les habiter. Avant même la conquête de l'Angleterre par Guillaume le Bâtard, des Bretons avaient franchi la Manche pour se mettre au service du dernier roi anglo-saxon Edouard le Confesseur. Tel fut le cas de Ralf L'Ecuyer, père de Ranulf de Gaël,et aussi de Robert Fitzmarc. Mais, avec l'expédition du duc de Normandie, le mouvement prit une toute autre ampleur. D'après Guillaume de Poitiers, les chevaliers bretons formèrent à la bataille d'Hastings l'aile gauche du dispositif normand. Peu disciplinés, ces Bretons mirent en danger l'armée de Guillaume à la suite d'une première attaque impulsive mais, après un début de panique, ils se ressaisirent et participèrent à l'assaut décisif contre les troupes d'Harold. Nous ne connaissons pas les noms de ces chevaliers bretons qui commandèrent à Hastings. Il semble bien qu'en dehors de Brient,fils d'Eudes de Penthièvre, il se soit agi de chevaliers de modeste origine. C'est seulement après le couronnement de Guillaume que des membres de la haute aristocratie bretonne tentèrent leur chance outre-Manche. Le Domesday Book établi vers 1086-1087, véritable recensement de la propriété foncière, nous donne une liste des barons bretons qui reçurent des fiefs en Angleterre. On remarque qu'ils sont presque tous issus du nord- est de la péninsule, c'est-à-dire de la zone la plus proche de la Normandie. Ainsi Alain de Bretagne, fils cadet d'Eudes de Penthièvre, est le premier titulaire du comté de Richmond, Geoffroy de La Guerche est possessionné dans les comtés de Leicester et de Warwick, Raoul de Fougères possède des terres dans le Surrey, le Devon, le Buckinghamshire, le Norfolk et le Suffolk, Juhel de Totnes, proche parent de Raoul de Fougères,est maître de plusieurs fiefs dans le Devon.

L'installation des chevaliers bretons se poursuivit après la mort de Guillaume. Henri 1er Beauclerc donna des terres à Guillaume d'Aubigny, Olivier de Dinan, Alain Fitzflaad de Dol. Plus tardivement encore Henri II utilisa pour l'administration de son vaste empire les services de nombreux Bretons. Sous son règne, Alain de Porhoet, frère cadet d'Eudon,s'établit en Angleterre et donna naissance à la famille des Zouche.

John Round, au début de ce siècle, et Michaël Jones, plus récemment, ont étudié les destinées de plusieurs de ces familles bretonnes établies outre-Manche. Si certaines familles ont réussi à maintenir intacte leur seigneurie pendant plusieurs générations — ainsi la seigneurie de Wolverton vit se succéder en un siècle Meinfelin Brito mort après 1136, son fils Hamo mort en 1185, puis les trois fils de celui-ci : Hamo mort entre 1196 et 1198, Guillaume mort en 1248 et Alain mort en 1249 — le plus souvent les destinées de ces lignages aristocratiques furent très fluctuantes. Les échecs furent parfois spectaculaires et s'expliquent par les nombreuses crises politiques que connut le royaume anglo-normand : ainsi, en 1075, Raoul de Gaël perdit son comté de Norfolk à la suite de sa révolte contre le roi, Geoffroy de La Guerche fut dépossédé à son tour en 1093 par Guillaume le Roux, Hervé Brito, comte du Wiltshire et fils de Guiomar III de Léon, fut banni en 1139-1140 à la suite d'une révolte de paysans. Les seigneurs de Fougères et de Dinan réussirent à garder leurs domaines anglais mais il s'agissait de propriété modestes. D'autres lignages en revanche connurent une fortune ascendante. Alain Fitz-flaad de Dol est l'ancêtre de deux illustres familles nobles de Grande-Bretagne : les Fitzalans, futurs comtes d'Arundel et ducs de Norfolk et les Stuarts d'où sortit la famille royale d'Ecosse. Mais il s'agit là d'un cas exceptionnel. Les succès les plus spectaculaires furent le fait de familles très modestes qui s'étaient définitivement établis en Angleterre sur les terres de barons bretons. Ainsi des hommes du comte Alain de Richmond d'origine très obscure allaient par des alliances matrimoniales heureuses se hisser dans le petit baronnage.

Au total, le bilan de cette émigration aristocratique bretonne est considérable. Les recherches faites à partir de la grande enquête de 1166 sur les fiefs de chevaliers aboutissent au chiffre de deux cent cinquante fiefs tenus par des chevaliers bretons sur un total de cinq mille, soit environ 5 % de l'ensemble des fiefs. Les Bretons ont formé le groupe aristocratique non-normand le plus important.

Cependant si les Bretons furent présents dans la plupart des comtés anglais, ils jouèrent un rôle particulièrement important dans l'ouest du royaume, ainsi le château de Monmouth près de la frontière galloise fut donné en 1075 au Breton Wihenoc. Celui-ci devint ensuite moine à Saint-Florent de Saumur et laissa sa seigneurie à son neveu William Fitz Baderon, ancêtre des seigneurs de Monmouth. Dans l'entourage de ce dernier comme d'ailleurs dans l'entourage de Roger de Lacy, seigneur de Hereford, on trouve des chevaliers qui portent un nom breton comme Wilhelmus Yvin, Philippe le Bret ou encore Monun, Brient. Plus au sud, Judhael reçut le fief de Totnes en Devon et Alain de Bretagne garda, une année au moins, le comté de Cornwall.

Le caractère commun de tous ces Bretons installés dans l'ouest de l'Angleterre est bien de servir fidèlement le Conquérant et ses successeurs. Les Bretons jouèrent un rôle essentiel dans la conquête difficile du pays de Galles. Quand Bernard de Neufmarché créa, vers 1088-1093, la seigneurie de Brycheiniog au sud-est du pays de Galles, il était entouré des chevaliers bretons Thustan, Jestin, Trahern. Après la conquête éphémère du littoral nord du Guuined, c'est un clerc breton nommé Hervé qui est placé sur l'évêché de Bangor. Chassé de son siège par les Gallois il recevra ensuite l'évêché d'Ely.

Les rapports entre Gallois et Bretons furent difficiles. Au service de la monarchie anglaise, intégrés dans une société féodale stricte, les chevaliers bretons comprenaient mal la société galloise où le clan jouait un rôle essentiel. Un récit de Geoffroy de Monmouth est ici particulièrement éclairant : « Après la reddition de Rhys fils de Griffith et l'exil de celui-ci en Angleterre, Henri II envoya un chevalier originaire de Bretagne armoricaine dans la prudence et la fidélité duquel il avait grande confiance, pour, sous la conduite du doyen de Cantrefmaur, explorer le château de Dinevur, la disposition des lieux et la défense du district. Comme le chevalier avait enjoint au prêtre de le conduire au château par le chemin le meilleur et le plus commode pour des soldats, son guide volontairement le fit traverser par les passages les plus difficiles et inaccessibles. Et partout ou ils traversaient des herbages le prêtre mangeait de l'herbe au grand étonnement des assistants. Il affirmait que les habitants du pays, poussés par la disette, étaient contraints pour vivre de se nourrir d'herbes et de racines. De retour auprès du roi le chevalier rapporta tous les détails qu'il avait vus ou entendus. C'est une terre inhabitable, une terre sans chemins et inaccessible, sinon à des gens vivant bestialement à la manière des animaux ».

Le tableau est sans doute là exagérément noirci car de nombreux Bretons installés dans l'ouest de l'Angleterre sont issus de Basse-Bretagne et disposent d'un remarquable moyen de communication : leur propre langue. Le témoignage de Giraud de Cambrie est ici formel : « Le Cornwall et la Bretagne parlent une langue très semblable qui est d'ailleurs en beaucoup d'expressions — et presque en toutes — intelligible aux Gallois, à cause de leur communauté d'origine ». De cette communauté d'origine il est intéressant de relever un fait très significatif : le scribe gallois du Cartulaire de Llandaff est capable de reconstituer la forme galloise correcte correspondant au nom breton Withénoc : Gueithanauc. Le sentiment d'une communauté culturelle reste donc bien vivant et s'exprime avec vigueur chez les premiers écrivains de la Matière de Bretagne. Geoffroy de Monmouth ne se qualifie-t-il pas lui-même de Breton ? L'arrivée de Bretons en Cornwall et au pays de Galles joua ainsi un rôle non négligeable dans l'extraordinaire succès de la littérature arthurienne.

Les Bretons ont été également attirés vers le Sud. L'objectif est ici essentiellement religieux. Il s'agit de partir en pèlerinage. Au IXe siècle le roi Salomon ne renonça à son voyage à Rome que sous la pression de son entourage inquiet devant le péril normand. En 1008, le duc Geoffroy se rendit à Rome et beaucoup de clercs durent prendre le même chemin. Le pèlerinage le plus prestigieux était bien sûr celui de Jérusalem ; au début du XIe siècle, l'évêque de Nantes Gautier se rendit aux Lieux saints. La vénération pour le Saint-Sépulcre et la Croix paraît avoir été vive en Bretagne comme en témoigne la dédicace de l'abbaye de Quimperlé à la sainte Croix. La prise de Jérusalem par les Turcs et l'interdiction des pèlerinages furent durement ressenties. Quand Urbain II lança de Clermont son appel pour la Croisade il rencontra en Bretagne, comme partout ailleurs, un vif écho. Le duc de Bretagne lui-même décida de partir pour la Terre Sainte en compagnie du duc de Normandie, des comtes de Flandre et de Blois. De nombreux chevaliers bretons l'accompagnèrent et, parmi eux, plusieurs vassaux directs : Hervé, fils de Guiomar, vicomte de Léon, Raoul de Gaël-Montfort, Alain sénéchal de Dol, Chotard d'Ancenis. Leur absence dura près de cinq ans. Ils rentrèrent au cours de 1101 après avoir combattu vaillamment mais sans avoir joué un rôle de premier plan. Quelques chevaliers moururent en combattant les musulmans. Tel fut le destin de Rioc, seigneur de Lohéac. Avant de mourir il avait confié à Simon de Ludon les précieuses reliques qu'il avait réussies à acquérir : une parcelle de la vraie Croix, une pierre du Saint-Sépulcre. Ramenées à Lohéac ces reliques devaient être solennellement déposées dans la nouvelle église du Saint-Sauveur de Lohéac.

La Terre sainte ne suscita pas ensuite le même enthousiasme. La duchesse Ermengarde alla certes terminer ses jours à Jérusalem mais des raisons familiales s'ajoutaient ici aux motivations religieuses : le frère de la duchesse, Foulques, avait abandonné l'Anjou pour le royaume de Jérusalem. L'appel de saint Bernard pour la Seconde Croisade eut peu d'échos ; aucun baron breton n'y participa, les troubles que connaît alors la Bretagne expliquent l'absence des seigneurs de la péninsule. Par contre, après l'échec des révoltes contre Henri II, la Palestine attire de nouveau les chevaliers bretons. Le vicomte Guiomarch de Léon, dépossédé de la plus grande partie de ses biens, décide de partir avec son épouse vers Jérusalem, d'où ils ne reviendraient peut-être pas. André II de Vitré partit lui à deux reprises vers la Terre Sainte ; il est vraisemblable que la seconde fois il ait participé à la Troisième Croisade où l'on trouve d'autres chevaliers bretons, ainsi Raoul II de Fougères et Raoul d'Aubigné, frère cadet du seigneur d'Aubigné. L'échec de cette croisade ne devait pas décourager l'aristocratie bretonne. Nombreux furent les chevaliers bretons qui accompagnèrent saint Louis dans ses deux croisades. Le duc Jean le Roux devait lui-même participer à la malheureuse expédition de Tunis en 1270.

Cette courte enquête sur la mobilité de l'aristocratie bretonne est fatalement incomplète. De nombreux chevaliers de condition modeste n'ont laissé aucune trace écrite. Il reste qu'en dehors de l'Angleterre les historiens ont trop négligé cette émigration aristocratique. Des Bretons ont ainsi participé à la croisade contre les Albigeois comme André II de Vitré. D'autres se sont rendus à Saint-Jacques-de-Compostelle et il est possible qu'ils aient participé à des opérations militaires contre l'Islam. On peut imaginer encore la présence de chevaliers bretons en Italie du Sud où les fils de Tancrède de Hauteville établirent une puissante principauté normande.

BIBLIOGRAPHIE

Après A. de La Borderie : **Histoire de Bretagne**, t. III et **Essai sur la géographie féodale de la Bretagne avec la carte des fiefs et des seigneuries de cette province**, Rennes, 1889, l'histoire politique de la dynastie de Cornouaille n'a guère intéressé les historiens. Sur les origines de la famille ducale on lira avec intérêt le travail de R. Latouche « L'abbaye de Landévennec et la Cornouaille aux IXe et Xe siècles », **Le Moyen-Age**, t XLV, 1959 A. Oheix a, quant à lui, étudié la fin du règne d'Alain III : « La date de la mort d'Alain III » **BSECDN**, 1913, t.LI, pp 93-100. **L'Histoire du comté nantais** d'H. Giraud-Mangin, Nantes, 1931, a des perspectives limitées.

Sur le pouvoir ducal l'étude de B. Pocquet de Haut Jussé sur le grand fief breton (dans le tome I de l'**Histoire des institutions françaises au Moyen-Age** de F. Lot et R. Fawtier, Paris, 1957) n'accorde que quelques lignes au XIIe siècle. En dépit de son ancienneté, il y a beaucoup de renseignements à tirer de l'**Histoire des institutions de la Bretagne** de M. Planiol (réédition Mayenne 1981).

Les migrations des chevaliers bretons vers l'Angleterre ont été très étudiées. On mentionnera : A. de La Borderie : **La participation de la Bretagne à la conquête de l'Angleterre par les Normands**, Paris, 1911. M. Jones : «Notes sur quelques familles bretonnes en Angleterre après la conquête normande » **M.S.H.A.B.** 1981, t. LVIII, pp 73-97. P. Flatrès : « Les Bretons en Galles du XIe au XIIIe siècle ». **M.S.H.A.B.**, t. XXXVI, 1956, pp 41-46. H. Guillotel : « Une famille bretonne au service du Conquérant : les Baderon » dans **Droit privé et institutions régionales. Etudes historiques offertes à Jean Yver**, 1976, pp 361-362. On signalera également le remarquable travail d'érudition de C.T. Clay sur le comté de Richmond : **The Honour of Richmond**, « Arch. Soc. Record series, Early Yorkshire Charters. Extra series », 1935-1936, York.

CHAPITRE III

DES PLANTAGENETS AUX CAPETIENS

La dynastie de Cornouaille qui avait réussi à redresser l'autorité ducale devait rapidement perdre le pouvoir. Le dramatique conflit de succession qui, à la mort de Conan III, opposa le gendre du défunt Eudon de Porhoët au fils déshérité Hoël et au jeune duc Conan, aurait pu être surmonté. Le malheur pour le pouvoir ducal fut que, dans ce moment critique, une puissance extérieure en pleine ascension, le comté d'Anjou, entreprenne une politique d'intervention dans les affaires ducales pour tenter d'intégrer la Bretagne dans l'ensemble des possessions des Plantagenêts. Pour préserver son indépendance le duché avait non seulement besoin de paix intérieure mais aussi de la rivalité entre les deux puissantes principautés de l'Ouest, l'Anjou et la Normandie. Le mariage de Mathilde, seul enfant survivant d'Henri Beauclerc, avec Geoffroy Plantagenêt, comte d'Anjou, avait présenté, dès 1127, un risque mortel pour la Bretagne : le duché risquait désormais de se trouver encerclé. Les conséquences de ce rapprochement entre les deux grandes familles princières ne se firent cependant pas sentir immédiatement. A la mort d'Henri Ier, les barons normands écartèrent Mathilde de la succession de son père et choisirent comme roi d'Angleterre et duc de Normandie le faible Etienne, comte de Blois, neveu du précédent souverain. Mais, vingt ans plus tard, Mathilde fut en mesure de prendre sa revanche. Son fils aîné, Henri Plantagenêt, devenait, grâce à l'armée de son père, duc de Normandie puis, après avoir pris le comté d'Anjou, à la mort de Geoffroy en 1150, il parvenait à s'imposer en Angleterre et à recevoir la couronne royale à la mort d'Etienne en 1154. En même temps son mariage avec Aliénor d'Aquitaine lui ouvrait tout le sud-ouest de la France. A vingt ans, Henri II Plantagenêt était devenu un des plus puissants princes d'Occident. Maître de toute la moitié ouest de la France il mettait dans une situation difficile le souverain capétien.

Comment dans ces conditions la Bretagne pouvait-elle échapper à l'ambition du jeune Plantagenêt ? En dépit de la résistance coura-geuse d'une grande partie de son aristocratie, la Bretagne devait pas-ser à son tour sous la domination angevine et rester sous cette tutelle pendant trente-cinq ans. Présentée par La Borderie comme un joug insupportable, la domination angevine — et non anglaise, car les Plantagenêts se considéraient d'abord comme princes français — exerça une profonde influence sur la péninsule. Henri II et son fils Geoffroy renforceront l'unité de la Bretagne, établiront une adminis-tration centrale solide et promulgueront le premier texte législatif ducal : l'Assise du comte Geoffroy. Il est incontestable que vers 1185 le gouvernement de Geoffroy était admis par l'ensemble de l'aristo-cratie bretonne. L'autonomie du jeune duc par rapport à son père était appréciée. L'avenir paraissait assuré pour une dynastie ange-vine en Bretagne.

Deux événements dramatiques allaient pourtant modifier com-plètement la situation. La mort brutale de Geoffroy lors d'un tournoi allait replacer la Bretagne sous l'autorité directe d'Henri II puis de celle de son fils, Richard Cœur de Lion. Cette dépendance étroite créa inévitablement un mécontentement latent. La disparition de Richard en 1099 et l'avènement d'un prince incapable et violent, Jean sans Terre, dernier fils d'Henri II, fit passer l'aristocratie bretonne de la résistance passive à une révolte généralisée. Le jeune Arthur, fils de Geoffroy, malgré son jeune âge, se mit à la tête de ses vassaux et prêta l'hommage lige à Philippe Auguste. La Bretagne devenait ainsi une des pièces maîtresses de la stratégie du Capétien pour briser définitivement la puissance des Plantagenêts. Le début du XIIIe siè-cle marqua ainsi un tournant fondamental dans l'histoire de la Breta-gne. Contrairement aux Plantagenêts, les Capétiens allaient réussir à installer durablement un membre de la famille royale à la tête du duché, et ce dernier devait rester pendant plus d'un siècle étroitement associé à la politique royale. Pour longtemps la Bretagne renonçait à son indépendance.

UNE GRAVE CRISE SUCCESSORALE

La disparition de Conan III n'entraîna pas immédiatement des troubles. Les barons, le haut clergé, le personnel ducal reconnurent l'autorité d'Eudon de Porhoët. La principale victime de la succes-sion, Hoël, paraît s'être résigné à son sort. Ecarté de l'héritage pater-nel par une mesure tardive et contestable, le fils du duc défunt alla s'établir à Nantes où il prit le titre comtal. Eudon ne chercha pas à lui enlever son comté. Cette coexistence pacifique entre les deux princes s'explique sans doute par un accord préalable : en prenant le gouver-nement ducal, Eudon a dû accorder une compensation à son beau-frère. Il renouvelait là une pratique utilisée déjà à plusieurs reprises par les ducs.

L'amputation du comté nantais ne devait pas affaiblir considérablement le pouvoir d'Eudon car il était compensé par les progrès de l'autorité ducale dans d'autres directions. Eudon restait en effet maître du Porhoët, une des plus vastes seigneuries de Bretagne avec ses soixante paroisses, et surtout, pendant la minorité de son beau-fils, il eut la charge d'administrer les biens laissés par Alain le Noir. Par là l'autorité ducale put s'exercer jusqu'au littoral nord de la péninsule, ce qui ne s'était jamais produit depuis le début du XIe siècle.

Ambitieux, énergique, Eudon ne cessa pendant six ans de renforcer son autorité mais la légitimité de son pouvoir restait fragile. Il gouvernait en effet le duché au nom de son épouse Berthe, elle-même mère du jeune Conan. S'il était tout à fait admis en Bretagne que l'épouse de l'héritière du duché exerce le pouvoir, un grave problème se posa le jour ou le jeune Conan atteignit sa majorité, c'est-à-dire quinze ans. Eudon ne voulut pas céder le pouvoir et, peut-être, s'appuya-t-il sur un précédent : soixante-dix ans plus tôt, Alain Fergent avait attendu la mort de son père pour exercer le pouvoir ducal, mais les circonstances étaient différentes. Hoël avait certes continué à exercer le pouvoir ducal après la majorité de son fils et alors que la duchesse Havoise avait disparu depuis 1072 mais il semble bien que le jeune homme ait été associé à son père. En effet, si une charte de 1079 en faveur de Saint-Nicolas d'Angers le désigne seulement comme fils du comte Hoël, un acte des années 1080-1082 toujours en faveur de Saint-Nicolas le mentionne comme comte au même titre qu'Hoël. En 1154, Eudon de Porhoët ne voulut pas visiblement partager le pouvoir avec son beau-fils, un conflit était donc inévitable : il allait modifier profondément le cours de l'histoire de la Bretagne.

Il est difficile de reconstituer la première étape de la lutte, nous ne disposons en effet que d'une source très tardive, la Chronique de Pierre le Baud, mais il est sûr que la révolte de Conan échoua. Les principaux barons bretons restèrent fidèles à Eudon de Porhoët. Le comte Hoël qui avait eu quelque velléité de secourir son neveu fut sévèrement battu. Conan se réfugia alors en Angleterre. Il y fut très bien accueilli par le nouveau roi Henri II Plantagenêt. Celui-ci lui conféra aussitôt l'honneur de Richmond que son père, Alain le Noir, avait possédé. Avec ce fief anglais Conan était assuré de revenus substantiels. Situé dans le nord-est du Yorkshire le comté de Richmond, avec ses sept cents kilomètres carrés et ses annexes dans cinq autres comtés, assurait à son titulaire des revenus presque aussi importants que ceux du domaine ducal en Bretagne. Conan pouvait ainsi préparer, avec de bonnes chances de succès, une nouvelle expédition contre son beau-père. Mais la médaille avait son revers. Conan était devenu le vassal d'Henri II, et celui-ci, déjà maître de l'Anjou, du Maine et de la Normandie, comptait bien achever, par l'intermédiaire d'un vassal docile sa mainmise sur tout l'ouest du royaume de France. D'ailleurs ces ambitions pouvaient paraître à bien des contemporains justifiées. A deux reprises un duc de Bretagne n'avait-il pas été placé sous la vassalité du duc de Normandie ? Il ne fait guère de doute que le Plantagenêt suivit de près les préparatifs du jeune duc. Il sut certainement convaincre plusieurs barons bretons, titulaires de fiefs en Angleterre, de la nécessité de soutenir le jeune Conan. Il en fut ainsi du baron de Fougères qui, après avoir soutenu Eudon, se rallia au fils d'Alain le Noir. La présence menaçante d'Henri II en Normandie, en 1156, força la main aux hésitants.

Dans ces conditions Conan put prendre facilement sa revanche sur Eudon. Au cours de l'année 1156 il enleva à son adversaire ses principales positions. Après avoir été retenu prisonnier quelques mois, le vicomte du Porhoët renonçait à la lutte et se mettait au service du roi Louis VII. Pour le duc de Bretagne le succès n'était cependant pas total. Le comté de Nantes lui échappait et passait sous la domination du frère d'Henri II, Geoffroy Plantagenêt, et plusieurs seigneurs bretons dont celui de Combourg ne se résignèrent pas à la défaite d'Eudon et continuèrent la lutte.

LA MAINMISE PROGRESSIVE D'HENRI II SUR LA BRETAGNE

C'est un duc au pouvoir affaibli qui prenait le gouvernement du duché. Une tentative pour reprendre le comté de Nantes à la mort du comte Geoffroy, en juillet 1156, se solda par une humiliante capitulation. Pour éviter une intervention anglo-normande dans son duché, Conan se rendit à Avranches le jour de la Saint-Michel 1158 et céda solennellement le comté de Nantes à Henri II. Le but du Plantagenêt n'était pourtant pas de provoquer un éclatement territorial du duché ; la conquête du Nantais était au contraire une première étape dans la soumission complète de la Bretagne au pouvoir angevin.

On le vit bien dans les années qui suivirent. Henri II plaça le prince breton dans une relation de vassalité de plus en plus étroite, jouant habilement sur une confusion entre l'honneur de Richmond et le duché de Bretagne. Conan IV se rendit ainsi à plusieurs reprises en Angleterre et participa aux assemblées royales. Lors de la grande assemblée de Clarendon, en 1164, il signa la célèbre constitution avec le titre de comte de Bretagne et de Richmond. Henri II se montra par ailleurs bienveillant quand l'activité du duc de Bretagne favorisait ses intérêts. Il le laissa accroître son domaine aux dépens d'un partisan d'Eudon, son propre oncle Henri . Par un véritable acte de spoliation le duc lui enleva le comté de Guingamp, les châtellenies de Lannion et de Minibriac. C'est également avec l'accord d'Henri II que Conan IV épousa en 1160 Marguerite d'Ecosse. De cette union devait naître l'année suivante la future duchesse Constance.

La dépendance de plus en plus étroite du duc vis-à-vis du roi d'Angleterre et du duc de Normandie irritait l'aristocratie bretonne. Une nouvelle spoliation dont fut victime Raoul de Fougères, spoliation directement provoquée par Henri II, allait faire passer l'aristocratie bretonne du mécontentement à la révolte ouverte.

En juin 1162, à la mort de Jean de Dol, le baron de Fougères avait reçu la tutelle de la fille du défunt et la garde de ses terres. Il devenait ainsi maître de toute la zone frontière entre la Bretagne et la Normandie et pouvait s'appuyer sur un remarquable réseau de sites fortifiés ; c'en était trop pour le Plantagenêt : la frontière normande était désormais menacée. Il exigea que Raoul lui remette le donjon de Dol. A contrecœur, Raoul, qui avait soutenu Conan en 1156, céda. Henri II était alors en Normandie ; il était impossible de résister. Une administration normande s'installa à Dol. Raoul n'avait cependant pas dit son dernier mot. Au cours de l'année 1163 il prit la tête d'une vaste coalition féodale dans laquelle on trouvait Eudon de Porhoët qui était rentré en Bretagne, Henri de Penthièvre et le vicomte de Léon, Hervé. Sûrs d'eux les barons entamèrent des actions militaires au début de l'année 1164. La situation était favorable, le duc était alors en Angleterre et, contesté par une bonne partie de l'aristocratie bretonne, ne semble pas avoir organisé une contre-offensive. Henri II, quant à lui, après avoir dirigé une expédition en pays de Galles, en 1163 était retenu en Angleterre par les débuts de son conflit avec l'archevêque de Cantorbéry, Thomas Becket. Il demanda au connétable de Normandie d'entrer en Bretagne et de mater la rébellion.

Dans les premiers mois de 1164 Richard du Hommet, connétable de Normandie, à la tête de l'ost de ce duché, se dirigea vers Combourg. Après un long siège le château fut pris mais le connétable ne put profiter de cette victoire. Faute de moyens, il ne put pénétrer profondément en Bretagne et, ce qui était beaucoup plus grave pour le pouvoir d'Henri II, les coalisés entrèrent en contact avec des seigneurs poitevins révoltés.

L'intervention personnelle d'Henri II était indispensable. Après avoir été retardé outre-Manche par une nouvelle révolte des Gallois, Henri II arriva sur le continent dans les premiers mois de 1166. En quelques semaines, il mit sur pied une armée importante composée de vassaux de ses possessions françaises et de chevaliers directement rétribués par lui, puis il se dirigea vers Fougères. Il s'agissait pour lui de briser le foyer de résistance le plus dangereux. Fougères était une redoutable forteresse mais la disproportion des forces était flagrante.

Raoul dut se rendre et le roi d'Angleterre ordonna aussitôt une mesure exemplaire, la destruction du château. Ayant ainsi montré sa force, Henri II régla la question de l'avenir du duché. Il exigea de Conan les fiançailles de sa fille Constance, héritière du duché, avec son fils Geoffroy. En même temps, il demanda l'abdication du duc, et, comme les deux fiancés, du fait de leur jeune âge (4 et 8 ans), n'étaient pas capables d'exercer le pouvoir, Henri II prit en mains propres le gouvernement de la Bretagne. Conan IV, en vassal étroitement soumis, se résigna à ne conserver que le comté de Guingamp.

L'étau se resserrait. Pour la première fois le duché de Bretagne était gouverné par un prince étranger ; mais la force du Plantagenêt apparut à ce moment si éclatante qu'une grande partie des barons bretons acceptèrent de se rendre à Thouars pour prêter hommage à Henri II. Quelques jours plus tard, le Plantagenêt se rendait à Rennes où il prenait solennellement le gouvernement du duché. Mais le succès d'Henri II, pour spectaculaire qu'il fut, n'était qu'apparent. La Bretagne n'était pas prête à s'intégrer sans résistance dans l'empire angevin. L'étendue de la péninsule, la difficulté des communications intérieures, l'existence de châtellenies puissantes jalouses de leur indépendance, la présence d'une langue particulière rendaient difficiles une soumission complète du duché. Ce qui avait fait pendant deux siècles la faiblesse du pouvoir ducal devait être tout naturellement un obstacle aux ambitions d'Henri II. Certains historiens du début du siècle, à la suite d'A. de La Borderie, ont vu dans cette opposition une résistance de la nation bretonne contre la « tyrannie anglaise ». Nous n'irons pas si loin. Les Plantagenêts étaient des princes angevins donc français et surtout le terme de « résistance nationale » apparaît comme une anticipation douteuse. Trop d'intérêts individuels étaient en jeu pour que se mobilise une force unique contre l'envahisseur. Il y eut incontestablement un vigoureux refus d'être dirigé par un prince étranger à la Bretagne mais il y eut tout aussi nettement une opposition à un pouvoir central fort.

UN POUVOIR DIFFICILEMENT ACCEPTE

Il fallut treize ans à Henri II pour installer solidement son autorité en Bretagne. L'agitation de l'aristocratie ne s'arrêta en fait qu'avec l'accession effective de son fils Geoffroy au gouvernement du duché.

Un an après la prise de Fougères et l'abdication de Conan IV, en 1167, Henri II revint en Bretagne. Il se dirigea vers le Léon où le vicomte Guiomarch IV refusait de se soumettre à son autorité. Il était soutenu par Eudon de Porhoët qui, à la suite de son récent mariage avec Aliénor de Léon, était devenu son gendre. La campagne du roi d'Angleterre fut rapide et brutale. Le pays fut dévasté et les châteaux pris d'assaut. Robert de Torigni précise que la principale forteresse, nous ignorons son nom, fut détruite sur l'ordre du Plantagenêt. Devant la puissance et la brutalité des forces adverses, Guiomarch se soumit et livra des otages. Eudon cessa aussi le combat et remit à Henri II la fille qu'il avait eue de la duchesse Berthe. Cette nouvelle démonstration de force étant faite, le Plantagenêt tenta de se concilier la noblesse bretonne. Il convoqua à sa cour le représentant le plus illustre de celle-ci, Eudon de Porhoët. L'adversaire malheureux de Conan IV avait réussi, dans des conditions que nous ignorons, à garder sous son autorité les comtés de Vannes et de Cornouaille. Allié au vicomte de Dinan et à plusieurs seigneurs de la Bretagne centrale, il apparaissait désormais comme le principal obstacle aux ambitions d'Henri II. Obtenir de lui un engagement public de fidélité aurait renforcé considérablement l'autorité du roi d'Angleterre mais Eudon refusa de rencontrer Henri II. Sans doute était-il encouragé dans sa résistance par le roi de France qui était alors en conflit ouvert avec le Plantagenêt à propos du comté de Toulouse. Henri II se prépara donc à une nouvelle expédition pour obtenir par la force ce qu'il n'avait pu obtenir par la négociation. Pendant les premiers mois de 1168 il effectua une longue chevauchée à l'intérieur de la péninsule pour s'emparer des forteresses de ses adversaires. Il s'attaqua d'abord au domaine patrimonial d'Eudon. Josselin fut pris et détruit puis il vint à Vannes, s'empara du château d'Auray, ancienne résidence ducale dont il renforça les défenses. Maître du Vannetais, il poursuivit son offensive en Cornouaille où il ne semble pas avoir rencontré une grande résistance. Henri II se retourna alors contre Roland de Dinan et ses principaux alliés. En quelques semaines il obtint des succès décisifs. Il ravagea les bords de la Rance, prit d'assaut le château de Léhon, s'empara du château d'Hédé, détruisit celui de Tinténiac, assiégea avec succès Bécherel. Cette fois la noblesse avait reçu des coups sévères ; courageuse, elle n'avait pas été capable de présenter une véritable cohésion devant la redoutable machine de guerre adverse.

Satisfait du résultat obtenu, Henri II quitta la Bretagne à la fin du mois de juin pour rencontrer Louis VII à La Ferté-Bernard. Il espérait bien obtenir du Capétien une reconnaissance de sa mainmise sur la Bretagne ; mais, dans un premier temps, son projet échoua. A La Ferté-Bernard plusieurs barons bretons, avec la complicité de seigneurs manceaux, dénoncèrent les brutalités d'Henri II et rappelèrent à Louis VII l'engagement qu'il avait pris de ne pas faire de paix séparée. Henri II savait pourtant arriver à ses fins. Il lui fallait la reconnaissance royale pour affaiblir définitivement les barons bretons qui lui étaient hostiles. Il avait agi de la même manière en Aquitaine, quelques années plus tôt, peu de temps après son mariage avec Aliénor. Le serment vassalique qu'il avait alors prêté était d'abord apparu comme la reconnaissance par le roi de ses droits sur l'Aquitaine.

Au cours de l'été et de l'automne 1168 Henri II s'efforça par tous les moyens de faire céder le faible Louis VII. Il provoqua ainsi la défection d'un vassal important du roi, Matthieu de Boulogne, puis il le mit en difficulté dans le Vexin tout en engageant des négociations avec Frédéric Barberousse, à la demande d'ailleurs de ce dernier. Fatigué de se battre sans résultat appréciable, Louis VII finit par engager des pourparlers avec le Plantagenêt. A Montmirail, au début de l'année 1169, il reconnut la position préeminente d'Henri II en Bretagne et accepta l'hommage que lui prêta Henri le Jeune pour la Normandie, le Maine, l'Anjou et la Bretagne. Certes les rebelles poitevins et bretons obtenaient leur pardon mais c'était pour eux une lourde défaite. Abandonnés par le roi de France, malgré l'engagement qu'il avait pris, les nobles bretons voyaient leur duché passer définitivement sous la vassalité normande. Quelques jours après l'entrevue de Montmirail, Geoffroy prêtait hommage à son frère en tant que duc de Normandie.

Henri II triomphait. Jamais son pouvoir n'était apparu aussi grand qu'en ce début de 1169. Certes Geoffroy fut solennellement reçu dans la cathédrale de Rennes pendant l'été 1169 mais c'est en compagnie de son père qu'il reçut le jour de Noël à Nantes l'hommage des vassaux bretons. De plus en plus autoritaire Henri II prétendait gouverner en son nom le duché. Il plaça aux postes importants des hommes en qui il avait une confiance totale. Guillaume, fils d'Hamon, qui venait de faire ses preuves comme sénéchal à Nantes, reçut avec le titre de sénéchal de Bretagne, le gouvernement du duché. A ses côtés Guillaume de Lanvallay devint sénéchal dans le comté de Rennes. Des chevaliers, souvent d'origine normande, reçurent la garde des châteaux du domaine ducal. Henri II intervint aussi directement dans les élections épiscopales. Dès 1157, Etienne de Fougères, chapelain du roi et secrétaire de sa chancellerie, fut placé à l'évêché de Rennes. A Dol, l'archevêque Hugues dut se démettre de ses fonctions en 1161, il fut remplacé par l'archidiacre de Bayeux, Roger du Hommet, parent du connétable de Normandie Richard du Hommet. A sa mort, il fut remplacé par le doyen du chapitre d'Avranches, Roland de Pise. A Nantes, Bernard d'Escoublac accepta sans difficultés l'autorité d'Henri II ; son successeur, Robert (1170-1185) était un familier du Plantagenêt, il lui servit de ministre plénipotentiaire auprès de Louis VII. A Quimper, l'évêque Bernard le Breton, ancien chancelier de l'Eglise de Chartres semble avoir eu de bons rapports avec Henri II. Son successeur Geoffroy apparaît comme témoin dans un diplôme du roi d'Angleterre. Henri II put compter sur la fidélité des évêques. Il est incontestable que sa prise de position en faveur de la métropole de Dol lui attira, tout au moins dans les diocèses bretonnants, un préjugé favorable. Seul, l'évêché de Léon échappa à son emprise. Il était bien parvenu à rallier à lui l'évêque Hamon, frère de Guiomarch, mais, à la suite d'une longue lutte, ce dernier faisait assassiner son frère en janvier 1171.

Ce meurtre, que les contemporains ont sans doute comparé à celui de Thomas Becket, montre bien qu'une hostilité très vive subsistait vis-à-vis du pouvoir d'Henri II. Le Léon restait un foyer de résistance. Au printemps 1171 le roi d'Angleterre se résolut à châtier une nouvelle fois le rebelle. Celui-ci, isolé, préféra se soumettre sans combattre. Il vint à Pontorson le 16 mai 1171 et livra à Henri II ses châteaux. Le Plantagenêt pénétra ensuite une nouvelle fois en Bretagne et régla la succession de Conan IV qui était mort quelques semaines plus tôt. Les domaines que l'infortuné duc avaient conservés jusqu'à sa mort, le comté de Guingamp et le comté de Richmond, furent saisis par le roi d'Angleterre. Il semble qu'Eudon de Porhoët ait tenté de résister à ce nouveau coup de force mais il fut une nouvelle fois sévèrement battu par la troupe de mercenaires brabançons qu'Henri II avait amenée avec lui. Epuisée par de longues luttes, la Bretagne paraissait pacifiée.

C'était encore une illusion. Ruinée par quinze ans de guerres, la Bretagne reconstituait ses forces, mais une partie de l'aristocratie restait résolument hostile à Henri II : elle attendait des circonstances favorables.

Ces circonstances se produisirent en 1173. Le gouvernement autocratique d'Henri II subit cette année-là une crise très sérieuse. Mécontent d'être écarté du pouvoir, le fils aîné du souverain, Henri le Jeune, se révoltait contre son père. Soutenu par sa mère, Aliénor, lasse de toutes les humiliations que lui avait fait subir son époux, il entraînait dans son insoumission deux de ses frères, Richard et Geoffroy. En quelques mois une vaste coalition aristocratique se formait, regroupant d'une manière éparse des seigneurs de tous les territoires de l'« Empire angevin » depuis les frontières de l'Ecosse jusqu'à l'Aquitaine.

En Bretagne, le mouvement n'eut pas le caractère qu'on lui a parfois prêté. Curieusement, la Basse-Bretagne joua un rôle très modeste : seul l'infatigable Eudon de Porhoët prit de nouveau les armes. En Haute-Bretagne l'administration placée par Henri II parvint à tenir bien en main les deux principales villes, Rennes et Nantes. La révolte fut dangereuse, non par le nombre des seigneurs en armes, plusieurs barons, comme Roland de Dinan, restèrent fidèles à Henri II, mais par les positions stratégiques des châteaux des principaux révoltés : Fougères, Ancenis, La Guerche. Entraînée par Raoul de Fougères, l'insurrection comprenait surtout des seigneurs de second rang mais elle reçut aussi le soutien de seigneurs anglais amis de Geoffroy, ainsi, parmi eux, le comte de Chester. Par là, le soulèvement de 1173 est profondément différent des insurrections précédentes. Si les insurgés refusent le gouvernement personnel d'Henri II, ils reconnaissent la légitimité du pouvoir de son fils.

Une fois encore Henri II réagit avec une rapidité étonnante. En quelques semaines il avait levé une redoutable armée composée de vassaux astreints au service d'ost et de ses fidèles mercenaires brabançons combattant à pied. Il se dirigea ensuite vers le Vexin où il écarta la menace capétienne, puis il décida de lutter en priorité contre les insurgés bretons. Ceux-ci venaient de s'emparer de Dol et menaçaient directement la Basse-Normandie. Henri II envoya aussitôt contre eux ses mercenaires. En une semaine, du 12 au 19 août, un record pour l'époque, ils traversèrent toute la Normandie, soit 220 kilomètres. Fatigués par une aussi longue marche ils devaient subir un premier échec, sans doute avaient-ils eu tort de ne pas rester suffisamment groupés, mais le lendemain ils livraient une bataille décisive à proximité de Dol et celle-ci se terminait par une victoire complète. Les Bretons qui parvinrent à s'échapper allèrent se réfugier dans le château où ils furent immédiatement assiégés. Henri II qui était resté à Rouen apprit avec joie la nouvelle. Il vint lui-même, avec de puissantes machines de guerre, organiser l'assaut, mais celui-ci n'eut pas lieu. Se sachant perdus, les assiégés préférèrent se rendre dès l'arrivée du roi d'Angleterre, le 26 août. La plupart des 82 chevaliers dont, par une chance exceptionnelle, nous conservons les noms furent faits prisonniers. Leur chef, Raoul de Fougères, retrouva sa liberté après avoir donné deux de ses fils en otage. Il devait ensuite se réconcilier avec Henri II.

Le roi d'Angleterre repartit ensuite très vite en Normandie mais il laissa sur place ses mercenaires brabançons. En quelques semaines ceux-ci mirent fin à plusieurs foyers de résistance. Le Porhoët fut une nouvelle fois ravagé. Les châteaux de Rougé et de La Guerche furent incendiés. La résistance d'Ancenis entraîna une nouvelle intervention d'Henri II au printemps 1174. Le château fut pris d'assaut et son titulaire dépossédé. Maurice de Craon qui gouvernait l'Anjou au nom d'Henri reçut mission de garder la place et de consolider ses défenses.

L'échec final de la grande révolte de 1173-1174 marque incontestablement la fin d'une époque. Désormais l'aristocratie bretonne ne sera plus en mesure d'opposer une résistance généralisée. Il n'y aura plus que des révoltes locales. Cette soumission de la Bretagne est facilitée par la politique d'Henri II. Si ce dernier continue à avoir la haute main sur les affaires du duché, il n'intervient plus directement. Il laisse le soin du maintien de l'ordre à son fils Geoffroy. Ainsi, en

1177, quand Guiomarch de Léon et Jarnogon de La Roche-Bernard se soulèvent, c'est Geoffroy qui est envoyé dans la péninsule pour mater les insurgés. Le même scénario se produit en 1179 lors d'une nouvelle révolte du vicomte de Léon. Geoffroy est de nouveau chargé de châtier le rebelle. Il attaque le vicomte de Léon peu après Pâques et s'empare de ses châteaux. Vaincu, le vicomte doit accepter le démantèlement de ses possessions. Alors qu'il s'apprête à partir pour un pèlerinage à Jérusalem, le jeune duc ne concède à son fils aîné Guiomarch qu'un territoire de douze paroisses. Le fils cadet, Hervé, resta prisonnier.

Les succès de Geoffroy montrent bien qu'il était considéré en Bretagne comme le duc légitime, et, cependant, le fils d'Henri II dut attendre 1181 pour gouverner effectivement le duché. De 1175 à 1181 Geoffroy résida le plus souvent hors de Bretagne, l'administration du duché étant confiée à Roland de Dinan qui avait manifesté en 1173-1174 une fidélité sans faille à Henri II. Avec une redoutable habileté, Henri II avait partagé le gouvernement du duché entre son fils et un baron breton à la fidélité éprouvée. Maigre consolation : Geoffroy avait reçu en octobre 1174 la dot de sa femme en argent.

UNE PERIODE D'APAISEMENT.
LE REGNE DU DUC GEOFFROY

En 1181 Henri II organisa enfin le mariage de Geoffroy et de Constance. Les fiançailles avaient duré quinze ans et Geoffroy, âgé de 23 ans, avait atteint depuis longtemps l'âge de la majorité. Maître effectif du duché, Geoffroy n'en garda pas moins des relations étroites avec son père, celui-ci disposait d'ailleurs avec le comté de Richmond, concédé en 1183, d'un moyen de pression efficace. On continua donc à voir Geoffroy en Angleterre et dans les possessions continentales des Plantagenêts. Le duc de Bretagne exécuta avec rectitude les missions que lui confiait son père. L'année même de son mariage, il partit ainsi en compagnie de son frère aîné Henri soutenir le jeune Philippe Auguste attaqué par les comtes de Champagne et de Flandre. En 1182, toujours sur l'ordre de son père, il prêta une seconde fois hommage à Henri le Jeune puis participa à la campagne militaire de ce dernier en Aquitaine pour imposer le même hommage à l'autre frère, Richard. C'est au cours de cette campagne qu'Henri le Jeune mourut, en 1183.

A l'intérieur de son duché, Geoffroy poursuivit l'œuvre de son père. L'autorité du duc s'appuya sur un domaine considérablement agrandi. Aux possessions héréditaires des ducs de Bretagne s'ajoutèrent les terres confisquées. Le Porhoët avait été ainsi enlevé à Eudon de Porhoët après sa dernière révolte, la plus grande partie de la vicomté de Léon avait été également gardée par Geoffroy ; le duc conserva aussi le comté de Guingamp. Grâce à ces acquisitions le duc était présent à travers toute la péninsule, ce qui ne s'était jamais produit auparavant.

Les structures administratives installées par Henri II furent conservées. Un sénéchal ou plutôt, selon la terminologie employée, un régisseur, continua à coordonner l'action du gouvernement ducal ; au-dessous de lui des sénéchaux régionaux furent installés dans les villes les plus importantes. Ils furent secondés par un personnel de prévôts et de voyers. Les méthodes utilisées s'inspirèrent des modèles angevin et normand ; l'Assise du comte Geoffroy, le premier document législatif breton, publié solennellement en 1186, n'échappa pas non plus à cette influence. Le principe de l'indivisibilité des fiefs s'était depuis le début du XIe siècle imposé en Normandie, il avait été importé en Angleterre. C'est donc tout naturellement que le droit d'aînesse fut institutionnalisé en Bretagne. Il permettait d'éviter un morcellement excessif des fiefs et garantissait à leurs titulaires des revenus suffisants pour remplir leurs obligations militaires.

Si Geoffroy resta fidèle à son père, il n'en manifesta pas moins une tenace volonté d'autonomie. A peine marié à Constance, il fit sentir son hostilité vis-à-vis de Roland de Dinan. En dépit des pressions d'Henri II, il lança contre les possessions du régisseur du duché une violente offensive. Bécherel, principal château de Roland, fut incendié. Roland mourut peu après et il est vraisemblable que le choix de Raoul de Fougères comme nouveau sénéchal de Bretagne fut l'objet d'un compromis entre le roi d'Angleterre et son fils. Si Geoffroy ne modifia pas le personnel mis en place par son père, il essaya visiblement de tirer parti du décès des titulaires pour placer des hommes proches de lui. Ainsi, en 1182, Guéthenoc, qui allait devenir un farouche adversaire d'Henri II, accéda à l'évêché de Vannes ; de même Eudes, fils d'Eneis, d'origine anglo-normande et qui avait participé à la révolte de 1173-1174 fut nommé sénéchal de Nantes.

Cette volonté d'autonomie et la paix qui régnait en Bretagne favorisèrent le dialogue avec l'aristocratie bretonne. Le pouvoir de Geoffroy fut accepté. Nous ne connaissons aucune révolte sous son règne. Geoffroy s'est pourtant toujours considéré comme un Plantagenêt. Dès la campagne de 1182-1183 contre Richard on voit Geoffroy attirer à lui des seigneurs aquitains, en particulier le vicomte de Limoges. La Bretagne ne suffisait pas au troisième fils d'Henri II ; il rêvait d'élargir ses possessions. Cette ambition se révéla au grand jour après la mort d'Henri le Jeune qui s'était vu promettre par son père l'Angleterre, la Normandie et l'Anjou. Geoffroy s'efforça d'obtenir contre Richard l'Anjou. Il s'ensuivit entre les deux frères des escarmouches continuelles aux frontières du Poitou et de la Bretagne. Geoffroy joua dans cette affaire un jeu assez trouble. S'il maintint sa fidélité vis-à-vis de son père, il n'en essaya pas moins par tous les moyens d'obtenir les territoires recherchés. Dans ce but il prit contact avec Philippe Auguste. Le roi de France ne pouvait que favoriser une discorde dans la famille d'Anjou. Il accueillit « fraternellement » le duc de Bretagne à Paris au début de l'année 1186. Que sortit-il des longs entretiens entre les deux princes ? Nous ne le saurons jamais. Des rumeurs se répandirent : Geoffroy devait prêter hommage au Capétien, il allait être fait sénéchal de France. La seule certitude est que le roi de France soutint les prétentions de Geoffroy sur l'Anjou. Il favorisait ainsi un démantèlement de l'Empire angevin dont l'héritier était devenu Richard Cœur de Lion, mais l'intrigue n'alla pas plus loin ; en août 1186 Geoffroy mourait à Paris à la suite d'un accident de tournoi ou d'un accès de fièvre.

LE GOUVERNEMENT DE CONSTANCE

Avec la disparition brutale de Geoffroy, la Bretagne paraissait condamnée à dépendre complètement de l'étranger. Dans les mois qui suivirent la mort du jeune duc, Henri II et Philippe Auguste se disputèrent âprement la garde de la princesse Aliénor, fille de Geoffroy et de Constance. Pourtant, au début de 1187, un événement allait bouleverser la situation politique et provoquer un immense espoir : aux environs de Pâques la duchesse Constance, enceinte à la mort de Geoffroy, donnait naissance à un fils qu'elle prénomma Arthur. Le duché avait désormais un héritier.

Dans un travail récent, Mme Hillion a souligné toute la résonance historique du prénom choisi. En cette fin du XIIe siècle la Matière de Bretagne connaît un immense succès. L'œuvre de Geoffroy de Monmouth sur les anciens rois de Bretagne est largement diffusée. Toute une littérature orale, malheureusement perdue aujourd'hui, exalte le héros. La légende s'amplifie, imprègne profondément les esprits de part et d'autre de la Manche et est utilisée comme moyen d'expression politique. Un épisode du Draco Normannicus écrit très probablement vers 1168 par Etienne de Rouen nous montre Roland de Dinan écrire au roi Arthur pour obtenir son assistance contre la tyrannie du roi d'Angleterre. Arthur s'adresse alors à Henri II et lui demande de laisser les Bretons en paix car « il regroupe une armée dans les bois de Cornwall ».

Toute cette agitation ne pouvait qu'inquiéter Henri II, le choix du prénom du futur duc était un véritable défi à son pouvoir. Son propre petit-fils devenait le point de ralliement de la résistance bretonne aux Plantagenêts. Au cours de l'été 1187, bien que fatigué et vieilli, il décida d'intervenir personnellement en Bretagne. Une nouvelle fois il se dirigea vers l'ouest de la péninsule où Hervé de Léon avait profité de la mort de Geoffroy pour s'emparer du château de Morlaix. Sans grandes difficultés la forteresse fut prise et, cette manifestation de force étant faite, le roi d'Angleterre put se consacrer à sa principale préoccupation : la prise en main directe du duché ; mais ici l'orgueilleux Plantagenêt dut transiger. Il renonça à diriger directement la Bretagne, il put seulement contraindre Constance à épouser un des plus puissants seigneurs de Normandie, Ranulf de Chester. Vicomte d'Avranches et seigneur de Saint-James-de-Beuvron, ce dernier contrôlait la zone frontière entre la Normandie et la Bretagne. Il garantissait ainsi la dépendance de la Bretagne à l'empire Plantagenêt. Un compromis fut également trouvé au sujet de l'éducation des deux enfants de Constance. Aliénor, l'aînée, fut confiée à son grand-père ; elle alla vivre en Angleterre ; Arthur, par contre, resta sous la garde de sa mère. Il put ainsi passer sa jeunesse en Bretagne.

Les dix ans qui suivirent la dernière expédition d'Henri II en Bretagne furent marqués par une longue période de tranquillité. La duchesse Constance exerça ici réellement le pouvoir, aidée il est vrai par des sénéchaux proches des Plantagenêts. Les circonstances lui furent cette fois tout à fait favorables : Henri II mourait dès 1189 et son fils, Richard Cœur de Lion, partait peu après son avènement pour la Troisième Croisade. Son absence devait être particulièrement longue, car, au retour de Palestine, le jeune roi fut emprisonné pendant plus d'une année par le duc d'Autriche. Il ne devait être libéré qu'en 1194 mais, retenu par les affaires anglaises et son conflit avec Philippe Auguste, il ne s'intéressa vraiment à la Bretagne qu'en 1197. Quant à Ranulf de Chester, il fut un époux bien discret. A une seule occasion, dans un acte en faveur des moines de Fougères, il apparaît dans un acte ducal aux côtés de son épouse. Il semble avoir vécu la plus grande partie de son temps en Normandie et en Angleterre. Dans ses actes, il n'usa que parcimonieusement de son titre de duc de Bretagne et comte de Richmond. On ne trouve en effet ces titres que dans quatre chartes : trois établies en Angleterre, une seule en Normandie.

Dans son gouvernement, Constance se montra incontestablement fidèle à la domination Plantagenêt. Les principaux officiers nommés par Henri II et Geoffroy furent maintenus en place mais la duchesse affirma aussi toute sa légitimité. Trait significatif : alors que, du vivant de Geoffroy, elle se faisait appeler duchesse de Bretagne et comtesse de Richemont, elle ajoute désormais « fille du comte Conan », soulignant bien là le caractère héréditaire de son pouvoir. Il serait donc faux de voir dans la duchesse une jeune femme accablée par des épreuves excessives. Constance manifesta une réelle personnalité. Discrète mais ferme, elle s'entoura de conseillers attachés à préserver l'autonomie ducale. Au fil des actes on voit ainsi apparaître plusieurs barons de Haute-Bretagne : Robert de Vitré, Geoffroy de Châteaubriant, Robert d'Apigné, mais ce sont des clercs qui excercent la plus forte influence. Si nous connaissons mal ses chapelains Hamon et David, l'évêque de Vannes Guéthénoc est une des figures les mieux connues de l'épiscopat, il apparaît comme le champion de la cause bretonne face aux exigences des Plantagenêts. Constance en fera un de ses familiers, lui confiant l'éducation de son fils, ce qui est évidemment un geste politique important.

Sur le plan de l'administration du duché, les quelque quarante actes souscrits par Constance nous éclairent sur son action. Certes, il n'y a là aucun changement spectaculaire ; les diplômes concédés aux abbayes occupent une position prépondérante dans l'activité de la chancellerie ducale. Les abbayes bénédictines traditionnelles Sainte-Croix de Quimperlé, Saint-Melaine et Saint-Georges de Rennes, Saint-Gildas de Rhuys continuent de bénéficier de la générosité ducale ; s'y ajoutent les fondations cisterciennes toutes récentes : Notre-Dame de Bégard, Notre-Dame-de-Bon-Repos, Saint-Maurice de Carnoët. Mais le gouvernement de la duchesse se préoccupe aussi de l'activité économique et c'est là un changement significatif, manifestant l'éveil du duché au grand commerce. Ainsi, en 1192, Constance concède à l'évêque de Saint-Malo et à son chapitre un marché ouvert qui se tiendra le vendredi en Saint-Malo-an-l'Isle. Un autre acte s'efforce de régler les droits économiques : four, moulin, droit de marché dont bénéficiera le prieuré de Kermaria-an-Dro à Lannion.

Au début de l'année 1196, l'autorité de Constance paraît solidement établie. La réunion d'une importante assemblée générale de l'aristocratie à Rennes lui permet de faire reconnaître solennellement son fils, âgé de huit ans et demi, comme duc. L'avenir paraissait assuré, et pourtant l'entourage ducal se faisait beaucoup d'illusions. Richard Cœur de Lion, aussi autoritaire que son père, ne pouvait voir qu'avec méfiance une affirmation de l'identité bretonne. Sans tarder, il entreprit de réagir. En avril, quelques semaines après l'assemblée de Rennes, il convoquait à Rouen la duchesse « pour s'entretenir avec elle ». Constance se rendit sans résistance à la convocation de son beau-frère mais, à peine avait-elle franchi la frontière qu'elle était enlevée par son propre époux, Ranulf de Chester, et emprisonnée. Profitant du guet-apens qu'il avait sans doute soigneusement organisé, Richard pénétrait en Bretagne et laissait son armée multiplier violences et pillages. Avec les mêmes méthodes que son père, Richard montrait ainsi qu'il voulait administrer directement le duché pendant la minorité de son neveu.

Comme un quart de siècle plus tôt, la grande majorité de l'aristocratie tenta de s'opposer à cette mainmise étrangère. Plusieurs barons se réunirent pour négocier la libération de Constance. Pour qu'il échappe à la tutelle de son oncle, le jeune Arthur fut amené en sûreté à Brest puis conduit par l'évêque de Vannes, Guéthénoc, à la cour de Philippe Auguste. En même temps une résistance militaire s'esquissait, comme toujours, de manière spontanée, un peu anarchique. Alain de Rohan, Guiomarch de Léon, les seigneurs de Vitré, Fougères, Dinan en furent les plus illustres représentants. Mais très vite cette résistance militaire s'essouffla. Pierre le Baud et un poème de Bertrand de Born mentionnent bien une défaite de Richard à Carhaix mais cet échec n'est pas confirmé par les chroniques de l'époque. Il semble bien, en fait, que Richard se soit vite imposé militairement. D'autre part les échecs subis par Philippe Auguste ne pouvaient pas donner beaucoup d'espoir aux révoltés et Richard sut user habilement des fiefs anglais tenus par ses vassaux bretons. En 1198 la plupart des barons avaient abandonné l'alliance de Philippe Auguste pour se soumettre au roi d'Angleterre. La duchesse Constance, libérée, accepta de servir fidèlement son beau-frère. Arthur lui-même quitta la cour du roi de France pour être placé sous la garde de son oncle. Richard était parvenu à ses fins. La Bretagne apparaissait soumise pour longtemps à l'héritier de l'empire Plantagenêt.

LE DESTIN TRAGIQUE D'ARTHUR DE BRETAGNE

Le 6 avril 1199, Richard Cœur de Lion était tué alors qu'il menait imprudemment l'assaut du château d'un vassal révolté en Limousin. Cet accident allait avoir des conséquences dramatiques pour la dynastie angevine. Richard, avec une farouche énergie, était parvenu à tenir d'une main ferme tout l'héritage de son père. A sa mort, personne ne fut capable de poursuivre son œuvre.

Il se posa tout de suite un grave problème de succession. Richard n'avait pas eu de fils et n'avait pas laissé de testament. Deux descendants d'Henri II pouvaient prétendre à l'héritage. D'un côté Jean sans Terre, quatrième et dernier fils d'Henri II ; de l'autre le jeune Arthur, petit-fils du même souverain par son père, Geoffroy. Devant ce choix, la vieille reine Aliénor, elle avait près de 80 ans, désigna Jean pour la succession. Cette prise de position fut acceptée par les barons anglo-normands. La nomination de Jean apparut à bien des égards logique ; il avait passé toute sa jeunesse en Angleterre et disposait d'une relative expérience politique, alors qu'Arthur avait à peine 12 ans et avait été élevé en Bretagne. La décision des barons anglo-normands provoqua cependant une forte opposition sur le continent. Si l'Aquitaine, grâce aux efforts d'Aliénor, reconnut le nouveau souverain, l'Anjou, le Maine et la Touraine le refusèrent. Les barons invoquèrent un principe du droit angevin qui prévoyait qu'en cas de vacance dans la succession des comtes par défaut d'héritier direct, le frère le plus âgé du défunt lui succéderait ou, à défaut, le fils aîné de ce dernier. Or c'était le cas d'Arthur, fils du troisième fils d'Henri II, et de nombreux barons angevins le reconnurent comme héritier légitime.

Le jeune duc de Bretagne se trouva ainsi engagé dans une lutte sans merci contre son oncle Jean sans Terre. La jeunesse et l'impulsivité d'Arthur, la violence et l'instabilité caractérielle de Jean, l'ambition et l'opportunisme cynique de Philippe Auguste offrirent tous les éléments d'un drame romantique qui allait se dérouler en trois actes. Si l'avenir de la Bretagne dépendit de l'issue du conflit, la lutte dépassa largement le cadre de la péninsule. C'était le destin de l'empire angevin qui était en cause, et par conséquent l'équilibre politique à l'intérieur du royaume de France.

Au cours du premier acte, Constance joua le rôle principal ; c'est elle qui gouverna, bien que son fils fût associé à elle dans les actes ducaux. Avec l'aide de vassaux fidèles, André de Vitré, Guillaume de La Guerche, Geoffroy de Châteaubriant, Judicaël de Guérande, elle défendit les droits de son fils. En avril 1199, une troupe bretonne commandée par un seigneur manceau, Guillaume des Roches, s'empara de l'Anjou, du Maine et de la Touraine. Arthur, accompagné de Constance, reçut à Angers, au Mans et à Tours l'hommage de la noblesse. Pour s'attacher le clergé et l'aristocratie, Arthur multiplia les générosités. Le fidèle Guillaume des Roches, seigneur de Sablé, reçut la sénéchaussée de l'Anjou et du Maine ; Juhel de Mayenne fut investi des châteaux de Gorron, Ambrières, Châteauneuf-sur-Colmont et La Chartre, les établissements ecclésiastiques ne furent pas non plus oubliés. L'abbaye de Pontron reçut un revenu annuel de douze livres à percevoir sur la part du comte dans le péage d'Angers.

En octobre 1199, l'annulation du mariage de Constance avec Ranulf de Chester et une nouvelle union de la duchesse avec Guy de Thouars, un seigneur poitevin proche de Philippe Auguste, renforcèrent les liens avec le souverain capétien. Ce dernier manifesta nettement sa préférence pour Arthur. A la fin du mois de mai 1199, il envoya Guillaume des Barres au secours d'Arthur menacé en Touraine par une incursion de seigneurs poitevins fidèles à Jean sans Terre. Peu après, Philippe Auguste, en tant que suzerain du Maine et de l'Anjou, confirma les dons faits par le duc de Bretagne à Juhel de Mayenne et à Guillaume des Roches. Sans doute rencontra-t-il une première fois au cours de l'été son nouveau vassal à proximité du Mans, une nouvelle entrevue se déroula à Tours en octobre, peu après le mariage de Constance. Arthur dut ensuite faire un séjour à Paris.

A la fin de cette année 1199, on put croire que l'immense empire Plantagenêt allait se disloquer. Philippe Auguste apparaissait en mesure de briser le dangereux encerclement dont souffraient les Capétiens depuis un demi-siècle. Les premiers combats, aux limites de la Normandie et du Maine, avaient été en effet nettement à l'avantage du roi de France ; mais brusquement tout bascula. Dans les premiers mois de 1200 Philippe Auguste engagea des pourparlers avec Jean sans Terre.

Pourquoi ce revirement du roi de France ? Estimait-il qu'après la trahison de Guillaume des Roches qui venait de se rallier au fils d'Henri II, les forces capétiennes et bretonnes n'étaient pas encore suffisantes pour vaincre rapidement les forces adverses ? En fait le roi de France se trouvait dans une situation critique à la suite de la répudiation de son épouse Ingeburge de Danemark. Sévèrement condamné par l'Eglise il n'était pas en mesure de poursuivre la lutte. Le Capétien abandonna donc son allié et signa avec le roi d'Angleterre le traité de Vernon. Certes Philippe Auguste se faisait reconnaître comme le tuteur d'Arthur mais le fils de Geoffroy Plantagenêt devait prêter hommage à son oncle en tant que duc de Normandie. Il devait renoncer à toute prétention sur l'Anjou, la Touraine et le Maine. L'échec était amer et il semble que Constance ait abandonné après ce traité tout rôle actif dans la politique du duché. Elle mourut le 3 septembre 1201 et, selon sa volonté, fut enterrée dans la nouvelle abbaye cistercienne de Villeneuve qu'elle venait de fonder. En dépit des vicissitudes politiques, Constance avait réussi à maintenir l'essentiel : l'intégrité territoriale du duché avait été préservée et elle était en mesure de laisser à son fils, élevé en Bretagne, son héritage.

Commença alors, après l'humiliation du traité de Vernon, le troisième acte de la tragédie. Investi du duché alors qu'il n'a que quatorze ans, Arthur s'efforce de continuer la lutte contre son oncle. Il maintient des contacts étroits avec le roi de France et refuse, en mars 1202, de se rendre à Argentan pour faire hommage comme prévu à Jean sans Terre. Cette fois l'opiniâtreté d'Arthur réussit, la situation est en train de changer brusquement. Après avoir louvoyé pendant plus de deux ans, Philippe Auguste décide de s'engager résolument dans la lutte contre Jean sans Terre. La mort d'Agnès de Meran vient de permettre un rapprochement avec la papauté ; il a désormais les mains libres. En avril 1202, le fils d'Henri II est condamné par la cour des pairs de France pour ne pas être venu comparaître à la suite de son différend avec un de ses vassaux, Hugues de Lusignan. Ce prétexte permet à Philippe Auguste de prononcer la commise sur tous les fiefs continentaux du Plantagenêt. En même temps, les possessions françaises de Jean sans Terre sont transférées à Arthur de Bretagne. A Gournay, Arthur prête peu après l'hommage-lige au roi de

France pour la Bretagne, l'Anjou, le Maine et la Touraine. Arthur fut alors armé chevalier des mains du roi de France, il avait quinze ans et Marie, fille de Philippe Auguste, fut fiancée au jeune duc.

L'alliance était donc solennellement scellée entre le duc de Bretagne et le roi de France. Sans plus attendre les deux alliés mirent au point une stratégie d'encerclement des positions de Jean sans Terre. Philippe Auguste entreprit de s'emparer lui-même de la Normandie, il laissa à Arthur le soin de prendre l'Anjou et le Poitou. Le roi remit à Arthur une importante somme d'argent et lui confia une troupe de deux cents chevaliers d'élite. La situation semblait enfin favorable au jeune duc ; encore fallait-il une coordination étroite entre les deux alliés, or elle fit cruellement défaut. Alors que le Capétien, avec patience, commençait méthodiquement le siège de la ville frontière d'Arques, Arthur, à la demande de quelques chevaliers poitevins, lançait aussitôt sa modeste troupe de chevaliers sur Mirebeau pour s'emparer de la vieille reine Aliénor d'Aquitaine, qui était sa grand-mère. L'initiative était hautement risquée. Arthur fut mal accueilli en Poitou où la plupart des barons craignaient la mainmise du roi de France. Aliénor restait après tout la détentrice légitime du duché d'Aquitaine ; et surtout le jeune duc ne pouvait compter ni sur ses vassaux bretons qui commençaient leur mobilisation, ni sur les chevaliers angevins qui, en majorité, avaient suivi Guillaume des Roches dans son ralliement à Jean sans Terre.

Devant la témérité du duc de Bretagne le roi d'Angleterre se montra, pour une des rares fois de son existence, remarquable homme de guerre. Confiant dans la résistance des villes et châteaux de Normandie, il se rendit à marches forcées à Mirebeau où, en pleine nuit, le 31 juillet 1202, il lança une attaque surprise contre les forces de son neveu. Ce fut le désastre : Arthur et la plupart des siens furent faits prisonniers. La première offensive de la campagne contre Jean sans Terre se terminait par un lamentable échec. Pour Arthur, emprisonné à Falaise puis à Rouen, ce fut le début d'un long calvaire qui allait se terminer par une mort tragique en avril 1203.

De cet assassinat du jeune duc une reconstitution minutieuse devait être faite par le chapelain de Philippe Auguste, Guillaume le Breton. En faisant porter au roi d'Angleterre toute la responsabilité du crime, il légitimait les opérations militaires du roi de France. Ce passage mérite d'être rapporté ici :

« Jean a appelé secrètement auprès de lui ses serviteurs les plus dévoués ; il les excite, en leur promettant force présents, à chercher quelque moyen de faire périr son neveu. Tous refusent de se charger d'un si grand crime. Alors il quitte brusquement sa cour et ses fidèles, s'absente pendant trois jours et se retire dans un vallon boisé... De là, quand la quatrième nuit est arrivée, Jean monte, au milieu des ténèbres dans une petite barque et traverse le fleuve. Il aborde à Rouen, devant la poterne qui conduit à la grosse tour, sur le port que la Seine, deux fois par jour, inonde de marée. Debout sur le haut de la barque, il demande que son neveu lui soit amené par un page ; puis il le prend avec lui dans le bateau, s'éloigne un peu et enfin s'écarte tout à fait de la rive. Le malheureux enfant, comprenant que sa dernière heure est arrivée, se jette aux genoux du roi en criant : « Mon oncle, aie pitié de ton jeune neveu... » Vaines lamentations. Le tyran le saisit par les cheveux, lui enfonce son épée... Le meurtre consommé, il s'éloigne et jette ce corps sans vie dans les flots qui roulent devant lui ».

Quel que soit le rôle exact de Jean sans Terre dans l'acte final, il ne fit aucun doute que c'est le roi d'Angleterre qui avait pris la décision de tuer son neveu. Et l'acte apparut d'autant plus affreux qu'il était inutile.

En Bretagne, l'annonce de la mort d'Arthur provoqua une vive émotion. Les barons et les évêques bretons se réunirent à la fin de l'année 1203 en assemblée générale à Vannes. Fait significatif, il y avait là les évêques de Rennes et de Nantes qui pourtant avaient servi avec une grande fidélité Henri II et Richard Cœur de Lion. A l'unanimité, les membres de l'assemblée rejetèrent les prétentions que Jean sans Terre formulait encore vis-à-vis de la Bretagne. Ils affirmèrent leur fidélité à Guy de Thouars, dernier époux de Constance. Selon la volonté de celui-ci et aussi du roi de France, ils désignèrent comme héritière du duché Alix, fille de Guy et de Constance, alors âgée de trois ans. Ils écartèrent ainsi la sœur aînée d'Arthur, Aliénor, qui avait été élevée en Angleterre, à Bristol.

Au cours de l'automne 1203, le roi d'Angleterre vint se livrer à quelques représailles dans le comté de Rennes. La cathédrale de Dol fut incendiée mais la partie était définitivement perdue pour le Plantagenêt. Philippe Auguste avait admirablement tiré parti des erreurs et des violences de Jean sans Terre. Il était parvenu à rallier à lui la plupart des barons angevins et poitevins. Le désastre de Mirebeau fut effacé ; Guillaume des Roches changea une nouvelle fois de camp. Il prêta de nouveau hommage au Capétien et s'empara en son nom d'Angers. Le Poitou fut soumis. Philippe Auguste put alors engager la lutte décisive : la conquête de la Normandie. Le 6 mars 1204 la prise du Château-Gaillard, la plus puissante fortification de l'époque, ouvrit à l'armée royale la vallée de la Seine. Le 24 juin 1204, Rouen capitulait.

Dans cette conquête de la Normandie, la Bretagne avait pris une part active. Une troupe de nobles bretons avec, à sa tête Guy de Thouars, s'était emparé du Mont-Saint-Michel, puis avait dévasté Avranches et Pontorson avant de rejoindre, au début du mois de mai, Philippe Auguste à Caen ; mais la victoire était bien celle de Philippe Auguste. La disparition du jeune Arthur mettait fin à la présence des Plantagenêts en Bretagne. Guy de Thouars n'avait bien sûr aucun droit sur l'Anjou, le Maine, la Touraine ou le Poitou. Le roi de France réunit donc ces comtés à son domaine, il y ajouta la Normandie. Ainsi se trouvait constitué un puissant domaine royal occupant la plus grande partie de la France du Nord.

LE GOUVERNEMENT DE GUY DE THOUARS

La Bretagne était passée de la domination angevine à la domination capétienne. Titulaire du duché en tant que tuteur de sa fille Alix, Guy de Thouars ne pouvait être qu'un fidèle exécutant de la volonté capétienne. Qu'il manquât à ces obligations et sa fonction pouvait lui être immédiatement retirée. On le vit bien en 1206. Cette année-là, les barons poitevins dirigés par Aimery de Thouars s'agitèrent. Ils ne supportaient plus une sujétion aussi pesante vis-à-vis du Capétien. En secret, ils préparèrent le retour de Jean sans Terre. Par solidarité familiale, Guy, qui était le frère du vicomte de Thouars, fut tenté de rejoindre les révoltés. Philippe Auguste ne lui en laissa pas le temps. Début mai, le roi franchissait la frontière du duché et faisait une entrée solennelle à Nantes. Guy ne tenta pas de lui résister mais le roi de France lui enleva momentanément le gouvernement de la Bretagne. Fait sans précédent, le roi de France prit pour lui-même les fonctions ducales. Des monnaies furent frappées à son nom dans les trois ateliers monétaires de la Bretagne : Nantes, Rennes et Guingamp. Un acte établi en faveur de l'Eglise nantaise mentionne expressément que cette année-là 1206, « le seigneur Philippe roi de France, tint en main propre toute la Bretagne ».

Préoccupé par la révolte des barons poitevins, le roi de France s'efforça de garantir l'avenir. Il était indispensable pour lui de s'assurer de la loyauté de la péninsule, aussi donna-t-il plusieurs fractions du domaine ducal à des hommes en qui il avait toute confiance ; ainsi la châtellenie de Guérande fut confiée à André de Vitré et à Eudon de Pontchâteau ; Maurice de Craon, un des seigneurs angevins les plus appréciés du roi, reçut la châtellenie de Ploërmel. Guy de Thouars garda les terres du domaine ducal qui se trouvaient en Cornouaille et en Vannetais.

Les inquiétudes du roi de France devaient être vite dissipées. La Bretagne ne fut pas touchée par la révolte voisine. Le débarquement de Jean sans Terre n'entraîna aucune défection des barons bretons et le Plantagenêt dut rentrer rapidement en Angleterre. Rassuré, Philippe Auguste redonna dès 1207 le gouvernement du duché à Guy de Thouars. Désormais le principal problème politique en Bretagne fut le choix du fiancé de la jeune princesse, Alix. Un candidat s'imposait : Henri, le fils du comte Alain de Penthièvre. Son père avait brillamment pris d'assaut avec une troupe bretonne le Mont-Saint-Michel pour le compte du roi de France. Il offrait toutes les garanties quant au maintien de la Bretagne dans la dépendance capétienne ; de plus, issu d'une branche cadette de la famille des anciens comtes de Rennes, il apporterait dans le domaine ducal, à la mort de son père, les fiefs de la maison de Penthièvre à nouveau réunis. Avec lui la Bretagne pouvait donc renforcer son unité.

Dans un premier temps, Philippe Auguste se montra favorable à cette union. Il fit établir, en 1209, une convention destinée à régler ce mariage ; après cela, Henri de Penthièvre reçut l'hommage des barons de Bretagne. Mais ce contrat restait bien précaire : Henri n'avait que cinq ans et Alix à peine neuf. Le roi cherchait en fait à gagner du temps. Il ne souhaitait pas renforcer exagérément l'autorité ducale ; de plus les Penthièvre étaient souvent apparus comme de fortes personnalités. Après avoir longtemps attendu, Philippe Auguste fit connaître sa décision en 1212. Sans tenir compte de la convention de 1209, le roi de France décidait de marier l'héritière du duché à un prince français de la famille royale : Pierre de Dreux. Frère de Robert III de Dreux et arrière-petit-fils de Louis VI, l'heureux élu avait vingt-deux ans. Il avait été armé chevalier par Philippe Auguste en 1209 et apparaissait comme la personnalité la plus sûre. Avant même la cérémonie du mariage, en novembre 1212, Pierre s'engagea solennellement vis-à-vis du roi de France, il assigna en garantie tous ses biens patrimoniaux et fournit comme cautions son père et son frère, puis le 27 janvier 1213, il fit l'hommage-lige à Philippe Auguste. Dix mois plus tard, en décembre, il épousait à Paris l'héritière du duché.

Une page était ainsi définitivement tournée dans l'histoire de la Bretagne. Avec un Capétien à sa tête, la Bretagne allait pendant plus d'un siècle être étroitement dépendante du pouvoir royal.

LES PROGRES DE L'ADMINISTRATION DUCALE

On ne saurait réduire le gouvernement des Plantagenêts à l'odieuse tyrannie dont parlait A. de La Borderie au début de ce siècle. Aussi brutales que furent les méthodes de gouvernement d'Henri II, un résultat essentiel fut atteint. Sous son autorité l'unité de la Bretagne fut définitivement assurée. Jusque-là le duc n'était jamais parvenu à être reconnu par tous. En Domnonée Eudes et ses héritiers avaient agi de manière tout à fait autonome, au sud le comté nantais avait à plusieurs reprises fait sécession. A partir du moment où Henri II exerça le pouvoir ducal son action s'exerça dans toute la péninsule. La confiscation du comté de Guingamp permit au pouvoir ducal d'être présent dans une région qui l'ignorait jusqu'ici, la réintégration du comté nantais dans le duché assura d'une manière définitive la frontière méridionale de la Bretagne. Jamais ensuite l'appartenance du Nantais au duché ne sera mis en cause.

Ce résultat s'explique essentiellement par le renforcement de l'autorité princière. Sur le modèle des autres domaines de l'empire angevin s'est mis en place un véritable gouvernement ducal. Les travaux de B. Pocquet de Haut-Jussé, de J. Boussard et de J. Le Patourel permettent de bien appréhender les transformations qu'a connues le duché.

La naissance d'une administration princière est le trait marquant de cette période. Jusqu'à l'abdication de Conan III les officiers ducaux sont peu nombreux et exercent des fonctions à la fois domestiques et gouvernementales. La chancellerie n'existe pas. Pendant longtemps les ducs ont fait rédiger leurs actes par les abbayes bénéficiaires. Après un timide essai sous le règne d'Alain III, c'est seulement sous Alain Fergent que le duc a installé près de lui quelques clercs pour rédiger ses actes. Leur fonction est double : d'une part ils sont chargés de la chapelle ducale, d'autre part ils ont une activité de secrétaire. L'apparition d'un sceau ducal leur confère cependant un prestige certain qui leur permet de bénéficier de quelques privilèges. La fonction de sénéchal apparaît dès la fin du XIe siècle. Mainfinit est désigné comme sénéchal de Rennes vers 1080, il réapparaît avec les mêmes fonctions quelques années plus tard sous l'autorité d'Alain Fergent. Sous le règne de Conan III, Guillaume est également mentionné comme sénéchal de Rennes. Lui succède un dénommé Guy dans les premières années de Conan IV. Ces premiers sénéchaux sont très mal connus. A. Oheix qui a étudié les sénéchaux bretons souligne que leurs fonctions sont mal définies. En fait il semble que l'activité de ces hommes soit essentiellement domaniale. Administrateurs des domaines du duc, ils s'apparentent aux voyers et aux prévôts angevins. Le titre n'est d'ailleurs pas réservé aux fonctionnaires ducaux. Dès le début du XIIe siècle des barons comme les seigneurs de Pontchâteau, de Guingamp, de Fougères, de Rohan disposent de sénéchaux. A Quimper le sénéchal est désigné sous le terme d'*economus* : « *Dunguallonus echonomus* appelé vulgairement sénéchal » précise le Cartulaire de Quimperlé. C'est souligner nettement sa fonction seigneuriale. La fonction est par ailleurs héréditaire et, en Cornouaille tout au moins elle peut être exercée par une femme. Ainsi, toujours dans le Cartulaire, une femme dénommée Ama est qualifiée de *senescalla*.

Avec l'arrivée des Plantagenêts, les officiers ducaux voient la nature de leurs fonctions évoluer. De plus en plus nettement, ils apparaissent comme les exécutants de la politique ducale. Il ne semble pas qu'ait été créé un véritable office de chancelier. Certains personnages sont parfois désignés comme chanceliers mais, comme ils ne souscrivent jamais l'acte en tant que chancelier, il est peu probable qu'ils aient occupé un tel poste auprès du duc, d'autant plus qu'il existe des chanceliers épiscopaux. C'est seulement sous Pierre Mauclerc que la chancellerie sera confiée à un haut personnage ecclésiastique. Il est indéniable cependant que la chancellerie ducale a connu sous les Plantagenêts un remarquable développement. Le gouvernement ducal ne se contente pas de faire des donations, il organise des jugements, règle l'organisation des marchés, la fabrication de la monnaie. La rédaction des actes se conforme à des formulaires précis qui sont comparables à ce que l'on voit en Anjou et en Normandie. Fait significatif de l'accroissement du pouvoir ducal, le titre de comte est désormais réservé à l'honneur de Richmond, en Bretagne le prince est appelé duc.

L'innovation la plus importante fut la création d'un sénéchal de Bretagne. Personnage-clé de l'administration ducale, il s'apparente au sénéchal de Normandie et au sénéchal d'Anjou. Le premier titulaire de la charge fut Guillaume fils d'Hamon. Il exerça sa charge peu de temps puisqu'il mourut en 1172. Il ne semble pas avoir été immédiatement remplacé, il fallut attendre la fin de la grande révolte de 1173-1174 pour qu'Henri II nommât Roland de Dinan régisseur du duché. Celui-ci fut remplacé en 1182-1183 par Raoul de Fougères qui reprit le titre de sénéchal de Bretagne. La mort de Geoffroy n'interrompit pas son activité puisqu'il est encore mentionné comme sénéchal en 1187. Après lui, vinrent Maurice de Craon et Alain de Dinan mais nous ne savons pas exactement quand les deux hommes entrèrent en fonction. Bien qu'aucun texte ne nous précise les responsabilités exactes du sénéchal, il est certain que, comme ses homologues des autres territoires de « l'empire angevin » il cumulait les fonctions militaires, judiciaires, administratives et financières. Premier exécutant de la volonté royale ou ducale, il était tout naturellement responsable du gouvernement ducal en l'absence du duc. Il s'agissait donc d'une charge très lourde. Aussi Henri II et ses fils systématisèrent au-dessous du sénéchal de Bretagne l'institution des sénéchaux régionaux. Le ressort de leurs circonscriptions fut le comté. D'après nos documents il y eut cinq sénéchaux régionaux. A Nantes la succession des sénéchaux est bien connue. Avant de devenir sénéchal de Bretagne, Guillaume fils de Hamon avait été sénéchal de Nantes ; ce n'était pas une création puisque le poste existait avant lui. Il eut pour successeurs Pierre fils de Guy (1181-1183), Eudes fils d'Ernéis et Maurice de Liré. Nous connaissons également bien les sénéchaux de Rennes. Après Guillaume de Lanvallay, Robert de Lanvallay, son fils ou son neveu, nous ne le savons pas, exerça la charge. Vinrent ensuite Renaud Boterel, Guillaume Ragot, vers 1187, et un ou deux

Guillaume. Les autres sénéchaux régionaux sont moins connus. Un Mérian fils de Guihon est bailli de Tréguier vers 1199. Si le terme de bailli correspond à sénéchal, la circonscription est récente, aucun texte ne mentionne Tréguier comme un chef-lieu de comté à l'époque carolingienne. Il y a probablement eu une identification avec le diocèse de Tréguier mais il est probable que la résidence du bailli se trouvait à Guingamp. Il y eut aussi un bailli à Quimper, Henri, fils d'Henri, est bailli de Cornouaille vers 1184 ; enfin une lettre de la duchesse Constance mentionne son sénéchal en Broérec. Il s'agit probablement de Derien, sénéchal de Broérec entre 1192 et 1202.

La compétence de ces sénéchaux régionaux fut sans doute plus restrictive que celle du sénéchal de Bretagne. Leurs attributions judiciaires ne font aucun doute. Ainsi Guillaume et Robert de Lanvallay présidèrent successivement la cour du duc à Rennes. Le sénéchal de Broérec, quant à lui, fut chargé par la duchesse Constance de juger les réclamations de l'abbaye Sainte-Croix de Quimperlé à propos du droit de bris. Les prérogatives militaires concernent la garde des châteaux mais les sénéchaux régionaux conservèrent surtout la gestion du domaine ducal dans leurs circonscriptions respectives. Ils furent aidés dans cette tâche par des officiers subalternes : prévôts, voyers et sergents.

Le recrutement de ce haut personnel administratif nous donne des informations intéressantes sur le gouvernement d'Henri II et de ses fils. Dans leur majorité, les sénéchaux proviennent de ce groupe administratif professionnel qu'utilisent les Plantagenêts dans tout leur « empire » en prenant soin de déplacer fréquemment les titulaires. J. Le Patourel a ainsi mis en évidence plusieurs carrières exemplaires. Ainsi Guillaume fils de Hamon est issu d'une famille de chevaliers relativement aisés établis dans le Cotentin et à Jersey. Le nom du père révèle sans doute une origine bretonne, cas d'ailleurs assez fréquent dans le Cotentin comme l'a montré R. Musset. Il se mit au service d'Henri II dès 1149, c'est-à-dire avant l'accession du prince au comté d'Anjou. Il participa aux expéditions du jeune Henri en Angleterre. Une fois roi (1154) Henri II sut le récompenser en lui donnant des terres en Angleterre et en Ecosse (royaume vassal de la monarchie anglaise). Le Plantagenêt manifesta également sa bienveillance en aidant Guillaume à fonder le monastère de Saint-Hélier à Jersey. La présence fréquente du futur sénéchal dans les chartes royales et ducales (normandes) jusqu'en 1166 semble prouver qu'il suivit de très près le roi dans ces déplacements. Cette familiarité avec le souverain explique sans doute sa nomination à Nantes puis sa promotion comme sénéchal de Bretagne. Guillaume de Lanvallay était d'origine bretonne. Il apparaît comme témoin dans les chartes du roi entre 1155 et 1180 en Angleterre, en Normandie et en Anjou. Il possédait des terres en Angleterre et reçut, entre 1172 et 1175, la garde du château de Winchester où se trouvait le principal trésor de la monarchie, il devint ensuite juge itinérant dans une circonscription comprenant quatorze comtés avant de recevoir la charge de sénéchal de Rennes. Cet exemple montre que les Bretons, comme les Angevins et les Normands, eurent leur part dans le gouvernement d'Henri II. Une partie de l'aristocratie bretonne, souvent possessionnée en Angleterre, n'hésita pas à faire carrière dans l'administration des Plantagenêts.

Le personnel administratif utilisé en Bretagne n'appartenait pas uniquement à ce groupe d'officiers passant d'un territoire à l'autre de l'empire plantagenêt. Aux postes les plus importants, Henri II et son fils Geoffroy n'hésitèrent pas à placer des membres de la haute aristocratie bretonne. Le cas de Roland de Dinan est typique. Roland s'était opposé à Henri II entre 1160 et 1168. Réconcilié avec le roi en 1169, loyal pendant la grande révolte de 1173-1174, il fut procureur du duché jusqu'en 1181. Il est probable qu'une mésentente avec Geoffroy lui fit perdre son poste. Son successeur, Raoul de Fougères, appartenait également au cercle restreint des barons bretons et avait accepté l'autorité des Plantagenêts. Il soutint Conan contre Eudon de Porhoët en 1156 et accepta la politique du duc jusqu'en 1162. A cette date il dut céder à Henri II les forteresses de Dol et de Combourg que lui avait confiées avant de mourir Jean de Dol. Il en conçut une vive amertume, ce qui explique le rôle essentiel qu'il joua lors des révoltes de 1166 et de 1173. Il accepta ensuite l'autorité d'Henri II et signa un traité de paix particulier avec lui. Pendant tout le règne de Geoffroy, il exerça les fonctions de sénéchal ; il garda ensuite son poste une année au moins après la mort du duc. Après lui, Alain de Dinan fut également choisi comme sénéchal sans que nous puissions fixer une chronologie précise.

Le choix de ces barons montre l'habileté d'Henri II et de Geoffroy. Les Plantagenêts s'efforcèrent de rallier à eux la plus grande partie de l'aristocratie en confiant les plus hautes responsabilités à des seigneurs bretons qui avaient pris les armes. Il s'agissait bien sûr d'un risque calculé. Les familles de Fougères et de Dinan avaient des intérêts en Normandie et en Angleterre. Des pressions efficaces pouvaient être exercées sur eux.

LA LEGISLATION ET LA JUSTICE

Pour que l'administration du duché fût efficace il était indispensable qu'elle s'appuyât sur une législation. Aucun duc jusqu'ici n'avait osé promulguer de sa propre initiative des textes normatifs. Conan II avait tenté de supprimer le droit de bris et pris des mesures en faveur de la paix de Dieu mais il s'était servi de l'autorité de l'Eglise. Les décisions avaient été promulguées en concile. L'Assise au comte Geoffroy sur la dévolution des fiefs en 1185 fut donc une grande première pour la Bretagne. Les historiens du droit ont souligné le caractère angevin de cette politique législative ; le terme d'assise est lui-même caractéristique du gouvernement des Plantagenêts et il est indéniable que Geoffroy a voulu appliquer en Bretagne le principe de l'indivisibilité des fiefs imposé depuis longtemps en Normandie et en Angleterre. En 1185 les risques de conflit ne pouvaient qu'amener un renforcement de l'organisation militaire du duché. Geoffroy était alors en conflit ouvert avec son frère Richard. Les premières escarmouches avaient montré la fragilité de l'ost féodal breton. Une législation sur la transmission des fiefs, en garantissant à l'aîné l'héritage paternel, apparaissait comme une mesure préalable indispensable pour garantir la stabilité des ressources de chaque vassal. Henri II avait d'ailleurs montré l'exemple. Dès 1181 il avait publié l'Assise des armes qui, appliquée sur le continent comme en Angleterre, fixait de façon stricte les obligations des titulaires de fiefs en fonction de leurs fortunes.

Si les mesures prises correspondaient à la politique suivie par Henri II dans tout son empire, il est certain qu'elles répondaient aussi aux demandes de l'aristocratie bretonne. La mesure ne fut pas imposée. Depuis longtemps les seigneurs bretons s'efforçaient d'éviter le morcellement de leurs possessions. L'Assise précise en son préambule que l'assemblée de Rennes fut convoquée à la demande des évêques et des barons de Bretagne. Le texte une fois promulgué et distribué aux barons, le duc s'engagea à le faire respecter. Les deux parties ont donc bien participé ensemble à l'élaboration de l'Assise. Ce caractère contractuel se retrouve dans l'application de l'Assise. Il ne faut pas croire en effet que le texte présentait un caractère coercitif. Il ne pouvait s'appliquer en réalité que dans les fiefs où les vassaux du duc avaient accepté l'Assise. Pour plus d'efficacité l'Assise demandait que tous les membres de la famille, c'est-à-dire surtout les cadets, jurent d'observer les décisions prises.

On le voit, le document ne traduit pas encore un pouvoir ducal très étendu mais il marque un tournant. A l'exemple de Geoffroy, Pierre Mauclerc réunira lui aussi à plusieurs reprises l'aristocratie bretonne pour prendre des mesures d'intérêt général, une procédure nouvelle avait donc été créée.

Il est possible qu'une autre mesure législative ait été prise dans la deuxième moitié du XIIe siècle. Elle concerne cette fois la circulation maritime. Malgré la décision du concile de Nantes, des seigneurs continuaient à s'emparer de la cargaison des navires qui venaient s'échouer sur le littoral relevant de leurs seigneuries. C'est ce que l'on appelait le droit de bris. Henri II condamna sévèrement cette coutume sur les côtes de l'Aunis et du Poitou et introduisit le système des brefs, sorte d'assurance que l'on payait au départ à l'administration princière, moyennant quoi le navire était placé sous la garantie royale ou ducale. Il semble que ce système ait été appliqué en Bretagne. Un vidimus de 1381 mentionne que l'abbaye de Bégard reçut de la duchesse Constance et d'Arthur le dixième du revenu des nefs levé à La Rochelle et autres lieux et dû par les navires « qui prennent les petits sceaux de nos brefs à La Rochelle et en Bretagne ».

Si le document est authentique, la mesure aurait donc touché les domaines continentaux dépendant des Plantagenêts et Henri II paraît en être l'initiateur. Il faut cependant reconnaître que cette nouvelle législation s'imposa difficilement en Bretagne. Sous le règne de Constance l'abbaye Sainte-Croix de Quimperlé réclama l'usage de son droit de bris à la suite d'un naufrage à Belle-Ile et, après jugement, obtint satisfaction.

S'il fut difficile aux Plantagenêts d'imposer une législation, si sur le plan financier, le pouvoir ducal dut se contenter de l'aide féodale, il est un domaine où l'autorité ducale réalisa des progrès sensibles : la justice.

Au cours des XIe et XIIe siècles le duc n'avait pas assez d'autorité pour juger les différends entre les titulaires de châtellenies. La procédure utilisée dans un tel conflit tenait plus de l'arbitrage que de la justice proprement dite. Les deux parties s'entendaient pour choisir un juge. Celui-ci commençait par demander aux deux adversaires s'ils étaient prêts à accepter la sentence et à l'exécuter. Tout dépendait donc de la bonne foi des plaignants. Si l'un d'eux refusait la sentence il était impossible la plupart du temps de faire appel à l'autorité princière. On imagine les nombreux abus qui pouvaient découler d'un tel système. Par contre, les conflits entre institutions ecclésiastiques donnaient lieu à des procédures judiciaires normales. Ainsi au début du XIIe siècle, le procès entre les abbayes de Redon et de Quimperlé à propos de la possession de Belle-Ile fut jugé par le légat pontifical, l'évêque d'Angoulême ; les deux abbayes étant des abbayes exemptes.

Dès le début de son règne Conan III s'efforça d'intervenir dans les conflits entre seigneurs laïcs et institutions ecclésiastiques. Le cas le mieux connu est le procès qui opposa les moines de Saint-Martin de Vertou aux hommes de la châtellenie du Pallet mais ces exemples restèrent rares dans la première moitié du XIIe siècle.

La situation changea avec l'arrivée des Plantagenêts. Si, vers 1152-1168, le différend entre des chevaliers des environs de Donges et les moines du prieuré de Saint-Serge d'Angers à Chéméré fut encore porté devant la cour de Raoul de Machecoul, puis renvoyé à l'évêque de Nantes Bernard d'Escoublac, dans les années qui suivirent le pouvoir ducal chercha à faire monter tous les procès importants jusqu'au sénéchal de Bretagne ou au moins jusqu'à un sénéchal régional. Rouage essentiel de l'administration ducal, ce dernier fut chargé avant tout de la justice. Ainsi, en octobre 1181, sur l'ordre d'Henri II et de son fils Geoffroy, Renaud Boterel, sénéchal de Rennes fit une enquête sur les domaines de l'archevêque de Dol. En 1182 un accord entre Evain Bordain et le fils de Philippe de Couéron au sujet de certains droits et de la propriété d'écluses sur la Loire devant le pont de Nantes fut passé devant Pierre fils de Guy, sénéchal de Nantes, qui présidait une cour composée de vingt-neuf personnes.

Cette montée en force de la justice ducale a-t-elle entraîné des modifications dans la procédure utilisée ? La réponse ici est tout à fait positive même si elle mériterait une enquête précise sur une longue période. En ce qui concerne le mode de preuve il est sûr que le jugement de Dieu est devenu extrêmement rare au XIIe siècle. Les épreuves par l'eau et le fer rouge encore fréquentes au XIe siècle ont disparu. Quant au duel judiciaire il n'est jamais attesté dans nos textes. Par contre la procédure de l'enquête faite par des hommes choisis par le tribunal devient courante dans la seconde moitié du XIIe siècle. Il y a là bien sûr une ressemblance frappante avec ce qui se fait dans les autres domaines des Plantagenêts.

Le bilan de la période 1156-1212 est important. S'il n'est pas possible de parler d'une transformation spectaculaire du pouvoir ducal, il est indéniable que l'autorité ducale est sortie renforcée du gouvernement des Plantagenêts et du court interrègne de Guy de Thouars. Le développement d'une administration centrale, les progrès de la justice ducale, la réunion fréquente des vassaux autour du duc firent progresser considérablement l'autorité princière en Bretagne. La crise que connut le duché à la mort d'Arthur put être surmontée. Dix ans plus tard, en épousant la jeune Alix, Pierre Mauclerc recevait un duché qui pouvait désormais rivaliser avec les autres principautés féodales françaises.

BIBLIOGRAPHIE

Au cours de la seconde moitié du XIIe siècle la Bretagne étant dépendante des Plantagenêts, il est indispensable d'avoir recours à des ouvrages concernant l'ensemble de l'empire angevin. On lira donc l'ouvrage un peu vieilli mais indispensable de J. Boussard : **Le gouvernement d'Henri II Plantagenêt**, Paris, 1956.

Trois articles corrigent avec bonheur les vues trop partisanes d'A. de La

Borderie : B. Pocquet de Haut Jussé : « Les Plantagenêts et la Bretagne », **A.B.**, 1946, t. LIII, pp 1-27 ; J. Le Patourel : « Henri II Plantagenêt et la Bretagne », **M.S.H.A.B.**, 1981, t. LVIII, pp 99-116 ; Mme Y. Hillion : « La Bretagne et la rivalité Capétiens - Plantagenêts, un exemple : la duchesse Constance », **A.B.**, 1985, t. 92, pp 111-144. Sur le rayonnement de la littérature arthurienne, on lira avec profit la thèse malheureusement inédite de J.P. Piriou : **Contribution à une histoire de la littérature bretonne perdue**, thèse de doctorat d'Etat dactylographiée, Rennes, 1982.

En ce qui concerne le pouvoir ducal on pourra se reporter ici encore aux actes des ducs qui ont été publiés en grande partie par A. de La Borderie : **Recueil des actes inédits des ducs de Bretagne**, Paris, 1889. Sur l'importante question de l'hommage voir P. Jeulin : « L'hommage en droit et dans les faits », **A.B.**, XLI, 1934, pp 411-418 et J.F. Lemarignier : **Recherches sur l'hommage en marche et les frontières féodales**, Lille, 1945. Les sénéchaux ont été étudiés par A. Oheix : **Etude juridique sur les sénéchaux de Bretagne**, Paris, 1913. Sur les voyers on lira : R. Delaporte : **Les sergents, prévôts et voyers féodés en Bretagne des origines au début du XVe siècle**, Rennes, 1938 (Thèse droit). M. Planiol a étudié l'assise au comte Geoffroy : **L'Assise au comte Geoffroy, étude sur les successions féodales en Bretagne**, Paris, 1888.

Sur la mainmise des Capétiens sur le duché de Bretagne on lira J. Levron : **Pierre Mauclerc, duc de Bretagne**, Paris, 1935 et J.L. Montigny : **Essai sur les institutions du duché de Bretagne à l'époque de Pierre Mauclerc et sur la politique de ce prince**, Paris, 1961.

DEUXIEME PARTIE

LES HOMMES ET LES POUVOIRS

Les XIe et XIIe siècles sont caractérisés par une très forte emprise de l'aristocratie sur la société rurale. La puissance de cette aristocratie était déjà très sensible au IXe siècle mais les rois bretons s'étaient efforcés, en dépit d'oppositions parfois violentes, de constituer à leur profit un pouvoir fort. Les invasions normandes, l'affaiblissement rapide de l'autorité princière dans les dernières décennies du Xe siècle ont permis aux familles les plus dynamiques de l'aristocratie d'accaparer à leur profit des pouvoirs régaliens, c'est-à-dire la justice, le droit de construire des châteaux, la levée des tonlieux. Par la création de seigneuries châtelaines, le pouvoir s'est ainsi considérablement rapproché des populations paysannes mais l'émiettement du ban, c'est-à-dire du pouvoir de commandement, n'a pas été assez important pour que l'on puisse parler d'« anarchie féodale ». Si des châtellenies ont continué à naître au cours de la seconde moitié du XIe siècle et même au XIIe siècle, il n'y a pas eu une seigneurie châtelaine par village, la plus grande partie de l'aristocratie est composée au XIIe siècle de simples seigneurs fonciers. Ceux-ci ont souvent reçu leurs terres en fief à la suite de leur hommage à un seigneur châtelain mais ils ont pu aussi recevoir leurs biens fonciers à la suite de l'héritage d'un bien patrimonial.

Soumis à une seigneurie châtelaine et, pour la plupart, dépendant d'une seigneurie foncière (l'alleu est une survivance menacée au XIIe siècle) les paysans sont assujettis à des redevances et à des services ; mais leur sort s'est incontestablement amélioré au cours de ces trois siècles. La disparition du servage, l'amélioration des productions agricoles, le développement des échanges ont rendu plus supportable une dépendance pourtant très mal acceptée au début du XIe siècle.

113

CHAPITRE PREMIER

PUISSANCE ET DIVERSITE DE L'ARISTOCRATIE

Une société nouvelle naît entre le milieu du IXe siècle et la première moitié du XIe siècle. Marc Bloch, dans un livre célèbre, l'avait qualifiée de féodale et il reste, même si l'expression est aujourd'hui discutable, que la vulgarisation des structures féodales a profondément modifié les rapports entre les individus. Ainsi la généralisation des liens personnels a rapproché dominants et dominés ; de même le développement d'un groupe de guerriers professionnels a entraîné une séparation des fonctions entre ceux qui prient, ceux qui combattent et ceux qui travaillent. Cependant, comme nous l'avons vu plus haut, cette société nouvelle s'est constituée progressivement. Il n'y a pas eu de rupture. Si les invasions normandes ont provoqué une accélération du mouvement de désagrégation de l'autorité publique, il faut reconnaître que, dès l'époque carolingienne, des hommes nombreux et pas uniquement des rustres se sont placés dans la fidélité de personnages plus puissants, laïcs mais aussi ecclésiastiques. Surtout, l'aristocratie est restée pendant longtemps un groupe aux origines et aux fortunes très diverses. Il a existé dès la deuxième moitié du Xe siècle une noblesse mais il s'agit d'un groupe très réduit ; c'est seulement au cours du second tiers du XIe siècle que l'accroissement rapide des *milites* entraîne la constitution d'un groupe aristocratique inférieur composé des nombreux fidèles des châtelains. Propriétaires d'alleux ces hommes ont pu établir des seigneuries modestes mais un petit nombre seulement parviennent à exercer une autorité banale et à construire un château.

Du fait de son dynamisme démographique, ce monde aristocratique a tendance à fragmenter ses possessions. Bien avant l'Assise du comte Geoffroy une réaction est amorcée ; de nombreux titulaires de seigneuries ne cèdent aux cadets qu'une part réduite de l'héritage. Il s'ensuit très tôt la marginalisation de nombreux cadets qui, dès le milieu du XIe siècle, partent chercher fortune ailleurs sans que le morcellement des fiefs soit vraiment arrêté.

A — CHEVALIERS ET SEIGNEURS

Ne voyons pas dans l'aristocratie des XIᵉ et XIIᵉ siècles un monde figé, c'est au contraire un monde divers, en perpétuel mouvement, même si une relative stabilisation se produit au cours du XIIᵉ siècle. Mais, avant d'aller plus loin, il convient de définir les mots-clés qui apparaissent dans nos sources.

Un vocabulaire spécifique

Nous découvrons la société aristocratique des XIᵉ et XIIᵉ siècles par quelques termes essentiels.

Miles a connu un grand succès. Dans l'antiquité classique et pendant le Haut Moyen-Age le mot désignait un combattant à pied car l'armée romaine, comme d'ailleurs les armées barbares, était avant tout composée d'une infanterie. A partir des IXᵉ et Xᵉ siècles le développement rapide de la cavalerie multiplie les combattants à cheval. Vers l'an mil, dans le royaume de France tout au moins, l'évolution est achevée. Les paysans libres ne combattent plus, la guerre est devenue la spécialité de ceux qui disposent d'un cheval et peuvent s'entraîner régulièrement. *Miles* se traduit dès lors par chevalier et va désigner non seulement des combattants mais aussi une élite sociale. En Bretagne, comme d'ailleurs dans tout l'ouest de la France, le mot *miles*, avec le sens de combattant à cheval, apparaît dès le début du XIᵉ siècle, en 1008, mais il s'agit d'une évolution récente comme le témoigne l'utilisation du terme latin classique *eques* dans un acte de 1035 où le duc Alain III confirme le don par un de ses fidèles « de son bénéfice avec ses terres, ses hommes faisant le service à cheval, ses vilains et ses métayers ». Cet exemple montre que les *milites* ne forment pas à cette date une véritable élite sociale ; il est très rare de trouver dans les souscripteurs des actes de la première moitié du XIᵉ siècle le qualificatif de *miles*. Par contre la lecture de nos documents nous fait apercevoir des *milites* occupant des positions tout à fait subalternes. Ainsi la donation de la paroisse de Pleubihan à l'abbaye Saint-Georges de Rennes est faite avec « les *milites*, les villains, la terre, la charrue et les bœufs ». Proches des rustres, les *milites* sont encore des dépendants chargés d'une activité défensive. Certains *milites* disposent, il est vrai, de biens fonciers, puisqu'à deux reprises un chevalier donne une terre à une institution monastique. A regarder de près, cependant, il semble que l'alleu, la propriété patrimoniale soit restreinte. Les bénéfices constituent une part essentielle de la fortune foncière des chevaliers.

A partir de 1040-1045 une évolution très nette se dessine. Des personnages importants comme Main, châtelain de Fougères, ou Gaudin, châtelain de Clisson, sont désignés comme *milites*, en même temps le mot est associé avec celui de *nobilis*, utilisé exclusivement jusque-là pour désigner les titulaires d'*honores*. Ainsi, en 1060, Rouaud du Pellerin est appelé *nobilissimus miles*. Les chevaliers ont désormais acquis une position sociale dominante mais ils ne formeront jamais un groupe social bien défini comme en Normandie, même si l'on distingue, à partir de 1070, les barons des simples chevaliers. Il faut remarquer aussi que les institutions chevaleresques restent mal connues. Les rares mentions de cérémonies d'adoubement datent du XIIe siècle.

Au-dessus des *milites* le *dominus* (terme que l'on doit traduire par seigneur) exerce un vaste pouvoir de commandement. Le terme est resté au Xe siècle la propriété des trois comtes de Nantes, Rennes et Cornouaille. Eux seuls sont les dépositaires de l'autorité régalienne. Ainsi, dans la Chronique de Nantes, il est bien précisé qu'en construisant le château d'Ancenis, la comtesse Aremburge, femme d'Hoël, et son fils, le comte Alain, exercèrent leur *dominium*. Le sens est évident : le *dominium* correspond à l'exercice des droits régaliens : la construction des châteaux, l'exercice de la haute justice, la réquisition des hommes pour le service d'ost... C'est seulement au cours du deuxième tiers du XIe siècle que le mot *dominus* est utilisé par une personne n'appartenant pas aux familles comtales. Harscoët, lors de la fondation de l'abbaye de La Chaume en 1055 est désigné comme *dominus* de Sainte-Croix (de Machecoul), ses successeurs seront appelés seigneurs de Machecoul ou du pays de Rais. Vers la même époque Main est également désigné comme seigneur de Fougères. Si le vicomte de Donges ou les vicomtes de Léon et de Porhoët ne sont pas appelés *domini*, il est incontestable qu'ils détiennent un pouvoir de commandement. Par contre, les châtelains de Clisson ne sont jamais désignés comme *domini* au cours du XIe siècle. A Pontchâteau, c'est en 1095, lors de la fondation du prieuré Saint-Martin dépendant de Marmoutier, que Daniel est appelé seigneur de Pontchâteau. Il est intéressant d'autre part de voir que, si certains seigneurs exercent réellement des pouvoirs de commandement, cette autorité est parfois discutée. Robert de Vitré est ainsi désigné comme *custos vitreisium*, c'est-à-dire gardien de Vitré et non *dominus*. De leur côté les moines de Marmoutier n'accordent pas à Brient le titre de *dominus* mais seulement celui de *possessor castri*. Pour les clercs qui rédigent les actes, la notion de légitimité est donc encore vive au XIe siècle. Au XIIe siècle, par contre, les réticences s'effacent. Tous les possesseurs de châteaux, détenteurs du pouvoir banal, sont considérés comme des *domini*. Apparaissent alors des châtellenies modestes qui ne seront jamais des baronnies comme la seigneurie de Muzillac.

Les relations d'homme à homme, c'est-à-dire les liens vassaliques, déterminent les pouvoirs et les obligations au sein de l'aristocratie militaire. Dans nos textes, le seigneur est systématiquement désigné *dominus* (assez rarement *senior*), le vassal appelé *vassus* ou plutôt fidèle ou homme de tel ou tel seigneur. Les obligations qu'entraînent ces liens de dépendance sont également précisées, en particulier les obligations militaires ; par contre il existe une certaine confusion en ce qui concerne la désignation de la terre concédée en échange des services. Le mot fief (en latin *feodum*) est rarement employé dans le sens de tenure vassalique. Il désigne le plus souvent une tenure paysanne. Ainsi de simples tenanciers de la paroisse de Frossay, près de la Loire, sont titulaires de fiefs qui représentent des exploitations tenues par des paysans. Cette confusion est certainement due au fait que peu de choses, au départ, séparent les vassaux astreints aux obligations militaires de la frange supérieure des populations paysannes. Pendant la première moitié du XIe siècle de nombreuses terres sont données en bénéfices viagers et ne comportent aucun pouvoir banal. Si le bénéficiaire fait ensuite une donation ou une vente, le seigneur doit obligatoirement donner son accord. Ainsi, entre 1008 et 1031, Alain accepte que le monastère Saint-Spire de Gahard, alors en ruines et concédé en bénéfice à un fidèle nommé Guidénoch, soit donné à l'abbaye de Marmoutier. L'origine modeste des fiefs explique que les seigneurs les plus importants n'apparaissent jamais comme titulaires d'un fief, ils conservent jusqu'au milieu du XIe siècle le terme carolingien *honor* désignant à la fois une charge administrative avec des pouvoirs et des revenus propres.

A partir de 1040-1050, avec le relèvement sensible de la condition chevaleresque, les terres données aux vassaux se distinguent bien des simples exploitations paysannes mais il n'existe pas de mot spécifique. Dans le Cartulaire de Quimperlé on parle simplement de terres ou de villages concédés en pleine propriété. Souvent, à cette possession foncière, s'ajoute la concession d'un pouvoir banal. Ainsi dans la charte CVI du Cartulaire de Quimperlé, Hoël donne à Sainte-Croix le village de Dargoth en Plouhinec avec le cens, le tonlieu, le ban et tous les droits seigneuriaux sur ce village, mais cette concession n'est pas automatique et il n'est pas possible de suivre le grand historien du droit qu'a été Marcel Planiol quand il fait de la concession du ban le signe distinctif de la tenure vassalique. Seuls les fiefs les plus importants disposent d'un pouvoir banal. Ils sont appelés *dominatus* en latin et *kemenet* en breton. Ainsi le Kemenet Heboe ou seigneurie d'Hennebont apparaît dans le Cartulaire de Quimperlé dès 1037 ; le Kemenet Maen est également cité plusieurs fois dans le Cartulaire de Quimper. Les tenures vassaliques plus modestes ne possèdent qu'une fraction de pouvoir banal ou même en sont dépourvues.

Il convient donc de distinguer plusieurs niveaux dans ce monde nobiliaire. Le plus haut niveau est évidemment le mieux connu, c'est celui des châtellenies qui se sont constituées au XIe siècle. C'est par lui que nous commencerons l'étude de ce monde aristocratique.

Naissance et développement des seigneuries châtelaines

C'est au cours de la première moitié du XIe siècle que se sont constituées les plus importantes seigneuries châtelaines. Entendons par là des seigneuries où le titulaire exerce non seulement les droits d'un propriétaire foncier mais aussi un large pouvoir de commandement dont la caractéristique essentielle est le droit de construire un château. La documentation fragmentaire mais assez diverse permet d'établir une chronologie à peu près exacte de l'apparition de ces nouveaux pouvoirs. Sans vouloir dresser ici un tableau exhaustif, quelques exemples apparaissent significatifs : c'est vers 1025 que Josselin construisit le château, qui porte son nom ; entre 1031 et 1055 sont mentionnés les premiers vicomtes de Léon et de Gourin ; le Cartulaire de Redon, dans un acte de 1021, fait connaître Derien, seigneur d'Elven. La baronnie de La Roche-Bernard apparaît, elle, encore plus ancienne. Dans une donation de 1031 Simon de La Roche évoque la mémoire de son père Bernard, qui est vraisemblablement le constructeur du château qui portera son nom. Au sud de la Loire, Harscoët de Rais est solidement installé dans son château de Sainte-Croix, à Machecoul, dès 1055. A la limite des comtés de Rennes et de Nantes, Brient, fils de Teuharius, fait élever entre 1028 et 1050 un premier château au bord de la Chère. Plus au nord, aux confins de la Bretagne et de la Normandie, Auffroy construit dans le deuxième quart du XIe siècle le premier château de Fougères. C'est également au cours de cette période qu'apparaît le premier seigneur connu de Dinan, Josselin, frère de l'archevêque de Dol, Junguenée.

On le voit, tous ces exemples ramènent à une constante : c'est dans le second tiers du XIe siècle qu'apparaissent les premiers châteaux en dehors des domaines comtaux. Il y a là une remarquable convergence avec l'évolution politique. Après le règne d'Alain III l'autorité ducale connaît un fléchissement sensible qui s'accentue après 1066 sous le règne d'Hoël avec la révolte de nombreux vassaux. Il ne semble pas, d'ailleurs, que les ducs Conan II et Hoël aient beaucoup réagi devant la naissance de ces premières châtellenies. Conan II, conformément à la décision de son père, accorda à son oncle Eudes un énorme apanage en Domnonée d'où allaient sortir plus tard les comtés de Guingamp et de Lamballe. Hoël, pour sa part, apparaît comme témoin dans l'acte de fondation du bourg monastique de Donges établi par le vicomte du lieu.

Ces hommes puissants qui s'enracinent dans un territoire pour y exercer les pouvoirs de commandement ne sont pas pour nous des inconnus. Pour la plupart, eux et leurs ancêtres ont vécu dans

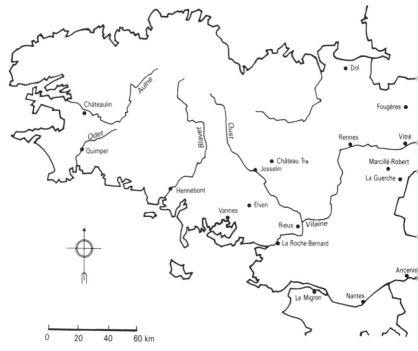

Les châteaux de l'an mil (1000-1030) d'après les sources écrites.

l'entourage ducal ou comtal. Les textes sont très clairs et désignent cette aristocratie par les termes *nobiles* ou *optimates viri*. Dans l'acte IV du Cartulaire de Quimperlé l'église de Saint-Renan est donnée par Alain Canhiart « en présence des hommes les plus illustres de la Cornouaille».Cinquante ans auparavant,le comte de Rennes Conan avait donné à l'abbaye Saint-Sauveur de Redon le domaine de Treffingar *coram nobilibus viris*. Le terme *nobilis* employé ici ne doit pas prêter à confusion. Les hommes désignés ainsi sont encore très proches de l'aristocratie carolingienne et sont bien éloignés de l'aristocratie féodale de la fin du XIIᵉ et du début du XIIIᵉ siècle. S'ils disposent d'un vaste patrimoine foncier, ils doivent avant tout leur puissance aux fonctions qu'ils exercent auprès d'un comte. Une grande partie de ces hommes sont en effet titulaires d'*honores*, c'est-à-dire de délégations du pouvoir princier. Deux charges apparaissent de manière apparente : la vicomté et le vicariat. Contrairement à l'Anjou où la charge vicomtale disparaît assez vite, les comtes bretons ont conservé à leurs côtés des vicomtes. Dans les premières chartes des ducs de Bretagne ils apparaissent comme témoins juste après la signature du duc et des évêques. Plusieurs sont connus : Guéthenoc, ancêtre de la famille de Porhoët, Rouaud, vraisemblablement père du vicomte de Donges Frioul, Hamon, largement possessionné dans le pays d'Alet. Un changement essentiel se produisit dans la première moitié du XIe siècle. Les vicomtes jusque-là étroitement dépendants des comtes s'éloignèrent de lui et se fixèrent dans un territoire où ils possédaient des alleux. Ils ne tardèrent pas dès lors à accompagner leur nom de la mention de la terre ou du château qu'ils contrôlaient. L'évolution est particulièrement précoce en Léon où Guiomar est mentionné comme vicomte du Léon dès 1027, elle est largement amorcée dans le second quart du XIe siècle, ainsi Josselin construisit avant 1032 un château au bord de l'Oust. Elle s'achève entre 1050 et 1080. Les vicomtes sont désormais rarement mentionnés dans les actes ducaux. S'ils conservent leurs titres ils exercent leurs pouvoirs à leur profit exclusif comme en témoignent les actes de fondation de bourgs et la perception de nombreux droits fiscaux.

Le processus d'émancipation est tout à fait comparable chez les vicaires dont la charge est très proche de celle des vicomtes. Notre enquête est ici plus complexe car le mot *vicarius* a connu une transformation rapide de son sens à partir de la seconde moitié du XIe siècle. Il n'a alors désigné qu'un agent domanial subalterne, un voyer. Il n'empêche que plusieurs *domini* de la fin du XIe siècle descendent d'un vicaire de type carolingien. Rivallon, ancêtre de la famille de Vitré, est ainsi désigné au début du règne d'Alain III comme *vicarius* dans le Rennais. Dans le Nantais, Babin, seigneur de Prigny, a pour père Judicaël *vicarius* de Nantes. Il est probable également que les ancêtres des seigneurs de Rais aient été *vicarii* d'Herbauge. Le terme *vicaria de Rais* désigne en effet dans la Chronique de Nantes la partie septentrionale de l'Herbauge concédée à Erispoé.

A côté de ces titulaires d'*honores* quelques châtelains ne doivent leur fortune qu'à d'étroits liens de fidélité. Dans une société où l'autorité princière a de plus en plus de difficultés à se faire obéir les liens personnels entre deux individus paraissent aux comtes un moyen de gouvernement essentiel pour maintenir leur prestige et leur autorité. Ils se constituent ainsi de vastes réseaux de fidélité. Dès le début du XIe siècle le mot *vassalus* ou le mot *fidelis* sont couramment utilisés pour désigner les hommes qui entourent le comte. Vers 1023-1027, la concession de l'église de Poilley par Alain III est faite en présence du duc et « de ses vassaux ». En Cornouaille, Alain Canhiart est entouré dans les occasions solennelles par les nombreux fidèles de sa *curia*. Nombreux auprès des cours comtales, ces vassaux n'ont pas tous, bien sûr, les mêmes destinées. Beaucoup occupent un rang modeste mais quelques-uns, bénéficiant de la confiance du comte,

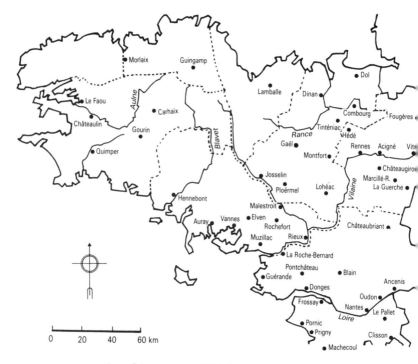

Les châteaux vers 1100 d'après les sources écrites.

ont obtenu la garde d'un château ou même l'autorisation de constituer une châtellenie. La châtellenie d'Ancenis appartient à la première catégorie. C'est pour assurer la défense du comté nantais contre les ambitions du comte d'Anjou qu'Aremburge, femme de Guérec, comte de Nantes, fit bâtir un château près de la Loire à Ancenis. Ce *castrum* fut d'abord possédé par Alain, fils de Guérec. Après sa mort il fut confié à un vassal nommé Alfred qui devait assez rapidement s'émanciper. La châtellenie de Blain, par contre, sur l'importante route stratégique menant à Rennes, resta longtemps sous l'étroit contrôle du comte. Au début du XIIe siècle il existe bien un châtelain nommé Guégon mais c'est Alain Fergent qui fit construire le nouveau château. Guégon n'en était que le gardien. Les premiers châtelains de Clisson paraissent également dépendre de la même manière du pouvoir comtal.

D'autres fidèles construisirent eux-même leurs châteaux avec l'accord de leurs seigneurs. La base de départ est alors formée par un ensemble d'alleux auxquels s'ajoutent des terres concédées par le comte sous la forme de bénéfice. Il arrive également que des terres et des revenus d'Eglise complètent cette fortune terrienne. L'exemple le mieux connu de ce type de destin seigneurial est la châtellenie de Châteaubriant. Les ancêtres de Brient, fondateur d'un château qui allait porter son nom, ne disposaient que d'une fortune terrienne modeste dans le sud du comté de Rennes autour de Piré et dans le nord du Nantais. Sans doute aussi l'ascendance féminine l'emportait-elle sur la lignée masculine car la mère de Brient, Innoguent, joua un rôle essentiel dans les débuts de la nouvelle châtellenie. La fortune de la famille fut conditionnée par la lutte que le comte de Rennes mena à la fois contre le comte de Nantes et contre le comte d'Anjou. Pour renforcer leur position, Conan et ses successeurs se montrèrent généreux vis-à-vis de leurs fidèles placés sur la zone frontière entre les trois comtés. Les ancêtres de Brient en faisaient partie, aussi se virent-ils octroyer d'importants bénéfices et en même temps profitèrent-ils de la présence d'un fidèle du comte de Rennes à l'évêché de Nantes pour prendre le contrôle de biens et revenus ecclésiastiques. Comme J.P. Brunterch l'a bien montré, la géographie féodale du nord-est du comté nantais s'est constituée aux dépens de la fortune foncière des évêques de Nantes. Non seulement Châteaubriant fut bâti sur une terre d'Eglise mais les vassaux de Brient furent établis à Soudan, à Erbray, à Issé sur des biens de même origine.

La construction vers 1050 d'un château au bord de la Chère ne marqua pas seulement le succès d'une nouvelle famille aristocratique, elle concrétisa aussi les ambitions du comte de Rennes. Féodalement la nouvelle seigneurie châtelaine échappait au comté de Nantes pour être annexée au comté de Rennes et vers l'est, elle allait constituer une forteresse essentielle dans le dispositif militaire ducal face à l'Anjou. On le vit bien, en 1066, lorsque Brient fut étroitement associé à la campagne militaire de Conan II dans le Craonnais.

Ainsi, dans la seconde moitié du XIe siècle, la haute aristocratie bretonne n'était plus uniquement composée de descendants de titulaires de charges carolingiennes, d'autres familles y avaient accédé dans le cadre des liens de fidélité.

Diversité de la petite et moyenne aristocratie

Si les membres de la haute aristocratie, ceux que l'on appelle à partir des années 1070-1080 les barons, sont connus par les textes, l'aristocratie moyenne et inférieure reste un milieu obscur. L'enquête bute non seulement sur la rareté des documents — la plupart des possesseurs de seigneuries modestes n'apparaissent qu'épisodiquement dans les signatures des actes de donation — mais aussi sur l'incertitude dans laquelle nous sommes en ce qui concerne les pouvoirs de commandement. Si, dans la seconde moitié du XIe siècle, il devient courant dans les actes de faire suivre le nom des signataires par le lieu de leur résidence, ainsi Rivaud de Taillis, Normand du Faou, Rivallon de La Rouvraie, il n'est pas du tout certain qu'un pouvoir de commandement soit réellement exercé sur les hommes. On considère souvent que le château exprime la possession du pouvoir banal, mais de nombreux chevaliers gardent le château pour quelqu'un d'autre. Rivallon de Dol n'est en fait que l'avoué de l'archevêque de Dol, quant à Geoffroy de Guérande il est simplement agent domanial du duc sur son domaine de Guérande. Comme nous l'avons vu plus haut c'est également la même situation pour Guégon de Blain.

Il a subsisté de nombreux *milites castri* jusqu'à la fin du XIIe siècle. Ils servent le duc mais aussi les barons qui disposent de plusieurs châteaux. Il ne faut en effet jamais perdre de vue que seule une minorité de nobles est réellement parvenue à établir une châtellenie. Une grande majorité des membres de l'aristocratie militaire ne profitent pas des multiples droits banaux qui constituent le pouvoir de commandement, ils doivent se contenter d'être les propriétaires de seigneuries foncières. S'il est possible avec Robert Fossier d'estimer à 2-2,5 % le pourcentage de la population aristocratique dans l'ensemble de la population au XIIe siècle on peut raisonnablement compter pour la Bretagne un effectif noble de 8 000 à 12 000 personnes, or les seigneurs titulaires de châtellenies se comptent seulement par dizaines. Avec une grande prudence, car toute statistique apparaît ici très aléatoire, on peut estimer qu'au milieu du XIIe siècle il y a eu entre cent vingt et cent cinquante châtellenies. Certainement pas plus. Si les comtés de Nantes et de Rennes ont vu se constituer une trentaine de châtellenies chacun, la situation est tout à fait différente en Vannetais où le pouvoir de commandement a été très peu partagé. En dehors du domaine ducal, nous ne connaissons qu'une dizaine de seigneuries banales complètes. Deux correspondent à de grosses seigneuries ecclésiastiques : le domaine épiscopal et la seigneurie de l'abbaye de Redon ; cinq sont laïques : les châtellenies de l'Argoët, Rochefort, Rieux, Muzillac et Hennebont auxquelles s'ajoutent les possessions vannetaises des seigneuries de Rohan et de Porhoët.

L'étude de l'aristocratie moyenne et inférieure nous amène donc à envisager des pouvoirs et des fortunes très divers.

Le groupe qui apparaît le mieux dans nos sources est celui des maîtres de petites châtellenies. Ces hommes sont incontestablement des *domini* mais sont le plus souvent vassaux des possesseurs de grandes châtellenies. Quelques-uns sont déjà connus au XIe siècle. Ainsi le seigneur de Muzillac est qualifié de *dominus* dès la deuxième moitié du XIe siècle ; de même l'acte suivant du Cartulaire de Saint-Georges de Rennes nous fournit le document constitutif d'une seigneurie châtelaine autour de Noyal-sur-Vilaine. Il s'agit de l'autorisation de construire un château faite par le comte Eudes et sa sœur

Adèle, abbesse de Saint-Georges : « Sache ma postérité que la construction d'un château à Noyal par Geoffroy fils de Salomon a été autorisé par le comte Eudes et par sa sœur, l'abbesse Adèle, à la condition suivante : Geoffroy a donné l'assurance par un serment prêté sur les quatre évangiles que lui et son héritier ne feraient rien contre le seigneur et contre une abbesse de Saint-Georges quelle qu'elle soit ».

La plupart du temps, seul le contexte permet d'identifier ces petites châtellenies et l'indice le plus probant réside dans la possession des *consuetudines*, c'est-à-dire des coutumes, car le commandement et la contrainte sur les hommes se manifestent autant dans les taxes et les règlements que dans la puissance militaire. Ainsi Guillaume d'Oudon fonde vers 1138 un prieuré en faveur de Saint-Aubin d'Angers, il concède en même temps l'exemption des coutumes sauf « la garde du château ». De même à Cordemais on suit très bien le renforcement progressif de la puissance banale : en 1056 Tutuual nommé *militaris vir*, donne une partie de l'église et du bourg de Savenay à Pérennès, abbé de Redon. Cinquante ans plus tard, ses petits-fils à leur tour font don au prieuré de Saint-Nicolas-du-Port d'un péage de quatre sous qu'ils avaient coutume d'exiger des hommes de ce monastère.

De nombreux seigneurs n'ont pas réussi à fonder une châtellenie mais n'en sont pas réduits pour autant à la seule propriété foncière, ils disposent d'une partie du pouvoir banal. Il s'agit là le plus souvent de droits économiques et — à la limite — de quelques droits de justice. Comme nous le verrons plus loin, ils ont pu édifier une motte mais ils restent toujours sous la dépendance d'un seigneur plus puissant qui a conservé les prérogatives essentielles, en particulier les pouvoirs militaires. Les principaux vassaux des barons de Châteaubriant représentent très bien ce niveau aristocratique. S'ils sont installés à partir du dernier tiers du XIe siècle à Rougé, Soudan ou Moisdon, ils ont des obligations militaires très strictes vis-à-vis du baron de Châteaubriant. Un document provenant du prieuré de Donges montre également les prérogatives judiciaires des seigneurs de Rais par rapport à leurs vassaux. Entre 1071 et 1104, un chevalier donna au prieuré de Donges la terre de *Vitraria* en Saint-Viaud, au sud de l'estuaire de la Loire. Après une série de troubles, les moines furent dépossédés de leurs biens ; ils demandèrent alors justice aux seigneurs du lieu Grefier et Guégon. Ceux-ci tranchèrent en faveur des moines mais un frère du donateur intervint peu après et contesta à nouveau la donation. Les moines s'adressèrent alors au seigneur de Rais, Garsire, qui donna raison aux moines et fit appliquer son jugement. Ainsi seul le seigneur de Rais dispose d'un pouvoir judiciaire complet, le seigneur de Saint-Viaud ne dispose que de prérogatives judiciaires partielles. Si on peut, sous certaines réserves, parler ici d'une seigneurie banale, il ne peut s'agir d'une châtellenie.

Ces seigneurs de village sont cependant nettement favorisés par rapport aux nombreux hommes d'armes qui ne disposent que d'une petite fortune foncière. Tous n'ont pu accéder à la chevalerie et se trouvent dans une condition marginale. Cadets sans fortune, fils de chevaliers pauvres, ils ne sont désignés que par leur propre nom accompagnés parfois de celui de leur père. Placés au dernier échelon de la pyramide féodale, ils restent sous la dépendance très étroite de leurs seigneurs comme cet Even, fils de Catguallun, qui donne à la fin du XIe siècle une terre près du golfe du Morbihan avec l'autorisation de son seigneur. Ils peuvent aussi faire partie de ces *milites castri* qui toute leur vie resteront dans l'entourage d'un *dominus*. Les plus audacieux n'hésitent pas à s'expatrier. On les retrouve souvent dans les recensements de fiefs en Angleterre. Ainsi dans le grand recensement de 1166 sont nommés dans le Shropshire, autour de William Fitzalan, Brien le Chien, Hubert fils de Gurant, Gwomar le Rotur et Gwido Extraneus. Quelques-uns, comme ce Wihenoc, mentionné dans le *Domesday Book*, parviennent à épouser l'héritière d'un fief de chevalier et réalisent une remarquable ascension sociale, mais ces cas restent exceptionnels.

B — LE POUVOIR ET LA VIE NOBLE

Si la richesse foncière a créé, à l'intérieur de l'aristocratie, des divisions réelles il reste incontestable que le groupe chevaleresque est en train de constituer au XIIe siècle une véritable noblesse avec des usages, des pouvoirs et une manière de vivre spécifique. S'il n'est pas possible d'établir un portrait type de l'aristocrate du XIIe siècle, il est important de définir comment un chevalier vivait noblement.

L'origine du pouvoir banal

L'étude du groupe aristocratique met bien en évidence l'importance des règnes de Conan II et de Hoël. Une rupture s'est incontestablement produite autour de 1050-1060. Comme dans le Maine, dans l'Anjou, le pouvoir de commandement s'est fragmenté au niveau de multiples seigneuries banales. Cependant si la chronologie de cette mutation sociale et politique peut être facilement fixée, il reste une question fondamentale que l'on ne peut éviter de se poser. Quelle est l'origine de l'autorité banale des maîtres de châtellenies ou des seigneurs de village ? Les historiens français ont surtout insisté sur l'origine publique des pouvoirs de commandement. Dans son étude sur le Mâconnais, G. Duby a ainsi mis en évidence le caractère public des charges exercées par les ancêtres des quelques lignages qui sont à l'origine des châtellenies du Mâconnais. S'ils n'étaient pas vicomtes, ils avaient reçu la garde d'un château comtal. Les travaux réalisés par R. Fossier sur la Picardie ou par D. Barthélemy sur la seigneurie de Coucy vont dans le même sens. Pourtant, dans une thèse récente sur les pays de la Charente, A. Debord a révélé l'existence, pour la région qu'il étudiait, de nombreux châteaux privés et, sans remettre en cause l'origine comtale de nombreuses châtellenies, il a envisagé la possibilité d'une extension progressive du pouvoir de commandement à partir d'un château. En d'autres termes, si la seigneurie foncière n'a pas par elle-même entraîné la naissance d'un pouvoir banal, la construction d'un château privé a pu amener progressivement la création d'une châtellenie dans la mesure où cette fortification traduisait un nouveau rapport de forces.

La question de l'origine non-comtale de certains châteaux se pose également en Bretagne. S'il est certain que les châtellenies les plus importantes proviennent de l'installation d'un vicomte ou d'un fidèle sur un territoire où il possède des alleux, il n'est pas douteux non plus que de nombreuses seigneuries banales, voire des châtellenies se sont constituées sans autorisation comtale.

Pour expliquer la naissance de nombreuses seigneuries banales, A. de La Borderie a souligné la fréquence des partages successoraux. Cette remarque est souvent juste et plusieurs seigneuries ainsi créées ont joué un rôle actif dans des zones faiblement peuplées, ainsi la seigneurie d'Acigné à la limite de la forêt de Rennes ou encore le Kémenet Gueguant (seigneurie de Guémené) à l'ouest du Vannetais, mais il n'est pas possible d'expliquer la naissance de toutes les seigneuries banales par de simples partages successoraux. Il est vraisemblable par contre que de riches propriétaires fonciers ont construit une motte et exercé, à partir de là, un pouvoir de commandement aux dépens de leurs seigneurs mais il n'est pas sûr que l'usurpation de l'autorité banale ait pris une très grande dimension car l'autorité publique ne provient sans doute pas uniquement des structures carolingiennes. Pour comprendre l'évolution du pouvoir de commandement, il faut aussi prendre en compte les institutions locales du Haut Moyen-Age.

La Bretagne a connu au IXe siècle une institution originale : le machtiernat. Les machtierns appelés aussi *principes plebis* ou *tyranni* jouent un rôle essentiel dans les paroisses concernées par le Cartulaire de Redon. Propriétaires fonciers ils exercent un pouvoir juridictionnel étendu et surtout disposent de prérogatives régaliennes. Or ces hommes qui ont longtemps concurrencé l'autorité du prince breton et de ses agents n'ont pas disparu avec les invasions normandes. Un acte du Cartulaire de Redon daté de 1066 parle expressément d'un machtiern appelé Daniel, fils d'Eudon ; de même, en 1035, *tyrannus* apparaît dans les titres de l'église de Quimper, et le Cartulaire de Quimperlé parle des *tyranni* qui se révoltent contre Alain Canhiart. Le terme n'est pas forcément péjoratif ou, tout au moins, peut-il avoir deux sens comme nous le constatons aussi dans des actes du IXᵉ siècle. Dans l'est du Vannetais un rapprochement s'impose entre les anciennes circonscriptions machtiernales et les seigneuries des XIᵉ - XIIᵉ siècles. Ruffiac forme ainsi une seigneurie au XIIᵉ siècle. En 1037, dans la paroisse de Sixt, un personnage nommé Ratfred fait un don à l'abbaye de Redon ; près de lui se tient Judicaël fils de Ratuili, or ces noms étaient déjà utilisés au IXᵉ siècle. Un Ratfred et un Ratuili ont été machtierns au temps de Nominoé. Un peu plus tard, au XIIᵉ siècle, les seigneurs de Sixt portèrent le nom de leur paroisse.

La permanence d'institutions locales peut expliquer la précocité des petites seigneuries en Bretagne. Le phénomène n'apparaît pas uniquement dans la zone qui parle breton. En Haute-Bretagne nous rencontrons en plein cœur du XIᵉ siècle des *principes plebis* qui rappellent les machtierns du IXᵉ siècle. Ainsi, au Cellier, au bord de la Loire, vers 1050 le *princeps* Alfrit possède de droit héréditaire la paroisse. De même, au sud de la Loire, Glévian est appelé *Beconensis princeps*.

La dévolution des fiefs

La mise en place des structures féodales s'est accompagnée dans tout l'Occident de l'institutionnalisation du droit d'aînesse et du principe de l'indivisibilité des fiefs. Il était en effet indispensable qu'un vassal ait les moyens matériels d'accomplir ses obligations militaires. Partager le patrimoine familial pouvait entraîner rapidemnt la ruine des chevaliers à la fortune modeste et la désorganisation complète de la hiérarchie féodale. Dès la première moitié du XIᵉ siècle, les ducs de Normandie avaient fait triompher le principe que seuls les aînés héritaient du fief paternel. Réduits à de maigres ressources, beaucoup de cadets préférèrent tenter leur chance dans des aventures extérieures. Malgré sa brutalité, le principe de l'indivisibilité des fiefs s'imposa assez vite dans tout le royaume de France. En Bretagne, où le pouvoir ducal était faible, le principe de l'indivisibilité des fiefs ne fut institué par le duc qu'à la fin du XIIᵉ siècle mais, en fait, le règlement des successions seigneuriales fut une des préoccupations essentielles de l'aristocratie à partir du début du XIᵉ siècle.

Au départ, la Bretagne avait vécu sous deux traditions contradictoires. La Bretagne du IXᵉ siècle que nous connaissons bien grâce au Cartulaire de Redon avait vu se maintenir des traditions celtiques comme la copropriété familiale ou même l'accession des femmes à des charges importantes comme le machtiernat. Si ces traditions s'estompaient, il est indéniable que le principe de l'égalité entre les différents enfants était la règle pour les biens patrimoniaux mais, en même temps, les institutions carolingiennes s'étaient progressivement imposées avec, en particulier, le principe du caractère indivisible des charges comtales ou vicomtales. Au XIe siècle, les contradictions entre un droit patrimonial attaché à l'égalité entre les héritiers et le principe carolingien de l'indivisibilité des charges de commandement existe toujours et entraîne des règlements successoraux divergents. Nos documents du XIe et du début du XIIe siècle nous présentent plusieurs cas de démembrement de seigneuries à la suite d'une succession. Ainsi la seigneurie de Rais fut divisée au XIIe siècle en deux ensembles : d'un côté la seigneurie de Machecoul, de l'autre la seigneurie de Rais qui ne comprenait plus que la partie occidentale de l'ancienne châtellenie. De même, au tout début du XIIe siècle, le partage du Porhoët entraîna la naissance de la châtellenie de Rohan. Un peu plus tard encore, en Domnonée, le comte Etienne donna à son fils Geoffroy le Penthièvre et à son fils Henri la seigneurie de Guingamp. A ces successions qui aboutissent à des partages de terres et de pouvoirs on peut opposer d'autres pratiques successorales qui s'efforcent d'éviter les partages ou d'en atténuer les conséquences. Beaucoup de titulaires de seigneuries s'efforcèrent de donner à leur fils aîné une part essentielle sinon la totalité de leurs châtellenies. Les pouvoirs de commandement, en particulier, ne furent qu'exceptionnellement partagés. L'exemple de la seigneurie de Dol-Combourg étudiée par H. Guillotel est ici très significatif. A la mort du premier titulaire du château de Combourg, Rivallon, entre 1064 et 1066, le droit d'aînesse a été appliqué ; le fils aîné de Rivallon a reçu la seigneurie paternelle et le cas est d'autant plus intéressant qu'il s'agit ici d'une double seigneurie : d'un côté la châtellenie de Combourg, de l'autre, la châtellenie de Dol tenue en avouerie. Par contre les alleux, c'est-à-dire la fortune foncière, ont été fréquemment divisés, la part la plus importante restant cependant à l'aîné. Ainsi, autour de Châteaubriant, les familles seigneuriales d'Ercé, de Soudan et de Juigné sont issues d'un même lignage. De même la famille seigneuriale de Chémeré provient d'un démembrement de la châtellenie de Rais.

On le voit, l'Assise du comte Geoffroy apparaît plus comme la concrétisation d'une évolution que comme une nouveauté brutale.

On connaît les dispositions essentielles de ce texte, premier document législatif de la Bretagne ducale. Désormais les baronnies et les fiefs de chevaliers ne devaient plus être partagés lors des successions. La seigneurie entière appartiendrait à l'aîné. Les cadets n'étaient pas totalement deshérités mais devaient se contenter des revenus que le frère aîné pouvait leur concéder. Ces revenus étaient tirés de terres concédées à titre viager. Au cas où le seigneur défunt ne laissait pas de fils, la seigneurie passait à la fille aînée qui était chargée de donner à ses sœurs une dot suffisante.

L'Assise contenait également des mesures secondaires. Deux méritent d'être relevées ici. La première prévoyait le cas où, le fils aîné étant mort, la terre passait par succession directe à un enfant mineur. L'Assise prévoyait dans ce cas que le bail ou la tutelle appartiendrait au frère le plus âgé après l'aîné, c'est-à-dire à l'un des oncles du mineur. En l'absence de frère survivant, le titulaire du fief avait le droit avant sa mort de conférer le bail à un parent de son choix avec l'accord de son seigneur. La seconde disposition envisageait la mort prématurée du frère cadet. Dans cette situation deux cas étaient prévus : si l'aîné avait reçu l'hommage de son frère en tant que juveigneur, il ne pouvait récupérer la terre qu'il lui avait donnée et elle passait aux héritiers du juveigneur ou, faute d'héritiers, au seigneur suzerain. Si, au contraire, l'aîné n'avait pas reçu l'hommage de son frère, il pouvait reprendre l'héritage de celui-ci au cas où il ne laisserait pas d'héritiers.

La documentation importante que nous avons pour la fin du XIIe et pour le XIIIe siècle nous montre que l'Assise du comte Geoffroy fut en général respectée. Les aînés des grosses seigneuries prirent l'habitude de céder à leurs frères une partie de leurs revenus à titre viager. Cette pratique s'appela assiette de rentes ou partage par assène, la part viagère du puîné s'appelant bienfait. Au XIVe siècle, l'usage se fixera que les puînés, pris ensemble, reçoivent le tiers de la succession pour leurs bienfaits. Pour les filles, il n'y eut pas de difficultés. L'Assise voulait qu'on leur donnât des terres en dot. Elles les reçurent en pleine propriété et non en viager comme leurs frères. Selon la formule consacrée, elles n'étaient pas héritagères mais héritières.

Il était fatal du fait du caractère contractuel de ce texte législatif que certains seigneurs refusent de suivre les obligations du texte, mais ces partages furent finalement peu nombreux. Le plus célèbre entraîna la naissance de la seigneurie de Quintin au début du XIIIe siècle au profit de Geoffroy Boterel, frère cadet d'Henri d'Avaugour.

L'indivisibilité des fiefs n'a pas été le seul moyen utilisé par l'aristocratie pour éviter l'émiettement de ses biens et de ses pouvoirs. L'aristocratie s'est efforcée dans la seconde moitié du XIe siècle et surtout au XIIe siècle d'éviter la multiplication des lignages en adoptant une stratégie matrimoniale très rigide. D'une part, la recherche des conjoints dépend étroitement du niveau occupé par la famille dans la hiérarchie féodale. Ainsi, les quelques dizaines de seigneuries châtelaines qui existent en Bretagne au début du XIIe siècle sont liées par de nombreux liens matrimoniaux. Chez les seigneurs de

Fougères on voit successivement Main III épouser Olive de Penthièvre puis son petit-fils Guillaume se marier avec Agathe du Hommet issue d'une grande famille normande, puis son arrière-petit-fils Geoffroy s'unir à une fille d'Eudon de Porhoët. Les exemples pourraient être multipliés. D'autre part si les familles aristocratiques sont souvent prolifiques on constate que parmi les fils, seul l'aîné est assuré du mariage. Pour éviter tout risque de morcellement du patrimoine, de nombreux cadets se voient offrir une carrière ecclésiastique ou sont contraints à un célibat prolongé. L'exemple vient d'en haut. Si Alain Canhiart assure à son fils aîné Hoël le duché de Bretagne grâce à son mariage avec Havoise, sœur de Conan II, il destine ses deux autres fils à une carrière ecclésiastique : Quiriac deviendra évêque de Nantes ; Benoît recevra l'abbaye Sainte-Croix de Quimperlé puis, à la mort de son frère, l'évêché de Nantes. Sans avenir assuré, beaucoup de cadets de familles aristocratiques modestes sont condamnés à vivre aux côtés de leurs frères aînés ou à tenter leur chance hors du duché.

L'étude des stratégies matrimoniales ne serait pas complète si on ne mentionnait pas une pratique très restreinte mais d'un grand intérêt pour le renforcement de la puissance d'un lignage : l'hypergamie masculine, c'est-à-dire la pratique d'alliances matrimoniales dans lesquelles la femme occupe un rang supérieur à celui de son époux. De telles alliances permettaient à une famille de la haute aristocratie de s'assurer la reconnaissance et la fidélité d'un lignage plus modeste. Les ducs de Bretagne ont à plusieurs reprises au XIIᵉ siècle utilisé cette stratégie « politique » pour renforcer leur autorité. Ainsi Alain le Noir, fils du comte Etienne de Penthièvre, épousa la princesse Berthe, fille de Conan III ; après la mort d'Alain, Eudon de Porhoët épousa à son tour Berthe. Au XIᵉ siècle, la famille ducale avait plutôt noué des alliances avec des familles princières étrangères à la Bretagne.

Aristocratie et vie religieuse

« Le chevalier doit prendre l'épée pour faire justice et pourfendre ceux qui causent les plaintes d'autrui. Il doit apaiser violence et rapine. Mais la plupart ont pris l'habitude de feindre, si bien qu'on entend chaque jour des plaintes de ce que rien ne demeure qu'il ne puisse avoir ni atteindre ».

Ainsi s'exprimait dans son Livre des Manières le célèbre évêque de Rennes Etienne de Fougères (deuxième moitié du XIIᵉ siècle). Ces propos sévères contiennent incontestablement une grande part de vérité. Impulsif, habitué à la violence, souvent âpre au gain, le noble du XIIᵉ siècle est bien loin de l'idéal chevaleresque. Savary de Donges et Olivier de Pontchâteau offrent le triste exemple de seigneurs brigands acharnés contre les biens d'Eglise. Moins connus, de nombreux autres seigneurs accapareurs de dimes, instigateurs de guerres privées, alimentent les plaintes des évêques et des communautés monastiques. Il reste cependant qu'à partir du second quart du XIIe siècle les violences sont plus rares et que la plupart des églises ont été restituées au clergé. Tardive, la réforme grégorienne a fini par faire aussi sentir ses effets en Bretagne.

Les brigandages et les spoliations n'ont cependant jamais empêché l'aristocratie de manifester une réelle ferveur religieuse. Le moyen pour l'exprimer fut le don. Ce que le chevalier enlevait avec brutalité aux paysans et au clergé, il le redonnait généreusement aux nouvelles fondations monastiques. La création des abbayes et la multiplication des prieurés sont la manifestation d'un état d'esprit hostile à toute forme de capitalisation. Donner, c'est la possibilité de racheter ses fautes ou celles de ses parents, car il y a toujours une notion d'échange, ou tout simplement de manifester sa munificence. C'est pourquoi la naissance de toute seigneurie châtelaine s'accompagne d'une ou plusieurs fondations monastiques. Reconnu comme *dominus*, le seigneur de Machecoul fonde l'abbaye Sainte-Croix ; le baron de La Roche-Bernard est lui à l'origine de Saint-Gildas-des-Bois ; Brient établit le prieuré de Béré ; plus riches les descendants d'Eudes de Penthièvre font construire à Guingamp les prieurés Saint-Sauveur et La Trinité ainsi que l'abbaye Sainte-Croix. On pourrait multiplier les exemples. Si six abbayes furent construites au XIe siècle, vingt-quatre furent fondées au XIIe siècle, auxquelles s'ajoutent plusieurs dizaines de prieurés. Ces dons ne viennent pas uniquement de la haute aristocratie. Au XIIe siècle, les petites seigneuries participent de manière prépondérante à cet élan généreux. A. Lebigre et J.L. Sarrazin ont ainsi montré que les sires de Rais attendirent quarante ans pour gratifier la nouvelle abbaye de Buzay ; par contre des vassaux très modestes comme les seigneurs de Messan, Bouguenais, Chéméré ou Montbert multiplièrent les petites donations.

La foi amène parfois à un engagement personnel beaucoup plus prononcé. Nous avons déjà vu l'importance du pèlerinage et de la croisade dans la société aristocratique mais il est une autre forme de don personnel qui eut un certain succès : la vocation monastique. Raoul de Fougères joua un rôle essentiel dans la fondation de Savigny (en Normandie près de Domfront), puis il abandonna sa seigneurie pour prendre l'habit monastique en 1122. Bernard II de La Roche-Bernard mourut vers 1100 sous l'habit religieux à Saint-Gildas-des-Bois.

Une brillante culture orale

Cette vie religieuse très extériorisée peut nous apparaître éloignée de notre conception actuelle de la foi mais elle correspond parfaitement à une société dans laquelle le geste occupe une position essentielle. Le noble du XIIᵉ siècle n'a pas d'existence individuelle. Dans sa résidence il vit au milieu d'une large parenté à laquelle s'ajoute la troupe plus ou moins nombreuse des fidèles. La vie quotidienne est une vie de plein air. Tout chevalier s'entraîne régulièrement au combat. Il est regrettable que nos sources soient si avares sur l'éducation chevaleresque, les joutes ou les tournois, mais nous savons que les chevaliers bretons étaient appréciés en France comme en Angleterre.

Quand le chevalier ne combat pas, il consacre une grande partie de son temps à la chasse. Les ducs et les barons veillent jalousement sur leurs forêts. Ils limitent les défrichements et se lancent parfois dans des reboisements. Ainsi Harscoët de Sainte-Croix, ancêtre des seigneurs de Rais, entreprend d'agrandir dans les années 1060 la forêt de Princé aux dépens des exploitations paysannes de Chéméré. Il s'ensuit un procès avec les moines de Saint-Serge d'Angers. Aux XIᵉ et XIIᵉ siècles, la forêt apparaît nettement comme le monopole de l'autorité banale comme on le verra plus loin.

Si les exercices militaires et la chasse jouent un rôle essentiel dans la formation de l'aristocratie, aux Xᵉ et XIᵉ siècles, on mesure mal les dimensions de la culture chevaleresque. Incontestablement l'éducation intellectuelle est très réduite. Il est difficile de suivre A. de La Borderie quand il soutient que la plupart des ducs bretons étaient lettrés et doués de goûts artistiques ; il reste qu'une formation écrite élémentaire a toujours été assurée. Des *grammatici* apparaissent dans les actes de nos cartulaires, il ne s'agit certainement pas de lettrés mais ils furent de bons techniciens capables de lire et surtout d'écrire une correspondance et des textes diplomatiques. Ils sont relativement nombreux ; on les trouve bien sûr à la cour ducale, il y en a trois pendant le règne d'Alain III par exemple ; mais on les trouve aussi à la cour des principaux vassaux. Lors de la fondation de l'abbaye Sainte-Croix de Quimperlé, Alain Canhiart est assisté d'un *grammaticus*, de même des *grammatici* sont signalés aux côtés des seigneurs de Porhoët et de Dinan. La présence de ces *grammatici* à un rang honorable montre que ces hommes qui appartenaient sans doute au clergé disposaient d'un réel prestige. Les ducs éprouvèrent un respect certain pour la culture écrite. Le Cartulaire de Quimper contient un texte très intéressant où nous voyons le duc Hoël demander que plusieurs ouvrages soient reliés. Faut-il aller plus loin et parler d'éducation littéraire ? Certainement pas. Le cas du père d'Abélard capable d'éduquer lui-même ses enfants est exceptionnel de même que celui de Rouaud de Pontchâteau qualifié de *miles litteratus*. S'il a existé des écoles à Nantes, à Rennes et même à Fougères, elles étaient destinées par priorité aux clercs et il ne semble pas qu'il y ait eu des progrès significatifs au niveau de l'instruction entre le milieu du XIe siècle et la fin du XIIe siècle.

Pour se faire une idée exacte de la culture de l'aristocratie bretonne on ne peut se fier aux seuls témoignages de culture écrite. Les travaux de D. Laurent, R.S. Loomis et J.P. Piriou ont montré la richesse et le rayonnement d'une littérature orale longtemps oubliée. Trouvant ses racines dans l'univers tumultueux du monde celtique du Haut Moyen-Age, voire de l'Antiquité, les traditions orales des anciens Bretons ont alimenté après l'an mil une littérature épique, prophétique, fabuleuse, qui ne pouvait que séduire l'aristocratie militaire dominante. Alors que la culture écrite subissait une terrible régression, une culture orale connaissait un remarquable épanouissement. Il est indéniable que le séjour outre-Manche d'Alain Barbetorte et de ses compagnons, puis l'installation de nombreux Bretons en Angleterre au XIe siècle ont stimulé un milieu culturel déjà très vivant. La *Vita Judicaelis* écrite par le moine de Saint-Méen Ingomar, offre ainsi des passages qui se rapprochent des célèbres chants gallois d'Aneurin et de Taliesin, comme cette glorification du chef mort :

« Car, ainsi qu'un courageux parmi les bœufs anonymes, les nombreuses troupes des ennemis par lesquelles il était entouré, de ses mains agiles et robustes, il les abattit en tout lieu, cet homme puissant par les armes, en combattant avec ardeur ».

L'attachement de l'aristocratie bretonne aux héros plus ou moins légendaires du monde celtique se manifeste avec vigueur dans l'onomastique : Guyomar, Morvan, Hervé, Guéthenoc, Guérec, Arthur sont des noms fréquemment donnés au milieu de beaucoup d'autres qui, comme au Haut Moyen Age, exaltent des vertus guerrières. Une remarque d'Alain de Lille (XIIe siècle) sur le succès d'Arthur apparaît très significative : « Allez au royaume d'Armorique, qui est petite Bretagne, et proclamez sur les places des marchés et dans les villages qu'Arthur le Breton est aussi mort que n'importe quel autre défunt et les faits eux-mêmes vous montreront combien est véridique la prophétie de Merlin qui dit que la fin d'Arthur sera douteuse. Vous ne vous en tirerez guère sans dommage, vous serez injurié et lapidé par vos auditeurs ».

L'apparition d'une notation bretonne à la fin du IXe siècle ou au début du Xe siècle a favorisé le développement de cette littérature orale comme l'ont bien souligné L. Fleuriot et M. Huglo. Le duc et ses principaux vassaux disposent de chanteurs et de citharistes. Quand Conan II, vers 1065, se rend à Blois il est accompagné par un cithariste nommé Norman et, lorsqu'au XIe siècle Dudon de Saint-Quentin veut célébrer la gloire de Richard I, il demande qu'aux chants des Normands viennent se joindre à ceux des « bardes armoricains ».

Le rôle de l'Armorique dans l'élaboration de la Matière de Bretagne n'est pas facile à préciser tellement l'interdépendance des pays celtiques est encore manifeste à cette époque, mais il est sûr que la Bretagne y a occupé toute sa place comme le précise Gottfried de Strasbourg dans son « Tristan et Iseult » : « Tristan je t'ai entendu chanter en breton et en gallois, en latin et en français ; connais-tu ces langues, Oui, Monseigneur ». Un nombre important de toponymes des récits arthuriens sont indiscutablement situés en petite Bretagne. On connaît bien sûr Brocéliande et la fontaine de Barenton, mais la Cornouaille, le Léon et plusieurs villes armoricaines apparaissent aussi dans cette abondante littérature. Dans « Erec et Enide » de Chrétien de Troyes, le mariage des deux héros à Noël devant la cour du roi Arthur s'inspire visiblement de l'investiture de Geoffroy comme duc de Bretagne le jour de Noël 1169 à Nantes. On a également rapproché Erec de Broérec et montré que le nom français de Viviane est une francisation du vieux breton Ninian connu dans l'hydronymie armoricaine du Haut Moyen-Age.

Parmi les écrivains de la Matière de Bretagne, Marie de France est sans doute l'auteur qui s'est le plus inspiré des traditions de la petite Bretagne. Dans le lai de Guingemar le héros s'appelle Oridial et il est fils du « sire de Liun » . Son nom pourrait bien provenir du vieux breton Horetuual et son seigneur Haelas rappelle le duc Hoël. Si le lai du Laostic se passe « à Saint-Malo en la cuntree » c'est Dol qui sert de cadre au lai du Fraisne, et les archevêques sont mentionnés à plusieurs reprises.

L'abondance de tous ces témoignages ne rend que plus regrettable l'absence de rédaction de cette tradition orale. Alors que la langue bretonne connaît une remarquable vitalité au XIIe siècle, la seule épopée armoricaine que nous connaissons est un texte en langue romane : le roman d'Aquin.

La chanson d'Aquin

La chanson d'Aquin est un long texte de 4.000 vers qui a été rédigé dans l'entourage de l'archevêque de Dol. Le rôle exceptionnel joué par l'archevêque dans cette épopée ne permet pas le moindre doute sur sa provenance. Quant à l'auteur lui-même, il n'apparaît pas sur les manuscrits. Comme toujours dans les chansons de geste, l'œuvre est anonyme. Si nous supposons qu'il est breton vu sa bonne connaissance de l'Armorique, nous ne pouvons savoir s'il est cornouaillais ou originaire du pays d'Alet car il connaît très bien ces deux régions. A. de La Borderie a voulu l'identifier et il a cru reconnaître en lui un vassal de l'archevêque de Dol : Garin Trossebof, trouvère à ses heures. En l'état de nos connaissances ce ne peut être qu'une hypothèse.

Le récit qui sert de fondement à la chanson est la conquête de la Bretagne par Charlemagne, mais comme il arrive souvent dans les épopées transmises pendant longtemps par une simple tradition orale, les faits sont progressivement déformés et, dans le texte de la chanson, Charlemagne vient en Armorique non pour conquérir le pays mais pour aider l'archevêque de Dol à chasser d'Alet les païens, ici les Scandinaves.

L'épopée s'articule en trois actes. Dans un premier temps nous assistons à la préparation du siège d'Alet. Après s'être recueilli au Mont-Saint-Michel, l'empereur arrive à Dol où il commence par honorer saint Samson. Il rencontre ensuite les barons bretons qui sont venus se mettre au service de l'archevêque de Dol, Isoré, pour chasser les Normands d'Alet. Le chef de ces Normands est le redoutable Aquin. Charlemagne accepte d'aider Isoré, non sans avoir essayé une dernière fois de convaincre le chef scandinave d'abandonner ses vaines croyances. Cette ambassade de la dernière chance donne lieu à une longue description de la ville d'Alet : « C'est une bonne cité fondée au temps ancien avant que Dieu naquît de la vierge ; elle a pour clôture non pas des remparts de bois et des palissades mais un mur solide bâti avec de la chaux et du sable. La mer bat toujours et de tous côtés le pied de ce mur, sauf un point où se trouvent la porte et le pont-levis par où la ville communique avec la terre ferme. Le portail est bien voûté, les battants de la porte sont en fonte de bronze, le pont et la poterne en fer. Dans l'intérieur de la ville, au sud, près du port, sur un rocher entouré d'une enceinte particulière se dresse un fort donjon à quatre étages, haut de près de soixante pieds ; le mur a cinq mètres d'épaisseur, et la partie supérieure est construite et voûtée en marbre fin plus blanc que flor de lis ».

Bien sûr, Aquin refuse le baptême et pour montrer se détermination attaque à quatre reprises le camp chrétien. Grâce à l'énergie de l'archevêque et du vieil Ahés les quatre assauts sont repoussés.

La seconde partie de l'épopée raconte la prise de la cité. L'immense camp de Charlemagne et des Bretons s'étend sur trois lieues de long. Il est protégé par une enceinte fortifiée précédée d'un fossé. Le siège dure sept ans. L'inefficacité des offensives successives des assiégeants et des assiégés pourrait engourdir l'attention du lecteur ; heureusement quelques brillants coups de main de l'archevêque agrémentent le récit. Ici Isoré s'empare du château de Dinard en utilisant le feu grégeois ; là profitant de la marée basse il enlève à l'ennemi cinq navires. Mais les païens réussissent de leur côté un bel exploit en massacrant l'importante garnison franque qui s'est établie imprudemment sur l'île de Cézembre. Des centaines de chevaliers francs sont tués et c'est par miracle que les deux chefs de la troupe, Naimes de Bavière et le comte Fagon, parviennent à échapper au désastre. Les forces s'équilibrent donc, seul l'arrêt de l'approvisionnement en eau peut assurer la victoire des assiégeants. Dans le camp chrétien on va consacrer tous ses efforts à retrouver la fontaine qui apporte son eau aux Normands. La recherche est longue mais on finit par découvrir la source sous la chapelle Saint-Servan. Privés d'eau, les Normands ne peuvent continuer la lutte. La cité ouvre ses portes ; Aquin quant à lui parvient à s'enfuir.

Les deux tiers de la Bretagne restent sous la domination du chef normand. La troisième partie du texte va amener Charlemagne à pénétrer profondément en Armorique. Il s'avance d'abord vers Gardoine, qui a pour seigneur Doret, neveu d'Aquin. Celui-ci oppose à son tour une farouche résistance. A la suite d'une audacieuse sortie il parvient même à blesser grièvement l'empereur. Heureusement la prière de l'archevêque déclenche un terrible orage qui entraîne un non moins redoutable raz de marée. La ville est engloutie sous les flots qui vont donner naissance à la mare Saint-Coulman.

La menace divine ne suffit pourtant pas à arrêter la résistance des hommes du Nord. L'armée franco-bretonne se dirige vers l'ouest. Elle franchit la Rance, passe par l'ancienne cité de Corseul puis, par le « chemin ferré », s'avance vers Carhaix. Aquin cherche alors à affronter les chrétiens avant qu'ils commencent le siège de la ville mais il est sévèrement battu par Naimes le Bavarois, tout heureux de pouvoir prendre se revanche. La femme du chef normand est faite prisonnière, elle accepte le baptême. Aquin lui, indomptable, se réfugie dans une forteresse imprenable au sommet du Menez Hom. Charlemagne installe son camp dans la forêt de Nevet. Ici encore le siège peut être très long. Habilement, l'empereur utilise la seule arme qui peut assurer une victoire rapide : le feu. Le château d'Aquin est détruit par l'incendie et c'est une course poursuite pour saisir le chef normand qui, une nouvelle fois, a échappé à ses adversaires. La présence miraculeuse de saint Corentin, habillé en ermite, précipite la fin de la Chanson. Encerclé, le chef normand est tué dans une ultime bataille dont nous n'avons d'ailleurs qu'un récit tronqué. La Bretagne est ainsi délivrée du joug normand et l'empereur peut reprendre sa route vers l'est.

La Chanson d'Aquin fut-elle la seule chanson de geste de la Haute-Bretagne ? Il est possible que d'autres traditions épiques aient été transmises par voie orale, mais il est significatif que le seul texte roman de Haute-Bretagne ait été rédigé près de Dol, dans cette région qui a vu partir le nombre le plus important de chevaliers bretons vers l'Angleterre. Il y avait là certainement, plus qu'ailleurs, un goût prononcé pour l'aventure et l'épopée.

BIBLIOGRAPHIE

Les travaux sur la féodalité bretonne sont anciens :

A. Guillotin de Corson : **Les grandes seigneuries de Haute-Bretagne,** Rennes, 1897-1899 3 vol. et **Les petites seigneuries de Haute-Bretagne,** Rennes, 1902.

A. de La Borderie : **Essai sur la géographie féodale de la Bretagne,** Rennes, 1889.

M. Planiol : **Histoire des institutions de la Bretagne** T. II, **La féodalité bretonne,** Réédition Mayenne, 1981.

B. Pocquet de Haut Jussé : « Le grand fief breton » dans Lot et Fawtier, **Histoire des institutions françaises,** Paris, 1957, t. I, pp. 267-288.

Y. Renaudin : **Le domaine des ducs de Bretagne ; leur administration du XIIᵉ au XVᵉ siècle,** Thèse de l'école des Chartes, 1957, 420 pp.

Nos connaissances sur l'aristocratie médiévale s'étant considérablement renouvelées au cours des vingt dernières années, il est utile de se référer à quelques travaux récents concernant l'ensemble de l'aristocratie ou une région particulière :

R. Boutruche : **Seigneurie et féodalité,** T. II, Paris, 1970.

J.P. Poly et E. Bournazel : **La mutation féodale,** Paris, 1980 (col. « Nouvelle Clio »).

D. Barthélémy : **Les deux âges de la seigneurie banale, Coucy (XIᵉ-XIIIᵉ siècle),** Paris, 1984.

A. Debord : **La société dans les pays de la Charente,** Paris, 1985.

A. Chédeville : **Chartres et ses campagnes XIᵉ-XIIIᵉ siècle,** Paris, 1973.

R. Fossier : **La terre et les hommes en Picardie,** Paris, 1968.

O. Guillot : **Le comte d'Anjou et son entourage au XIᵉ siècle,** 2 vol, Paris, 1972.

Sur le développement des institutions féodales en Bretagne, on peut citer quelques courtes études : sur l'importante question de l'indivisibilité des fiefs :

H. Guillotel : « La dévolution de la seigneurie de Dol-Combour aux XIᵉ et XIIᵉ siècles », **Revue Historique de droit français et étranger,** T. LIII, 1975, p. 190-191.

M. Planiol : **L'Assise au comte Geoffroy — Etude sur les successions féodales en Bretagne,** Paris, 1888.

Sur la culture aristocratique il convient de signaler ici plusieurs ouvrages portant sur la Matière de Bretagne :

G. Dottin : **Les littératures celtiques**, Paris, 1924.

E. Faral : **La légende arthurienne**, 3 vol., Paris, 1929-1930.

L. Fleuriot : « Les fragments du texte brittonique de la « Prophétia Merlini » **Etudes Celtiques** vol. XIV, 1974, fasc. I, pp. 43-56.

C. Foulon : « Marie de France et la Bretagne », **Annales de Bretagne**, T LX, 1952, pp 243-258.

J. Fourquet : « Le rapport entre l'œuvre et la source chez Chrétien de Troyes et le problème des sources bretonnes » **Romance Philology**, t. IX, 1955-1956, pp. 298-312.

R.S. Loomis : **Arthurian Litterature in the Middle Ages. A collaborative History,** Oxford, 1959.

J. Marx : « Monde brittonique et matière de Bretagne », **Etudes celtiques**, t. X, fasc. 2, 1963, 10-27

G. Minois : « Bretagne insulaire et Bretagne armoricaine dans l'œuvre de Geoffroy de Monmouth » **MSHAB**, t. LVIII, 1981, pp. 35-60.

J.P. Piriou : **Contribution à une histoire de la littérature bretonne perdue**. Thèse d'état dactylographiée, Rennes, 1982.

CHAPITRE II

L'EVOLUTION DE LA GEOGRAPHIE FEODALE

La dispersion du pouvoir de commandement aux XIe et XIIe siècles a entraîné une nouvelle organisation de l'espace. Autour des châteaux se sont constituées des unités territoriales qui vont se maintenir jusqu'à la fin de l'Ancien Régime, et même au-delà si l'on tient compte du fait que la plupart de ces châteaux donnèrent naissance à des agglomérations urbaines. Le chapitre précédent a montré que cette nouvelle organisation territoriale s'était faite dans une très grande diversité. Les pages qui suivent ont pour but de présenter concrètement cette diversité en offrant un tour d'horizon des châtellenies bretonnes. Si ce chapitre ne peut avoir pour but de donner une information complète sur la naissance et le développement de chaque châtellenie, il a pour ambition de mettre en valeur l'originalité de chacune des grandes châtellenies bretonnes. Rien de figé dans cette histoire mais une perpétuelle adaptation aux contraintes politiques, économiques ou militaires.

LES CHATELLENIES DU COMTE NANTAIS

Le comté nantais a vu son territoire se modifier profondément au cours des XIe et XIIe siècles. S'il a gagné au sud de la Loire le nord de l'Herbauge, c'est-à-dire la *vicaria* de Rais et une petite fraction du *pagus* de Tiffauges, il a perdu au nord du fleuve le Craonnais pris par les comtes d'Anjou et surtout la baronnie de Châteaubriant dont les titulaires se sont mis dans la fidélité des comtes de Rennes alors que, sur le plan religieux, la seigneurie relève toujours de l'évêché de Nantes. En dépit de ces amputations dues aux crises successorales de la deuxième moitié du Xe siècle, le comté nantais couvre environ six mille kilomètres carrés et possède l'estuaire de la Loire, d'un intérêt stratégique essentiel. Les comtes sont parvenus à conserver un domaine respectable localisé soit dans des zones forestières proches des grandes voies de circulation : forêt de Touffou au sud de la Loire, forêt du Gâvre au nord, soit dans la presqu'île guérandaise économiquement très intéressante grâce à la production du sel. La grande réussite des comtes a été d'empêcher la constitution de puissantes châtellenies à proximité de Nantes. Après des débuts brillants, les vicomtes de Donges et du Migron verront leur pouvoir de commandement sensiblement réduit au cours du XIIe siècle. Si les seigneurs de Rais et d'Ancenis échappèrent très vite à l'autorité comtale, les seigneurs de Clisson, de Pontchâteau et même de La Roche-Bernard fréquentent régulièrement la cour d'Hoël et d'Alain Fergent. Quant à l'évêque, après avoir perdu à la fin du Xe et au début du XIe siècle une bonne partie de son temporel, il a conservé dix-huit paroisses établies en majorité à proximité de Nantes autour de Carquefou. La présence au gouvernement du diocèse de prélats appartenant à la famille comtale ou proches de celle-ci a assuré, à partir de 1051, de bonnes relations entre les deux pouvoirs.

A l'extrémité occidentale du comté nantais la baronnie de La Roche-Bernard doit son origine à un chef scandinave. Les noms portés par les premiers seigneurs et les membres de leur entourage sont en effet très significatifs : Bernard, Coquard, Normandeau, Richard, Fredor, et se retrouvent en Normandie. Cette greffe est exceptionnelle en Bretagne — il y a cependant un autre exemple à Châteaugiron — et s'explique par les conditions géographiques de la basse Vilaine : d'un côté des possibilités de navigation fluviale et maritime rares en Bretagne ; de l'autre un relatif isolement terrestre qui a permis aux premiers châtelains de s'affirmer. D'une étendue de près de 500 km², la baronnie formait une véritable entité naturelle limitée par la mer, la Vilaine, une importante couverture forestière au nord-ouest et les marais du Brivet à l'ouest.

La future baronnie naquit dans une atmosphère de violences. Un acte de donation de Simon de La Roche-Bernard précise que les deux premiers seigneurs, le père et le frère de Simon, qui s'appelaient respectivement Bernard et Rivallon, périrent assassinés. L'acte étant daté de 1031 on peut penser que le premier château a été construit autour de l'an mil, c'est-à-dire dans une période où les exactions normandes étaient encore bien présentes dans les esprits. Les seigneurs de La Roche-Bernard s'efforcèrent de faire oublier leurs origines. Ils furent généreux vis-à-vis de l'abbaye de Redon, les moines de Saint-Sauveur devaient participer activement à la fondation du bourg de La Roche-Bernard vers 1026. Surtout, ils créèrent l'abbaye de Saint-Gildas-des-Bois, probablement en 1039. Ils s'intégrèrent assez vite dans le système des relations vassaliques. Le duc Alain III et le comte Budic confirmèrent la fondation de Saint-Gildas-des-Bois. Sous le règne d'Hoël, les liens se resserrèrent entre le comte, devenu duc, et

Bernard II (mort vers 1100). Celui-ci fut souvent présent à la cour ducale. Contrôlant les voies de passage sur la Vilaine, la baronnie était devenue un centre stratégique essentiel pour le duc qui possédait désormais la Cornouaille et le Nantais.

A l'est de la forêt de La Roche-Bernard, il a existé dès le Haut Moyen-Age une paroisse appelée Quéren dont l'église se trouvait à l'ouest de l'actuelle agglomération de Pontchâteau. La construction d'un château près d'un pont sur le Brivet date vraisemblablement du troisième quart du XIe siècle. La famille qui s'y installa est reconnaissable par les noms de Jarnogon et de Daniel qui appartiennent successivement à chaque génération. Les ancêtres de ce lignage ont possédé d'importants alleux à proximité immédiate de Nantes puisque, vers 1045, nous voyons Jarnogon, fils de Daniel, donner au monastère de Saint-Cyr-et-Sainte-Julitte à Nantes des moulins, une écluse et le droit de pêche sur l'Erdre. Nous ignorons quand la famille s'installa sur le site de l'actuel Pontchâteau mais elle le fit à la demande ou avec l'accord du comte de Nantes car les premiers châtelains sont mentionnés dans l'entourage des comtes Mathias et Hoël. La donation de la terre de Brissaie à l'abbaye Saint-Cyprien de Poitiers nous montre qu'un peu avant 1075 Jarnogon était installé au bord du Brivet ; quelques mois plus tard Daniel, son fils, apparaît dans un acte ducal en faveur de Sainte-Croix de Quimperlé. A la fin du siècle, Daniel II, son petit-fils, apparaît comme seigneur de Pontchâteau, c'est lui qui autorise l'installation définitive des moines de Marmoutier. Désormais les seigneurs de Pontchâteau allaient figurer comme une des plus puissantes familles châtelaines du comté nantais. Cette réputation d'ancienneté devait se maintenir par un rite symbolique. Lors de sa première entrée dans la cité épiscopale l'évêque était porté par quatre seigneurs. Aux côtés des barons de Châteaubriant, d'Ancenis et de Rais on trouvait le seigneur de Pontchâteau.

Maîtres d'un territoire couvrant sept paroisses, les châtelains des bords du Brivet ne furent pourtant pas toujours en bons termes avec le clergé. Olivier de Pontchâteau au cours des années 1120-1125 se rendit tristement célèbre par ses violences contre l'abbaye de Redon. Pourchassé par le duc Conan II, il réussit à maintenir l'intégrité territoriale de sa châtellenie, ce qui ne fut pas le cas du vicomte de Donges.

Au bord de la rive nord de l'estuaire de la Loire, sur un terrain rocheux, Donges occupe un emplacement privilégié au milieu d'une vaste zone de marais, la Brière. La découverte, au début de ce siècle, d'une monnaie sur laquelle était écrit le mot Dumuneus prouve l'existence d'un atelier monétaire à l'époque mérovingienne. La circulation fluviale, la proximité d'une voie romaine favorisaient une activité d'échanges. La première agglomération placée sous la protection de saint Martin, encore un signe d'ancienneté, dut disparaître avec les invasions normandes mais la position de Donges, en retrait dans l'estuaire, favorisa certainement une renaissance à la fin du Xᵉ siècle ou au début du XIᵉ. Y eut-il un *castrum* au Haut Moyen-Age ? Nous l'ignorons et la construction d'une importante raffinerie a anéanti tout espoir d'en retrouver les traces ; par contre une notice de donation en faveur de Marmoutier atteste l'existence d'un château et d'un bourg vicomtal vers 1065. Le titulaire du château et auteur de la donation s'appelle Frioul et il est vicomte. Si la date de la construction du château nous est inconnue, il est possible d'entrevoir l'origine de la famille de Frioul. En effet, un autre acte transcrit dans la première pancarte du prieuré de Donges précise que le vicomte Frioul a reçu sa seigneurie de son père Rouaud, or celui-ci est un personnage connu par ailleurs ; il apparaît en tant que souscripteur dans une charte par laquelle le comte Mathias concède à l'abbaye du Ronceray d'Angers le monastère de Saint-Cyr-et-Sainte-Julitte à Nantes ; dans un autre acte établi quelques années plus tard par le duc Conan II un autre de ses fils, Ascol, précise qu'il était vicomte de Nantes.

A quelle date ce vicomte de Nantes quitta-t-il le voisinage du comte pour s'installer sur l'estuaire de la Loire ? Nous l'ignorons mais une telle rupture ne peut s'expliquer que par un grave affaiblissement du pouvoir comtal. Les années 1050-1054 semblent ici avoir été décisives. La mort du jeune comte Mathias, la tentative du duc Conan de prendre en main le comté ont entraîné une crise grave qui a fait disparaître les derniers vestiges des institutions carolingiennes. Comme ailleurs, le vicomte alla s'installer près des alleux qu'il possédait. Il devait rapidement constituer une puissante châtellenie comprenant une vingtaine de paroisses. Les actes concédés à l'abbaye de Marmoutier le montrent investi d'importants droits de tonlieux et de prérogatives judiciaires ; il possédait donc des pouvoirs analogues à ceux du comte.

Cependant le vicomte s'était installé trop près du pouvoir comtal. L'attitude agressive du vicomte Savary envers l'abbaye de Redon permit au duc Conan II d'entrer en guerre contre le vicomte de Donges et de le déposséder de ses biens. Le château fut détruit. La châtellenie ne disparut pas mais, amputée de plusieurs paroisses, elle ne joua plus qu'un rôle secondaire dans le comté nantais.

Sur l'autre rive de la Loire, le château du Migron occupait une situation tout à fait comparable à celle du château de Donges. Solidement installés sur un promontoire rocheux à proximité de l'Acheneau, c'est-à-dire près de la voie navigable très fréquentée reliant la baie de Bourgneuf à la Loire, les seigneurs de Migron ont bâti leur fortune sur l'exploitation des péages et tonlieux. Leur titre vicomtal et la possession du pouvoir banal montrent que les ancêtres de ce lignage étaient titulaires d'une charge carolingienne, sans doute en relation avec le *pagus* d'Herbauge. Curieusement, si nous sommes bien renseignés sur la seigneurie du Migron dans la première moitié du XIᵉ siècle, grâce à plusieurs actes du Cartulaire de Redon, nos informations se font beaucoup plus rares au XIIᵉ siècle. Il ne s'agit pas là uniquement d'une question de sources : tout laisse à penser que, comme à Donges, le pouvoir ducal s'efforça d'affaiblir une seigneurie menaçante pour le pouvoir ducal. Trait significatif, le vicomte du château du Migron est devenu simplement au XIIᵉ siècle seigneur de Frossay. Le succès ducal a été sans doute favorisé ici par les ambitions du baron de Rais, détenteur lui aussi d'importants droits de tonlieux.

S'étendant de Pornic à l'Ognon sur une vingtaine de paroisses, la seigneurie de Rais était la plus vaste des baronnies du comté nantais. Au milieu du XIᵉ siècle, Harscoët était solidement installé dans le château de Sainte-Croix à Machecoul. Il est possible qu'il ait été le constructeur de cette forteresse dont on a longtemps conservé les traces à l'ouest de l'agglomération, mais Harscoët ne fut certainement pas le premier seigneur du lieu car dans la charte du 6 juillet 1055 par laquelle est fondée l'abbaye de Sainte-Croix, Harscoët évoque la mémoire de son père Gestin qui dut vivre dans le premier tiers du XIᵉ siècle. Un autre acte permet d'affirmer cette assertion et d'aller plus loin. En 1004 l'évêque de Nantes Hervé, le comte Judicaël et son fils Budic concédèrent à l'abbaye de Déols une série de droits sur les rivières de l'Ognon et du Tenu ainsi que deux salines, or la seconde saline appelée Savigné avait appartenu à Atton et à Gestin, fils d'Arscuit. On retrouve là les noms caractéristiques de la famille des barons de Rais. Il est donc possible de faire remonter l'origine du lignage au Xᵉ siècle. Ici encore, il est vraisemblable que l'ancêtre d'Harscoët et de Gestin a reçu une charge publique d'Alain Barbetorte. On ne peut en effet qu'être frappé par la coïncidence entre l'assise territoriale de la baronnie de Rais et la *vicaria* de Rais donnée en 851 à Erispoé. A quelques exceptions près — en particulier Rezé — les limites semblent très proches. De plus, un vicomte Gestin apparaît à trois reprises comme vicomte auprès d'Alain Barbetorte et de Juhel Bérenger. Dans quelles conditions les ancêtres des barons de Rais perdirent-ils cette fonction de vicomte ou de vicaire ? Nous ne le savons pas mais cette hypothèse permet d'expliquer la facilité avec laquelle les seigneurs de Rais se sont emparés des biens fiscaux. Ils disposent en effet, dès le XIᵉ siècle, des forêts de Machecoul et de Princé et surtout contrôlent les voies navigables qui, depuis l'époque mérovingienne, assurent le transport du sel depuis la baie de Bourgneuf jusqu'à la Loire. Ils ne se contentèrent d'ailleurs pas de cette usurpation. Ils n'hésitèrent pas à s'emparer de biens d'église. Ainsi, en 1055, lors de la fondation de l'abbaye de La Chaume, Harscoët donne à Saint-

Sauveur de Redon le tiers de l'église de Chéméré qui est pourtant un bien épiscopal.

La convergence de documents provenant de Redon et des abbayes angevines Saint-Serge et Saint-Aubin permet de mettre en évidence la montée en puissance des seigneurs de Machecoul.

Dans la charte de 1004 en faveur de Déols précédemment mentionnée, Gestin est désigné comme simple propriétaire foncier. C'est seulement à partir de son successeur que la possession d'un pouvoir banal est clairement affirmée avec la mention du château de Sainte-Croix. Ce château apparaît pour la première fois dans un acte du Cartulaire de Redon que l'on peut dater des années 1030, c'est-à-dire des dernières années du règne d'Alain III. Rapidement le maître du château de Sainte-Croix allait s'emparer des prérogatives de l'autorité banale sur l'ensemble du pays de Rais. On le voit ainsi, dans un acte malheureusement non daté, vendre aux moines de Saint-Jean-Baptiste de Chéméré, dépendant de Saint-Serge d'Angers, le ban auquel leur possession et leurs hommes étaient soumis, dans un autre acte il garantit par sa signature les donations concernant Prigny. Il s'ensuit tout naturellement un changement dans sa titulature. Dans l'acte précédent conservé dans l'appendice du Cartulaire de Redon, Harscoët est qualifié de *major noster* ; cet acte peut être daté de la période allant de 1062 à 1070. Dans une autre charte destinée à Saint-Serge d'Angers, Harscoët est désigné comme seigneur du pays de Rais. Cette désignation territoriale va désormais l'emporter. Gestin II, qui fut maître de la seigneurie de 1070 à 1093, n'est jamais mentionné comme châtelain de Sainte-Croix, il est toujours identifié comme *dominus* soit du pays de Rais, soit de Machecoul. En même temps, les liens avec le pouvoir comtal s'estompent ; certes il arrive que Gestin II soit présent à la cour comtale mais il fréquente aussi la cour comtale d'Anjou où Geoffroy Martel voit en lui un de ses barons. En fait, profitant de sa situation géographique, le seigneur de Machecoul est devenu indépendant. La construction du château de Pornic suivie de la naissance d'un bourg, la transformation d'une partie de la paroisse de Chéméré en forêt et surtout la mise en place d'un vaste réseau de fidélités marquent bien, dans la deuxième moitié du XIᵉ siècle, l'établissement définitif de la seigneurie châtelaine. En 1055, on voit encore le comte de Nantes Mathias donner son accord à un don de cent sous fait par Glain seigneur de Messan ; trente ans plus tard, vers 1090, lorsque l'abbaye de Redon engage une longue procédure pour récupérer la terre de Vitraria en Saint-Viaud, c'est Garsire de Rais en tant que suzerain qui intervient en dernier ressort. Le comte est oublié dans la pyramide féodale.

Garsire gouverna la baronnie de Rais pendant près d'un demi-siècle puisqu'il mourut vers 1141. Son fils aîné Harscoët lui survécut quelques années seulement et ne laissa pas de descendants. Son frère Raoul lui succéda mais il dut, dans des conditions que nous ignorons, partager sa seigneurie avec son autre frère Garsire. En effet, si, en 1155, dans un acte en faveur de Buzay, Raoul est encore appelé seigneur dè Rais, ce titre appartient à partir de 1160 à son frère Raoul qui conserva le titre de seigneur de Machecoul. Il est vrai que la seigneurie de Machecoul contenait la plus grande partie de la baronnie de Rais.

La puissance des barons de Rais explique qu'aucune famille n'ait pu rivaliser avec eux. Nous avons vu que les vicomtes du Migron durent accepter l'hégémonie des seigneurs de Machecoul. A l'ouest du pays de Rais, Prigny abrita également un lignage indépendant. Dans le cartulaire du Ronceray d'Angers apparaît un seigneur de Prigny appelé Babin fils de Judicaël, or ce Judicaël a été *vicarius* de Nantes. Comme le seigneur de Machecoul, Babin de Prigny entretint des rapports assez étroits avec le comte d'Anjou, Geoffroy Martel ; par contre il est absent de la cour des comtes de Nantes. A la mort de Babin, ses deux frères Barbotin et Gueffier se succédèrent à la seigneurie de Prigny. Il semble qu'ensuite, faute de descendants, Prigny ait été intégré dans les domaines des barons de Rais.

A la confluence de la Sèvre et de la Moine, Clisson a occupé au Moyen-Age une position stratégique exceptionnelle aux limites de trois principautés : Anjou, Poitou, Bretagne. Si l'endroit a appartenu au *pagus* de Tiffauges, aucun vestige archéologique ne permet de déceler une occupation du site avant le XIe siècle. Le nom même de Clisson vient très vraisemblablement du vieux français « clisse » et désigne un treillis de branches placé au-dessus d'une fortification. C'est donc autour d'un château et plus précisément d'une motte féodale qu'est née l'agglomération. Quand fut construit ce premier château ? Très probablement dans le premier tiers du XIe siècle, puisque Gaudin et Guy de Clisson apparaissent vers 1038 dans l'acte de fondation du prieuré de Champtoceaux, situé lui aussi dans l'ancien *pagus* de Tiffauges. Ces deux personnages furent probablement les premiers châtelains de Clisson. Ils eurent pour successeurs, sans que nous puissions établir un lien de parenté, Bernard de Clisson, témoin d'une donation de Pierre de Chemillé aux religieux de Marmoutier en 1043, et Baudri de Clisson. Le fait que ce dernier soit mentionné dans le cartulaire de Quimperlé comme *miles et curialis* du comte Hoël indique que les premiers châtelains de Clisson furent étroitement dépendants du comte de Nantes, contrairement aux seigneurs de Rais. Certes Baudri apparaît bien lors de la fondation du prieuré de Liré comme possesseur du fief *(beneficium)* de Clisson, en 1080, mais il faut attendre la fin du XIIe siècle pour que Guillaume de Clisson second successeur de Baudri apparaisse dans les actes avec le titre de *dominus Clicii*. Le seigneur de Clisson apparaît bien alors comme détenteur de l'autorité banale. Il semble donc que les comtes de Nantes et ensuite les ducs de Bretagne aient réussi à contrôler cette importante seigneurie face au comte d'Anjou, maître des Mauges, et face à un puissant seigneur poitevin, le vicomte de Thouars. Clisson fut ainsi une place forte essentielle pour le duché ; le château et le bourg ne firent jamais partie des marches alors que plusieurs paroisses de la châtellenie s'y trouvaient.

La nécessité d'arrêter l'expansion angevine amena également la construction du château d'Ancenis. D'après la Chronique de Nantes, c'est en 983 que l'épouse de Guérec, Aremburge, fit construire le premier château alors que son mari se trouvait auprès du roi Lothaire. Contrairement à Clisson, le site n'était pas ici désert. Quelques vestiges d'habitat, la proximité d'une voie romaine attestent une occupation du sol ancienne bien que clairsemée. L'ensablement de la Loire ne permet plus aujourd'hui de connaître le site originel d'Ancenis ; nous savons seulement que le château fut construit sur une île, ce qui facilita sa défense.

La famille comtale de Nantes ne resta pas lontemps en possession du nouveau site fortifié. Après la mort du jeune Alain, fils de Guérec, qui avait reçu la forteresse, le comte Judicaël confia Ancenis à un fidèle nommé Alfred. Sans doute le seigneur d'Ancenis, appelé lui aussi Alfred dans la charte de fondation du prieuré de Liré, est-il son fils mais la châtellenie d'Ancenis ne nous apparaît en pleine lumière que sous Wihénoc, qui vécut dans la deuxième moitié du XIᵉ siècle. Les importantes donations qu'il fit à Marmoutier le montrent détenteur d'un vaste pouvoir banal. La possession des tonlieux devait en particulier lui assurer de substantiels revenus qui lui permirent de se conduire en châtelain indépendant. Non seulement le seigneur d'Ancenis n'apparaît jamais dans les actes du duc Hoël mais il fit partie de la coalition aristocratique qui s'opposa à la nouvelle dynastie. Dans cette lutte, il put s'appuyer sur un vaste réseau de fidélités regroupant les seigneurs de l'est du Nantais, en particulier Le Cellier, Anetz, Varades, Nord-sur-Erdre et même Sion. Vers 1077, le duc de Bretagne vint faire le siège du château d'Ancenis. Emporta-t-il la place ? La charte d'Hoël qui mentionne l'événement ne nous le dit pas mais il est incontestable que sous Alain Fergent et Conan III l'attitude de Maurice d'Ancenis fut celle d'un fidèle vassal. Le châtelain d'Ancenis apparaît en effet à plusieurs reprises en 1106 à 1125 dans les chartes élaborées par le duc. Quelques années auparavant, Geoffroy Chotard d'Ancenis avait participé aux côtés d'Alain Fergent à la première Croisade.

A dix kilomètres à l'ouest d'Ancenis, la châtellenie d'Oudon tira également de fructueux profits de l'expansion du trafic commercial sur la Loire. Les premiers seigneurs, Amaury et Raoul d'Oudon apparaissent en 1038 lorsque fut fondé le prieuré de Champtoceaux. Ils ne sont sans doute à cette date que les *milites castri* d'un château construit par le comte mais, dès la fin du siècle, le seigneur exerce un réel pouvoir de commandement comme le prouve l'exemption de tonlieux accordée à l'abbaye de Marmoutier. Hervé et Guillaume d'Oudon furent successivement à la tête de la seigneurie dans la première moitié du XIIe siècle. Guillaume fonda en 1138 un prieuré dépendant de Saint-Aubin d'Angers qui allait donner naissance à un bourg.

Les régaires de l'évêché de Nantes formaient la plus vaste seigneurie ecclésiastique de Bretagne. Malgré les nombreuses usurpations des laïcs ils comprenaient encore, au début du XIIe siècle, une vingtaine de paroisses. L'évêque possédait la moitié de la ville de Nantes, ce qui lui assurait d'appréciables revenus fiscaux. Autour de la ville épiscopale les domaines de l'Eglise formaient un véritable arc de cercle depuis Saint-Etienne-de-Montluc jusqu'à Mauves en passant par Orvault, Sucé, Carquefou. La propriété épiscopale était là particulièrement compacte ; par contre, dans le reste du diocèse, les possessions et droits de l'évêque étaient très disséminés : il disposait entre autres d'une seigneurie à Guérande dans le cadre de la châtellenie ducale et de quelques revenus seigneuriaux au sud de la Loire.

Au centre du Nantais, Blain a été un important carrefour routier à l'époque gallo-romaine et un *castrum* au Haut Moyen-Age. La construction d'un château au XIe siècle dans une position aussi stratégique est certaine mais notre information est inexistante. La charte d'Alain Fergent de 1106 libérant l'abbaye de Redon de toutes charges pour la construction du château de Blain est un faux mais ceci ne veut pas dire que tous les éléments contenus dans le texte soient erronés. Il est certain que la seigneurie située sur l'axe Nantes-Rennes et comprenant de vastes espaces forestiers a appartenu longtemps au comte de Nantes. Cette dépendance est confirmée par le don en 1149 d'une partie de la forêt d'Héric à l'abbaye Saint-Sulpice de Rennes pour que celle-ci construise le prieuré de Sainte-Honorine. Il est possible que le personnage nommé Guégon dans la charte fausse de 1108 ait réellement existé mais il a été simplement gardien du château au nom du comte. Les textes du XIIe siècle nous fournissent le nom d'autres châtelains de Blain mais il est difficile d'établir un lien généalogique précis. En 1180 Eustachie de Rais possédait en douaire la châtellenie de Blain reçue de son époux. En 1208 on rencontre Hervé de Blain qui semble avoir un lien de parenté avec le baron de Vitré. A ce moment-là, les seigneurs de Blain disposent incontestablement d'un pouvoir de commandement autonome.

Au-delà de Blain, dans la direction de Châteaubriant rattaché au comté de Rennes, quelques seigneuries de dimension modeste se développèrent au XIIᵉ siècle. Quelques-unes dépendirent de la baronnie de Châteaubriant, ainsi les seigneuries d'Erbray et de Moisdon, d'autres restèrent vassales des seigneurs d'Ancenis comme la seigneurie de Vioreau ou celle de Sion. Mais pour toute la partie septentrionale du comté de Nantes nos informations restent très lacunaires, même au XIIᵉ siècle. Le premier seigneur incontestable de Derval n'apparaît que vers 1200. La région encore très boisée au XIᵉ siècle connut un développement tardif. L'organisation territoriale ne se met en place qu'au siècle suivant.

LES CHATELLENIES DU COMTE DE RENNES

Au cours des Xᵉ et XIᵉ siècles le comté de Rennes s'est considérablement agrandi. L'accession au pouvoir ducal de la famille des comtes de Rennes a entraîné, dans des conditions que nous ignorons, l'intégration de l'ancien Poutrocoët, qui correspond à l'évêché d'Alet, dans le comté de Rennes. Si les frontières avec le Maine n'ont pas connu de modifications, les anciens *pagi* bretons des bords de la Manche : *pagus* Racter, *pagus* Daoudour ont été également intégrés dans le Rennais en conservant pendant quelque temps des vicomtes. Au sud, la lutte entre les comtes de Rennes et de Nantes s'est achevé à l'avantage du premier. Non seulement le comte de Nantes a fini par accepter, vers 1030, l'hégémonie du comte de Rennes mais la seigneurie de Châteaubriant est entrée dans la vassalité du comte de Rennes. Grâce à toutes ces acquisitions le comté a doublé sa superficie et est devenu le plus important comté du duché.

Cernée de tous côtés par les massifs forestiers de Teillay, Araize, Juigné, Domnaiche,la clairière de Châteaubriant a connu dès l'Antiquité une activité économique importante grâce à l'exploitation des gisements de fer. La présence de voies romaines permit au christianisme de se propager assez rapidement comme en témoignent les noms et les titulatures de plusieurs paroisses : Saint-Pierre de Rougé, Saint-Pierre de Soudan, Saint-Pierre de Ruffigné, Saint-Martin de Fercé. La création d'une châtellenie au bord de la Chère au cours du XIᵉ siècle est historiquement bien connue grâce à une longue querelle entre l'abbaye de Redon et Marmoutier à propos du prieuré de Béré. C'est dans le deuxième tiers du XIᵉ siècle, entre 1028 et 1050, que Brient, fils de Teuharius et d'Innoguent, bâtit à un kilomètre à l'ouest de Béré, dans un endroit jusque-là désert, un château qui allait porter son nom. En quelques dizaines d'années, Brient puis ses deux fils, Geoffroy (mort vers 1066) et Teheldus, allaient établir leur mainmise sur tout le nord du pays nantais. Ils s'appuyèrent pour cela sur tout un réseau de fidélités dont nous connaissons les articulations principales : les seigneuries de Rougé, Moisdon, Soudan, Ercé et Juigné.

Un succès aussi spectaculaire étonne. Ici, à l'origine de la famille, il n'y a pas d'ancêtres ayant exercé un charge de comte ou de vicomte. Les ancêtres des châtelains de Châteaubriant sont de simples propriétaires d'alleux dans le sud du comté de Rennes autour de Piré et dans le bassin de la Chère, au nord du Nantais. Fait intéressant, la participation très active d'Innoguent dans la gestion de la seigneurie de son fils Brient suggère que c'est avant tout du côté maternel que la richesse foncière est arrivée. Comment à partir d'une assise foncière relativement étroite, les ancêtres de Brient sont-ils parvenus à établir une importante seigneurie ? Un travail récent de J.P. Brunterc'h sur l'évolution du patrimoine de l'Eglise nantaise apporte de précieux renseignements. C'est en effet en grande partie par l'usurpation des biens d'Eglise que les ascendants des barons de Châteaubriant ont constitué leur fortune. L'Eglise de Nantes possédait à la fin du XIe siècle de nombreux domaines dans le nord du Nantais. Eloignés du chef-lieu du diocèse, négligés par une autorité épiscopale défaillante, ces domaines ont été vers l'an mil une proie tentante pour des propriétaires laïcs ambitieux. Il est possible, d'ailleurs, que ces usurpations aient été tolérées voire encouragées par les évêques. La Chronique de Nantes est ici très explicite : dans sa lutte contre le comte de Nantes, l'évêque Gautier, très proche du comte de Rennes, s'est efforcé de se constituer tout un réseau de fidélités, or comment disposer de fidèles sans accorder des distributions de terres ? Si nous n'avons pas conservé la trace écrite de telles générosités, nous en avons la preuve indirecte par les réclamations continues des évêques de Nantes dans la seconde moitié du XIe siècle. Soucieux de reconstituer leur patrimoine, les évêques tentent de se faire reconnaître la possession des biens perdus. Ainsi, en avril 1067, Quiriac déclare dans un concile à Bordeaux que Béré est un alleu de l'Eglise de Nantes. Plus tard, en 1123, Brice obtient de Louis VI le fameux diplôme qui énumère tous les biens relevant de la mense épiscopale ; mais ces réclamations obtinrent peu d'échos. Certes, les moines de Marmoutier, dans le deuxième quart du XIe siècle, soucieux de la légalité, donnent à Brient le titre de *possessor castri* et non de *dominus* mais rapidement la situation de fait prévalut et à Béré, comme à Moisdon, Soudan ou Ercé, le *dominium* du seigneur local fut reconnu.

La reconnaissance de l'autorité banale des seigneurs de Châteaubriant et de leurs principaux vassaux fut d'autant mieux assurée que Brient et ses successeurs manifestèrent un soutien inconditionnel au comte de Rennes. Châteaubriant fut un élément essentiel dans le dispositif stratégique des ducs de Bretagne. Si ceux-ci ne parvinrent pas à établir leur domination à Nantes, ils s'efforcèrent de détacher de la vassalité nantaise le seigneur de Béré ; la présence d'un membre de l'entourage ducal à la tête de l'évêché de Nantes ne pouvant que favoriser les ambitions de Geoffroy puis d'Alain III. Le résultat fut pleinement atteint. La baronnie de Châteaubriant devait rester sur le plan féodal dans la mouvance du comté de Rennes alors que, sur le plan religieux, elle continuait à appartenir au Nantais. En favorisant l'établissement de cette châtellenie, les comtes de Rennes ont poursuivi aussi un second objectif : arrêter l'expansion angevine. La construction de châteaux à Pouancé et à Martigné-Ferchaud avait permis à Foulques Nerra de s'imposer dans une zone qui avait longtemps appartenu au comte de Nantes. Il était indispensable de verrouiller une frontière menacée. La construction d'un château au bord de la Chère s'imposait, le nouveau château n'avait d'ailleurs pas uniquement un rôle défensif ; il pouvait servir de base de départ pour une reconquête du terrain perdu. Ainsi, après la mort de Geoffroy Martel, on vit, en 1066, Conan II réunir son armée à Châteaubriant pour entamer son offensive contre le faible Geoffroy le Barbu. C'est en compagnie de Geoffroy, successeur de Brient, que le duc de Bretagne se dirigea successivement vers Pouancé, Segré, Château-Gontier. La mort de Conan, quelques mois plus tard, brisera cette offensive bretonne mais Châteaubriant restera la plus importante des places-frontière face à l'Anjou. Le dispositif défensif devait être renforcé au XIIe siècle avec la construction de châteaux secondaires dont le principal fut Teillay.

Au nord de Châteaubriant mais depuis le Haut Moyen-Age dans le comté de Rennes, La Guerche doit son nom à une fortification de l'époque mérovingienne. Vers l'an mil, un château fut construit qui allait donner naissance à une seigneurie de dimension modeste comprenant huit paroisses. Les seigneurs de La Guerche allaient surtout se faire remarquer en accaparant pendant un siècle l'évêché de Rennes donnant ainsi un étonnant exemple de dynastie épiscopale. Mainguené, qui apparaît dans les premières années du XIe siècle, était le fils de l'évêque Thibaud qui avait accédé au siège de Rennes vers 990. Fidèle des comtes Geoffroy et Alain, il garda l'état laïc mais reçut de son demi-frère Gautier devenu évêque à la mort de leur père le domaine ecclésiastique de Saint-Cyr près de Rennes. Le petit-fils de Mainguené, Sylvestre de La Guerche, devait conserver la baronnie de La Guerche tout en étant évêque de Rennes de 1076 à 1093. S'il favorisa le renouveau de l'Eglise en construisant à La Guerche l'église Notre-Dame et le prieuré Saint-Nicolas confié aux moines de Marmoutier, sa situation canonique ne fut pas toujours claire. Familier du duc Alain Fergent, il joua un rôle essentiel dans la politique ducale. A sa mort, en 1093, l'évêché échappa à la famille et fut donné à un Angevin, Marbode.

Entre Rennes et La Guerche, la châtellenie de Châteaugiron présente l'originalité de devoir ses origines à un Normand qui s'était engagé dans la fidélité du comte de Rennes. Il s'appelait Anquetil et avait sans doute reçu du duc Alain des terres qui lui permirent de construire une première forteresse. Il ne fait guère de doute que ce premier château fut construit avec l'autorisation et sur ordre du duc. Giron, fils d'Anquetil, mentionné dans les actes entre 1060 et 1090, n'est jamais qualifié du titre de *dominus*. Il reste au contraire très proche de Conan II et l'accompagne lorsque celui-ci fait un séjour à Blois vers 1050-1054. C'est seulement à la fin du siècle, sous le gouvernement de Geoffroy Giron que la seigneurie apparaît comme une véritable seigneurie châtelaine. Les seigneurs de Châteaugiron devaient cependant rester proches du pouvoir ducal.

La baronnie de Vitré gardait les frontières de la Bretagne face au Maine progressivement placé au XIe siècle sous la tutelle des comtes d'Anjou. Le vaste territoire — plus de soixante paroisses — qui allait devenir la seigneurie de Vitré fut vraisemblablement donné à la fin du Xe siècle ou dans les premières années du XIe siècle à un fidèle du comte de Rennes, nommé Rivallon. Les actes du duc Alain lui donnent le titre de *vicarius*, il appartenait donc bien à ce groupe restreint de la haute aristocratie qui avait reçu des charges de type carolingien. Rivallon manifesta une grande fidélité vis-à-vis du comte de Rennes. On le trouve fréquemment dans les souscriptions des chartes ducales et il est certain qu'il fut un vassal soumis. Il demanda ainsi l'autorisation d'Alain III quand il donna l'église de Marcillé à l'abbaye de Marmoutier. S'il édifia une motte fortifiée sur le site de Vitré, près de l'église de Sainte-Croix, sa résidence principale fut établie à Marcillé-Robert, agglomération beaucoup plus ancienne qui avait abrité à l'époque mérovingienne un atelier monétaire.

Comme tous les titulaires d'*honores* Rivallon transmit sa charge à son fils nommé Triscan. La succession se produisit vers 1035. De ce Triscan nous savons peu de choses. Il épousa Innoguent de Fougères qui lui apporta en dot la seigneurie de Châtillon-en-Vendelais. C'est dans le dernier tiers du XIe siècle que le seigneur de Vitré s'émancipa complètement de l'autorité du comte de Rennes. Robert, fils et héritier de Triscan, agit en titulaire du ban. Il reconstruisit le château de Vitré à l'emplacement du château actuel et en fit sa résidence principale. En même temps, il fut généreux envers l'Eglise. Il fit bâtir une église dédiée à Notre-Dame et donna aux moines de Marmoutier la résidence de son aïeul pour qu'ils en fassent un prieuré dédié à la sainte Croix. Les rapports de Robert de Vitré avec le duc furent difficiles. Robert ne bougea pas quand Conan II entreprit son expédition contre le comte d'Anjou en 1066. Sans doute avait-il cherché à maintenir de bonnes relations avec l'Anjou voisin. Il avait épousé Berthe de Craon. Robert mourut vers 1090 ; il aurait avant sa mort fait un pèlerinage à Jérusalem. Son fils André semble avoir reconnu sans difficultés l'autorité d'Alain Fergent. En 1116, en présence du comte Conan, il remit solennellement l'église Notre-Dame de Vitré à l'abbaye Sainte-Melaine. Par contre son fils Robert fut, comme on l'a vu plus haut, un redoutable adversaire pour le duc Conan III.

Maître d'une des plus puissantes châtellenies de Bretagne, le baron de Vitré disposait au XIIe siècle de plusieurs châteaux : Vitré, Marcillé-Robert, Châtillon-en-Vendelais et Chevré. La seigneurie d'Acigné au bord de la Vilaine fut sans doute créée pour un fils cadet de Rivallon. Le châtelain de Vitré disposait également d'un fief à Rennes même appelé la vicomté de Rennes.

Par sa position à la limite de la Normandie, du Maine et de la Bretagne, Fougères était appelé à devenir un centre stratégique essentiel. Dès le début du XIe siècle, un premier château fut construit au bord du Nançon. L'endroit était désert, aucun vestige archéologique antérieur à l'an mil n'a été trouvé sur le site. A. de La Borderie a fait remonter à la fin du Xe siècle l'apparition des seigneurs de Fougères ; l'ancêtre aurait été Main, neveu de l'archevêque de Dol du même nom, mais une chronologie aussi ancienne ne peut être confirmée. La donation de Conan le Tort où se trouve mentionné Main, neveu d'un archevêque de Dol, est un faux de même que le seul acte attribué au duc Geoffroy où le fils de Main, Auffroy, est qualifié de *Filgeriensis*. Compte tenu des nombreux domaines possédés par la famille ducale au nord du comté de Rennes, il est vraisemblable que le château de Fougères a été construit sur l'ordre d'un des premiers ducs de la maison de Rennes. Qu'il y ait eu un lien de parenté avec l'archevêque de Dol n'est pas impossible mais cette parenté n'exclut pas que l'ancêtre des seigneurs de Fougères ait appartenu à l'entourage ducal. Dans les actes des ducs Conan et Alain III on remarque la fréquente souscription d'un Auffroy qualifié seulement de *miles*, ce personnage n'est-il pas déjà le gardien du château de Fougères et n'est-on pas tenté de l'identifier avec ce même Auffroy qui fit construire vers 1024 l'église Saint-Sulpice près du nouveau château ?

Après Auffroy mort vers 1040, les châtelains de Fougères réussirent à s'affranchir de l'autorité rennaise. Ils n'hésitèrent pas à se mettre dans la fidélité des ducs de Normandie pour constituer une véritable seigneurie banale. Main de Fougères est encore appelé *miles* dans plusieurs actes, il n'hésite pas à venir à la cour de Guillaume de Normandie, reçoit des terres en Avranchin et, après la conquête de l'Angleterre, dans le Devon. A la fin de sa vie Main disposait de suffisamment de puissance pour être considéré comme un véritable *dominus*. Il se fit enterrer au prieuré de Saint-Sauveur-des-Landes qu'il avait richement doté. Son fils Raoul manifesta également une vive ferveur pour la grande abbaye tourangelle ; il donna à Marmoutier le prieuré de La Trinité puis l'église Saint-Sulpice, ce qui entraîna un conflit avec les chanoines de la collégiale de son château. Les relations avec la Normandie restèrent étroites : Raoul combattit à Tinchebray et participa à la fondation de l'abbaye de Savigny ; c'est là qu'il voulut être enterré en 1122.

Maître de trois châteaux à Fougères, Antrain et peut-être Bazouges-la-Pérouse, les barons de Fougères ne cessèrent de jouer un rôle essentiel dans la Bretagne du XIIe siècle. Raoul II après s'être violemment opposé à Henri II devait exercer la charge de sénéchal de Bretagne sous le règne de Geoffroy.

Au nord-est du comté de Rennes, les évêques de Dol disposaient d'une vaste seigneurie s'étendant sur vingt-six paroisses. Faute de sources pour le Haut Moyen-Age, nous ne savons pas comment se constitua cette seigneurie ecclésiastique. Si l'on admet avec H. Guillotel que le ressort de l'évêché de Dol correspond aux possessions foncières qui lui ont donné naissance à la fin du VIIIe siècle, il est logique que les évêques (ou archevêques) aient constitué à partir de cette assise territoriale une puissante seigneurie. Cependant au XIe siècle, il n'y a plus adéquation entre le patrimoine foncier et le ressort religieux. Une partie seulement du diocèse fait partie des régaires de l'évêché de Dol. Ici comme ailleurs, de nombreux alleux possédés par l'Eglise passèrent dans les mains de l'aristocratie laïque. Comme dans le Nantais, il semble que ces usurpations se soient produites après les invasions normandes. Le troisième quart du Xe siècle fut une période particulièrement glorieuse pour la métropole doloise. L'archevêque Wicohen exerça, comme on l'a vu, une véritable hégémonie politique en Haute-Bretagne. L'ascension de Conan le Tort au gouvernement comtal dans le Rennais mit fin à cette prééminence ecclésiastique. Non seulement le comte de Rennes affirma son autorité dans le nord du Rennais mais il plaça dans le *pagus* d'Alet une famille vicomtale qui allait fortement concurrencer l'autorité des évêques de Dol.

Sous le règne d'Alain III ce lignage nous est connu par quatre frères. Le premier, Haimon, sans doute l'aîné, détient l'*honor* vicomtal. Au point de vue territorial, il est certainement maître du *pagus Aletensis* mais son autorité va sans doute au-delà. Le second est l'évêque de Dol, Junguenée ; il gouverna son diocèse entre 1010 et 1040. Sa nomination illustre la mainmise des grandes familles aristocratiques sur les sièges épiscopaux. Le troisième s'appelle Josselin et il faut sans doute l'identifier avec le premier seigneur de Dinan qui apparaît dans nos textes vers 1040. Le quatrième, Rivallon, reste un personnage obscur.

Haimon n'est plus mentionné dans nos sources après 1040 et

nous ignorons s'il laissa sa charge à son fils. La seigneurie de Châteauneuf qui engloba ensuite une grande partie du *pagus Aletensis* n'apparaît pas avant la fin du XIIᵉ siècle ; il n'est donc pas possible d'établir un lien généalogique entre le vicomte du début du XIᵉ siècle et le châtelain de la fin du XIIᵉ. Il semble que la charge vicomtale ait été supprimée. Cette suppression est-elle liée à une participation d'Haimon ou de son fils aîné à la révolte d'Eudes comme le soutient A. de La Borderie ? C'est possible mais nous ne disposons d'aucune source sûre. Par contre, Haimon laissa certainement un autre fils nommé Rivallon (surnommé Chèvre-Chenue) qui reçut les alleux patrimoniaux situés à proximité de la frontière normande. La construction d'un château à Combourg dans les années 1040-1050 allait permettre l'édification d'une puissante châtellenie ; en même temps il reçut sans doute de son oncle Junguenée l'avouerie du château épiscopal de Dol. Cette charge d'avoué permit à Rivallon de prendre en mains des biens d'église sous forme de bénéfice, si ce n'est par usurpation pure et simple. Maître d'une double seigneurie, Rivallon n'hésita pas à défier le pouvoir ducal et à se mettre sous la protection du duc de Normandie en 1064. Plusieurs de ses vassaux participèrent ensuite à la conquête de l'Angleterre mais pas plus qu'ils n'acceptèrent une soumission trop étroite au duc de Bretagne, Rivallon (qui mourut vers 1066) et ses successeurs ne voulurent tomber sous la dépendance du duc de Normandie. Sous l'impulsion de Jean de Dol la châtellenie double de Dol-Combourg devait être, de 1154 à 1164, un des pôles de la résistance bretonne face à Henri II.

A l'est de la Rance, les seigneurs de Dinan édifièrent également une puissante châtellenie. Au XIᵉ siècle, la seigneurie s'étendait sur une soixantaine de paroisses toutes situées dans le diocèse d'Alet. Il est possible que Josselin se soit d'abord installé à Léhon, près de l'abbaye de Saint-Magloire, mais le site de Dinan l'emporta rapidement car il permettait à la fois une solide défense sur le plateau dominant la Rance et une intéressante activité économique grâce à la circulation terrestre et fluviale dans la vallée. Le premier château fut sans doute édifié vers 1040, il résista, comme on le sait, à l'assaut de Guillaume le Conquérant en 1064. Pour assurer l'essor du port de Dinan, Geoffroy de Dinan, deuxième successeur de Josselin, donna à Saint-Florent de Saumur le droit d'édifier un prieuré et un bourg sur la rive droite de la Rance ; ce fut un demi-échec, la ville se développa au XIIᵉ siècle sur la rive gauche, à proximité immédiate du château.

En 1123, à la mort du baron Geoffroy, la seigneurie de Dinan fut partagée. Alain, deuxième fils de Geoffroy, reçut le tiers méridional de la châtellenie. Il fit construire à Bécherel, en Plouasne, un château qui allait donner son nom à la nouvelle seigneurie.

Si les châtellenies de Combourg, Dol, Dinan et Bécherel jouèrent un rôle essentiel, le nord du comté de Rennes a connu aussi des seigneuries plus modestes, mais possédant un vaste pouvoir de commandement. Signalons ici la seigneurie de Tinténiac, à l'origine possession de l'abbaye Saint-Georges de Rennes, qui fut confiée à un chevalier breton nommé Donoal qui fit construire pour lui le château de Montmuran. Un peu plus au sud, en direction de Rennes, le château de Hédé est signalé dans un acte d'Alain Fergent daté de 1085. Il fut le centre d'une châtellenie d'une dizaine de paroisses. Un peu plus à l'est encore, la seigneurie d'Aubigny apparaît aussi dans nos textes sous le règne d'Alain Fergent. Suivant l'exemple de nombreux chevaliers du nord du Rennais plusieurs membres du lignage allèrent s'établir en Angleterre.

Au cœur de la Bretagne, le vaste espace forestier occupant la moitié méridionale du Poutrocoët était largement défriché dès le XIe siècle. L'étude toponymique montre que les limites de la forêt de Paimpont se rapprochaient des limites forestières actuelles. Il reste que tout ce territoire était faiblement peuplé et que de nombreux bois enserraient encore les communautés rurales. Fait intéressant ; alors que les plus importantes forêts sont ailleurs aux mains du duc, ici le massif forestier de Paimpont et les bois avoisinants n'appartiennent plus au prince breton mais à de riches châtelains. Le domaine ducal se réduit à la petite seigneurie de Ploërmel qui ne couvre que dix paroisses.

Au nord de l'actuelle forêt de Paimpont, la seigneurie de Gaël s'étendait sur une quarantaine de paroisses. Les fouilles archéologiques permettront peut-être un jour de découvrir sur le site de Gaël les vestiges d'une résidence des rois de Domnonée à l'époque mérovingienne. Les textes, quant à eux, ne permettent pas de faire remonter au-delà du XIe siècle la présence d'un habitat fortifié. Le premier seigneur, Raoul de Gaël avait d'abord vécu en Angleterre où son père Ralf l'Ecuyer fut un fidèle conseiller d'Edouard le Confesseur avant de se rallier à Guillaume de Normandie en 1066. Raoul manifesta lui aussi, dans un premier temps, une grande fidélité vis-à-vis du Conquérant : celui-ci n'hésita pas à lui confier, à la mort de son père, en 1070, l'*earldom* de Norfolk. Mais la bonne entente entre le roi et Raoul ne dura pas. En 1075 Raoul se révoltait et entraînait avec lui Roger de Breteuil, *earl* d'Hereford, son beau-frère. L'insurrection échoua, Raoul vint se réfugier en Bretagne où sa famille possédait de nombreux alleux autour de la forêt de Paimpont. Une partie d'entre eux avaient sans doute été donnée par Alain III à Ralf l'Ecuyer puisqu'un Radulfus Anglus est mentionné dans plusieurs actes ducaux de la première moitié du XIe siècle. Installé en Bretagne, Raoul se montra particulièrement remuant. Peut-être construisit-il le château de Gaël, mais c'est certainement lui qui édifia le premier château de Montfort vers 1091. Il s'agissait là d'un point stratégique essentiel sur la voie romaine Rennes-Carhaix. A ce moment-là, Raoul s'était assagi. Il ne cherchait plus à se venger du duc de Normandie, Guillaume venait de mourir en 1087 et en Bretagne le seigneur avait fini par accepter l'autorité du duc Alain Fergent.

Raoul de Gaël serait mort au cours de la Première Croisade. Après lui, la seigneurie revint à son fils Guillaume qui vécut jusqu'en 1143, puis à son petit-fils Guillaume. Ce dernier choisit comme résidence le château de Montfort et fut à l'origine de l'abbaye Saint-Jacques-de-Montfort.

Maître des seigneuries de Gaël et de Montfort, seigneur de Brekilien (c'est-à-dire la forêt de Paimpont), Geoffroy estima à sa mort, en 1187, que sa châtellenie pouvait être partagée entre ses deux fils. Raoul reçut la seigneurie de Gaël et Guillaume la seigneurie de Montfort. Cette décision, quelques mois après la publication de l'assise du comte Geoffroy, a étonné les historiens de la Bretagne. Pour la justifier, le chanoine Guillotin de Corson a parlé de frères jumeaux mais il semble, en fait, que les seigneurs de Gaël-Montfort n'avaient pas accepté l'Assise puisque, quelques années plus tard, la seigneurie de Montauban fut détachée à son tour de la châtellenie de Montfort.

A l'ouest et au sud de Gaël, se constitua au XIe siècle l'immense vicomté de Porhoët. Dans son état primitif cette seigneurie couvrait non seulement une grande partie du Poutrocoët mais débordait à l'ouest sur les diocèses de Vannes, de Cornouaille et même de Saint-Brieuc. Elle formait ainsi la châtellenie bretonne la plus étendue avec plus de cent quarante paroisses couvrant plus de quatre mille kilomètres carrés.

Le premier ancêtre connu de la famille, Guéthenoc, apparaît sous le règne de Geoffroy. Aux environs de l'an mil, le duc de Bretagne lui donna l'honneur vicomtal de Rennes. Ce Guéthenoc possédait des alleux dans le bassin de l'Oust et sa famille, incontestablement bretonne, se rattache peut-être à ce Guéthenoc mentionné à plusieurs reprises dans le Cartulaire de Redon au IXe siècle mais il est probable aussi qu'à ces racines bretonnes s'ajoutent des liens avec un lignage ligérien. Les descendants de Guéthenoc portent en effet des noms extérieurs à la Bretagne : Josselin ou encore Eudes, or ces noms se rencontrent fréquemment dans le bassin de la Loire moyenne, d'Orléans à Angers. Un Josselin, dit de Rennes, tint le château de Baugé au nom du comte d'Anjou dans les premières années du XIe siècle et surtout le prédécesseur de Guéthenoc à la vicomté de Rennes s'appelait Eudes et s'était mis, avant 987, dans la fidélité du comte d'Anjou. Il mourut sans héritier mais il est fort possible qu'une alliance matrimoniale ait été conclue entre les deux lignages.

Quoi qu'il en soit, Guéthenoc vécut dans l'entourage des ducs ; il s'efforça en même temps de renforcer sa puissance patrimoniale. Il construisit à Guilliers, le premier château familial appelé Château-Trô Son fils Josselin, mentionné encore fréquemment dans les actes d'Alain III avec le titre de vicomte, fit bâtir au bord de l'Oust le château qui allait porter son nom (vers 1025-1030). L'abbaye de Redon dont le sort fut étroitement associé à celui de la famille de Porhoët établit un prieuré et un bourg à proximité du château. Marmoutier reçut également des donations importantes qui lui permirent de bâtir un autre prieuré dédié à saint Martin. On le voit, dans le second quart du XIᵉ siècle, Josselin exerçait toutes les prérogatives du pouvoir banal. En même temps les liens avec l'autorité ducale se desserraient. L'évolution s'accéléra ensuite. Eudes, successeur de Josselin, fut rarement présent à la cour du duc Conan II ; il n'hésita pas ensuite, en 1068, à entrer en conflit avec son successeur, Hoël de Cornouaille. Le seigneur de Josselin qui voyait ses revenus fonciers s'accroître grâce à l'essor des défrichements était devenu un des principaux barons de Bretagne. Eudes de Porhoët élargit d'ailleurs son horizon bien au-delà des murs de son château. Non seulement, il fut actif à l'intérieur du duché mais pendant le règne d'Henri Iᵉʳ Beauclerc il reçut des biens fonciers en Angleterre.

Un territoire aussi vaste était difficile à garder dans une seule seigneurie. Vers 1120 Geoffroy, fils et successeur d'Eudes, donna à son frère Alain toute la partie du Porhoët située à l'ouest de l'Oust à l'exception d'une douzaine de paroisses au sud de Josselin. La seigneurie de Rohan était née. Alain s'installa d'abord à Castel-Noë (aujourd'hui Castennec en Bieuzy), dans les ruines d'une vieille forteresse romaine puis il remonta vers le nord et construisit au bord de l'Oust, à Rohan un château qui allait donner son nom à la nouvelle seigneurie.

A côté de ces grands ensembles le Poutrocoët possédait aussi quelques châtellenies plus modestes.

Entre Redon et Rennes, Lohéac est aujourd'hui une modeste agglomération. Pourtant ici, au bord de la voie romaine Rieux-Rennes, se succédèrent un important oppidum gallo-romain et un château dont on a longtemps conservé la motte près du bourg actuel. Dès le début du XIᵉ siècle, un acte de Geoffroy nous mentionne un Hervé de Lohéac, malheureusement il s'agit d'un faux : la donation de Belle-Ile à l'abbaye de Redon. L'histoire de Lohéac commence dans nos textes avec Judicaël qui donna à Redon, vers 1070, la terre de Goven en Guipry. Son fils Rioc mourut en Terre Sainte. Les reliques qu'il avait achetées furent solennellement déposées en juin 1101 dans l'église du Saint-Sauveur. Son frère Gautier poursuivit une politique généreuse à l'égard de l'Eglise. Il fonda le

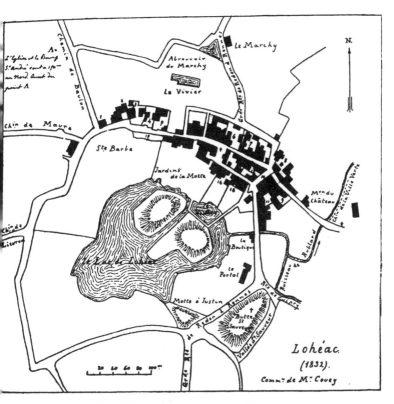

Les mottes de Lohéac d'après le plus ancien cadastre.

Sur ce plan cadastral on distingue nettement quatre mottes qui devaient former un dispositif stratégique assez exceptionnel.

prieuré de Lohéac qui dépendit de l'abbaye de Redon (1121). A cette date, la seigneurie de Lohéac avait été divisée : Judicaël avait en effet donné à son fils Rouaud toute la partie méridionale de la seigneurie. Ce territoire allait devenir la seigneurie de Guéguen.

Contrairement à Lohéac, Malestroit nous apparaît comme une châtellenie récente. Elle ne date en effet que du XIIᵉ siècle. Le premier seigneur Payen n'apparaît qu'en 1127. De dimension modeste cette nouvelle seigneurie comprenait quatorze paroisses.

LES COMTES DE GUINGAMP ET DU PENTHIEVRE

La majeure partie de la Domnonée resta sous la dépendance directe du duc jusqu'au règne d'Alain III. Le domaine ducal dans

159

cette région fut ensuite donné au frère cadet d'Alain, le comte Eudes. Les circonstances de la création de cet apanage restent floues. A de La Borderie a soutenu qu'en 1034, après le décès d'Havoise, veuve du duc Geoffroy et mère d'Alain III, Eudes réclama une part de l'héritage paternel et reçut les territoires des quatre diocèses de Dol, Alet, Saint-Brieuc et Tréguier. Loin d'être satisfait de ce partage, Eudes serait entré en guerre contre son frère puis se serait réconcilié avec lui à la suite d'un arbitrage de Judicaël, évêque de Vannes et du duc de Normandie Robert le Magnifique. Il aurait alors perdu les diocèses d'Alet et de Dol ainsi que la partie occidentale du Trégor concédée par le duc au vicomte de Léon. Cette reconstitution des faits ne repose malheureusement sur aucun document. S'il est vraisemblable qu'Alain a donné de son vivant un apanage à son frère, nous ignorons totalement la date de cette concession et son étendue. Quant au conflit entre les deux frères, il paraît bien improbable. Les deux frères donnent, au contraire, l'impression d'avoir vécu en bonne intelligence, ils promulguèrent de nombreux actes en commun. Bien mieux, à la mort de son frère, Eudes reçut le gouvernement du duché. Par ailleurs, on voit mal comment Robert le Magnifique, avant son départ pour la Terre Sainte, aurait eu le temps d'intervenir en Bretagne.

La création d'un apanage en faveur d'Eudes ne paraît pas, de toutes façons, avoir eu de grandes conséquences jusqu'en 1047. A cette date, une rupture se produisit entre l'oncle et son neveu. Toujours laconique, la Chronique de Quimperlé nous précise que Conan fut alors libéré de « la prison où le gardait son oncle » et reconnu duc de Bretagne. Plein de rancœur, Eudes se replia sur son apanage et devint jusqu'à sa mort le plus dangereux adversaire du pouvoir ducal.

Contrairement aux autres comtes bretons, Eudes n'alla pas s'établir dans une ville épiscopale ; Tréguier et Saint-Brieuc appartenaient à leurs évêques, Eudes choisit comme résidences deux bourgades qui allaient devenir par la suite deux capitales comtales : Guingamp, où fut édifiée sur la rive droite du Trieux une puissante motte avec donjon, et Lamballe, où fut également construite une résidence fortifiée. L'activité du second fils de Geoffroy déborda cependant largement de ce cadre étroit. Les rares renseignements que nous avons sur lui nous le présentent comme un prince batailleur, tenté par des aventures extérieures. Non content de se battre contre le duc de Bretagne, il fit alliance avec le comte d'Anjou contre Guillaume de Normandie puis il se rapprocha de celui-ci et deux de ses fils jouèrent un rôle important en Angleterre après 1066. Alain fut ainsi le premier comte de Richmond.

Eudon mourut vers 1080. Le décès rapide et sans postérité de

TABLEAU GENEALOGIQUE DE LA DESCENDANCE DU COMTE EUDES FRERE D'ALAIN III, DUC DE BRETAGNE

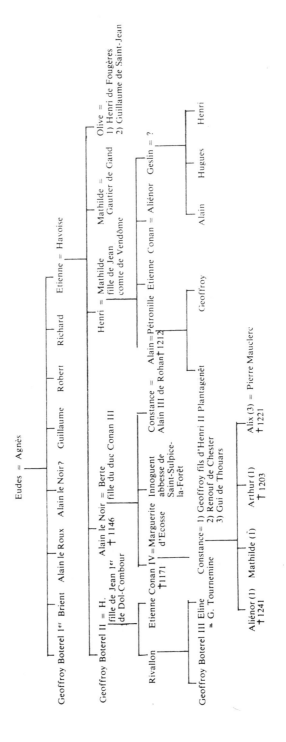

son fils aîné Geoffroy Boterel en 1093, après celui d'Alain le Roux en 1089, permit au dernier fils Etienne de reprendre tout l'héritage de son père. Etienne est un personnage connu. C'est lui le véritable fondateur de ce que l'on appelle parfois abusivement le comté de Penthièvre. Dans les actes qu'il nous a laissés, il s'intitule comte de Bretagne sans mention d'un ressort territorial. C'était exprimer hautement son appartenance à la famille ducale et sa volonté d'exercer un pouvoir régalien. Cette prétention se manifesta concrètement dans la frappe monétaire. Guingamp fut la seule ville extérieure au domaine ducal à disposer d'un atelier monétaire. Ce pouvoir indépendant se manifesta également sur le plan religieux. Si le comte ne put contrôler directement les villes épiscopales de Saint-Brieuc et de Tréguier, il intervint lors des élections des évêques. Il est frappant de voir que les évêques de Saint-Brieuc et de Tréguier n'apparaissent pas dans les actes ducaux au cours du premier tiers du XIIe siècle. Lors de la grande enquête de Saint-Brieuc ordonnée par saint Louis, Henri d'Avaugour, arrière-petit-fils du comte Etienne, se vit reconnaître le droit de régale sur les évêchés de Saint-Brieuc et de Tréguier, il est très probable que ce droit date des premiers temps de l'installation à Guingamp et Lamballe de la branche cadette de la maison de Rennes.

On le voit, s'il ne réussit pas à s'emparer du pouvoir ducal, Etienne exerça un pouvoir princier. Aucune famille châtelaine, au XIIe siècle, ne parvint à un tel degré de puissance. Hubert Guillotel a pu montrer comment Guingamp était devenu en quelques années un centre politique et religieux essentiel dans le nord de la Bretagne. A la motte établie par son père, Etienne adjoignit, toujours sur la rive droite, un *castrum*. Attirée par la protection comtale, une population relativement nombreuse vint s'installer dans la nouvelle agglomération. Dès 1123, une charte notice en faveur de Saint-Melaine mentionne « la foule innombrable des *burgenses* » qui viennent assister à la donation. Si l'adjectif « innombrable » est excessif, il est certain que les activités de Guingamp sont en mesure, dès le premier quart du XIe siècle, de faire vivre plusieurs centaines d'habitants.

En même temps le rayonnement religieux de la ville s'affirme grâce aux sanctuaires qu'elle abrite. Le comte Etienne manifesta ici de grandes ambitions. A sa mort Guingamp disposait de cinq sanctuaires. Dans cette ambitieuse politique religieuse, Etienne avait cependant présumé de ses forces. Les établissements monastiques qu'il avait créés connurent bien des difficultés au cours des premières années de leur existence comme on le verra plus loin.

Le comte Etienne dut mourir en 1138. Peu avant sa mort, il procéda au partage de ses possessions entre ses trois fils. L'aîné, Geoffroy Boterel, reçut le Penthièvre et ses dépendances ; le deuxième, Alain le Noir, qui avait épousé la princesse Berthe, fille de Conan III, reçut le comté de Richmond, quant au dernier, Henri, il se voyait promettre le Trégor et le territoire de l'archidiaconé du Goélo. Une telle répartition allait modifier profondément les structures territoriales de toute la région. Le fait marquant fut l'apparition de deux comtés qui n'avaient jamais existé à l'époque carolingienne. D'un côté, le ressort féodal de Guingamp s'identifia avec l'évêché de Tréguier, de l'autre Lamballe qui avait bénéficié, comme Guingamp, de plusieurs fondations comtales, devint le centre de Penthièvre. En même temps, les héritiers d'Henri allaient abandonner rapidement leur titre de comte de Bretagne pour ne plus être désignés que par le ressort territorial qui était en leur pouvoir. Ainsi, si Rivallon, fils de Geoffroy Boterel, s'intitule encore en 1152 comte de Bretagne dans une charte en faveur de Saint-Melaine de Rennes établie dans son château de Moncontour, la même année Guillaume, évêque de Tréguier, dans le préambule de sa charte de donation en faveur de Saint-Sauveur de Guingamp aux moines de Marmoutier, précise que le monastère a été établi sur les « biens des comtes de Guingamp ». De même, en 1166, quand Henri II Plantagenêt contraignit Conan à abandonner le pouvoir ducal, le chroniqueur Robert de Torigni indique qu'il lui laissa le comté de Guingamp. En Penthièvre, Geoffroy Boterel III (mort en 1206) se fit appeler dans ses actes comte de Lamballe.

LA VICOMTE DE LEON

A l'extrémité nord-ouest de la Bretagne, les vicomtes de Léon sont parvenus au XIe siècle à établir solidement leur pouvoir banal sur le territoire du diocèse de Saint-Pol-de-Léon mais aussi sur une partie du Trégor et de la Cornouaille. Faute de documents écrits, on ne peut qu'émettre quelques hypothèses sur l'origine de cette vicomté. Au Haut Moyen-Age, le Léon ne correspond pas à une circonscription administrative carolingienne. Contrairement à ce que l'on voit au sud de la Bretagne, le diocèse est ici partagé en deux *pagi* : le *pagus Achmensis* et le *pagus Daoudour*. Ces deux pagi dont la superficie correspondait à une grosse *vicaria* n'ont jamais eu de comtes au IXe siècle. Nous possédons bien un texte de la Chronique de Nantes qui mentionne un comte du Léon, document qui semble confirmé par un acte du Cartulaire de Landévennec qui parle d'un comte nommé Even, mais ces deux sources ne sont pas fiables. Tout au plus, peut-on admettre l'existence d'un vicomte qui aurait reçu la charge du plus important des *pagi*, le *pagus Daoudour* appelé aussi, comme l'a bien montré René Couffon, *pagus Léonensis*. Ce vicomte a pu construire, vers 950, à quelque distance de la ville épiscopale une résidence fortifiée ; il est probable qu'il s'agit de Lesneven. A partir de là, Even et ses successeurs ont élargi leur pouvoir de commandement à un territoire plus vaste. Le Léon, dès le XIᵉ siècle, désigne les deux *pagi* mentionnés plus haut.

Le premier vicomte dont nous sommes sûrs s'appelle Guiomarch. Il ne nous est connu que par deux souscriptions. La première se trouve dans une notice de 1021 relatant une restitution de droits à l'abbaye de Redon par Judicaël, évêque de Vannes. La deuxième est contenue dans une charte d'Alain III en faveur de Marmoutier et date des années 1034-1040. La puissance de ce premier vicomte menaçait déjà ses voisins puisque le comte de Cornouaille s'engagea à faire des donations importantes à l'Eglise de Quimper s'il l'emportait. Guiomarch fut vaincu et Alain Canhiart donna le hameau de Lezugar en Beuzec à l'autorité épiscopale. Guiomarch vivait encore en 1055 ; on le trouve à cette date comme témoin dans une notice relatant la donation d'une partie du douaire de la comtesse Judith à l'abbaye de Quimperlé. Il mourut sans doute peu après mais nous ignorons qui lui succéda. Il n'est plus question dans nos sources de vicomte du Léon avant le début du XIIᵉ siècle. Une charte du comte Hoël signale cependant la présence de « *primates* du Léon » dans l'entourage du comte.

LES VICOMTES DE LEON

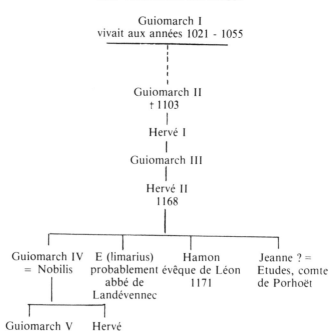

Guiomarch I
vivait aux années 1021 - 1055

Guiomarch II
† 1103

Hervé I

Guiomarch III

Hervé II
1168

Guiomarch IV   E (limarius)   Hamon   Jeanne ? =
= Nobilis   probablement évêque de Léon   Etudes, comte
                  abbé de   1171   de Porhoët
               Landévennec

Guiomarch V   Hervé

Au XIIe siècle, quelques chroniques et surtout quelques actes instrumentés par les vicomtes eux-mêmes permettent d'établir la généalogie exacte de la famille. Le vicomte Guiomarch, sans doute le petit-fils du premier Guiomarch, mourut assassiné en 1103. Cette brutale disparition montre les fortes résistances que rencontra la famille vicomtale, mais l'ascension de la famille se poursuivit. Le fils de Guiomarch II, Hervé, se montra généreux à l'égard de l'Eglise. Il est à l'origine du prieuré Saint-Martin de Morlaix. Son fils, Guiomarch III, fit une importante donation à Saint-Melaine de Rennes dans les années 1145-1147. Au milieu du XIIe siècle, les vicomtes de Léon atteignirent le sommet de leur puissance. Hervé, fils de Guiomarch III, prit le titre de comte ; deux de ses fils reçurent des charges ecclésiastiques prestigieuses : l'un fut abbé de Landévennec, l'autre évêque de Saint-Pol-de-Léon. Le prestige du nouveau comte était tel que le pape Adrien IV lui adressa une lettre pour lui demander de soutenir l'archevêque de Dol, Hugues le Roux. Mais le comte de Léon menaçait l'autorité du duc. Henri II Plantagenêt et son fils Geoffroy ne pouvaient accepter la création d'un nouveau comté. Quelques expéditions militaires eurent raison des ambitions excessives d'Hervé et de son fils Guiomarch IV.

Nous connaissons bien les possessions des comtes du Léon dans la première moitié du XIIe siècle. Elles dépassaient largement les frontières du Léon et s'étendaient en Cornouaille et dans le Trégor. Dans le Léon proprement dit, les vicomtes disposaient d'une autorité incontestée. Leurs quatre châtellenies de Lesneven, Saint-Renan, Daoulas et Landerneau leur permettaient de contrôler l'ensemble du territoire du diocèse. Seul le régaire de l'évêque échappait à leur autorité. Grâce à la châtellenie de Morlaix-Lanmeur les vicomtes dominaient également l'ouest du Trégor, c'est-à-dire la zone comprise entre le Douron et la rivière de Morlaix. Ce territoire a peut-être été acquis au cours de la lutte entre Conan III et son oncle Eudes. Enfin, en Cornouaille, plusieurs seigneuries situées sur le littoral appartenaient aux vicomtes. Ainsi, à l'ouest de Quimper, la partie centrale du pays Bigouden formait le Quémenet, plus au nord les fiefs de Porzai, Crozon et Daoulas bordaient la rade de Brest. Pour toutes ces terres cornouaillaises, le vicomte de Léon prêtait hommage au comte de Cornouaille. Seule, au milieu du Poher, la seigneurie de Bourgneuf échappa complètement au comte de Cornouaille et dépendit de la châtellenie de Lesneven.

Par l'étendue de ses domaines, le pouvoir banal du vicomte était très étendu. L'enquête est ici malaisée car les documents que nous possédons confondent souvent les *consuetudines* de nature économique liées à l'exercice de la seigneurie et les coutumes concernant l'exercice de la puissance publique. D'autre part le pouvoir de commandement ne pouvait être le même dans les seigneuries dépendant du comté de Cornouaille et dans les châtellenies du Léon. Il est cependant incontestable que dans les quatre châtellenies du Léon et dans celle de Morlaix le vicomte exerçait pleinement ses droits de justice ; de même ses prérogatives militaires rappellent les institutions carolingiennes. La mention d'un *publicum praelium* dans un acte de 1128 fait penser aux prestations dues par les hommes libres. Or il existe encore des alleutiers en Léon à cette époque. La mainmise du vicomte sur les forêts rattache le vicomte au groupe très restreint des héritiers d'un *honor* carolingien.

LE COMTE DE VANNES

Le comté de Vannes a joué un rôle essentiel dans la naissance du royaume breton au IXe siècle. C'est à partir du Vannetais qui lui fut concédé par Louis le Pieux en 832 que Nominoé entama une remarquable ascension politique qui devait lui permettre d'assurer sa domination sur toute la Bretagne, puis de conquérir les comtés de Rennes et de Nantes. A la fin du IXe siècle, c'est encore à partir du Vannetais qu'Alain le Grand parvint à rétablir la principauté bretonne et à chasser pour un temps les Normands. Le Vannetais joua également un rôle essentiel sur le plan religieux. L'abbaye Saint-Sauveur de Redon devait être un relais important dans l'expansion du monachisme bénédictin en Bretagne. Conseiller écouté des princes bretons, le premier abbé du monastère, Conuuoion, participa de très près à la réorganisation des structures ecclésiastiques de la Bretagne.

A partir de 907, date probable de la mort d'Alain le Grand, le comté de Vannes cessa de jouer un rôle actif dans la politique bretonne. Sans doute les invasions scandinaves ruinèrent-elles le littoral et le bassin de la Vilaine. Les abbayes vannetaises Redon, Saint-Gildas-de-Rhuys, Locminé furent abandonnées à partir des années 920-921 et la reconstruction fut, à la fin du Xe siècle et au début du XIe siècle, longue et difficile. La découverte à Groix, en 1906, d'une sépulture scandinave de la fin du Xe siècle a montré que le péril viking était toujours menaçant dans la seconde moitié du Xe siècle.

Un fils d'Alain le Grand, Rudalt, hérita à la mort de son père du comté de Vannes. Une notice du cartulaire de Redon du 30 novembre 912 le mentionne comme comte. D'après nos sources ce fut le dernier comte autonome du Vannetais. Il est probable qu'il quitta la Bretagne vers 915-920 comme la plus grande partie de l'aristocratie. Il ne semble pas être revenu. A partir de 937 c'est Alain Barbetorte qui possède le Vannetais, ce qui lui permet de contrôler toute la Bretagne méridionale depuis le Poher jusqu'à l'Herbauge. Cependant, à sa mort, ses fils ne parvinrent pas à préserver leurs droits. Le Vannetais fut certainement un enjeu important dans la lutte entre les comtes de Rennes et de Nantes. Nous ignorons le déroulement exact du conflit mais l'issue ne fait aucun doute. Conan le Tort s'empara de Vannes et s'assura de nombreux fidèles. En 990, un contingent vannetais dirigé par l'évêque Orscand participa, aux côtés de Conan, à la conquête du Nantais; le comte de Rennes lui confia la garde du château du Bouffay. Les relations entre le comte de Rennes et le Vannetais se renforcèrent au début du XIe siècle ; Geoffroy plaça à la tête de l'évêché de Vannes son propre frère Judicaël.

Le succès du comte de Rennes ne fut cependant pas total. Le comte de Cornouaille, Budic, s'assura le contrôle de la partie occidentale du Vannetais. Non seulement le cartulaire de Quimperlé nous montre le comte de Quimper possesseur de biens importants autour de Belz et de Quiberon, mais nous savons aussi que les premiers seigneurs d'Hennebont s'étaient mis dans la fidélité des comtes de Cornouaille. Fait tout à fait significatif : le comte de Rennes n'apparaît jamais dans les actes concernant l'ouest du comté de Vannes. Cette présence cornouaillaise n'a cependant pas modifié les limites du comté de Vannes. Entre Cornouaille et Vannetais les frontières politique et religieuse n'ont pas cessé de coïncider. Elles sont restées matérialisées par une rivière : l'Ellé. Par contre, au nord du Vannetais, la constitution d'une vaste circonscription féodale, la vicomté du Porhoët a entraîné un déplacement vers le sud d'une frontière fixée jusque-là à l'Oust.

Au XIIIe siècle les seigneuries de Porhoët et de Rohan n'appartiendront plus au comté de Vannes.

S'il n'y a plus au XIe siècle de comte de Vannes autonome, le Vannetais resta un lieu de résidence fréquent des ducs. Après l'avènement de la dynastie de Cornouaille, le domaine ducal accapara la plus grande partie de la zone littorale depuis la rive gauche du Blavet à l'ouest jusqu'à la presqu'île de Rhuys à l'est, soit une quarantaine de paroisses. L'intérêt stratégique de ce domaine est évident. Le contrôle du grand axe de communication entre Nantes et la Cornouaille assurait les relations entre les principales villes de la Bretagne méridionale, base de la puisssance de la dynastie ducale. La présence de forêts, aujourd'hui disparues, dans la presqu'île de Rhuys et dans la péninsule de Quiberon agrémentait les séjours prolongés de la cour. On voit ainsi Alain Fergent donner à l'Eglise de Quimper la peau des cerfs tués dans sa forêt de Quiberon. Elle permit de relier les livres abîmés de la bibliothèque de la cathédrale.

En Vannetais, la seigneurie de l'évêque était très restreinte. Elle comprenait une petite partie de la ville épiscopale et cinq paroisses voisines ; deux à l'ouest : Plescop et Mendon ; trois à l'est : Theix, Surzur et La Trinité-Surzur. C'était bien peu : l'évêque de Vannes possédait un des plus modestes régaires de Bretagne. Par contre, l'abbaye de Redon disposait d'une seigneurie relativement importante. Elle s'étendait sur les paroisses de Bain, Plaz, Renac et Langon. Saint-Sauveur avait ainsi réussi à conserver le territoire qui lui avait été donné par Louis le Pieux lors de la fondation de l'abbaye. Dans la presqu'île de Rhuys, l'abbaye de Saint-Gildas n'avait pas connu la même fortune. Ruinée par les invasions normandes elle n'avait pu reconstituer une solide puissance foncière. La présence du domaine ducal au voisinage même de l'abbaye avait constitué un obstacle incontournable.

La présence d'un vaste domaine ducal dans le Vannetais explique aussi le petit nombre de châtellenies. L'autorité du duc a été suffisamment présente ici pour interdire un morcellement trop prononcé du pouvoir de commandement. Une dizaine de châtellenies seulement se constituèrent au XIe siècle.

Au bord de la Vilaine, Rieux était déjà dans l'Antiquité, sous le nom de Duretie, un centre de communication essentiel dans le sud de l'Armorique. Là passait l'importante voie romaine entre Nantes et Vannes mentionnée sur la Table de Peutinger. Comme l'ont montré les fouilles de Léon Maître, l'agglomération antique s'étendait de part et d'autre de la Vilaine, c'est-à-dire sur Henrieux et La Rochelle-en-Frégréac et sur les champs du Bézy et de La Touche Saint-Joseph en Rieux. Y avait-il déjà un pont ? Les fouilles n'ont pas permis d'en retrouver les soubassements. Il est possible que le passage ait été assuré longtemps par un simple gué. Un pont, par contre, est attesté dans un acte de 1252. Au cours du Haut Moyen-Age, si ce n'est avant, la butte de Rieux fut fortifiée. Plusieurs actes du Cartulaire de Redon font du *castrum* de Rieux une des résidences d'Alain le Grand à la fin du IXe siècle. Là, en particulier, résidait le prince breton lors de la guérison miraculeuse de son fils Guérec en 888. Position stratégique essentielle aux bords de la Vilaine, il était logique que le château de Rieux restât dans les mains du duc. Malheureusement, nous ne savons rien du château de Rieux après la mort d'Alain le Grand et le premier seigneur du château qui apparaît en 1021 est un personnage peu connu, Rudalt.

Le château ne faisait donc plus partie au début du XIe siècle du domaine ducal. Faut-il voir dans ce châtelain un homme de guerre entreprenant qui se serait installé par la force sur la butte de Rieux ? Ce que nous savons des débuts de la plupart des grandes châtellenies bretonnes nous interdit une telle interprétation. A quelques exceptions près, en effet, le pouvoir de commandement provient d'une fonction carolingienne ou de la constitution d'un lien de fidélité. Ici encore l'onomastique est en mesure de répondre à notre enquête. Le nom du seigneur de Rieux de 1021, celui de son fils Alain rattachent le lignage de Rieux à l'ancienne famille comtale de Vannes et à son dernier représentant, Rudalt, fils d'Alain le Grand. La châtellenie est donc née d'un partage du domaine comtal et le pouvoir exercé est légitimé par la fonction comtale exercée par les ancêtres des seigneurs de Rieux. L'étude des actes ducaux du XIe siècle montre par ailleurs que les châtelains de Rieux fréquentaient la cour d'Alain III et de Conan II. Ils reconnaissaient donc bien l'autorité des comtes de Rennes et s'étaient engagés dans leur fidélité.

De dimension modeste, une douzaine de paroisses, la seigneurie de Rieux s'étendait de la Vilaine à l'Oust et même un peu au-delà. Riverains de deux cours d'eau importants, les châtelains assurèrent leurs fortunes grâce à leur pouvoir fiscal. A Rieux même l'autorité seigneuriale s'exerçait également sur la rive gauche de la Vilaine. Henrieux, qui commandait le passage du fleuve, était une possession du seigneur de Rieux, bien que situé dans le comté nantais.

Au centre du Vannetais, la châtellenie de Largouët s'étendait sur dix paroisses, ce qui la plaçait au premier rang des seigneuries du comté. Elle s'étendait avant tout sur les hauts plateaux aux sols pauvres de l'intérieur d'où son nom d'Ar Goët ou Ar Coët, « le pays des bois », l'ouverture vers la mer contrariée par l'existence du domaine ducal se réduisait aux paroisses de Carnac, Baden et Arradon ; encore n'est-il pas sûr que ces paroisses aient fait partie dès l'origine de la châtellenie. Le centre de la seigneurie se trouvait au sud d'Elven, à peu de distance de la voie romaine Vannes-Rieux. Comme l'indique près de là l'existence d'un village appelé Liscatel, il est probable qu'il ait existé dès le Haut Moyen-Age et peut-être dès le Bas-Empire une première fortification à quelques centaines de mètres à l'est du donjon actuel.

Le premier seigneur incontestable d'Elven, Dérien, apparaît en 1021 dans un acte du Cartulaire de Redon. La seigneurie d'Elven existait donc certainement vers l'an mil. Mais le nom du premier titulaire de la châtellenie permet de placer l'origine réelle du lignage au tout début du Xe siècle. Un autre acte du Cartulaire de Redon, daté lui de 910, nous montre en effet deux personnages importants, le comte Tanguy et son filleul Derien, fils d'Alain le Grand, donner à l'abbaye de Redon la terre de Lunen en Elven. Comme le texte précise que les deux hommes s'étaient partagé la paroisse, il semble bien qu'ici encore la châtellenie soit née d'un démembrement du comté de Vannes. La question essentielle est évidemment de savoir quand et dans quelles conditions se produisit ce démembrement. Peut-être de graves dissensions entre les descendants d'Alain le Grand provoquèrent-elles une dislocation du comté mais, faute de sources écrites sur le Xe siècle, nous sommes réduits à émettre des hypothèses. Contraints de réduire leurs ambitions au territoire d'une châtellenie, les seigneurs d'Elven, Dérien I, puis Dérien II, se conduisirent en vassaux fidèles mais discrets des comtes de Rennes. Dérien I n'est mentionné qu'une seule fois à la cour ducale lors de la reconnaissance officielle par l'évêque de Vannes, Judicaël, de la juridiction épiscopale de l'abbé de Redon. C'était en 1021. Les seigneurs d'Elven eurent également leur fondation religieuse. En 1127 ils fondèrent le prieuré Saint-Martin de Trédion.

A l'est d'Elven s'étendait la châtellenie de Rochefort. Comme dans l'Argoët cette seigneurie offrait du nord au sud des terres aux ressources complémentaires. Au nord sur les paroisses de Pluherlin et de Malansac se dressait l'escarpement des Landes de Lanvaux couvert de landes et de bois ; au sud sur les paroisses de Limerzel, Questembert, Caden... s'étendaient les plateaux du Vannetais où l'on associait cultures pauvres et élevage. Le centre de la châtellenie avait été établi au milieu des Landes de Lanvaux à Rochefort-en-Terre (au départ inclus dans la paroisse de Pluherlin). Peut-être le site fut-il occupé par les Romains, aucune utilisation du site n'a par contre été attestée au Haut Moyen-Age. La seigneurie est sans doute née, comme le suggère La Borderie, d'un démembrement de la châtellenie de l'Argoët en faveur d'un puiné. Le premier seigneur, Abbon de Rochefort n'apparaît qu'en 1118, il faut attendre ensuite 1173 pour voir apparaître un nouveau châtelain, Hamon de Rochefort. La succession des seigneurs de Rochefort peut ensuite être mieux suivie sans que nous connaissions de manière sûre le lien de parenté qui les unit. A la fin du XIIe siècle ou au début du XIIIe siècle, Jarnogon de Rochefort fit don au prieuré de la Grêle Notre-Dame de Montjoie (dépendant de Marmoutier) d'une métairie et d'une *villa*. Alain puis Thibaud de Rochefort lui succédèrent au cours de la première moitié du XIIIe siècle.

Au Moyen-Age la seigneurie de Rochefort resta de dimension modeste, elle ne contenait pas plus d'une dizaine de paroisses ; par contre elle devait connaître un remarquable développement à partir du XVIe siècle.

Le Vannetais possédait une dernière grande châtellenie : la seigneurie du vieil Hennebont appelée fréquemment dans nos textes, le Kemenet Heboé. Ce mot Kemenet désigne la seigneurie banale en breton et provient du verbe *kemenna* (commander, ordonner), lui-même issu du latin *commendare*. Kemenet a été utilisé pour désigner d'autres seigneuries de la zone bretonnante ainsi le Kemenet Guégan (seigneurie de Guémené), le Kemenet Ili dans le Léon ou encore le Kemenet près de Quimper. S'il faut croire la Chronique de Le Baud, le premier seigneur du Kemenet Heboé aurait été ce Geoffroy qui insulta le duc de Bretagne Geoffroy lors d'une assemblée de fidèles à Auray. Que ce Geoffroy ait existé ou non, il est certain que la seigneurie existait déjà au début du XIe siècle. Fidèles alliés des comtes

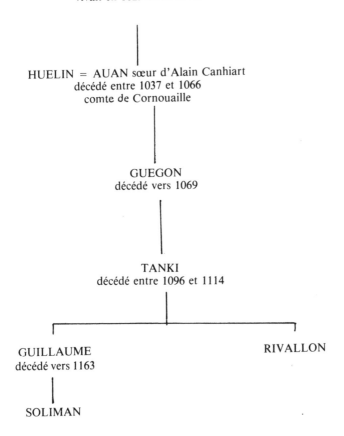

LES SEIGNEURS D'HENNEBONT
d'après le Cartulaire de Quimperlé

BERENGER
vivait en 1029 et en 1037.

HUELIN = AUAN sœur d'Alain Canhiart
décédé entre 1037 et 1066
comte de Cornouaille

GUEGON
décédé vers 1069

TANKI
décédé entre 1096 et 1114

GUILLAUME
décédé vers 1163

RIVALLON

SOLIMAN

de Cornouaille, les premiers seigneurs connus du Kemenet Heboé participèrent en effet à la fondation de l'abbaye Sainte-Croix de Quimperlé ; ils apparaissent donc souvent dans les actes de cette abbaye. Fait rare dans les lignages aristocratiques, une généalogie sûre peut être établie pour le XIe siècle. Bérenger est le premier à apparaître dans le Cartulaire ; il vécut dans le premier tiers du XIe siècle. Son fils Huelin épousa la sœur d'Alain Canhiart et mourut après 1037. Guegon lui succéda et dirigea la châtellenie au milieu du siècle. Il mourut vraisemblablement vers 1067. On trouve ensuite

Tanki, à la fin du XIe siècle, puis Guillaume dans le premier tiers du XIIe, et ensuite Soliman. On remarquera que ces premiers seigneurs ne portent jamais le nom paternel, sans doute faut-il voir là la prééminence du lignage maternel par rapport au lignage paternel.

Le territoire du Kemenet Heboé était limité à l'ouest par l'Ellé et à l'est par le Blavet. Au sud la seigneurie disposait d'une vingtaine de kilomètres de littoral depuis l'embouchure de la Laïta jusqu'au Blavet (l'île de Groix faisait également partie des domaines du seigneur d'Hennebont). Seule la partie septentrionale de la châtellenie n'était pas délimitée par une frontière naturelle. De ce côté le Kemenet Heboe était limitrophe de l'importante châtellenie de Rohan qui se constitua au début du XIIe siècle.

Le centre de la seigneurie se fixa très tôt au Vieil Hennebont sur la rive droite du Blavet. L'existence d'un escarpement au-dessus d'une voie de passage essentielle pour les relations entre la Cornouaille et le reste de la Bretagne offrait des conditions exceptionnelles pour l'établissement d'un château. On voyait encore au début de ce siècle dans le quartier de la gare la motte et les vestiges du château. Au XIIIe siècle, la châtellenie fut démembrée en trois seigneuries : La Roche-Moisan à l'ouest, la seigneurie de Pontcallec au nord et les fiefs de Léon au centre. Ces derniers avaient été nommés ainsi parce qu'ils avaient constitué la dot d'une fille de la maison d'Hennebont lors de son mariage avec Hervé II de Léon. A partir de là, l'avenir d'Hennebont devait se jouer sur la rive gauche dans le domaine ducal.

On ne peut achever la présentation des fiefs du Vannetais sans mentionner les petites seigneuries banales. Elles furent certainement peu nombreuses mais l'enquête est ici encore très difficile du fait de la rareté des sources. La mieux connue est la seigneurie de Muzillac qui s'étendait sur huit paroisses entre l'embouchure de la Vilaine et la rivière de Penerf... Nous connaissons un Bernard de Muzillac châtelain de Muzillac vers 1070, ce qui fait remonter la naissance de cette châtellenie au milieu du XIe siècle. Son fils Rioc termina sa vie au début du XIIe siècle comme moine de Redon. Guéthenoc, son fils gouvernait la seigneurie dans la première moitié du XIIe siècle. A la fin du XIIe siècle ou au début du XIIIe siècle le pouvoir ducal parvint à s'emparer de cette seigneurie charnière entre la Haute et la Basse-Bretagne. Ainsi fut renforcée la présence ducale sur le littoral de la Bretagne méridionale.

LE COMTE DE CORNOUAILLE

Le comté de Cornouaille a dominé l'histoire du duché à partir de la seconde moitié du XIe siècle. On a vu plus haut combien avait été rapide la fortune des comtes, un tel succès ne peut s'expliquer sans l'existence d'un lien familial avec la famille d'Alain Barbetorte. L'identité probable entre la Cornouaille et le Poher (que possédait le père d'Alain Barbetorte) rend tout à fait vraisemblable cette hypothèse.

L'ignorance dans laquelle nous sommes sur la Cornouaille est évidemment très embarrassante ; au XIe siècle, les frontières du comté ne correspondent plus aux limites du diocèse. Au sud, la frontière avec le Vannetais suit toujours l'Ellé et correspond bien à la frontière ecclésiastique ; au nord la limite avec le Léon suit également de près la frontière du diocèse, la seigneurie de Daoulas se trouvant en Cornouaille ; par contre à l'est, la naissance de l'importante seigneurie du Porhoët et la formation d'un vaste apanage au profit d'Eudes de Bretagne, ont fait perdre à la Cornouaille la partie orientale du doyenné de Poher. Il n'est malheureusement pas possible de préciser à quelle date s'est produite cette réduction territoriale. Nous savons seulement qu'elle est effective au début du XIIe siècle.

A l'intérieur de leur comté, les comtes de Cornouaille s'étaient constitué très tôt un domaine étendu. On remarque ici encore l'appropriation par le comte des zones stratégiques permettant le contrôle à la fois du littoral, des anciennes voies romaines et des vallées fluviales (Aulne ou Odet). Les châtellenies de Quimperlé, de Concarneau et Rosporden, de Quimper et de Châteaulin répondent bien à cette définition. En même temps, le comte a gardé pour lui la possession d'importants massifs forestiers : forêt de Carnoët, forêt de Fouesnant, ainsi que des espaces en grande partie en bois et landes comme la partie septentrionale du bassin de l'Odet dans la zone des Montagnes Noires. Le premier château de la famille fut vraisemblablement Châteaulin et c'est sans doute au bord de l'Aulne que se trouvaient les domaines patrimoniaux de la famille. Au début du XIe siècle les comtes sont installés à Quimper. Si la ville close appartient à l'évêque, le pouvoir comtal détient, au-delà des murs, la paroisse Saint-Matthieu.

La fortune comtale s'est faite aux dépens de l'Eglise. La détention par le comte Budic de l'évêché de Cornouaille a favorisé la mainmise comtale sur les biens ecclésiastiques. Malgré quelques restitutions, le régaire est resté de petite dimension ; la cité de Quimper et quatre paroisses aux environs : Kerfeunteun, Cuzon, Coray et Lanniron.

La Cornouaille possédait également une autre seigneurie ecclésiastique : la seigneurie de l'abbaye de Landévennec. Elle comprenait quelques paroisses à l'entrée de la presqu'île de Crozon : Landévennec, Argol et Trégarvan.

Le Poher formait la principale châtellenie de Cornouaille. La naissance de cette seigneurie reste mystérieuse. Apparemment il n'y a aucun lien entre le comte de Poher du IXᵉ siècle et la vicomté du même nom. Le premier vicomte du Poher, Tanguy, n'apparaît qu'au début du XIIᵉ siècle. Il est alors un personnage puissant puisqu'il contrôle la seigneurie de Carhaix et les seigneuries de Landélan, Châteauneuf-du-Faou et du Huelgoat, en tout cinquante-six paroisses réparties entre les doyennés du Poher et du Faou. Le titre vicomtal justifie une telle fortune territoriale, mais nous ne savons pas quand la famille de Tanguy reçut l'*honor* vicomtal des comtes de Cornouaille. Une partie au moins de la fortune foncière du vicomte est venue de la branche maternelle. En effet, dans une donation à l'abbaye de Redon, Tanguy parle des biens que sa mère possédait à proximité du château de Carhaix. Un lien de parenté avec les vicomtes de Gourin est probable ; il pourrait expliquer le nom de Tanguy, nom habituel chez les vicomtes de Gourin.

Le destin de la vicomté de Poher fut bref : dès le début du XIIIᵉ siècle les biens de la vicomté étaient intégrés dans le domaine ducal.

A l'ouest du Poher, la vicomté du Faou avec son château de La Motte, sa forêt du Cranou et ses onze paroisses apparaît dans nos actes dès le début du XIᵉ siècle. Une notice relatant la donation de la paroisse d'Edern à l'abbaye de Landévennec par le comte Budic mentionne parmi les signataires de l'acte un certain Ehuarn qui est le premier vicomte connu du Faou (l'acte a été rédigé entre 1008 et 1019). Le fils d'Ehuarn, Morvan, fut un vassal peu commode pour le comte de Cornouaille. Alain Canhiart dut, vers 1030, organiser une expédition militaire contre lui. Pour fêter sa victoire le comte donna ensuite à l'église-cathédrale de Quimper tous les droits qu'il possédait sur le hameau de Trégalet en Plounéour dans le *pagus* du cap Caval. Par la suite, les vicomtes qui portent le nom de Ehuarn ou de Morvan ne paraissent pas avoir contesté l'autorité comtale ou ducale. A la fin du XIIᵉ siècle Morvan, vicomte de Léon, figure au premier rang des seigneurs de Cornouaille lors de la proclamation de l'enquête sur les droits de la duchesse à Quimper.

Entre les Montagnes Noires et la haute vallée de l'Ellé, la vicomté de Gourin formait un territoire triangulaire comprenant une dizaine de paroisses. La pauvreté du sol, la faible densité de la population étaient compensées par l'importance stratégique des deux voies romaines qui traversaient la châtellenie. L'origine de la vicomté doit être placée très vraisemblablement dans la première moitié du XIᵉ siècle mais le premier vicomte sûrement attesté, Tanki, n'apparaît qu'à la fin du XIᵉ siècle. Il est mentionné à plusieurs reprises dans l'entourage d'Alain Fergent. Grâce au cartulaire de Sainte-Croix de Quimperlé, la généalogie des vicomtes peut ensuite être suivie jusqu'au début du XIIIᵉ siècle : Bernard gouverna ainsi la châtellenie pendant la première moitié du XIIe siècle ; Tanki, son fils, est attesté dans le troisième quart du XIIe siècle ; son frère Rivallon lui succéda dans les dernières années de ce même siècle.

A côté de ces vastes baronnies, la Cornouaille possédait des seigneuries plus modestes couvrant seulement quelques paroisses. Ainsi, à l'ouest de Quimper, l'actuel pays Bigouden contenait deux seigneuries de moyenne importance. Au sud, la châtellenie de Pont-l'Abbé disposait, au début du XIIIe siècle, de trois châteaux : Pont-l'Abbé en Lambour, trêve de Combrit ; Coëtmen en Ploneour-Cap-Caval, Kérobéran en Trémauc. Plus au nord, le Quemenet partait des abords de Quimper et, après un tracé sinueux, rejoignait la baie d'Audierne. Le siège de cette châtellenie se trouvait à Penhars à la sortie de Quimper.

Au-dessus d'Audierne, longeant la baie de Douarnenez, la châtellenie de Pontcroix comprenait huit paroisses et trèves mais elle ne recouvrait pas la totalité du cap Sizun. Trois petites seigneuries avaient pu se constituer à ses dépens : la seigneurie de Juch, qui comprenait Ploaré et Douarnenez, celle de Pouldavi en Pouldergat et enfin celle de Tiwarlen en Landudec.

Le nombre important de châtellenies sur la zone littorale ne peut s'expliquer que par une forte densité de la population et par une activité maritime en développement. On retrouve le même phénomène dans la presqu'île de Crozon où se développaient les seigneuries du Porzay, de Crozon et de Landévennec.

On ne peut terminer ce survol de la féodalité en Cornouaille sans poser le problème de l'origine des fiefs possédés par les vicomtes de Léon. Si quatre d'entre eux, Daoulas, Crozon, Porzay et le Quémenet relevaient du comté de Cornouaille, la seigneurie de Bourgneuf ou Ploaré dépendait directement de la châtellenie vicomtale de Lesneven en Léon. Ces fiefs ont-ils appartenu dès le début du XIe siècle au vicomte de Léon ou ont-ils été acquis à la suite d'unions matrimoniales entre les deux maisons ? L'absence de sources rend ici toute conclusion impossible.

BIBLIOGRAPHIE

L'étude générale d'A. de La Borderie, **Essai sur la géographie féodale de la Bretagne avec la carte des fiefs et des seigneuries de cette province**, Rennes, 1889, déjà citée, trop systématique, a également beaucoup vieilli ; on peut en retrouver les grandes lignes dans le tome III de l'**Histoire de Bretagne** du même auteur, pp. 56-92. Le présent chapitre repose, en plus des sources d'archives, sur les ouvrages suivants classés par comtés.

Comté nantais

En dehors du travail du chanoine Guillotin de Corson précédemment cité on trouvera un court tableau de la féodalité nantaise,dans un article de G. Durville : « Les anciens fiefs de Nantes du Xe siècle à la Révolution ». **B.S.A.N.L.I.** 39 1898, pp. 106-136.

De nombreuses monographies ont été consacrées aux différentes châtellenies du comté nantais. La plupart sont anciennes et difficilement utilisables aujourd'hui. On notera pour mémoire : E. Maillard : **Histoire d'Ancenis et de ses barons**, Nantes, 1881 ; A. Marchand : **Histoire de Ponchâteau**, Abbeville, 1905.

Par contre quelques travaux de la fin du siècle dernier ou du début de ce siècle apportent des renseignements intéressants :

P. de Berthou : **Clisson et ses monuments**, Nantes, 1900.

R. Blanchard : **Cartulaire des sires de Rais**. « Archives historiques du Poitou » T. 28, 1898.

A. Bourdeaut : **La Mée. Etude sur la géographie féodale et ecclésiastique nantaise**, Fontenay le Comte, 1933.

A. Bourdeaut : **Les origines féodales de Champtoceaux**, Nantes, 1914.

L. Maitre : **L'ancienne baronnie de la Roche-Bernard**, Nantes, 1889.

L. Maitre : « Les débuts de la féodalité dans la paroisse de Saint-Viaud » **B.S.A.N.L.I.**, T. 54, 1913, pp 201 et sq.

Quelques articles récents apportent d'importantes précisions sur l'origine de plusieurs châtellenies :

J.P. Brunterc'h : « Puissance temporelle et pouvoir diocésain des évêques de Nantes entre 936 et 1049 », **M.S.H.A.B.**, t. LXI, 1984, pp. 29-82.

H. Guillotel : « Les origines du bourg de Donges. Une étape de la redistribution des pouvoirs ecclésiastiques et laïques » **A.B.** t. 84, 1977, pp 548-560.

Comtés de Rennes et d'Alet

En dehors des ouvrages du chanoine Guillotin de Corson et de P. Banéat : **Le département d'Ille et Vilaine. Histoire, archéologie, monuments**, 4 vol. Rennes 1927-1929 nous disposons de plusieurs monographies locales souvent anciennes :

F. Duine : **Histoire civile et politique de Dol jusqu'en 1789**, Rennes, 1911. « Le château de Dol » **Annales de la société archéologique de Saint-Malo**, 1903, p. 92.

A. Garnier : **Notice historique sur Châteaugiron**,Rennes,1902.

P. Grueau : **Le château de Châteauneuf**, Mémoire de maîtrise, Rennes, 1980.

A. de La Borderie :« Le régaire de Dol et la baronnie de Combourg », **MSAIV** T. II, 1862, pp 150-219.

Le Bouteiller (vicomte) : **Notes sur l'histoire de la ville et du pays de Fougères**, 3 vol. Fougères 1912-1913.

L. Oresve : **Histoire de Montfort,**1858.

O. de Rougé : **Histoire de la maison généalogique de Rougé,** Vendôme, 1908.

H. du Halgouët : **La vicomté de Rohan et ses seigneurs,** Paris, 1921.

H. du Halgouët : **Essai sur le Porhoët, le comté, sa capitale, ses seigneurs,** Paris, 1906.

A. de La Borderie:«La seigneurie de Montauban et ses premiers seigneurs», **B.S.A.I.V.** t. XXIV, 1884.

M.E. Monnier : **Dinan, mille ans d'histoire,** Dinan, 1968.

Comtés de Guingamp et de Penthièvre

Il convient tout d'abord de mentionner deux ouvrages de référence.

J. Geslin de Bourgogne et A. de Barthélémy : **Anciens évéchés de Bretagne,** Paris-Saint-Brieuc, 1855-1864, 4 vol.

H. Frottier de la Messelière : « Géographie historique du département des Côtes-du-Nord », **B.S.E.C.D.N.,** 1937, pl-29.

On livra avec profit l'important article d'H. Guillotel sur le comté de Guingamp : « Les origines de Guingamp », **M.S.H.A.B.,** T. LVI, 1979, pp. 80-100.

Par ailleurs un certain nombre de monographies ont été consacrées aux différentes villes et seigneuries des actuelles Côtes-du-Nord :

R. Couffon : « Contribution à l'étude du comté de Tréguier », **B.S.E.C.D.N.,** T.C., 1971, pp. 39-45.

C. Dutemple : **Histoire de Lamballe,** 2 vol. Saint-Brieuc, 1918.

P. de La Haye : **Histoire de Tréguier, ville épiscopale.** Rennes, 1977.

Y. Briand et P. de La Haye : **Histoire de Lannion,** Lannion, 1974.

S. Ropartz : **Guingamp. Etudes pour servir à l'histoire du Tiers-Etat en Bretagne,** Saint-Brieuc-Paris, 1859, 2 vol.

Vicomté du Léon

L'article d'H. Guillotel sur les vicomtes du Léon est certainement le meilleur travail sur les deux premiers siècles de la vicomté :

H. Guillotel : « Les vicomtes de Léon aux XIe et XIIe siècles » **M.S.H.A.B.,** 1971, T. LI, pp 29-51.

On peut consulter aussi :

A. de La Borderie : « La vicomté ou principauté de Léon », **Revue de Bretagne, de Vendée et d'Anjou,** 1889, T. II, pp. 95-105.

A. Oheix : « Les évêques de Léon aux Xe et XIe siècles », **Bulletin archéologique de l'Association bretonne,** T. XXX, 1911, pp 243-251.

Comté de Vannes

Sur le Vannetais on trouvera de nombreux renseignements dans les travaux du chanoine J. Le Méné :

— **Histoire archéologique et féodale et religieuse des paroisses du diocèse de Vannes,** Vannes, 1891-1894, 2 vol.

— « Généalogie des barons de Lanvaux » **B.S.P.M.** 1878.

— « Généalogie des sires de Rochefort » **B.S.P.M.** 1879.

— « Généalogie des sires de Rieux » **B.S.P.M.** 1879.

Un certain nombre de monographies locales existent, elles sont anciennes et mériteraient d'être reprises :

A. de La Borderie : « Les seigneuries de Largouet et de Rochefort » **B.S.P.M.** 1854-1858, pp 98-117.

«Le Quemenet Heboi,les seigneuries de la Roche Moisan, les fiefs de Léon et de Pontcallec». **Revue de Bretagne et de Vendée** 1861,II,pp.372-387.

A. de Laigue : **Rieux.** Réédition 1977, Redon.

Abbé Guilloux : « Histoire de la baronnie de Lanvaux ». **Revue historique de l'ouest** 1891, T. XII, pp 535-599.

J.M. Le Moing : **Hennebont, ses origines, son histoire religieuse,** 1928.

J. Trévedy : **Histoire de Redon,** Redon,1893.

A paraître en 1988 :

N.Y. Tonnerre : « Le Vannetais aux XIe et XIIe siècles », dans **le Morbihan,** ouvrage collectif édité par les éditions Bordessoulas.

Comté de Cornouaille

J.F. Caraes : « Les origines féodales de la ville de Carhaix. Topographie de la cité médiévale » **B.S.A.F.,** 1984, t. CXIII, pp. 117-136.

Y. Gestin : **Histoire de Châteaulin,** Quimper, 1946.

R. Latouche : **Mélanges d'histoire de Cornouaille V[e]-XIe siècles.** « Bibliothèque de l'Ecole des Hautes Etudes », Paris, 1911.

« L'abbaye de Landévennec et la Cornouaille ». **Le Moyen-Age,** t. LXV, 1959, n° 1 et 2 réédité dans **Etudes Médiévales,** Grenoble, 1966.

H. Waquet : « Quimper, études archéologiques et historiques », **B.S.A.F.,** 1920, TXLVII, pp 26-103.

CHAPITRE III

LE CHÂTEAU ET LA SEIGNEURIE

Dans la société trifonctionnelle définie dès le début du XIᵉ siècle, l'aristocratie laïque a pour tâche la guerre afin de garantir la sécurité de la communauté tandis que le clergé, par ses prières, lui obtient la vie éternelle pendant que, dans ce monde, les rustres nourrissent les uns et les autres en travaillant la terre. Au milieu des champs, à côté de l'église, le château traduit dans le paysage la structure aristocratique. Non pas que tous les seigneurs aient possédé un château : nous le savons, ce n'était que le privilège que de quelques-uns. Mais tous relevaient d'un château où résidait leur seigneur. Tous aussi sont à la tête d'une seigneurie plus ou moins étendue qui leur permet de remplir leurs fonctions et de tenir leur rang grâce aux redevances, aux services et aux fournitures que leur doivent les paysans qui y résident. Il n'y a pas de seigneurs sans terres ; il n'y a pas non plus de seigneurs sans hommes qui travaillent pour eux : la féodalité est inséparable de l'économie rurale.

Alors que l'aristocratie est organisée dans le cadre de la féodalité, le monde paysan l'est dans celui de la seigneurie. Point de ralliement de la noblesse, symbole de protection, en tout cas d'autorité sinon d'oppression pour les rustres, le château apparaît ainsi comme le pivot de la société médiévale laïque.

A — ENCEINTES, MOTTES ET CHATEAUX

Le château a donc avant tout une fonction militaire. Et si la vie aristocratique est d'abord une vie de plein air, le château est bien le centre de gravité de l'existence chevaleresque. Ici le seigneur réunit ses vassaux, ici se déroulent les cérémonies qui rythment la vie de l'homme de guerre : l'adoubement, les tournois, les longues veillées où reviennent sans cesse les récits des combats passés. Le château est aussi l'ultime rempart quand la campagne tourne mal et l'on sait que

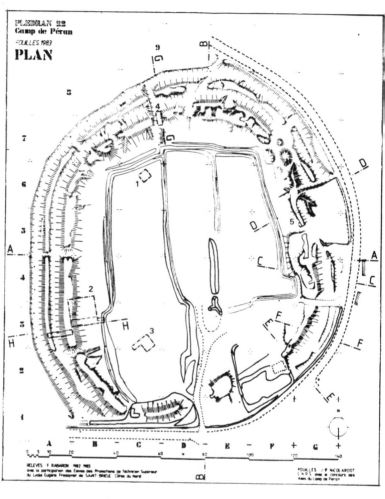

Le camp de Péran (Côtes-du-Nord)
(plan établi par J.P. Nicolardot)

de nombreuses expéditions militaires se réduisent à une liste de donjons pris d'assaut.

Le château est aussi, dans un monde où l'émiettement du pouvoir est important, le centre de l'autorité. Derrière ses murs s'exerce le ban du seigneur, c'est-à-dire son pouvoir de commandement et de justice. Le donjon exprime parfaitement la contrainte qu'exerce le seigneur sur le plat pays. Même si, on l'a vu, la violence et la puissance militaire ne peuvent expliquer à elles seules la création des seigneuries châtelaines, elles assurent tout au moins le maintien d'un encadrement strict des populations rurales. Bien après que le pouvoir royal eut définitivement brisé leur pouvoir de commandement, de nombreux seigneurs rendaient encore justice sur la vieille motte de leur château.

Comme nous allons le voir, les systèmes défensifs ont profondément évolué en trois siècles depuis les enceintes du Haut Moyen-Age jusqu'aux puissants châteaux du XIIIe siècle en passant par les très nombreuses mottes surmontées d'un donjon. Il conviendra de dégager les principales étapes de l'évolution de la construction. En même temps, il sera nécessaire de dresser un tableau des différents types de fortification.

L'enquête n'est pas facile. L'archéologie du château n'est pas très avancée en Bretagne. Les vestiges de construction sont rares pour les XIe et XIIe siècles. De nombreux retranchements de l'âge du Fer ont été réutilisés au Haut Moyen-Age. Les mottes surtout nécessitent des sondages archéologiques sérieux, faute de quoi de graves erreurs d'interprétation sont inévitables. Combien de mottes de moulin à vent, voire de tumulus, ont été pris pour des mottes castrales ! Heureusement des travaux ponctuels, utilisant des méthodes scientifiques très sûres, ont donné les points de repère indispensables. Ainsi, il y a maintenant une vingtaine d'années, G. Bellancour a le premier établi une chronologie sûre pour les mottes de la baie de Bourgneuf aux limites de la Bretagne et du Poitou. Plus récemment J. Urien et R. Sanquer pour le Finistère, L. Langouet et le Centre archéologique d'Alet pour le bassin de la Rance ont fourni des datations comparables permettant aujourd'hui un bilan pour l'ensemble de la Bretagne.

Les enceintes des IXe et Xe siècles

Au cours du Haut Moyen-Age, les luttes entre Bretons et Francs mais aussi les nombreux conflits au sein de la société bretonne entraînèrent la multiplication des sites défensifs. Comme nous le précisent ces quelques lignes des Annales Royales relative à l'expédition franque de 786, deux types de fortifications furent utilisées : « Le sénéchal Audulf vainquit de nombreux Bretons et s'empara de leurs nombreux châteaux et retranchements situés dans les zones marécageuses ». Dans les châteaux nous reconnaissons les résidences princières appelées « lis » dans le Cartulaire de Redon ; la plupart de ces habitations ne semblent pas avoir présenté un obstacle militaire sérieux ; tout au plus leur situation dans des espaces forestiers, l'existence de fossés pouvaient les rendre difficilement accessibles ; par contre les résidences des chefs militaires les plus prestigieux furent certainement l'objet de travaux de défense importants. Ermold le Noir nous a

Le château de Dinan d'après la Tapisserie de Bayeux
(cliché Tapisserie de Bayeux)

laissé une description redoutable du palais de Morman : « Au milieu des forêts, entourée d'un fleuve, retranchée derriére les haies, les fossés et les marécages, la demeure royale brille par l'éclat des armes et contient une garde de soldats nombreux. C'est l'endroit où Morman se tient le plus volontiers, y trouvant sécurité et agrément ». Une fouille du site apporterait des renseignements extrêmement précieux sur le système de défense des anciens Bretons ; malheureusement sa localisation reste problématique : s'agit-il du Minez Moran en Langonnet à proximité de l'Ellé comme l'a soutenu A. de La Borderie ou de la paroisse de Priziac comme l'a récemment proposé A. Le Roux ? L'incertitude subsiste.

Les retranchements qui offrent le plus souvent la forme d'enceintes ovales ou circulaires sont mieux connus. Ils ne sont pas d'ailleurs une création de l'époque carolingienne. Des éperons barrés de l'âge de Bronze comme celui de La Parentelaye en Gouesno (Côtes-du-Nord) ont été utilisés jusqu'à la période médiévale comme l'a montré P. R. Giot ; il en est de même de plusieurs sites de l'âge du Fer, voire, mais c'est plus rare, de camps romains, ainsi Castel Kerandroat en Plésidy (Côtes-du-Nord). Il est sûr cependant que la fin de l'époque carolingienne, du fait des invasions scandinaves, a vu se multiplier les travaux défensifs. Nos sources écrites, très parcimonieuses, ont été confortées ici par les récentes datations radiocarbone de camps placés jusqu'ici dans l'âge du Fer. Le camp de Botalec, près de Landévant, présente un système classique d'enceinte circulaire composée d'un retranchement précédé d'un fossé et d'une contrescarpe ; un retranchement circulaire de 55 à 60 mètres de diamètre est également encore visible à Kermestre en Baud (Morbihan). Mais l'attention des archéologues s'est surtout portée sur deux sites du nord de la Bretagne : le camp de Péran et les retranchements de Trans.

Le camp de Péran est situé dans la commune de Plédran, à quelques kilomètres de Saint-Brieuc. Il dessine un cercle légèrement aplati vers l'est et vers l'ouest, ce qui donne deux diamètres inégaux : l'un est-ouest de 140 mètres, l'autre nord-sud de 160-170 mètres. L'ensemble est protégé par un rempart de trois mètres de haut précédé d'un fossé d'une largeur moyenne de quatre mètres ; des sondages effectués sur plusieurs parties de l'enceinte ont permis de mettre en évidence deux étapes dans la construction : l'étage inférieur de l'enceinte contient en effet des blocs de pierre beaucoup plus importants que l'étage supérieur. Ce dernier a été en outre renforcé par de grosses pièces de bois ce qui a entraîné, à la suite d'incendies, un début de vitrification des pierres. Un glacis d'argile protégeait les murs, il a permis la conservation d'une grande partie du parement extérieur. La principale originalité du camp résulte dans l'interrup-

Le château de Dol d'après la Tapisserie de Bayeux
(cliché Tapisserie de Bayeux)

tion de la fortification tous les trente ou quarante mètres. Cette structure et la présence d'une monnaie de l'atelier monétaire d'York du début du Xe ont étayé l'hypothèse d'un camp aménagé ou réaménagé par les Vikings dans le premier tiers du Xe siècle.

A quelques kilomètres au sud de Dol, le camp de Trans présente également d'épais retranchements constitués de pierres et de terre, mais ici il n'y a pas une mais deux enceintes. La première fortification appelée camp du Vieux M'na (ou Vieux-Manoir), présente une forme trapézoïdale d'approximativement 90 mètres sur 90. Protégée par des fossés larges et profonds bordés à l'intérieur comme à l'extérieur par des talus de terre, l'enceinte est divisée en deux parties par un talus empierré d'un gros appareil de granit. A environ 500 mètres du Vieux M'na, le camp des Haies épouse lui une forme circulaire. Contrairement au camp précédent, il se trouve sur une colline et paraît avoir été sommairement construit. Une fouille méthodique réalisée par L. Langouët et le Centre archéologique d'Alet a permis de prouver la contemporanéité des deux retranchements et de les dater de la fin de l'époque carolingienne. Cette datation permet de situer à cet endroit la bataille qui opposa, en 939, Alain Barbetorte aux Normands. Il est vraisemblable que le camp du Vieux M'na était la place tenue par les Normands. Pour prendre le camp de ces derniers, le chef breton aurait fait construire une seconde enceinte à une distance suffisante pour être à l'abri d'attaques surprise et en surplomb pour mieux surveiller l'adversaire. Cette disposition se retrouve fréquemment en Angleterre.

Si les enceintes sont maintenant bien connues dans la Bretagne des IXe et Xe siècles nous ne savons pas si ce type de défense a continué à être construit de manière courante au XIe siècle. Il est probable que les mottes castrales ont remplacé très vite les retranchements circulaires mais, comme l'ont montré les recherches de J. Decaens et de J. Le Maho en Normandie, il a pu y avoir, au moins dans la première moitié du XIe siècle, concurrence entre les deux systèmes de défense. Les recherches archéologiques actuelles ne permettent pas d'établir une perspective d'ensemble. Nous connaissons seulement l'existence de quelques enceintes. Ainsi à Nantes, Conan le Tort construisit autour de la ville basse un mur dont nous ignorons le tracé exact. De même, à Rennes, Geoffroy Grenonat essaya, en vain, de résister à Alain Fergent en engageant des travaux de défense qui correspondaient sans doute à des retranchements. En fait, les enceintes ont dû être construites sur des escarpements naturels ou des sites de confluence. Le cas le plus intéressant est sans aucun doute celui de la forteresse de Castel Cran en Plélauff (Côtes-du-Nord). Le site est exceptionnel : un promontoire rocheux de 130 mètres de hauteur à la confluence du Blavet et d'une modeste rivière, le Cavern. Le système

La motte d'Ardennes en Sainte-Pazanne au bord du Tenu (Loire-Atlantique)
(cliché J.F. Caraes)

défensif formait un pentagone d'une superficie de 15 ares protégé de quatre côtés par un mur de deux mètres de haut dominant des pentes abruptes et au niveau du cinquième côté par un large fossé de 12 mètres de large et 4 mètres de profondeur. La découverte d'une pièce de monnaie mancelle du IXᵉ siècle et une mention dans le Cartulaire de Redon avaient amené A. de La Borderie à dater la forteresse du IXᵉ siècle. La présence de fortifications en pierre appareillée ne permet pas une chronologie aussi ancienne. Si le site a pu être utilisé dès l'époque carolingienne, il est indiscutable que les murs ne peuvent pas être antérieurs au XIᵉ siècle ; ce qui n'exclut pas des modifications ultérieures puisqu'un donjon fut ensuite construit à l'angle sud-est.

Les mottes castrales

Au cours des XIᵉ et XIIᵉ siècles, les ouvrages défensifs se multiplièrent en Bretagne comme dans tout l'Occident. La forme la plus courante fut une construction relativement élémentaire : le château sur motte. Sa structure est bien connue grâce aux très nombreux vestiges qui sont encore aujourd'hui visibles dans le paysage.

L'élément fondamental était une éminence de terre appelée

185

motte. Cette motte avait souvent la forme d'un cône régulier entouré à sa base par un fossé circulaire mais cette structure ne fut pas exclusive. Nous connaissons des mottes de plan ovale comme celle d'Ardennes en Sainte-Pazanne,la motte la mieux conservée du pays de Retz ; il y eut aussi quelques mottes de plan quadrilatéral de création tardive. Le plus souvent les mottes furent artificielles. Elles résultèrent de l'amoncellement de terre meuble sur un terrain plat. Quelques mottes cependant furent aménagées sur un éperon rocheux. Pour rendre le site inexpugnable, il a suffi de creuser un fossé sur le côté qui communiquait avec l'extérieur. Vitré et Fougères offrent ici deux beaux exemples de construction fortifiée sur un escarpement rocheux. Plusieurs mottes furent construites sur les ruines d'un ancien bâtiment. Le procédé de construction, bien connu depuis les fouilles de Doué-la-Fontaine, en Anjou, se retrouve dans plusieurs mottes bretonnes. Ainsi, en 1963, à Leslouch en Plouedern (Finistère), sous les couches de sable et d'argile de la motte a été mise au jour une grande salle de 16 mètres sur 6 dont les murs mesuraient entre 75 et 90 cm d'épaisseur. Sur le sol de terre battue, on a retrouvé un foyer fait de trois pierres posées verticalement. Un cas semblable se retrouve dans les mottes de Coat ar Houarn en Baud et Kernec en Languidic (Morbihan) où les fouilles entreprises à la fin du XIXe siècle ont mis en évidence des murs sans mortier délimitant une salle rectangulaire. Comme l'a souligné P.R. Giot, il est possible également qu'un certain nombre de sites de l'âge du Fer aient été réutilisés au XIe siècle.

La butte ainsi formée servait de base à une tour en bois de plan rectangulaire d'un ou deux étages. Pour accéder au sommet de la motte deux dispositifs pouvaient être employés. Tous deux sont représentés sur la Tapisserie de Bayeux, notre plus précieux document iconographique. Tantôt une rampe en bois posée sur le flanc du tertre gravissait la pente en ligne droite, tantôt une passerelle partait de l'extérieur du fossé et donnait accès directement au sommet de la motte ; elle s'appuyait sur de gros poteaux dont la fouille fait parfois apparaître les trous.

Le donjon avait un triple usage. Il abritait tout d'abord le logis du seigneur et de son entourage, il pouvait servir également de poste de surveillance grâce à sa position dominante, enfin il constituait un réduit défensif grâce à son isolement et à sa puissance militaire. Le donjon ne constituait pas le seul élément défensif. Très souvent une vaste enceinte protégeait la motte et enfermait une baile ou basse-cour. Elle était le plus souvent précédée d'un fossé. Cette première ligne de défense a pu assurer la croissance d'une agglomération auprès du château. C'est le cas de Fougères où l'enceinte primitive couvrait 1 ha 70. Malheureusement la plupart de ces enceintes ont été détruites. Seuls les plus anciens cadastres nous montrent, au milieu du parcellaire, les traces du fossé et du mur qui protégeaient le château primitif. Tel est en particulier le cas de Malnoué en Cheix : sur le plus ancien cadastre, dans une boucle de l'Acheneau, on voit très nettement le plan des structures militaires du XIe siècle.

La répartition géographique des mottes

Le dénombrement des mottes castrales est une entreprise difficile. L'enquête bute sur toute une série d'obstacles. Les destructions ont été nombreuses, plus particulilèrement au cours des cinquante dernières années ; l'utilisation de répertoires établis par des archéologues du siècle dernier ne compense que très partiellement ces disparitions. L'absence de fouilles et surtout l'imprécision chronologique rendent en effet fragiles les conclusions que l'on peut tirer de tels travaux. La toponymie est utile mais doit être maniée avec prudence. Le mot motte (la traduction bretonne « vouden » est peu utilisée) ne désigne pas uniquement des sites défensifs et surtout il n'est pas exclusif. D'autres termes sont utilisés mais, malheureusement, ceux-ci désignent plusieurs types de fortification. Ainsi *castellum* employé sous la forme « vieux châtel » (en breton « coz castel ») désigne des vestiges gallo-romains autant que des constructions défensives médiévales. Il en est de même pour Ferté. Si à Plouigneau (Finistère) une motte est appelée Coat ar Ferté, ailleurs Ferté correspond à une ruine romaine. La même incertitude pèse sur le toponyme La Haie (en breton « Haias ») qui, d'après G. Bernier, aurait désigné des fortifications carolingiennes mais qui peut avoir le sens tout à fait différent de frontière végétale. En fait, seule une prospection archéologique permet d'établir une nomenclature précise des mottes castrales.

Cette enquête a été faite pour le Finistère. Un recensement effectué par R. Le Han et R. Sanquer a abouti à une évaluation comprise entre 120 et 130 mottes. Il semble que le chiffre soit un peu plus élevé en Ille-et-Vilaine : autour de 140 mottes. Une étude faite par P. Lanos dans le cadre des recherches du Centre régional archéologique d'Alet aboutit au recensement de 28 mottes certaines pour l'arrondissement de Saint-Malo, auxquelles s'ajoutent 16 autres probables car seulement mentionnées dans la toponymie. Une recherche parallèle effectuée dans l'arrondissement voisin de Dinan (Côtes-du-Nord) donne des résultats tout à fait semblables : 28 mottes sûres et dix indiquées seulement par la toponymie. La Bretagne méridionale apparaît au contraire plus pauvre, au vu de nos connaissances actuelles : entre 80 et 90 mottes pour le Morbihan, une soixantaine pour la Loire-Atlantique. Si ces chiffres étaient confirmés ils pourraient s'expliquer par la force de l'autorité ducale dans le sud de la Bretagne, là où se trouve la plus grande partie du domaine du duc.

Les mottes du Finistère d'après R. Le Han.

Le principal intérêt du recensement des mottes castrales ne réside cependant pas dans les chiffres, il vient surtout du fait qu'il permet de tenter une cartographie qui est, quant à elle, extrêmement parlante. Trois conclusions peuvent être tirées.

Tout d'abord les mottes castrales sont rarement placées sur des zones élevées. Sur les trente mottes encore repérables dans l'arrondissement de Saint-Malo, deux seulement à Meillac et à Pleugueneuc ont été édifiées sur une hauteur. La plupart des mottes castrales ont, au contraire, été édifiées dans des zones basses : étangs, bords de rivières, littoral maritime.

Il existe un lien évident entre la carte du peuplement et les constructions de mottes. Dans le Finistère deux zones de forte concentration peuvent être mises en évidence : le nord du département depuis Plouguerneau jusqu'à Ploumoguer avec une très forte concentration entre Lesneven et Landerneau ; le sud-est de Scaër à Concarneau et Quimper. Il s'agit là de territoires dont l'occupation humaine est attestée dès l'Antiquité. S'il reste vrai que d'autres zones densément peuplées n'ont pas laissé de nombreuses mottes ainsi les presqu'îles à l'ouest de la Cornouaille :Cap-Caval ;Cap-Sizun et presqu'île de Crozon il apparaît, *a contrario* que les taches blanches sur la carte correspondent aux espaces faiblement peuplés ainsi l'intérieur de la Cornouaille au sud des Montagnes Noires, autour de Bannalec et de Corlay. Dans le comté nantais, l'enquête archéologique aboutit aux mêmes résultats. Les mottes sont absentes dans le vaste triangle déli-

Les mottes de l'arrondissement de Saint-Malo d'après L. Langouët.

mité à l'est par l'Erdre et à l'ouest par le versant septentrional du sillon de Bretagne. La mise en valeur de ce vaste territoire s'est faite récemment. Par contre, le pays de Rais dont la mise en valeur est ancienne possède de nombreux tertres artificiels. A quelques exceptions près, il semble donc que les mottes n'aient pas joué un rôle déterminant dans la conquête des nouveaux terroirs. La Bretagne s'oppose ici à d'autres régions où les mottes ont servi de points d'appui à la progression des défrichements. André Debord a ainsi montré qu'en Saintonge méridionale les mottes ceinturaient les massifs forestiers subsistants. Rien de tel en Bretagne ne peut être mis en évidence.

Les mottes suivent de près les voies de communication. Le pays de Rais offre l'exemple le plus intéressant. Jusqu'au XIIIe siècle, les voies navigables reliant la baie de Bourgneuf à la Loire furent utilisées de manière prépondérante pour le commerce du sel ; la navigation maritime jugée dangereuse resta secondaire. L'implantation des mottes a suivi de très près cet axe commercial. Les contours du marais breton (aujourd'hui comblé), les vallées du Tenu et de l'Acheneau sont jalonnés par toute une série de mottes : Prigny, Sainte-Croix de Machecoul, Ardennes, Saint-Mars, Port-Saint-Père, Jasson, Malnoé, Messan, Vue, pour ne citer que les plus importantes.

Les voies romaines furent également intensément utilisées. Ainsi, dans le Léon, chaque commune traversée par la voie romaine Kerilien-Plounéventer possède au moins une motte. Elles ne sont pas établies directement sur la voie, mais à quelques dizaines, voire quelques centaines de mètres de la chaussée. Plusieurs mottes du Vannetais présentent une disposition analogue. Le même schéma se retrouve dans l'est des Côtes-du-Nord où les mottes du Bois-Riou à Taden et de La Motte-Pilandelle en Pleudihen se trouvent également à proximité de voies romaines se dirigeant vers Corseul.

La chronologie des mottes castrales

Les mottes castrales apparurent dans le Nord de la France dans les dernières décennies du Xe siècle. Les sondages archéologiques confirment cette chronologie pour la Bretagne. Contrairement à une opinion largement répandue, les mottes ne furent pas liées à la résistance des populations locales contre les envahisseurs normands. Comme on l'a vu plus haut, les enceintes jouèrent le rôle essentiel dans cette lutte. C'est plus de soixante ans après le départ des Scandinaves que les premiers tertres artificiels apparurent en Bretagne. Lors des fouilles de la motte castrale de La Prévaudais en Taden, le Centre archéologique d'Alet a mis au point une technique nouvelle de datation ; il s'agit de l'utilisation d'une demi-sonde à carottage capable de réaliser des coupes stratigraphiques et d'identifier la couche de

Les mottes du pays de Rais et de la baie de Bourgneuf d'après J.F. Caraes.

terre qui existait avant les terrassements effectués pour la construction de la motte. Quelques échantillons de la couche végétale initiale permettent alors d'établir une datation sûre. Dans le cas de la motte de La Prévaudais, le sondage a donné une chronologie voisine de l'an mil. Cette datation est tout à fait comparable à l'étude faite sur la motte de La Garnache près de l'ancien littoral de la baie de Bourgneuf à la frontière du Poitou et de la Bretagne. Une datation radiocarbone a donné une chronologie 990-1010. Les premières mottes sont donc bien contemporaines des premières mottes de Normandie et du bassin de la Loire. A partir de là, ce moyen de défense a connu un grand succès. Les fouilles faites à l'intérieur de la motte féodale de Lamber en Ploumoguer (Finistère) ont permis de découvrir un vase en poterie onctueuse caractéristique du XIe siècle. De même les fouilles de la motte de Kernec en Languidic (Morbihan) ont permis la

A Comblessac (Ille-et-Vilaine), motte entourée d'eau (cliché P. André)

découverte de monnaies du règne de Conan II, c'est-à-dire du milieu du XIe siècle. On peut dire qu'au cours du XIe siècle les mottes se généralisèrent en Bretagne. La Tapisserie de Bayeux nous montre que ce genre de résidence fortifiée fut utilisée par les personnages les plus puissants de l'aristocratie, y compris en ce qui concerne Rennes par le duc lui-même.

La construction des mottes s'est poursuivie tout au long du XIIe siècle. Avec quelques réserves, on peut dater de nombreuses mottes en fonction de l'apparition dans nos textes d'une seigneurie. Ainsi la motte de Château-Serein en Fréhel-Plévenon est clairement mentionnée dans le Roman d'Aquin, il est donc possible de la dater du début du XIIe siècle ; de même La Motte-Dolo doit sans doute son nom à la famille noble de Dolo citée dès 1248 dans les chartes de l'abbaye de Boquen ; de même à Bain l'existence d'une motte dans le bois du Coudray est à mettre en rapport avec l'apparition dans les textes de la seigneurie de Bain au XIIe siècle.

Qu'il y ait eu construction complète ou réédification des fortifications seules, le visage des mottes se modifia au XIIe siècle avec la vulgarisation de l'usage de la pierre pour le donjon ; cette transfornation renforçait la position défensive de la motte et permettait de lutter plus efficacement contre le feu. Sur les huit mottes de l'arrondissement de Dinan ayant laissé des vestiges de construction, six possèdent des donjons en pierre et deux seulement des donjons en bois ; pour l'arrondissement de Saint-Malo les chiffres sont respectivement de cinq en pierre et d'un seul en bois.

Il est difficile de fixer une date ultime pour l'édification des mottes castrales. Il est vraisemblable qu'au XIIIe siècle, il y ait eu encore quelques constructions de mottes ; il faut reconnaître qu'ici rares ont les fouilles qui permettent une datation ; mais il est sûr que dans de nombreuses paroisses l'existence d'une seigneurie n'est prouvée qu'à la fin du Moyen-Age ; au cas où une motte existerait dans ces paroisses, il semble logique d'en faire une datation tardive, surtout si les formes de la motte sont évoluées. Il est certain qu'à cette date beaucoup de seigneurs modestes se contentaient d'une maison forte.

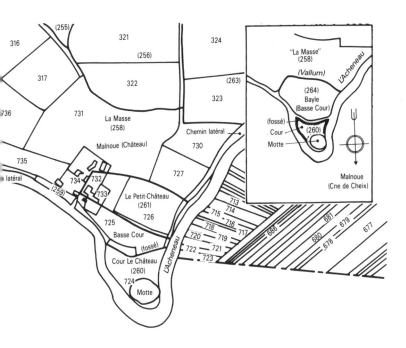

La structure de la motte castrale de Malnoué révélée par le plus ancien plan cadastral de Cheix (Pays de Rais). (Dessin J.F. Caraes).

Les fonctions de la motte

La motte castrale est d'abord un ouvrage militaire. Vu les techniques encore rudimentaires de la guerre au XIe siècle, un donjon en bois protégé par une enceinte apportait une réelle sécurité en cas de siège. La position surélevée de la forteresse permettait en outre de surveiller le plat-pays et d'empêcher toute attaque surprise. La puissance militaire dépendait évidemment des dimensions de la fortification. Le château de Dinan, tel qu'il nous l'est montré dans la Tapisserie de Bayeux, apparaît comme une redoutable forteresse : la motte était entourée d'un fossé et d'une première enceinte que l'on franchissait par une porte fortifiée. Solidement installé sur le monticule le donjon quadrangulaire était protégé lui-aussi par une palissade en bois. Peut-être la motte avait-elle été construite sur un promontoir rocheux. L'assaut présentait en tout cas de grandes difficultés et explique que Guillaume de Normandie ait hésité à s'engager dans un long siège en 1064.

Beaucoup de mottes étaient évidemment plus modestes, elles n'avaient pas toujours de basse-cour et se présentaient souvent sous la forme de demi-sphère ou de pain de sucre. Leur diamètre n'excédait pas vingt mètres à la base. Elles ne pouvaient donc offrir une grande sécurité et dans certains cas ne servaient qu'à protéger un château plus important. Tel est certainement le cas à Pléven où la redoutable motte de La Bourgheusais au nord de l'Arguenon est entourée de deux petits tertres artificiels.

La motte servait également de résidence. Dans un espace forcément exigu, le seigneur vivait avec sa famille, ses domestiques et quelques chevaliers. Par plusieurs textes contemporains, nous connaissons l'organisation intérieure d'un donjon aux XIe et XIIe siècles. Le rez-de-chaussée, obscur, qui communiquait par une trappe avec le premier étage était occupé par des magasins et des celliers. Le premier étage comprenait une salle de réception et la chambre du seigneur ; le second étage abritait les enfants et les défenseurs du château. Résidence sans confort, le donjon n'en représentait pas moins un élément de différenciation social essentiel. Seule une minorité d'aristocrates possédaient un château ; tous les autres faisaient partie de la masse des alleutiers dont une fraction seulement accédait à la condition chevaleresque.

La motte est enfin l'expression d'un pouvoir banal. Le donjon exprime la contrainte qui pèse sur tout le territoire dépendant de l'autorité du châtelain. Détenteur de la force militaire, ce dernier assure l'ordre public. Que la tranquilité des villageois ne soit plus assurée et le seigneur s'empare de la personne des délinquants et dirige le procès. La justice est une des prérogatives essentielles de la seigneurie banale et une source appréciable de revenus. Au XIIᵉ siècle, le ban s'affirme également comme un pouvoir économique. La création d'un marché, la perception des tonlieux, la levée d'un péage, le monopole des moulins sont autant de prérogatives sur lesquelles le seigneur s'appuie pour s'enrichir et renforcer son autorité. Nous avons déjà mis en évidence l'étroite relation entre les mottes et les grandes voies de circulation. Il faut ici faire une place de choix aux châteaux établis sur les sites de pont : Ponchâteau, Ancenis, Hennebont, Pont-l'Abbé ont donné naissance à de puissantes seigneuries. Il est intéressant de remarquer également que la configuration de certaines seigneuries ne peut s'expliquer que par des raisons économiques. Ainsi la seigneurie des Huguetières englobe le lac de Grandlieu et la majeure partie du cours du Tenu. Parfois l'exploitation des droits économiques apparaît déterminante pour le transfert de la résidence d'un seigneur banal ; ainsi le seigneur de Gaël réside au XIIᵉ siècle à Montfort, à proximité de la grande voie de circulation entre Rennes, Saint-Brieuc et Guingamp. On le voit, il existe déjà un enjeu économique dans la politique suivie par les différentes seigneuries châtelaines au XIIᵉ siècle, d'où la création fréquente dans les baronnies de mottes castrales secondaires pour mieux assurer l'exercice du pouvoir banal. Ce fut certainement la politique suivie par les seigneurs de Machecoul qui, à Pornic comme sur le Tenu, les amena à édifier une succession de mottes castrales ; une prospection archéologique permettrait de dégager d'autres exemples de réseaux de mottes castrales à partir d'un château principal.

Un site exceptionnel : la motte de Leskelen

Sur l'un des points les plus élevés du plateau du Léon, à proximité d'une ancienne forêt qui se serait étendue au Haut Moyen-Age jusqu'à l'Elorn, la motte de Plabennec est un des plus beaux sites archéologiques de la Bretagne médiévale. L'occupation humaine est ici très ancienne. A peu de distance de la motte, le village de Cosmoguerou atteste une origine gallo-romaine. Sur le site lui-même un village a existé au Haut Moyen-Age. Les fouilles ont mis au jour des constructions en bois dont une partie au moins aurait été incendiée vers 960. Cette agglomération a sans doute une origine religieuse ; elle est liée à un ermitage : saint Tenenan qui, d'après une *Vita* tardive, serait venu s'établir ici au VIIᵉ siècle. Le nom même Liskelen (« la cour du houx ») prouve un site défensif, ce qui est confirmé par l'existence d'une vieille enceinte. Sans doute un chef breton, un machtiern, avait-il établi sa résidence ici car dans le Cartulaire de Redon le mot Lis désigne toujours l'habitation fortifiée d'un chef breton.

A l'extérieur de la motte, les fouilles dirigées par J. Urien entre

1973 et 1982 ont mis en évidence deux lignes de fortifications. La première ligne de défense se trouve à 140 mètres de la motte et protégeait l'ermitage et les quelques maisons qui l'entouraient. Elle est formée par un talus de trois mètres de hauteur flanqué du côté extérieur d'un fossé et du côté intérieur d'un glacis de quelques mètres de largeur. Ce talus long de 140 mètres épouse la forme d'un L et ne protégeait que le sud-est et le sud-ouest du site, le mettant à l'abri d'une éventuelle attaque venant de la voie romaine Kerilien-Le Conquet qui passe à 200 mètres de là. L'autre versant du site était protégé par la forêt. Plus près de la motte, deux autres talus ont pu être dégagés. L'un, presque entièrement détruit, est peu visible aujourd'hui ; l'autre au contraire forme un abrupt de près de trois mètres et était surmonté au Moyen-Age d'une palissade en bois. Il séparait ainsi nettement la motte de la basse-cour.

Protégée par une douve profonde de plusieurs mètres et d'une largeur de cinq mètres, la motte formait une redoutable défense, ayant à la base un périmètre de 126 mètres. Si, au sommet, elle apparaît grossièrement ovoïde, à la base il s'agirait plutôt d'un losange aux angles arrondis. Contrairement à la plupart des mottes, les flancs ont été ici soigneusement maçonnés. Les fouilles ont amené le dégagement d'une chape de pierre sur une longueur de 53 mètres et sur une hauteur qui varie de 0 m 40 aux angles est et ouest à 2 m 20 à l'ouest-nord-ouest. Découpées dans le socle granitique qui affleure à plusieurs endroits du site, les dalles qui composent cette chape ont été soigneusement rangées sur une pente moyenne de 66°. Des petites pierres triangulaires que l'on voit aussi dans le donjon et dans une partie des murs de la chapelle ont été utilisées pour le calage. Un tel travail sur une motte est exceptionnel et montre une remarquable expérience de la construction.

Le sommet de la motte est couronné d'une muraille de pierres dont l'épaisseur moyenne devait atteindre au Moyen-Age 2 m 40 environ à l'exception de l'angle ouest où son épaisseur pouvait atteindre 3 m 50 à 4 m. Là en effet se trouvait l'entrée principale. Une tour dominait la motte mais elle ne se trouvait pas au centre ; elle était nettement décalée vers l'ouest-nord-ouest et presque accolée au rempart nord-ouest. Elle se présente sous la forme d'un losange avec une largeur de 14 m 50. Les murs (de 2 m 25 à 4 m d'épaisseur) délimitaient une vaste salle centrale de 5 m 50 sur 6 m 50, elle aussi en forme de losange aux angles arrondis. Cette salle existait encore au début de ce siècle : grâce à des témoignages oraux on sait que les murs atteignaient 4 m de haut et qu'il existait un four à l'angle est-sud-est. Au-dessus de cette salle, il est possible qu'il y ait eu un don-

Motte appareillée de Leskelen en Plabennec (Finistère) (cliché A. Chédeville)

jon en bois mais les fouilles n'en ont pas encore apporté la preuve.

La tour n'était pas la seule construction sur la motte, au nord près de la muraille, a été également dégagé un petit bâtiment qui date du XIIIe siècle.

Bien que la fouille ne soit pas totalement achevée, il est possible d'établir une chronologie de la motte de Leskelen.

Dans une première période, au Xe siècle, il s'agit d'une simple levée de terre à usage de guet et de refuge en cas de danger. L'existence d'un promontoire rocheux explique le choix du site.

Au XIe siècle, on construit un édifice en bois, sans doute un donjon, après avoir vraisemblablement rehaussé et consolidé la motte.

Au cours de la première moitié du XIIe siècle, d'importants travaux modifient complètement l'aspect de la motte. Les flancs sont recouverts de dalles de granit, des douves sont creusées, séparant nettement le village du site défensif, des remparts couronnent le sommet de la motte. Ces remparts comportent deux issues, l'une vers la basse-cour au sud-est, l'autre vers l'extérieur à l'ouest, cette issue fortement défendue par un pont-levis permettait de franchir la douve. En même temps, un donjon en pierre remplace le donjon en bois. Comme l'on montré les fouilles, cet édifice possédait un four, une meule à grains, une salle souterraine à usage de cave. La cuisine se faisait dans la grande salle du rez-de-chaussée : les nombreux trous de pieux sont sans doute des trous de supports de broches.

Au XIIIe siècle la construction d'un petit bâtiment au nord permit d'améliorer les conditions d'habitat.

A la fin du XIVe ou au début du XVe siècle, le seigneur de Leskelen abandonne la motte comme lieu d'habitation. Il construit manoir, cave, four et écurie dans l'enceinte de la basse-cour. La céramique permet de fixer ce changement essentiel. En effet la céramique vernissée apparaît couramment en Bretagne à partir du XIVe siècle, or cette céramique est pratiquement absente au sommet de la motte alors qu'elle est abondante dans la basse-cour. La fin du Moyen-Age marque donc ici une transformation profonde de l'habitat seigneurial mais on peut se demander également si l'abandon du site de Leskelen ne traduit pas aussi l'échec d'une seigneurie qui n'a pas réussi à renforcer son pouvoir banal en s'appropriant des droits de nature économique et fiscale. Les modifications du réseau de communication ont isolé au cours des XIIIe et XIVe siècles la motte de Leskelen. Privé de tonlieux, de droits de marché, le seigneur de Leskelen a connu le sort de nombreux seigneurs modestes, il a dû se contenter d'une simple maison forte. Etablie d'abord dans la basse-cour puis à quelques dizaines de mètres du village, ce fut le manoir de La Salle.

Le progrès de la construction en pierre au XIIᵉ siècle

S'ils étaient d'un prix peu élevé et s'ils pouvaient être construits en quelques semaines les donjons en bois présentaient une grande vulnérabilité, l'un des risques majeurs étant l'incendie. A partir de 1080-1100, l'introduction de la maçonnerie renforça considérablement le potentiel défensif. L'un des premiers exemples fut le château de Montrichard en Touraine. Mais ces châteaux coûtaient cher, il fallait disposer de pierres, de chaux et de maçons. Pendant une première période, seuls les seigneurs les plus puissants furent capables d'entreprendre de tels investissements. Assez vite, cependant, des seigneurs plus modestes entreprirent à leur tour d'édifier ou de reconstruire en pierre leurs forteresses. L'accroissement des revenus banaux, lié à l'expansion démographique et économique, l'assujettissement plus strict des hommes dans le cadre de la seigneurie permirent aux titulaires de seigneuries châtelaines de financer des dépenses sans commune mesure avec le coût d'un donjon en bois. Ceux qui n'arrivèrent pas à assumer de tels investissements se trouvèrent vite déclassés et rejetés dans les catégories inférieures de l'aristocratie.

Les premiers châteaux en pierre conservèrent le plan des forteresses en bois. Le donjon offrit désormais le visage d'une construction maçonnée quadrangulaire à un ou deux étages. La motte ne fut pas abandonnée ; elle continua à soutenir la fortification mais il apparut assez vite difficile de placer un donjon en pierre sur un monticule de terre remblayée. Pour éviter l'affaissement du château, quelques maîtres d'œuvre eurent l'idée d'emmoter le donjon, c'est-à-dire d'édifier un soubassement en maçonnerie puis de l'ensevelir. Ainsi, à Montbran en Pléboulle (Côtes-du-Nord), le donjon octogonal qui gardait un passage sur le Frémur repose sur une base en pierre emmotée. Mais ce procédé relativement complexe n'eut pas grand succès, il fut abandonné dans la seconde moitié du XIIᵉ siècle et les châteaux furent totalement dégagés.

Nous connaissons mal ces premiers châteaux en pierre car ils furent tous reconstruits à la fin du Moyen-Age. C'est à tort qu'A. de La Borderie a placé au XIIᵉ siècle la construction du donjon de Trémazan qui figure sur la couverture de cet ouvrage. Il est certes construit dans une zone basse mais non pas sur une motte comme on le croyait : il s'agit en fait d'une base emmotée par un talus maçonné. Cet édifice carré de cinq étages et d'une hauteur de plus de trente mètres, même s'il présente certaines archaïsmes, ne date que de l'extrême fin du XIIIᵉ siècle. De même, la base du « donjon » qui subsiste au sommet du promontoire qui porte le château de Fougères a souvent été considérée comme ce qui reste de l'édifice ruiné par Henri II Plantagenêt alors que son plan extérieur polygonal traduit une architecture évoluée sûrement postérieure au XIIe siècle : c'est sans doute l'ébauche d'une construction plus tardive qui, pour des raisons que nous ignorons, ne fut jamais menée à bien. Il en est de même du château de Coëtmen (Côtes-du-Nord), imposante construction au bord du Leff. Les formes ici sont déjà évoluées : l'intérieur formait un pentagone mais, du côté extérieur, la muraille était formée de quatorze pans coupés de largeur inégale, donnant au donjon aujourd'hui détruit une forme quasi-circulaire.

Par contre, les fouilles entreprises à Châteauneuf-d'Ille-et-Vilaine ont permis de mettre au jour les bases d'un donjon construit au début du XIIe siècle. Châteauneuf ou plutôt Château-Noé comme le précisent les anciens textes, se trouve à 14 km au sud de Saint-Malo et à 2 km à l'est de la Rance, sur une étroite bande de terre entre deux zones marécageuses. Tout naturellement cet isthme qui donne accès au Clos-Poulet fut utilisé pour le tracé de la voie romaine Rennes-Alet. Il est vraisemblable qu'une première fortification fut établie autour de l'an mil. Il est en effet tout à fait logique que le vicomte Haimon, maître de la région au début du XIe siècle, ait construit ici une motte castrale, mais pour le moment aucun vestige archéologique n'est venu étayer cette hypothèse. Par contre, un donjon a été incontestablement construit ici au début du XIIe siècle. Il s'agit d'un édifice rectangulaire de 20 mètres sur 12 entouré d'un large fossé. A l'ouest, une fosse a été dégagée, elle correspond à l'entrée primitive du château. Très vraisemblablement, le site primitif possédait une basse-cour protégée par un mur. Le Terrier de Châteauneuf, réalisé peu avant la destruction du donjon (1740), nous a laissé un plan de l'assiette primitive du château. Sur ce document nous apercevons deux parallèlogrammes légèrement décalés. Le premier dans lequel s'inscrit le donjon correspond sans doute à l'enceinte primitive protégeant basse-cour et donjon.

La destruction précoce du château primitif nous interdit d'avoir une idée exacte de la hauteur et de l'organisation interne du donjon ; mais l'appareillage soigné des fondations et le plan de l'ouvrage montrent une influence normande très nette. Nous savons qu'en 1117, Henri Ier Beauclerc rebâtit le château de Bure que venait de lui donner Conan III. S'il s'avère que ce château de Bure, mentionné nulle part ailleurs, est bien le *castellum de Noe* que l'on trouve pour la première fois sous ce nom en 1181, il y a là des perspectives intéressantes sur l'influence de la Normandie dans le nord-est du comté de Rennes dès le début du XIIe siècle. Il faut remarquer, d'autre part, que ce château faisait partie d'une remarquable dispositif militaire. A proximité du donjon un réseau de fortifications primitives avait été construit. On les retrouve dans la toponymie : La Motte-Rorgon, La Motte-Billy, La Basse-Motte et Liscatel. La Motte-Rorgon conserve encore des vestiges de son ensemble fortifié, il s'agit de deux petites mottes tronçonniques accolées. Quelques restes de fortifications subsistent encore : nous avons là, à trois cents mètres du château, tout un système de protection avancée.

Base du « donjon » polygonal de Fougères attribuée à tort au XIIᵉ siècle. Des fouilles ont dégagé au centre des excavations - ici remplies d'eau - dans lesquelles avaient pu être placées les poutres de la tour en bois primitive (cliché A. Chédeville)

L'évolution des méthodes de contruction, de nouvelles considérations stratégiques, parfois aussi le souci de se rapprocher des lieux de passage ou d'échange, entraînèrent dans plusieurs cas le déplacement du site castral, notamment à Bécherel et à Vitré. Le premier château de Bécherel appelé dans un texte de la fin du XIIᵉ siècle *vetus castrum* se trouvait dans une zone basse à proximité du ruisseau de La Coheriais. Construit en bois, il était devenu vulnérable avec les progrès de la technique militaire, aussi, avant 1200, le seigneur de Bécherel entreprit la construction d'un édifice en pierre sur la colline même de Bécherel. Ce donjon en pierre fut intégré à la fin du Moyen-Age à un château plus important. A Vitré, l'évolution fut semblable. Le premier château se trouvait au sud-est de l'agglomération actuelle de Vitré dans un vaste terrain marécageux. Dès 1050-1060, Robert 1ᵉʳ de Vitré abandonna cette motte castrale aux moines de Marmoutier qui édifièrent là le prieuré Sainte-Croix. Robert de Vitré construisit,

201

pour sa part, un autre donjon sur l'éperon occidental du promontoire rocheux où devait se développer le bourg de Vitré. Ce premier
donjon en bois fut sans doute remplacé dans le courant du XIIᵉ siècle
par une construction en pierre mais les fouilles faites par P. Forget
n'ont pas permis de retrouver le plan de la première forteresse.

Le château ducal de Nantes

Tous les sites du château que nous avons présentés se trouvent
aujourd'hui en dehors des agglomérations ; il y eut pourtant
d'importants châteaux à l'intérieur des villes mais ces édifices furent
détruits lors des reconstructions du XVᵉ siècle ou à la suite des grands
travaux d'urbanisme du XVIIIᵉ siècle. Nantes, résidence principale
du duc à partir du début du XIIᵉ siècle, est un cas particulier. Si
aucun bâtiment fortifié de cette époque n'a subsisté, des fouilles
archéologiques ont permis de reconstituer le plan du château construit au début du XIIIᵉ siècle.

Comme nous l'avons vu, Nantes était partagée entre les deux seigneuries de l'évêque, à l'est près de la cathédrale, et du comte à
l'ouest. Chacun des deux seigneurs disposait de son château. L'évêque vivait dans un palais épiscopal fortifié près de la porte Saint-
Pierre ; le comte disposait du château du Bouffay à l'angle sud-ouest de
la ville. Ce château du Bouffay a subsisté jusqu'en 1843 mais il fut à
plusieurs reprises profondément modifié. Le premier château bâti
par Conan Le Tort en 990 fut un édifice rapidement construit. Il fut
certainement en bois mais il est possible qu'un ancien édifice romain
ait été utilisé comme soubassement. La dynastie de Cornouaille,
après s'être solidement installée à Nantes, fit du Bouffay la résidence
ducale. C'est là qu'Alain Fergent réunit ses vassaux en 1088. Après
1201 il est possible que ce premier donjon ait été reconstruit en pierre
mais nous n'en avons pas de témoignage. De toute façon l'édifice
resta inconfortable. Aussi, en 1207, Guy de Thouars décida d'abandonner cette vieille résidence aux officiers ducaux. Il fit édifier un
nouveau château à l'angle sud-est de la cité, tout près du quartier
épiscopal, ce qui entraîna un long conflit avec l'évêque.

Il est difficile d'imaginer le site du château actuel au début du
XIIIᵉ siècle. Non seulement la Loire s'écoulait au sud et à l'est mais le
sol se trouvait à un niveau très inférieur. Les fouilles de 1922 et de
1936 ont permis de le retrouver à 2 m 50 au-dessous du niveau de la
cour intérieure du château. L'endroit n'était cependant pas désert.
L'enceinte gallo-romaine, après avoir longé l'actuel cours Saint-
Pierre, traversait le site — son tracé est aujourd'hui matérialisé par
une ligne de pavés. Deux tours de dimension modeste jalonnaient son
itinéraire, l'une au nord sous le donjon élevé au XIVᵉ siècle, l'autre

en face du porche actuel. Il est possible qu'il y ait eu une tour plus importante un peu plus au sud sous l'actuelle tour de la Couronne d'Or ; à cet endroit en effet la muraille prenait une direction est-ouest mais évidemment aucune fouille n'a pu être entreprise.

Guy de Thouars ne détruisit pas l'enceinte gallo-romaine. Curieusement le château qu'il entreprit de construire fut établi de part et d'autre de l'ancienne muraille. Le logis principal, la tour Neuve, fut édifié au sud-est de l'enceinte le long de la Loire. Les fouilles de 1922 ont mis au jour deux pièces du rez-de-chaussée : d'un côté une grande pièce rectangulaire avec façade au sud-ouest percée de fenêtres et de portes et contenant une grande cheminée, de l'autre côté une salle plus étroite en partie détruite lors de l'édification du bâtiment moderne de la Conciergerie. Visiblement les murs se prolongeaient vers d'autres salles et l'ensemble devait former un triangle. Le château possédait une sortie vers l'est, elle était formée d'un poterne à double arcature ogivale avec herse. C'était d'ailleurs le principal dispositif défensif de la tour Neuve. Bien protégée par la Loire et l'enceinte romaine la tour Neuve apparaît avant tout comme une habitation princière. Le réduit défensif du château fut installé de l'autre côté du mur gallo-romain à l'ouest. Les fouilles ont permis de dégager entre le porche actuel et la Conciergerie les bases d'une tour circulaire qui devait être un important donjon. Un couloir traversait par une brèche le mur gallo-romain et assurait une communication avec le logis ducal. Sur les vestiges des murs de ce couloir on a trouvé des rainures verticales qui servaient certainement à manœuvrer des herses.

Ainsi le château de la tour Neuve comprenait un ensemble résidentiel et un réduit défensif nettement séparés. Il montre par là les transformations profondes que connut l'architecture castrale au début du XIIIe siècle. Au cours du XIVe siècle, le site devait être complètement transformé avec l'édification de tours polygonales au nord, à l'est et au sud-est.

Ces quelques remarques sur l'évolution des châteaux en Bretagne laissent bien des zones d'ombre. Les enquêtes archéologiques en cours permettront certainement dans les années à venir de mieux connaître l'architecture militaire et par là l'aristocratie bretonne.

B — SEIGNEURS ET PAYSANS

La multiplication des pôles de commandement, l'affirmation de la puissance de l'aristocratie n'ont pas seulement affaibli l'autorité ducale en établissant une mosaïque de châtellenies ; elles ont aussi lié de manière beaucoup plus étroite les paysans aux propriétaires du sol.

Ne voyons surtout pas là un lien de cause à effet ; la seigneurie n'est pas née de la féodalité, elle lui est au contraire bien antérieure. Dès l'époque carolingienne, de nombreux rustres sont sous la dépendance de propriétaires terriens qui exigent d'eux des redevances et un certain nombre d'obligations de service. Il reste que l'affaiblissement du pouvoir royal mais aussi la fixation des villages, l'apparition et le développement des techniques nouvelles (comme les moulins à eau), vite appropriées par les seigneurs, favorisent une mainmise beaucoup plus étroite des propriétaires fonciers au moment où la petite propriété paysanne recule fortement.

Pour caractériser cette emprise seigneuriale, Robert Fossier a parlé d'« encellulement ». S'il convient de ne pas négliger l'acquis du très Haut Moyen-Age, il apparaît nettement en effet que les structures d'encadrement des populations paysannes se fixent au cours des XIe et XIIe siècles et cela pour plusieurs siècles. Cette période est autant un âge seigneurial qu'un âge féodal. Comme on l'a vu, l'émiettement du pouvoir régalien a été finalement limité, il concerne seulement quelques dizaines de châtellenies. Par contre les seigneuries ont été beaucoup plus nombreuses. Chaque famille noble possède un ou plusieurs alleux et fiefs à partir desquels elle exerce une contrainte plus ou moins forte sur la population paysanne. Par elles, l'aristocratie exerce sa suprématie au niveau de chaque paroisse et souvent même au niveau d'une fraction de paroisse. Au début du XIIIe siècle, rares sont les terres qui ne dépendent pas d'un seigneur.

L'évolution de la propriété rurale

Contrairement aux régions comprises entre la Seine et le Rhin, la Bretagne n'a pas connu au Haut Moyen-Age la constitution de grandes propriétés d'un seul tenant gérées selon le modèle classique du polyptype d'Irminon ou du capitulaire *de villis*. Certes la *villa* n'est pas inconnue dans le vocabulaire des actes de l'abbaye de Redon mais il ne s'agit plus d'une grande exploitation comprenant d'une part la réserve du maître et de l'autre les tenures. La *villa* ne conserve plus, au IXe siècle, qu'une signification territoriale. Les grands domaines du Bas-Empire ont éclaté en plusieurs exploitations devenues de véritables alleux. Ainsi en pays nantais, à Luzanger, un alleu de la *villa Faito* est vendu pour le prix de quarante sous vers 850. De même, toujours en Nantais, dans l'acte XLVIII du Cartulaire de Redon, le diacre Gustus vend à Fredebert un manse de la *villa Marcius* pour un prix de 120 sous. En territoire bretonnant, la *villa* qui ne désigne le plus souvent qu'une fraction de paroisse est constituée de plusieurs « ran » qui constituent les unités d'exploitation pour de très nombreux paysans propriétaires. La localisation précise de quelques « ran », la quantité de muids nécessaires à l'ensemencement permettent de fixer son étendue à une vingtaine d'hectares sur lesquels deux ou trois seulement étaient cultivés chaque année.

La petite propriété paysanne était donc largement répandue au IXe siècle ; la pénétration des structures carolingiennes allait pourtant rapidement lui porter des coups sévères. S'il est sûr que les communautés rurales restent encore bien vivantes au IXe siècle, comme en témoignent des procédures arbitrales originales, il n'en reste pas moins vrai qu'une détérioration des conditions sociales est nettement perceptible dans la seconde moitié du IXe siècle. La constitution de vastes domaines fonciers au profit de l'Eglise et aussi au profit de quelques laïcs ébranla les structures agraires. L'exemple de l'abbaye de Redon est bien connu. La puissante abbaye des bords de la Vilaine ne se contenta pas de la possession d'un vaste patrimoine foncier, elle tenta aussi, à l'image des autres grandes abbayes, d'organiser son propre espace économique. Ainsi s'efforça-t-elle de contrôler les grandes voies de circulation, d'assurer un ravitaillement direct en sel et en matières premières et même encouragea-t-elle des entreprises de défrichement. De nombreux petits propriétaires indépendants s'engagèrent dans la mouvance de Saint-Sauveur en donnant leurs terres aux moines. L'abbaye les leur restituait ensuite sous forme de précaires. Ainsi dans un acte concernant Ruffiac (Morbihan) Wéthénoc donne son alleu appelé Foubleith moyennant la rétrocession immédiate de la terre en censive :

« Tant qu'il vivra il tiendra l'alleu sus-dit, après sa mort, si un de ses enfants lui survit, il continuera à exploiter la terre en payant un cens, s'il n'a pas de descendance la terre reviendra à Saint-Sauveur ».

Si nous ne disposons pas de semblables informations sur les destinées des patrimoines de l'aristocratie, le processus est comparable. Les plus riches propriétaires d'alleux ont pu, dès la seconde moitié du IXe siècle, arrondir leurs patrimoines jusque-là dispersés en utilisant à leur profit les liens vassaliques. Ces relations directes avec un puissant permettaient d'obtenir une terre en échange d'un service. Que les rois bretons n'aient pas hésité à donner à leurs fidèles de nombreux alleux ne fait guère de doute mais reste mal connu ; par contre les bénéfices concédés par les établissements ecclésiastiques sont beaucoup plus transparents car ils ont souvent fait l'objet d'une mention écrite. L'abbaye de Redon, dès l'abbatiat de Convuoion, concéda ainsi des terres à de riches alleutiers. En principe ces biens étaient concédés jusqu'à la mort d'un des contractants ; mais, en fait, ils échappèrent très vite à leur propriétaire. Après la mort de Convuoion, Ritcant dut demander à Salomon d'intervenir pour récupérer des alleux donnés en bénéfice à des fidèles de l'abbaye. Loin d'être sanctionnés pour cette usurpation les intéressés reçurent de nouveau les terrès en bénéfice après avoir promis fidélité et service au monastère. Une telle tolérance ne peut s'expliquer sans une complicité du prince breton trouvant dans ces bénéfices concédés par l'Eglise un moyen pour s'assurer des fidèles.

La progression de la grande propriété, déjà sensible au temps de la royauté bretonne, ne fit que s'accélérer pendant la période troublée des invasions scandinaves et durant la seconde moitié du Xe siècle. Elle se fit avant tout au bénéfice de l'aristocratie laïque. Celle-ci, profitant de l'effondrement de la royauté bretonne et des incertitudes de la lutte entre les maisons de Rennes et de Nantes, s'empara de nombreux biens possédés par des établissements ecclésiastiques. L'ampleur du transfert est bien visible dans le Nantais, mais il est perceptible aussi dans le Rennais où de nombreuses églises passèrent dans des mains laïques. Les moyens utilisés furent divers ; il y eut, bien sûr, des usurpations mais dans de nombreux cas, des évêques n'hésitèrent pas à rétribuer largement des membres de leurs familles ou leurs propres fidèles. Parfois ils servirent de relais entre une famille comtale et ses fidèles. Ainsi Gautier, placé à l'évêché de Nantes par le comte de Rennes Geoffroy, se montre très généreux envers les vassaux nantais de la dynastie rennaise. Comme nous l'avons vu, l'exemple des ancêtres des seigneurs de Châteaubriant est caractéristique. De son côté, l'évêque de Dol, Juguenée concéda à son neveu Rivallon l'avouerie du château de Dol. La famille comtale de Cornouaille, quant à elle, s'empara ouvertement de l'évêché et profita des biens et revenus ecclésiastiques pour asseoir durablement son autorité.

Cette progression incontestable de la grande propriété a-t-elle entraîné la disparition des modestes alleux paysans ? ou, si l'on veut, la généralisation de la seigneurie a-t-elle fait disparaître la propriété paysanne ? La réponse doit être nuancée. Plusieurs textes mentionnent expressément l'existence de petits propriétaires ruraux. Ainsi au XIIe siècle, il existe des petits alleutiers en Léon. De même, à Combourg, au début du XIIe siècle, un alleutier, nommé Daniel, est en possession du cimetière. De petits propriétaires indépendants se retrouvent également dans le Nantais : il y en a ainsi à Pontchâteau. Un acte de 1070 relatif à la fondation du prieuré de Nort-sur-Erdre nous montre des aloyers donnant à l'abbaye de Marmoutier une terre située au bord de l'Erdre :

« Quiriac, qui était alors évêque de Nantes, s'adressa à certains hommes établis à Nort et que l'on appelle des aloiers et leur demanda de bien vouloir donner à perpétuité aux moines et à saint Martin un lieu situé sur la rivière de l'Erdre renfermant une église sous le vocable de saint Georges et où les moines de Marmoutier feraient bâtir une maison pour y résider selon la règle de leur ordre. Ce lieu appartenait en commun à tous les aloiers ; tous aussi depuis le plus petit jusqu'au plus grand s'empressèrent d'acquiescer à cette demande en se félicitant de pouvoir jouir de la société des moines... Ne pouvant donner ici les noms de tous les aloiers nous voulons, au moins, en donner quelques-uns, les plus importants d'entre eux : ce sont Grossin, Beat, l'Ours, Daniel, Bernard, Acelin, Normand, Abraham, Guigan, Foucaud, Bodin, Voisin.... »

Ce dernier texte est très instructif car il montre l'existence de communautés rurales encore bien vivantes au XIe siècle. Elles étaient parvenues à résister à l'emprise seigneuriale en dépit des difficultés des temps. Beaucoup de ces communautés devaient être unies par des liens de consanguinité comme cette parentèle établie dans la paroisse de Chasné (Ille-et-Vilaine) et que nous connaissons par le « Livre Noir » de Saint-Florent de Saumur :

« Toute la parenté établie dans la paroisse de Chasné se divise en six branches. Toutes ces branches commencèrent à édifier l'église Saint-Martin... mais, au bout de deux ans, elles abandonnèrent entièrement cette œuvre. Ensuite, tous, à savoir Arnaud, Gautier, Landri, Isembard, Rainaud, Wineman avec toutes sa race, Goranton, Giraud, Anatase, Roger avec ses fils et ses filles, tous entrèrent en pourparlers avec Thébaud, leur cousin, moine de Saint-Florent afin de décider les religieux de cette abbaye à accepter la possession de cette église sous la condition d'achever la construction commencée... »

Les fouilles archéologiques sur les villages médiévaux permettront sans doute de mieux voir l'importance de ces communautés rurales ; elles devraient nous permettre de savoir si l'emprise de la seigneurie banale a fait vraiment disparaître la petite propriété paysanne... En effet, presque tous les documents mentionnant des alleux paysans concernent le XIe siècle et le début du XIIe ; à partir de 1150 les alleux disparaissent de nos sources. La création du prieuré de Nort dont nous avons parlé présente sans doute un jalon dans la mainmise progressive des structures seigneuriales : en effet les aloiers demandent à deux seigneurs, Rivallon et Glédenn, de confirmer cette donation, ce qui montre que leur liberté était déjà sérieusement entravée.

Le double visage de la seigneurie

Au XIe et au XIIe siècle le cadre habituel de la vie rurale est la seigneurie, appelée très souvent *villa*. Ce terme désigne deux réalités : une réalité foncière tout d'abord : un propriétaire laïc ou ecclésiastique possède un domaine (ou *villa* en latin) qu'il divise en deux parties, la réserve ou retenue et les tenures, la réserve dépendant directement du seigneur, les tenures étant exploitées par les paysans.

Ensuite une réalité banale. La seigneurie dite banale est un pouvoir de commandement sur les hommes. Elle donne à son titulaire le droit de commander, contraindre et punir.

La seigneurie foncière dans la Bretagne médiévale est une réalité multiple et complexe. L'inexistence de grands domaines structurés selon le modèle carolingien, la diversité des acquisitions faites par les familles aristocratiques expliquent que les grandes propriétés sont très souvent composées de petites seigneuries. Certes, il y a des exceptions. Le domaine ducal, les patrimoines ecclésiastiques contiennent parfois des ensembles vastes et homogènes. Ainsi, vers 1034-1040, Alain III cède à l'abbaye Saint-Georges de Rennes la paroisse de Pleubihan avec « toutes les coutumes lui appartenant en ce lieu, les hommes faisant le service à cheval, les villains », mais ces seigneuries restent peu nombreuses. Très souvent la seigneurie se réduit à un territoire de petite dimension. Ainsi, en 1124, le vicomte Alain de Rohan donne dans la paroisse de Melrand la moitié de la *villa Guilleric* et la moitié de la *villa Botbenalec* à Saint-Sauveur de Redon. De même, dans le Cartulaire de Saint-Georges de Rennes, un très grand nombre de *villae* dont les noms se sont conservés jusqu'à nos jours ne sont que des écarts de paroisses : ainsi la *villa Pan* dans la paroisse de Bruz, ou encore la *villa Côetlis* en Saint-Domineuc, Trégaret dans la paroisse de Tinténiac... Beaucoup de ces *villae* ne sont que de modestes alleux possédés par la catégorie inférieure de l'aristocratie.. Ne possédant pas de pouvoirs de commandement, ces seigneuries peuvent être facilement divisées lors des successions, d'où l'existence de *villae* qui ne sont cultivées que par une quinzaine ou une vingtaine de cultivateurs. Dès le XIIe siècle un domaine apparaît considérable lorsque, comme celui de La Chapelle-Janson (possession de l'abbaye Saint-Georges de Rennes), il est divisé en une trentaine de tenures. Au XIIIe siècle, la division des terres nobles a atteint un tel degré de morcellement que l'on rencontre une unité domaniale de très petite dimension : l'hébergement. Il s'agit d'une exploitaton rurale sur laquelle se trouve une ferme isolée qui est en même temps une maison d'habitation, résidence de la famille noble. Le morcellement a atteint un niveau comparable sur les terres du clergé. Le cartulaire de Saint-Melaine comme le cartulaire de Quimperlé nous montrent le caractère prépondérant des petites donations au cours du XIIe siècle et au début du XIIIe.

Les seigneurs fonciers les plus riches disposent également d'un pouvoir de commandement, c'est-à-dire de la seigneurie banale. Ce droit de ban était d'abord un droit de justice. Beaucoup de seigneurs disposaient de la basse justice, c'est-à-dire de la juridiction des délits mineurs. Un nombre plus réduit d'aristocrates ou d'établissements ecclésiastiques s'occupaient des affaires criminelles. Ce droit de justice d'origine régalienne permit aux seigneurs d'assurer l'ordre à l'intérieur de leurs seigneuries foncières mais aussi au-delà. Des petits propriétaires indépendants et des seigneuries foncières modestes durent accepter l'hégémonie du seigneur banal du voisinage. Celui-ci, prétextant un droit de protection générale, n'hésita pas à élargir son pouvoir vers un droit de contrainte généralisée. Les seigneurs réglementèrent ainsi les droits d'usage dans les forêts et sur les friches. Ils contraignirent les rustres à utiliser exclusivement le four seigneurial, le moulin, le pressoir moyennant finances. Les progrès de la circulation monétaire et le besoin d'argent de nombreux nobles entraînèrent également des réquisitions forcées ; c'est ainsi que se développa la taille, considérée au XIIIᵉ siècle comme la charge inhérente à tous les tenanciers, qu'ils soient libres ou non libres.

N'allons pas croire cependant qu'il n'y a eu qu'un seul type de seigneurie banale. L'étude des campagnes bretonnes montre, au contraire, une grande diversité de situations. C'est pourquoi l'identification de la seigneurie banale avec la seigneurie châtelaine n'est pas toujours évidente dans la deuxième moitié du XIIᵉ siècle. Certains seigneurs disposaient en effet d'un pouvoir de contrainte sur les hommes, pouvaient avoir des vassaux mais voyaient leurs pouvoirs militaires se réduire considérablement. La maison forte remplaçait le château.

Les agents seigneuriaux

Le seigneur vit des revenus de son domaine mais il ne l'exploite pas lui-même ; il abandonne l'exploitation de ses biens et la perception de ses revenus à des officiers. Ceux-ci, fréquemment cités dans nos actes, forment, dès le XIIᵉ siècle, un groupe social particulier.

L'agent seigneurial le mieux connu est l'intendant, appelé souvent prévôt. L'origine de cet office est obscur ; sans doute cet intendant fut-il choisi au départ parmi les paysans du domaine pour percevoir le cens que versaient les tenanciers. Au cours du XIIᵉ siècle, avec la diffusion et le renforcement du pouvoir banal, le prévôt cessa de jouer un rôle domestique pour devenir un véritable administrateur de la seigneurie. Il rendit la justice, géra le four banal, organisa la police, dirigea les travaux d'utilité publique pour la communauté (entretien des routes, construction de ponts...).Le cartulaire de Saint-Georges de Rennes nous montre un véritable contrat de travail entre l'abbesse du monastère et le prévôt de la seigneurie de Pleubihan :

« Adèle, abbesse de Saint-Georges, accorde à Gautier son prévôt la préfecture ou prévôté de Pleubian que son père a déjà tenue.

Il sera toujours fidèle à Saint-Georges ; il sera le défenseur et le protecteur de cette paroisse, le juste persécuteur des voleurs et des brigands, le juge très équitable de toutes les causes. Il n'aura pas le droit de manger, de boire ni de faire de procès hors de son domaine ».

Les prévôts n'étaient pas uniquement des officiers ruraux, il existait aussi des prévôts de châteaux et surtout des prévôts urbains. Ainsi, vers 1066-1084, Gautier nous est signalé comme prévôt du château de Combourg, en 1086, Robert Géraud est prévôt de Nantes.

Dépositaires de l'autorité banale, les prévôts ont vite acquis un pouvoir considérable. Cet accroissement de leur pouvoir a été facilité par le fait que leur charge, d'abord viagère, est devenue rapidement héréditaire. Au XIIe siècle l'intendant ou *villicus* de Quimperlé est réellement possesseur de sa *villicatio*. S'il veut abandonner ses fonctions, il pourra les céder à son fils ou encore présenter à l'abbé de Sainte-Croix une liste de six personnes sur laquelle l'abbé choisira le nouveau prévôt. Dans les seigneuries les plus importantes, c'est-à-dire le domaine ducal et les domaines des baronnies, il peut exister des prévôts mais ceux-ci sont placés sous l'autorité d'un officier supérieur qui porte le nom de sénéchal. Ce personnage appartient la plupart du temps à l'aristocratie et possède aussi des fonctions militaires.

Le prévôt était assisté d'autres agents seigneuriaux. Pour son activité judiciaire, il disposait d'adjoints appelés sergents. Ainsi le prévôt de Pleubihan ne pouvait juger en personne les contestations relatives au domaine ; il devait désigner des officiers qui, tout en relevant de son autorité, rendaient les jugements. De même dans la châtellenie ducale de Clohars (près de Quimperlé), chaque paroisse disposait d'un sergent.

La gestion de la seigneurie foncière était assurée par des maires et des *famuli* qui ont dû longtemps vivre dans la domesticité seigneuriale. Au XIIe siècle, le maire était dans les plus importantes seigneuries un personnage puissant disposant pour lui-même d'une vaste exploitation. Ainsi, à la fin du XIIe siècle, Rivallon, vicomte de Gourin, donna à l'abbaye de Quimperlé « le fief du maire de Guiscriff avec sa maison d'habitation (Maerdi en breton) ». Les *famuli* travaillaient sur la réserve, ce n'était pas, à proprement parler, des fermiers mais ils en arrivaient à gérer librement la terre qu'ils exploitaient et à la transmettre à leurs héritiers. Un conflit qui opposa les moines de Saint-Jacut à des *famuli* de La Trinité-Porhoët (Morbihan) met bien en évidence la lente usurpation de ces agents domaniaux : les moines étaient propriétaires d'une petite seigneurie sur la paroisse de La Trinité ; sur cette terre vivait, vers 1066, une famille de *famuli* comprenant quatre personnes ; trois frères, Guillaume, Hervé, Brient et leur mère Julienne. Ils se conduisaient en véritables propriétaires du sol.

Se voyant dépossédés, les moines rappelèrent qu'ils étaient les seuls propriétaires et chassèrent leurs tenanciers ; mais ceux-ci réagirent avec vigueur, non seulement ils refusèrent d'abandonner leur exploitation mais ils recherchèrent, avec succès, semble-t-il, des soutiens extérieurs. L'affaire dut être jugée devant la cour de justice du Porhoët. Les moines se virent reconnaître la propriété du sol mais ils durent surseoir à l'expulsion. Les trois frères eurent le droit de garder l'exploitation jusqu'à la mort de leur mère.

Ce fait divers illustre bien les fortes positions acquises par les agents de la seigneurie. Absent ou négligent, le seigneur accorde une très grande liberté de gestion à ses officiers. L'appropriation est d'autant plus facile que les agents ne reçoivent pas de salaire, le maître se contente de leur concéder une partie des revenus. Aussi, comme pour les prévôts, l'hérédité devint une pratique courante au cours du XIIᵉ siècle.

Les tenanciers

La société paysanne des XIᵉ et XIIᵉ siècles reste mal connue. La pauvreté de la documentation, un vocabulaire souvent imprécis ne permettent pas d'établir un tableau précis de la condition rurale. Il est cependant possible de dégager quelques lignes directrices.

La grande majorité des paysans sont libres. S'ils sont dépendants des seigneurs, c'est moins en raison de leurs personnes qu'en raison des terres qu'ils détiennent. Ils bénéficient en effet d'une pleine capacité juridique, c'est-à-dire qu'ils peuvent circuler librement, témoigner en justice, accéder au sacerdoce. Les tenanciers libres disposent également de leurs biens. S'ils n'ont pas d'enfants susceptibles de reprendre leur exploitation, ils ont le droit de donner ou de vendre leurs parcelles sous réserve du paiement de droits seigneuriaux.

Les censives ou censies sont la forme d'exploitation la plus courante. En Haute-Bretagne elles apparaissent souvent dans nos textes sous la forme de fiefs ou de féages, ce qui peut prêter à confusion. Il s'agit toujours d'une tenure héréditaire dont l'étendue peut varier considérablement. Ainsi, Robert de Chanteloup donne en 1212 au prieur de La Trinité de Fougères trois tenures : la première, exploitée par Raoul Seintes, comprend quatre arpents soit deux hectares environ, la seconde, aux mains de Vuimond Boteri, contient deux arpents c'est-à-dire un hectare, la troisième enfin, détenue par Olivier Boteri, est estimée à un arpent et demi.

Les tenanciers doivent au seigneur des redevances et des corvées. Le cens payé en numéraire traduit de façon concrète la propriété éminente du seigneur, mais ce n'est pas un loyer. Le taux du cens est en effet fixé d'une manière immuable. Avec les progrès de la production agricole, son poids s'est singulièrement allégé pour ne plus avoir qu'un aspect recognitif. Ainsi, la terre de La Poterie en Saint-Hélier ne rapporte à l'abbaye Saint-Georges de Rennes que quelques sous par an, chaque tenancier versant en moyenne cinq deniers au monastère. A titre de comparaison le prix d'un porc est de douze deniers au XIIᵉ siècle. Pour éviter une dépréciation trop nette de cette source de revenus les seigneurs essaient parfois d'imposer un nouveau cens ou « surcens » ; c'est le cas justement de l'abbaye Saint-Georges. Ils s'efforcent aussi de maintenir, à côté du cens en argent, un cens en nature, un quartier d'avoine par exemple.

Les redevances les plus lourdes pour les paysans sont incontestablement les coutumes (*consuetudines* en latin). Remises au seigneur à plusieurs reprises dans l'année, elles constituent une véritable rente féodale car elles traduisent autant le pouvoir de commandement et de protection du seigneur que la propriété. En territoire roman, on leur donnait souvent le nom de terrages et elles correspondent à des quantités précises de différents produits : *avenagium* pour l'avoine, *frumentagium* pour le froment, *gallinagium* pour la volaille, *vinagium* pour le vin. En territoire breton le principe de perception est similaire mais le vocabulaire est plus difficile à traduire. Si le *glued* correspond à une rente en avoine, le *kemrod* est une redevance plus imprécise. Le Cartulaire de Quimperlé nous donne plusieurs listes de tenanciers avec les redevances qu'ils doivent verser à l'abbaye. Ainsi dans l'acte XXX des tenanciers proches de l'abbaye versent chaque année une moyenne d'un setier de froment. Au XIIIᵉ siècle, une partie de cette rente est souvent payée en argent. Ainsi, à Lannuon en Gourin, le tenancier doit donner chaque année le meilleur animal après celui de la maison, deux sous, six deniers (c'est-à-dire la valeur d'une mesure de froment), douze deniers le premier août, un tourteau de pain du meilleur blé, une poule et un peu d'avoine.

Le seigneur exige également des services. Comme partout ailleurs, les villains cultivent la réserve seigneuriale, font la moisson du maître, battent son blé, c'est ce qui est appelé dans nos textes le *bianum* ou biain. Les rustres font aussi des charrois pour le compte du seigneur, portent ses lettres, assurent le transport gratuit du blé, du foin, du bois à brûler. A ces corvées s'ajoutent des obligations domestiques particulièrement développées en Bretagne. Les tenanciers de chaque village étaient tenus deux fois l'an, plus rarement une seule fois, d'héberger et de nourrir le seigneur quand il passait dans le village. On appelait cela le devoir de gite et de « mangier ». Cette charge qui était supportée collectivement par les habitants du village était une des contraintes les plus pénibles pour la paysannerie.

A ces redevances et à ces devoirs s'ajoute la taille parfois appelée *incisura* (entaille) ce qui nous indique clairement son mode de perception : chaque année l'agent du seigneur faisait une entaille sur deux baguettes accolées après que le paysan eut payé sa redevance. Contrairement aux autres charges précédemment étudiées, la taille n'était pas due à tous les seigneurs, seuls ceux qui disposaient de la plénitude du pouvoir banal la prélevaient, d'où cette distinction très nette entre un seigneur supérieur et un seigneur inférieur que l'on voit dans cet acte du Cartulaire de Quimperlé : en 1167 Tanki, fils de Tanki, religieux du monastère, avec le consentement de son fils Guillaume et de sa fille Ama Le Sénéchal, donne la rente de trois sous qu'il levait comme seigneur supérieur de Kerguen en Lesbin (Pont-Scorff), village appartenant à l'abbaye, à savoir douze deniers en hiver, douze en été et le reste pour un autre droit appelé « taille de Saint-Gilles ». L'abbaye jouira désormais de tous les droits dus au seigneur supérieur et au seigneur inférieur.

Les métairies, les baux à complant

Les communautés rurales ne comprennent pas uniquement des possesseurs de censives. Certains paysans ne sont pas des tenanciers héréditaires, ils ont contracté des baux avec un grand propriétaire foncier et ont reçu des tenures à l'intérieur de la réserve seigneuriale. Les plus connus sont les métayers.

La métairie en Bretagne correspond rarement à un bail à partage de fruits. C'est le plus souvent une exploitation composée de terres prises dans les dépendances immédiates du seigneur. Ainsi, dans l'Enquête de Dol (fin du XIIe siècle) les treize métairies de La Fresnaye sont dites du domaine propre de l'archevêque (*de dominico*) tandis qu'une autre exploitation qui lui paie une rente de dix sous est dite de son fief (*de feodo archiepiscopi*). De même, auprès de chaque château se trouve dès le XIIIe siècle une exploitation rurale surveillée directement par le seigneur et appelée « métairie de la porte ». Très tôt, l'aristocratie abandonna une partie de ses réserves pour la donner à bail à des paysans. Le cartulaire de Saint-Georges mentionne dès 1037 trois métairies dans la paroisse d'Acigné. Le mouvement dut ensuite prendre une certaine ampleur aux XIIe et XIIIe siècles mais notre documentation ne nous permet pas de mesurer avec précision l'évolution. Curieusement les métairies n'apparaissent qu'en Haute-Bretagne, les exemples touchant la Basse-Bretagne se comptent sur les doigts de la main. Cette lacune a parfois été expliquée par le succès du domaine congéable mais l'explication ne convainc pas. Le domaine congéable n'apparaît dans nos textes qu'au XIVe siècle et des métairies nous sont signalées au XVe siècle dans le Vannetais, zone où le domaine congéable a connu un réel succès.

Les métayers constituent un groupe social supérieur dans la

population rurale. Peu nombreux, ils disposent d'exploitations plus étendues que celles des possesseurs de censives, entre quinze et vingt-cinq hectares en moyenne. Sans doute bénéficient-ils aussi d'une participation des seigneurs à leurs investissements, ce qui permet aux métayers d'entretenir un cheptel appréciable. Nous ignorons la part prise par le seigneur dans ces investissements, elle devait être très variable selon les domaines. Nous n'avons pas non plus d'informations précises sur le partage des revenus. Les quelques indices dont nous disposons indiquent que le métayer gardait les deux tiers, voire les trois quarts de la production.

Dans les zones de vignoble il existait un bail particulier : le bail à complant. La plus ancienne mention date du XIe siècle, elle concerne la terre de Locquidic au nord de Nantes. Le complant était une convention par laquelle le propriétaire du sol transférait la jouissance perpétuelle de l'exploitation à un cultivateur qui s'engageait à y planter des vignes. A la suite de ce contrat une part du vin produit chaque année revenait au propriétaire du sol. Dans les actes anciens cette part était fixée au quart. L'obligation de planter des vignes n'était qu'une charge temporaire, ensuite le tenancier était seulement obligé d'entretenir les pieds de vignes.

L'épineuse question du servage

S'il subsiste encore des petits propriétaires libres en Bretagne au XIe siècle, il apparaît aussi que le servage n'a pas complètement disparu. La question du servage a fait l'objet d'une très longue controverse entre A. de La Borderie et H. Sée, le premier considérant que la non-liberté avait complètement disparu après l'an mil (sauf en Léon), le deuxième au contraire soulignant des cas de servage ou de demi-servage dans toute la Bretagne. L'examen des textes et quelques travaux récents sur la société rurale ne permettent pas d'aboutir à une conclusion tranchée, ils invitent au contraire à envisager la non-liberté dans une perspective chronologique et à mettre en évidence une situation très nuancée.

Il est inconstestable que la société bretonne du Haut Moyen-Age a connu des homme dépourvus de personnalité juridique et attachés par un lien héréditaire à leurs maîtres. Quand Paul Aurélien vient en Armorique il amène avec lui des esclaves (*mancipia*), de même le Cartulaire de Redon mentionne à plusieurs reprises des *servi mancipia* ou encore *homines* qui ne sont pas libres. La difficulté est ici de savoir si ces non-libres sont encore des esclaves vivant dans la domesticité du maître à la manière antique ou si au contraire il s'agit déjà de serfs, c'est-à-dire d'hommes disposant d'une tenure. L'examen des actes ne permet pas de choisir entre les deux possibilités. Il y eut en effet des esclaves domestiques dans l'Armorique du IXe siècle, ainsi dans le manse Nigrorius en Rouffigné (Loire-Atlantique), cinq esclaves désignés dans le texte par leur nom participent aux côtés du maître à l'exploitation de sa terre ; par contre, ailleurs, des propriétaires avaient trouvé plus profitable de donner une tenure à chacun de leurs esclaves, quitte à exiger d'eux des charges plus lourdes ; ainsi l'acte CCXL du Cartulaire parle des colons « tant serviles qu'ingénuiles ». Une chose est sûre ; les esclaves et les serfs sont un groupe minoritaire dans la population rurale. Si nous ne disposons d'aucune précision numérique d'ensemble, nous pouvons simplement noter que sur les deux cent quarante actes du Cartulaire de Redon datés du IXe siècle, une vingtaine seulement mentionnent les non-libres.

Alain Barbetorte a-t-il été au Xe siècle le libérateur de la population servile ? A. de La Borderie l'a affirmé avec vigueur dans un travail sur le servage en Bretagne paru en 1891 puis dans le deuxième tome de son Histoire de Bretagne : « Au lendemain des invasions normandes Alain Barbetorte jugea qu'un moyen très efficace de repeupler la Bretagne, c'était d'en exclure le servage, d'en faire pour les non-nobles un asile de liberté personnelle qui alors, en France, presque partout leur était refusée ; et pour cela il assura cette liberté non seulement aux serfs qui venaient de France s'établir dans le duché mais aux serfs qu'il avait dans son domaine ducal. Son exemple fut certainement suivi par plusieurs de ses barons ». Cette affirmation sur la disparition du servage repose sur une interprétation abusive de la Chronique de Nantes. Celle-ci mentionne seulement qu'Alain Barbetorte promit la liberté aux serfs qui venaient du royaume pour s'établir en Bretagne, elle ne dit rien sur la situation des non-libres à l'intérieur du duché. Or il est certain que les descendants des *servi* et des *mancipia* du IXe siècle sont encore privés de la liberté personnelle au XIe siècle. Nous les découvrons à travers toute la péninsule bien que leur situation diffère en pratique peu de celle des tenanciers libres. En effet, ils disposent tous d'une tenure et leurs charges sont souvent très proches de celles de leurs voisins libres de naissance. La taille ne saurait être considérée comme un signe de servitude car elle est perçue sur tous les habitants de la seigneurie. Quant au chevage et surtout au formariage, signes classique de la non-liberté, ils restent inconnus dans notre documentation.

Pour tenter de découvrir la réalité du servage, il n'est pas possible non plus de se fier au vocabulaire. Le mot *servus* n'apparaît qu'exceptionnellement dans les textes. Restent trois éléments de nature héréditaire et juridique qui permettent seuls de découvrir les traces indiscutables de la servitude : la naissance tout d'abord, on naît serf et on le reste : aux XIe et XIIe siècles il n'y a pas d'affranchissements ; certaines incapacités juridiques ensuite : un serf ne peut pas témoigner en justice contre un homme libre, il ne peut devenir prêtre ; l'existence de la mainmorte enfin. Contrairement au tenancier libre, le serf ne peut disposer librement de sa terre. Si, à sa mort, il laisse un fils, celui-ci pourra reprendre le bien de son père moyennant un droit de mainmorte élevé ; si, au contraire, il ne laisse que des filles, la tenure reviendra au seigneur.

Le Léon est la zone où le servage apparaît le plus nettement ; malheureusement, c'est aussi celle où la documentation est la plus réduite. Un seul texte concerne notre période, il s'agit du récit d'une apparition merveilleuse survenue en 1197-1198 à un serf. Le chroniqueur qui nous a laissé ce récit n'est autre que Guillaume le Breton, léonard lui-même et chapelain de Philippe Auguste. Guillaume ne désigne ce serf que par le terme *mancipium scilicet gleba*. Le terme *gleba* correspond à motte et précise ainsi l'attachement du rustre à la tenure et correspond aux « mottiers » que l'on trouve sur les terres du vicomte de Rohan. La condition très inférieure de ces rustres apparaît avec évidence dans les textes du XIIIe siècle. Ces tenanciers sont en effet étroitement liés à leurs tenures. Ils ne peuvent s'affranchir qu'à la condition de « faire bannir au convenant franc au duc », c'est-à-dire de faire un séjour d'un an et d'un jour sous la protection du duc de Bretagne dans ses châteaux de Lesneven ou de Châteaulin. Le seigneur reprend leurs tenures s'ils meurent sans enfant mâles et si un fils de mottier veut devenir clerc il doit demander l'autorisation au vicomte. On peut également ranger dans la catégorie des serfs les tenanciers du prieuré Saint-Martin de Morlaix, « qui sont tenus héréditairement à résider ».

Contrairement à ce qu'a soutenu H. Sée le « gualoir » mentionné à plusieurs reprises dans le cartulaire de Quimperlé ne désigne pas la mainmorte, signe essentiel du servage ; il s'agit simplement d'un droit d'aubaine. De même, comme l'a montré J. Laurent, la quevaize, type de tenure que nous trouvons sur les terres du Relecq et de Bégard, n'a rien à voir avec la condition servile. Le servage ne touche cependant pas uniquement la Basse-Bretagne. On en retrouve des traces sur les domaines de l'archevêque de Dol. L'enquête relative aux droits de l'archevêque de Dol qui fut faite en 1181 met en évidence l'existence d'un certain nombre de tenanciers qui doivent la taille selon le bon vouloir de l'archevêque ; il en est de même sur les terres de l'abbaye de Redon et sur le domaine ducal à Guérande ; mais il convient ici d'être prudent car, comme nous l'avons vu plus haut, la taille était due aussi par les tenanciers libres. Le caractère arbitraire de la redevance ne suffit pas à en faire véritablement des serfs. Sans doute, leur statut est-il proche de celui des « estagiers » que l'on voit dans le Vannetais à la fin du Moyen-Age. Ces estagiers étaient libres mais ils devaient à leurs seigneurs des corvées beaucoup plus lourdes que les autres tenanciers.

Ces indices que nous pouvons glaner ici ou là ne nous permettent aucune généralisation. Le servage reste étroitement circonscrit et ne touche qu'une petite fraction de la population rurale. D'autre part, la condition du serf ne saurait être dramatisée ; si le serf est privé par sa naissance de prérogatives juridiques, il est certain que sa condition réelle reste proche de la condition des tenanciers libres comme le prouve ce texte du Cartulaire de Redon. Entre 1051 et 1060, des paysans de Bain ayant appris qu'un chevalier du voisinage demandait à l'abbé de lui vendre ses droits sur eux, se firent maintenir dans la mouvance de l'abbaye en payant à l'abbé une somme de cinquante sous. Or leur situation était définie de la manière suivante : « Ainsi alors que jusqu'ici il les tenait dans un statut de liberté, il faut savoir qu'il leur fut permis de passer librement dans la servitude à perpétuité qui était celle des tenanciers serfs rendant tout ce qu'ils ont l'habitude de rendre en tant que villains ».

A partir du XIIIᵉ siècle il semble, comme partout ailleurs, que cette petite minorité ait vu ses conditions d'existence s'aggraver comme en témoigne cet acte tardif (1479) concernant les terres des Rohan : « Le seigneur peut leur faire mettre la corde au cou, les ramener à leur motte et leur infliger punition corporelle ou pécuniaire ». En même temps, des mesures d'affranchisement furent prises qui réduisirent le servage à quelques rares vestiges. Ainsi, en 1486 le duc de Bretagne François II affranchira tous les serfs qui peuvent résider sur son domaine.

Le problème du domaine congéable et de la quevaize

Une étude sur la seigneurie bretonne aux XIᵉ et XIIᵉ siècles ne peut laisser sous silence quelques gros points d'interrogation. Le grand absent de nos textes est en effet le domaine congéable ou convenant. On sait que le convenant se trouve aux XIVᵉ et XVᵉ siècles dans toute la Bretagne intérieure, le Vannetais, le Trégor, la Cornouaille, c'est-à-dire dans toute la Basse-Bretagne à l'exception du Léon. Ce contrat établi entre le seigneur et un paysan comprenait deux éléments distincts : le fonds ou terrain loué par le bailleur ou foncier et les édifices ou superfices momentanément détenus en propriété par le preneur ou convenancier. La première mention de domaine congéable datant de 1388, on en est réduit à des hypothèses sur l'origine de ce statut. Il faut rejeter une quelconque influence celtique. Le convenant est en effet ignoré en pays de Galles et en Cornouaille britannique. Par contre, il est possible que l'extension du domaine congéable soit lié à la mise en culture de terres en friches ou boisées. L'importance du domaine congéable dans les zones faiblement peuplées et couvertes de landes et de bois de la Bretagne centrale semble confirmer cette hypothèse.

Le domaine congéable peut ainsi être comparé à la quevaize qui se développe également aux XIVe et XVe siècles sur les terres des abbayes cisterciennes du Relecq et de Bégard. Dans les monts d'Arrée, les moines ont dirigé d'importants travaux de défrichement puis ont proposé aux paysans défricheurs, ou hôtes, des exploitations avec des contrats de charges attrayants. Les fouilles récentes d'un village de quevaiziers près de Berrien montrent le parfait ordonnancement des maisons et des parcelles, preuve d'une mise en valeur strictement organisée.

Les granges cisterciennes

Les seigneurs tant laïcs qu'ecclésiasitiques n'accordèrent pas un grand intérêt à l'exploitation économique de leurs biens fonciers. Le plus souvent, ils se contentèrent de percevoir leurs droits et n'hésitèrent pas à démembrer leurs réserves pour constituer des métairies. Parmi les grands propriétaires il existe pourtant, au XIIe siècle, une exception : les cisterciens. Conformément à la règle de leur ordre, ils créèrent d'importantes exploitations qu'ils gérèrent jusqu'au début du XIIIe siècle en faire-valoir direct. Par chance l'abbaye de Buzay, au nord du pays de Rais, nous a laissé un abondant cartulaire qui nous fait découvrir un mode de gestion original.

Les moines avaient reçu du duc et des nombreux représentants de la petite aristocratie locale une fortune foncière très émiettée. Pour en assurer l'exploitation, ils constituèrent quatre granges : Buzon, au bord du Tenu, Villeneuve au sud de Rézé qui allait devenir un monastère à part entière au début du XIIIe siècle, La Haie-Durandet, près de Bouguenais, et Bolohel-Chêvredent dont nous ignorons la localisation exacte. Sur ces exploitations, les frères convers furent chargés du travail agricole, les paysans salariés apportant une force d'appoint. D'importants travaux d'infrastructure furent entrepris. Les terres se trouvaient en marge des terroirs traditionnels dans des zones souvent marécageuses. Tirant profit de la solide expérience de leur ordre dans les travaux hydrauliques, les moines de Buzay organisèrent des opérations de drainage, améliorèrent le réseau de canaux existant et construisirent de nouvelles écluses, en particulier celles du Chéreau et de Redefou dans les marais de Buzay. Négligeant la production céréalière, aléatoire vu les conditions du sol, les moines développèrent les surfaces en herbe et se consacrèrent à l'élevage avec une prédilection pour l'élevage des chevaux.

Les cisterciens ont donc géré leurs biens d'une manière originale. Ceux des autres ordres religieux ou ceux qui étaient détenus par les évêques ou leur chapitre étaient plus semblables aux domaines des seigneurs laïques. Nous touchons là au rôle de l'Eglise dans le domaine économique et social ; nous avons vu dans la première partie de cet ouvrage que les clercs, surtout les évêques, pouvaient aussi jouer un rôle politique. Ces exemples, jusque-là dispersés, n'ont illustré que très partiellement l'influence considérable qu'exerçait l'Eglise dans tous les domaines et à tous les niveaux, depuis le magistère spirituel jusqu'aux actes de la vie quotidienne. Aussi, après avoir étudié les structures féodales et seigneuriales des laïques, convient-il d'envisager l'évolution et l'organisation du monde ecclésiastique.

BIBLIOGRAPHIE

(partie A)

Pour saisir l'évolution générale des constructions militaires du XIᵉ et du XIIᵉ siècle, il est indispensable de connaître le travail de G. Fournier sur **Le château de la France médiévale**, Paris, 1978, ainsi que le volume d'**Archéologie Médiévale** consacré au Colloque de Caen de 1981 sur les mottes et les enceintes : T. IX, 1981.

Si les travaux de P. Banéat sur l'Ille-et-Vilaine ; de Frotier de la Meselière sur les Côtes-du-Nord (« De l'âge probable des châteaux de terre des Côtes-du-Nord », **B.S.E.C.D.N**, t. LXV ou du chanoine Le Méné sur le Morbihan restent utiles il existe maintenant des monographies consacrées aux fortifications médiévales en Bretagne :

C. Amiot : **Châteaux de la Bretagne médiévale**, Mémoire de Maîtrise, Rennes 1986.

J.F. Caraes : « Au fil de l'Acheneau et du Tenu, mottes féodales et manoirs fortifiés ». **Bull. de la sté d'études et de recherches du Pays de Retz**, n° 4, 1984, pp 20-27.

J. Stany Gauthier : **Le château des ducs de Bretagne**, 2ᵉ édition, Nantes, 1957.

P.R. Giot, M. Batt et M.T. Morzadec : **Archéologie du paysage agaire armoricain** « Travaux du Laboratoire Anthropologie Protohistoire Quaternaire Armoricain », Université de Rennes ER n° 227, CNRS 1982.

P. Grueau : **Le château de Châteauneuf**, Mémoire de Maîtrise, Rennes, 1980.

L. Langouet : « Le camp de Trans » **Dossiers du C.E.R.A.A.** n° 7

L. Langouet : « Les mottes castrales de l'arrondissement de Dinan » **Dossier du C.E.R.A.A.** n° 9 pl-26.

L. Langouet : « Quelques sites anciens de la région de Pleine-Fougères » **Annales de la soc. d'histoire et d'archéologie de l'arrondissement de Saint-Malo**, 1980, pp. 127-132.

J. Urien : « Le site médiéval de Lezkelen en Plabennec : le castel Saint Tenenan, **BSAF**, 1981, T. CIX, pp. 103-119.

P. Lanos : « Les mottes castrales de l'arrondissement de Saint-Malo » **Dossiers du C.E.R.A.A.** n° 10, pp. 73-105.

R. Le Han : **Les mottes féodales dans le Finistère**, D.E.S., Université de Brest, 1967.

J.P. Nicolardot : « Rapport scientifique des fouilles exécutées en 1983 à Péran » **Association des amis du camp de Péran**, 1984.

R. Sanquer : « Les mottes féodales du Finistère ». **B.A.S.F.** 1978.

BIBLIOGRAPHIE
(partie B)

Peu de travaux ont été consacrés à la seigneurie bretonne médiévale. Il reste toujours nécessaire de lire les ouvrages anciens :

M. Planiol : **Histoire des institutions de la Bretagne** t. III.

A. de La Borderie : « Mémoire sur le servage avant et depuis le Xe siècle » **M.S.A.I.V.** 1861, t. I.

Guillotin de Corson (abbé) : **Usages et droits féodaux en Bretagne**, Rennes, 1902.

H. Sée : **Etude sur les classes rurales en Bretagne au Moyen-Age**, Paris, 1896.

J.L. Montigny : **Essai sur les institutions du duché de Bretagne**, Paris, 1961.

Depuis vingt ans l'étude de la seigneurie et de la société rurale s'est considérablement renouvelée. Pour mieux comprendre les perspectives actuelles de l'historiographie française il est bon de se référer à quelques ouvrages dépassant le cadre de la Bretagne, ils ont été cités dans la bibliographie du chapitre premier de la présente partie.

Bien que le travail ne porte pas exactement sur la seigneurie on lira aussi avec profit :

A. Guibert : **Etudes sur le vignoble dans le comté nantais au Moyen-Age**, DES, Nantes, 1970.

J. L. Sarrazin : **Recueil et catalogue des actes de l'abbaye cistercienne de Buzay**, Thèse de 3e cycle dactylographiée, Nantes, 1977.

A. Lebigre : « Les débuts de l'abbaye cistercienne de Buzay » **Revue historique du droit français et étranger,** 1967, pp. 457-480.

TROISIEME PARTIE

L'EGLISE
LE TEMPS DES REFORMES
ET DU DYNAMISME

Quand la féodalité et la seigneurie se mettent en place, l'Eglise est présente en Bretagne depuis déjà plus d'un demi-millénaire. Elle a offert d'abord un visage différent à l'ouest et à l'est selon que l'évangélisation avait été le fait des immigrants bretons ou bien qu'elle avait été menée de la même manière que dans l'est de la Gaule. Sans doute cette distinction s'était-elle peu à peu atténuée car les rois bretons, en favorisant l'érection d'une métropole à Dol avaient moins cherché à sauvegarder l'originalité de leur Eglise qu'à affirmer son indépendance vis-à-vis de Tours dans un but essentiellement politique. Le conflit né à cette occasion s'était d'ailleurs assoupi devant la montée des périls. Les ravages des Scandinaves puis leur installation amenèrent l'exil de l'élite bretonne, notamment celui des moines qui, autour de 920 puis de 930, partirent à la recherche de refuges pour les abriter, eux et leurs reliques. Les victoires d'Alain Barbetorte ne suffirent pas à ramener vraiment la sécurité. Les Normands demeurèrent menaçants : nous savons comment ils mirent Dol à sac en 944 où l'évêque périt étouffé du fait de la foule qui s'était réfugiée dans la cathédrale ; ils récidivent en 1014. A l'intérieur du pays, la mise en place de structures nouvelles ne se fit pas sans heurts. Surtout, en ces temps difficiles où les ressources et les réserves sont rares, les puissants mettent la main sur les biens ecclésiastiques et, ce qui est plus grave, ils disposent des dignités : c'est « l'Eglise au pouvoir des laïques ». Cette situation affecte l'ensemble de l'édifice ecclésial depuis les évêques et les grandes abbayes que contrôlent les ducs ou les comtes jusqu'aux églises paroissiales aux mains des seigneurs locaux. A tous les niveaux, dignités et sacrements font l'objet de trafics flétris sous le nom de « simonie » pendant que les clercs mènent une vie peu conforme aux règles canoniques : c'est le « nicolaïsme ».

Tout n'est pas négatif lors de ces temps obscurs et difficiles. Il est possible, comme le pense H. Guillotel, que ce soit seulement à cette époque qu'aient été érigés les sièges épiscopaux de Saint-Brieuc et de Tréguier qui, de fait, ne sont jamais cités explicitement avant la fin du Xe siècle. A Landévennec, une campagne de reconstruction eut lieu vers 950 ; sans doute est-elle contemporaine de l'abbatiat de Jean auquel Alain Barbetorte, dans le seul acte que l'on ait de lui, confirma les biens de son monastère et lui en donna d'autres situés principalement dans le Nantais. Les moines reprirent d'abord l'édifice carolingien en le dotant de chapelles latérales et en l'ornant d'un carrelage en terre cuite à disposition géométrique ; puis après avoir coulé des cloches à l'emplacement du futur croisillon roman du transept sud, ils transformèrent la chapelle latérale à abside carrée qui se

La cathédrale d'Alet (cliché L. Langouet)

trouvait là en un bâtiment plus long à abside semi-circulaire. A Alet, la datation de la cathédrale dont les ruines subsistent encore pose problème : certains l'attribuent au IXe siècle, la plupart estiment qu'elle a dû être construite dans la seconde moitié du Xe. Ce sanctuaire de dimensions restreintes — il ne mesure que 50 m de long sur 17 de large — offre un plan très particulier caractérisé par deux absides identiques qui terminent à l'est et à l'ouest la nef centrale. Deux lignes de sept piliers carrés supportant huit arcades reliaient les deux absides et la charpente était couverte d'ardoises. Trois entrées permettaient de pénétrer dans l'édifice : deux dans le mur du collatéral nord et une dans la face sud de l'abside orientale.

Il faut toutefois attendre l'an mil pour avoir autre chose que des événements discontinus et sans perspective.

CHAPITRE PREMIER

UN VASTE MOUVEMENT DE REFORME

L'Eglise est progressivement animée par un renouveau qui connaît son apogée vers 1100, nettement avant cette date pour ce qui concerne le clergé régulier, plutôt après pour ce qui est du clergé séculier. Ce décalage chronologique qui justifie le plan suivi dans le présent chapitre n'est pas fortuit. L'évêque n'exerçait pas que des fonctions spirituelles, son rôle dans le gouvernement des hommes passait pour chose normale ; dès l'époque mérovingienne, les évêques avaient participé aux événements politiques et le système carolingien avait en somme officialisé cet aspect de leurs activités. Ailleurs, notamment dans l'Empire, ils étaient même devenus les représentants attitrés du pouvoir central. Les moines, au contraire, devaient par définition se tenir en dehors du « monde » ; l'on comptait sur eux pour qu'ils procurent à tous les faveurs divines par leurs vertus et par leurs prières. Sans doute en Bretagne, à cause de la tradition celtique où les moines avaient exercé l'essentiel des fonctions ecclésiales, attendait-on d'eux davantage qu'ailleurs.

A — LE RENOUVEAU DU MONDE MONASTIQUE

L'histoire du clergé à l'époque féodale peut être divisée en deux périodes. Le XIe siècle fut surtout consacré à la restauration de ce qui subsistait ; il fut marqué aussi par une forte influence des établissements des régions voisines. Puis, à partir de la fin de ce siècle, l'essor prit un visage nouveau caractérisé par le succès de l'érémitisme puis par les fondations des ordres nouveaux, en particulier les cisterciens.

Premières restaurations et premières fondations

Au début du XIe siècle, il fallait d'abord restaurer avant que de songer à fonder des établissements nouveaux. Tout était à reprendre aussi bien au spirituel qu'au temporel. Les monastères d'origine celtique, situés pour la plupart sur le littoral ou à proximité, avaient été une proie de choix pour les pillards scandinaves ; seule, semble-t-il, l'abbaye de Landévennec s'était chaque fois relevée. Ce qui pouvait rester de l'originalité celtique avait été durement éprouvé : les moines qui avaient cherché refuge en France s'étaient établis dans des monastères bénédictins ou à leur porte, ceux qui avaient accompagné Alain Barbetorte outre-Manche n'avaient trouvé là aussi qu'une Eglise de type latin. Le monachisme bénédictin, en revanche, avait connu une réforme à laquelle est attaché le nom de Cluny : en le débarrassant des ingérences laïques, elle lui avait rendu sa vitalité. Dans les pays de la Loire, l'observance de type clunisien avait été diffusée par Marmoutier depuis Tours pendant que Fleury (auj. Saint-Benoît-sur-Loire) avait puisé son dynamisme dans la fidélité à sa tradition propre.

Faute de trouver sur place les compétences nécessaires, les ducs firent appel à ces établissements pour promouvoir la réforme dès que l'accalmie fut mieux assurée. La famille ducale a en effet joué un rôle primordial dans ce domaine. Relever ou fonder des abbayes était un élément important du prestige des plus grands : les ducs de Bretagne n'ont pas agi autrement que les ducs de Normandie ou les comtes d'Anjou ; Nominoé avait fait de même quand il avait fondé Saint-Sauveur de Redon.

Dès les toutes premières années du XIe siècle, Geoffroy Ier pour relever le monachisme breton s'adresse à l'abbaye de Fleury. L'abbé Gauzlin lui envoie deux moines, Teudon et un Breton de Cornouaille nommé Félix qui aurait d'abord mené la vie érémitique à Ouessant. Félix, chargé de relever Saint-Gildas et Locminé, d'abord effrayé par l'ampleur de la tâche, veut s'en faire décharger mais la duchesse Havoise, devenue veuve, et l'évêque de Vannes, frère du duc défunt, le convainquent de demeurer : il reconstruit alors les bâtiments et y accueille de nouveaux disciples. Les troubles de la minorité d'Alain III réduisent ses efforts à néant au point que, vers 1024, il repart à Fleury. Mais Gauzlin ne se laisse pas fléchir : il renvoie Félix en Bretagne après lui avoir conféré la dignité abbatiale. Félix choisit alors de s'installer à Saint-Gildas dont Locminé n'est plus désormais qu'un prieuré ; il meurt en 1038, bientôt compté au nombre des saints. Teudon, lui, était allé à Redon. Sa tâche y fut plus aisée car il succède à Mainard, nommé également à l'instigation du duc Geoffroy, qui avait été en même temps abbé du Mont-Saint-Michel où la réforme avait été introduite juste avant lui par son oncle, appelé aussi Mainard, venu de Saint-Pierre de Gand, monastère restauré par un autre grand réformateur, lorrain celui-là, Gérard de Brogne. En 1019, Redon, dont la prospérité paraît assurée, a pour abbé un autre frère lu duc Geoffroy, Catwallon. Félix avait ramené de Fleury un autre moine du nom de Thion qui s'installa à Saint-Melaine de Rennes mais ses efforts y furent vains devant les visées des évêques de Rennes sur cet établissement ainsi que nous le verrons plus loin. En 1008, en allant à Rome d'où il ne devait pas revenir vivant, Geoffroy était passé par Paris ; là, il avait confié à l'abbaye de Saint-Magloire qui devait son nom à l'une des reliques bretonnes qu'elle avait accueillies près d'un siècle plus tôt, le soin de relever ce qui restait du monastère de Léhon sur la Rance. Saint-Magloire y envoya six moines dont la mission fut un succès mais Léhon ne fut plus qu'un simple prieuré de l'abbaye parisienne. Enfin, entre 1024 et 1034, le jeune duc Alain III et son frère Eudes, sur le conseil de leur mère Havoise, chargèrent l'abbé de Saint-Jacut, Hinguethen, dont on ignore les antécédents, de restaurer l'abbaye de Gaël : celui-ci la transféra à Saint-Méen où Havoise et ses fils l'enrichirent de plusieurs dons et où elle demeura désormais fixée.

A ce moment apparaissent de nouveaux établissements. Un acte faux daté de 1026 mais dont le contenu ne doit pas être antérieur à 1039 rapporte la fondation par Simon de La Roche-Bernard de l'abbaye de Saint-Gildas-des-Bois, non loin de Redon, au sud, mais plus sûrement sous l'influence de l'abbaye de Rhuys. Elle ne se développa guère, non plus que Locmaria de Quimper, qui existait sûrement vers 1025-1030 mais qui, un siècle plus tard, devint un prieuré de Saint-Sulpice de Rennes, ni non plus que l'abbaye de La Chaume fondée à la limite du Poitou par Harscouët de Retz avec l'aide de Redon dont elle demeura un moment une dépendance. La qualité du fondateur, dont les vassaux rivalisaient ensuite de générosité, était en effet un facteur primordial pour l'essor d'un établissement. Ce fut le cas pour Sainte-Croix de Quimperlé, établie peu avant 1050 avec là encore l'assistance de Redon, par Alain Canhiart : elle s'accrut beaucoup après 1066 quand les comtes de Cornouaille furent devenus ducs de Bretagne. Ce fut le cas surtout pour Saint-Georges de Rennes, communauté féminine fondée entre 1024 et 1034 par Alain III qui plaça à sa tête sa sœur Adèle « qui était son trésor le plus précieux ». Saint-Georges absorba presque aussitôt un petit couvent de moniales que la vicomtesse Roianteline ne parvenait pas à établir solidement à Chavagne. Ne restait donc que Saint-Melaine, exploité par les évêques de Rennes. Quand ceux-ci commencèrent à être touchés par les idées réformatrices, le duc Conan II s'adressa à Saint-Florent de Saumur qui envoya en 1058 un moine d'origine bretonne, Even, qui rétablit l'abbaye, restaura la discipline et reconstitua le temporel qui avait été largement dilapidé.

A l'ouest de la péninsule, on ne sait trop quand fut fondée ou rétablie Saint-Mathieu de Fineterre ; soit peu après 1012 quand

furent ramenées de Salerne les reliques de l'évangéliste, du moins s:
l'on accorde du crédit à la Vie de saint Goueznou qui rapporte cette
date, soit à la fin du XIᵉ siècle comme on le dit généralement mais
sans preuves. Une abbaye dédiée à saint Tudy existait à la fin du XI
siècle depuis une époque indéterminée ; elle était établie à Loctudy
plutôt qu'à l'île Tudy ; demeurée longtemps entre des mains laïques
elle devint au XIIIᵉ siècle une collégiale qui finit par être absorbée
dans le chapitre de Quimper.

La concurrence des abbayes des régions voisines

En zone romane, surtout dans sa partie orientale, les abbayes
locales furent concurrencées par les établissements de Normandie et
des pays de Loire qui ne se contentent pas du rôle d'assistance que
nous venons de leur reconnaître, mais qui œuvrent aussi pour leur
propre compte en multipliant les prieurés. Si la fondation d'une
abbaye viable ne pouvait guère être que le fait des ducs ou des comtes
qui disposaient à la fois d'une fortune foncière considérable et d'une
clientèle étendue dont la générosité venait épauler la leur, celle d'un
prieuré où vivaient quelques moines était à la portée de la plupart des
seigneurs châtelains. C'était même pour eux presque une obligation
Outre la récompense qu'ils en attendaient dans l'au-delà, l'établissement d'un prieuré leur permettait de disposer d'un lieu privilégié de
sépulture pour leur lignage desservi par un clergé de qualité ; les moines leur fournissaient aussi à l'occasion les scribes dont une administration rudimentaire pouvait avoir besoin ; enfin, comme on le verra
à la fin de cet ouvrage, le prieuré n'était pas seulement l'ornement de
leur château, il était également un élément indispensable pour le
développement d'un bourg qui faisait du centre de leur pouvoir autre
chose qu'un simple village. Quelques-uns, plutôt qu'un prieuré, préfèrent fonder une collégiale de chanoines séculiers. L'entreprise est
moins onéreuse car les chanoines conservent leurs biens patrimoniaux ; ils peuvent donc vivre en partie grâce à ceux-ci. D'autre part,
comme ils ne sont pas soumis à une règle exigeante et comme ils ne
sont pas membres d'un ordre monastique organisé, ils sont davantage sensibles aux pressions de leur protecteur laïque. En revanche,
faute de structures solides, internes ou externes, ils sont souvent guet-
tés par le désordre et la décadence. On peut seulement citer celle de
Fougères fondée en 1024 et celle de Vitré fondée vers 1060 ; toutes
deux périclitèrent : les chanoines de la première furent remplacés par
des moines de Marmoutier dès la fin du siècle, ceux de la seconde par
des religieux de Saint-Melaine un peu plus tard.

Les fondateurs de prieurés s'adressèrent plus volontiers aux
abbayes étrangères qu'aux maisons locales. Affaire de prestige
d'abord car ces dernières, en dépit du zèle des réformateurs, ne peu-

vent se comparer au Mont-Saint-Michel ou à Marmoutier. Motifs politiques aussi car pendant tout le XIe siècle, comme on l'a vu, les comtes d'Anjou, les ducs de Normandie ou les comtes de Blois n'ont cessé d'intervenir dans les affaires de la Bretagne ; aussi leurs alliés locaux purent-ils croire judicieux de faire appel aux établissements dont ces princes étaient les protecteurs. Question d'intérêt enfin dans la mesure où ces abbayes solidement implantées disposaient des capitaux et des méthodes nécessaires à la mise en valeur des terres souvent incultes qui leur étaient aumônées.

Certes, tous les prieurés ne sont pas bâtis au pied des châteaux et flanqués de bourgs. Beaucoup, aux ressources purement agraires, sont établis dans des paroisses rurales. C'est notamment le cas quand ils succèdent à des établissements plus anciens tombés en ruines comme par exemple le monastère Saint-Spire de Gahard donné avant 1030 à Marmoutier par un vassal d'Alain III. Normalement, la dotation primitive comporte les éléments nécessaires au fonctionnement immédiat du prieuré : toujours vers 1030, Marmoutier reçoit à Marcillé-Robert, près de Vitré, le tiers de l'église, la moitié d'un moulin, deux arpents de vigne et une demi-charruée de terre. Ensuite le prieuré reçoit des terres à mettre en valeur : ainsi, entre 1040 et 1047, le chevalier Raoul donne à Gahard le bois de Borne « avec liberté de le défricher, de le cultiver ou de le laisser tel ». Commencée peu après l'an mil, la pénétration de ces établissements s'exerce pendant tout le XIe siècle avant de se ralentir très vite. Pour la mesurer, on ne peut guère que compter les prieurés dont l'importance est en fait très variable selon les abbayes et à l'intérieur même d'un patrimoine monastique. En outre à cette époque, il n'est pas toujours possible de distinguer les prieurés des simples églises paroissiales. Vers 1100, Marmoutier vient largement en tête avec plus de quatre-vingts possessions — églises et prieurés — situées surtout dans les diocèses de Nantes, Rennes et Dol ainsi que sur la frange orientale du diocèse de Saint-Malo. Saint-Florent de Saumur ensuite en réunit une cinquantaine dans les mêmes diocèses. Puis viennent avec une dizaine d'implantations : le Mont-Saint-Michel, aux biens très localisés entre l'abbaye, Dol et Alet, ensuite trois abbayes d'Angers, Saint-Aubin, Saint-Serge et Saint-Nicolas possessionnées surtout dans le diocèse de Nantes tout comme le sont, de manière encore plus modeste, Notre-Dame de Déols (Châteauroux) et Saint-Jouin-de-Marnes (près de Parthenay). Citons enfin pour mémoire Pontlevoy (au sud-ouest de Blois), Evron et Saint-Julien de Tours.

Les domaines des abbayes locales sont à la fois moins importants et relativement plus concentrés que ceux de Marmoutier ou de Saint-Florent : Saint-Melaine a une quarantaine d'églises et de prieurés, tout comme Saint-Sauveur de Redon, Saint-Georges en a une

Lieux dédiés en Bretagne à saint Gildas, saint Guénolé et saint Tudy.

Culte de
■ St Gildas
● St Guénolé
⊠ St Tudy

attesté par une église,
une chapelle ou un lieu-dit.

LANDEVENNEC

ILE TUDY

ST GILDAS DE RHUYS

Blavet

Oust

Vilaine

quinzaine, en majorité des prieurés car les moniales reçurent peu d'églises, Saint-Jacut autant alors que Saint-Méen n'en a qu'une dizaine. La puissance et le rayonnement des abbayes de Basse-Bretagne sont très mal connus. Seul le cartulaire de Sainte-Croix de Quimperlé permet de retracer la chronologie de la quinzaine de prieurés et autant d'églises fondées ou obtenues au XIᵉ siècle. Sinon, on n'a que des listes très tardives pour la quinzaine de prieurés et la dizaine d'églises de Saint-Gildas ou la dizaine de prieurés de Landévennec. Toutefois, R. Largillière avait fait des recherches sur la diffusion du culte de saint Gildas. En plus des prieurés qui relevaient de l'abbaye, il avait relevé les églises et les chapelles dédiées au saint ainsi que les toponymes qui portent son nom. Chapelles et lieux-dits s'appellent saint Gildas ou Gueltas mais plus souvent encore Loc-queltas ou Loqueltas, noms construits avec le préfixe Loc qui, comme nous le verrons, fut utilisé surtout entre la fin du Xᵉ et le XIIIᵉ siècle. Le culte de saint Gildas, fréquent comme il est normal dans l'arrière-pays de Rhuys, figure aussi le long des vallées de la basse Vilaine et de l'Oust, plus encore tout au long de celle du Blavet. Il a été diffusé aussi le long des côtes, qu'il jalonne au sud, mais aussi dans le Léon, le Trégor ainsi que dans les îles. Si l'on applique le même procédé à saint Guénolé de Landévennec, on obtient une zone d'influence plus « terrienne » et plus compacte, qui ne franchit pas le Blavet vers le sud-est et ne dépasse guère, vers le nord, la latitude de l'abbaye. Quand à saint Tudy, sa diffusion fut très restreinte, limitée à moins d'une dizaine d'exemples sur la côte de Cornouaille, à Groix et à Belle-Ile. Le culte de ces trois saints est nettement circonscrit à l'intérieur de la zone bretonnante ; on ne sait pas comment il fut diffusé : peut-être de la manière souple et informelle qui avait été celle du monachisme celtique de la haute époque. Si cette hypothèse se vérifiait, elle contribuerait à expliquer la lenteur et la faiblesse de la pénétration vers la Basse-Bretagne des abbayes situées plus à l'est.

Un vide monastique sépare en effet ces deux zones au XIe siècle ; peu sensible au sud où Redon n'est pas tellement loin de Saint-Gildas de Rhuys, il est très étendu dans le centre encore peu mis en valeur et tout autant sur la côte nord pourtant peuplée où il n'y a aucun monastère entre Saint-Mathieu et Saint-Jacut. Rares sont les établissements de l'est qui y ont des prieurés à part Saint-Georges de Rennes qui en a un peu après sa fondation dans l'île d'Arz (golfe du Morbihan), un autre à Plougasnou près de Morlaix en 1040 et un dernier à Pleubihan près de Lézardrieux à la même époque,en tout cas avant 1066. Saint-Melaine s'installe à Lamballe seulement au début du XIIe siècle et non loin de là, à Planguenoual, peu après. On ignore quand Saint-Jacut eut des prieurés à Lanmeur, Saint-Carreuc (près de Moncontour) et Lézardrieux. Parmi les abbayes françaises, seule Marmoutier progresse vers l'ouest, à Lamballe et à Bréhat vers 1080, puis plus tard à Rohan en 1127, à Morlaix en 1128, à l'île Tristan enfin, en face de Douarnenez, où l'évêque de Quimper lui cède un établissement créé par des ermites. Saint-Florent de Saumur n'eut qu'un prieuré « occidental » : Castennec, près de Baud, fondé entre 1108 et 1128. Inversement, on ne peut citer que le prieuré que Sainte-Croix de Quimperlé eut à Nantes dès la fin du XIe siècle. Finalement, il n'y a que le temporel de Redon à être réparti à peu près également entre les deux zones depuis Béré, près de Châteaubriant, jusqu'à Carhaix où un prieuré est attesté avant 1108 ; ainsi le monastère de Nominoé demeurait fidèle, de façon sûrement involontaire, au rôle de trait d'union que lui avait assigné son fondateur...

La vogue de l'érémitisme

Dans la seconde moitié du XIe siècle, beaucoup, plutôt que d'entrer dans les ordres monastiques traditionnels, préfèrent mener la vie d'ermite. Sans doute sont-ils insatisfaits de la lenteur avec laquelle la réforme se répandait dans l'Eglise, plus encore doivent-ils craindre qu'elle ne suffise pas à lui rendre sa pureté et sa pauvreté évangéliques. Trop souvent, les moines bénédictins sont plus soucieux du développement et de la gestion de leur temporel que de prêcher les vertus chrétiennes par l'exemple. S'ils mènent une vie irréprochable, ils doivent pour l'essentiel leur subsistance au travail de leurs tenanciers paysans et la structure économique et sociale de leurs établissements ne diffère pas de celle des seigneuries laïques.

L'Eglise bretonne primitive avait connu de nombreux ermites : les grands saint bretons, tels Samson, Malo ou Paul-Aurélien avaient été anachorètes avant d'être apôtres. Le monde franc, notamment dans le Maine, avait eu aussi ses solitaires. Cette tradition n'avait pas disparu : nous avons vu qu'avant la fin du Xe siècle, Félix, avant que d'entrer à Fleury, aurait vécu en ermite à Ouessant. Un peu après 1070, un ermite nommé Gundiernus demande à rejoindre les rangs des moines de Redon. Puis les exemples se multiplient un peu partout, de la Guyenne à la Normandie et au Berry ; ce n'est donc pas un phénomène local. En Bretagne, comme cinq siècles plus tôt, ils fréquentent les îles. Nous venons de voir qu'il y en eut à l'île Tristan en face de Douarnenez ; il y en eut aussi dans l'île Saint-Rion près de Paimpol. A l'île Lavret, dans l'archipel de Bréhat, P.R. Giot a retrouvé les emplacements des cellules, datées des XIe-XIIe siècles par des tessons de poterie, occupées par les ermites qui firent renaître à la vie religieuse le site où avait vécu saint Budoc. Sur la terre ferme ils affectionnent les zones boisées où les seigneurs leur concèdent volontiers de quoi s'installer, quitte à reprendre l'ermitage quand l'expérience prend fin, pour le confier à une abbaye comme le fait vers 1200 la duchesse Constance pour celui qui se trouvait dans la forêt de Lanmeur.

Leurs établissements étaient trop rudimentaires et trop précaires pour qu'il en soit resté grand-chose. Il n'est pas exclu pourtant que ce que l'on appelle l'ermitage de Saint-Hervé en Lanrivoaré (Finistère) soit l'un d'eux. Un enclos matérialisé par un mur bas rassemble, outre l'ermitage, une fontaine ornée d'un fronton Renaissance et les substructions d'une chapelle orientée. Sa nef est précédée — comme souvent dans le pays de Galles ou le Cornwall à la fin du Moyen Age — par deux salles à usage d'habitation : l'une d'elles a livré un petit foyer quadrangulaire au niveau le plus ancien, c'est-à-dire vers le XIIe siècle. Quant à l'ermitage, orienté lui aussi, c'est une simple cellule à demi enterrée bâtie de dalles et de pierres brutes, voûtée en berceau sans ciment. Une porte basse, seul orifice, donne accès à une petite pièce rectangulaire de 3,50 m sur 2,50 m. Cette construction a été comparée à celle des ermitages irlandais mais elles n'ont guère en commun que leur rusticité.

Tous les ermites fuient le monde et cherchent leur propre amen-

L'ermitage dit de saint Hervé à Lanrivoaré (Finistère) (cliché A. Chédeville)

dement, souvent après avoir reçu les ordres, souvent aussi après une première expérience monastique malheureuse ; mais il y a aussi beaucoup de laïques parmi eux. La solitude est leur idéal ; elle n'est pourtant pas sans péril et ils se sentent attirés les uns vers les autres. C'est pourquoi ils se retrouvent nombreux surtout aux confins de la Bretagne et du Maine dont les vastes forêts-frontières, aux dires d'un de leurs biographes « telles une nouvelle Egypte virent fleurir une multitude d'ermites ». Ils auraient été si nombreux dans la forêt de Fougères que le seigneur du lieu, qui aimait y chasser, craignit qu'ils ne la fassent disparaître par leurs défrichements. Ceux-là ne se contentent pas tous de la sanctification par le travail et par la prière ; les plus déterminés font assaut d'émulation, voire de surenchère : d'ermites, quelques-uns deviennent prédicateurs errants.

Prédicateurs et hérétiques

Ces nouveaux missionnaires ne sont pas passés inaperçus. Ils ont éveillé d'abord la curiosité par l'austérité de leur genre de vie et le négligé de leur accoutrement. Ils ont sûrement scandalisé par leur souci d'évangéliser les marginaux : prisonniers évadés, voleurs et femmes de mauvaise vie qui les accompagnent, entourage repenti mais suspect. Ils ont inquiété plus encore les autorités ecclésiastiques par leur refus des cadres traditionnels et par leur critique de la hiérar-

231

chie. Quelques-uns pourtant finirent par contribuer au renforcement de l'Eglise : ce sont évidemment ceux que l'on connaît le mieux encore que, victimes de leur succès, ce ne soient plus véritablement des ermites.

Le plus célèbre, Robert d'Arbrissel, est le seul dont l'origine bretonne soit assurée : il naquit dans le village de ce nom, près de La Guerche. Après des études qu'il aurait suivies à Paris, devenu trésorier du diocèse de Rennes, il aurait agi en chaud partisan de la réforme. Cette attitude lui vaut tant d'ennemis qu'il se retire, sans doute en 1093, dans la forêt de Craon où ses compagnons se regroupent bientôt dans ce qui devient l'abbaye de la Roë. Puis, vers 1099, il jette près de Saumur les fondements de Fontevrault, monastère double d'hommes et de femmes dirigé par une abbesse qui regroupe quatre établissements : pour les religieux, les religieuses, les prostituées repenties et les lépreuses. Il lui arrive de passer en Bretagne : il est parmi les témoins de la fondation du prieuré de La Celle-Guerchaise avec le seul titre de prêtre ; en 1101, « le très saint homme avec la foule de ses disciples » assiste à une translation de reliques à Lohéac. Il meurt en 1116 entouré de la vénération populaire mais sans être jamais canonisé. Il avait d'ailleurs toujours fait l'objet de vives critiques : c'est très vraisemblablement l'évêque de Rennes Marbode qui lui adressa une lettre dans laquelle il lui reproche pêle-mêle de vivre au milieu des femmes, de porter un costume ridicule, de stigmatiser les vices du peuple et plus encore ceux des grands et du clergé.

Son disciple Raoul de la Futaie est moins bien connu. D'abord moine à Saint-Jouin-de-Marnes, il vient s'installer dans la forêt de Rennes où il paraît bien être le fondateur avant 1117 de l'abbaye du Nid-de-Merle qui prend bientôt le nom de Saint-Sulpice. Ce monastère double, imité de Fontevrault, connaît un succès certain puisqu'en 1146 il possède déjà une quinzaine de prieurés.

Puis, peu à peu, le courant érémitique perd de sa vigueur. L'Eglise, en effet, à tous les niveaux, prête moins le flanc à la critique. Surtout, des ordres nouveaux offrent désormais aux âmes éprises d'idéal l'essentiel de ce qu'elles recherchent. C'est le cas, par exemple, pour Gautier qui avait fondé Le Tronchet près de Dol : ce petit établissement passe bientôt sous le contrôle de Tyron, au diocèse de Chartres, établi en 1109 par Bernard d'Abbeville qui, lui-même, au hasard de ses pérégrinations, aurait vécu un moment en ermite au Chênedé dans la forêt de Fougères. Cisterciens et augustins devaient avoir encore plus de succès. Mais les uns et les autres ne pouvaient satisfaire ceux qui mettaient en doute le magistère de l'Eglise.

Si nos ermites, pour la plupart, devaient reprocher à l'Eglise officielle de vivre mal, ils ne l'avaient pas accusée de croire mal : l'on n'en connaît pas qui auraient franchi les limites de l'orthodoxie. Au début du XIIᵉ siècle, toutefois, des idées hérétiques sont propagées par des agitateurs plus ou moins illuminés qu'il dut être difficile de distinguer, en tout cas au début, des prédicateurs errants issus du mouvement érémitique et évangélique. Entre 1110 et 1115 un certain Tanchelin, posant au prophète, avait agité la Flandre et les Pays-Bas en stigmatisant les vices du clergé ; il avait fini par rejeter les sacrements et ceux qui les administraient. Dans le sud du royaume, Pierre de Bruys avait prêché des idées analogues ; Henri de Lausanne l'y rejoignit. Ce personnage avait été autorisé en 1101 par l'évêque à prêcher au Mans avant d'en être chassé à cause de la violence de ses attaques contre le clergé local. Prétendant lui aussi être inspiré par Dieu, il avait radicalisé sa pensée : ainsi condamnait-il certains sacrements comme le baptême des jeunes enfants ou le mariage et niait-il la présence réelle dans l'Eucharistie et la validité des prières ou des offrandes pour les morts ; il niait enfin et surtout l'utilité du sacerdoce.

Eon de l'Etoile se rattache à ces courants. Issu de la région de Loudéac, du milieu de l'aristocratie rurale, il n'avait pas dû pousser ses études ecclésiastiques bien loin. Comme on sait peu de choses à son sujet, beaucoup s'en sont emparés pour en faire tantôt un apôtre du communisme, tantôt un dangereux anarchiste, à tout le moins un fanatique. Ses adversaires contemporains, qui seuls nous le font connaître, l'ont présenté comme un déséquilibré : ayant entendu les prêtres terminer les oraisons par la formule *per eum qui venturus est judicare vivos et mortuos*, « par celui qui viendra juger les vivants et les morts », il aurait cru qu'*eum* et Eon ne faisaient qu'un et qu'il était investi par Dieu de la mission de juger tous les hommes. Devant l'hostilité du clergé, il s'en prend vers 1145 avec ses partisans aux églises et aux rares prieurés de la Bretagne centrale ; il livre même aux flammes les cabanes des ermites établis dans la forêt de Paimpont. Il gagne ensuite l'est de la France mais il est capturé avec ses principaux lieutenants par l'archevêque de Reims et comparaît en mars 1148 devant une assemblée d'évêques présidée par le pape Eugène III à l'occasion d'un concile qui se tenait à Reims. Ses théories suscitent l'hilarité générale, ce qui lui vaut de sauver sa vie ; considéré comme fou, il est condamné à la prison perpétuelle et meurt peu après. Mais ses disciples furent livrés aux flammes ; la répression semble avoir été rigoureuse, particulièrement dans le diocèse de Saint-Malo que dirigeait alors l'évêque Jean de Châtillon.

Sans doute Eon de l'Etoile ne fut-il pas le seul à propager des idées hérétiques dans la région : en 1145, l'archevêque de Reims avait rédigé un traité en trois livres « contre les hérétiques bretons ». Selon lui, ceux-ci professaient des théories à la fois anti-sacramentelles, anti-sacerdotales et anti-ecclésiales qui paraissent autrement structu rées que les élucubrations supposées d'Eon de l'Etoile. L'hérésie ne disparaît d'ailleurs pas avec lui : en 1206 encore, le pape Innocent III dénonce la persistance de tendances hérétiques dans les diocèses de Rennes, Nantes et Saint-Malo. A cette date pourtant, des ordres nou-veaux étaient solidement implantés dans les zones qui avaient été jusque-là négligées.

Les fondations cisterciennes

Au XIIe siècle, l'essor monastique se poursuit sous des formes nouvelles. Les anciennes abbayes progressent encore vers l'ouest. Pas tellement celles qui sont étrangères comme Marmoutier, qui s'implante mieux dans le diocèse de Saint-Malo autour de Dinan où elle réussit même à supplanter Saint-Magloire à Léhon en 1181, que les maisons de Haute-Bretagne comme Saint-Melaine dont on crut un moment que le prieuré Saint-Sauveur à Guingamp pourrait être érigé en abbaye. Néanmoins, le monachisme bénédictin traditionnel s'es-souffle ; seules deux abbayes nouvelles fondées vers 1150 s'y ratta-chent : Notre-Dame de Lantenac dans le diocèse de Saint-Brieuc et Blanche-Couronne dans celui de Nantes. Treize au contraire se récla-ment de l'idéal cistercien, auquel est attaché le nom de saint Bernard, beaucoup plus proche des aspirations évangéliques à la pauvreté et à l'humilité qui avaient caractérisé le mouvement érémitique et qui avaient en partie sous-tendu les déviations hérétiques.

L'étude d'A. Dufief, malheureusement encore inédite, a fait le point sur l'installation des cisterciens en Bretagne. Dix abbayes nais-sent entre 1130 et 1148 : ce sont successivement Bégard, Le Relecq, Buzay, Langonnet, Saint-Aubin-des-Bois, Boquen, La Vieuville, Lanvaux, Coëtmalouen et Melleray. Puis trois entre 1170 et 1200 : Carnoët, Bonrepos et Villeneuve. Deux seulement voient le jour au XIIIe siècle : Prières et La Joie. Leurs débuts sont mal connus faute de documents : cette carence peut s'expliquer par la vie précaire des premiers moines, par leur esprit de détachement aussi ; la rédaction tardive de notices, voire d'actes faux, n'a pas facilité les choses. C'est le cas pour la plus ancienne, Bégard. Sans doute bénéficia-t-elle de la faveur des comtes de Penthièvre mais les quatre premiers, moines venus de l'abbaye de L'Aumône au diocèse de Chartres, auraient d'abord été accueillis par un ermite heureux de se mettre à leur ser-vice. En tout cas, elle essaima très vite : Le Relecq, Boquen, Saint-Aubin-des-Bois, Lanvaux et Coëtmalouen furent ses «filles». L'incertitude n'est pas moins grande en ce qui concerne les origines de Buzay, sur la Loire en aval de Nantes. Il faut le regretter car cette abbaye fut fondée à l'initiative de la duchesse Ermengarde, l'une des personnalités les plus intéressantes du début du XIIe siècle. Louée par l'evêque Marbode de Rennes, elle fut en rapport avec Robert d'Arbrissel puis elle subit l'influence amicale de saint Bernard qui vint deux fois à Nantes et qui mit peut-être à la tête du nouveau monastère son propre frère Nivard, successeur de Jean qui avait préféré repartir vivre en ermite. Outre Buzay, l'appui ducal fut accordé à Langonnet puis, plus tard, par Conan IV à Carnoët. Pourtant, à la différence de ce qui s'était passé au siècle précédent, le rôle joué par la haute aristocratie fut plus déterminant dans la mesure où elle fonda six des maisons de Cîteaux ; toutefois, quatre d'entre elles doivent beaucoup aux Penthièvre, branche cadette de la maison ducale, à nouveau en possession du duché avec Conan IV après 1148. Lanvaux, La Vieuville et Melleray furent fondées par des seigneurs locaux.

La répartition géographique des abbayes cisterciennes explique l'importance du rôle joué par les Penthièvre. Ceux-ci avaient en effet l'essentiel de leurs domaines et de leurs fiefs dans la zone qui, située au nord de la Bretagne, était jusqu'alors dépourvue d'établissements monastiques. Il importe en effet de remarquer que ces maisons ont été établies à distance des autres monastères : seule Carnoët est proche de Sainte-Croix de Quimperlé. Il n'y en a aucune dans le diocèse de Rennes, quadrillé de prieurés bénédictins. Les cisterciens ont donc contribué à répandre l'exemple vécu des vertus évangéliques dans des régions où l'Eglise régulière était encore peu implantée. Il est certain que les moines blancs, ainsi appelés à cause de la couleur de leur vêtement qui les distinguait des bénédictins traditionnels, les moines noirs, ont en effet recherché les régions peu favorisées, sinon déshéritées ; dans d'autres régions, on a dit qu'ils y avaient été contraints parce que les meilleures places étaient déjà occupées : ce n'était pas le cas dans la majeure partie de la Bretagne. S'ils ne dédaignent pas la proximité d'une route qui facilite les échanges de toute nature, ils ne s'installent pas à proximité des agglomérations — la plus proche, La Vieuville, est à 6 km de Dol — ni sur le littoral à la fois plus fertile et plus peuplé soit — sauf Carnoët bâtie dans une forêt. Leurs abbayes sont situées soit dans une vallée qui échancre les deux lignes de crêtes qui forment l'ossature de la Bretagne, l'une au nord avec Boquen, Coëtmalouen et Le Relecq, l'autre au sud avec Lanvaux, Bonrepos et Langonnet, soit près d'un massif forestier comme Saint-Aubin-des-Bois ou Melleray, soit encore à proximité de marais comme Buzay. Leur idéal de pauvreté et d'humilité s'incarne aussi dans la manière dont ils ont commencé de constituer leur patrimoine. Ils ont d'abord hérité de terrains incultes propices surtout aux activités forestières et à l'élevage. Ailleurs, on a voulu voir là seulement une habile adaptation aux besoins nouveaux issus de l'essor urbain : en Bretagne, l'argument est de peu de valeur. Ensuite, s'ils mettent leurs domaines en valeur, jouant dans la conquête des sols un rôle qu'il conviendra plus loin d'apprécier et d'associer à celui des ermites, ils n'ont accepté en don que peu de terres arables et ils n'en ont jamais acheté Ces domaines sont tenus en faire-valoir direct dans le cadre de « granges » et sans le recours à des tenanciers. S'ils respectent la règle qui leur interdit de recevoir des églises — contrairement à ce qu a été écrit ici ou là — ils lui font quelques entorses en ce qui concerne les dîmes ; de même, surtout à Melleray, leur patrimoine s'enrichit

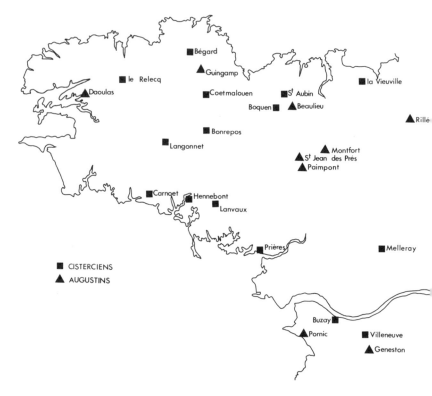

Cisterciens et augustins en Bretagne.

assez rapidement de rentes en nature ou en espèces. Ce ne sont là, au début, que des défauts mineurs ; à partir de 1180, en revanche, les dotations en revenus deviennent les plus nombreuses, l'abandon du faire-valoir direct est plus fréquent. Ces deux phénomènes tendent à faire des cisterciens à leur tour des rentiers du sol, évolution fâcheuse qui s'accentue au XIIIe siècle, même si elle n'atteint pas également toutes les abbayes.

Chanoines augustins et ordres militaires

A côté de la règle de saint Benoît que suivent aussi bien les cluni-siens et leurs émules que les cisterciens, il en existe une autre dite de saint Augustin, composée d'après les recommandations de ce Père de l'Eglise aux clercs de son entourage. Cette règle est plus souple tant par les obligations qu'elle impose à ceux qui l'adoptent, que l'on appelle alors des chanoines et non des moines bien qu'ils aient aussi un abbé à leur tête, que par les interprétations diverses que l'on peut en faire. Cette règle était donc particulièrement bien adaptée aux communautés d'ermites qui souhaitaient préserver tel ou tel point de leur genre de vie ou de leur organisation. Ainsi, Robert d'Arbrissel avait-il donné la règle de saint Augustin à ses disciples regroupés dans la forêt de la Roë alors qu'il avait préféré celle de saint Benoît pour Fontevrault. Autre point très important : à la différence des moines, les chanoines réguliers assurent le service paroissial ; c'est pourquoi leurs maisons furent plus tard appelées des prieurés-cures car elles remplissaient une double fonction à la fois liturgique et pastorale.

En Bretagne, la fondation et la multiplication des abbayes de chanoines réguliers fut tout à fait comparable à celle des établisse-ments cisterciens puisqu'il y en avait dix à la fin du XIIe siècle, dont huit furent fondées entre 1130 et 1170 ; la première, Sainte-Croix de Guingamp, le fut la même année que Bégard, premier monastère cis-tercien, et elle aussi grâce à la maison de Penthièvre. Toutefois, elles ne sont pas réparties de la même manière. Il y en a une dans le diocèse de Rennes : Rillé. Elle est issue des chanoines séculiers — qui, eux, ne suivaient pas une règle précise — évincés par Marmoutier de la collé-giale de Fougères ; ils s'étaient défendus avec une vigueur telle qu'ils étaient rentrés dans leurs biens en 1116 ; plus tard, formés en congré-gation régulière, ils quittèrent en 1143 le château de Fougères pour s'établir dans le faubourg de Rillé sous le vocable de saint Pierre. Il y en eut deux dans le diocèse de Nantes, au sud de la Loire (Geneston vers 1163, Pornic vers 1170) ; une seule à l'ouest de la péninsule : Daoulas vers 1171, à moins que cette date ne soit celle de la restaura-tion d'un établissement plus ancien. Mais il y en eut quatre dans la moitié sud du diocèse de Saint-Malo. Trois d'abord furent fondées, à Montfort en 1152 dont les chanoines adoptèrent la règle austère de l'abbaye d'Arrouaise en Picardie, à Saint-Jean-des-Prés, près de Jos-selin, en 1160 et à Beaulieu, vers Broöns, autour de 1170. A celles-là, il faut ajouter Paimpont qui était à l'origine un prieuré de Saint-Méen. A la fin du XIIe siècle, son prieur obtint de l'évêque puis du pape Innocent III de mettre des chanoines à la place des bénédictins puis d'ériger son monastère en abbaye indépendante, ce qui fut fait sans doute en 1199. Le succès des chanoines réguliers dans le diocèse de Saint-Malo dut beaucoup à la faveur de l'évêque Jean de Châtillon (1143-1163), lui-même ancien augustin qui, après avoir tranféré son siège d'Alet à Saint-Malo, y soumit son propre chapitre à la règle de saint Augustin ; cette situation dura jusqu'en 1319, date à laquelle il fut sécularisé : ce fut le seul chapitre cathédral de Bretagne dont les membres, dirigés par un prieur, menaient une existence monacale. Enfin, des ermites, établis dans l'île de Saint-Rion, en face de Paimpol, formèrent le noyau primitif de l'abbaye de Beauport établie sur le continent en 1202, qui s'agrégea à la congrégation des chanoines augustins de Prémontré.

A part Beauport pour le XIIIᵉ siècle, ces abbayes ont laissé fort peu d'archives, voire pas du tout. A la différence des cisterciens, les augustins ont accepté des dons de toute nature. Ainsi Daoulas, dans sa dotation primitive accordée par le vicomte de Léon, reçoit quelques terres mais surtout des dîmes et des revenus. Il est vrai que les chanoines préféraient avoir charge d'âmes plutôt que se livrer au travail manuel. Leurs temporels demeurèrent d'ailleurs peu importants et peu étendus. Ils comptaient au plus une dizaine de prieurés. Mais dans le sud du diocèse de Saint-Malo, une quarantaine de paroisses furent ainsi confiées à des chanoines dont le zèle et la compétence — du moins au début — sont indéniables. Il est tentant de voir là, dans une région troublée par Eon de l'Etoile et d'autres aussi sans doute, le souci de l'évêque Jean de Châtillon de mettre fin, autrement que par la répression, aux tendances hérétiques qui pouvaient subsister.

Le rôle pastoral des chanoines augustins nous conduirait directement à l'étude du clergé séculier s'il ne restait à évoquer les ordres militaires fondés eux aussi au XIIᵉ siècle mais bien différents dans leur vocation et dans leurs structures de ceux que l'on vient de voir. Les templiers apparaissent en Bretagne vers 1130 ; les hospitaliers sans doute un peu plus tard. On ne sait pratiquement rien d'eux pendant près d'un siècle : les grandes chartes de 1160 (ou 1170) et de 1182 qui énumèrent respectivement les biens des hospitaliers et des templiers dans le duché ont été rédigées en fait à la fin du XIIIᵉ siècle ; leur contenu ne vaut donc que pour cette période. Seules quelques pièces relatives aux biens des templiers dans le Nantais, antérieures au début du XIIIᵉ siècle, ont survécu. Entre 1128 et 1138, Conan III leur donne une île sur la Loire et, au confluent du fleuve avec l'Erdre, de quoi édifier ce qui devint la commanderie Sainte-Catherine qui s'enrichit de différents biens et rentes. Dans le courant du XIIᵉ siècle, ils établissent trois autres commanderies, l'une à Maupertuis près de Saint-Etienne-de-Montluc, les deux autres à la limite méridionale du comté, aux Biais près de Challans et à Clisson. Cette dernière, établie « en marche », se dressait à quelques mètres de la frontière entre la Bretagne et le Poitou ; il en subsiste une belle chapelle romane dont la nef, voûtée en berceau, se termine par une abside en cul-de-four.

La chapelle des Templiers à Clisson (Loire-Atlantique) (cliché A. Chédeville)

B — LA REFORME DE L'EPISCOPAT

Si le monde monastique paraît avoir fait surtout l'objet d'une restauration, c'est d'une véritable réforme dont l'épiscopat avait besoin. Certes, pour s'en persuader, la documentation est partielle : les noms des neuf évêques de Bretagne sont mentionnés pour la première fois en 990 ; encore est-ce dans un acte largement interpolé et cinq seulement peuvent être affectés à un siège précis. Pendant tout le XIe siècle, Saint-Brieuc, Tréguier, Saint-Pol, voire Alet ou Vannes ne fournissent que quelques noms d'évêques en dehors de tout contexte. Ce que l'on sait des autres est en revanche évocateur des maux dont souffrait alors l'Eglise séculière, même si les sources dont on dispose sont parfois partiales à ce sujet dans le but de valoriser les réformateurs qui succédèrent à ceux qui furent désormais considérés comme indignes.

Les dynasties épiscopales du XIe siècle

Dans la seconde moitié du Xe siècle, les sièges de Dol et de Nantes sortent progressivement de l'ombre. A Dol, Wicohen après 944, qui joua le rôle politique que l'on sait, serait le père de Gautier, évêque de Nantes entre 958/960 et 981. Après Gautier vient Guérec, fils bâtard d'Alain Barbetorte qui, à la mort de son frère Hoël, lui succède à la tête du comté de Nantes tout en conservant l'évêché pendant sept ans. Puis, entre 1004 et 1008, le duc Geoffroy, pour mieux assurer son emprise sur le Nantais, y place comme évêque un chevalier du pays de Rennes, Gautier II qui a deux fils, Helgomar et Budic. Ce dernier reçoit l'épiscopat de son père entre 1041 et 1047. Gautier avait certainement eu ses fils avant d'être consacré ; l'on ignore s'il garda ensuite son épouse auprès de lui.

A Rennes et à Quimper, l'épiscopat est au XIe siècle aux mains de véritables dynasties. A Rennes, Thibaud, qui rouvre la liste des évêques en 990, est lui-même fils d'un prêtre séducteur d'une fille noble. Les parents de celle-ci, loin de s'indigner, favorisèrent l'accès de son enfant au siège de Rennes. Une fois évêque, il épouse une fille de l'archidiacre de Nantes dont il a un fils, Gautier, qui devient évêque à son tour quand son père préfère se retirer à Saint-Melaine. D'un second mariage, il a deux autres fils, Mainguené dit de La Guerche et Triscan. L'évêque Gautier, à son tour, du vivant même du vieux Thibaud, confère la dignité épiscopale à son fils Guérin. Quand celui-ci meurt, l'évêché revient à son oncle Triscan qui avait succédé à Saint-Melaine à Thibaud ; il siège jusqu'en 1048. A Quimper, il y a en plus une confusion complète entre le temporel et le spirituel puisqu'en 1008, le comte Benoît II, à la mort de sa femme, embrasse l'état ecclésiastique et devient évêque tout en restant comte. Son fils Orscand lui succède à l'épiscopat et épouse alors Onwen de Crozon qui lui donne un fils, évêque à son tour de 1063 à 1113, sous le nom de Benoît III.

De telles situations ne sont pas seulement des exemples fâcheux ;

elles sont également dommageables pour le temporel épiscopal. A Rennes, Gautier donne aux siens différents domaines de l'évêché, dont celui de Saint-Cyr, à Mainguené de La Guerche. A Quimper, Orscand dote de la même manière son épouse Onwen et cède d'autres biens à son frère, le comte Alain Canhiart. Leur engagement dans les conflits politiques est également coûteux : à Nantes, Gautier II, qui doit son siège au comte de Rennes, duc de Bretagne, doit pour se maintenir se faire des fidèles en distribuant des biens de son Eglise ; son fils Budic, pour la même raison, doit acheter à grands frais la bienveillance du comte de Nantes Mathias. Cela se retrouve même quand les prélats paraissent mener une vie canonique : l'obligation de choisir un parti de préférence à un autre, la nécessité concomittante de développer un réseau de fidèles ne pouvaient que contribuer à l'appauvrissement du temporel épiscopal. J.P. Brunterc'h a même avancé que l'affaiblissement progressif de l'Eglise de Nantes entre 936 et 1049 aurait non seulement favorisé les entreprises des comtes de Rennes et des comtes d'Anjou mais qu'il serait aussi à l'origine du fait que les frontières du diocèse reculèrent, au nord, vers le diocèse de Rennes, où la limite primitivement établie sur le Semnon le fut ensuite en partie sur la Chère et surtout à l'est où le Craonnais avec Pouancé et Candé semble bien être passé au cours de la première moitié du XIe siècle sous le contrôle du comte et de l'évêque d'Angers.

L'affaiblissement de la richesse foncière des évêques à cause de leur engagement temporel est donc plus lourd de conséquences qu'on pourrait le croire : il pouvait, dans les cas extrêmes, aboutir à l'effritement du diocèse ; surtout, en règle générale, l'évêque en venait à perdre les bases matérielles de son autorité à un moment où, précisément, cette autorité ne reposait pas sur grand-chose d'autre. Une réforme était donc nécessaire pour enrayer ce processus d'appauvrissement et plus encore pour donner à l'autorité épiscopale des fondements différents, d'essence spirituelle cette fois.

Il n'est pas certain pourtant que les contemporains, dans leur majorité, aient ressenti la nécessité d'une telle réforme. La rudesse générale des mœurs était telle que l'on devait accorder peu d'importance à la manière dont les membres du clergé respectaient ou non les règles de la discipline ecclésiastique. Ne convenait-il pas aussi que le fils, instruit par son père et tirant des droits des services que celui-ci avait rendus à la communauté, lui succédât ? C'est pour un motif identique que les fiefs étaient devenus héréditaires. Les grands ne voyaient guère d'inconvénient à la dilapidation du temporel ; au contraire, puisqu'ils en étaient les bénéficiaires. Plus généralement, il ne paraissait pas anormal que les évêques participent aux affaires publiques : de tout temps et particulièrement depuis l'époque carolingienne, ils avaient été considérés comme les auxiliaires naturels du pouvoir. Que le comte et l'évêque appartiennent au même lignage était la meilleure garantie d'une politique harmonieuse : on vit à Nantes ce qu'il en était lorsqu'ils tenaient pour des partis différents. Au fond, les fidèles ne demandaient pas tant à leur évêque de faire preuve de grandes qualités spirituelles que de se montrer un chef capable de protéger son troupeau. Tous ne furent pas indignes ; ils semblent même ne pas avoir négligé leurs fonctions : à Quimper, la dynastie épiscopale prit grand soin de Sainte-Croix de Quimperlé ; à Rennes, Guérin passe pour avoir établi un écolâtre dans son chapitre et pour avoir obligé les chanoines à vivre en communauté. Leurs qualités d'intercesseurs ne semblent pas mises en doute à en juger par un miracle survenu sous l'épiscopat de ce même Guérin. Un enfant s'étant noyé dans son bain, sa mère, entendant sonner les cloches de Saint-Melaine, s'y précipite et dépose le corps sur l'autel où l'abbé Triscan, fils de l'évêque Thibaud, célébrait l'office divin entouré d'une grande foule : une prière à laquelle s'unissent tous les assistants obtient le retour à la vie du malheureux enfant.

La réforme difficile

Cette crise avait atteint l'Eglise tout entière ; Rome n'y avait pas échappé : le Saint-Siège était même tombé dans les débuts du XIe siècle au niveau le plus bas de son histoire. Puis, à partir de 1045, montent sur le trône pontifical des papes soucieux d'une réforme que l'on a appelée grégorienne, du nom du plus célèbre d'entre eux, Grégoire VII (1073-1085). Et c'est de Rome que vint la réforme de l'épiscopat, en Bretagne encore plus nettement qu'ailleurs. Dès le début de son pontificat, en 1049, Léon IX vient en France ; au concile de Reims, il dépose l'évêque de Nantes Budic, coupable d'avoir acheté au comte sa charge épiscopale. Pour le remplacer, il nomme le cardinal Airard, abbé de Saint-Paul-hors-les-murs à Rome, où vint le remplacer le futur Grégoire VII. Dès le 1er novembre 1050, dans un acte en faveur de Marmoutier, le nouvel évêque expose son programme : conformément aux décisions du synode romain d'avril-mai de la même année, les laïques doivent remettre au clergé les églises, les revenus qu'ils en retirent et les dîmes qu'ils détiennent. Il accepte que les églises restituées soient confiées aux abbayes mais il veille à maintenir l'autorité épiscopale en exigeant que les moines lui versent un cens en monnaie d'or : c'était l'usage romain ; en Bretagne où ne circulait officiellement que de la monnaie d'argent, le procédé dut surprendre mais sans paraître poser de problème pratique. Sans doute Airard se montra-t-il un réformateur trop pressé et trop exigeant : le clergé, le comte et le peuple de Nantes adressèrent à Léon IX une lettre dans laquelle ils se plaignaient de leur évêque, le décrivant comme un homme vain, excessif et agité, tout à fait indigne de l'épiscopat. On ne sait ce qui se passa ; toujours est-il qu'Airard quitta Nantes entre 1051 et 1059. Il fut remplacé par Quiriac, frère du comte de Nantes Hoël et petit-fils de Benoît, comte et évêque de Quimper. La réforme avait-elle complètement échoué ?

En fait Quiriac continue la politique de son prédécesseur : lui aussi pousse à la restitution des biens ecclésiastiques par les laïques ; il veille également à préserver le droit éminent de son Eglise grâce au versement par les moines bénéficiaires d'un cens souvent encore stipulé en or. A sa mort en 1079, le diocèse de Nantes était bien sur la voie du renouveau.

A Rennes, après Main dont l'origine est inconnue, qui assista au synode réformateur de Rome de 1050, l'épiscopat revient à un membre de l'ancienne dynastie, Sylvestre, fils ou plutôt petit-fils de Mainguené de La Guerche. Il avait été marié mais il est veuf quand il devient évêque. Il est un moment déposé lors du concile de Poitiers de 1078 à la demande d'Hugues de Die, l'intransigeant légat de Grégoire VII, sous le prétexte qu'il avait été consacré comme évêque avant d'avoir été ordonné prêtre. A la prière de son clergé et de son peuple, il est rétabli dans sa charge où il paraît avoir soutenu les idées réformatrices avec, dans son entourage, Robert d'Arbrissel ; il meurt en 1093.

A Dol, l'archevêque Junguenée, qui avait distrait de son temporel la seigneurie de Combourg au profit de son frère Rivallon, eut pour successeur Juhel. Celui-ci avait plus ou moins acheté son siège au duc Alain III, ce qui lui valut d'être excommunié par le pape Léon IX en 1050. Il ne craignit pas non plus de se marier publiquement après son accession à l'épiscopat, ce qui lui vaut d'être à nouveau condamné, cette fois par Grégoire VII, en 1076. Il doit quitter son siège mais c'est pour se conduire en seigneur pillard dans la campagne doloise. Pour le remplacer, les Dolois désignent alors Gilduin, fils de Rivallon et neveu de Junguenée et l'envoient au pape pour être consacré. Il part en compagnie d'Even, abbé de Saint-Melaine de Rennes. C'est ce dernier que préfère Grégoire VII : d'ailleurs au retour, Gilduin meurt à Chartres : on le considéra comme un saint. Juhel veut néanmoins remonter sur son siège ; il en appelle au pape avec l'appui de Guillaume le Conquérant. Grégoire VII annonce l'envoi de trois légats puis, en mai 1078, charge le légat Hugues de Die de régler l'affaire, ce qu'il fait en confirmant Even.

Avec Even s'ouvre une nouvelle période dans l'histoire de l'épiscopat breton. A Rome, la réforme prenait toujours plus d'ampleur ; elle avait débouché sur un violent conflit entre le pape et l'empereur, marqué par l'épisode de Canossa (1077). La cause principale en avait été la volonté de Grégoire VII de soustraire l'investiture des évêques au pouvoir laïque : il paraissait en effet évident que la réforme ne pouvait pas être durable si le clergé séculier demeurait dépendant du pouvoir laïque. Non seulement les évêques ne devaient plus être désignés par lui mais élus par le clergé, mais encore les prélats devaient-ils être libres de toutes attaches familiales avec les princes ou les seigneurs locaux. C'est pourquoi, désormais, les évêchés bretons furent confiés de préférence à des moines ou à des chanoines réguliers dont la formation intellectuelle et la discipline de vie offraient plus de garantie, de préférence aussi venus d'établissements extérieurs à la Bretagne, gage supplémentaire d'une plus grande indépendance. Ainsi Even, certainement d'origine bretonne d'après son nom avait-il été formé à Saint-Florent de Saumur. Il était depuis longtemps en Bretagne puisqu'il avait assuré la restauration de Saint-Melaine de Rennes depuis 1058. Sa promotion reflétait bien la nouvelle politique pontificale. Il n'est pas sûr que l'on en ait eu conscience à Dol, ou bien alors les résistances étaient encore trop fortes car à la mort d'Even en 1081, il n'est pas impossible que Juhel ait un moment récupéré son siège : en tout cas, il eut pour successeur Jean, le frère de Gilduin, par conséquent le fils du sire de Dol ; il avait été marié et il avait eu un fils. L'histoire épiscopale de Dol est d'ailleurs passablement confuse jusqu'à ce que Baudry y arrive en 1107.

L'épiscopat au XIIe siècle

La réforme finit par porter ses fruits, amenant sur les sièges bretons des évêques de valeur. A Dol donc, Baudry avait été auparavant abbé de Saint-Pierre de Bourgueil ; aussi continua-t-on de l'appeler Baudry de Bourgueil. C'est un prélat actif, qui participe au gouvernement de l'Eglise : il est à Rome en 1109, au concile de Reims de 1119 et aux deux conciles du Latran de 1116 et de 1123. C'est aussi un homme de lettres ; avec ses collègues Marbode de Rennes et Hildebert du Mans, il témoigne bien de la renaissance de la littérature latine au XIIe siècle. On lui doit une *Histoire de Jérusalem* qui est un récit de la Première Croisade, trop encombré de digressions, d'additions parfois imaginaires et de développement oratoires, une *Vie de Robert d'Arbrissel* claire et sans prétention et il remit au goût du jour la *Vie de saint Samson* et peut-être celle de saint Malo. Il composa aussi de nombreux poèmes, la plupart avant son accession à l'épiscopat ; il y fait preuve de plus d'habileté que d'inspiration et cette habileté est le résultat d'un entraînement laborieux : ce sont tantôt des écrits de circonstance, tantôt des exercices scolaires comme cette correspondance entre Pâris et Hélène ou encore des compositions allégoriques et mythologiques largement inspirées d'Ovide. Mais le milieu dolois était apparemment aussi peu soucieux de belles lettres que de réformes : « Un double rempart de bestialité et de férocité m'environne » écrit Baudry à l'abbesse de Fontevrault. Son chapitre réussit même un moment à le faire suspendre par Rome. Finalement, il préfère se retirer dans les paroisses qui, à l'embouchure de la Seine, relevaient de son diocèse ; il y meurt en 1130. L'histoire de ses successeurs, empoisonnée par le conflit avec Tours à propos des prétentions de Dol au rang de métropole, dont nous reparlerons, n'est pas aussi significative que celle des évêques de Rennes.

En 1096, le pape Urbain II consacre lui-même Marbode pour succéder à Rennes à Sylvestre de La Guerche. Né en Anjou, Marbode avait été formé à l'école épiscopale d'Angers ; c'est lui qui la dirige à partir de 1067 environ au moment où Baudry de Bourgueil en est l'élève à son tour ; il devient ensuite grand-archidiacre d'Angers. Il écrit alors beaucoup : des Vies de saints anciens de son diocèse (Lezin, Mainbœuf) ou plus récents (Robert, abbé de La Chaise-Dieu) ainsi que des poésies qui connaissent un succès considérable. Les unes sont des œuvres didactiques comme le *Lapidarius* consacré aux minéraux et à leurs vertus magiques ou le *De ornamentis verborum*, recueil d'exemples de figures de rhétorique, les autres des poèmes très divers, tantôt sérieux, tantôt satiriques. L'un de ceux-ci traçait de Rennes un tableau fort peu flatteur ; ses premiers vers ont été ainsi traduits : « La ville des Redons, que déteste les bons, est pleine de fripons » et voilà les derniers : « En quels traits plus hideux, te dépeindrai-je mieux, mégère au galbe affreux ? » Venu à Rennes, il n'est pas certain que l'opinion de Marbode ait beaucoup changé. Plusieurs actes attestent son souci réformateur ; c'est d'ailleurs un modéré qui reproche à Robert d'Arbrissel ce qu'il considère comme des outrances ; il participe aussi à des conciles. Mais il est souvent en Anjou ; il en administre même le diocèse pendant le voyage à Rome de l'évêque Renaud ; après 1120, il se retire à l'abbaye Saint-Aubin où il devient moine avant de mourir le 11 septembre 1123. C'est sans doute à Saint-Aubin qu'il compose son meilleur ouvrage, le *Liber decem capitulorum* où, dans des vers sans affectation, l'humaniste nourri de Cicéron se met au service de l'idéal chrétien. Un moine de Saint-Aubin, Hamelin, lui succède de 1121 à 1141. Après lui, on ne sait pas grand-chose d'Alain (1141-1156), sinon qu'il fréquenta lui aussi volontiers Angers. Etienne de La Roche-Foucauld (1156-1166) fut d'abord moine puis abbé de Saint-Florent de Saumur. Etienne de Fougères (1168-1178) est un peu une exception dans cette lignée puisqu'il dut sa promotion à la conjoncture politique dans la mesure où il était le chapelain d'Henri II Plantagenêt auquel il continua de rendre des services d'ordre administratif. Il nous a laissé un résumé de sa gestion soigneuse du patrimoine épiscopal. Il est surtout connu comme lettré ; outre des Vie de saints (Guillaume Firmat, Vital de Savigny), on lui attribue le *Livre des manières*, poème en vers français, peut-être traduit d'un original primitif en latin, dans lequel, en

336 stances de quatre vers monorimes, il retrace successivement les mœurs des différentes catégories sociales de son époque : l'ouvrage, malgré ses lieux communs, ne manque ni d'intérêt, ni de pittoresque. Puis se succèdent jusqu'en 1222 cinq évêques dont quatre avaient été moines : Philippe et Herbert, cisterciens de Clermont, près de Laval, encore des Angevins, puis deux Bretons, Pierre de Dinan, moine de Marmoutier et enfin Pierre de Fougères, neveu d'Etienne et chanoine de Rillé.

Ailleurs, la situation est moins nette. A Nantes, cela peut s'expliquer par le rôle que l'évêque pouvait jouer dans la politique locale. Aussi à Quiriac, membre de la maison de Cornouaille passée à la tête du duché, succède son frère Benoît, abbé de Sainte-Croix de Quimperlé puis leur neveu Robert jusqu'en 1112. De même, un autre Robert fut-il élu à la fin du siècle avec l'appui d'Henri II Plantagenêt. Mais entre les deux, après le long et actif épiscopat de Brice (1112-1135) dont l'origine est inconnue, il y eut notamment Itier qui aurait été abbé de Bourgueil puis Bernard, originaire d'Escoublac, qui était moine de Clairvaux. La documentation est bien plus avare en ce qui concerne les autres diocèses ; peut-être ces évêchés lointains et sans grand prestige furent-ils un peu négligés : à Vannes, on peut toutefois citer Rouaud, cistercien et abbé de Lanvaux (1144-1177), à Quimper Bernard (1159-1167), originaire de Moëlan mais formé à Chartres où il fut chancelier de la célèbre école épiscopale, à Saint-Pol Galon, moine de Saint-Florent de Saumur (1108-1129) ou à Tréguier Yves, ancien archiprêtre de Tours (1174-1179). A l'extrême fin du XIIe siècle s'ouvre une nouvelle période dans l'histoire de l'épiscopat : les sièges commencent à être les maillons d'une vaste hiérarchie à l'échelle bientôt de la Chrétienté. Cela apparaît à Dol où en 1177 est élu Roland, doyen d'Avranches mais originaire de Pise ; avant même d'être consacré, il réussit à devenir sous-diacre de l'Eglise de Rome puis à se faire nommer légat en Ecosse avant de devenir cardinal en 1185 ; on pourrait aussi citer à Nantes Maurice de Blason, évêque à partir de 1184 puis transféré à Poitiers en 1198 par Innocent III.

Parmi les évêques bretons du XIIe siècle, seul fait exception à Saint-Pol Hamon (....1157-1171), fils du vicomte de Léon, qui prend une part active aux conflits qui opposent l'aristocratie locale avant d'entrer en lutte avec son frère le vicomte Guiomarc'h, qui l'expulse, puis, après que le duc Conan IV l'eut rétabli, le fait assassiner, crime en expiation duquel Guiomarc'h fonda ou restaura l'abbaye de Daoulas. Autrement, les prélats semblent tous avoir été conscients de leurs responsabilités et soucieux de remplir efficacement leur ministère. Cela contribue à expliquer le caractère original en Bretagne du mouvement de restitution des églises privées.

C — LA RESTITUTION DES EGLISES ET DES DIMES

La destinée des églises paroissiales aux XIᵉ et XIIᵉ siècles a déjà fait l'objet de plusieurs études car, au moins en ce qui concerne les diocèses de Haute-Bretagne, la documentation ne manque pas sur ce point. C'est d'ailleurs un problème important puisque son évolution conditionnait grandement l'encadrement spirituel de la masse des fidèles.

Le régime de l'église privée

Au début du XIᵉ siècle, presque toutes les églises sont possédées par des laïques, quelques-unes seulement relèvent des abbayes, moins encore des évêques. Les laïques ne les ont pas toujours forcément usurpées au sens propre du mot. De même que les évêques avaient établi à l'époque mérovingienne des églises dans les agglomérations rurales les plus importantes, appelées *vici*, de même les propriétaires fonciers avaient construit sur leurs domaines des sanctuaires qui, avec le progrès de l'évangélisation, puis avec l'accroissement de la population, étaient devenus des centres de paroisses. La législation carolingienne avait bien essayé d'intervenir mais ceux qui avaient bâti l'église s'en considéraient comme les propriétaires, s'estimaient en droit de nommer le desservant même si l'évêque pouvait seul en principe lui conférer la *cura animarum* et trouvaient normal de percevoir à leur profit une part de plus en plus importante des revenus de ces églises. La crise du Xᵉ siècle et du début du XIᵉ n'avait pas arrangé les choses : sachant ce qu'étaient alors les évêques, on imagine sans peine ce que purent être les desservants. On connaît mieux le sort des ressources dont ils auraient dû disposer : elles leur échappaient pour l'essentiel.

Une église paroissiale était en effet une source importante de revenus ; ceux-ci s'accrurent parallèlement à l'essor de la population et de la production. Une partie de ces revenus était directement versée par les fidèles, d'abord sous la forme d'offrandes lors de la messe dominicale mais surtout à l'occasion des grandes fêtes ; ensuite, les différentes étapes de l'existence, du baptême aux obsèques en passant par les relevailles, donnaient aussi lieu à des versements tarifés. Deux d'entre eux ne sont pas mentionnés spécialement à l'époque qui nous occupe ; ils existaient pourtant déjà et ils furent à l'origine, au XIIIᵉ siècle de violents conflits entre le clergé et le pouvoir ducal : il s'agit du « past nuptial » prélevé à l'occasion des mariages et du « tierçage » qui portait sur le tiers des biens meubles des paroissiens décédés. L'autre partie de ces revenus était prélevée sur la production elle-même. C'était le cas des prémices, c'est-à-dire les premiers fruits de la terre ou les premiers-nés du bétail offerts en action de grâce mais c'était surtout la dîme qui pesait en premier lieu sur les céréales et — éventuellement — sur le vin, mais qui en principe devait être levée sur tous les produits : il y a ainsi des mentions de la dîme des oignons et des aulx ou de celle des saumons du Blavet. Il est impossible de chiffrer l'ampleur de ce prélèvement mais nul ne pouvait s'y dérober et s'il était inférieur à celui de la seigneurie, il pouvait utilement le compléter.

Cela explique que les laïques tenaient à garder la haute main sur ces églises en ne laissant au desservant, dont ils s'assuraient la docilité en le choisissant eux-mêmes, qu'un minimum des ressources qu'en principe il n'aurait dû partager qu'avec les pauvres et avec l'évêque. On peut distinguer plusieurs catégories parmi ces « propriétaires ». Tout d'abord, ceux qui au XIe siècle disposent de l'autorité banale : les ducs ou les comtes et les châtelains. Les ducs ne paraissent pas tellement bien pourvus : on leur connaît des églises surtout dans le Rennais, et à Nantes même ils en avaient cinq. Proportionnellement, les châtelains en ont davantage : en 1092, Raoul de Fougères peut disposer des églises Notre-Dame et Saint-Nicolas de Fougères, de celle de Sens et de la moitié de celles de Bazouges et de Vieux-Vy ; de même, en 1116, André de Vitré donne à Saint-Melaine les églises Notre-Dame, Saint-Pierre et Saint-Martin de Vitré, celles de Balazé, Mécé, Billé, Saint-Symphorien de Rennes et la moitié de celle de Saint-Didier. Viennent ensuite, moins nombreux, les seigneurs locaux, pas toujours qualifiés de *milites*, qui peuvent les tenir de droit héréditaire ou bien les avoir reçues en fief partiellement ou en totalité : en 1116, André de Vitré reconnaît à Saint-Melaine le don de l'église d'Acigné par son vassal Rouaud « quand celui-ci voudra s'en dessaisir ». L'inféodation partielle ainsi que le jeu des successions expliquent que souvent une église puisse relever de plusieurs maîtres différents. Ils peuvent même parfois être très nombreux, revêtant alors plus l'allure d'un clan que d'un lignage : à Chasné, près de Rennes, l'église était aux mains d'une vaste parentèle divisée en six branches, qui forma une sorte de conseil paroissial quand il fallut considérer les moyens de sauver l'édifice de la ruine. Il arrive enfin que l'église soit possédée par son propre desservant qui la tient à titre héréditaire avant de la léguer à l'un de ses fils ; ce cas paraît plus fréquent en Bretagne qu'ailleurs : l'exemple le plus célèbre est celui d'Arbrissel où Robert aurait dû normalement succéder à son père.

Une telle situation était évidemment fâcheuse. D'abord, dans la mesure où le desservant ne disposait que d'une faible partie des offrandes qu'il recevait pour l'administration des sacrements, il ne pouvait donner ceux-ci gratuitement, d'où l'accusation de simonie. Ou bien il devait travailler de ses mains l'exploitation qui apparaît parfois annexée à son église. Ses besoins étaient d'ailleurs souvent accrus par le fait qu'il était chargé de famille avec femme et enfants. Ainsi, au milieu des paysans, le prêtre rural vivait comme eux ; privé de toute formation véritable, il devait ressembler plus à un sorcier qu'à un guide spirituel et moral. Enfin, la possession des églises et de leurs revenus par les laïques impliquait nécessairement cette confusion entre le temporel et le spirituel à laquelle la réforme entreprise voulait mettre fin et cela du sommet à la base de l'édifice ecclésial.

Les restitutions en faveur des monastères

Le mouvement de restitution des églises fut plus tardif en Bretagne que dans les autres régions de l'Ouest où il culmina dès la fin du XIᵉ siècle sous le pontificat du successeur de Grégoire VII, Urbain II, qui vint d'ailleurs à Tours en 1096. Certes, dès avant 1050, des fidèles offrent des églises à des établissements ecclésiastiques, mais ils les donnent comme ils le feraient d'autres biens. En général, ce ne sont pas non plus des dons gratuits : le donateur reçoit de l'argent, des armes ou un cheval ou encore obtient pour lui ou pour l'un des siens l'habit monastique, la sépulture dans le cimetière de l'abbaye ou l'inscription sur le nécrologe pour bénéficier des prières des moines. Ces dernières récompenses, de nature spirituelle, furent d'ailleurs d'usage durable. Dans la seconde moitié du XIᵉ siècle, le mouvement est encore peu sensible, même dans le diocèse de Nantes où le bref épiscopat d'Airard ne suffit pas à l'accélérer. Dans les trois diocèses de Rennes, Dol et Saint-Malo il ne touche que 41 églises avant 1100 puis 49 entre 1100 et 1150 mais il atteint le chiffre considérable de 104 dans la seconde moitié du XIIᵉ siècle ; douze paroisses furent encore cédées au début du XIIIᵉ siècle : c'étaient à peu près les dernières qui restaient entre des mains laïques. Ce mouvement se répandit d'est en ouest : entre 1050 et 1100, 28 paroisses furent restituées dans le diocèse de Rennes pour 9 dans celui de Saint-Malo ; au XIIIᵉ siècle, il n'y en eut que cinq dans le premier mais sept dans le second. Plus à l'ouest, la carence documentaire interdit malheureusement toute statistique mais, autant qu'on le sache, à Quimper comme à Saint-Brieuc les restitutions sont les plus nombreuses seulement dans la première moitié du XIIIᵉ siècle.

Princes et châtelains furent parmi les premiers à remettre les églises qu'ils détenaient. D'autant qu'à partir de la seconde moitié du XIᵉ siècle la multiplication des taxes d'origine banale leur assura de nouvelles ressources. De plus, la restitution pouvait s'accompagner de l'établissement d'un bourg : ils regagnaient largement par là ce qu'ils perdaient autrement. Les petits seigneurs rechignèrent davantage car les revenus de l'église qu'ils contrôlaient représentaient une part importante de leurs ressources. Le meilleur exemple est fourni par une femme nommée Barbote qui, vers 1100, remet à Saint-Aubin d'Angers l'église de Saint-Brévin, à l'embouchure de la Loire, moyennant des arrangements compliqués afin que les moines la nourrissent sa vie durant ainsi que ses fils, sa fille et ses petits-enfants. En outre, ils ne tenaient pas à perdre le contrôle du desservant par l'intermédiaire duquel ils pouvaient imposer d'une certaine manière, eux qui ne disposaient pas du pouvoir banal, leur autorité sur les habitants de la paroisse. Parfois, ils donnent leur consentement car le sanctuaire est délabré et ils ne peuvent en assumer la reconstruction d'autant que désormais l'on substitue la pierre au bois : c'est le cas à Chasné ou à Mouazé. Parfois aussi, un miracle vient opportunément emporter la décision : vers 1080, Main, fils de Théogenète, remet à Marmoutier l'église de Cuguen, près de Combourg, et une autre non identifiée après que l'abbé Barthélemy, qui passait par là, eut guéri ses deux fils gravement malades. Les desservants ne tiennent pas tous non plus à perdre leurs patrons laïques avec lesquels ils pouvaient s'entendre pour exiger davantage des fidèles ou pour mener la vie qui leur plaisait. L'histoire du prêtre Aubry est à cet égard fort instructive. A la fin du XIe siècle, il gouvernait Saint-Sulpice de Fougères. Son ignorance était grande : il lisait et prononçait très mal le latin ; il ne savait même pas les prières essentielles de la messe. En revanche, il n'avait pas son pareil pour frauder sur les offrandes remises à son église et, une fois que l'archidiacre faisait sa tournée d'inspection, celui-ci apprit de femmes mariées qu'elles refusaient de se confesser à Aubry car il exigeait de coucher avec elles. Quand les moines de Marmoutier entrèrent en possession de Saint-Sulpice, ils se contentèrent de le surveiller de près. Mais Aubry imagina de faire casser la transaction par une mise en scène. Un jour, il enduisit l'autel et ses parements d'un sang fétide et affirma que c'était la manifestation du courroux de saint Sulpice. Comme cette ruse avait échoué, il en imagina une autre sans d'ailleurs beaucoup se renouveler : il cacha de façon à ce qu'on puisse la retrouver la croix de l'autel après l'avoir couverte d'excréments. Cette fois les moines, à qui l'on doit ce récit peut-être enjolivé, l'expulsèrent définitivement.

D'ailleurs, si l'on s'en tient aux textes, les laïques n'avaient pas vraiment le sentiment de l'illégitimité de leur appropriation des biens d'Eglise. Seuls sept documents, dont quatre sont postérieurs à 1100, font état de la culpabilité du donateur, le plus explicite étant celui dans lequel le donateur de l'église de Montreuil-sous-Pérouse « craint le châtiment éternel s'il conserve des biens ecclésiastiques ». Les laïques agissaient-ils pour autant de manière spontanée ? Il est hors de doute qu'ils furent l'objet de pressions et qu'ils durent entendre des argumentations dont le préambule de quelques actes d'Airard ou de Quiriac donne une idée. Mais il fallait aussi ménager les susceptibilités : il est plus élégant de se montrer généreux que de se reconnaître coupable et plus honorable de faire une donation que d'opérer une restitution...

Si les laïques n'avaient donc pas tous le sentiment d'une restitution, ce terme est également inexact si l'on considère ceux qui en furent les bénéficiaires. Normalement, les églises paroissiales auraient dû être restituées aux évêques ; or, comme le montrent les exemples déjà cités, ce furent les abbayes qui en bénéficièrent le plus, du moins dans les diocèses orientaux, puisqu'à la fin du XIIIᵉ siècle, elles possédaient 245 cures sur les 470 environ qui dépendaient des sièges de Rennes, Dol et Saint-Malo ; dans celui de Nantes, la proportion est à peine inférieure. Cela s'explique aisément là où le phénomène fut relativement précoce. En effet, pendant la majeure partie du XIᵉ siècle, l'épiscopat ne donna guère l'exemple des vertus chrétiennes : comme les donateurs espéraient faire leur salut grâce à leur générosité, ils préférèrent s'adresser aux moines dont l'intercession serait plus efficace. Les évêques n'en prirent pas ombrage : une charte de Redon de 1048 ou peu avant nous a conservé le dialogue entre le prêtre desservant et propriétaire de l'église de Montautour près de Vitré et l'évêque de Rennes, Main, qui conseille à son interlocuteur de remettre son église au saint « dont il attend le salut », c'est-à-dire le Sauveur à qui était dédiée l'abbaye de Redon. Plus tard, les évêques s'en tinrent à une solution transactionnelle dont le prototype avait été fourni par Airard, qui sauvait le principe de leur droit, pas toujours matérialisé par une taxe annuelle et qui présentait davantage l'apparence d'une restitution : l'église est remise en leurs mains puis ils en investissent à leur tour l'abbé donataire définitif. Les évêques donnent aussi aux monastères des églises dont ils ont la propriété : Marbode cède ainsi Châtillon-sur-Seiche à Saint-Melaine et en 1116 Morvan, à Vannes, donne au prieuré Saint-Martin de Josselin l'église de Crédin. Ces donations prouvent que la réforme ne poursuivait pas des buts exclusivement juridiques mais qu'elle visait aussi au relèvement moral, spirituel et intellectuel du clergé paroissial. Faute de moyens pour y parvenir, les évêques préféraient confier les églises aux abbayes — même étrangères à leur diocèse — qui disposaient d'un personnel de valeur et dont les prieurés répandus à travers les campagnes pouvaient donner le bon exemple à la fois aux fidèles et aux desservants.

Le rôle croissant de l'épiscopat

Au XIIᵉ siècle, la situation évolue. Sous l'influence des nouvelles conceptions du monachisme, incarnées notamment par saint Bernard, la vie monastique s'écarte de plus en plus des préoccupations du ministère paroissial ; les moines retiennent chez eux les meilleurs éléments issus de leurs écoles et se désintéressent du choix des pasteurs. Ce qui ne les empêche pas de continuer de percevoir une bonne part des revenus paroissiaux : c'est pourquoi, si les abus les plus criants disparaissent, la condition matérielle des desservants ne fut pas plus améliorée que leur formation intellectuelle. C'est là sans doute l'une des raisons pour lesquelles les évêques adoptent une nouvelle attitude en ce domaine. D'abord, ils légifèrent en ce qui concerne les églises paroissiales et leur clergé : réunis en concile à Nantes en 1128 ils prennent des mesures très sévères quant au recrutement. Ainsi, les fils de prêtres ne pourront pas accéder au sacerdoce, à moins qu'ils ne se fassent moines ou chanoines séculiers ; quant à ceux qui sont déjà prêtres, il leur est interdit de prendre la succession de leurs pères dans les églises que ces derniers ont desservies. Plus généralement, ils cherchent à ce que les donations d'églises soient accordées aux abbayes locales sur lesquelles ils ont davantage autorité plutôt qu'à celles qui ont leur siège à Angers ou à Tours. Parmi les abbayes bretonnes, ils favorisent celles qui, aux mains de chanoines réguliers, ont des prieurés-cures où l'observance de la règle n'exclut pas la charge d'âmes. Enfin, ils essaient de se réserver les paroisses qui font l'objet d'une restitution : cela est très net à Saint-Malo où, à la fin du XIIIe siècle, l'évêque dispose de 96 cures sur 161. Il est difficile de dire ce qu'il en fut pour les diocèses bretonnants puisque, même pour la fin du Moyen Age, on ne dispose pas de listes ou « pouillés » qui indiquent quels sont les patrons des paroisses. A. de Courson, à la fin de son édition du *Cartulaire de Redon*, a reconstitué des pouillés à l'aide d'éléments divers et indéterminés. Pour les diocèses de Cornouaille et de Léon, il vaut mieux encore utiliser les travaux de D. Bernard sur le clergé séculier en 1790 qui comportent l'indication des patrons à cette époque. Pour Quimper qui compte alors 139 paroisses, 23 avaient des patrons monastiques dont 9 étaient des prieurés-cures des augustins de Daoulas. Pour Saint-Pol, sur 87 paroisses, 9 seulement échappaient à l'autorité de l'évêque ou des membres de son chapitre, dont deux étaient des prieurés-cures. Certes, depuis le Moyen Age, le patrimoine monastique avait subi une certaine érosion ; elle ne peut cependant suffire à expliquer cette faiblesse du patronage des abbayes. Le succès des évêques fut d'ailleurs grandement facilité par la faiblesse du réseau monastique dans l'ouest de la Bretagne. Celui-ci fut renforcé au XIIe siècle mais pour l'essentiel par des établissements cisterciens qui refusaient de recevoir des églises, du moins sur le continent car ils en gérèrent un certain nombre en Angleterre. Quant à la pauvreté en ce domaine des anciens monastères — Landévennec, le mieux pourvu, n'avait guère plus d'une douzaine de paroisses, Saint-Gildas de Rhuys en avait moins encore — on peut en chercher la raison soit dans une réticence analogue à celle qu'exprimaient les cisterciens, soit dans l'intérêt porté à d'autres formes d'action dont la multiplication des noms en

Loc - consacrés à saint Guénolé ou à saint Gildas dont on a déjà parlé et dont on reparlera plus loin — pourrait avoir conservé la trace.

Le patronage des églises paroissiales continuait de présenter des inconvénients certains même s'il était assuré par des établissements religieux. Le droit de patronage, très étendu à l'origine puisqu'il avait parfois abouti à occulter toute autorité réelle de l'évêque, se mua progressivement en droit de présentation : le possesseur de l'église « présentait » un desservant à l'évêque qui l'investissait de la juridiction spirituelle en lui confiant la *cura animarum*. C'était quand même obliger l'évêque à entériner un choix auquel il était étranger. D'autre part, le desservant continuait, bon gré mal gré, à avoir deux maîtres, ce qui ne facilitait pas sa tâche. Surtout, le patron continuait de percevoir l'essentiel des revenus même s'il semble y avoir eu une amélioration de la condition du clergé rural suite aux décisions prises lors du Quatrième concile du Latran en 1215 : on sait par exemple qu'en 1231, l'évêque de Saint-Malo, Geoffroy, « conformément aux décrets du concile général », attribue au desservant de Saint-Benoît-des-Ondes toutes les offrandes de sa paroisse, le tiers des dîmes et une partie de celles qu'y percevaient les moines du Mont Saint-Michel. Dès lors, le patron devait laisser au desservant sur l'ensemble des revenus de la paroisse une « portion congrue », c'est-à-dire convenable ; il était rare qu'elle le fût vraiment, d'où le sens erroné que cette expression finit par prendre dans le langage courant. Inversement, on aimerait savoir ce qu'il en était des paroisses contrôlées directement par les évêques : l'absence d'archives épiscopales ne permet pas d'affirmer que leurs prêtres bénéficièrent d'un sort nettement plus enviable. Il n'est même pas sûr qu'ils aient toujours été recrutés avec tout le discernement souhaitable : en 1202, les moines de Saint-Melaine se plaignent à Rome que l'évêque de Saint-Brieuc, non content de leur contester l'église de Planguenoual, l'ait confiée à un fils de prêtre. Il est difficile de conclure mais il semble bien que le mouvement de restitution des églises, s'il fut un succès presque total au plan juridique, n'aboutit pas à une réforme véritablement significative du clergé rural.

Les restitutions de dîmes

Les dîmes constituaient depuis l'époque carolingienne, au cours de laquelle leur perception fut généralisée, une part importante des revenus du clergé. Or leur restitution fut encore plus tardive que celle des églises et elle demeura incomplète. Leur nature ecclésiastique était en effet moins évidente qu'en ce qui concerne les églises, d'autant que de nombreuses dîmes avaient été instituées par des seigneurs laïques à titre de redevance : l'Eglise ne pouvait donc prétendre qu'elles lui avaient été usurpées ni, par suite, en exiger la restitution. D'autre part, les dîmes étaient très morcelées et aux mains des petits seigneurs, elles constituaient pour eux un revenu facile à percevoir et trop appréciable pour accepter aisément de s'en défaire.

Tout cela explique qu'il y eut un courant assez régulier de donations ou de restitutions à partir du XIe siècle : son ampleur dépendit davantage de la générosité des fidèles que de l'intensité du mouvement de réforme : c'est seulement dans la première moitié du XIIIe siècle que quelques-uns paraissent douter de la légitimité de la possession de leurs dîmes. Au demeurant, si beaucoup les donnent, d'autres les engagent ou les vendent aux religieux sans encourir l'accusation de simonie : leur caractère ecclésiastique demeurait donc incertain. A ces trafics, s'ajoutent d'innombrables conflits entre réguliers ou entre réguliers et séculiers, notamment à propos des dîmes instituées sur les terres neuves, dîmes dites novales, dont la nature religieuse était indiscutable et qui, selon les décisions conciliaires, auraient dû revenir aux desservants des paroisses. Dans l'ensemble, les dîmes vinrent surtout accroître le patrimoine des religieux des abbayes anciennes ou nouvelles qui bénéficient à la fois des donations grâce à leur prestige et des acquisitions grâce à leur fortune. Même au XIVe siècle, le problème des dîmes n'était pas encore réglé : celles que l'Eglise possédait étaient plus souvent levées par les moines que par le clergé paroissial et le monde rural supportait mal ce qui apparaissait plus comme une taxe que comme une pieuse offrande.

Plusieurs générations ont donc été nécessaires pour que la réforme donne à l'Eglise un nouveau visage. Au début du XIIIe siècle, les établissements religieux se sont multipliés et enrichis, l'épiscopat est compétent et digne ; surtout, l'Eglise est désormais, pour un temps seulement, à l'abri des ingérences des laïques. Il est difficile d'affiner davantage le jugement, on peut essayer seulement de décrire comment fonctionnait l'institution et quelles en furent les manifestations artistiques les plus durables.

BIBLIOGRAPHIE

Une bonne synthèse sur les différents aspects de l'Eglise à l'époque féodale a été rédigée par G. Devailly dans l'**Histoire religieuse de la Bretagne** réalisée sous sa direction, Chambray, 1980, pp. 50-74. Dans le cadre de l'« Histoire des diocèses de France » sont déjà parues celle du **Diocèse de Rennes**, sous la direction de J. Delumeau, Paris, 1979 et celle du **Diocèse de Nantes**, sous la direction d'Y. Durand, Paris, 1985, la période médiévale ayant été traitée respectivement par A. Chédeville (pp. 47-72) et par N.Y. Tonnerre (pp. 32-52) ; l'histoire des diocèses de Saint-Brieuc et de Tréguier doit bientôt paraître, confiée à G. Minois, avec la contribution de B. Merdrignac pour le Moyen Age.

La réforme en général a fait l'objet des recherches de B.A. Pocquet du Haut-Jussé, « Les prodromes de la réforme grégorienne en Bretagne », **Bulletin philologique et historique,** 1960, pp. 871-891 et de G. Devailly, « Une enquête en cours : l'application de la réforme grégorienne en Bretagne », **AB,** t. 75, 1968, pp. 293-316. Voir aussi H. Guillotel, « Bretagne et papauté au XIe siècle », *L'Eglise de France et la papauté (Xe-XIIIe siècle),* éd. R. Grosse, Bonn, 1993, pp. 265-286. Pour le clergé régulier, on ne peut citer que l'ouvrage vieilli de l'abbé Guillotin de Corson, **Les templiers et les hospitaliers de Saint-Jean de Jérusalem dits chevaliers de Malte en Bretagne,** Nantes, 1902 et celui encore inédit d'A. Dufief, **Les cisterciens en Bretagne aux XIIe et XIIIe siècles,** 2 vol. dactyl., Rennes, 1978. Les ermites ont suscité davantage de curiosité : R. Niderst et le chanoine Raison, « Le mouvement érémitique dans l'Ouest de la France à la fin du XIe et au début du XIIe siècle », **AB,** t. 55, 1948, pp. 1-46, E. Werner, **Pauperes Christi,** Leipzig, 1956, J. Becquet, « L'érémitisme clérical et laïc dans l'Ouest de la France », **L'eremitismo in Occidenti nei secoli XI-XII,** Milan, 1965, pp. 182-203. Voir aussi G. Cléac'h et M. Letissier, « Un ermitage de style irlandais en Bretagne : l'ermitage de Saint-Hervé en Lanrivoaré », **Archeologia,** août 1976, pp. 37-41. Pour le plus célèbre d'entre eux voir R. Niderst, **Robert d'Arbrissel et les origines de Fontevrault,** Rodez, 1952, G. Devailly, « Un évêque et un prédicateur errant au XIIe siècle : Marbode de Rennes et Robert d'Arbrissel », **MSHAB,** t. 57, 1980, pp. 163-170 et deux études de J. Dalarun, « Robert d'Arbrissel et les femmes », **Annales E.S.C.,** t. 39, 1984, pp. 1140-1160 et **Robert d'Arbrissel ou l'impossible sainteté,** Paris, 1985. Citons aussi un court article d'H. Guillotel, « Les premiers temps de l'abbaye de Saint-Sulpice-la-Forêt », **MSHAB,** 1971-1974, pp. 60-62. J.C. Cassard, « Eon de l'Etoile, ermite et hérésiarque breton du XIIe siècle », **MSHAB,** t. 57, 1980, pp. 171-198, a démythifié le personnage en le replaçant dans le contexte de l'époque.

Des listes épiscopales, des origines à 1198, destinées à être publiées dans les **Series episcoporum,** Stuttgart, ont été préparées par A. Chédeville (Rennes, Dol, Tréguier, Saint-Pol), G. Devailly (Nantes, Vannes, Quimper) et J.C. Poulin (Alet-Saint-Malo) ; sur ce dernier siège, on peut déjà consulter H. Guillotel, « Les évêques d'Alet du IXe siècle au milieu du XIIe siècle », **Annales de la Soc. d'hist. et d'archéo. de Saint-Malo,** 1980, pp. 251-266. L'épiscopat d'Airard à Nantes a été étudié par H. Guillotel, « La pratique du cens épiscopal dans l'évêché de Nantes. Un aspect de la réforme ecclésiastique en Bretagne dans la seconde moitié du XIe siècle », **Le Moyen Age,** t. 80, 1974, pp. 5-49 et la période qui l'a précédée par J.P. Brunterc'h, « Puissance temporelle et pouvoir diocésain des évêques de Nantes entre 936 et 1049 », **MSHAB,** t. 61, 1984, pp. 29-82 ; plus généralement pour Nantes : L. Maître, « Situation de l'Eglise de Nantes aux XIe et XIIe siècles », **AB,** t. 26, 1911, pp. 489-500. Les relations entre les évêques et le pouvoir laïque ont été analysées dans le cadre d'une recherche plus vaste par R. Kaiser, **Bischofsherrschaft zwischenKönigtum und Fürstenmacht - Studien zur bischöflichen Stadtherrschaft im westfrän-**

kisch-französischen Reich im frühen und hohen Mittelalter, « Pariser historiche Studien » 17, Bonn, 1981, pp. 114-149. Les ouvrages de H. Pasquier, **Baudri, abbé de Bourgueil, archevêque de Dol (1046-1130),** Angers, 1878 et L. Ernaul, **Marbode, évêque de Rennes, sa vie et ses œuvres,** Rennes, 1890, sont aujourd'hui vieillis ; voir plutôt en ce qui concerne les talents littéraires de ces deux prélats : J. de Ghellinck, **L'essor de la littérature latine au XIIᵉ siècle,** Bruxelles-Paris, 1954. Une partie de l'œuvre poétique de Marbode a été traduite non sans talent par M.S. Ropartz « Poèmes choisis de Marbode, évêque de Rennes », **BSAIV,** t. 8, 1878, pp. 411-513. **Le Livre des manières** d'Etienne de Fougères a été publié récemment par R.A. Lodge, Genève, 1979.

Pour les églises paroissiales, se reporter surtout à l'article plus général consacré à la réforme, cité ci-dessus, de G. Devailly et, du même auteur, à « Les restitutions de paroisses au temps de la réforme grégorienne, Bretagne et Berry : étude comparée », **Bulletin philologique et historique,** 1968, pp. 583-597.

CHAPITRE II

STRUCTURES ET ARCHITECTURE

A mesure que la réforme se développait, soutenue par elle et la soutenant à son tour, l'édifice ecclésial se renforçait. Il s'est renforcé au niveau des institutions, de plus en plus efficaces, de mieux en mieux définies, depuis la papauté jusqu'à cette communauté de base qu'est la paroisse. Mais, en ces temps de mentalités concrètes, son affermissement a été rendu plus sensible encore par la multiplication des édifices religieux qui, par leur solidité, leur harmonie, leur beauté ou leur somptuosité, attestèrent, aux yeux des contemporains, la présence et la puissance de l'Eglise.

A — DU DIOCESE A LA PAROISSE

La Bretagne était bien loin de Rome ; l'influence de la tête de l'Eglise et l'évolution du pouvoir pontifical y retentirent pourtant. Aux XIe et XIIe siècles, les papes n'interviennent que pour des affaires d'importance, soit directement, soit par l'intermédiaire de leurs légats. Nous en avons vu des exemples à propos des nominations épiscopales, nous verrons bientôt ceux relatifs au transfert du siège épiscopal d'Alet et à la métropole de Dol. On pourrait citer aussi ceux qui se rapportent aux conflits d'ordre temporel qui opposèrent des abbayes. Ainsi, en 1062, les moines de Redon entreprirent de contester à ceux de Marmoutier la possession du prieuré de Béré près de Châteaubriant ; en 1068 le légat Etienne, au concile de Bordeaux, entama l'affaire, puis le pape Alexandre II reconnut le bon droit de Marmoutier qui, au concile de Nantes de 1110 devant le célèbre légat Gérard d'Angoulême, consentit quelques dédommagements à Redon. Les mêmes moines de Redon convoitaient depuis déjà un moment Belle-Ile qui, après leur avoir sans doute appartenu, était passée à Sainte-Croix de Quimperlé. La confection de faux n'ayant pas suffi, l'abbé de Redon, après avoir circonvenu le jeune duc Conan III, obtint par la force ce qu'il voulait. Il fut bien sûr condamné par

Gérard d'Angoulême mais il ne fallut pas moins de deux conciles régionaux à Angoulême en 1118 et à Reims l'année suivante pour que sa sentence fût suivie d'effet. Dans une seconde époque, à partir des années 1180, mais surtout après l'avènement d'Innocent III en 1198, la juridiction pontificale s'étend à d'innombrables causes mineures, notamment des affaires de dîmes dont le règlement est confié à des commissaires, d'ordinaire au nombre de trois, en majorité membres de chapitres cathédraux, abbés ou prieurs, souvent étrangers à la Bretagne.

La stabilisation des diocèses

Vers l'an mil, la Bretagne est divisée en neuf diocèses ; peut-être Tréguier et Saint-Brieuc, comme nous l'avons déjà dit, n'avaient-ils été créés qu'une cinquantaine d'années auparavant. Quant aux enclaves de Dol réparties dans toute la Domnonée sauf le Léon, il vaut mieux y voir avec H. Guillotel une partie du temporel primitif de l'abbaye de Dol plutôt que ce qui serait resté, comme l'avait avancé F. Merlet, de l'autorité spirituelle et temporelle que l'archevêque Wicohen avait exercée sur le nord de la Bretagne dans la seconde moitié du Xe siècle. Le diocèse de Nantes eut désormais le contrôle du pays de Guérande ; nous savons aussi que sa limite avec le diocèse de Rennes fut ramenée du Semnon à la Chère ; surtout, à l'est, nous avons vu que le Craonnais qui en relevait auparavant passa sous l'autorité de l'évêque d'Angers qui y établit deux doyennés, ceux de Craon et de Candé. A partir de la seconde moitié du XIe siècle, les limites diocésaines ne connurent que des modifications mineures. A la fin du siècle, l'évêque Morvan de Vannes s'efforça en vain de détacher Belle-Ile du diocèse de Quimper, sans doute en contrepoint du conflit évoqué ci-dessus. Mais le siège d'Alet fut transféré à Saint-Malo et Dol dut finir par reconnaître l'inanité de sa prétention multi-séculaire au rang de métropole.

L'origine gallo-romaine du siège d'Alet paraît de plus en plus assurée à la suite des travaux de L. Langouet. A l'époque toutefois, saint Malo était considéré comme son véritable fondateur. Aussi, dès 869, voit-on un évêque d'Alet, Ratvili, qualifié comme titulaire du siège de saint Malo ; cet usage est encore attesté plus d'une fois au XIe siècle. Or les reliques du saint n'avaient jamais reposé à Alet ; rapportées au IXe siècle, dans des circonstances mal établies, de Saintonge où le saint avait fini ses jours, elles avaient été déposées dans l'île où il s'était d'abord installé et qui portait son nom. Elles n'y étaient d'ailleurs restées que peu de temps : entre 920 et 930, devant la menace normande, l'évêque Salvator les avait confiées avec d'autres au sanctuaire parisien qui devint l'abbaye Saint-Magloire où elles demeurèrent. Mais cette île de Saint-Malo attirait les hommes grâce à la sûreté de son site et à son accès aisé par mer : au contraire, le vieux centre épiscopal, resserré sur son promontoire, se mourait lentement. Signe de cet essor, en 1108, Marmoutier, toujours soucieux de s'établir dans des localités promises à un avenir prospère, reçoit de l'évêque Benoît les églises Saint-Malo de Dinan et Saint-Malo de l'Ile. Cette générosité de Benoît eut des conséquences fâcheuses quand Jean de Châtillon, dès le début de son épiscopat en 1144, entreprit de transférer son siège dans l'île de Saint-Malo. Il lui fallut en effet en déloger les moines de Marmoutier qui se défendirent avec vigueur : ils obtinrent même que l'évêque fût suspendu. Celui-ci demandait en vain l'aide de saint Bernard quand le pape Lucius II mourut et fut remplacé par le cistercien Eugène III. Les commissaires qu'il envoya recueillirent le témoignage de trois prêtres qui ne craignirent pas de jurer avoir entendu et vu que l'église Saint-Malo avait été siège épiscopal. A la suite de quoi, le 16 août 1146, le pape entérina le transfert et imposa à l'abbé de Marmoutier et à ses moines un silence perpétuel sur ce sujet. Jean de Châtillon continua à s'intituler évêque d'Alet mais ses successeurs prirent définitivement le titre d'évêques de Saint-Malo.

L'affaire de Dol fut autrement compliquée. Rome n'avait jamais entériné l'érection du siège en métropole mais bientôt les temps furent tels que l'affaire s'assoupit jusqu'au milieu du XIᵉ siècle, lorsque le pape s'en prit à Juhel pour les raisons que nous savons : il en profita pour rappeler aux évêques bretons leur dépendance à l'égard de Tours. Quand Grégoire VII eut enfin déposé Juhel pour nommer Even à sa place, il n'obligea pas celui-ci à se soumettre à Tours : ç'eût été lui enlever tout le crédit et toute l'influence dont il avait besoin pour promouvoir les réformes ; il le consacra donc archevêque et lui conféra le pallium, ornement généralement réservé aux archevêques. Bien entendu, l'archevêque de Tours ne l'entendait pas ainsi : dès 1081, il fit reconnaître ses droits au concile de Saintes. Peu après, Vannes et Quimper se rattachèrent à la métropole tourangelle — Rennes et Nantes lui étaient restées fidèles — d'autant qu'en 1094 Urbain II affirma que désormais aucun pontife de Dol ne pourrait prétendre au pallium. Baudry de Bourgueil l'obtint néanmoins, ce qui ne l'empêcha pas de perdre l'un de ses suffragants : en 1119 ou en 1120, quand le nouvel évêque d'Alet, Donoal ou Donald, vint à Dol pour se faire consacrer, Baudry venait d'encourir la suspense lors des démêlés avec ses chanoines ; Donoal se rendit alors à Tours. En 1128, le légat Gérard d'Angoulême accepta de venir présider un concile régional à Dol ; seuls y vinrent les évêques de Saint-Brieuc, Tréguier et Saint-Pol ; encore dès l'année suivante ce dernier abandonnait-il la métropole bretonne pour se rallier à Tours. Les successeurs de Baudry conservèrent le titre archiépiscopal et leurs deux derniers suffragants. Le pape Eugène III chargea saint Bernard de trouver les termes d'un compromis mais celui-ci mourut sans avoir eu le temps de remplir sa mission. En 1154, Hugues le Roux, promu à Dol, crut bon de se soumettre à Tours ; de retour en Bretagne, les Dolois refusèrent de le recevoir. Heureusement pour lui, l'avènement du roi Henri II Plantagenêt, hostile à l'influence tourangelle, et du pape Hadrien IV, qui était anglais, lui valurent d'obtenir de Rome et le pallium et la soustraction d'obédience à Tours : née au IXe siècle de la politique princière, la métropole lui devait encore de survivre avant d'en mourir. En 1177, Louis VII « dolent du dol des Dolois » déclarait au pape que léser Tours serait « le toucher à la pupille de l'œil » ; en 1184 ou 1185, Philippe Auguste insistait à son tour pour que le débat fût clos aux dépens de Dol. Les papes hésitèrent à trancher d'autant que Tours n'acceptait aucune concession et que Roland II de Dol était devenu cardinal. Mais ce dernier mourut bientôt pendant que les Capétiens paraissaient devoir l'emporter sur les Plantagenêts. En 1199, après une dernière enquête, Innocent III rendit une sentence définitive : l'évêque de Dol n'aurait plus le pallium et serait soumis comme tous les autres évêques de Bretagne à la métropole de Tours. Cette situation devait durer jusqu'en 1859 lorsque Napoléon III obtint de Pie X l'érection d'un archevêché à Rennes.

Archidiacres et archidiaconés

C'est également à partir des XIe-XIIe siècles que les archidiacres et les archidiaconés apparaissent nettement. Les archidiacres étaient à peu près aussi anciens que l'organisation épiscopale : à Nantes, l'archidiacre Chaddo est attesté vers 650. Plus tard, on sait que le fondateur de l'abbaye de Redon, Conwoion, était archidiacre de Vannes. Ils réapparaissent très tôt dans la documentation puisque l'archidiacre Bili est mentionné à Vannes en 1021. L'archidiacre joue alors un peu le rôle de vicaire général sans que l'on connaisse bien l'étendue de son autorité. Comme l'évêque, il visite les paroisses : c'est l'archidiacre de Rennes Arnoul qui, « parcourant le diocèse suivant l'usage », suspend ce desservant de Fougères dont les moines de Marmoutier nous ont décrit l'ignorance et les turpitudes. L'accord de l'archidiacre apparaît aussi parfois lors de restitutions d'églises, ainsi à Vitré en 1116. Ces pouvoirs s'accompagnent de la perception de droits : entre 1008 et 1033, l'évêque Guérin donne à Marmoutier tout ce qu'il recevait à Marcillé-Robert « sauf la part de l'archidiacre ». A des dates différentes selon les régions, il y eut non plus un mais deux archidiacres voire davantage qui furent dotés peu à peu d'une circonscription précise. En Bretagne, le phénomène paraît tardif. Alors qu'à Angers, par exemple, trois archidiacres sont mentionnés dès le IXe siècle et leurs circonscriptions dès le Xe, il faut attendre à Nantes 1050 pour rencontrer deux archidiacres, Guillaume et Alveus, et à

Rennes, c'est seulement en 1108 que deux archidiacres sont mentionnés et en 1116 que l'on est sûr qu'ils ont chacun à charge une partie déterminée du diocèse, encore que les titres distinctifs d'archidiacre de Rennes et d'archidiacre du Désert n'apparaissent pas avant le XIIIe siècle. A Alet, en 1101, il y a encore apparemment un seul archidiacre du nom de Rivallon qui devint évêque en 1112, de même à Quimper vers 1100. A Vannes, malgré l'étendue du diocèse et à Dol en dépit de l'éloignement de certaines enclaves, il n'y eut jamais qu'un seul archidiacre alors que le petit diocèse de Léon était à la fin du Moyen Age divisé en trois archidiaconés : Léon, Kémenet et Ach.

Les limites des archidiaconés ne sont bien connues que pour la fin du Moyen Age.Ceux de la côte nord se sont coulés pour la plupart dans les limites de circonscriptions connues dès le haut Moyen Age. Dans le diocèse de Saint-Malo, l'archidiaconé de Dinan est aussi appelé archidiaconé de Poudouvre car il coïncide avec l'ancien *pagus Daoudour*, mais l'archidiaconé de Porhoët n'a succédé que pour partie à l'ancien et vaste Pou-tro-coët (*pagus Trans sylvam*). Dans le diocèse de Saint-Brieuc, les archidiaconés de Goëllo et de Penthièvre et, dans celui de Tréguier, l'archidiaconé du même nom sont respectivement les héritiers du *pagus Gouelou* ou *pagus Welamensis*, du *pagus Penteur* et du *pagus Tricurinus*. Dans le diocèse de Léon, si l'archidiaconé d'Ach a succédé au *pagus Achmensis*, l'archidiaconé de Léon, appelé archidiaconé d'Audour en 1279, ne couvre que la partie orientale d'un second *pagus Daoudour* en raison de la création à l'ouest de l'archidiaconé de Kémenet. D'autres archidiaconés, par leur nom ou par leur tracé, suscitent un certain nombre de problèmes. On aimerait par exemple savoir si l'archidiaconé du Désert, qui s'étendait au sud et au sud-ouest du diocèse de Rennes, devait son nom à une moindre densité de l'occupation humaine. Dans le diocèse de Tréguier, l'archidiaconé de Pougastel pose une autre énigme. Son nom est la traduction bretonne du *pagus Castelli* ainsi nommé de l'antique Carhaix-Vorgium qui lui était alors très extérieure et dont une autre forme bretonne, Pou-Caer (=*pagus Castri*), devenue Poher, désignait l'archidiaconé septentrional du diocèse de Quimper. Cet archidiaconé de Pougastel couvrait à l'ouest le débouché maritime vers la Manche du *pagus Castelli* mais la plus grande partie de son territoire était constituée par le *pagus Civitatis* qui devait son nom à la *Vetus Civitas* (auj. Le Yaudet en Ploulec'h près de Lannion), sans doute siège épiscopal éphémère à la fin du Ve siècle. On explique les pouvoirs anormalement étendus dont jouissait l'archidiacre de Pougastel à la fin du Moyen Age par les droits que celui-ci aurait prétendu, à tort ou à raison, avoir hérité de cette *Vetus Civitas*.

L'archidiaconé qui aiguise le plus la curiosité des historiens est celui dit de la Mée dans le diocèse de Nantes. Il s'étendait de l'embouchure de la Loire à celle de la Vilaine jusqu'au nord-est du diocèse mais, aux portes de Nantes, la paroisse Saint-Similien, puis celle de Saint-Nicolas qui en fut détachée plus tard, en dépendaient : il comprenait ainsi la majorité des paroisses du diocèse situées au nord de la Loire. Il n'apparaît pas comme tel avant 1250. Son nom latin *Media* a été tantôt rapproché de *meta*, « la frontière », tantôt tout simplement traduit comme « terre de marche ». Deux hypothèses, qui peuvent se combiner, ont été avancées pour en expliquer l'origine. Il pourrait remonter au IXe siècle quand Nominoé, après avoir pris Nantes et après en avoir chassé l'évêque légitime Actard, y établit un clerc vannetais nommé Gislard. Lors de la paix entre Charles le Chauve et Erispoé, Actard fut rétabli dans ses droits mais Gislard, avec l'appui des Bretons, s'installa à Guérande d'où il continua d'exercer l'autorité épiscopale non seulement dans le nord-ouest du diocèse où l'implantation bretonne n'était pas négligeable, mais aussi vers l'est, accompagnant dans cette direction la poussée des princes bretons. Gislard aurait vécu jusqu'au début du Xe siècle, puis un archidiacre, désormais soumis à l'évêque de Nantes, aurait assuré la survie de cette circonscription. Cette hypothèse aurait le mérite d'expliquer pourquoi deux archidiacres apparaissent à Nantes un bon demi-siècle plus tôt qu'à Rennes. Mais la Mée désignait aussi au point de vue politique une région qui ne coïncidait pas forcément avec l'archidiaconé tel qu'il est connu plus tard puisque le pays de Guérande en est parfois considéré comme distinct. Le poète normand Wace et l'auteur du *Roman d'Aquin* en font mention ; un acte de Conan IV évoque même « le comté de la Mée » ; au début du XIIIe siècle, cette région était confiée à un sénéchal particulier. On a donc imaginé que la Mée, ainsi que son nom l'indiquerait, aurait été une zone-tampon entre les comtés de Rennes et de Nantes et, du moins en partie, du côté de l'Anjou. Les deux batailles qui s'y déroulèrent à Conquereuil en 981 et 992 illustrent bien ce rôle qui aurait été comparable à celui qu'au sud de la Loire jouèrent les « marches séparantes » tant du côté de l'Anjou que de celui du Poitou. Quand un second archidiaconé fut établi dans le diocèse, il parut normal de le faire coïncider plus ou moins avec cette zone, en tout cas de lui en donner le nom. Il doit y avoir du vrai dans ces deux hypothèses mais aucune ne rend vraiment compte du tracé et de la grande étendue de cet archidiaconé.

Les doyennés et leur diversité

Les archidiaconés étaient divisés en doyennés appelés aussi parfois territoires. Celui de La Guerche au diocèse de Rennes est attesté dès 1065 ; la plupart ne sont mentionnés que dans le courant du XIIe

ou même du XIIIᵉ siècle. Nos textes sont à peu près muets à leur égard : comme ailleurs, les doyens devaient avoir des fonctions, à un niveau inférieur, du même ordre que celles des archidiacres ; elles leur valaient aussi un certain nombre de prérogatives : en 1170, l'abbé de Saint-Melaine prouve qu'il n'est astreint pour les églises de Brécé et de Noyal à aucun devoir décanal à l'égard d'Even, doyen de Châteaugiron. Le nombre des doyennés ne fut pas immuable : il devait y en avoir trois dans le diocèse de Nantes en 1115, ils étaient cinq en 1287. A Rennes, ils auraient été onze à la fin du XIIᵉ siècle, ils ne sont plus que neuf en 1330 et huit à la fin de ce siècle. Au XIVᵉ siècle, il y en avait trois dans le diocèse de Dol et huit dans celui de Saint-Malo ; le diocèse de Vannes comprenait six doyennés et quatre « territoires », celui de Quimper deux doyennés et trois « territoires ». Il n'y en avait pas dans le diocèse de Léon dont les archidiaconés, au demeurant, n'étaient pas plus vastes que ne l'étaient ailleurs les doyennés. Mais il n'y en avait pas non plus dans les diocèses de Tréguier et de Saint-Brieuc. Au sud de ce dernier, le *pagus Porrihocensis* regroupait une douzaine de paroisses de la région de Loudéac et ne dépendait d'aucun des deux archidiaconés. D'après son nom, on peut le considérer comme un reliquat du Porhoët primitif, vaste région centrale peu peuplée qui aurait été ultérieurement partagée, le diocèse de Saint-Malo en gardant la plus grande part dans son archidiaconé de Porhoët. Ce territoire fut ensuite rattaché à l'archidiaconé de Goëllo mais en demeura topographiquement distinct.

Ceci pose le problème de l'origine des doyennés, largement comparable à celui des archidiaconés. Quelques-uns semblent être les héritiers de très anciennes circonscriptions. C'est le cas dans le diocèse de Rennes du Vendelais ou dans celui de Quimper des trois « territoires » de Fouesnant, Cap-Sizun et Cap-Caval, héritiers d'anciens *pagi* ; en revanche, au sud de la Loire, le doyenné de Rais n'inclut pas la localité à laquelle il doit son nom, Rezé, comprise dans le doyenné de Clisson. D'autres sont nés seulement des aléas de l'histoire comme le doyenné d'Ancenis qui regroupait au nord de la Loire les paroisses qui ne relevaient pas de l'archidiaconé de la Mée ou encore le « territoire » de Redon découpé en fonction du patrimoine de l'abbaye fondée au IXᵉ siècle.

Le renforcement des paroisses

De toutes les circonscriptions ecclésiastiques, les paroisses sont bien évidemment les plus réelles et les plus vivantes. L'église, qui en est le centre, rythme la vie des hommes au fil des heures au son de ses cloches, au long de l'année par la succession des dimanches et des nombreuses fêtes, et au long de l'existence depuis le baptême jusqu'aux obsèques. Du XIᵉ au XIIIᵉ siècle, on assiste à un renforcement incontestable de la paroisse. Les raisons en sont multiples. D'abord, une occupation humaine plus dense entraîne une délimitation plus précise du finage paroissial ; il y a de moins en moins de terres à ne relever d'aucune paroisse comme c'était encore le cas au sud de Combourg quand, vers 1080, Adam, fils d'Urvoy, donne à Saint-Florent la terre de la Lande-Huan. A mesure que les terres sont mises en valeur, il faut bien déterminer à quelle paroisse appartiennent les dîmes des récoltes. Cela ne va pas toujours sans contestation : on a ainsi conservé l'acte par lequel Etienne, évêque de Rennes, fixe vers 1170 la limite entre les paroisses de Lécousse et de Saint-Sulpice de Fougères à la suite d'un procès sur les dîmes entre les moines de Marmoutier et de Pontlevoy, patrons de ces paroisses. Ensuite, les paroisses les plus étendues furent démembrées afin d'en créer de nouvelles. Cela peut s'expliquer par l'essor démographique : comme nous le verrons dans le chapitre suivant, la création de nouvelles paroisses est même l'un des meilleurs critères pour en évaluer l'importance. Mais il n'est pas exclu non plus que les autorités ecclésiastiques aient délibérément cherché à multiplier les lieux de culte soit en créant de nouveaux centres paroissiaux, soit comme surtout en zone bretonne, en établissant ces succursales que sont les trèves. Le fonctionnement de ces trèves n'est pas bien connu avant la fin du Moyen Age : à ce moment, la trève possède, comme la paroisse, un cimetière et donc le droit d'inhumation, ses services propres célébrés par un vicaire délégué par le curé ou « recteur » de la paroisse ; toutefois, les fidèles de toute la paroisse doivent converger vers l'église mère lors de certaines solennités : c'est là normalement que sont célébrés les baptêmes.

En même temps, le centre paroissial est mieux affirmé par la construction d'une église au moins partiellement en pierre et par la conjonction systématique de l'église et du cimetière. Nous aurons bientôt l'occasion d'en reparler : la Bretagne connut elle aussi son « blanc manteau d'églises ». Construire en pierre fut une préoccupation que partageaient la piété des fidèles et le souci des moines bénéficiaires des restitutions d'assurer au service divin un cadre qui fût digne de lui : quatre documents conservés dans les archives de Saint-Florent de Saumur évoquent des dons d'églises faits par des laïques à des moines à condition que le sanctuaire soit reconstruit en pierre. Ainsi, vers 1070, quatre frères passent contrat avec les moines au château de Fougères : ils leur donnent en partie, et en partie leur vendent pour six livres de monnaie du Mans la moitié de l'église d'Ercé-près-Liffré à condition que les religieux bâtissent le chevet de l'église « en pierres assemblées avec du mortier ». Construite en dur à une époque où tous les autres bâtiments — même les châteaux — sont encore en terre ou en bois, l'église paroissiale apparaît comme « le » monument capable de défier le feu, le temps et les hommes : elle traduit de la sorte, aux yeux des fidèles, la stabilité, la pérennité et la puissance de l'Eglise. Mais elle n'a pas seulement une fonction cultuelle dont le caractère véritablement festif n'était d'ailleurs pas absent. On en fait parfois de façon quelque peu excessive une « maison du peuple » ; il est du moins certain que, seul lieu public couvert, elle abritait des réunions, des assemblées ou même des banquets jamais tout à fait profanes mais pas vraiment sacrés non plus... C'est là aussi que se diffusait l'information, au moment du prône de façon officielle, ou bien de bouche à oreille. En cas de guerre, ses murs solides venaient renforcer le droit d'asile que lui reconnaissait de tout temps la législation mais que les hommes d'armes ne respectaient pas toujours : la population venait alors s'y réfugier avec ses biens les plus précieux.

En outre, l'église ne réunit pas que les vivants, elle regroupe aussi les morts. Au haut Moyen-Age, les morts étaient enterrés en rase campagne dans des lieux considérés à des titres divers comme sacrés, telle la nécropole de Saint-Urnel qu'a fouillée P.R. Giot en Plomeur (Finistère). Comme les intercessions des morts servaient aux vivants et comme les prières des vivants étaient utiles aux âmes des morts, le christianisme revint progressivement sur cette ségrégation. Au début de la seconde moitié du XIe siècle, quand les moines de Marmoutier fondent un prieuré et un bourg à Vitré, ils demandent à l'évêque de Rennes « de délimiter l'endroit où serait construit le cimetière en en faisant le tour avec son bâton pastoral, précédé de l'eau bénite, comme l'exige la coutume ecclésiastique. Tout ce qui était nécessaire en ce qui concerne la bénédiction du cimetière et des fondements de la nouvelle église fut donc fait en présence d'une foule d'hommes joyeux qui répétaient : « Bonne chance ! Bonne chance ! ». En 1128, Jean, évêque de Saint-Brieuc, confirme des églises à Marmoutier et, rappelant qu'il a consacré un cimetière à Jugon, interdit que désormais les défunts de l'endroit soient « inhumés au pied des croix situées aux carrefours ou dans des terres non consacrées ». Dorénavant, le cimetière fut lié à l'église paroissiale et des églises tréviales ne purent en avoir un que pour certaines catégories de défunts : en 1216, le desservant de Brécé, succursale de Noyal-sur-Vilaine, n'a le droit d'ensevelir que les pauvres — dont le curé ne pouvait espérer de droits d'inhumation —, les pèlerins — qui ne sont pas membres de la communauté paroissiale — et les enfants de moins de sept ans — qui n'ont pas encore eu le temps d'y être vraiment agrégés. Le cimetière — futur placitre — entoure l'église ; les morts y sont généralement inhumés à même la terre dans un linceul, sans ordre ni plan. Mais on commence aussi à enterrer les plus riches, clercs ou laïques, à l'intérieur du sanctuaire suivant un usage qui va se développer à la fin du Moyen Age.

Les paroissiens et leur clergé

Les paroissiens n'ont pas participé à la construction de leur église sinon sous forme de charrois ou d'appoint de main-d'œuvre mais ils l'ont financée de manière directe ou indirecte puis ils l'entretiennent. Dès le Ve siècle, la législation canonique avait prévu qu'un quart des offrandes des fidèles servirait à la construction et à l'entretien des bâtiments (*ad fabricam*). Ce système, certainement tombé en désuétude avec le régime de l'église privée, fut peu à peu remis en place : ainsi apparaissent au début du XIIIe siècle les « fabriques » contrôlées par l'autorité ecclésiastique avant d'être gérées par les paroissiens eux-mêmes à partir du XIVe siècle. Ceux-ci peuvent également être organisés en confréries. L'origine de ces associations est inconnue ; dans d'autres régions elles peuvent être très anciennes, antérieures à l'époque carolingienne où elles connurent un regain de vitalité. Leur but est à la fois religieux et charitable : elles organisent des services religieux, la sépulture des confrères, des secours aux pauvres et des banquets. Un seul document donne quelques précisions à leur sujet et fait allusion à l'existence de la fabrique. Il concerne la fixation en 1220 des redevances dues au desservant de Bréhand-Moncontour au diocèse de Saint-Brieuc, à la suite d'un accord passé sous l'égide de l'évêque, le futur saint Guillaume. Il est bon d'en rapporter les modalités car il illustre parfaitement comment toutes les activités humaines étaient sanctifiées par l'Eglise, comment aussi elles étaient sous son contrôle et donnaient chaque fois lieu à des versements en nature ou en espèces. Chaque année, donc, les paroissiens devront donner honnêtement à leur prêtre la dîme de la moisson, du vin, des toisons de moutons, des poulains, des chevaux, des veaux, des porcs, des agneaux, des oies, du chanvre, du lin, de tous les légumes, des aulx et des oignons ; ils feront une offrande à Noël, à Pâques et à la Toussaint ainsi qu'à l'occasion de la fête de la Sainte Eglise ; lors de la confession pascale, ils remettront l'offrande de la Pentecôte qui appartient à la cathédrale. Le lendemain de Noël, celui qui aura du pain bis en donnera un, celui qui n'en aura pas donnera un denier, sauf les pauvres. Lors de leur purification, les femmes donneront un cierge valant au moins un denier plus un denier, ou deux deniers si elles n'ont pas de cierge. A la confrérie, le prêtre touchera seulement une part lors des repas et de chaque part de la confrérie, il recevra un denier pour les prières habituelles ; quant un confrère mourra, chacun d'entre eux versera un denier pour l'offrande de la messe. Lors des mariages, le marié mettra treize deniers sur le livre pour le prêtre ; au moment de la messe, le marié et la mariée devront une offrande et les autres à leur gré ; pour sa part de repas de noce, le prêtre aura douze deniers mais il n'aura rien pour la bénédiction du lit conjugal. Il ne devra rien demander non plus pour bénir une croix qui vient d'être dressée mais il pourra recevoir une offrande volontaire ; il en sera de même pour le baptême des tout-petits et pour l'onction des malades. Si une femme épouse un conjoint d'une autre paroisse, elle le suivra sans rien devoir payer. Pour ce qui est des héritages, il conviendra de suivre l'usage de l'Eglise de Saint-Brieuc : le malade fera l'inventaire de ses biens meubles ; de la part qui lui revient, le prêtre en aura le tiers et avec son accord les deux autres iront aux aumôniers. Le prêtre n'aura rien des legs mobiliers qui seront réservés à la fabrique de l'église sous son contrôle ; quant aux legs immobiliers, s'il en provient quelque revenu, celui-ci sera partagé par moitié entre l'église et le prêtre pour qu'il dise des prières.

Enfin, même si sa condition matérielle n'est pas toujours satisfaisante, le clergé paroissial dut progresser au XIIIᵉ siècle en dignité comme en compétence grâce, notamment, à l'application des statuts synodaux. Le desservant de paroisse ne porte pas encore le nom de curé ; les documents le désignent par le terme de *presbyter*, « prêtre », de *persona* qui n'eut pas de postérité en français ou encore de *rector* qui, plus qu'ailleurs, survécut en Bretagne où de nos jours encore recteur est synonyme de curé. A partir de la fin du XIIᵉ siècle, les synodes qui réunissent tous les prêtres et les clercs qui le peuvent autour de l'évêque changent de nature. Jusqu'alors, souvent régionaux, ils avaient réglé des conflits de possession ou de juridiction ou bien avaient légiféré sur des points de doctrine. Désormais, plus fréquents, généralement limités à un seul diocèse, ils deviennent un moyen pour faire connaître les décisions conciliaires et pour en vérifier l'application. En 1215, le quatrième concile du Latran fit obligation à l'évêque de réunir le synode deux fois par an et cette réunion fut un instrument d'information, de formation et de contrôle du clergé diocésain. Ses travaux aboutirent à la rédaction de statuts qui réglaient non seulement les rapports des clercs entre eux mais aussi avec leurs ouailles : ils remédient ainsi, partiellement du moins, à l'ignorance du clergé et aussi à celle des fidèles puisque les desservants doivent leur lire chaque semaine en langue vulgaire ces statuts ou au moins des passages. Dans la province de Tours, dès 1207, le synode provincial de Laval avait prescrit la rédaction d'un manuel synodal dans chaque diocèse. Un autre synode régional tenu à Tours en 1215 ou en 1216 diffusa les décisions du concile du Latran ainsi que les statuts de l'évêque de Paris rédigés peu de temps auparavant. Pour la Bretagne, nous avons seulement conservé un manuscrit du XVᵉ siècle du synodal de Nantes dont le texte reprend celui d'Angers composé entre 1216 et 1219 ; mais les autres diocèses devaient en avoir aussi : des statuts postérieurs, notamment à Saint-Brieuc, y font allusion. Ce synodal divisé en chapitres traite de la manière de conférer les sacrements et de célébrer les offices, de la façon dont doivent vivre les clercs ; c'est aussi un manuel de confession avec l'énumération des péchés et des pénitences ainsi que la manière d'interroger les fidèles ; il se termine enfin par un bref exposé de la foi chrétienne. Tel quel, le synodal était un ouvrage formel, plus soucieux de discipline que de théologie, plus juridique que spirituel mais à une époque où n'existaient ni séminaires ni catéchismes, il a dû rendre bien des services. Nous ne pouvons malheureusement en mesurer les effets au cours du XIIIe siècle avant que de nouveaux malheurs ne viennent effacer en grande partie ce qui avait pu être réalisé.

Enfin, dernier trait à souligner, le renforcement constant de la paroisse autour de son église, de son cimetière et de son desservant n'a pas suffi à renverser la tendance à une dispersion croissante de l'habitat. Même les facilités accordées pour venir s'établir dans le cimetière — nous en reparlerons plus loin — n'ont pas connu un succès durable. Ce contraste entre deux mouvements de sens différent eut des conséquences importantes : contentons-nous dans le cadre du propos qui nous occupe ici de remarquer que la dispersion de l'habitat dut rendre le contrôle du clergé sur la vie quotidienne moins pesant et qu'elle ne put que favoriser la survivance de traditions anciennes voire de pratiques païennes...

B — L'ART ROMAN EN BRETAGNE

Le dynamisme de l'Eglise à l'époque féodale s'est aussi manifesté par la construction de nombreux édifices. Des constructions à but utilitaire tels les bâtiments monastiques ou à vocation charitable comme les hôpitaux et les léproseries, il n'est rien resté. Les hôpitaux les plus anciens, ceux de Vitré et de Fougères, sont connus depuis la fin du XIIe siècle ; il faut attendre 1253 pour avoir quelques lumières sur la gestion de l'un d'eux, celui de Saint-Malo. De très nombreuses léproseries furent construites entre la fin du XIe siècle — la plus ancienne est attestée à Hédé en 1085 — et la fin du Moyen Age où le mal disparut : 136 sont attestées par les archives; des formes toponymiques comme La Maladrerie ou Malabry, La Madeleine, Clan-ty ou Claon (= La Maladrerie) voire La Corderie puisque cette activité devint le monopole des Lépreux puis de leurs descendants, peuvent rappeler l'existence de près de cent cinquante autres. Toutefois ce furent surtout des églises que l'on éleva ; il en subsiste assez pour qu'on puisse les étudier. Il n'est pas question de traiter ici en détail l'art roman breton qui a déjà fait l'objet d'ouvrages entiers et qui en mérite d'autres encore. Contentons-nous seulement d'en voir les grandes lignes, sans négliger toutefois des traits particuliers qui sont autant d'illustrations de phénomènes plus généraux qui intéressent non seulement l'Eglise mais la Bretagne tout entière.

Les grandes abbatiales

Comme la réforme, l'essor architectural fut relativement tardif : il n'éclôt véritablement que dans le dernier quart du XIᵉ siècle et un second élan n'est perceptible que dans la seconde moitié du XIIᵉ. Ce fut avant tout un art monastique et rural. Les églises abbatiales

La tour centrale de l'abbaye Saint-Sauveur de Redon (cliché H. Champollion)

furent reconstruites dès que la réforme en eut donné les moyens. Il ne faut pourtant pas lier trop étroitement les deux phénomènes : les grands chantiers furent souvent précédés de campagnes de construction plus limitées ainsi qu'en font état les fouilles menées à Landévennec ; souvent aussi ils ne furent pas menés à leur terme d'une seule étape, d'où des modifications du projet initial à mesure de l'évolution des goûts ou des ressources. Remarquons enfin qu'aucune des abbatiales édifiées à cette époque n'est parvenue intacte jusqu'à nous et que celles qui sont apparemment les mieux conservées ont souvent subi des restaurations abusives. La plus célèbre, celle de Redon, a reçu au XIIIᵉ siècle un nouveau chevet, puis, à la suite d'un incendie survenu en 1780, on sacrifia les cinq premières travées de la nef ce qui réduisit d'autant l'édifice qui mesurait jusquelà 80 mètres de long ; en outre l'on crut bon de diminuer la hauteur de cette nef et d'en obstruer les fenêtres hautes, ce qui la rendit obscure, pour la doter d'une voûte qui l'écrase. Cette nef aux piliers rectangulaires, aux arcs simples formés de claveaux rectangulaires d'allure archaïque, contraste avec un transept savant dont la vaste croisée supporte une coupole sur trompe, base de la fameuse tour à deux étages aux lourdes arcades où alternent le grès et le schiste, visiblement d'inspiration saintongeaise, qui dut être élevée autour de 1150. Saint-Melaine de Rennes, vers 1090, naquit d'un projet d'une ampleur comparable ; il n'en subsiste que le plan général et la belle croisée du transept dont les grands arcs légèrement outrepassés sont surmontés d'ouvertures jumelées ; ce parti pris de grandeur contraste là aussi avec des techniques de construction archaïques comme ces arcs montés en calcaire et brique alternés, procédé qui traduirait plus la maladresse des maçons qu'un souci de polychromie.

Landévennec et Saint-Gildas de Rhuys, autour de 1100, ont adopté le plan du chevet à déambulatoire et à chapelles rayonnantes bien connu dans les pays de la Loire. Si l'abbatiale de Saint-Guénolé s'ouvrait simplement par une façade à cinq grands arcs que le petit appareil de moellons ne suffit pas à attribuer à l'époque carolingienne, celle de Saint-Gildas, aujourd'hui très restaurée, offrait encore au XVIIIᵉ siècle un avant-porche ou narthex qui évoque celui de Saint-Benoît-sur-Loire d'où était venu dans la première moitié du XIᵉ siècle Félix, le restaurateur de l'abbaye. Cette ressemblance ne suffit pas à donner une date très haute à l'ensemble de l'édifice, d'autant que le déambulatoire et le transept, par leur réalisation adroite, paraissent postérieurs à 1118, date à laquelle une tempête aurait en partie ruiné l'abbaye. Loctudy, autre abbatiale de la côte sud, rappelle Landévennec et surtout Saint-Gildas : bien que dépourvue de transept, elle présente elle aussi un déambulatoire voûté d'arêtes sur lequel s'ouvrent trois chapelles rayonnantes.

Sainte-Croix de Quimperlé est un édifice à la réalisation audacieuse, beaucoup plus original puisqu'il combine le plan central tréflé à coupole inspiré du Saint-Sépulcre de Jérusalem avec une organisation complexe des volumes marquée notamment par un chœur surélevé sur une grande crypte. Sans doute était-il le résultat de la *restauratio* après 1083 d'un édifice antérieur, dont fait état la *Chronique de Quimperlé*. Une lourde tour construite sur sa coupole au XVIIᵉ siècle entraîna son effondrement en 1862 ; la reconstruction qui suivit ne se fit pas sans modifications importantes. La réalisation de la coupole primitive, plus encore celle de la chapelle absidiale, dénotent encore une inspiration venue du Poitou ou de la Saintonge d'où vint aussi le calcaire de quelques chapiteaux aujourd'hui au musée de Quimper, que l'on retrouve aussi au transept de Saint-Gildas.

Les églises rurales

L'importance des influences extérieures, jointe au caractère archaïque, voire rudimentaire, des constructions est peut-être encore plus sensible en ce qui concerne les églises des paroisses rurales. Beaucoup furent alors construites ; beaucoup ont disparu, victimes des temps ou de l'ingratitude des hommes. La seconde moitié du XIXe siècle leur fut particulièrement néfaste lorsque l'abondance de la population rurale et le zèle du clergé se conjuguèrent pour leur substituer des pastiches plus vastes sans doute, sans grâce assurément. D'autres furent reprises à une époque ultérieure, de sorte que ce qui appartient à la période qui nous intéresse n'apparaît pas d'emblée : c'est le cas, par exemple, du Grand-Fougeray, au sud de Rennes, où derrière le grand clocher-porche du XVIIIe siècle se cache une façade romane. Même quand ils présentent des caractères romans, ces édifices souvent très simples, d'allure plus fonctionnelle qu'artistique, ont pu être construits, sans qu'une évolution soit décelable, jusqu'au XIIIe siècle au moins ; ils ont pu aussi succéder à des constructions qui n'étaient pas toutes en bois. Il ne faut donc pas nécessairement attribuer à notre période des sanctuaires qui peuvent être soit plus anciens, soit plus récents.

Les églises rurales édifiées à partir de la seconde moitié du XIe siècle sont des édifices modestes même quand elles étaient le siège de prieurés. Modestes par leurs dimensions : leur longueur ne dépasse pas en moyenne 30 mètres. Modestes par leur construction : l'appareil est souvent médiocre (il est vrai que le granit n'est pas facile à travailler et que le schiste se prête mal à la taille), tout comme le liant dans une région pauvre en chaux ; surtout, alors que l'on dit souvent que l'art roman est « un art de la voûte », les nefs sont en règle générale couvertes en charpente (comme en Normandie) et seul le chœur, voire seule l'abside, sont voûtés de pierre : c'est à cette dernière opération que s'étaient seulement engagés les moines de Saint-Florent de Saumur quand ils avaient pris en mains vers 1060 la construction de l'église de Tremblay au diocèse de Rennes. De même, ces églises sont construites sur un plan simple. La nef unique est fréquente ; quand il y a des bas-côtés, la nef communique avec eux par une série d'arcades en plein cintre dont la réalisation des supports se compliqua avec le temps. Mais ces bas-côtés ne supportent jamais de tribunes ou de galerie de circulation ; il en est de même dans le chœur. Façade et chevet sont souvent plats et amortis en pignon assez aigu suivant un procédé qui fut très utilisé au Moyen Age par l'architecture civile. Les chevets plats, nombreux surtout en pays de schiste, sont renfor cés par trois contreforts plats ; il y en a quatre aux façades : les deux contreforts médians encadrent l'unique porche surmonté d'une ou deux baies. Sinon le chœur se termine par une abside en cul-de-four. Quand il y a un transept, le plan peut être compliqué par l'adjonction d'une absidiole plus ou moins profonde dans chaque croisillon, très rapprochée du chœur ; ce type, courant dans le Maine, a débordé sur l'est du diocèse de Rennes à Antrain, Livré, Tremblay, etc. La déco ration, enfin, est elle aussi sommaire.

Il n'est pas impossible toutefois de distinguer plusieurs types de constructions. A. Mussat les classe ainsi en deux grandes catégories regroupant églises paroissiales et abbatiales puisqu'il n'y a pas entre elles de différence de nature et que celles-ci ont souvent servi de modèles à celles-là. Il y a d'abord les églises qui offrent des volumes continus. Une partie n'ont qu'une nef unique terminée par un grand arc triomphal précédant le chœur ; le transept n'est alors marqué que par un intervalle plus prononcé qu'aux autres travées. Ce type fré quent dans tout l'Ouest armoricain comme dans le Poitou a été dif fusé notamment par Marmoutier et Saint-Florent de Saumur mais on en trouve des exemples jusqu'à l'extrémité de la Bretagne. D'autres de dimensions plus restreintes, avec une nef à bas-côtés, ont des sup ports simples laissant également apparaître un volume continu. Elles reproduisent aussi un modèle répandu par les abbayes de la Loire soit sous une influence directe comme à Saint-Martin de Lamballe donnée à Marmoutier en 1084, soit indirectement comme à Brech (Morbihan) ou à Locquénolé (Finistère). L'autre catégorie se distin gue essentiellement par le rythme des travées à la réalisation déjà plus complexe que le volume continu, plus tardive aussi souvent. Ces tra vées présentent une alternance de piles les unes rectangulaires, les autres cruciformes ou bien circulaires ; lorsqu'elles sont cantonnées de colonnes engagées, celle qui fait face à la nef monte d'ordinaire jusqu'au sommet du mur. Certaines réalisations ont pu faire école dans leur région : ainsi les sanctuaires de la Cornouaille morbihan naise de Priziac à Ploërdut en passant par l'église paroissiale de Lan gonnet. D'autres n'ont peut-être des traits communs que par coïnci dence : ainsi à Perros-Guirec et à Yvignac (au sud-ouest de Dinan) où le rythme fait plutôt place à un cloisonnement en raison du croise ment de la colonne qui prolonge les piles avec une grosse moulure horizontale qui court au pied des fenêtres hautes.

La décoration est limitée à la sculpture qui se cantonne surtout aux chapiteaux qui ont été étudiés volontiers sans que l'on ait encore

Chapiteau avec entrelacs à Landévennec (cliché A. Chédeville)

pu identifier de véritables ateliers. Ces chapiteaux sont nombreux surtout dans les édifices proches de la côte : cette répartition ne doit pas surprendre puisque c'était là la zone la plus peuplée, la plus active, la plus ouverte aussi aux influences. L'explication demeure toutefois insuffisante puisqu'il n'y en a guère dans les églises de Haute-Bretagne qui furent élevées à l'initiative des grandes abbayes des pays de la Loire ; ce n'est donc pas seulement une affaire d'influences extérieures. Réalisés, sauf de rares exceptions, en granit ces chapiteaux offrent surtout des formes stylisées. Ceci est très sensible dans l'adaptation du chapiteau de type corinthien que l'on retrouve tout au long de la côte méridionale. Les autres ornements classiques : rinceaux, palmettes ou feuilles sont également traités avec le même souci de stylisation qui peut aboutir à l'abstraction lorsque les feuilles, par exemple à Yvignac ou à Fouesnant, aboutissent à de grandes ellipses concentriques. L'entrelacs, assez rare, apparaît toutefois à plusieurs endroits tel Landévennec. Les chapiteaux historiés, eux, sont beaucoup plus rares : à Landévennec, ce ne sont guère que des silhouettes. Plus originale, l'église d'Yvignac offre sur ses chapiteaux des scènes diverses et étranges, gravées plutôt que sculptées et sur les consoles-modillons qui les flanquent de grands masques moustachus ou animaux. Cette prédominance du signe sur l'image et de la ligne sur le volume a été expliquée à la fois par la rudesse du matériau et par la maladresse du sculpteur. Il semble plutôt que ce goût pour la simplicité et la géométrie, qui peut être servi par une main très sûre, se place dans la droite ligne d'une culture celtique jalonnée au cours des temps par les stèles irlandaises puis par les évangéliaires du IXe siècle. Nous avons trop de mal à retrouver avec certitude la persistance de ces traditions pour ne pas mettre ici l'accent sur l'intérêt que présente cette décoration trop souvent sous-estimée, sinon ignorée : combien de touristes connaissent l'église d'Yvignac ?

Les premières cathédrales

Des cathédrales de l'époque, il ne reste pas grand-chose tant elles parurent ensuite inadaptées aux agglomérations qui grandirent autour d'elles. Il n'est même pas certain que des chantiers furent partout ouverts à l'époque romane. On dut se contenter de ce qui avait subsisté ou de ce qui avait été reconstruit à la hâte, la tourmente passée. C'étaient sans doute des édifices de dimensions aussi restreintes que celle d'Alet qui dut à sa désertion au XIIe siècle de ne pas être reconstruite et de parvenir, bien que ruinée, jusqu'à nous : elle a été évoquée au début du chapitre précédent.

Trois cathédrales seulement semblent avoir fait l'objet de travaux importants. Celle de Vannes garda jusqu'au XVIIIe siècle un chœur roman à déambulatoire et à trois chapelles rayonnantes semblable à celui de Saint-Gildas de Rhuys, contemporain aussi sans doute. A Nantes, jusqu'au milieu du XIXe siècle, subsistèrent au nord de l'édifice des éléments élevés à la fin du XIe siècle. Ils devaient correspondre au projet d'une vaste église composée d'un chœur profond avec déambulatoire et d'un transept à bas-côtés comme à Saint-Aignan d'Orléans ou à Saint-Martin de Tours. La réalisation fut plus modeste mais de nouveaux travaux dans la première moitié du XIIe siècle dotèrent la nef d'une série de coupoles, à l'imitation cette fois de la Saintonge ; la coupole centrale en subsista jusqu'en 1885. Finalement, il n'a survécu de cette période que la tour dite d'Hasting, à Tréguier, qui s'élève à l'extrémité du croisillon nord ; son niveau inférieur ouvre sur le vaisseau du transept par une double arcade très haute : une telle structure est certainement empruntée aux pays de la

Loire mais les chapiteaux qui l'ornent s'inspirent des traditions locales ; leur facture très sûre incite à dater l'ensemble du début du XIIe siècle au moins.

Les débuts du gothique

A partir du milieu du XIIe siècle, la répartition des chantiers se modifie sensiblement pendant que le roman cède peu à peu la place au gothique. On élève encore des abbatiales qui accompagnent l'essor du nouveau monachisme. Cette fois, ce ne sont pas des reconstitutions mais des fondations nouvelles dans des sites isolés quand il s'agit des cisterciens, plus proches des hommes quand ce sont des augustins. Dans les deux cas les édifices sont austères, à l'image de la règle de leurs promoteurs. Des treize abbayes cisterciennes élevées avant 1200, seules subsistent les églises du Relecq, de Boquen et de Melleray ; celle-ci, consacrée en 1183, utilise pour ses grandes arcades la pierre blanche de l'Anjou voisin tandis que la sculpture du Relecq est fidèle à la tradition bretonne. Les augustins ne le cèdent pas en sévérité aux cisterciens : de leurs sanctuaires subsistent Saint-Sulpice près de Rennes (vers 1150) aux ruines maintenant sauvegardées, Sainte-Croix de Guingamp (après 1135) et Notre-Dame de Daoulas (après 1163) qui, à part sa nef à éclairage direct au-

L'abbatiale de Saint-Sulpice, près de Rennes (cliché J.M. Rémois)

dessus des grandes arcades et sa façade plate amortie en pignon a été très largement restaurée à la fin du XIXᵉ siècle. Tous ces monastères étaient dotés de cloîtres qui ont généralement disparu ; celui de Daoulas a été remonté et complété lors de la restauration de l'abbatiale. Le musée de Bretagne à Rennes possède une partie des chapiteaux du cloître de Saint-Melaine qui appartenait à des bénédictins traditionnels mais qui date lui aussi du début de la seconde moitié du XIIᵉ siècle. A partir de ce qui subsiste de ces deux ensembles, A. Mussat a bien fait ressortir la mutation que vivait la sculpture à ce moment. Surtout à Rennes où le même atelier a produit des chapiteaux stylisés, très « celtiques » d'allure, d'autres de facture romane classique, mais aussi des chapiteaux qui présentent de grands feuillages de forme élancée, bien découpés en volumes nettement saillants, déjà gothiques. A Daoulas où l'on rencontre pour la première fois l'emploi de la célèbre pierre de kersanton, à une date un peu plus tardive, il n'y a plus que deux types, l'un encore linéaire mais au relief déjà accusé, l'autre traitant le feuillage avec autant de vigueur que de virtuosité : par rapport à Landévennec, sur l'autre rive de la rade de Brest, l'évolution est considérable.

On continue aussi de construire des églises rurales mais il est bien difficile de les distinguer de celles qui leur sont antérieures. Certaines, telle l'église de Merlevenez près de Lorient, sont attribuées à cette période en raison de la maîtrise avec laquelle elles furent bâties et décorées. Plus caractéristique est la construction dans les agglomérations alors en essor — ces « bourgs » dont on reparlera — de sanctuaires plus importants, plus complexes, plus riches aussi par leur décoration. Parmi eux, citons Notre-Dame de Lamballe, Saint-Martin de Josselin, La Trinité de Clisson, Saint-Aubin de Guérande ou Saint-Gilles de Malestroit. Saint-Sauveur de Dinan est le plus célèbre bien que n'aient subsisté du XIIᵉ siècle que le niveau inférieur de la façade occidentale et le mur méridional de la nef. La recherche décorative inspirée de l'Aquitaine ressort de son architecture comme de sa sculpture. A l'extérieur, le mur de la nef est rythmé de contreforts-colonnes qui montent jusqu'au sommet du mur goutterot où ils rencontrent, soutenue par des modillons, une corniche fortement saillante. Ils encadrent à l'étage deux arcades aveugles au profil concave séparées par une fenêtre et, au rez-de-chaussée, deux autres arcades aveugles qui retombent de part et d'autre sur une colonnette et au centre sur une console. La façade offre trois arcades à triple voussure ; celles de gauche et de droite, aveugles, sont recoupées par deux autres arcades géminées ; celle du milieu sert de porche. A cette architecture savante répond une sculpture variée, abondante et vigoureuse, aux reliefs fortement modelés, consacrés sur les modillons, les chapiteaux et les voussures à des animaux (dont des dromadaires affrontés) ou à des personnages. A la façade, quatre grandes

Façade de Saint-Sauveur de Dinan (cliché N. Fediaevsky)

tatues sont malheureusement mutilées au point d'être méconnaissa-
bles.

La mise en chantier de plusieurs cathédrales est sans doute le
phénomène le plus caractéristique de la seconde moitié du XIIe siècle.
Il n'est rien resté de celle de Rennes rasée après 1755. Les travaux,
commencés tard dans le siècle, durèrent jusqu'au milieu du XIVe.
C'était un édifice assez vaste, long de 144 m et large de 22 au niveau
de la nef et des collatéraux ; son chœur, entouré d'un déambulatoire,
était flanqué de huit chapelles rayonnantes. A Dol, la cathédrale,
construite au XIIe siècle, consacrée en 1194, fut incendiée neuf ans
plus tard par les troupes de Jean sans Terre. La reconstruction,
menée rapidement, ne laissa subsister de l'édifice précédent que la
majeure partie de la tour nord et au moins l'étage inférieur de la tour
sud ; encore ces vestiges furent-ils enrobés dans les constructions
postérieures. A Saint-Brieuc, il n'est pas facile non plus de reconstituer le monument commencé vers 1180, encore inachevé en 1210 et
qui fut reconstruit au XIVe siècle après l'incendie de 1355 qui l'avait
ruiné. C'était aussi une église à chœur avec déambulatoire sur lequel
devaient s'ouvrir des chapelles absidiales selon un schéma que nous
avons déjà souvent rencontré. De ce chœur, il ne reste guère que le
soubassement, de la croisée du transept subsistent les bases des
colonnes ; une partie du croisillon sud enfin a été conservée.

La cathédrale de Saint-Malo a été mieux préservée. Ses dimensions sont modestes avec une longueur totale de 64 m 50 et la nef, bien que large de 26 m 80 avec les bas-côtés, n'atteint que 15 m 60 sous voûte. Son originalité réside précisément dans le fait qu'elle est voûtée : c'est le plus ancien exemple de nef voûtée en pierre en Bretagne. Ce sont des voûtes dites « domicales » car, très bombées, elles tiennent autant du dôme d'une coupole que d'une voûte sous croisée d'ogives. Les croisées en pierre de Caen ne sont d'ailleurs qu'un ornement ; les voûtes de granit tiennent par leur masse : les moellons entassés sans ordre apparent atteignent parfois une épaisseur de 70 cm, ce qui permit d'ailleurs à ces voûtes de résister lors de l'incendie de 1944. En raison de leur structure, ces voûtes sont donc encore plus romanes que gothiques. Comme elles paraissent imitées de celles de la nef de la cathédrale d'Angers élevées vers 1150, on en attribue communément l'initiative au premier évêque qui résida à Saint-Malo Jean de Châtillon, mort en 1163 ; le transept, largement restauré doit dater de la même époque. Le chœur, très remarquable par son sol à plusieurs niveaux et par son chevet plat de type anglais, est aussi attribué à Jean de Châtillon mais il est plus vraisemblable que son état actuel ne doit pas être antérieur à la seconde moitié du XIIIᵉ siècle.

Ainsi, au début du XIIIᵉ siècle, peut-on esquisser une géographie des cathédrales de Bretagne : au sud, Nantes et Vannes sont dotées d'édifices vieux de moins d'un siècle ; au nord-est, Rennes, Dol, Saint-Malo et Saint-Brieuc sont en chantier. A l'ouest, en revanche, pour Quimper et Saint-Pol, on ne sait rien des édifices antérieurs aux cathédrales gothiques commencées la première en 1239, la seconde après 1262 pendant que Tréguier conservait sa cathédrale romane jusqu'en 1339.

Cette présentation de l'art religieux en Bretagne, aussi rapide et superficielle qu'elle soit, outre qu'elle a permis quand même d'en dégager les caractères principaux, illustre plus largement notre propos. Elle traduit de façon concrète l'influence de l'Eglise, sans doute aussi le développement du sentiment religieux. Elle reflète aussi et tout naturellement l'histoire de l'Eglise elle-même par le caractère relativement tardif du mouvement, par l'importance des influences venues des régions voisines, par la primauté des chantiers monastiques. Mais ces éléments sont tout aussi précieux pour mieux caractériser l'évolution générale de la Bretagne : les uns aident à jalonner les courants d'échanges et d'influences, les autres à affirmer la prédominance du monde rural, l'essor tardif du phénomène urbain, le contraste entre la haute et la basse Bretagne. Ainsi, cet exposé qui figure — à juste titre — en conclusion des chapitres consacrés à l'évolution de l'Eglise à l'époque féodale, peut aussi bien être considéré comme une illustration préalable à l'étude du milieu humain et économique que nous allons maintenant aborder.

BIBLIOGRAPHIE

Les ouvrages généraux cités au précédent chapitre valent également pour celui-ci. Le conflit entre Redon et Quimperlé a été étudié par B.A. Pocquet du Haut-Jussé, **Les papes et les ducs de Bretagne**, t. I, Paris, 1928, pp. 23-31. Pour la question des enclaves de Dol, se reporter à H. Guillotel, « Les origines du ressort de l'évêché de Dol », **MSHAB**, t. 54, 1977, pp. 31-68. Le même auteur, dans « Les évêques d'Alet du IXe au milieu du XIIe siècle », **Annales de la Soc. d'hist. et d'archéo. de Saint-Malo**, 1979, pp. 251-266, a traité du transfert du siège épiscopal d'Alet à Saint-Malo. Pour l'affaire de Dol, on peut toujours se reporter à F. Duine, **La métropole de Bretagne**, Paris, 1916. Parmi les archidiaconés, seul celui de la Mée a fait l'objet d'une étude approfondie : A. Bourdeault, « La Mée, étude de géographie féodale et ecclésiastique nantaise », **BSANLI**, t. 72, 1932, pp. 5-26. Sur un aspect du renforcement de la paroisse : A. Chédeville, « Construction d'églises en pierre au XIe siècle dans le diocèse de Rennes », **Artistes, artisans et production artistique en Bretagne au Moyen-Age**, Rennes, 1983, pp. 107-109. Le texte relatif à Bréhand-Moncontour a été publié par J. Geslin de Bourgogne et A. de Barthélémy, **Anciens évêchés de Bretagne**, t. III, Paris-Saint-Brieuc, 1864, pp. 337-339.

Plusieurs ouvrages ont été consacrés à l'art roman en Bretagne, en particulier R. Grand, **L'art roman en Bretagne**, Paris, 1958, qui comporte des notices avec bibliographie sur tous les sanctuaires qui, même partiellement, remontent à cette époque et L.M. Tillet, **Bretagne romane**, coll. « Zodiaque », La Pierre-qui-Vire, 1982, qui vaut surtout pour sa très belle iconographie. Un aperçu rapide est fourni par M. Renouard, **Art roman en Bretagne**, éd. Ouest-France, 1985. Une synthèse tout à fait remarquable sur la question a été rédigée par A. Mussat dans les premières pages de **Arts et culture en Bretagne - Un millénaire**, Paris, 1979. Pour les constructions à vocation charitable : J.C. Sournia et M. Trévien, « Essai d'inventaire des léproseries en Bretagne », **AB**, t. 75, 1968, pp. 317-343. Plusieurs monuments ont fait l'objet de notices avec bibliographie dans le **Congrès archéologique de France** tenu en 1949 à Saint-Brieuc (t. 107), en 1957 en Cornouaille (t. 115) et en 1968 en Haute-Bretagne (t. 126) ; ainsi Saint-Sauveur de Dinan et Saint-Malo d'Yvignac ont été décrites par R. Couffon dans celui de Saint-Brieuc, pp. 195-209 et 210-215. Plus récemment, une étude a été consacrée à Saint-Sauveur de Dinan par L. Lenglart-Tomasi dans **Dinan au Moyen-Age**, Dinan, 1986, pp. 117-136. La transition du roman vers le gothique a été analysée par A. Mussat, « Deux cloîtres bretons du XIIe siècle », **Mélanges René Crozet**, Poitiers, 1966, pp. 617-624. Les cathédrales, outre les notices du Congrès archéologique de France, ont notamment fait l'objet des travaux suivants : D.Eraud,

279

« Nantes : la cathédrale des XIe et XIIe siècles », **Arts de l'ouest,** 1980, pp. 91-104 ; R. Couffon et A. Le Méhauté, « Recherches sur la cathédrale romane de Saint-Brieuc et l'ecclesia imperfecta de saint Guillaume », **BSECDN,** t. 93, 1965, pp. 27-68 et Ph. Petout, « Nouvelles recherches et nouvelles hypothèses sur la cathédrale de Saint-Malo », **Annales Soc. hist. et archéo de Saint-Malo,** 1978, pp. 61-86.

QUATRIEME PARTIE

L'EXPANSION DU MONDE RURAL

La période du XIᵉ au XIIIᵉ siècle est caractérisée encore, comme es siècles précédents, par la primauté du milieu rural. Nous avons vu ue le système féodal et plus encore le système seigneurial s'étaient éveloppés en fonction de lui. L'organisation des pouvoirs ne pou-ait être autre puisque la très grande majorité de la population vivait . la campagne et que de là aussi provenait la quasi-totalité de la pro-uction. Pendant toute cette période, l'Europe occidentale connaît à a fois un essor démographique et un accroissement de la production, 'un soutenant l'autre, qui tous deux, ont eu pour conséquence un aste mouvement de conquête des sols dont les manifestations per-nettent d'ailleurs le mieux de mesurer l'ampleur du phénomène.

Ce phénomène est aussi sensible en Bretagne que dans les autres égions : il a abouti à multiplier les centres de vie : des communautés aroissiales aux exploitations individuelles ; partout, la forêt, la ande ou la friche ont reculé devant les cultures : l'homme a imposé on paysage à la nature. Mais ces progrès furent plus quantitatifs que ualitatifs. Le mouvement fut soutenu davantage par la mise en aleur de terres nouvelles que par les progrès de la productivité : dès e XIIIᵉ siècle, on atteignit une situation d'équilibre qui ne tarda pas à se détériorer.

CHAPITRE PREMIER

L'ESSOR DEMOGRAPHIQUE

Il est hors de doute que l'essor qui se manifeste dans tous les domaines à partir de la fin du Xe siècle a eu pour cause et pour conséquence un progrès démographique. La production était étroitement fonction du nombre d'hommes ; l'énergie humaine était alors primordiale : aux champs, beaucoup de travaux se faisaient à la main ; l'utilisation de l'animal, consacrée surtout aux labours, était d'un faible rendement compte tenu de la médiocrité des bêtes de trait et plus encore du caractère rudimentaire des équipements. Sinon la seule « machine » digne de ce nom était le moulin à eau, lui aussi rudimentaire et longtemps appliqué seulement à moudre le grain. Il n'était donc de véritable richesse que des hommes ; seul leur nombre permettait d'acquérir la puissance et la richesse ou du moins de garder l'une et l'autre puisque, nous l'avons vu, ce n'étaient pas les gros bataillons qui l'emportaient sur le champ de bataille.

Nous devons pourtant renoncer à toute évaluation de la population bretonne, même approximative, avant la fin du Moyen-Age, époque à laquelle les « réformations de feux » apportent de très précieux renseignements. En cherchant bien dans l'ensemble de notre documentation, on ne trouve qu'une seule évaluation chiffrée, aussi limitée que discutable. Le *Cartulaire de Saint-Georges de Rennes* (n° 24 et 53) fournit deux listes non datées, sans doute de la fin du XIe ou du XIIe siècle, qui énumèrent les tenanciers qui exploitent des terres à Grébusson en Acigné, près de Rennes. L'une comporte douze noms, l'autre onze ; trois noms se retrouvent dans les deux listes bien que sous une forme légèrement différente : elles ont donc été rédigées à des dates distinctes et on ne peut les additionner. Ces onze ou douze tenanciers sont évidemment des chefs de famille ou des célibataires : il est alors intéressant de remarquer qu'à Grébusson en 1946 il y avait dix ménages regroupant 31 individus. Mais une véritable comparaison est impossible dans la mesure où l'on ignore si, d'un côté, ces tenanciers étaient bien tous établis à Grébusson ou s'ils n'y avaient que quelques terres, et de l'autre, s'il n'y avait pas là d'autres habitants qui ne relevaient pas de Saint-Georges.

Il faut donc renoncer à toute approche directe des phénomènes démographiques. On ne peut les aborder que de manière indirecte à partir de leurs manifestations ou de leurs conséquences. Certaines ne peuvent fournir que des indices. Signalons par exemple l'hypothèse des abbés Castel et Irien selon laquelle la répartition des croix médiévales dans le Finistère pourrait donner une image assez précise du peuplement à cette époque. Comme l'on s'y attend, les croix sont surtout nombreuses à proximité du littoral (sauf dans la région de Crozon) ; mais il convient de remarquer que la Cornouaille finistérienne en compte seulement 234 dont 112 pour le Moyen-Age « classique » alors que le Léon, dont la superficie est à peu près deux fois moindre et où il n'y a pas de raison de penser que les iconoclastes y aient été plus nombreux, en rassemble 708 dont 347 pour notre période. Faut-il en conclure que le Léon abritait une densité de population trois à quatre fois supérieure ? On peut aussi vouloir tirer parti du réseau plus ou moins serré des léproseries dont un inventaire assez précis a été dressé par J.C. Sournia et M. Trévien ; mais les régions les plus peuplées, qui étaient aussi les plus prospères, étaient peut-être moins atteintes par ce mal, à moins que les disponibilités plus grandes aient permis d'y multiplier plus largement ces établissements.

Quelles que soient les méthodes employées, on ne peut obtenir qu'une image globale très imprécise qui, comme on peut s'y attendre, oppose les régions côtières à celles de l'intérieur moins peuplées, peut-être aussi, à moins que ce ne soit qu'un mirage de la documentation, les régions orientales apparemment plus actives, à celles de l'ouest. Plutôt qu'à dresser un bilan, il vaut mieux chercher à se faire une idée de l'essor de la population grâce à l'accroissement du nombre des lieux habités, qu'il s'agisse des paroisses ou d'établissements humains plus élémentaires, à déceler aussi une surpopulation absolue ou relative à travers l'étude de l'émigration.

A — LES CREATIONS DE PAROISSES

L'étude de l'évolution du réseau paroissial est, dans bien des régions, riche d'enseignements. Comme nous l'avons vu, les paroisses sont à partir de l'an mil des circonscriptions bien délimitées. Leurs limites, souvent bien adaptées aux conditions naturelles, consolidées encore plus par l'usage, ont traversé les siècles : elles se retrouvent souvent à peu près intactes dans celles de nos communes modernes. Elles n'ont connu que quelques modifications de détail : ainsi, au milieu du XIe siècle près de Rennes, Evigné aujourd'hui en Chavagne, était alors en Mordelles. Il est arrivé plus fréquemment que des paroisses nouvelles soient créées aux dépens du finage de celles qui existaient déjà : c'est l'ampleur et les caractéristiques de ce phénomène qu'il convient d'étudier.

Problèmes de méthode

Dans la plupart des cas, les autorités religieuses médiévales ont accepté de diviser les paroisses pour en créer de nouvelles lorsque la population rurale s'accroissait de façon globale sur l'ensemble du finage ou bien en un point autour d'une agglomération nouvelle, sans que ce soit pourtant une règle absolue, surtout en ce qui concerne les bourgs ; ainsi, dans le diocèse de Rennes, Hédé et La Guerche dépendirent jusqu'en 1803 respectivement de Bazouges et de Rannée. A cette motivation qui est en rapport direct avec le niveau de la population, peut s'ajouter le souci d'un meilleur encadrement des populations : de la sorte, les ordres militaires ont-ils parfois obtenu dans le courant du XIIIᵉ siècle le droit d'ériger en paroisses certains de leurs domaines afin de les contrôler également au spirituel et au temporel. C'est le cas du Temple, entre Nantes et Savenay, reconnaissable à son nom et à l'exiguïté de son finage (une petite paroisse du même nom subsista jusqu'en 1792 enclavée dans celle de Carentoir dans le Morbihan). Il en va de même près de Dol, de Vildé-la-Marine et de Vildé-Bidon, rattachées aujourd'hui l'une à Hirel, l'autre à Roz-Landrieux, et de Vildé-Guingalan près de Dinan, dont le nom (*Villa Dei*) indique que c'étaient des dépendances des ordres militaires comme le prouvent aussi des documents du XIVᵉ siècle. C'est enfin le cas du Croisty (« la maison de la Croix »), établissement des hospitaliers vers 1200, qui relevait alors de Priziac mais qui dut en être détachée dans le courant du XIIIᵉ siècle ; en revanche, La Vraie-Croix en Elven, autre domaine des hospitaliers dans le diocèse de Vannes, demeura dans la dépendance de Sulniac jusqu'en 1870.

Dans la majeure partie de la Chrétienté, l'érection de paroisses nouvelles qui correspond à un besoin précis, est donc un indicateur valable de la vitalité démographique. En Bretagne, toutefois, le problème est compliqué par l'existence des trèves. Bon nombre de paroisses, notamment dans l'intérieur, couvraient des superficies considérables : nous avons cité dans l'ouvrage précédent le cas de Bothoa (auj. Saint-Nicolas-du-Pélem, Côtes-du-Nord) qui occupait près de 14.000 hectares, mais Gourin ou Noyal-Pontivy (Morbihan) étaient au moins aussi étendues. Comme les distances étaient telles qu'elles empêchaient les fidèles de fréquenter régulièrement l'église paroissiale, ceux-ci avaient à leur disposition des chapelles dont certaines reçurent une partie des attributions paroissiales : ce sont les chapelles tréviales chargées de la desserte d'une partie déterminée de la paroisse, appelée trève ; nous avons vu précédemment ce que l'on sait de leur fonctionnement à la fin du Moyen-Age. En 1789, l'énorme paroisse de Bothoa, outre son siège, comptait quatre très-ves : Kérien, Lanrivain, Canihuel et Sainte-Tréphine, pendant que Noyal-Pontivy en avait cinq : Gueltas, Kerfourn, Croixanvec, Saint-Thuriau et Saint-Géran. On pouvait donc adapter l'encadrement spirituel en fonction du nombre des fidèles sans modifier le réseau paroissial proprement dit : il peut donc y avoir distorsion entre la réalité démographique et l'institution paroissiale. Malheureusement, pour la période qui nous occupe, nous ignorons généralement tout de l'existence et de la structure de ces succursales. Ce n'est pas trop grave pour la Haute-Bretagne : au XVe siècle, dans le diocèse de Rennes, il y avait une quinzaine de trèves pour environ deux cents paroisses. Mais l'étude est bien plus compliquée en Basse-Bretagne puisque dans le diocèse de Quimper, par exemple, il n'y avait pas moins de 90 trèves pour 176 paroisses. Certaines accédèrent au statut paroissial dès le Moyen-Age ; la pauvreté de la documentation écrite n'en laisse apercevoir que quelques-unes et encore avec une chronologie incertaine. Toujours pour le diocèse de Quimper, sait-on ainsi grâce aux cartulaires de Landévennec et de Quimperlé qu'au XIe siècle Camaret, Cléden-Poher, Landrévarzec, Lanvern, Lothey, Nizon, Saint-Evarzec et Trégarvan n'étaient pas encore des paroisses ; Edern dut le devenir entre 1008 et 1019. Exceptionnellement, lors de leur démembrement, il arriva que des paroisses perdent leur nom ; selon B. Tanguy, ce serait le cas de la *Plebs Yuliac*, attestée au XIe siècle dans le cartulaire de Quimperlé, vaste paroisse primitive parfaitement délimitée entre l'Ellé, l'Isole et deux de leurs affluents, qui disparut ensuite pour donner naissance à Tréméven, Querrien, Saint-Thurien et Locunolé. C'est là un exemple de recherches en cours ; en attendant qu'elles aboutissent, il est plus sûr de choisir des exemples dans la partie orientale de la Bretagne.

Pour mesurer l'essor du réseau paroissial, on ne peut se contenter de dresser un tableau des premières mentions : la documentation ne le permet pas, même pour les zones les mieux pourvues. Il est indispensable de mener une enquête cas par cas. Il est rare que l'on connaisse la date d'érection d'une paroisse : le cas le plus net doit être celui de Bécherel dont la paroisse fut apparemment détachée de celle de Plouasne en 1164. Sinon, cette date se situe entre la dernière mention d'une chapelle et la première mention d'une église ou plutôt d'une paroisse car la terminologie n'était pas bien assurée : en 1108, l'évêque de Rennes, Marbode confirme à Saint-Serge d'Angers cinq « églises » dans la région de Vitré : Gennes, Brielles, Montreuil, Taillis et Bréal avec un statut spécial pour la dernière « qui était seulement une chapelle ». Ce laps de temps peut être considérable : Saint-Onen-la-Chapelle, près de Saint-Méen-le-Grand, dont la chapelle est signalée en 1024, n'est pas attestée comme paroisse avant

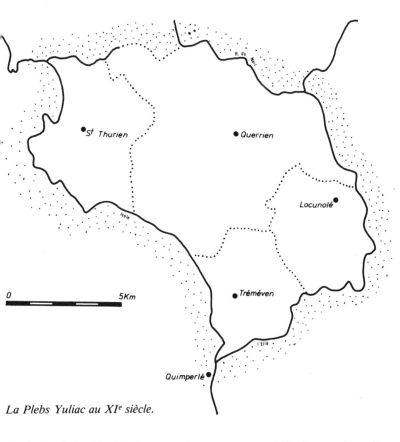

La Plebs Yuliac au XIe siècle.

1386. Parfois, l'indication est plus vague : en 843, la paroisse de Maure est limitrophe de celle de Guipry : Lieuron devait donc faire partie de l'une ou de l'autre mais son autonomie est prouvée seulement en 1338. L'étude monumentale permet de rectifier certaines dates : Vezin-le-Coquet, aux portes de Rennes, n'apparaît pas dans les documents avant 1475 mais son église, détruite au siècle dernier, offrait des parties romanes dont les proportions n'étaient pas celles d'une simple chapelle ; on peut donc affirmer que cette paroisse est largement antérieure à la fin du Moyen Age.

Toponymie et étude des vocables ont été fort utilisées pour le haut Moyen Age ; ici, l'une et l'autre sont d'un moindre secours. Souvent même, les résultats obtenus amènent à s'interroger sur l'efficacité de la méthode : Longaulnay (Ille-et-Vilaine) dont l'église est dédiée à saint Lubin, évêque de Chartres au VIe siècle — ce qui est considéré d'ordinaire comme une preuve d'ancienneté — n'a été érigée en paroisse qu'au début du XIIIe siècle ; sans doute y avait-il là depuis longtemps une chapelle dédiée à ce saint évêque. Par contre, Poligné (Ille-et-Vilaine) dont le nom est bien d'origine gallo-romaine, dont l'église est dédiée aux saints Donatien et Rogatien, doit être une paroisse bien antérieure au début du XIVe siècle où elle est mentionnée comme telle. Pourtant, il arrive que le patronage soit en concordance étroite avec la date d'érection : Le Vivier, près de Dol, devenu paroisse au XIIIe siècle, a pour patron saint Nicolas dont le culte se diffusa à partir du XIIe siècle dans les populations maritimes. Plus frappant encore est le cas des deux paroisses qui portent le nom de saint Caradec, l'une près de Loudéac, l'autre près du Faouët, attestées au XIVe siècle et qui, à moins d'un changement de patronage peu probable, ne peuvent être antérieures à 1124, date à laquelle mourut en Angleterre le saint ermite dont elles portent le nom et qui est aussi le patron d'une des deux paroisses d'Hennebont.

En Basse-Bretagne, les paroisses au nom en Saint sont postérieures à l'an mil mais il faut disposer de mentions antérieures au XVIe siècle pour s'assurer de leur origine médiévale et pour vérifier qu'elles n'avaient pas porté d'abord un nom breton comme Saint-Urbain (Finistère), auparavant Lanurvan et qui a gardé ce nom en breton ; en revanche, comme nous le verrons plus loin, Saint-Renan et sa forme bretonne Lokournan renvoient à la même époque — Xe-XIIIe siècle — l'origine de ce nom. La même recherche de mentions médiévales est souhaitable pour des toponymes d'allure moyenâgeuse du type Châtillon, La Haie —, Château —, ou Bourg —. Elle est indispensable pour les nombreux La Chapelle — ; certains furent le siège d'une paroisse dès notre époque comme La Chapelle-Heulin sur la rive gauche de la Loire mais beaucoup ne le furent qu'au XIXe siècle lors de la dernière vague d'érections : la plus récente doit être, près de Redon, La Chapelle-Saint-Melaine qui ne fut détachée de Brain-sur-Vilaine qu'en 1877.

Enfin, l'étude des limites actuelles des communes peut montrer que certaines ont été découpées dans le finage d'autres plus anciennes. Cette méthode a permis à R. Couffon de retrouver la plupart des « paroisses primitives » de Basse-Bretagne mais sans pouvoir proposer de chronologie. Il en va de même dans la partie orientale de la Bretagne où la chronologie n'atteint pas non plus une précision suffisante : Lanrigan, Tréméheuc et Lourmais ont visiblement été démembrées de Combourg alors située dans le diocèse de Saint-Malo : la première est attestée vers 1070, la seconde en 1053 et la dernière en 1319. Plus à l'est, Bréal-sous-Vitré (érigée après 1108), La Chapelle-Erbrée (attestée en 1440) et Mondevert (attestée en 1430 mais autonome seulement depuis 1839) ont été à l'évidence distraites d'Erbrée.

Les différents types de paroisses nouvelles

Les résultats de l'enquête demeurent donc très partiels et relativements conjecturels ; ils ne sont pas sans intérêt. Ils permettent de classer les paroisses nouvelles en quatre catégories qui ne présentent pas pour notre propos une égale signification.

Ce sont tout d'abord les paroisses qui furent créées dans les agglomérations et les bourgs qui se développent autour des châteaux ou des abbayes. Elles sont sans doute les plus nombreuses et les plus faciles à déterminer à la fois parce que la documentation est plus abondante à leur sujet et parce qu'on les reconnaît à l'exiguïté de leur finage qui les distingue bien des paroisses rurales plus anciennes. Nous les étudierons en détail au moment d'aborder les prodromes de l'essor urbain. Ce n'est pas vraiment le lieu ici car le développement urbain s'est toujours nourri davantage des transferts de population qu'il n'a assuré lui-même sa progression. Le facteur migratoire a pu jouer aussi en ce qui concerne les paroisses rurales : pour la Bretagne, il n'en existe aucune preuve véritable même si l'extension vers l'ouest de la zone romane pourrait faire croire que ce phénomène linguistique a pu être accompagné d'une colonisation venue de la Haute-Bretagne.

Il y a ensuite les paroisses qui sont nées de l'essor démographique général, ici plutôt que là pour des raisons qui nous échappent. On peut citer par exemple en Ille-et-Vilaine, Brecé qui fut séparée de Noyal-sur-Vilaine avant 1231 ou Saint-Aubin-des-Landes dont la chapelle dépendait encore de Cornillé en 1185 avant de devenir autonome au XIIIe siècle. Parmi elles, il faut faire une place à part aux paroisses issues de paroisses primitives trop vastes dont nous avons des exemples à la limite de la zone touchée par l'influence bretonne. Ce démembrement peut avoir eu pour cause l'augmentation de la population mais il peut aussi avoir été favorisé par l'exemple tout proche des paroisses de la zone romane qui sont de petites paroisses. Au nord, c'est le cas d'un ancien plou, Plouasne, qui au XIIe siècle perd Le Quiou, Bécherel, Saint-Pern et Longaulnay, sans doute aussi à une date inconnue Tréfumel, attestée en 1187, en raison du tracé de son finage. C'est le cas de Tinténiac qui perd La Baussaine peu avant 1197, Saint-Domineuc vers 1200, La Chapelle-Chaussée entre 1218 et 1230, Saint-Gondran avant 1230, Cardroc enfin vers 1233. Il faut y ajouter Trimer, chapelle de Tinténiac en 1202, qui ne fut paroisse qu'en 1803. En outre, compte tenu du tracé des limites paroissiales, on peut admettre que Les Iffs, paroisse attestée avant 1218 et Saint-Brieuc-des-Iffs, attestée dès 1122, qui dépendit ensuite de la précédente du XIIIe siècle jusqu'en 1803, peuvent avoir été détachées de Tinténiac à une époque inconnue, qui peut être ancienne à en juger d'après leur vocable ; saint Ouen pour l'une, saint Brieuc pour

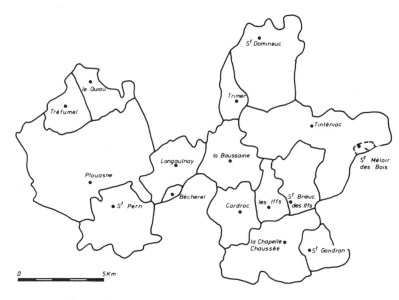

Le démembrement des paroisses de Plouasne et de Tinténiac.

l'autre. En revanche, le cas de Saint-Méloir-des-Bois est particulier. En 1803, cette petite paroisse de 50 hectares fut supprimée et rattachée à Québriac qui n'avait pas de limite commune avec elle mais qui, comme elle, avait relevé du diocèse de Dol avant 1790 : son ancienneté est donc évidente comme son absence de liens avec Tinténiac à laquelle elle fut finalement rattachée en 1836 pour des raisons de commodité.

Plus au sud, toujours dans le diocèse de Saint-Malo, sur la rive droite de la Vilaine, la situation est plus complexe car c'est à la fois une zone de contact entre influences bretonne et romane et également une région de sols souvent pauvres, progressivement mise en valeur. Les paroisses nouvelles y furent nombreuses. Près de la Vilaine, Saint-Malo-de-Phily et Lohéac furent détachées de la vaste paroisse de Guipry dans le courant du XIIᵉ siècle ; ce fut aussi le cas, si l'on en croit la tradition, de Lieuron, mentionnée comme telle pour la première fois en 1338. Cette dernière n'existait pas à l'époque carolingienne. En 843, en effet, un certain Anowareth donne aux moines de Saint-Maur de Glanfeuil en Anjou l'église d'Anast (auj. Maure-de-Bretagne) avec les sept chapelles qui en dépendent. Le nom de ces chapelles n'est pas précisé mais le texte indique que la paroisse d'Anast est limitée par celles de Guipry, Pipriac, Bruc, Carentoir, Comblessac, Guer, Plélan, Beignon et Guignen. Par conséquent, outre Lieuron et Lohéac déjà citées, n'existaient pas les paroisses de Saint-Séglin, *ecclesia* dès 1032, *parrochia* avant 1101, visiblement issue d'Anast, de Mernel, qui disposait cependant déjà d'une église succursale d'Anast, attestée comme autonome en 1181, de Campel, paroisse en 1250 puis à nouveau trève de Maure jusqu'en 1803, de Loutehel attestée aussi en 1250 et de Bovel, chapelle de Maure jusqu'en 1836. Ne jouissaient pas non plus du statut paroissial Les Brûlais, trève de Comblessac jusqu'en 1820, Saint-Malo de Beignon, dépendance de Beignon jusqu'au XIIIe siècle, Maxent qui s'émancipa de Plélan bien avant 1122 puisqu'à cette date Plélan était passé sous le contrôle des moines de Saint-Melaine alors que le desservant de Maxent restait à la nomination des moines de Redon et La Chapelle-Bouëxic, qui ne fut séparée de Guignen qu'en 1711. Dans cette région, la constitution du réseau paroissial a donc été très progressive puisque Maxent, Mernel et Saint-Séglin ont pu être érigées dans le courant du XIe siècle, Saint-Malo-de-Phily et Lohéac le

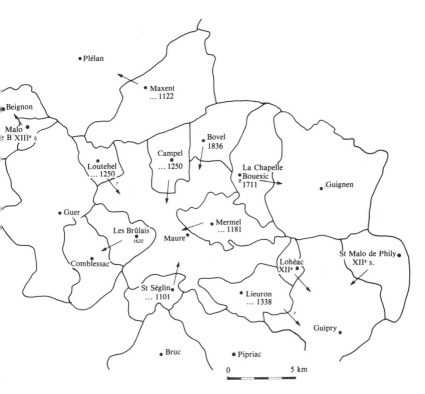

L'évolution du réseau paroissial dans la région de Maure-de-Bretagne.

291

furent au XIIᵉ, Campel, Loutehel, Lieuron et Saint-Malo-de-Beignon sans doute au XIIIᵉ sinon plus tôt, La Chapelle-Bouëxic au XVIIᵉ, Les Brûlais et Bovel enfin au XIXᵉ ; du moins apparaît-il clairement que la période la plus importante coïncide avec les trois premiers siècles du second millénaire.

La troisième catégorie concerne les paroisses qui naquirent à la suite de la mise en valeur de massifs forestiers. Le cas le plus net est fourni par la forêt de Rennes. La Bouëxière y est attestée en 1166 ; d'après sa forme ce toponyme paraît postérieur à l'an mil. Saint-Sulpice fut érigée vers 1200 ; la présence de l'abbaye de ce nom dut contribuer à son développement. Liffré ainsi que Sérigné devinrent paroisses à peu près à la même époque. Saint-Aubin-du-Cormier le fut peu après 1225 ; son cas est différent puisque son centre, fondation ducale, avait un but stratégique : couvrir Rennes vers le nord. De même, au centre du diocèse de Nantes, les zones boisées autour de Blain virent apparaître successivement Héric, Conquereuil qui n'avait encore au XIIᵉ siècle qu'une chapelle dépendant sans doute de Derval, Le Gâvre fondé sur Plessé vers 1225 par Pierre Mauclerc, Casson enfin dont l'église dédiée à saint Louis ne peut être antérieure à sa canonisation en 1297.

Citons aussi les paroisses qui furent créées dans la zone frontière longtemps forestière qui séparait la Bretagne du Maine et de l'Anjou : la forêt, de nos jours, est encore toute proche, par exemple, de Bréal-sous-Vitré, chapelle en 1090, *ecclesia* en 1108. Mais elle n'est plus qu'un souvenir plus au sud, sur la rive droite de la Loire, où en 1104 Anetz, La Rouxière et Maumusson n'avaient encore que des chapelles dépendant de l'église de Saint-Erblon pendant que La Chapelle-Saint-Sauveur relevait de Montrelais jusqu'en 1144. Au sud de la Loire, où la frontière n'était pas aussi ancienne ni aussi nettement matérialisée, il y eut aussi de nouvelles paroisses : Saint-Sauveur-de-Landemont, La Bernardière (après 1287), Geneston, La Limouzinière.

La dernière catégorie concerne les paroisses issues de l'évolution du littoral. Parfois, l'évolution fut défavorable aux hommes comme dans le golfe du Morbihan où la paroisse de l'île d'Ilur, peu à peu envahie par la mer, finit par être supprimée en 1615. Ailleurs, il arriva que les aterrissements furent assez importants pour justifier la création d'une nouvelle paroisse : c'est ce qui se produisit au XIᵉ ou au XIIᵉ siècle pour Fresnay-en-Retz, situé en bordure du marais de Bourgneuf dont la colonisation commença alors. La situation de la Brière et de ses marges est mal connue, bien que Marmoutier ait eu à proximité deux prieurés, l'un à Pontchâteau, l'autre à Donges : leurs archives évoquent les îles d'Er et de Trignac sans que l'on sache jusqu'à quel point elles étaient encore entourées par les eaux. Les

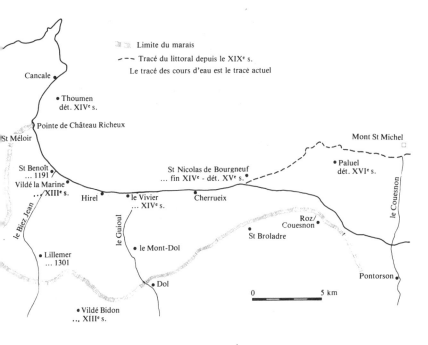

L'évolution du réseau paroissial dans le marais de Dol.

renseignements sont plus abondants en ce qui concerne le marais de Dol. Les zones amphibies qui le constituent étaient abritées de la mer par un épais banc de sables coquilliers qui s'étendait à l'ouest depuis la pointe de Château-Richeux, au sud de Cancale, jusqu'à Cherrueix ; en revanche, plus à l'est, en direction du Mont-Saint-Michel, cette protection faisait défaut et la situation était rendue plus précaire encore par les divagations du Couesnon. On assista donc, en raison des conditions naturelles, à un double mouvement, de colonisation à l'ouest, de retraite à l'est. A l'est, au-delà de Roz-sur-Couesnon, s'étendait la paroisse de Paluel où l'abbaye de Montmorel, près d'Avranches, avait un prieuré-cure ; attestée encore au XVe siècle, elle disparut peu après vers l'emplacement actuel de la grève du Grand-Paluel. De même, en face de Saint-Broladre, apparaît dans une bulle du pape Boniface VIII (1294-1303) une paroisse Saint-Nicolas-de-Bourgneuf dont le nom comme le patron indiquent à l'évidence qu'elle ne pouvait être antérieure à la fin du XIe siècle ; c'était en tous cas une création imprudente puisque son finage fut rongé par la mer avant 1516 où elle ne figure plus dans la liste des paroisses du diocèse de Dol. Plus à l'ouest, la présence du cordon littoral favorisa l'implantation humaine. Saint-Benoît-des-Ondes fut détachée de Saint-Méloir avant 1191 après qu'une chapelle y eut été élevée entre 1150 et 1160 : l'essor fut donc rapide. Le Vivier, après 1181 mais avant la fin du XIIIᵉ siècle, qui a aussi pour patron saint Nicolas, devint également paroisse aux dépens d'Hirel. Il en fut de même de Vildé-la-Marine mais nous savons déjà que c'était une de ces possessions des hospitaliers que ceux-ci, par souci d'indépendance, tenaient à faire ériger en paroisse même si la situation ne le justifiait pas vraiment ; Vildé-Bidon, au-delà du marais, au sud, eut une origine identique. En arrière de cette digue naturelle, le marais, très humide, se prêtait mal à la mise en valeur qui fut lente ; une « île » pourtant vit sa population augmenter, Lillemer, qui fut le centre d'une nouvelle paroisse entre 1280 et 1301. Reste à évoquer le cas de la paroisse de Thoumen, au-delà de la pointe de Château-Richeux et du marais, sûrement ancienne puisqu'elle porte un nom breton dans une région vite romanisée, attestée à partir de 1137 jusqu'au XIVᵉ siècle, dont un écueil dynamité au début de ce siècle portait le nom en face de Cancale, mais dont on ignore quand et comment elle disparut.

Toutes les paroisses nouvelles d'ailleurs ne survécurent pas ; quelques-unes disparurent ou furent ramenées au rang de succursales. En forêt de Rennes, Sérigné fut rattachée définitivement à Liffré vers la fin du XVIᵉ siècle. D'autres retrouvèrent leur statut trévial antérieur comme Campel ou Saint-Brieuc-des-Iffs qui, comme on l'a vu plus haut, étaient devenues des paroisses au XIIᵉ ou au XIIIᵉ siècle, ou encore au diocèse de Vannes Saint-Tugdual qui fut détachée de Priziac après 1191 avant d'être réunie cette fois au Croisty après 1285 et ce jusqu'en 1866, tout comme Cournon détachée de Bains-sur-Oust avant 1387 puis réunie à Glénac au siècle suivant. En revanche, les paroisses plus anciennes demeurèrent très stables ; on doit pouvoir citer quand même Saint-Samson-de-l'Isle qui au-delà de la seconde moitié du XIIIᵉ siècle fut rattachée à Pleine-Fougères.

Finalement, même si cette enquête demeure imparfaite, elle permet d'estimer qu'entre 10 et 20 % des paroisses au moins furent créées entre le début du XIᵉ et la fin du XIIIᵉ siècle. Ce mouvement n'a pas vraiment pris l'allure d'un front pionnier parti à la conquête d'une « forêt centrale » ; il a plutôt contribué à densifier le réseau paroissial qui existait déjà. Autant qu'on en puisse juger en l'absence d'études méthodiques, il paraît comparable à celui des régions voisines, qu'il s'agisse du Poitou ou du Maine. Ce réseau demeura ensuite à peu près stable jusqu'au XIXᵉ siècle : dès 1790, plus encore à la suite du Concordat de 1801, la plupart des trèves devinrent des communes et du même coup des paroisses de plein exercice ; autour de 1850, d'autres accédèrent au statut communal et paroissial en raison de l'accroissement de la population qui accompagna la mise en valeur des landes.

B — LES TOPONYMES NOUVEAUX

La création de paroisses nouvelles, bien que spectaculaire et significative, n'a sans doute pas eu autant d'importance pour la conquête du sol et la définition du paysage que la multiplication des villages, hameaux et écarts dont la toponymie permet de retracer l'historique. Pour le haut Moyen Age, la toponymie est à peu près le seul moyen pour appréhender les progrès ou du moins l'évolution de l'implantation humaine ; pour la période qui nous concerne ici, nous disposons d'autres méthodes pour retracer le phénomène d'une manière à la fois plus concrète et plus précise, celle-là pourtant ne doit pas être négligée surtout que, désormais, ses enseignements sont aussi riches pour la zone romane que pour la zone bretonne.

Les noms en Loc

La zone bretonne fournit deux types de toponymes nouveaux : les noms en Loc — portés souvent par des agglomérations suffisamment importantes pour avoir accédé au rang de trève puis de commune — et les noms en Ker — extrêmement nombreux, qui furent très souvent appliqués à des hameaux ou à des exploitations individuelles.

Le radical loc- (log- devant une voyelle) paraît se rattacher au latin *locus*. Outre le sens banal de « lieu », ce terme eut très tôt une certaine spécificité religieuse avec le sens de « lieu consacré ». On peut déjà la reconnaître chez César quand celui-ci évoque le *locus consecratus* des Carnutes où les druides avaient coutume de se réunir. Avec la christianisation, le terme prit le sens de monastère ; on l'a relevé sous cette forme dans toute l'Europe occidentale. Dans le cartulaire de Redon, l'abbaye est désignée à deux reprises comme *locus sancti Salvatoris*. *Locus* peut même s'appliquer à une simple église, notamment dans les actes rédigés par les moines de Marmoutier. Pourtant, c'est seulement en Bretagne que le terme a donné naissance à un ensemble de toponymes. Ceux-ci n'apparaissent pas dans la documentation écrite avant le XIe siècle : les noms en loc- peuvent donc être considérés comme les successeurs des noms en lan-.

Arguant de cette apparition tardive, P. Trépos avait préféré à l'étymologie classique issue du latin *locus*, une origine germanique à partir de *laubia*, « abri de feuillage » qui a donné le français « loge » (cf. les toponymes La Loge ou Les Loges en pays de défrichement) mais aussi le breton *logel*, « cabane ». Ce terme s'appliquait parfaitement aux installations souvent délibérément rudimentaires des moines, d'où un glissement de sens. Cette origine germanique expliquerait que loc- n'eut guère de succès dans les autres pays celtiques, encore qu'en gallois *monach-log* signifie monastère. Le latin *locus*, sous sa forme diminutive *locellus*, serait seulement à l'origine de *logell*, « petite parcelle de terre », employé surtout autour de Tréguier et de Saint-Brieuc. Ceci justifie l'emploi de Loc seul, notamment dans les Côtes-du-Nord à Ploumilliau, Pluzunet, Pédernec, etc. avec un nom commun comme *brug*, « bruyère », à Loc-ar-Brug en Ploudaniel (Finistère) ou avec un nom d'homme qui ne serait pas celui d'un saint mais tout simplement celui du propriétaire de la parcelle, comme Loconan (de Conan), Loc-Marzin, Lossulien, etc. Le latin *locus* serait donc à l'origine de « locs laïcs », mais ceux-ci ne sont qu'une minorité, pour la plupart très récents, nés d'une quelconque rétromanie ; quant à l'origine germanique de la grande majorité de ces toponymes, il y a peu de spécialistes à y croire.

Presque tous les noms en loc- sont construits avec un nom de saint ; parmi ceux qui sont bien attestés seul fait exception Locminé (Morbihan), dont la *Vie de saint Gildas* nous donne l'étymologie : *Locmenech, id est locus monachorum*. R. Largillière, dont l'œuvre de pionnier dans ce domaine est encore fort valable, avait remarqué, pour mieux établir l'origine tardive de ces toponymes, qu'ils ne portent pas les mêmes noms de saints que les noms en plou-, lan- ou tré-. Ils ne portent même pas en majorité des noms de saints bretons, surtout de saints anciens. Il y a bien des locs qui sont dédiés à saint Guénolé, à saint Tudy et surtout à saint Gildas, mais R. Largillière crut pouvoir établir qu'ils étaient contemporains de la diffusion du culte de ces saints consécutive à la renaissance au XIe siècle des monastères de Landévennec, de Loctudy et de Saint-Gildas de Rhuys que nous avons évoquée plus haut. Il insista aussi sur le fait que les noms en loc- portent plutôt des noms de saints dont le culte n'est attesté que tardivement, dont F. Gourvil fit plus tard le recensement : 41 Locmaria, 19 Lochrist, 10 Locmiquel et 4 Lojean ou Loyan. Dans la forme Locmaria, le nom de la Vierge est une forme savante empruntée à la liturgie latine — donc tardive — car son équivalent breton devrait correspondre au gallois Meir. Toujours selon Largillière, Lochrist doit son nom au Sauveur flagellé, « car telle est la signification du vocable Christ en breton ». Ce culte, ainsi que celui de saint Michel et de saint Jean, aurait été diffusé par les Templiers et par les hospitaliers de Saint-Jean de Jérusalem qui étendent leurs possessions en Bretagne à partir de 1130 : d'ailleurs, les toponymes qui les évoquent seraient souvent situés à proximité de leurs commanderies. La création des noms en loc- ne dut guère dépasser la fin du XIIIe siècle : en effet, saint Yves en dépit de sa rapide célébrité dès sa mort survenue en 1303 n'est l'éponyme d'aucun d'eux.

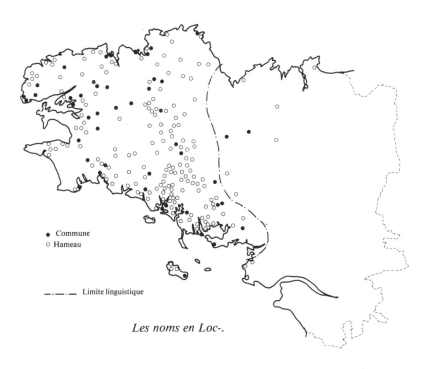

● Commune
○ Hameau

_._._ Limite linguistique

Les noms en Loc-.

Pour déterminer le caractère tardif des noms en loc- Largillière insista surtout sur un argument géographique qui lui parut déterminant. Il fit en effet remarquer que ces toponymes sont absents des zones de la Bretagne gallèse qui furent un moment bretonnantes mais d'où le breton reflua à partir du XIe siècle au moins. Les exceptions que l'on a cru relever n'en sont pas toujours : il en va ainsi du Loquidy à Nantes dont la forme ancienne est Losquidic. Pour Largillière, ne subsiste guère que Laurenan (Côtes-du-Nord), auquel il faut ajouter Loudéac (Locduiac en 1066-1082). Or dans ces régions passées au français après l'an mil, les noms en plou-, lan- et tré- ne manquent pas : c'est bien la preuve que ceux-ci sont plus anciens et que les noms en loc- sont postérieurs au recul du breton.

P. Quentel s'est efforcé avec un bonheur inégal de battre en brêche cette chronologie. Pour lui, les noms en loc- peuvent être beaucoup plus anciens, voire même contemporains des formes en plou-, lan- et tré-. Il a ainsi recensé 17 saints qui ont servi d'éponymes aux uns et aux autres comme saint Iltud que l'on rencontre à Ploerdut (Morbihan), Lanildut (Finistère) mais aussi à Loc-Ildut en Sizun (Finistère). Il estime également que le culte de saint Guénolé ou de saint Gildas est bien plus ancien que ne le croyait Largillière ; y ajouter celui de saint Ronan est fâcheux car il est maintenant établi que l'éponyme de Locronan, de Saint-Renan (Lokournan en breton) et aussi de Laurenan ne vécut pas avant le Xᵉ siècle ou, à la rigueur, le IXᵉ. S'il admet que les Lochrist, Locmaria et Lojan sont tardifs, il soutient en revanche que le culte de saint Michel est beaucoup plus ancien.

La date de l'apparition du culte de saint Michel en Bretagne a déclenché une controverse supplémentaire. M. Debary, pour y voir plus clair, a d'abord dressé la liste des lieux de culte de l'Archange ainsi que les lieux-dits qui portent son nom. Il apparaît ainsi comme un culte côtier, placé sur les sommets, particulièrement dense dans les diocèses de Saint-Brieuc, Tréguier et Vannes, beaucoup plus clairsemé dans ceux de Cornouaille et de Léon. Il s'est ensuite efforcé d'établir l'origine historique de tous les lieux pour lesquels cela était possible. Il en conclut que rien ne prouve que le culte de saint Michel soit apparu avant les invasions normandes ni que l'on puisse en imputer l'expansion ultérieure — comme l'avait cru Largillière — à l'influence des moines du Mont-Saint-Michel car, à deux exceptions près, les possessions de l'abbaye ne coïncident pas avec ces lieux de culte. Il admet toutefois que les pèlerinages au Mont ont pu indirectement favoriser ce culte. Mais pour lui, sa diffusion fut surtout le fait des grandes abbayes bénédictines, celles étrangères à la Bretagne mais qui y étaient possessionnées ou les établissements bretons comme Landévennec, Rhuys ou Redon. Il faut en tous cas circonscrire l'essor du culte de saint Michel entre la fin du Xᵉ et le milieu du XIIᵉ siècle.

P. Quentel maintint ses positions. Si saint Michel a été vénéré dans le pays de Galles, dans le Cornwall et en Irlande bien avant le Xᵉ siècle, il est fort difficile d'admettre qu'il n'en ait pas été de même en Bretagne en raison des liaisons constantes entre ces régions. Lui aussi croit aux influences exercées ultérieurement de manière directe par l'abbaye du Mont-Saint-Michel qui jusqu'au début du XIᵉ siècle peut être considérée comme bretonne autant que normande : les moines missionnaires pouvaient élever des lieux de culte sans pour autant acquérir au même endroit des biens pour leur monastère. Enfin et surtout, saint Michel a succédé aux anciennes divinités païennes auxquelles les hauteurs étaient consacrées et qui avaient déjà parfois été supplantées par Mercure ou par Mithra : comme cette christianisation est très ancienne, le culte de saint Michel l'est tout autant même si sur l'un des sommets les plus célèbres de Bretagne, le Méné-Bré, saint Hervé a pris le pas sur l'Archange. Toutefois, nous devons bien reconnaître que cela ne suffit pas à prouver que les Locquimel peuvent être antérieurs au XIᵉ siècle.

Pour en revenir aux noms en loc- en général, P. Quentel ne croit pas non plus à l'argument géographique de Largillière. En ce qui concerne la zone passée au gallo, il voit un loc à Lohéac (Ille-et-Vilaine) bien que la forme la plus ancienne soit au XIᵉ siècle Loho-diacum ; surtout, il estime que bon nombre de noms en loc- y ont été ensuite remplacés par des noms en Saint-, d'autant que « dès la fin du Xᵉ siècle, en Ille-et-Vilaine au moins, le breton était moribond ». Pour cette région, les travaux récents et actuels de B. Tanguy font autorité. Ils ont permis d'ajouter aux quelques exceptions que l'on connaissait déjà Locriac en Mégrit (Côtes-du-Nord), Locmaria en Planguenoual (Côtes-du-Nord) et en Saint-Méloir-des-Ondes (Ille-et-Vilaine) et peut-être Locquien, lieu disparu en Paimpont (Ille-et-Vilaine). Mais B. Tanguy remarque aussi que le prieuré près de Tinté-niac appelé *Locum Meloci* en 1163 a donné Saint-Méloir-des-Bois et que le prieuré de Paimpont, *locus quod dicitur Brigida* en 1207, s'appela Sainte-Brigitte et non Loperhet qui est la forme équivalente en zone bretonnante : il n'y a pas eu substitution, seulement, la forme en loc- n'était pas suffisamment usuelle dans cette région pour concurrencer celle en Saint- ou en Sainte-.

Finalement, on peut retenir que, sauf cas d'espèce, les noms en loc- ont été établis entre la fin du Xᵉ et la fin du XIIIᵉ siècle. Voyons-en maintenant la répartition. F. Gourvil en a recensé 265. Epars dans le Trégor et le Léon, rares au sud-ouest de la Cornouaille et dans le bassin de Châteaulin, il y en a davantage entre Châteaulin et la rade de Brest. Ils sont surtout nombreux dans le Vannetais près du littoral entre Hennebont et Auray, mais il y en a aussi dans l'intérieur jusqu'au-delà d'entre le Blavet et le Scorff. On ne peut retenir tous ces toponymes comme autant de preuves de l'essor démographique. Quelques-uns en ont remplacé d'autres : ainsi Locquenolé (Finistère) s'appela avant le XIᵉ siècle Lancolvett et Locquénin où se trouve l'église de Plouhinec (Morbihan) s'appelait *Tribus Guinnini* en 1087. Surtout, beaucoup ont concerné d'abord des lieux de culte, oratoires ou chapelles, dont on ne sait à partir de quelle époque ils ont fixé un habitat ; certains sont restés isolés. Trente et un sont de nos jours des communes : il y en a 17 dans le Finistère, 7 dans les Côtes-du-Nord et autant dans le Morbihan. Ce ne sont jamais des paroisses primitives ; la plupart furent de simples trèves jusqu'à la Révolution. Issues d'un démembrement, leur superficie est souvent restreinte. Loguivy-Plougras (Côtes-du-Nord) avec 4968 ha. est une exception due à la fusion d'un loc et d'un plou ; Locminé (Morbihan) couvre 481 ha., Loc-Envel (Côtes-du-Nord) 366, Loc-Brévalaire (Finistère) 165 et la plus petite, Locquénolé (Finistère) 87.

Les noms en Ker-

Les noms en Ker- ont une origine beaucoup moins controver-sée ; ils sont extrêmement nombreux et s'appliquent indiscutablement à des lieux habités mais beaucoup furent créés bien au-delà de la période qui nous occupe. A. Guilcher, il y a près de quarante ans, a étudié l'origine et les sens du terme : l'on peut encore retenir l'essentiel de sa synthèse. On sait depuis fort longtemps qu'au début, en vieux-breton, le mot *caer* est synonyme du latin *castrum* et désigne une place forte, un lieu retranché. Il fut ainsi utilisé au pays de Galles où Caerphilly au sud ou Caernarvon au nord évoquent encore de nos jours des forteresses célèbres. Sans doute aussi en Bretagne où l'antique *Vorgium* (Carhaix) qui, à vrai dire, ne fut pourtant jamais protégée par une muraille, est à l'origine et du Poher (le *pagus* ou *pou* de Caer) et de Plouguer (le « plou de Caer » plutôt que « la campagne de la ville » selon l'étymologie d'A. Guilcher). Le cartulaire de Redon au IXe siècle emploie Caer à deux reprises pour désigner Locmariaquer dont les vestiges hérités de son importance à l'époque gallo-romaine devaient encore justifier l'emploi du mot dans son acception primitive. Peut-être y a-t-il déjà une évolution dans un acte de 861 où figure une *villa Kaer* où les deux termes peuvent se traduire l'un par l'autre ; elle est plus certaine en 871 en ce qui concerne Caerdivon, apparemment un domaine rural, qu'A. Guilcher avait localisé près de Silfiac (Morbihan) et que B. Tanguy a identifié avec Kerguion en Lescouet-Gouarec (Côtes-du-Nord). Dans le sens de domaine rural, les termes habituels sont alors ran ou tigran (Ran Hocer en Escoublac est ainsi devenu plus tard Kerhougar). Lorsque la documentation reparaît au XIe siècle, caer a supplanté ran dont seul le cartulaire de Landévennec fournit quelques exemples. Il a aussi supplanté tré qui, sous la forme tref, ne s'applique plus à un lieu précis mais à une circonscription appelée aussi *tribus* en latin ; c'est la future « frérie » dans le cadre de laquelle furent levées les dîmes puis les fouages, avant de se perpétuer dans bien des cas sous forme de sections cadastrales. En 1029, le cartulaire de Quimperlé mentionne six Caer autour de Quimperlé. Au début du XIIe siècle, le moine Gurheden dans la Vie de saint Gurthiern écrit Cherveneac (Kervignac, Morbihan) et non plus Kaer ou Caer Veneac, preuve pour A. Guilcher que l'on prononçait alors ker comme aujourd'hui. Plus tard, ker s'affaiblit parfois en guer, notamment dans le Trégor ; surtout, dans la zone de contact linguistique, comme nous le verrons plus loin, il devint car.

Ker connut au début la même polyvalence que son homonyme *villa* mais les deux termes eurent une évolution inverse. Alors qu'en domaine roman *villa*, simple domaine à l'origine, peut aussi désigner un village avant de s'appliquer aux agglomérations urbaines, ker tend à être utilisé de plus en plus pour qualifier des exploitations individuelles. La polyvalence initiale du terme apparaît encore dans les archives de Quimperlé : la Vie de saint Gurthiern par l'expression *Plebs Veneaca que postea vocata est Cherveneac* établit encore l'équivalence plou = ker pendant qu'en intitulant *De loco Evon* un acte concernant le domaine de Caer Eon, l'auteur du cartulaire fait cette fois de loc un autre synonyme de ker.

Dès le XIe siècle, ker a pour déterminatif dans la plupart des cas un nom d'homme (Mérian, Guiscoiarn, Even, Caradoc), plus rarement un adjectif (meur, hen, nevez) ou un nom commun : maes (campagne), mostoer (*monasterium*), ilis (église). Dans la toponymie actuelle, certains de ces noms d'hommes sont des noms de saints bretons mais ce n'est pas là gage d'ancienneté ; il s'agit d'ordinaire d'une simple homonymie quand ces noms furent utilisés comme prénoms puis comme noms de famille. En revanche, les Kermaria ou les Kergrist ont de fortes chances d'appartenir à la même époque que les locs qui, comme nous le savons, sont contemporains de la faveur de ces vocables.

Le fait que les noms en ker- soient suivis dans leur très grande majorité d'un nom d'homme fait qu'on les considère d'ordinaire comme ayant désigné à l'origine des exploitations familiales à l'aide du nom de leur fondateur. Certaines devinrent des hameaux puis des villages. La forme Kerilis s'appliqua souvent à une date inconnue au village qui entourait l'église paroissiale ou tréviale. Dix-huit toponymes en ker- sont actuellement des communes issues de paroisses très tardives ou de trèves, à l'exception de Kervignac, ex-Plouvignac. Il y en a huit dans le Finistère (sans oublier Guerlesquin), sept dans les Côtes-du-Nord (en ne retenant pas Kérien qui doit son nom à saint Kérian) et quatre dans le Morbihan. Il convient de remarquer que si quelques-uns de ces noms se rapportent à un nom d'homme comme Kerlouan ou à des vocables contemporains des locs, tels Kermaria ou Kergrist, une proportion plus importante concerne des noms communs comme Kerfourn (fourn = four) (Morbihan) ou Kernilis (Finistère).

A côté de ces toponymes qui ont « réussi », il y a une multitude de noms en ker- qui désignent des établissements humains isolés. D'après F. Gourvil, il y aurait 18.250 noms de ce type en Bretagne dont plus de la moitié dans le Finistère. L'étude systématique des cadastres en apporterait beaucoup d'autres tout en fournissant de précieuses indications sur des habitats aujourd'hui disparus. Quelques-uns toutefois n'en sont pas, nés de confusions avec crec'h « hauteur » surtout dans les relevés cadastraux du XIXe siècle, avec kaer « beau » et même avec kerezen « cerisier » et, pour la forme guer avec guern « aulnaie ». Ce nombre important ne peut être mis que partiellement au crédit de l'essor des campagnes à l'époque médiévale : ker a fait preuve d'une grande vitalité jusqu'à nos jours où le développement des résidences secondaires lui fait connaître un regain de faveur même dans des régions où il est allogène. Or il est bien difficile d'en établir la chronologie. Le fait que beaucoup soient construits avec des noms d'hommes attestés dès le vieux breton n'est pas un indice suffisant puisque beaucoup de ces noms, comme par exemple Prigent ou Mainguy, subsistent encore ; il faudrait alors se limiter après une double enquête minutieuse aux toponymes en ker-construits avec des noms de forme archaïque dont il faudrait s'assurer qu'ils n'étaient plus en usage à partir du XIIIᵉ siècle... Seuls peuvent être retenus les noms en ker- antérieurs à l'époque moderne qui sont situés dans la zone que le français conquit précisément entre le Xᵉ et le XIIᵉ siècle ; leur étude est alors inséparable de celle des toponymes d'origine romane.

Les noms en -ière, en -erie et en -ais

Dans les zones de langue romano-française, l'époque est marquée par l'apparition et la multiplication des noms en -ière ou en -erie, en -ais et en La Ville-. Désormais, cette toponymie ne se développe plus indépendamment de celle de la zone bretonne. Certes, au haut Moyen-Age, nous avions relevé une origine identique pour les noms en gui- et pour ceux construits à l'est avec *vicus*, du type Vieuvy, mais l'étymologie était leur seul point commun et ils sont peu nombreux. Au contraire, les noms en ker- et ceux en ville- se retrouvent dans les mêmes régions, s'interpénètrent et ont été souvent traduits dans un sens ou dans l'autre. Ce que l'on sait de la toponymie romane repose sur les recherches menées naguère par Guy Souillet et sur celles plus récentes, plus systématiques aussi, de Bernard Tanguy dont seule une partie a été jusqu'ici publiée.

Dans la zone romane qui s'étend vers l'ouest, de nouveaux toponymes apparaissent dans le courant du XIᵉ siècle. La plus ancienne mention doit être celle de *Primauderia*, en Juigné près de Châteaubriant, entre 1061 et 1075, qui figure dans le cartulaire de Redon ; on a ensuite avant la fin du XIᵉ siècle, la forme *Gavascheria* près de Tinténiac (Ille-et-Vilaine) dans le cartulaire de Saint-Georges. Les exemples se multiplient au XIIᵉ siècle mais il convient de remarquer que les formes qu'ils indiquent sont encore mal assurées et souvent interchangeables. Ainsi, l'acte 38 du *Cartulaire de Saint-Georges* indique successivement *la Bernuleie, villa Bili, terra Peissonis, la Bouhordiere*, or ces lieux qui existent encore s'appellent respectivement en Tinténiac La Besnelais, La Biliais, La Peissonais et, en Saint-Domineuc, La Bouhourdais. Ces toponymes ont donc certains traits communs qui ont perpétué parfois la confusion entre les uns et les autres ; on peut néanmoins essayer de dégager ce qui fait l'originalité de chaque catégorie tout en gardant présent à l'esprit qu'ils ont fait preuve d'une belle longévité puisque l'on a continué à en créer jusqu'à l'époque moderne.

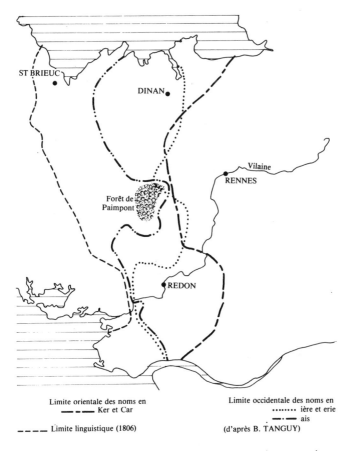

Limite orientale des noms en
— ·· — Ker et Car
— — — — Limite linguistique (1806)

Limite occidentale des noms en
········ ière et erie
— · — ais
(d'après B. TANGUY)

Limite des noms en Ker- et Car-, en -ière et -erie et en -ais.

Voyons d'abord les noms en -ière, en -erie et en -ais. Ces toponymes, comme d'ailleurs les noms en ville-, qui sont toujours féminins, sont généralement construits avec un nom d'homme. Toutefois, ceux en -erie sont plutôt formés avec un nom indiquant une profession (La Poterie) ou une fonction (La Dîmerie) ou encore un nom propre en -er (La Frogerie). Mais on connaît aussi La Ferrière, La Bouëxière (buis), La Saudraie (saule) ou L'Aulnaie. D'ailleurs, la distinction entre les noms en -ière et ceux en -erie n'est pas sensible dans les textes latins qui traduisent indifféremment les uns et les autres par le suffixe *-aria* ou *-eria*.

Ces noms sont répandus dans tout l'ouest de la France, du

303

Cotentin au Poitou, des confins de la Beauce à la limite de la zone bretonne. Globalement, s'ils ne sont pas répartis uniformément et dans des proportions analogues, leur aire coïncide avec celle de l'habitat dispersé. Cela explique qu'ils soient pour la plupart construits avec un nom d'homme : celui de leur fondateur. Ce nom n'est pas modifié si l'endroit passe ensuite à un exploitant qui porte un autre nom : dès le début du XIIe siècle est mentionné aux portes de Rennes le *feodum Normanni de la Couardière* « le fief de Normand qui réside à La Couardière ». Ces noms de lieu désignent en règle générale des exploitations nouvelles qui sont aussi des exploitations individuelles. Certaines ont disparu parce qu'elles avaient été fondées sur un sol par trop ingrat ; ces échecs sont encore révélés par le cadastre : grâce à lui G. Souillet retrouva ainsi en Laillé (Ille-et-Vilaine) La Bénardais dont le damier agraire subsiste encore en plein bois. D'autres ont réussi, devenant des hameaux, des villages ou même des paroisses. Parmi ces dernières, on peut citer en Ille-et-Vilaine La Bouëxière attestée dès 1166, La Gouesnière et La Couyère mentionnées respectivement en 1221 et en 1240 alors que La Dominelais ne fut séparée du Grand-Fougeray qu'en 1840.

Depuis les travaux de René Musset sur le Bas-Maine, il est admis que les noms en -ière ou en -erie sont les plus anciens, à partir des XIe-XIIe siècles alors que ceux en -ais leur seraient postérieurs d'environ un siècle. A l'appui de cette thèse, G. Souillet avait remarqué que les noms en -ière sont fréquents surtout sur les plateaux et les crêtes gréseuses alors que les noms en -ais se rencontrent pour les trois-quarts dans les vallées et les zones schisteuses aux sols plus fertiles mais plus lourds. Cela justifie donc l'antériorité des premiers puisque les hommes, à cause des moyens rudimentaires dont ils disposaient, ont d'abord cherché à mettre en valeur les terres les plus légères. De même, les noms en -ais sont au contact des massifs forestiers actuels car ils sont plus récents que ceux en -ière ou en -erie qui eux en sont situés à quelque distance ; c'est le cas notamment sur la lisière orientale de la forêt de Paimpont.

Il est encore plus significatif de constater que ces noms semblent s'être répandus d'est en ouest. Plus l'on se rapproche de la zone bretonne, plus les mentions sont tardives ; elles sont aussi de moins en moins nombreuses. Les noms en -ière et en -erie, abondants à proximité du Maine et de l'Anjou, connaissent leur plus forte densité de part et d'autre de la Loire en amont de Nantes. Ils sont encore nombreux jusque vers la « ligne Loth » qui jalonne la limite orientale des toponymes bretons, avec une mention près de Tinténiac vers la fin du XIe siècle. Ils décroissent ensuite rapidement au-delà de cette ligne, surtout dans les Côtes-du-Nord où la documentation n'en livre guère des exemples qu'au XIIIe siècle, à part une mention isolée à Languélias à la fin du XIe. Les noms en -ais ne sont pas particulièrement nombreux sur les marges armoricaines ; d'ailleurs, en Mayenne ils ne sont qu'une minorité par rapport aux noms en -ière ou en -erie (400 pour 8.000). Leur répartition paraît assez régulièrement axée de part et d'autre de la ligne méridienne indiquée par la Vilaine et l'Ille. Surtout, leur aire d'extension franchit largement la « ligne Loth » : ils sont particulièrement nombreux entre la Rance et l'Arguenon et aussi dans le bassin inférieur de l'Oust. En somme, la zone des noms en -ais est décalée vers l'ouest par rapport à celle des noms en -ière ou en -erie ; elle est aussi plus tardive.

Ces deux constatations posent le problème des progrès de la langue romane puis française et de leur chronologie. Déjà, au témoignage du cartulaire de Redon, la présence de noms d'hommes germaniques ou romans indique qu'au IXe siècle le recul du celtique était déjà amorcé ou bien que le substrat roman n'était pas aussi faible qu'on le prétend. Entre le Xe et le XIIIe siècle, si l'expansion romane fut limitée au sud — de la région de Savenay à la presqu'île guérandaise — elle fut de plus en plus marquée vers le nord de la péninsule puisque sur le littoral de la Manche, le celtique recula du Couesnon jusqu'à la baie de Saint-Brieuc. La chronologie de ce reflux demeure encore très incertaine ; elle ne dut pas se faire non plus de façon rectiligne sans que l'on sache pour autant où subsistèrent des îlots bretonnants et combien de temps. J. Loth, comme beaucoup, avait cru à un recul rapide et total. B. Tanguy a cherché à mieux préciser ce phénomène en relevant dans les textes ou la toponymie tout ce qui pouvait jalonner le maintien du breton ou l'expansion du français. Parmi les textes, il écarte à juste titre comme une prudente formalité la démarche du desservant de la cure de Calorguen près de Dinan qui, en 1422, parce qu'il ignorait le breton, demande au pape une dispense pour se conformer à la règle d'idiome alors en usage. Mais il a relevé une très intéressante mention de 1053 : « la petite église de saint Martin qui en langue bretonne s'appelle Tramahou » ; elle concerne Tréméheuc, la paroisse en tré- la plus orientale : la formule rédigée par un clerc local implique une survie du breton également attestée par la graphie Tremahoco en 1122. En revanche, il ne paraît pas que l'on puisse retenir comme un indice valable l'étymologie bretonne du nom du château du Guesclin, proche de Cancale, en 1209 : on la doit à Guillaume le Breton, ce clerc d'origine léonarde qui écrivait à la cour de France : ce passage est donc détaché de tout contexte local. B. Tanguy a également tiré parti de la linguistique. Ainsi, le vieux-français *provoire* «prêtre» qui a disparu de la langue vers le XIVe siècle est à l'origine de La Ville-au-Pourvoi en Allineuc (Côtes-du-Nord), au bord de la frontière linguistique actuelle qui, dans cette région, fut donc atteinte avant la fin du Moyen Age ; peut-être même assez tôt dans le Moyen Age puisqu'en Bretagne « provoire » n'a pas donné de formes en -ais alors qu'il y en a au moins cinq en La Ville et 7 en -erie.

Les noms en La Ville-

L'examen des noms construits avec le mot ville- pose des problèmes plus délicats. Nous avons vu qu'il existe des exemples où ils sont interchangeables avec les noms en -ière, en -erie ou en -ais. Ils se retrouvent donc dans les mêmes régions mais selon des densités très différentes. Ils existent en Basse-Normandie, en Anjou et dans le Maine, toutefois en petit nombre. Dans la Sarthe, l'excellent *Dictionnaire topographique* d'E. Vallée et R. Latouche en recense à peine une centaine de cas ; deux de ces noms sont attestés dès le IXe siècle la forme Villaines qui apparaît 14 fois doit être comptée à part car sa graphie la plus ancienne, en 837, est Vitlena. Rangeons aussi à part les 48 Villeneuve. Dans la Mayenne, s'il y a une trentaine de Villeneuve, il n'y a guère plus du double de Ville- avec cependant l'apparition de la forme La Ville-au-(Moine). En Bretagne, leur concentration est maximale entre la ligne Loth et les abords de la limite linguistique moderne, surtout dans la moitié septentrionale. Toujours sans compter les Villeneuve, il y en a plus de 1.500 dans la partie orientale

—.—.Limite linguistique

Les noms du type La Ville-es-.

les Côtes-du-Nord, près de 900 en Ille-et-Vilaine, 120 dans le Morbihan, 175 enfin en Loire-Atlantique. Ces noms se présentent sous trois formes : La Ville-au-, La Ville-es- et La Ville-. Les deux premières peuvent être suivies d'un nom commun, telle La Ville-aux-Prêtres, mais elles le sont beaucoup plus souvent d'un nom d'homme comme c'est toujours le cas pour la dernière. La Ville-au- fournit le contingent le plus modeste : à part des groupements dans les régions de Montauban et de Dinan, cette forme est localisée surtout au plus près de la limite linguistique, en particulier dans l'est du Morbihan. La Ville-es- deux fois plus fréquente, est concentrée surtout de part et d'autre de la Rance (où apparaît exceptionnellement la graphie La Ville-et-, due sans doute à une prononciation particulière) et de Colliée à Montfort-sur-Meu (9 cas à Iffendic), plus enfin une vingtaine de cas très groupés autour de Saint-Nazaire. Dans la mesure où la forme en -es- est la plus proche de la frontière linguistique, on peut admettre que les Villes-es- sont plus anciennes que les Ville-au-, tout en gardant présent à l'esprit le fait qu'ici ou là des habitudes dialectales ont pu jouer. Un certain nombre de ces formes ont dû évoluer aussi en Ville- tout court, forme plus simple et d'allure moins archaïque.

Les noms en Ville- précédés de l'article, qui forment la grande majorité dans cette famille toponymique sont surtout localisés entre la frontière linguistique et une ligne Dol-Redon. Ils sont particulièrement denses au nord d'un tracé Quintin-Dinan, dans la région Montauban-Caulnes-Saint-Méen et autour de Josselin. Eux aussi coïncident donc pour l'essentiel avec la zone d'où le breton reflua entre X[e] et le XIIIe siècle. Mais ils débordent aussi cette zone. Vers l'est, leur semis de plus en plus lâche, rejoint celui de la Mayenne avec l'absence fréquente de l'article. Vers l'ouest, il leur arrive aussi de franchir la limite linguistique qui, sur les cartes ci-jointes est celle établie d'après l'enquête de 1806, tardive mais fiable. Dans la plupart des cas, on rencontre au-delà la forme Villeneuve que nous n'avons pas retenue car elle peut être très récente ou bien n'être que la traduction de Kernévez : il y a ainsi au moins 66 La Villeneuve dans le Finistère. Dans ce département, deux toponymes sont à retenir : en Spézet, à l'est de Châteauneuf-du-Faou, une Ville-Montoire, peut-être ancienne, synonyme de Villa Monasterii ou de Kermoustoir et surtout en Taulé, près de Morlaix, une Ville-aux-Clères (ou plus exactement -aux-Clercs) dont la forme et la signification plaident en faveur d'une origine médiévale. Ce dernier toponyme est d'autant plus intéressant que, comme nous l'avons vu dans l'ouvrage précédent, une enclave romane aurait pu subsister durablement autour de Taulé. Sinon, des transgressions apparaissent près de Saint-Brieuc, notamment dans la région de Lanvollon où il semble, au témoignage des archives de Beauport, que le breton ait ultérieurement récupéré une

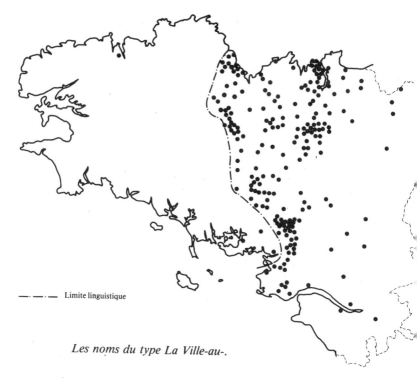

— · — · — Limite linguistique

Les noms du type La Ville-au-.

partie du terrain perdu au XIIIᵉ siècle. Il y a aussi quelques exemples dispersés dans le Morbihan, de tout temps réceptif à des influences romanes ; quelques-uns doivent d'ailleurs être tardifs, telle La Ville-Maigre en Theix ou en Elven.

Le succès de la forme La Ville- dans la zone gagnée au français tient à l'identité ker = villa ou ville-. Dans toute cette région subsistent des noms en ker- ou en car-, très rares à l'est d'une ligne Saint-Malo-Ploërmel-Saint-Nazaire, assez peu nombreux dans le centre au demeurant moins peuplé, mais abondants tant à l'ouest et au sud-ouest de Saint-Brieuc qu'au sud-ouest de Redon où ils compensent à proximité de la frontière linguistique des noms en ville- moins nombreux. La forme car- est proportionnellement plus fréquente vers l'est, peut-être parce que lorsque ces noms furent établis la prononciation n'avait pas encore fini d'évoluer de caer à ker ou peut-être en raison de l'influence du substrat linguistique local. Les exemples de noms en ville- qui sont des traductions de ker- ne manquent pas. B. Tanguy cite ainsi le cas de La Ville-Pain en Saint-Gonnéry (Morbihan) latinisée en Villa-Pagani en 1265, notée Karpaen en 1270, traduite à nouveau Ville-Paen en 1405. On peut ajouter un peu au-delà

308

de la frontière linguistique Kermeur en Plouézec, près de Paimpol, qui dans un acte en latin de 1252 est appelée La Grande-Ville. Outre le témoignage des textes anciens, B. Tanguy a relevé des toponymes actuels issus d'une traduction défectueuse par suite de la mutation de la consonne initiale du nom composé provoquée par le breton ker, mot féminin : La Ville-Véen en Evran (Côtes-du-Nord) ou La Ville-Vra en Pléboulle (Côtes-du-Nord) devraient être aujourd'hui La Ville-Méen et La Ville-Bra (ou mieux La Ville-Braz sinon La Grande-Ville). Des juxtapositions plaident aussi en faveur de traductions : en Boquého (Côtes-du-Nord), Kergomarec (= La Vieille-Ville-Chevalier) jouxte La Ville-Chevalier, de fondation vraisemblablement plus récente.

L'imbrication des noms en ville- et des noms en ker-, plus encore le passage des toponymes d'une forme à l'autre, nous conduisent donc à considérer ces noms en La Ville- plus comme des formes romano-bretonnes que comme des formes purement romanes. Ceci est encore plus évident si l'on essaie d'en établir la chronologie. A s'en tenir à la carte, tout paraît simple : à mesure que le français progressait, on aurait eu successivement et d'est en ouest, les noms en -ière ou en -erie, puis les noms en -ais, enfin les noms en ville-. Cela semble d'autant plus concevable que les noms en -ais sont tenus pour

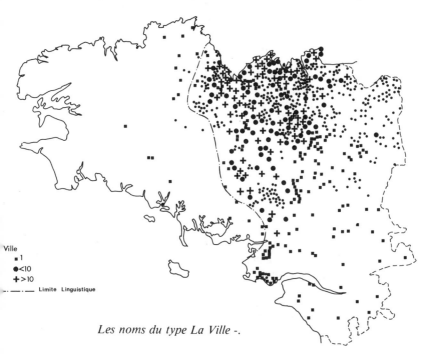

Les noms du type La Ville -.

postérieurs à ceux en -ière. Il faut pourtant mettre à part les noms en ville- en raison du terrain favorable à leur diffusion qu'ils ont rencontré grâce à la présence des noms en ker- et qui leur a valu d'avoir une expansion autonome, contemporaine, sinon antérieure à celle des formes à suffixe. Déjà en 1949, E. Piel avait remarqué que dans le marais de Dol, les noms en ville- étaient localisés sur les terres les plus anciennement bonifiées alors que ceux en -ière ou en -erie figuraient plutôt là où la mise en valeur avait été plus tardive. Un document exceptionnel illustre bien l'ambiguité des noms en ville- par rapport à ceux en ker- et leur originalité vis-à-vis de ceux en -ière. Avant 1037, à Caden, à l'ouest de Redon, un certain Helocus donne aux moines de Redon « une partie de la *villa* de Trefwredoc qui est à Caden avec un colon nommé Hubaud, ce qui fait qu'elle s'appelle maintenant *villa Hubaldi* ». De nos jours, ce toponyme n'existe plus dans le finage de cette commune où voisinent noms en ville- et noms en ker- ; on ne sait trop comment traduire *Villa Hubaldi* encore que Hubaud n'étant pas un nom breton, la forme Ville-Hubaud paraisse la plus probable ; en tout cas, ce nouveau lieu-dit baptisé du nom de son fondateur, situé tout près de la limite linguistique moderne, est antérieur d'au moins une génération aux premiers noms en -ière connus en Haute-Bretagne.

L'expansion vers l'ouest des toponymes à suffixe, la concurrence victorieuse des noms en ville- face à ceux en ker- posent le problème de l'origine du succès des formes romanes. Est-il dû à une résurgence du substrat local, à une mode ou encore, ceci se combinant à cela, à un essor démographique qui, à un moment donné, aurait plutôt concerné la Haute-Bretagne, entraînant une émigration de colons de langue romane vers l'ouest de la péninsule : le Hubaud de Caden que nous venons de citer était-il vraiment un indigène même si le terme de colon qui le qualifie est ici seulement synonyme de tenancier ?

C — L'EMIGRATION BRETONNE

Les mouvements migratoires sont une réalité de la démographie médiévale. Alors que l'on imagine volontiers les hommes de ce temps accrochés à leur coin de terre, il est maintenant assuré que beaucoup partaient ; les uns pour un temps, pèlerins qui ressortissent plutôt à l'étude de la vie religieuse ; les autres définitivement, émigrant dans l'espoir d'une vie meilleure. Il est difficile de repérer ceux qui, partant de leur village natal, ne sortent pas pour autant de la région. On ne sait presque rien non plus de ceux qui sont venus s'installer en Bretagne. Il y en avait quand même un exemple : en 1027, un certain Gurki donne aux moines de Redon l'île de Locoal (Morbihan), « cet homme farouche », nous dit le texte, « était d'origine normande » ;

H. Guillotel a apporté la preuve qu'il s'agit d'un faux dont on peut seulement retenir qu'il pouvait passer pour vraisemblable lorsqu'il fut composé, sans doute au début du XIIᵉ siècle.

Les émigrants bretons sont beaucoup mieux connus. Les uns ont gagné les régions françaises voisines, les autres sont passés outre-Manche. Ces derniers ont notamment participé à l'expédition normande de 1066. Certains furent fieffés en Angleterre ; d'autres ont ensuite contribué à la soumission progressive des régions celtiques : il en a déjà été question dans la première partie de cet ouvrage. Ces émigrants-là sont en fait des conquérants ; ils paraissent en situation de dominants. Geoffroy de Monmouth mais aussi Giraud de Cambrie à travers deux anecdotes, témoignent de l'étonnement et du mépris des Bretons pour les institutions archaïques et les conditions de vie misérables des Gallois : les affinités linguistiques attestées par le même Géraud de Cambrie ne suffisaient pas à engendrer un sentiment de solidarité pour ce peuple désormais trop différent.

Chronologie et nature de l'émigration

Les émigrants qui ont gagné les régions françaises voisines sont les mieux connus car la documentation relativement abondante que nous en avons conservé fournit des noms et des surnoms qui indiquent l'origine bretonne de ceux qui les portent. Jusque vers 1200, ce sont surtout des noms de témoins qui figurent au bas des chartes ou des notices : ils concernent donc des individus qui, de près ou de loin, gravitent dans l'entourage des grands ; les plus deshérités ne peuvent y figurer qu'exceptionnellement : ils échappent donc à notre enquête. Ces immigrants se révèlent de trois manières distinctes : une minorité portent des noms typiquement celtiques suivis ou non du surnom *Brito* « le Breton » : ce doivent être des immigrés de fraîche date, pas encore assimilés ; d'autres, guère plus nombreux, ont un surnom à qualification géographique précis ; la plupart voient leur nom suivi du qualificatif *Brito* ou plus tard, en français, Le Breton ou Le Bret dont on peut se demander si dans certains cas il n'est pas employé comme un sobriquet sans rapport avec une origine géographique mais dont il est toutefois assuré qu'il n'était pas appliqué à ceux qui venaient de Grande-Bretagne — également nombreux — toujours appelés *Anglici*. D'une enquête menée jusque vers 1300, on peut retenir pour la période qui nous intéresse plusieurs séries d'enseignements.

D'abord, la chronologie de cette immigration. Entre le milieu du XIᵉ et la fin du XIIᵉ siècle, les Bretons se répandent très largement entre Seine et Loire jusqu'à Paris où ils sont de plus en plus nombreux à partir du règne de Philippe Auguste ; mais c'est en Anjou, puis dans le Maine qu'ils s'établissent le plus volontiers. On en connaît dès le début du XIᵉ siècle ; le nombre des mentions s'accroît brutalement à partir de 1070 pour culminer à la charnière des XIᵉ et XIIᵉ siècles, période qui coïncide avec un vif essor de la France de l'Ouest. Puis la courbe se tasse sensiblement après 1110 : il est tentant de mettre ce fait en parallèle avec le développement interne que connaît alors la Bretagne, dont nous reparlerons mais dont nous avons déjà vu la manifestation lors de l'étude des toponymes nouveaux. Une reprise apparaît enfin dans la seconde moitié du XIIᵉ siècle : peut-être a-t-elle son origine dans l'insécurité qui règne alors dans le duché pendant que les régions voisines profitent de l'autorité croissante des Plantagenêts et des Capétiens.

Ces immigrants sont très divers. Certains, d'origine aristocratique plutôt que simples aventuriers, entrent au XIᵉ siècle au service du comte d'Anjou ou du comte de Blois ; on les connaît moins bien que ceux qui accompagnèrent Guillaume le Conquérant outre-Manche. Certains font de belles carrières ; au XIIᵉ siècle, on se plut même à raconter que la dynastie angevine était elle-même d'origine armoricaine sinon bretonne. D'autres, beaucoup plus nombreux, embrassent l'état ecclésiastique. Il y a parmi eux des moines ou de simples desservants de paroisse. Quelques-uns entrent au service du roi à une époque où la cour compte de nombreux clercs : nous avons déjà eu l'occasion de rencontrer Guillaume le Breton. Les Bretons tiennent aussi leur place dans le monde intellectuel alors exclusivement ecclésiastique. Parmi les grands maîtres du temps, on ose à peine citer Abélard car Le Pallet, au sud de Nantes, où il naquit en 1079, est aux portes du Poitou, mais il convient de relever qu'au XIIᵉ siècle trois des responsables de l'école épiscopale de Chartres — le centre intellectuel le plus prestigieux avant la naissance de l' université de Paris — étaient d'origine bretonne : Bernard (1119-1126), Thierry (1141-1150) et enfin Bernard de Moëlan (avant 1156). Enfin, il y en eut qui devinrent abbés comme Guillaume de Combourg, abbé de Marmoutier de 1105 à 1124, évêques comme au Mans Hoël à la fin du XIᵉ siècle ou Guiumar de 1126 à 1136 ou même archevêques comme Geoffroy à Rouen en 1110. Hoël et Geoffroy nous sont connus par le chroniqueur normand Orderic Vital qui dit du premier : « il est breton de naissance, pourtant, il est humble de cœur et tout à fait convenable » et du second : « ce prélat était breton, trop curieux, obstiné, irascible… effronté et verbeux ». Telles sont les premières manifestations d'une hostilité à l'égard de ces immigrants ou des Bretons en général qui apparaît encore plus nettement en milieu populaire.

Compte tenu de la documentation, comme il a été dit plus haut, les immigrants modestes n'apparaissent guère avant 1200. Des paysans, très rarement ; plus souvent des domestiques cités comme témoins de leurs maîtres, ou des artisans. Les Bretons se rencontrent d'ailleurs plus à la ville qu'à la campagne. Dans la plupart des villes entre Seine et Loire, il y avait un quartier ou une rue de la Bretonnerie, située en général à proximité de l'enceinte mais en dehors de celle-ci. L'origine de ces Bretonneries est incertaine ; au XIIᵉ siècle, elles ne semblent pas spécialement habitées par des Bretons : ne faudrait-il pas en reporter la naissance au Xᵉ siècle au moment où beaucoup de Bretons fuirent leur pays ravagé par les Scandinaves ? Il ne paraît pas non plus que ces Bretons aient eu une organisation spécifique, sinon qu'ils se réunissaient peut-être au sein d'une confrérie ainsi que l'atteste un récit de miracle chartrain de la fin du XIIᵉ siècle. C'est au XIIIᵉ siècle que l'on cerne le mieux la condition faite à ces humbles immigrants à la lumière de deux farces regroupées sous le nom de « Privilège aux Bretons » qui furent jouées à Paris vers 1240. Les Bretons y défendent devant le roi dans l'une leurs privilèges de balayeurs, dans l'autre le monopole qu'ils avaient reçu de curer les fosses d'aisances. De ces deux textes se dégagent plusieurs traits caractéristiques : ces individus voués aux tâches les plus répugnantes sont ridicules ; ils prononcent et parlent mal le français ; sans doute pour mieux résister à un milieu hostile, ils se prétendent tous cousins ; ajoutons-y la paresse et le fatalisme attribué ailleurs à l'attente messianique du retour du roi Arthur et nous aurons là la plupart des défauts que l'on attribue trop volontiers aux « travailleurs immigrés » de tous les temps et de tous les pays. Les femmes elles-mêmes — à peu près absentes des archives — ne sont pas épargnées : pour Chrétien de Troyes, à la fin du XIIᵉ siècle, les « Brettes » sont des filles à soldats plutôt que des Bécassines... Ces immigrants souffraient donc d'une image défavorable et devaient certainement contribuer à conforter l'idée d'une Bretagne « pays sous-développé ».

Origine géographique des émigrants

Reste enfin à voir d'où venaient ces émigrants, ce qui importe le plus à notre propos actuel. Leur origine sociale nous est pour ainsi dire inconnue. Dans « Le Privilège aux Bretons », un plaignant évoque un compagnon fils de chevalier et un autre qui serait cousin germain d'un évêque : recherche d'un effet comique ou reflet d'une situation réelle où beaucoup de cadets contraints à l'émigration couraient le risque de se déclasser ? On connaît l'origine géographique plus ou moins précise de 20 % environ de ceux qui sont mentionnés. Jusqu'en 1200, la prédominance de la Bretagne romane et gallèse est très nette : ceux-là ne devaient pas souffrir de l'obstacle linguistique ; ils sont issus aussi des régions où la mise en valeur fut à la fois plus précoce et plus poussée. La côte nord, de Dol à Tréguier, qui offre souvent des sols fertiles mais qui fut pendant tout l'Ancien Régime une zone d'émigration, fournit un contingent particulière-

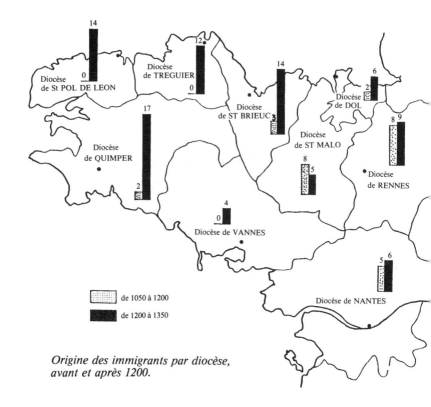

*Origine des immigrants par diocèse,
avant et après 1200.*

ment remarquable. La carence de la Basse-Bretagne jusqu'au début du XIIIe siècle surprend. N'est-ce pas l'effet d'un mirage de la documentation, soit en raison de la pauvreté de ces émigrants qui ne leur valait pas d'être mentionnés comme témoins dans les actes de cette période, soit parce qu'on les appelait seulement *Brito* dans la mesure où leur lieu d'origine ne disait rien à ceux qui les côtoyaient ? Ou faut-il admettre que la Basse-Bretagne vécut encore un moment à l'écart des mouvements de population et ce jusqu'au début du XIIIe siècle où la documentation, dont la nature change, nous fait connaître des émigrants de plus en plus nombreux, atténuant dans ce domaine les distinctions entre les deux Bretagnes, attestant aussi que désormais l'attraction française s'exerçait sur l'ensemble de la péninsule ? Une dernière hypothèse, de nature démographique, vient enfin à l'esprit. L'essor de la population ne se serait-il pas manifesté d'abord en Haute-Bretagne avec une double expansion, vers l'est avec ces émigrants que nous venons d'étudier mais aussi vers l'ouest : la multiplication des noms en -ière, -erie, -ais ou La Ville pourrait s'expliquer en partie par un phénomène de colonisation. Puis à la fin du XIIe siècle, ou bien ce courant aurait commencé à se tarir ou bien, plus vraisemblablement, les effets de l'essor démographique se seraient fait sentir dans la zone bretonnante devenue à son tour foyer d'émigration. Cette hypothèse aurait le mérite d'apporter une des explications possibles au fait que la limite linguistique, après avoir reculé depuis le Xe siècle, se figea désormais sur un tracé qui ne se modifia guère jusqu'à l'époque contemporaine en dépit d'une influence française croissante et multiforme.

Ainsi, l'essor démographique de la Bretagne s'est accompagné d'un très net courant d'émigration sensible surtout vers le royaume. Cette émigration prouve donc un certain surpeuplement. On ignore toutefois si ce surpeuplement était absolu, s'il était la conséquence d'une production insuffisante eu égard au nombre des bouches à nourrir ou s'il était simplement relatif par rapport au royaume qui apparaissait comme une zone attractive en raison de sa richesse, de sa sécurité ou de la réputation qu'on lui faisait.

Tout prouve que la population de la Bretagne s'est accrue de façon sensible pendant ces trois premiers siècles du second millénaire. Cette époque correspond sûrement à l'un des temps forts de l'implantation humaine aussi bien au niveau des communautés rurales (paroisses) qu'au niveau des établissements individuels. Mais on ne peut préciser davantage la chronologie de cet essor au cours de ces trois siècles ; surtout, il est impossible d'avancer le moindre chiffre tant pour évaluer la population bretonne à un moment donné que pour estimer l'ampleur de l'essor : peut-on seulement avancer que cette population a pu être multipliée par 2 ou par 3 au cours d'une période qui s'étend quand même sur une dizaine de générations ? Même s'il n'est pas possible d'aboutir à des certitudes chiffrées, même si les descriptions l'emportent sur les conclusions, il était nécessaire de consacrer ce chapitre au nombre des hommes ou plus exactement à leur accroissement. Il est temps de voir maintenant comment ils vivaient et travaillaient.

BIBLIOGRAPHIE

Les manifestations indirectes de l'essor démographique ont été citées d'après l'ouvrage de Y.P. Castel, **Atlas des croix et calvaires du Finistère**, Quimper, 1980 et l'article de J.C. Sournia et M. Trévien déjà mentionné au chapitre précédent. Les paroisses primitives ont fait l'objet des recherches de R. Couffon dans les diocèses de Saint-Brieuc et Tréguier (**BSECdN**, t. 75, 1944-1945, pp. 165-202), de Léon (**BSAF**, t. 76, 1950, pp. 39-49) et de Cornouaille (**ibidem**, t. 77, 1951, pp. 3-27). Pour la Haute-Bretagne, la plupart des informations sur l'origine des paroisses ont été recueillies par A. Guillotin de Corson, **Pouillé historique de l'archevêché de Rennes,** 6 vol. Paris, 1880-1886, t. 5 et 6. Pour le Morbihan, voir M. Rosenzweig, « Etude sur les anciennes circonscriptions paroissiales du Morbihan », **BSPM,** 1873, pp. 75-97 et J.M. Le Mené, **Histoire... des paroisses du diocèse de Vannes,** 2 vol., Vannes, 1891. Plus globalement voir E. Vallerie, **Communes bretonnes et paroisses d'Armorique,** s.l., 1986 et A. Chédeville, « Naissance et développement du réseau paroissial en Bretagne : contribution à l'étude des limites communales actuelles », **Cahiers nantais,** n° 30-31, 1988, pp. 43-51.

L'étude essentielle sur les noms en loc- demeure celle de R. Largillière dans **Les saints et l'organisation chrétienne primitive dans l'Armorique bretonne,** Rennes, 1925, pp. 17-27. L'étymologie proposée par R. Trépos figure dans « Les saints bretons et la toponymie », **AB,** t. 61, 1954, pp. 372-406 (pp. 377-378). P. Quentel a exposé ses théories dans la **Revue internationale d'onomastique :** « Chronologie des noms en loc- », t. 14, 1962, pp. 81-88 et « Les noms en lok », t. 15, 1963, pp. 53-64. Voir aussi **ibidem,** de F. Gourvil, « Les loc- dans l'hagiotoponymie bretonne », t. 15, 1963, pp. 47-52. Pour le culte de saint Michel : M. Debary, « Les origines du culte de saint Michel en Bretagne », **MSHAB,** t. 46, 1966, pp. 45-46 et P. Quentel, « Les noms en loc- et le culte de saint Michel en Bretagne », **ibidem,** t. 51, 1971, pp. 11-22.

A. Guilcher, « Le mot ker », **MSHAB,** t. 26, 1946, pp. 35-48, continue de faire autorité pour l'essentiel. Se reporter aussi à J. Loth, « Caer, car, ker et la question du recul de la langue bretonne de la fin du Xe siècle jusqu'à nos jours », **Revue celtique,** t. 24, 1903, pp. 295-298, et aux remarques de P. Trépos dans **AB,** t. 60, 1953, pp. 208-211. Un exemple d'étude locale : H.F. Buffet, « La toponymie du canton de Port-Louis », **AB,** t. 59, 1952, pp. 313-336. Pour la toponymie romane : G. Souillet, « Chronologie et répartition des noms de lieux en -ière et en -ais dans la Haute-Bretagne », **AB,** t. 50, 1943, pp. 90-98 et **Pays et paysans de la Haute-Bretagne,** Rennes, 1946, ainsi que les observations d'E. Piel, « Etapes du peuplement et géographie humaine du marais de Dol », **AB,** t. 56, 1949, pp. 165-174. Sur l'ensemble de ces questions, une synthèse de B. Tanguy, « Toponymie et peuplement en Bretagne — Le recul de la frontière linguistique du Ve au XVIe siècle », **Archéologie — Toponymie** (colloque tenu au Mans, mai 1980), multigraphié, Paris, 1981, pp. 130-175.

Sur l'émigration bretonne : P. Flatrès, « Les Bretons en Galles du XIe au XIIIe siècle », **MSHAB,** t. 36, 1956, pp. 41-46 et A. Chédeville, « L'immigration bretonne dans le royaume de France du XIe au début du XIVe siècle », **AB,** t. 81, 1974, pp. 301-343.

CHAPITRE II

LA VIE DES CAMPAGNES

Pendant toute cette période, les campagnes prennent un visage nouveau dont les traits vont se préciser. Nous en avons vu quelques-uns dans la première partie de cet ouvrage avec la mise en place du système seigneurial ; nous en avons vu d'autres ensuite avec le renforcement des structures religieuses. Mais c'est le paysage tout entier qui se modifie dans un monde plus peuplé, plus actif, plus divers. Sans doute devient-il plus proche de ce qu'il était encore au début du XIXᵉ siècle que de ce qu'il était au temps de Nominoé. Le contraste avec la période précédente est d'autant plus grand qu'il est accentué par l'émergence de la documentation d'archives : après l'éclaircie apportée par le Cartulaire de Redon, les documents écrits antérieurs aux premières années du XIᵉ siècle se comptent sur les doigts de la main ; ils se multiplient ensuite, pas assez au gré de l'historien mais suffisamment pour renforcer cette impression de nouveauté.

A — LES DEFRICHEMENTS

Il n'est guère possible au niveau d'une étude régionale d'expliquer pourquoi le monde occidental entra alors dans une phase d'expansion. Les historiens qui regroupent en une synthèse tout ce que l'on sait n'y parviennent pas vraiment. L'hypothèse d'une phase climatique optimale est seulement séduisante : son amplitude n'a pas dû être telle qu'elle ait pu vraiment influencer l'évolution de nos pays situés à une latitude moyenne. Les autres explications ne sont que partielles : fin des invasions, évolution de la structure seigneuriale, voire familiale, innovations techniques, etc. Souvent même, causes et conséquences sont imbriquées. Ainsi en va-t-il de l'extension des surfaces cultivées et de l'essor démographique : le nombre des hommes a-t-il augmenté parce que des terres nouvelles permettaient de les nourrir ou bien ont-ils été poussés à défricher parce qu'il y avait davantage de bouches à nourrir ?

Défrichements individuels et défrichements organisés

Les défrichements ont fait l'objet de nombreuses études ; aussi sont-ils relativement bien connus, du moins en ce qui concerne les défrichements « organisés ». Partout, en effet, la conquête de terres nouvelles s'est effectuée selon deux processus dont la proportion diffère selon les régions. En tous pays, les défrichements individuels ont dû être les plus nombreux : les paysans, génération après génération ont gagné de nouveaux sillons, de nouveaux champs, ou bien, établis à l'écart, ont créé des exploitations nouvelles. Ce fut là une œuvre très progressive, modeste à l'échelle des individus, clandestine souvent dans l'espoir d'échapper à la taxation seigneuriale : par nature elle nous échappe puisqu'au niveau de sa réalisation elle n'a pas laissé de traces écrites. On l'appréhende parfois par hasard, après coup ou de manière implicite, comme dans ce texte déjà cité du Cartulaire de Redon antérieur à 1037 où l'on apprend que les moines ont reçu « une partie du domaine de Trefwredoc en Caden (Morbihan) avec un colon du nom de Hubaud, ce qui fait que maintenant elle s'appelle La Ville-Hubaud ».

Les défrichements organisés ont laissé davantage de traces car leur importance justifiait qu'on leur consacre du parchemin ; en outre, quand les établissements ecclésiastiques y ont participé, ils ont souvent conservé les contrats dans leurs archives. Certaines conditions étaient toutefois nécessaires à de telles entreprises. Il fallait que la forêt ou le marais dressent un obstacle au-dessus des forces individuelles ; il fallait espérer des sols suffisamment homogènes pour permettre un lotissement cohérent dans le cadre d'une « villeneuve ». Il fallait aussi que les établissements religieux soient assez riches pour se lancer dans l'entreprise, conscients aussi des profits qu'ils pouvaient en retirer ; il fallait également une main-d'œuvre déjà accoutumée aux travaux en commun : les mentalités ont donc joué un rôle au moins comparable à celui des conditions naturelles. Dans le Bassin parisien mais aussi en Touraine, dans le Vendômois ou dans le Marais poitevin, des seigneurs laïques plus riches de terres que de capitaux s'associèrent à des monastères ou à des chapitres qui se chargèrent de l'opération à condition de recevoir en retour une part des redevances fournies par les terres nouvelles et une partie des droits perçus sur leurs tenanciers. Ces contrats dits de pariage ou mieux, de co-seigneurie furent nombreux surtout à partir de 1100 quand, après les terres les plus faciles à essarter, il fallut s'attaquer aux autres ; quand on eut plus de moyens aussi. Les abbayes bretonnes n'ont pas utilisé ce système, soit qu'elles l'aient jugé inadapté aux conditions locales, soit que les ressources leur aient manqué ou qu'elles aient estimé préférable de les employer autrement.

L'abbaye tourangelle de Marmoutier qui connaissait bien le procédé ne paraît pas non plus l'avoir utilisé. Les archives de Saint-Florent de Saumur en ont conservé un seul exemple. Un peu avant 1085, Adam, un vassal du sire de Dol, donne aux moines la terre de la Lande-Huan, au sud de Combourg, qui était alors en forêt, de telle manière que les religieux en aient la moitié, que lui tienne d'eux l'autre en fief et qu'ils puissent édifier sur cette terre une église ou un bourg dont ils auront la plus grande part des revenus. Malgré l'hostilité des seigneurs de Tinténiac dont il fallut acheter la paix, le défrichement dut être bien entrepris car, au milieu du XII\e siècle, il y avait là une chapelle sur laquelle les moines de Marmoutier installés à Combourg élevèrent des revendications et finirent par obtenir le quart des dîmes du blé et du vin. Pourtant, ce fut finalement un échec ; il n'y a plus à cet endroit de nos jours qu'une minuscule chapelle édifiée à l'époque moderne et une petite ferme cernée par les landes : la pauvreté du sol a eu raison des efforts des hommes.

Nous ne savons rien des modalités de la bonification des marais. En Brière, Marmoutier a reçu des « îles » pour ses prieurés de Donges et de Pontchâteau ; on ne sait ce que les moines en firent. Le marais de Dol que décrit une enquête royale de 1181 ne fut sûrement pas mis hors d'eau par des individus isolés : en 1183, les cisterciens de La Vieuville y reçurent vingt acres de terre dans les « nouvelles verdières » situées sans doute près de Roz-sur-Couesnon ; elles étaient déjà soumises à la dîme, rien n'indique que les moines aient participé à leur conquête ni que désormais ils contribuent en quelque façon à leur défense contre la mer.

En règle générale, les monastères ont reçu des terres sans que l'on sache quel fut ensuite leur sort. Entre 1008 et 1031, le duc Alain III et son frère Eudes donnent à Marmoutier le monastère ruiné de Gahard au nord de la forêt de Rennes : ils précisent seulement que les moines pourront donner à défricher à leurs hommes autant qu'ils voudront de cette forêt. Entre 1040 et 1047, Raoul le Large fait don à son tour au prieuré de Gahard du bois de Borne avec le droit de le défricher et de le cultiver ou de le laisser tel. Mais quand, entre 1055 et 1066, le duc Conan II confirme à Saint-Florent de Saumur une bonne partie du finage de Livré dans la partie orientale de cette même forêt de Rennes, la possibilité d'un défrichement, sans doute implicite, n'est pas mentionnée ; seuls des droits d'usage sont concédés dans les bois. Cette dernière précision ne figure même plus quand en 1136 Conan III accroît le domaine de Saint-Florent à Livré ou en 1167 quand André de Vitré donne aux moines de Savigny des bois et des landes au Fayel au sud de l'actuelle forêt de Chevré. Ces amples donations paraissent d'ailleurs limitées au massif forestier rennais ; rien n'indique, pas même la répartition de l'habitat ou le témoignage des cadastres qu'elles aient été suivies d'une mise en valeur systématique et concertée.

En fait, les abbayes ont plutôt reçu des terres dispersées dont la superficie n'est pas indiquée mais qui ne paraît pas considérable. On peut tenir pour exceptionnel l'acte dans lequel au début du XIIe siècle Frioul, vicomte de Donges, donne à défricher près de Pontchâteau à Marmoutier une terre pour deux charrues — environ 50 hectares —, sans doute une lande car elle était située « entre bois et labours ».

Le rôle des cisterciens

Le rôle des religieux dans la conquête des sols n'est donc pas aussi évident qu'on le croyait naguère : ils ont encouragé des initiatives, ils ont pu en encadrer ; ils ont surtout profité des efforts de ceux qui, de leurs mains, gagnaient des terres nouvelles. L'action des cisterciens a souvent été jugée la plus efficace : il n'est guère plus facile de mesurer son ampleur alors qu'ils établirent treize monastères en Bretagne entre 1130 et 1200 ; encore que fondés par la haute aristocratie ils ne se développèrent ensuite que lentement grâce aux donations répétées mais peu importantes de la petite aristocratie. On a considéré longtemps les cisterciens comme de hardis défricheurs ; des miniatures de manuscrits qui les montraient à l'ouvrage, des textes aussi confortaient cette thèse. Tel celui qui rapporte les débuts de l'abbaye de Melleray au diocèse de Nantes. Les deux premiers moines « ayant reçu et accepté ce qu'ils avaient beaucoup désiré, occupèrent les lieux en s'installant sous la tente. Mais ils n'y demeurèrent pas oisifs. Toujours prompts au travail et œuvrant de leurs mains — car ils savaient que la vie n'apporte rien aux mortels sans de grands efforts — ils n'arrêtaient pas d'abattre des arbres de la forêt à la hache et à la cognée, de niveler les terrains irréguliers, de transformer les pistes raboteuses en chemins sans détours, d'acquérir des terres aux environs, de mettre en valeur celles qu'ils avaient acquises et ainsi d'accroître les possessions de leur saint lieu (le texte latin emploie ici le mot *locus*, ce qui illustre ce qui a été dit plus haut à ce sujet) ». L'abbé Guiterne est ensuite nommé en 1142 à la tête d'une communauté plus nombreuse dont les membres « ne cessaient de construire et de planter, de cultiver les champs, de soigner les jardins, de creuser des étangs sur les ruisseaux, de bâtir des maisons... »

Il est maintenant de bon ton de minimiser l'œuvre cistercienne. Les uns leur accordent de s'être bien adaptés aux conditions de leur temps : venus tard, donc dotés de terres médiocres, ils les auraient habilement vouées à l'élevage auquel le monde urbain naissant offrait un débouché tout trouvé ; ils auraient donc été des éleveurs plutôt que des défricheurs. D'autres leur reprochent soit d'avoir conservé des écrans forestiers inutiles pour rester fidèles à leur règle qui recommandait l'isolement, soit même de n'avoir pas craint d'expulser des tenanciers qui pratiquaient la polyculture pour substituer à leurs exploîtations des pâturages dont la gestion en faire-valoir direct leur était à la fois plus commode et plus fructueuse. En ce qui concerne les abbayes bretonnes, il n'est pas facile de trancher. Certes les cisterciens se sont établis dans des sites austères, au milieu des roches comme à Bonrepos ou au Relecq ou dans des marécages comme à Buzay ou à La Vieuville. Ils ont reçu d'abord des terrains incultes mais il est difficile de se prononcer sur la nature des biens qu'ils acquirent par la suite ou sur l'ampleur des travaux de mise en valeur qui y furent menés. En ce qui concerne par exemple les moines de Buzay, A. Lebigre considère qu'ils « ont posé les bases de l'aménagement naturel du sol » dans l'estuaire de la Loire et elle en fait « les ingénieurs du génie rural de la seconde moitié du XIIe siècle ». A. Dufief et J.L. Sarrazin sont beaucoup plus réservés : pour eux, dans la région de Buzay la circulation des eaux était déjà domestiquée pour l'essentiel et de grands travaux d'aménagement n'y sont connus, comme pour La Vieuville d'ailleurs, qu'à la fin du XVIIe siècle. Sur leurs terres, les cisterciens élèvent du bétail sur la qualité duquel nous reviendrons plus loin ; fidèles à leur règle, ils gèrent ces terres en faire-valoir direct dans le cadre de « granges » que, comme le dit une charte de Buzay, « ils ont appris à exploiter eux-mêmes ». Quand leurs bienfaiteurs leur aumônent des exploitations déjà constituées, celles-ci sont intégrées aux granges. En 1184, lors de la fondation de Bonrepos, trois sur les six qui leur sont données sont déjà désertées. Sinon, il est vrai que les moines n'hésitent pas à faire place nette : vers 1175, l'évêque de Rennes après avoir racheté aux moines de Melleray la terre de Charan la rend « aux paysans qui en avaient été expulsés du temps des moines, pour qu'ils la cultivent à nouveau ». Le rôle des cisterciens doit donc être interprété avec prudence ; il convient de distinguer les premiers temps, pionniers, de leur installation, de ceux qui suivirent où le souci de la rentabilité l'emporta sur la pratique des vertus.

Les chanoines augustins, comme nous l'avons déjà dit, n'avaient pas particulièrement vocation à la mise en valeur des terres ; d'ailleurs, leurs établissements furent souvent plus proches des agglomérations que perdus dans les « déserts ». De l'abbaye établie dans la forêt de Paimpont, il ne subsiste pas assez d'archives pour que l'on puisse déterminer si les moines bénédictins qui y étaient établis ont modifié leur attitude quand, à la fin du XIIe siècle, ils passèrent à la règle de saint Augustin. L'archéologie aérienne révèle pourtant une des réalisations des chanoines augustins, modeste mais exemplaire. Le cliché ci-après montre la clairière qu'établirent dans la forêt de La Guerche les prémontrés de l'abbaye du Lieu-Dieu-en-Jard, au diocèse de Poitiers, qui avaient été appelés là par

Clairière du prieuré de La Fontaine-Harouys dans la forêt de La Guerche (cliché I.G.N.)

Guillaume de La Guerche avant 1223. Cette clairière offre la particularité d'être parfaitement circulaire au milieu des bois ; on ne sait depuis quand elle est partagée également en prés et en labours comme il apparaît sur la photographie ; le prieuré était bâti en son centre. L'étang proche de la clairière, dépendance normale d'un prieuré, n'est attesté qu'en 1624 : il servait alors à actionner un moulin établi sur la chaussée qui le ferme.

Le rôle des ermites

Il est une dernière catégorie de religieux dont le rôle dans la conquête des terres neuves a été récemment mis en valeur : ce sont les ermites dont nous avons vu combien ils avaient été nombreux et efficaces entre 1050 et 1150. Ce rôle n'est pas facile à illustrer car eux-mêmes ne se sont pas préoccupés de tenir des archives ; ils étaient souvent même tenus en suspicion par les autorités ecclésiastiques qu'ils contestaient volontiers. Leur influence s'est exercée dans plusieurs domaines. Ils sont d'abord intervenus directement en multipliant dans les « déserts » où ils s'installaient les exploitations rurales nécessaires à leur subsistance. Un peu avant 1070, un moine nommé Gundiernus, tenté par la solitude, avait obtenu un endroit désert pour s'y établir ; il légua plus tard son bien à Redon. A peu près à la même époque, à Mesquer (Loire-Atlantique), les trois héritiers d'une terre inculte en offrent une partie à un saint homme pour qu'il y vive et y construise un oratoire, ce qu'il fait après avoir d'abord refusé « à cause de l'âpreté du lieu et de la menace du vent et de la mer ». Vers 1110, à en croire l'auteur de la Vie de saint Bernard de Tyron, les ermites étaient si nombreux dans la forêt de Fougères que Raoul, seigneur du lieu, craignait qu'ils ne la fissent disparaître par suite de leurs défrichements. D'ailleurs, souvent les moines ne font que recueillir l'héritage de ces ermites peu soucieux de se faire des disciples ou bien qui avaient négligé de structurer suffisamment leur organisation : il en alla ainsi du prieuré de Marmoutier dans l'île Tristan en face de Douarnenez en 1126 ou de celui de Saint-Florent à La Poitevinière dans la forêt d'Ancenis vers 1135.

Les ermites ont peut-être eu une influence indirecte encore plus grande même si celle-là n'apparaît pas dans nos documents. Volontairement établis à l'écart des communautés humaines traditionnelles, ils ont contribué à rassurer par leur présence et par les services spirituels qu'ils pouvaient leur rendre tous ceux qui vivaient dans les bois et les landes : bûcherons, sabotiers, vanniers, charbonniers, voire forgerons, tous ces artisans plus ou moins clandestins dont la production était pourtant précieuse au moment du redémarrage de l'économie. A l'ombre de la croix, ils ont ensuite rendu les mêmes services à ceux qui, tentant un défrichement, ont préféré venir s'établir près d'eux plutôt que loin, là où devait toujours régner la crainte issue des vieilles croyances païennes. Certains, incommodés par l'arrivée des pionniers, partaient alors plus loin à la recherche d'une solitude de plus en plus rare. D'autres finissaient par exercer des fonctions pastorales comme Geoffroy, Eudes et Juhel qui, peu avant 1150, dans un acte relatif à l'église d'Ercé-en-la-Mée, à la limite des diocèses de Nantes et de Rennes s'intitulent « prêtres et ermites ».

Champarts et dîmes novales

Les défrichements apparaissent également a posteriori à travers des redevances propres aux terres neuves. Dans de nombreuses régions françaises, le champart (*campipars*) est de celles-là. C'était une redevance en nature proportionnelle à la récolte (entre le quart et le douzième), mieux adaptée qu'un cens forfaitaire à des terres dont on ignorait ce qu'elles pouvaient rendre à l'usage. Mais le champart pouvait aussi concerner des terres anciennes : en 1181, il pesait sur des vignes et des jardins de Dol. Surtout, il est rarement mentionné en Bretagne, uniquement, semble-t-il — à part la région de Dol — dans la vallée de la Loire et au sud de ce fleuve. On ne peut retenir ici la redevance appelée « terguisaieth » au XIe siècle puis « treguisiaet », mentionnée dans les cartulaires de Quimperlé et de Quimper. L'éditeur de ce dernier ouvrage avait traduit le terme par « terre écorchée » et en avait fait une taxe sur les défrichements. L. Fleuriot a montré que ce mot dérive de *torguisi, torwisi*, « fidèle, loyal » où l'on retrouve le radical *guis* qui a donné aussi bien le breton *goas*, « serf, vassal » que les mots français « gars » et « vassal ». Le terguisaieth était ainsi une redevance qui marquait la dépendance de certains tenanciers à l'égard de leur seigneur.

On admet aussi que deux types de tenure propres à la Bretagne, le domaine congéable et la quevaise sont à mettre en rapport avec la mise en valeur de terres nouvelles. Mais, comme nous l'avons vu plus haut, nous n'en avons pas d'exemples pour la période considérée, même si ces deux systèmes devaient sûrement exister déjà.

Les novales fournissent un indice beaucoup plus sûr. Au début, les *novalia* désignent des terres nouvelles ; le terme paraît même correspondre à une unité de mesure : au milieu du XIe siècle, Saint-Georges de Rennes doit céder à un chevalier douze *novalia* au Val-Linon en Tinténiac ; une dizaine d'exemples s'égaillent jusqu'au début du XIIe siècle. Le sens classique où les novales désignent les dîmes perçues sur les terres neuves n'apparaît que tardivement et pour ainsi dire seulement dans le cartulaire de Saint-Melaine. Celui-ci a gardé trace de plusieurs procès qui opposèrent les moines aux curés qui, conformément aux décisions conciliaires, voulaient que ces dîmes leur reviennent : les exemples sont rares ; ils se rapportent aussi bien aux lisières de la forêt de Rennes ou de celle de Chevré qu'aux vieux terroirs de Pacé ou de Mélesse.

Si l'on se tourne maintenant vers les techniques de recherche les plus modernes, c'est pour constater que la palynologie ou étude des pollens fossiles a été encore peu pratiquée en Bretagne ; les analyses faites jusqu'à maintenant n'ont pas été publiées ou de manière très succincte. L'examen des pollens de la tourbière de Landemarais en Parigné, près de Vitré, conduit cependant à opposer de façon très nette deux périodes. Avant 900, son environnement est constitué d'une forêt de chênes, tilleuls, ormes et hêtres à sous-bois de houx. Après cette date qui n'est qu'approximative, les pollens d'arbres diminuent bien qu'apparaissent ceux du châtaignier ; en revanche, les pollens des plantes liées aux cultures : plantains, oseilles et graminées sauvages, s'accroissent très nettement avant un nouveau retour à la friche dans le courant du XIVe siècle qui dura jusque vers 1600. Cet exemple, pour ponctuel qu'il soit, illustre bien le retournement de la conjoncture au début du second millénaire de notre ère ; il prouve aussi concrètement que la mise en valeur des terres modifia profondément les paysages.

B — LES PAYSAGES

Nous n'appréhendons que de manière très partielle ce vaste mouvement de conquête du sol que tout confirme par ailleurs. Prenons par exemple le cas de la forêt de Rennes, de loin pourtant le mieux documenté. Nous avons des textes qui se rapportent à des paroisses périphériques : Gahard, Livré-sur-Changeon, Broons-sur-Vilaine, Saint-Sulpice-la-Forêt. Mais nous ne savons rien des efforts qui aboutirent à la création au XIIIe siècle des paroisses de Liffré, de Sérigné — celle-ci éphémère — ou de Saint-Aubin-du-Cormier même si celle-là dut sa naissance à des considérations plus stratégiques que proprement économiques. C'est pourtant à ce moment que le massif forestier rennais fut morcelé en quatre parties bien distinctes : forêts de Rennes, de Chevré, de Sevailles et de Haute-Sève. Mais il y avait peut-être déjà là depuis longtemps des zones de moindre résistance sous forme de landes, voire même de clairières qui facilitèrent la mise en valeur. C'est dire qu'il n'est pas facile de délimiter les zones boisées par rapport à celles qui portaient plus nettement la marque de l'homme.

La forêt et les forêts

Au Moyen Age, en effet, le mot *foresta* n'est pas synonyme de forêt compacte, c'est davantage une notion juridique qui s'applique à un territoire soumis à un droit particulier sous le contrôle direct de l'autorité ducale ou seigneuriale. On estime généralement qu'elle a son origine dans le fait que les zones inhabitées avaient fait partie du domaine public à l'époque gallo-romaine ; elles étaient ensuite devenues, avec d'autres, propriétés royales dans le cadre du « fisc » avant de passer aux mains des ducs, des comtes ou même, à la suite du morcellement de l'autorité publique, au pouvoir de seigneurs de moindre importance. Employé dans ce sens, le terme apparaît déjà deux fois au IXe siècle dans le cartulaire de Redon, d'abord dans une donation du roi Salomon, puis dans une autre faite par un machtiern qui, comme on le sait, exerçait des pouvoirs de nature publique. Son usage se répandit ensuite, surtout dans l'Ouest sous l'influence des ducs de Normandie qui codifièrent étroitement le « droit de la forêt » destiné notamment à protéger le gros gibier qu'ils affectionnaient de chasser. Au XIIe siècle, nous avons des exemples très nets du sens que revêt alors le mot forêt : vers 1135, le sire d'Ancenis concède à Saint-Florent de Saumur une partie de sa forêt dont La Poitevinière, un moulin, une rosière, un bois avec la terre et les prés adjacents ; en 1155, le prétendant au duché Hoël donne à Buzay « dans les limites de sa forêt » une terre appelée Villeneuve qui est certainement une exploitation née d'un défrichement. Dans le cartulaire de

Quimperlé, le terme *silva* qui désigne en latin la forêt au sens où nous l'entendons maintenant, paraît avoir été utilisé à la place de *foresta* dans un acte du XIIᵉ siècle où une terre doit une demi-mine de froment et un mouton « parce qu'elle fait partie de la forêt *(silva)* ».

Mais la *foresta* peut aussi protéger un boisement de façon artificielle. Ce dut pendant longtemps être le cas aux portes de Rennes où les limites communales et cantonales entre Mouazé et Saint-Sulpice suivent un chemin très ancien jalonné de toponymes caractéristiques comme Le Chemin-Chaussé ou Le Chêne-des-Plaids : d'un côté, vers l'ouest, la toponymie est exclusive du vocabulaire forestier à un cas près alors que de l'autre la forêt borde cette route avant la clairière de Saint-Sulpice gagnée au moins partiellement sur les bois à en juger par des noms comme Le Tronchay, La Chesnaye ou Le Fayet *(fagus* = « hêtre »). Il est arrivé aussi que des seigneurs établissent une « forêt » de leur propre autorité : au début du XIIᵉ siècle, un certain Adam avait une terre à Brielles, près de Vitré, proche de la forêt de Guy de Laval et d'André de Vitré : ceux-ci, séduits « par l'agrément du bois, des prés et du ruisseau qui coulait là », s'en emparèrent, en expulsèrent les habitants et la convertirent « en bois et en forêt » *(in saltum et forestam)*, dans le but évident d'en faire une réserve de chasse ; Adam, pauvre et âgé, n'y put rien mais il céda ses droits aux moines de Saint-Serge d'Angers qui, eux, réussirent à les faire respecter.

Les exemples de forêts compactes ne sont guère nombreux. On peut les déterminer soit à l'aide des concessions de droits d'usage lorsque ceux-ci comprennent ou excluent le bois d'œuvre ou, à la rigueur, le bois de chauffage, soit à l'aide de la toponymie. Les enseignements de cette dernière ne sont pas sûrs, outre une chronologie incertaine, il faut se méfier de noms du type Le Gros-Chêne ou Le Faou (« hêtre ») quand ils ne font pas partie d'un ensemble : c'est quand un arbre est isolé qu'il sera choisi de préférence pour désigner un lieu-dit. Il y a plusieurs sortes de forêts compactes. Il y a d'abord un boisement-frontière, celui-ci s'étend de la forêt de Fougères dont les profondeurs servent de refuge aux populations lors des révoltes de la seconde moitié du XIIᵉ siècle, jusqu'à la vallée de la Loire mais en devenant de plus en plus discontinu car dans cette zone la frontière est moins anciennement établie que plus au nord. Il y a ensuite les forêts qui relèvent du domaine ducal, moins pauvres que les autres en archives, contrôlées davantage aussi parce qu'elles sont proches de Rennes et de Nantes, sièges de l'autorité et aussi parce que ces villes leur offrent des débouchés qu'il ne faut pas négliger tant pour la construction que pour le chauffage. La forêt de Rennes, sérieusement entamée, ainsi que nous l'avons vu, demeura importante. En revanche, la forêt de Nantes qui, au sud de la Loire, s'étendait de

Rezé jusqu'au-delà de Vertou et jusqu'aux rives du lac de Grand-Lieu, fut l'objet de nombreuses concessions et se dégrada : il n'en subsiste plus aujourd'hui que le bois de Touffou. La forêt du Gâvre, plus éloignée des chantiers nantais, résista mieux ; toutefois, dès 1134 ou 1135, le duc Conan III y accorde des droits d'usage aux moines de Buzay qui étaient pourtant dotés dans celle de Nantes.

Les forêts du centre de la péninsule sont mal connues. On ne croit plus au mythe de la « forêt centrale ». Il n'y avait plus là que des forêts dégradées ou morcelées en bois de médiocre étendue. Dès l'époque carolingienne, comme l'a bien montré N.Y. Tonnerre, il n'y avait plus que trois zones avec une véritable couverture forestière : la forêt de Pleucadeuc où déjà l'ermite Worwelet avait obtenu de détruire « tout ce qu'il pourrait des bois et de la forêt qui l'entourent », aujourd'hui remplacée par les landes de Lanvaux, la forêt de Plélan plus étendue que l'actuelle forêt de Paimpont seulement vers l'est, enfin la forêt de Lanouée entamée surtout vers le sud.

En ce qui concerne l'ouest de la péninsule, B. Tanguy a montré, par exemple, à l'aide de la toponymie, que les zones forestières du Porzay ont été très tôt réduites aux lignes de crêtes qui bordent cette région au nord et au sud, en particulier les forêts de Névet et du Duc entre lesquelles au Xe siècle saint Ronan éleva son ermitage. Cette étude a été menée grâce à la localisation des termes *killi* — très tôt tombé en désuétude —, *krann* et *coat* qui s'appliquent à un boisement et qui sont parfois précisés par des termes comme *korn* = « coin », *treuz* = « à travers », *lost* = « queue », *penn* = « bout » ou *tal* = « près ». Reportés sur une carte, ces toponymes montrent que si le boisement était rarement compact, il était plus diffus qu'absent. Une telle impression est confirmée par un acte de 1128 d'Hervé 1er de Léon. Dans cette pièce par laquelle il donne aux moines de Marmoutier de quoi établir à Morlaix un prieuré et un bourg, vocabulaire forestier et localisation des zones boisées sont également imprécis. Il se réserve d'abord les infractions relatives à la monnaie et à la « forêt ». Il accorde ensuite aux moines de prendre dans ses bois (*silva*) qu'il ne nomme pas, le bois d'œuvre dont ils auront besoin pour leurs édifices et, quand il le voudront, ils pourront prendre du bois de chauffage, aussi bien vert que sec, dans sa « forêt » (*foresta*). Enfin, les hommes de sa forêt seront les paroissiens des moines et leurs porcs pourront aller dans ses « forêts » comme le font les siens. Il y a donc dans ce texte ambiguïté continuelle entre la forêt notion juridique et la forêt au sens économique. Surtout, cette dernière n'est pas localisée, sûrement à cause de son morcellement. De nos jours d'ailleurs, seule subsiste à l'ouest de Morlaix la petite forêt de Lannuzouarn, mais au sud, autour de Plourin, de nombreux toponymes en coat témoignent d'un ancien boisement qui devait déjà être bien entamé au XIIᵉ siècle. Remarquons enfin que les cartulaires de Landévennec, de Quimperlé et de Quimper ne contiennent aucune concession de droits d'usage dans des bois ; ces établissements ne pouvaient pourtant pas s'en passer mais ils n'étaient pas suffisamment importants pour ne pas se contenter des boisements résiduels dont ils pouvaient disposer à peu de distance.

Le fait qu'il y ait eu peu de véritables forêts explique que celles qui existaient furent rapidement menacées quand elles étaient situées à proximité d'une zone peuplée ou quand elles faisaient l'objet d'une exploitation industrielle. Dans le premier cas, outre l'exemple de la forêt de Nantes déjà cité, mentionnons l'accord intervenu en 1220 entre Olivier Tournemine et les moines de Saint-Martin de Lamballe à propos de leur droit de prendre du bois mort dans la forêt de La Hunaudaye car celui-ci s'y faisait de plus en plus rare « à cause de la multitude des gens qui occupaient cette forêt ». Dans le second cas, il faut citer l'acte par lequel Geoffroy de Châteaubriant intime en 1224 aux moniales de Saint-Sulpice de transférer pendant un an dans la forêt de Juigné la forge qu'elles avaient dans celle de Teillay « afin d'éviter la dégradation de cette forêt ».

Plus riche d'arbres que de forêts, la Bretagne était-elle déjà un pays de bocage ?

Le problème du bocage

La question des origines et de l'extension du bocage est sûrement l'une des plus ardues qui soient abordées dans cet ouvrage. Non pas faute d'avoir été étudiée, au contraire. Par sa nature, elle intéresse également historiens, géographes, archéologues, ethnologues, agronomes et botanistes, sans compter ceux qui, sans compétence particulière, croient bon d'y ajouter une part de mystère bien inutile. Il n'y a d'ailleurs pas une forme unique de bocage et le bocage, même avant les bouleversements agraires contemporains, n'était pas la seule forme de paysage de la Bretagne. Il faut en effet distinguer la haie, simple clôture végétale, du talus qui est une construction de terre et de pierres, garni ou non de végétation. Si en Normandie et dans le Maine, il y a surtout de simples haies, en Haute-Bretagne dominent des structures hybrides de haies-talus où la rangée d'arbres renforcée de broussailles est combinée avec une levée de terre. A mesure que l'on va vers l'ouest, cette levée devient plus importante et plus élaborée ; souvent parementée de pierres, elle peut être sommée d'une seule rangée d'arbres mais elle est aussi souvent flanquée d'une double rangée, de part et d'autre de ce talus sur lequel il serait possible de circuler s'il était entretenu. Selon les régions, ces talus revêtent une grande diversité dans leur structure : larges et peu résistants dans les régions limoneuses, ils se réduisent à des murets de pierres sèches dans les régions les plus éventées ou, comme autour de Redon, à des palis constitués de plaques de schiste plantées bord à bord ; entre ces deux extrêmes, la proportion de pierres et de terre est très variable. Cette diversité se retrouve au niveau local, dans une certaine mesure en ce qui concerne leur structure mais surtout en ce qui concerne leur taille : aussi les géographes ont-ils distingué entre les plus importants ou « talus-maîtres » qui auraient limité les noyaux culturaux primitifs, contemporains donc de la mise en valeur et les talus secondaires, moins hauts, plus étroits et plus récents. Enfin, le bocage n'a jamais été un phénomène général ; même au moment de son apogée au début du XXᵉ siècle, il laissait subsister des zones de champs-ouverts au parcellaire en lanières souvent incurvées, qui portent le nom breton de « méjous » et qui peuvent être considérées comme les reliques d'une structure antérieure beaucoup plus répandue.

Le problème du parcellaire est donc inséparable de celui du bocage sans qu'on puisse pour autant les confondre. Certes, des parcelles laniérées suggèrent une structure de champs-ouverts alors que des champs aux formes ramassées évoquent plutôt un bocage, mais ce n'est pas parce que l'on aura prouvé l'antiquité de tel cadastre que l'on en saura forcément davantage sur la présence ou l'absence d'une clôture. L'ancienneté même du parcellaire est matière à bien des débats. Sa disposition en fonction des mégalithes — ou des chapelles qui leur auraient succédé — ne paraît plus devoir être retenue ; cette « organisation de l'espace mégalithique » repose surtout sur de simples coïncidences. Géographes et historiens ont cru aussi retrouver les traces de l'organisation orthogonale de la centuriation romaine établie autour de l'unité de mesure de 710 m appelée *actus*. Les exemples en sont surtout nombreux dans le bassin de Rennes, il y en a aussi près de Carhaix, l'antique Vorgium, mais également autour de Plouhinec entre Douarnenez et Pont-Croix. Toutefois, cette centuriation n'a pas la rigueur de celle que l'on a reconnue dans d'autres régions ; peut-être le parcellaire a-t-il seulement subi dans ses grandes directions l'influence du tracé des voies anciennes, sans plan véritablement préconçu. En Basse-Bretagne, les champs de forme irrégulière mais ramassée, établis sans ordre apparent, auxquels on donne le nom de *celtic-fields*, si semblables à ceux du sud de la Grande-Bretagne, sont-ils pour cette raison antérieurs à la conquête romaine ou bien lui sont-ils postérieurs et consécutifs à l'immigration bretonne ? Et les « ellipses bocagères », beaucoup plus rares, en principe circonscrites par un fort talus, correspondent-elles vraiment à des clairières de défrichement de l'âge du Fer ? Tout cet héritage des périodes anciennes, que l'on ne peut nier, reste encore à évaluer.

De quand datent les talus ? Les découvertes archéologiques au pied des talus ne sont pas probantes ; cela provient seulement du fait que les vestiges y ont été plus durablement protégés des labours de plus en plus profonds. Seules sont intéressantes celles qui ont été faites *dans* les talus comme ce trésor du XIVe siècle découvert en 1960 à Kerhal en Plounévez-Lochrist (Finistère). On connaît aussi un certain nombre de talus qui ont été fossilisés sous des dunes à Penvénan et Trégastel (Côtes-du-Nord), à Plougoulm, Tréflez et Landéda (Finistère) et à Guidel (Morbihan) : leur antiquité a été prouvée par les éléments pré- et proto-historiques que l'on y a retrouvés. Mais il faut se méfier des alignements de pierres visibles sur certains estrans : plutôt que d'anciens talus ennoyés, ce sont des restes de pêcheries (en breton *gored*) établis sur des courants de marée descendante. Pour l'époque carolingienne, les quelques textes utilisables du cartulaire de Redon ont été analysés par A. Guilcher, P. Flatrès et N.Y. Tonnerre. Trois d'entre eux font état de « fossés » (*fossa, fossata, fossatella*) qui désignent déjà certainement l'ensemble fossé-talus comme le signifie de nos jours le mot « fossé » en français et son équivalent breton *kleuz*. Un texte décrit une terre bornée par de grandes pierres : faut-il y voir des menhirs ? Une autre, limitée sur deux côtés par un fossé et sur les deux autres par une voie et par un ruisseau, parce qu'elle est aux mains de plusieurs tenanciers, ne serait-elle pas un méjou ?

Pour la période qui nous occupe, les données sont tout aussi fragmentaires. Voyons d'abord ce qu'apportent les textes. Nous avons quelques mentions de haies (*sepes*), explicites surtout pour la Haute-Bretagne. Comme dans toute la France du nord et du centre, leur caractère défensif est clairement attesté. Avant 1050, Main de Fougères accorde à Marmoutier à Louvigné des droits d'usage « sauf dans les plessis en défens et dans les haies construites pour défendre le pays » ; de même, en 1231, Josselin de La Roche-Bernard obtient du prieur de Montonac que, sur les terres du prieuré, celui-ci fasse « plesser les anciennes haies faites pour la défense du pays ». Ces haies devaient être des bandes boisées rendues plus impénétrables par l'entrelacement des branches à leur lisière afin de ralentir la progression d'un ennemi éventuel ; aussi sont-elles parfois synonymes de plessis. En raison de cette vocation défensive, elles étaient placées sous l'autorité des seigneurs banaux qui en firent souvent des défens soit pour la chasse, soit pour s'en réserver l'exploitation. Ces haies-là ne sont donc pas à proprement parler des clôtures agraires.

Les « fossés » bordent les plessis comme dans cet acte de 1184 qui oblige un tenancier établi près de Fougères à les refaire chaque fois que cela sera nécessaire. Sinon, ils entourent des exploitations entières plutôt que des parcelles : ainsi, au tout début du XIe siècle, l'abbaye de Redon reçoit confirmation de la *villa Liskilli* (« la cour du bois ») vers Guer, « remarquablement entourée de toutes parts à l'aide d'un fossé ». Ce fossé apparaît comme un signe d'appropriation : dans un acte faux, rédigé toutefois dès la fin du XIᵉ siècle, lorsqu'un certain Gurki donne ses biens de Locoal à Redon, il en reçoit une partie en viager « qu'il divisa du reste de l'île d'un talus (ou d'une palissade) et d'un fossé (*vallo et fossato*) ». De même, d'après le Cartulaire de Quimperlé, un fossé, interrompu en un seul endroit, limitait dès le début du XIᵉ siècle le domaine de Saint-Cado sur la rivière d'Etel. Cette notion est clairement affirmée par les récits hagiographiques contemporains. Dès le IXᵉ siècle, dans la Vie de saint Malo de Bili, le prince Méliau, lorsqu'il établit Domineuc, disciple du saint, lui confie une charrue pour qu'il enclose d'un fossé tout ce qu'il pourra jusqu'au coucher du soleil. Dans la Vie de saint Goulven qui, elle, est de la fin du XIᵉ siècle, le roi Even donne au saint toute la terre qu'il pourrait circonscrire en marchant pendant une journée entière et « à mesure qu'il avançait, un talus de terre (*aggere terreo*) s'élevait sous ses pas ». Dans celle de saint Lunaire, également du XIᵉ siècle, le saint délimite son territoire par une procession solennelle pendant que, devant lui, une grosse pierre (*grandissimus lapis*) ouvre un fossé. Enfin, d'après le récit beaucoup plus tardif d'Albert le Grand, c'est un bâton fourchu qui aurait rendu le même service à saint Goueznou. Finalement, les éléments constitutifs d'un bocage n'apparaissent que rarement dans nos textes : il faut attendre 1256 pour que dans un acte soit mentionné « un champ clos de fossés » à Plénée, près de Lamballe. Est-ce parce que ces éléments étaient encore exceptionnels ou ne serait-ce pas plutôt parce qu'ils faisaient à ce point partie du paysage qu'on ne leur prêtait pas d'attention ?

Inversement, on peut essayer de relever tout ce qui pourrait indiquer l'existence de champs-ouverts. Ce sont d'abord des mentions de bornage par des pierres. Avant 1041, les moines de Redon reçoivent ainsi une terre à Sérent (Morbihan) « limitée depuis l'ouest par de très grandes pierres à travers la lande jusqu'à Saint-Marcel et depuis le nord par un grand fossé avec des bornes de pierre... jusqu'au gué Bihan ». Certaines de ces pierres pourraient être des menhirs comme dans cet acte du début du XIIᵉ siècle où une femme donne à Redon tout ce qu'elle avait à Tréguer en Pénestin (Morbihan) « jusqu'aux énormes pierres placées au milieu de la colline ». Au début du XIIIᵉ siècle, les pièces de vigne à Lanvallay, aux portes de Dinan, paraissent toutes limitées par des bornes ou par des arbres isolés, mais c'est là le paysage classique de tout vignoble un peu étendu. A cela on peut ajouter les mentions de « sillons » vendus ou donnés en petit nombre, qui ne peuvent désigner qu'une partie de parcelle. Les exemples en sont peu nombreux, tardifs — postérieurs au XIIᵉ siècle — et limités à la région de Lamballe et au Trégor sauf un exemple dans le marais de Dol et un autre près de Paimbœuf. Certains ont voulu voir là la preuve de l'existence des méjous, encore que dans le Penthièvre et le Trégor, régions particulièrement peuplées, des parcelles encloses pouvaient fort bien être divisées entre plusieurs exploitants, sans qu'il s'agisse pour autant d'une structure spécifique. Une méthode de recherche encore peu utilisée pourrait enfin apporter des résultats intéressants : elle consiste à relever le nombre, ou mieux encore quand c'est possible, la proportion des terres dont la superficie est indiquée en unités de mesure, ce qui suppose qu'elles ne disposaient pas de limites évidentes et assurées. En Beauce par exemple au XIIIe siècle, les terres sont évaluées en setiers alors que dans le Perche voisin, leur superficie est rarement indiquée. Or en Bretagne, les terres vendues ou données le sont sans indication de superficie à une quinzaine d'exceptions près localisées surtout dans le nord de la Haute-Bretagne, tout particulièrement dans le marais de Dol (où l'acre est utilisée sous l'influence de la Normandie voisine) et aussi dans le Penthièvre et le Trégor où l'on emploie surtout l'arpent (*jugerum*) et le journal : l'absence ailleurs de précisions de ce genre doit-elle être considérée comme une présomption de bocage ?

L'archéologie et l'étude du parcellaire se révèlent à peu près aussi décevantes. Autour de l'abbaye cistercienne de Boquen fondée en 1137, P.R. Giot a retrouvé un talus encore très apparent qui devait ceinturer le domaine monastique. Les fouilles de villages médiévaux désertés n'ont pas livré grand-chose dans ce domaine : des amorces de talus à proximité des habitations n'ont pu être clairement analysées : appartenaient-ils à des clôtures propres au village ou cernaient-ils des parcelles autres que des jardins ? Toutefois, à Karhaes-Vihan près de Plouenez en Brennilis (Finistère), M. Batt a retrouvé de petits champs comparables aux *celtic-fields* classiques qui doivent être contemporains de l'établissement de ce village au XIe siècle. On a essayé aussi de savoir si les enceintes féodales avaient été superposées au parcellaire actuel ou si celui-ci était plus récent : les résultats ne sont guère probants. Au Castel-Du en Langoat (Côtes-du-Nord) par exemple, l'enceinte établie à l'intersection de deux vieux chemins a entraîné la déviation de l'un d'eux, mais si les champs sont disposés en fonction du tracé de ces chemins, leur organisation semble être postérieure non seulement à ces chemins mais au retranchement lui-même.

Conclure dans ces conditions relève surtout de l'intime conviction. D'un côté, il est certain que le bocage ne peut être plus ancien que la mise en valeur ; de l'autre, il est difficile de croire que la plupart des talus ne datent que des XVIIIe et XIXe siècles. Les communautés humaines ont dû se protéger très tôt derrière des « haies » boisées pendant que des fossés ou des talus matérialisaient les limites des biens ou des pouvoirs des plus puissants comme ce « fossé profond » qu'au début du XIIe siècle Raoul de Fougères avait fait creuser autour de sa forêt pour y retenir le gibier. De là doivent provenir les lignes directrices, les « talus-maîtres » qui ont forcément été en rapport avec le tracé des chemins, qui ont commandé aussi l'évolution ultérieure du bocage. Où en était cette évolution au XIIIe siècle ? Pour l'instant, nous l'ignorons complètement. D'ailleurs, ce n'étaient pas ces lignes d'arbres plantées et entretenues qui donnaient au paysage l'allure boisée qu'il dut plus tard au bocage. Landes, taillis et bosquets étaient alors beaucoup plus nombreux et étendus que de nos jours. Ce qui frappait surtout les hommes de ce temps, c'était le contraste entre ces zones certes indispensables mais mal maîtrisées et de maigre rapport et les terres consacrées aux cultures, divisées en parcelles qui pouvaient ne pas être encloses. Les unes formaient le *boscum*, les autres le *planum*. L'opposition entre ces deux termes revient à plusieurs reprises dans les documents : ainsi, quand au milieu du XIIe siècle, les bénédictins s'installent à Lantenac près de Loudéac, Eudes de Porhoët leur donne toute la terre qu'il avait là, « tant celle qui était mise en valeur que celle qui ne l'était pas » (*tam in plano quan in bosco*). Et Saint-Rémy-du-Plain (Ille-et-Vilaine) en bordure d'une zone boisée dont subsiste encore la forêt de Bourgouet en garde aussi le souvenir dans son nom. Une telle opposition pose le problème des cultures temporaires, après avoir brûlé la lande, qui participaient de l'une et de l'autre de ces deux zones. Elles ne peuvent pas ne pas avoir été pratiquées puisqu'on les a utilisées jusqu'à une époque toute récente ; nous n'en avons pourtant pas trouvé la moindre allusion. Il est vrai que nous en savons fort peu, tant sur les cultures que sur les façons culturales.

C — LES PRODUCTIONS AGRICOLES

Dans leur ensemble, les campagnes bretonnes devaient présenter un paysage uniforme, verdoyant en raison d'une végétation arborescente diffuse où cependant étaient rares les zones où la forêt était exclusive des cultures et réciproquement ; tout au plus peut-on être assuré qu'au cours des siècles la part du boisement se restreignit pour faire place à des labours ou à des pâtures.

Les céréales

L'impression d'uniformité du paysage rural devait être encore renforcée par le fait que la polyculture était générale au point qu'on ne peut guère la nuancer selon les régions, sauf en ce qui concerne la vigne. Le terme de polyculture n'est pas vraiment approprié car l'essentiel des activités agraires tendait à la production de céréales. Les grains ont en effet une valeur nutritive élevée : plus encore, ils peuvent se conserver, par conséquent subvenir à l'alimentation humaine pendant la mauvaise saison. Comme partout dans l'Europe médiévale, les céréales représentent la très grande majorité des mentions relatives aux productions agricoles. Partout aussi, les céréales d'hiver sont les plus fréquentes. C'étaient le froment, le grain noble mais qui exige un sol favorable ou n'a qu'un rendement médiocre et le seigle, beaucoup plus rustique, plus fertile mais dont la farine est moins appréciée. Froment et seigle servaient à faire le pain, source essentielle de l'alimentation. On peut même dire qu'il en était la « base » puisque lorsqu'il n'était pas « trempé » dans la soupe, ses tranches sur lesquelles l'on disposait viande, légumes ou sauces (le *companagium*) tenaient lieu d'assiettes. On cultivait aussi des céréales de printemps, de l'avoine surtout. De végétation rapide, d'où leur nom de « trémois », elles avaient pourtant un rendement comparable aux céréales d'hiver ; mais elles étaient peu appréciées car il fallait les utiliser plus sous forme de bouillies que panifiées encore que le « gros pain », d'après un acte de la fin du XIe siècle relatif à Dol, pouvait être fait de seigle mais aussi d'avoine ou d'orge. D'ailleurs l'usage des céréales devait être largement fonction de la qualité de leur moûture ; lorsque celle-ci était médiocre, il fallait en faire des galettes ou des bouillies : lors des fouilles à Pen Er Malo en Guidel (Morbihan) dont il est fait état plus loin, on a retrouvé à la fois des meules à main ainsi que des vases en terre très plats et très ouverts qui devaient servir de galettières ainsi que des marmites à peu près cylindriques, en terre elles aussi.

Les céréales de printemps étaient surtout le fruit d'un cycle cultural différent. Le cycle biennal était le plus fréquent : un an de céréales d'hiver puis un an de jachère — sinon davantage — pour reposer la terre. Puis, là où les paysans disposèrent d'un peu plus de fumier, là où de meilleurs labours rendirent la terre plus fertile encore, ils adoptèrent la rotation triennale : un an pour les céréales d'hiver, un an pour celles de printemps et un an de jachère. De la sorte, il y avait des céréales deux ans sur trois au lieu d'un an sur deux, les risques climatiques étaient partagés, enfin les travaux agricoles étaient mieux répartis dans l'année. Certes, l'avoine ne valait pas le blé mais elle contribuait à nourrir les chevaux qui jouèrent un rôle important dans la « modernisation » de l'agriculture. Aussi, la présence de l'avoine est-elle généralement tenue comme l'indice d'une agriculture en progrès, tout comme le froment atteste un niveau de vie en essor. En Bretagne, l'enquête aboutit à des résultats apparemment contradictoires puisqu'à l'abondance des mentions de froment s'oppose la rareté de celles d'avoine.

Le froment (*frumentum*, car *bladum* désigne toute espèce de céréale) est mentionné en toutes régions, de Châteaulin à Ancenis, et très tôt, dès les premières archives au début du XIe siècle. Il apparaît sur les limons du Trégor comme sur les collines du Méné. Les occurences sont au moins trois fois plus fréquentes que celles du seigle.

Cette situation documentaire est-elle la traduction exacte de la réalité ? Dans le cas d'une dîme, il s'agit d'une production véritable puisque ce froment est levé sur le champ où il a été moissonné. Mais la plupart du temps, il s'agit de versements ou de rentes qui ne sont pas en rapport agraire nécessaire avec le bien qui les supporte : ainsi, vers 1170, une vigne près de Rennes rend chaque année un quartier de froment. En effet — c'est là une remarque qui a été faite en bien des régions — les versements en froment sont plus fonction des désirs, des besoins ou du niveau de vie de ceux qui les perçoivent qu'ils ne sont l'image de la production réelle. Les paysans pouvaient fort bien cultiver du froment dans de mauvaises conditions de rentabilité uniquement pour satisfaire aux exigences de leurs seigneurs laïques ou ecclésiastiques : un exemple-type est fourni par le don en 1210 à l'abbaye de La Vieuville d'une mesure de froment « pour faire des hosties ».

La répartition des mentions de seigle est plus révélatrice. Alors qu'au XIIIᵉ siècle, il n'apparaît guère dans le Bassin parisien que sur les terres froides, sables ou argile à silex, en Bretagne, ces mentions, proportionnellement plus nombreuses, peuvent être relevées un peu partout. C'est par exemple ce qui ressort pour le Penthièvre au XIIIᵉ siècle des archives des abbayes de Saint-Aubin et de Boquen : de même que le froment, le seigle est signalé partout, près de Collinée mais aussi près de Lamballe, d'Erquy ou de Matignon. Or sur des terres qui n'étaient pas deshéritées, le seigle ne pouvait être cultivé pour satisfaire les désirs des seigneurs : c'était donc la céréale normale. Le nombre des redevances en seigle s'élève d'ailleurs au cours du XIIIᵉ siècle en raison bien sûr de la multiplication des actes de pratique courante qui traduisent mieux les réalités communes. Dans le cas de dîmes, ce peut être aussi le résultat, sous la pression démographique, de la mise en valeur de terres vraiment rebelles au froment ; mais lorsqu'il s'agit de rentes, il est vraisemblable que les seigneurs ne rechignaient plus devant des fournitures de seigle qu'ils n'avaient pas l'intention de consommer mais bien plutôt de revendre sur les marchés des agglomérations alors en essor. En effet, on n'y mangeait certainement pas du pain blanc en tous milieux en dépit de ce témoignage qui au début du XIVᵉ siècle, accusait les templiers de Nantes d'avoir jeté du blé aux cochons alors qu'ils n'aumônaient aux pauvres que du pain de seigle...

L'avoine apparaît moitié moins souvent que le seigle ; le nombre des mentions ne s'accroît même pas à partir de la fin du XIIᵉ siècle avec le gonflement de la documentation. Parmi les mentions les plus anciennes, certaines indiquent que l'on cultivait alors l'avoine dans un but particulier : en 1096, le duc Alain affranchit une terre des moines de Quimperlé du « droit en avoine destinée à ses chiens », sans doute pour faire leur pâtée. Au XIIe siècle, les mentions sont très dispersées dans le temps et dans l'espace ; en 1135, une liste de rentes pour Sainte-Croix de Quimperlé cite une fois l'avoine pour 35 fois le froment. Au XIIIe, où l'on distingue parfois entre la grosse avoine et la menue, cette dernière faisant partie des petites dîmes, il y a quelques exemples où l'avoine est citée avec le froment ou le seigle mais sans que l'on soit jamais sûr d'une alternance régulière. Inversement, il n'est pas exclu que comme dans les îles britanniques, l'avoine n'ait pas été cultivée seule sur les terres les plus médiocres ou les plus mal exposées. Pour ce qui concerne la rotation des cultures, un seul texte est vraiment explicite ; il se rapporte au système biennal : à la fin du XIe siècle, un homme confie aux moines de Marmoutier une lande près de Donges « pour douze récoltes, c'est-à-dire pendant vingt-quatre ans ». On cultivait aussi certainement d'autres céréales telle l'orge ou d'autres, disparues maintenant mais qui furent cultivées en Bretagne jusqu'au début de ce siècle comme le mil ou le panic qui en est une variété ; elles n'apparaissent que tout à fait exceptionnellement à l'occasion de procès sur des partages de dîmes. Le blé noir ou sarrasin n'est jamais mentionné, il figure pourtant dans certaines analyses de pollens datant de cette époque.

L'équipement rural

La rareté de l'avoine liée à l'absence ou à la rareté du cycle triennal explique que les chevaux aient été rarement appliqués aux travaux des champs. En 1105, l'évêque de Nantes Benoît donne à Marmoutier « autant de terre que peuvent en labourer quatre bœufs ». En 1181, dans l'enquête déjà citée sur les droits de l'Eglise de Dol, un témoin se souvenait encore d'avoir vu l'archevêque Baudry de Bourgueil, mort en 1130, venir au Mont-Dol pour faire labourer et herser un champ avec son palefroi, c'est-à-dire avec un cheval de selle. Encore à la fin du XIIe siècle, lors d'un conflit entre les moines de Savigny et un seigneur local, celui-ci pénétra dans la métairie des moines près de Fougères alors qu'ils étaient en train de labourer, blessa l'un d'eux et tua leurs deux bœufs qui furent estimés ensemble à 25 livres. Pour le XIIIe siècle, il n'y a pas d'indices en faveur d'un usage plus fréquent des chevaux dans l'agriculture. Sans doute ne furent-ils employés que sur les meilleures terres et sur les domaines les mieux gérés où leur utilisation allait de pair avec un équipement plus perfectionné. C'était déjà le cas chez Baudry de Bourgueil qui devait atteler son cheval à une charrue à roues et à versoir comme celle qui figure sur la Tapisserie de Bayeux ; en effet, il fit aussi herser (le terme encore inhabituel en 1181 est en français dans le texte latin), opération inutile quand on emploie l'araire qui, faute de versoir, exige un labour croisé. Ailleurs, l'équipement pouvait être

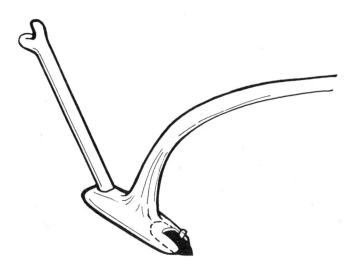

L'araire à soc de pierre de Brennilis (reconstitution M. Batt)

extrêmement rudimentaire. Lors des fouilles à Karhaes Vihan en Brennilis dans les monts d'Arrée, M. Batt a exhumé une barre de granulite de section ovale, longue de 23 cm, large de 9,5, qui avait dû servir de soc à un araire à la base duquel il était engagé puis maintenu par une cale dans une entaille latérale. Ce soc paraît médiéval tout en ressemblant à ceux des Orcades et des Shetland qui sont préhistoriques et à ceux de l'Espagne du nord-ouest utilisés jusqu'aux temps modernes.

La part prépondérante des céréales dans l'alimentation humaine explique le grand nombre des moulins et l'intérêt qu'on leur porte. Dès le XIe siècle, le don d'un ou de plusieurs moulins accompagne toute fondation monastique importante. Dès les années 1020-1030 lorsqu'Alain III fonde à Rennes l'abbaye Saint-Georges, il lui donne six moulins sur la Vilaine ; il en ajoute trois peu après plus un autre à Pontorson et un emplacement pour en construire un au lieudit Champcors. Encore vers 1160, quand un prieuré est fondé à La Roche-Derrien, sa dotation comporte quatre moulins dont l'un est neuf. Ces moulins sont établis sur les rivières, plus souvent encore à l'extrémité d'étangs alimentés par des ruisseaux dont le débit eût été autrement insuffisant. Certains utilisent les retenues aménagées à proximité des châteaux pour mettre les fossés en eau : c'est le cas à

Moulins de Fougères - Ces installations situées au pied de l'entrée du château ont succédé aux moulins médiévaux qui tiraient parti du système de retenues contribuant, à partir du Nançon, à la sécurité de la forteresse (cliché A. Simon).

Vitré, Lamballe, Morlaix ou Châtelaudren ; de nos jours subsistent près des portes du château de Fougères les roues des moulins qui succédèrent à l'époque moderne à des installations plus anciennes. Sans doute ces derniers devaient-ils être des moulins banaux mais il est impossible de savoir jusqu'à quel point la banalité des moulins s'est répandue en Bretagne. Un seul texte — en 1209 — est vraiment explicite : il concerne le moulin de La Bignette en La Bazouge-du-Désert (Ille-et-Vilaine), réglemente les activités et les droits du meunier et comporte la liste des hommes ou des domaines qui sont tenus d'y moudre. Sinon, la banalité n'est attestée que près de Châteaubourg vers 1180 et plus nettement encore à Malestroit en 1220. Abbayes et prieurés possèdent volontiers des moulins car la gestion en est aisée mais aussi parce que l'étang ou le barrage qui les accompagnent leur procurent du poisson, en particulier des anguilles, fort précieux lors des longues périodes d'abstinence. Pourtant, les textes n'apportent guère sur l'équipement et le fonctionnement de ces installations qui sont alors les seules sources d'énergie autres que la force humaine ou animale : il faut attendre 1222 et un accord conclu entre Saint-Melaine et un meunier de Betton (Ille-et-Vilaine) pour voir mentionner les portes, la roue à aubes, les barreaux de la lanterne et les meu-les. Les moulins à vent cités en Normandie à la fin du XIIᵉ siècle apparaissent d'abord sur les îles où l'eau manque mais non le vent comme celui de l'île d'Yeu mentionné en 1205 dans un acte de Pierre de La Garnache, puis à Buzay chez les cisterciens en 1245 ; sinon, il faut attendre 1281 pour en voir mentionner un à Vannes et 1319 pour un autre à Pommeret près de Lamballe. A la fin du XIIᵉ siècle appa-raissent également les moulins à marée : un acte conservé aux Archi-ves de la Vienne nous apprend qu'en 1182 les templiers possèdent deux moulins de ce type sur l'étier de Quimiac en Mesquer au nord de Guérande. Celui de Pencastel en Arzon, sur le golfe du Morbihan aurait été construit en 1186. En 1257, les moines de Buzay ont un moulin à eau dans le port de Bouin qui, selon toute vraisemblance, devait aussi fonctionner grâce au flux et au reflux.

La vigne et le vin

De toutes les cultures, celle de la vigne est la plus spécialisée et la plus originale. Cela tient au fait que la Bretagne, au moins au nord de la Loire, ne lui offre que des conditions climatiques très médiocres ; cela tient aussi plus généralement au fait que la viniculture est une activité au moins autant artisanale que rurale, caractère encore accentué par la localisation des vignobles à proximité des aggloméra-tions pour des raisons qui relèvent autant de l'histoire que de l'écono-mie. Pendant longtemps en effet, la vigne fut une culture de luxe, plus encore une culture ecclésiastique à la fois pour satisfaire aux besoins du culte ou aux exigences de la règle et par fidélité au mode de vie antique et méditerranéen : à l'époque mérovingienne dans le Nantais, l'évêque Félix et l'abbé d'Aindre Hermeland passent égale-ment pour l'avoir développée. Elle y était déjà suffisamment impor-tante pour susciter les convoitises des Bretons de Waroc qui, à plu-sieurs reprises à la fin du VIᵉ siècle, lancèrent des razzias à l'automne pour s'approprier la vendange. Au nord de la péninsule, saint Malo, aux dires de son hagiographe carolingien, s'y serait aussi intéressé ; il aurait remis en état une vigne abandonnée : « il bêchait au pied des ceps et coupait toutes les branches qui auraient pu nuire ». Saint Gué-nolé, plus austère, refusait toute boisson faite avec du raisin, du lait, du miel ou de la cervoise, se contentant d'une piquette confectionnée avec des pommes : première mention connue du cidre dans nos pays de l'Ouest. A l'époque carolingienne, les moines de Redon acquiè-rent aussi des vignes par don ou par achat. A Redon même, un cer-tain Sulmonoc leur donne une vigne « qu'il avait lui-même plantée ». Clercs, prêtres et diacres forment la majorité des donateurs, comme Anau qui, à Tréal (Morbihan) vers 850, donne « la vigne qui était dans son jardin ». Souvent la vigne figure dans l'énumération des éléments constitutifs des domaines aumônés par de grands personnages sans que l'on sache si c'est une simple formule ou si cette vigne existait réellement. Cette dernière hypothèse est vraisemblable dans la mesure où les mentions concernent plutôt les vallées de la Loire et de l'Erdre avec des avancées vers le nord jusqu'à Rougé ou Locmariaquer.

Au XIᵉ siècle, quand la documentation reparaît, la vigne a encore pour l'essentiel les traits qu'elle avait au haut Moyen Age. On la rencontre surtout autour des vieilles cités épiscopales de Nantes et de Rennes. A Nantes, il y a vers la fin du siècle un véritable vignoble au nord de la ville sur le coteau limité à l'est par l'Erdre et au nord par le Cens, l'abbaye Sainte-Croix de Quimperlé en possède une partie ; d'autres vignes sont établies sur la rive gauche de l'Erdre dans la paroisse Saint-Donatien. A Rennes, l'abbaye Saint-Georges est bâtie tout près de « vignes fécondes » ; quelques années plus tard, quand le monastère Saint-Cyr est restauré, sa dotation est accrue de terres au confluent de l'Ille et de la Vilaine qui comportent des vignes. La production locale devait alimenter le commerce qui se tenait dans le cimetière de Saint-Pierre-du-Marché où, dès le milieu du siècle, l'abbesse de Saint-Georges percevait un flacon de vin par tonneau vendu. A Vitré ou à Fougères, les seigneurs ont leurs propres clos ; près de Dol, Jean de Dol-Combourg avait au moins huit arpents de vigne. Sinon, en dehors d'exemples isolés, en particulier au long de la vallée de la Loire vers l'Anjou ou au sud vers Machecoul, les vignes que nous connaissons sont le plus souvent étroitement associées à des églises paroissiales ou à des prieurés : ainsi, vers 1080, les moines de Redon reçoivent à Marsac (Loire-Atlantique) « la vigne qui jouxte le chevet de l'église » ; il en va de même à Guenrouet ou à Pléchâtel. A Rhuys, quand l'abbé Félix restaure l'abbaye Saint-Gildas, il s'empresse de planter autour des vignes et des vergers.

Dans ces conditions, le marché demeurait fort étroit ; il n'est pas étonnant que le vin ait parfois manqué sur la table des plus puissants. A ce sujet, un récit que rapporte une notice apocryphe du cartulaire de Redon, rédigée sans doute à la fin du XIᵉ siècle, est particulièrement révélateur. Alors qu'en 804 (*sic*), le comte Juhel-Bérenger (mentionné pour la première fois en 944-952) tenait sa cour à Lanmeur (Finistère) et recevait les envoyés du comte d'Anjou, il n'avait à leur offrir que de la bière et de l'hydromel en grande quantité mais pas la moindre goutte de vin. Quand il eut, pour se sortir de cette situation difficile, invoqué le Sauveur, on vint lui apprendre qu'un paysan venait de trouver sur la grève de l'Ile-Grande (en Pleumeur-Bodou, Côtes-du-Nord) « un grand récipient appelé tonne, plein de vin pur ». Le comte tout réjoui ordonna de seller les chevaux pour aller voir cette merveille et, reconnaissant d'un tel miracle, fit don de l'île aux moines de Saint-Sauveur de Redon.

Au XIIe siècle, le vignoble continue de s'étendre dans l'espace puisqu'une vigne est mentionnée à Pont-Scorff en 1167, mais elle se développe aussi dans les zones où elle était déjà familière. C'est ce que montre bien un jugement rendu devant Conan III par ses barons : les hommes de la châtellenie du Pallet — de nos jours terre d'élection du muscadet — devaient rendre aux moines de Vertou la dîme, le terrage, le *vachagium* et les autres droits pour les terres qu'ils cultivaient ; or, comme ils en avaient converti une partie en vignes, ils ne voulaient plus payer ce qu'ils devaient ; ils furent bien entendu condamnés à payer un montant équivalent. Les mentions se font également plus nombreuses autour de Nantes et de Rennes mais bien au-delà de la proche banlieue.

Au XIIIe siècle, le vignoble breton a atteint son aire maximale d'extension, son apogée aussi sûrement, du moins au nord de la vallée de la Loire où l'afflux des importations le fit régresser à la fin du Moyen Age. Il garde encore des traits archaïques. En 1216, en plein pays nantais, l'abbaye de Villeneuve reçoit une terre dont la moisson est destinée à faire des hosties et la vendange à procurer du vin de messe ; en 1231 à Clayes, près de Rennes, une vigne est encore annexée à l'église. Mais on connaît bien davantage d'exemples de vignes destinées à l'auto-consommation de ceux qui les cultivent ou dont une partie au moins de la production est destinée à la vente. Il faut ranger dans la première catégorie les vignes isolées qui, comme à La Guerche en 1206, se limitent à quelques rangs plantés dans les jardins. A celles qu'indiquent les textes, on peut ajouter, en dépit d'une chronologie bien incertaine, celles dont témoigne la toponymie avec les formes du type La Vigne. Notons que ces toponymes sont moins nombreux là où le vignoble est étendu ; ils le sont davantage là où il est plus dispersé : en effet, ils n'ont été utilisés que là où les ceps étaient suffisamment rares pour individualiser un lieu-dit ; à la limite, celui-ci peut tirer son nom d'une simple treille. En zone bretonne, les toponymes sont d'utilisation beaucoup plus délicate. Comme l'a montré P. Trépos, Kerezen, « la maison du raisin » peut désigner aussi le cerisier (*kerezen*) ou peut-être une forme corrompue de Ker Euzen ; quant à La Mare-aux-Vins en Tréveneuc (Côtes-du-Nord), ce peut être la traduction défectueuse d'un ancien Poulveneuc, « la mare de saint Gueneuc » qui est l'éponyme de la paroisse. Seules semblent pouvoir être retenues les formes Viniec ou Vinioc et leurs composés comme Kerviniec ou Traou ar Viniec les unes et les autres au demeurant fort peu nombreuses.

Trois zones viticoles se distinguent alors nettement ; ce sont par ordre d'importance décroissant : le pays nantais, Rennes et ses environs, Dinan et la basse vallée de la Rance. Le vignoble péri-urbain de Nantes rejoint désormais celui qui garnit les rives du fleuve depuis Ancenis et qui se prolonge jusqu'à l'estuaire par Savenay et Donges puis, au-delà, dans le pays de Guérande ; au sud, il est présent dans la région de Sèvre-et-Maine ainsi que dans bon nombre de paroisses du pays de Retz. A Rennes, une documentation relativement riche montre des vignes abondantes surtout au nord de la ville, là où s'étend la paroisse que l'on appelle alors Saint-Laurent-des-Vignes, de même que sur celle de Saint-Martin. Il y en a aussi à l'est sur Saint-Georges et sur Saint-Hélier et même dans le quartier de Toussaint et du Champ-Dolent. Au-delà, des dîmes du vin sont levées à Thorigné, Brécé, Janzé, Saint-Gilles, Bédée et Mélesse sans que l'on sache si la production fait l'objet d'une importante commercialisation vers la ville ou si elle est surtout auto-consommée à l'imitation du modèle urbain. Le vignoble de la Rance est alors circonscrit aux paroisses de Dinan, Léhon, Taden et Lanvallay ; il paraît plus dispersé vers Saint-Suliac où il fut florissant à la fin du Moyen Age. On y retrouve quelques traits des véritables pays de vignoble : à Léhon, le sire de Dinan dispose du ban des vendanges, c'est-à-dire que pour éviter les fraudes, il n'autorise ses hommes à vendanger qu'à partir d'une date qu'il fixe lui-même ; à Lanvallay en 1219, un acte décrit un paysage où les vignes se touchent, non pas séparées en clos mais bornées par de simples pierres. Sans doute, comme au XVe siècle, ce vignoble doit-il en partie son développement aux ports sur la Rance et à Saint-Malo d'où le vin était exporté vers des régions plus septentrionales ou vers les ports de la côte nord.

A ceux-là s'ajoutent de petits vignobles d'intérêt local. Comme celui de Sévignac que l'on a la chance de connaître grâce à quelques pièces du chartrier de Boquen. Peut-être n'était-il pas en réalité plus important que ceux de Bréhand ou de Plumaudan où l'on levait des dîmes du vin, encore qu'en 1303 le rédacteur d'un contrat ait adopté au lieu de Sévignac la graphie révélatrice de Saint-Vingnac...

Les façons dont la vigne et le vin étaient l'objet nous sont à peu près inconnues. Les vignes sont souvent plantées dans des fonds humides plutôt que sur les versants : en 1037, il y a des vignes au confluent de l'Ille et de la Vilaine ; en 1134, Conan III donne aux moines de Buzay quatre arpents de terre dans l'île Botty « pour y faire pré ou vigne ». Une telle localisation peut surprendre ; elle se retrouve pourtant dans les autres régions de même latitude. Sans doute y recherchait-on la quantité plutôt qu'une qualité de toute façon médiocre, à une époque où boire du vin même mauvais était un critère social et cela valait mieux qu'une eau douteuse habituelle en milieu urbain. Les ceps étaient partout accrochés à des piquets pour lesquels, par exemple, les moines de Saint-Melaine à Montfort avaient des droits d'usage dans la forêt voisine. Il y avait des pressoirs dont on ignore s'ils étaient collectifs et plus encore s'ils étaient banaux. De véritables vignerons n'apparaissent que là où le vignoble est le plus dense, comme ce Jean Constantin qui à Clisson en 1218 cède à Buzay ses vignes et sa maison dotée d'une écurie, d'un pressoir et d'un cellier. La vigne pouvait être tenue d'une manière originale par le contrat de complant, pratiqué au Moyen Age et au-delà dans toutes les régions au sud de la Loire, dont l'usage s'éteignit en dernier au XXᵉ siècle dans le pays nantais. Ce type de contrat qui a été décrit dans un chapitre précédent était favorable au développement de la petite propriété paysanne ; rien n'indique qu'il ait été pratiqué en Bretagne en dehors du Nantais.

Les autres boissons ne devaient guère être prisées car elles n'ont pas l'honneur des textes. Le cidre n'est jamais mentionné mais il y a des *pomarii* qui doivent être des vergers de pommiers, comme celui situé au pied du château de Châteaulin qu'Alain Fergent donna à Landévennec ; ils sont parfois, comme à Rhuys, annexés à des vignes. La cervoise, appellation méridionale de la bière, apparaît dès le début de la période ; plus tard, en 1177, sa vente à Daoulas est frappée d'une taxe appelée *potagium*. Le miel servait à la fabrication de l'hydromel (*medo*) : à Redon vers 1060, un droit est perçu sur la vente de l'hydromel, de la cervoise et du vin épicé ; en 1200, la duchesse Constance autorise les habitants de Lannion à vendre librement du vin, de la cervoise et de l'hydromel. Notons toutefois que l'hydromel, comme la cervoise après le XIᵉ siècle, n'est mentionné qu'à l'occasion de taxes levées sur la vente au public ordinaire mais qu'il n'apparaît jamais dans les redevances dues aux seigneurs comme si ceux-ci avaient dédaigné ces boissons auxquelles ils préféraient le vin.

Le miel ne servait pas qu'à la fabrication de l'hydromel. N'oublions pas que c'était alors, avec certains fruits, le seul apport de saveur sucrée. Le miel était une production courante dans tout l'ouest de la péninsule qui servait même à payer les redevances dues pour les terres cultivées, redevances calculées selon une unité de mesure appelée *hanafat* (terme germanique qui a donné « hanap »). Vers 1155, Hervé de Léon, parmi les dons de son père à Saint-Melaine qu'il confirme, cite la moitié de la dîme de son miel dans le Léon et dans le Poher. Les abeilles étaient élevées un peu partout, sans doute à proximité des établissements humains pour qu'on puisse mieux les surveiller, mais aussi dans les forêts : quand Gestin de Retz accroît en 1083 la dotation du prieuré de Saint-Serge d'Angers à Cheméré (Loire-Atlantique), il lui donne entre autres dans la forêt de ce nom la dîme des ruches que l'on appelle *truncos* (parce qu'elles devaient être creusées dans des troncs) ou *croisa* (d'un terme germanique qui a donné le français « cruche »).

L'élevage et la pêche

L'élevage, comparé aux labours, apparaît comme une activité secondaire. Pourtant, à en croire Guillaume de Poitiers qui raconte la campagne finalement infructueuse de Guillaume de Normandie en 1065 en Bretagne, la population de ce pays vivait alors « de lait en abondance, de pain avec parcimonie ; de gras pâturages nourrissent les troupeaux en de vastes espaces où la moisson est à peu près inconnue ». Certes, la Normandie devait être alors plus prospère mais le chroniqueur, plagiant d'ailleurs César, cherche surtout à justifier la retraite de son duc hors d'une région qui ne valait pas la peine d'être soumise. En fait, les véritables prés sont rarement mentionnés ; ils le sont en général comme annexes des exploitations dont ils servent à nourrir les bœufs : en 1096, Lambert de Chassail donne près de Nantes à Marmoutier une terre pour quatre bœufs « avec les prés suffisants pour ces bœufs ». Normalement, l'élevage est pratiqué dans les zones incultes. Dans les marais là où il y en a : dans la seconde moitié du XIe siècle, le vicomte de Donges accorde à Marmoutier d'entretenir douze bœufs, des chevaux et des porcs *in marascausia*. Plus souvent encore dans les bois et dans leurs clairières où les seigneurs accordent les autorisations nécessaires. Ils en exceptent leurs « défens » ou leurs « haies » consacrés à leur propre bétail ou conçus comme des réserves de chasse. Ils peuvent aussi prévoir des périodes d'exclusion : Conan II aumône ainsi un droit d'usage dans la forêt de Rennes aux moines de Livré, sauf quinze jours en avril et pendant tout le mois de mai ; en outre, les porcs ne pourront pas s'éloigner au point de ne pouvoir rentrer le soir à la ferme. Le parcours des porcs dans la forêt de même que la taxe prélevée à cette occasion portent le nom de pasnage (*pasnagium*). Les porcs sont les hôtes des bois les plus fréquents ; des chevaux y vivent aussi, parfois en liberté : vers 1225, Olivier de Rohan donne aux moines de Bonrepos la moitié des chevaux indomptés qu'il avait en commun avec son frère dans la forêt de Quénécan. Les cisterciens de Buzay devaient apporter plus de soins à leurs chevaux : en 1175, ils mettent fin à un conflit avec Olivier de Bougon en lui donnant à choisir chaque année sa vie durant dans leur élevage un poulain de deux ans après qu'ils en auront réservé quatre. Les bovins vont également dans les bois : en 1221, Alain de Rohan reçoit le droit de mettre cent porcs et cent bœufs dans la forêt de Lanouée. Les bœufs sont plus souvent mentionnés que les vaches ; ainsi, quand vers 1030-1040, le petit couvent de Chavagne est rattaché à Saint-Georges, l'inventaire de ses biens comporte vingt bœufs pour douze vaches. Seul, le Cartulaire de

Quimperlé fait état d'une vache due à titre de redevance. Leur présence n'est connue que de façon indirecte par une taxe spécifique, le *vaccaticum* ou le *vachagium*, perçue à Gahard (Ille-et-Vilaine) comme au Pallet (Loire-Atlantique). Une seule mention de produits laitiers : en 1132, Conan III donne aux moines de Tyron le péage de Pont-Rousseau près de Nantes pour qu'ils puissent acheter du beurre... Les moutons et les agneaux sont cités un peu partout, des marais de Dol à Locronan. Les animaux les plus humbles, ceux des pauvres — ânes et chèvres — sont bien sûr absents de nos archives.

Tel qu'il nous apparaît, l'élevage semble surtout destiné à produire des animaux de trait ou de somme plus que des produits laitiers, de la laine plutôt que de la viande, les porcs devant fournir à la fois la viande et la graisse. La chasse apporte aussi des compléments appréciables, au moins pour ceux qui peuvent s'y livrer mais vers 1120 les moines de Montonac obtiennent du seigneur de La Roche-Bernard un jambon de tous les sangliers qu'il prendra et une patte de tous les autres gibiers à l'exception des lièvres.

La pêche joue un rôle non négligeable dans l'alimentation, ne serait-ce qu'en raison des périodes d'abstinence de viande édictées par l'Eglise. On pêche dans les étangs — notamment des anguilles —, dans le lac de Grandlieu où les moines de Buzay ont priorité pour jeter leur senne et dans les cours d'eau où les saumons qui les remontent sont mentionnés sur le Trieux en 1202 et sur le Blavet en 1264. Sur la Loire, il y avait des barrages appelés « écluses » avec des « portes » où le poisson était capturé : au milieu du XIIe siècle, Guihénoc d'Ancenis, partant pour la croisade, cède aux cisterciens de Melleray les droits qu'il exerçait sur les écluses du fleuve tous les vendredis de l'année, plus le mercredi lors de l'Avent et du Carême. A l'embouchure de la Rance, Rivallon de Combourg donne à Marmoutier en 1064-1066 la dîme des seiches de sa pêcherie de Saint-Suliac. La pêche en mer est également active. Dès 1128, Hervé de Léon donne au prieuré de Morlaix « la dîme des grands poissons, c'est-à-dire la baleine et les autres du même genre ». Vers 1145, Jean de Dol offre à La Vieuville la moitié de la coutume des poissons de Hirel et 25 harengs de chaque petit navire. D'après la célèbre enquête de 1181 sur les droits de l'Eglise de Dol, l'archevêque a à Cherrueix depuis le début du siècle une pêcherie dont le tenancier lui livre les aloses, les esturgeons et les turbots. Du Couesnon au Poulet, il a droit aux esturgeons, aux saumons et aux baleines : comme ces gros poissons sont associés dans le texte au « warec », c'est-à-dire au droit d'épave, il est vraisemblable que leur pêche, ou leur capture, à la suite d'échouage, pour les cétacés, était alors sous le contrôle de l'autorité banale. Le poisson était consommé frais ou séché puis salé : au début du XIIIe siècle, les chanoines de Beauport avaient reçu du comte de

Penthièvre des droits sur les sècheries de Plouézec et de Kérity, près de Paimpol, ainsi que le *salagium* qui semble s'y rattacher.

Tout au long, cette étude a été bridée par le caractère fragmentaire ou allusif de la documentation, voire même par son silence. Nos informateurs se soucient encore moins de décrire les phénomènes économiques que les structures sociales ; à leurs yeux, les premiers sont encore plus immuables que les secondes alors que nous retraçons, nous, une évolution à l'échelle d'une dizaine de générations. Ce qu'il nous livrent, d'autre part, c'est ce qui les intéresse : ils nous laissent ignorer les zones incultes à moins qu'elles ne servent de terrains de chasse, les cultures temporaires que leur itinérance met à l'abri d'une taxation systématique, les céréales pauvres dont on ne fait pas leur pain ou dont on ne nourrit pas leurs chevaux, les boissons qui ne paraissent pas sur leur table : la société féodale est bien une société aristocratique jusque dans l'image qu'elle nous a laissée de son milieu.

Néanmoins, un essor est partout sensible, sans doute marque-t-il davantage la Haute-Bretagne que la Basse-Bretagne. Il est difficile d'en mesurer l'intensité et les résultats : bien des zones n'étaient pas encore mises en valeur ou bien encore de façon partielle. Sensible dans l'évolution du paysage, cet essor l'est aussi dans celui des villages, des bourgs et des villes.

D — FERMES ET VILLAGES

Quelle que soit leur situation juridique, quelle que soit leur situation économique, les paysans tenanciers qui forment la majorité du monde rural et même de la population tout entière, disposent tous d'une exploitation dont la production et la gestion est leur fait. Cette exploitation comporte d'une part des terres, de l'autre un minimum de bâtiments qui constituent à la fois son centre économique et le lieu où le paysan vit avec sa famille. Ces bâtiments peuvent former des villages mais, comme nous l'avons déjà vu, il y a dès cette époque une nette tendance à la dispersion de l'habitat en dépit de l'existence de structures favorables au regroupement des hommes.

La diversité des exploitations

Les exploitations proprement dites sont mal connues. Nous ne disposons pas d'indications sur leur superficie. C'est au moins un jardin. On désigne sous ce terme les pièces de terre les plus proches des habitations, auxquelles est réservé l'essentiel des engrais, qui font l'objet d'une culture intensive. Ce ne sont pas de simples potagers ; au demeurant les légumes étaient alors peu nombreux même si les textes ne mentionnent que ceux qui peuvent se conserver et qui sont soumis à la dîme, en particulier les oignons et les aulx. Là poussent aussi le chanvre et le lin, amateurs de sols riches, parfois de la vigne, voire même des céréales. Les exploitations les plus étendues appartiennent vraisemblablement aux catégories dominantes, laïques ou ecclésiastiques, sans que nous soyions mieux renseignés. Le chiffre le plus élevé figure dans une charte de 1064-1066 dans laquelle Rivallon de Combourg donne à Marmoutier une terre de douze charruées (environ 250 hectares) à Saint-Ouen-la-Rouerie (Ille-et-Vilaine) sans que l'on sache si cette terre est effectivement mise en valeur ni, dans ce cas, si elle relève d'une seule exploitation, sans que l'on sache non plus ce que les moines en firent.

Le vocabulaire qui désigne ces exploitations est divers et imprécis, voire même interchangeable. Le vieux terme carolingien de « manse », rare, est limité au Rennais et est employé pour la dernière fois en 1141. Ses dérivés sont un peu plus fréquents. *Mansura* est parfois une unité de mesure, notamment lors des restitutions d'églises ; elle désigne alors les terres attachées au sanctuaire, destinées à subvenir aux besoins matériels du desservant. Ce peut être aussi une exploitation autonome, désignée à l'aide du nom de son tenancier ; ce terme n'est plus utilisé après le XIIe siècle que dans des actes qui confirment des documents plus anciens. *Masura*, qui peut aussi désigner une unité de mesure, tend à s'appliquer à une petite exploitation ou même à une habitation, évolution qui conduisit au sens actuel de « masure ». *Bordaria, borderia* ou *bordagium* ne sont pas explicités par nos textes mais doivent caractériser de petites exploitations comme c'est déjà le cas ailleurs dans les pays de l'Ouest. *Medietaria*, employé dans toute la zone romane, est le terme le plus fréquent dans notre documentation ; il en a déjà été fait mention dans un chapitre précédent. A part de rares cas où le mot est synonyme de *domus* (maison, résidence), les métairies semblent plutôt issues de la réserve seigneuriale, peut-être avec un mode de tenure qui leur valut ce nom : en 1146, par exemple, Jean de Dol donne à Saint-Sulpice « sa propre métairie de Dingé ». Ou bien elles sont le résultat de défrichements sur des terres seigneuriales comme ces métairies que Conan III donne aux templiers dans la forêt de Rennes. Bien des métairies, toutefois, dès le XIe siècle, sont des exploitations aux mains de tenanciers ordinaires, de Champtoceaux à Bréhat. En pays bretonnant, un seul terme est utilisé, *villa*, traduction directe de *ker*. Partout, passé 1150, les termes spécifiques qui désignent une exploitation entière deviennent plus rares à la fois parce que dans un monde plus peuplé et à un moment où l'aristocratie dote moins généreusement l'Eglise, les transactions portent davantage sur des parcelles et aussi parce que le terme vague *terra* se répand de plus en plus.

Les exploitations isolées

Nous avons déjà vu lors de l'étude des noms en ker ou en -ière, en -ais ou en Ville-, que de nombreux paysans vivaient isolés sur leur exploitation ou dans de petits hameaux. L'endroit où ils habitaient a disparu sous les reconstructions ultérieures ou bien, une fois abandonné, il a laissé de trop pauvres vestiges bientôt arasés. Pour en retrouver les traces, deux chercheurs britanniques, W. Davies et G. Astill ont entrepris une prospection planifiée et systématique de l'implantation humaine dans des zones soigneusement délimitées ; ils ont publié leurs premiers résultats concernant quatre communes du Morbihan : Ruffiac, Saint-Nicolas-du-Tertre, Tréal et Carentoir. Leur enquête a été nourrie par les documents écrits, par l'analyse des cadastres du XIXe siècle qui a révélé les modifications importantes de l'habitat depuis un siècle et demi ainsi que le mode d'exploitation ancien des terres. Mais cette enquête repose surtout sur une prospection à pied méthodique selon un quadrillage rigoureux à partir de lignes de prospection distantes de 50 m seulement divisées en unités de 100 m de long. Cette prospection a pour but de relever à la surface des champs tous les éléments (fragments de poterie ou de matériaux de construction) qui révèlent la présence humaine tout en notant ce qui, quant à la forme des champs, aux clôtures ou aux mouvements de terrain, pourrait ne ressortir ni du cadastre ni des photographies aériennes. En 1982, la prospection qui a porté sur 824 ha a livré 54 kg d'éléments archéologiques, surtout de la céramique. Ces tessons ont été identifiés de la manière suivante : 4 % d'époque romaine, 67 % pour le Moyen Age et 29 % post-médiévaux, encore que la distinction ne soit pas toujours facile à établir entre ces deux catégories. Quatre-vingt-deux concentrations ont été relevées qui, pour une grande part, doivent correspondre à des sites d'habitat : 20 % contenaient un certain nombre de céramiques romaines, 18 % ont livré surtout des poteries post-médiévales mais dans 71 % des cas, les chercheurs ont trouvé une majorité de tessons du Moyen Age, ce qui montre bien l'importance de cette période même si l'on tient compte du fait que sa durée a été double de celle de chacune des deux autres. Autre remarque intéressante : le mobilier médiéval se rencontre plutôt à proximité d'habitats existants ou disparus depuis le siècle dernier, ce qui montre bien l'importance du Moyen-Age dans la stabilisation de l'habitat rural et aussi dans l'histoire de la mainmise de l'homme sur son milieu.

De son côté, P. Aumasson a dégagé en 1978 à La Saudrais en Pancé (Ille-et-Vilaine), sur la rive gauche du Semnon, les structures de ce qui dut être, à partir du XIIIe siècle à en juger par la céramique, une ferme fortifiée assez importante. Elle se compose essentiellement d'une bâtisse rectangulaire de 10 m sur 5,50 avec des murs dont

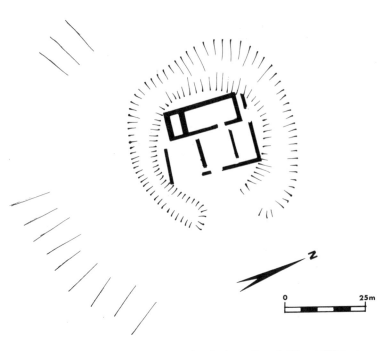

L'établissement agricole de La Saudrais en Pancé (Ille-et-Vilaine)

l'épaisseur varie de 0,80 m à 1,10 m, construits en blocage avec un mortier d'argile sans fondations. Outre la porte ouverte sur la façade est, trois fenêtres sont encore discernables. Au tiers méridional, un mur de refend détermine une petite pièce rectangulaire mais, faute d'avoir retrouvé un foyer, des banquettes ou des mangeoires, on ne peut affirmer qu'il s'agit là d'une « maison-longue » ou plus exactement d'une « maison-mixte » où vivaient côte à côte humains et animaux, d'autant qu'il y a à proximité des restes informes et indatables de dépendances construites en terre. Sinon, la petite pièce a pu seulement servir d'accès à un étage dont le sol aurait pu être formé de palis de schiste retrouvés dans les déblais. Ce qui fait l'intérêt de cette construction dont la vocation agricole est certaine, c'est qu'elle est située à l'extrémité ouest d'une enceinte. Enceinte modeste par ses dimensions — 27 m de diamètre — mais aussi par ses formes externes très simplifiées puisque les fossés sont profonds de 2 m seulement et qu'il n'y a pas de levée de terre à l'intérieur de l'enceinte. Peut-être était-elle renforcée partiellement au moins par un mur de courtine tout aussi fruste que celui de l'habitation. Il vaut mieux considérer cette enceinte moins comme une véritable défense que comme une chicane destinée à concentrer l'accès en un point précis. Toutefois, à la lumière de cet exemple, on peut admettre que bon nombre de structures de ce genre ont pu être prises à tort pour des enceintes soit pré- ou proto-historiques soit « féodales ».

Les villages

Les « villages désertés » ont laissé des vestiges plus importants qui ont davantage attiré l'attention des archéologues. On peut même se réjouir que les fouilles aient été plus nombreuses en Bretagne que dans bien des régions françaises. En général, elles n'ont pas abouti au dégagement d'une agglomération entière, ce qui fait que la structure des habitations est mieux connue que l'organisation proprement dite des villages. La plupart de ces entreprises sont très récentes ou même encore en cours ; aussi leurs résultats n'ont-ils été publiés que de façon résumée ou fragmentaire sauf pour deux d'entre elles menées sur les sites de Penn-er-Malo en Guidel (Morbihan) de 1969 à 1972 et à Lann-Gouh en Melrand (Morbihan) de 1977 à 1980.

Les résultats les plus complets ont été obtenus par P. André à Lann-Gouh. Pour ce vilage perché au sommet d'une colline qui domine un affluent du Blavet, datations par le carbone 14 et par les céramiques concordent pour proposer une occupation entre l'an mil et le XIIe siècle. Peut-être fut-il abandonné lorsque les Rohan s'installèrent tout près à Castennec au début du XIIe siècle ou bien au profit de Melrand qui tira avantage de sa situation sur la route qui joignit désormais Castennec à Guéméné-sur-Scorff, autre possession des Rohan. Peut-être fut-il tout simplement victime de la désaffection que connurent alors les terres légères mais pauvres des sommets au profit des sols plus gras des vallées, phénomène que nous avons déjà mentionné lors de l'étude des noms en -ière et en -ais. Lann-Gouh était un village pauvre puisqu'aucune monnaie n'y a été retrouvée ; guère d'outillage non plus : des meules à bras brisées témoignent de la culture des céréales et des disques de fuseaux du tissage de la laine pendant que seul le plan des maisons suggère que l'on devait y abriter des bovins.

C'était un village clos, ceint d'un talus au noyau fait d'un muret de pierres sèches qui, au nord, suivait la ligne de crête. Village modeste limité à neuf constructions dont quatre avec foyer : il pouvait donc abriter une trentaine d'habitants. Dans sa partie sud, les constructions s'organisent autour d'une sorte de place centrale de quelque 200 m² où s'élève le four, où circulent les humains mais aussi les moutons abrités dans une bergerie au sol grossièrement garni de pierres. Au nord-est s'étend une zone dépourvue d'habitations mais où il devait y avoir des dépendances légères puisque furent retrouvés là des fragments de meules. Les habitations sont de plan subrectan-

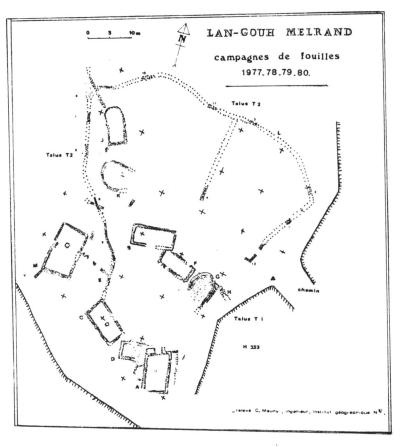

Le village de Lann-Gouh en Melrand - Plan général

gulaire, elles couvrent entre 38 et 54 m². Le sol intérieur est légèrement surcreusé par enlèvement de la terre arable. Les murs, qui repo-
sent ainsi sur le roc, se limitent à quatre ou cinq assises de moellons
ou même à une seule rangée de gros blocs ; ils supportaient la toiture
sans que l'on ait retrouvé de trous de poteaux à leur base ou au centre
de la construction ; des perches devaient supporter une couverture
végétale qui, se prolongeant jusqu'au sol, devait donner
aux maisons « l'aspect d'une hutte très enveloppée ». L'entrée est au
mur gouttereau sauf dans un cas où elle est au pignon. Les quatre
foyers, circulaires ou rectangulaires, au centre des maisons, sont
légèrement décalés par rapport à la porte par où devait s'échapper la
fumée, à moins que ce ne soit par une ouverture dans le toit. Deux au

moins de ces constructions devaient être des « maisons-mixtes ». Du côté où le foyer est décalé, abondent cendres et tessons : là vivaient les hommes ; l'autre côté, surcreusé, est dépourvu de tessons : il abritait le bétail. Les autres constructions n'ont pas livré de foyers mais l'une d'elles offre un plan grossièrement circulaire surimposé à un édifice plus ancien et rectangulaire ; Lann-Gouh offre donc un exemple d'une architecture que l'on va retrouver à Penn-er-Malo. Depuis 1986, Lann-Gouh avait été aménagé en « ferme archéologique » où l'on pratiquait l'archéologie expérimentale et où l'on reconstituait, à l'intention du grand public, les conditions de vie dans un village médiéval breton ; l'entreprise a été, depuis, interrompue.

Penn-er-Malo, non loin de l'embouchure de la Laïta, à 250 m de la mer, fut recouvert par des dunes. Il avait succédé à un premier habitat incendié, peut-être au début du Xe siècle par les Normands. Les analyses de carbone 14 ont été remarquablement confirmées par la découverte de deux monnaies de Conan III (1112-1148). Le village dut être abandonné mais non détruit à la fin du XIIe siècle. R. Bertrand et M. Lucas n'ont pu mener qu'une fouille partielle mais pleine d'enseignements. Penn-er-Malo n'était guère plus riche que Lann-Gouh : la céramique, presque exclusivement du type « onctueux » qui sera étudié dans le chapitre suivant, provient à plus de 95 % de marmites très usées et réparées et pour le reste de sortes de galettières ; trois percuteurs en quartz, quelques disques de schiste, quelques fragments métalliques et une pièce de ceinture en bronze évoquent suffisamment la pauvreté de l'outillage. En raison de la proximité de la mer, l'économie paysanne ajoutait à l'élevage et à la culture les produits de la pêche et du ramassage des crustacés et des coquillages, notamment des patelles et des moules. A l'est du site, un champ à billons de 200 m x 100 a été dégagé du sable qui l'avait fossilisé ; la largeur des billons varie de 1,10 m à 2,45 m. Des portions de talus ont été dégagées ; l'un d'eux reliait deux des habitations, déterminant une sorte de cour intérieure. Les bâtiments, diversement orientés, dont trois seulement ont pu être entièrement déblayés, offrent une surface utile comprise entre 30 et 50 m², tous présentent une forme générale elliptique. Le plus grand, ouvert au sud par un seuil dallé, est ceinturé par un mur haut de 60 cm à 1,20 m, large de 60 à 70 cm, constitué de deux parements liés à l'argile et rempli d'un blocage de pierres et de terre. La couverture, soutenue ici par un ou deux poteaux de bois, constituée sans doute par un clayonnage de perches recouvert de chaume ou de roseaux, très pentue, reposait sur le soubassement de pierres qui constituait le mur de la maison. Un mur de refend divise partiellement l'intérieur en deux parties inégales. La plus vaste contient deux foyers centraux circulaires limités par des plaques de schiste, qui présentent deux couches bien distinctes de terre charbonneuse, indice de la superposition de deux foyers succes-

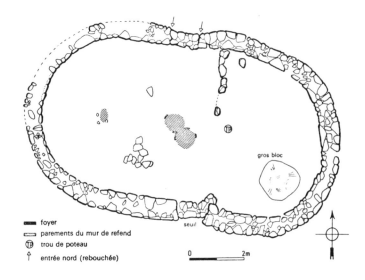

foyer
parements du mur de refend
trou de poteau
entrée nord (rebouchée)

seuil

gros bloc

0   2m

Penn-er-Malo en Guidel - Plan d'une maison-mixte.

sifs dans le temps ; un troisième foyer, plus fruste, est nettement décalé vers le mur. L'autre partie offre un sol très noir mais dépourvu de charbons de bois. Il s'agit donc ici comme à Lann-Gouh d'une maison-mixte avec une pièce destinée au bétail et l'autre, avec ses foyers, réservée aux hommes.

A Kerlano en Plumelec (Morbihan), P. André avait déjà mis au jour deux constructions sans doute postérieures d'un siècle à celles de Penn-er-Malo, qui présentent à la fois le même plan elliptique et les deux parties inégales. A Karhaes-Vihan en Brennilis (Finistère), M. Batt a dégagé partiellement un village composé de bâtiments dispersés, à peu près alignés sur un même axe ouest-est. Cette fois, les constructions sont rectangulaires. La plus grande, de 9 x 5,50 m, en pierres sèches avec des mottes de terre en pignon, devait être une maison-mixte qui fut habitée à partir des XIIe-XIIIe siècles jusqu'à une date inconnue avant d'être sans doute transformée en dépendance. A Pont-Calleck en Berné (Morbihan), J.P. Bardel avait exhumé en 1976-77 une structure elliptique avec foyer qui correspondait à une maison-mixte médiévale. Mais les deux années suivantes, il a mis au jour d'autres constructions dont un bâtiment rectangulaire reconstruit sur un premier édifice de plan analogue. Ce second bâtiment, de 11 x 5,30 m, offre un foyer dans la partie la plus restreinte par rapport à l'entrée qui est décalée. La céramique atteste que la première construction est gallo-romaine et date du début du 1er siècle ; aucun élément ne permet de proposer une date pour la seconde ni non plus pour les autres bâtiments dégagés depuis.

Ces maisons-mixtes ont été une constante de l'habitat rural breton jusque dans la première moitié du XXᵉ siècle. Rectangulaires, dépourvues de charpente complexe et donc de grenier, elles abritaient à la fois les hommes et les bêtes, d'où leur longueur — jusqu'à 16 m — et leur nom : « longères » ou « maisons-longues » ; progressivement, elles furent réservées à la population la plus pauvre du monde rural. Les constructions de plan elliptique, dites aussi « à pignons en abside » se sont également perpétuées très tard sous la forme des « loges » où vivaient dans les forêts les semi-marginaux tels les bûcherons, les charbonniers ou les sabotiers. N'abritaient-elles pas déjà au Moyen-Age une population deshéritée puisqu'on les a retrouvées surtout dans des sites peu favorisés qui, pour cette raison, finirent par être désertés ?

Aucun des villages exhumés n'abritait plus d'une dizaine de familles, souvent moins ; c'étaient donc plutôt des hameaux comme il y en a encore tant dans la campagne bretonne. Il existait pourtant des structures propres à favoriser le regroupement des populations. Les plus originales sont les minihis.

Les minihis

Le mot minihi — parfois orthographié minihy — s'applique normalement au territoire qui appartient à un monastère ; c'est la transcription du latin *monachia*, terme qui figure à plusieurs reprises dans le cartulaire de Redon. Le minihi est donc étymologiquement une terre qui relève de gens d'Eglise et non de laïques, mais il désigne aussi et surtout un asile, un lieu de refuge. En général, ceux qui vivaient sur les terres d'Eglise, monastiques ou non, jouissaient en effet d'un certain nombre d'exemptions et de franchises, voire même de l'immunité à l'égard des autorités laïques ; ils relevaient alors dans ce cas d'une seigneurie ecclésiastique. Ces avantages — sauf spécification contraire — ne s'étendaient pas aux étrangers qui y pénétraient : ceux-là ne pouvaient prétendre qu'au droit d'asile qu'offraient seuls les églises et les cimetières, parfois certaines croix ou même certains arbres. Les minihis étaient, eux, à la fois des immunités et des asiles. Ils présentent donc un caractère original ; d'ailleurs, ils ne se trouvent, comme le montre une cartographie du terme, que dans les zones qui furent, durablement ou non, bretonnantes ; au-delà, l'institution n'existe pas, même sous un autre nom, du moins à l'époque qui nous intéresse. Les textes dont nous disposons ne permettent guère de donner une définition plus précise du terme. La Vie de saint Goulven, rédigée à la fin du XIᵉ ou au début du XIIᵉ siècle, atteste le plus nettement le caractère sacré du minihi et sa nature immunitaire : celui-ci « jouit de si grands privilèges, est entouré d'un tel respect religieux que personne n'a osé jusqu'à maintenant soit l'enfreindre soit y dérober quelque chose avec violence sans qu'aussitôt il n'ait ressenti dans sa chair le châtiment de son audace ; saint Goulven s'empressa en effet de punir tout coupable afin de maintenir intactes la dignité et l'immunité de ce saint lieu ».

L'étymologie du mot suffit à expliquer que certains minihis aient été très étendus. Le plus vaste était celui de Tréguier qui s'étendait sur onze paroisses autour du monastère de saint Tudual, plus une dizaine d'autres localisées surtout dans l'archidiaconé de Pougastel, dans la partie occidentale du diocèse. Dans ce diocèse de Tréguier, mais à la limite de celui de Quimper, était également situé le Minihi-Briac qui comprenait une partie de la très vaste paroisse de Bourbriac : il apparaît pour la première fois en 1158 quand l'archevêque de Tours en confirme la possession aux moines de Saint-Melaine de Rennes. Celui qui couvrait l'île de Saint-Malo, où le saint reposait, est bien connu par des documents tardifs dont le nombre s'explique par l'importance que prit l'agglomération à la fin du Moyen-Age. D'autres minihis sont attestés par les textes ou par des traditions encore vivaces parfois en Cornouaille et dans le Léon, plus vastes qu'une paroisse comme autour de Saint-Pol, aussi vastes qu'elle ou moins étendus à Gouesnou, Guisseny, Plouzané, Plougonvelin, Landéleau et Locronan, limités aux biens d'une église paroissiale comme à Gouézec où, au XIIe siècle, le minihi rapporte seulement huit setiers de froment ou, enfin, attestés seulement par la toponymie. Ces derniers sont encore plus nombreux dans la zone qui cessa d'être bretonnante avant le XIIIe siècle ; tel est le cas du Minihic-sur-Rance, paroisse tardivement détachée de Pleurtuit en 1849 ; en revanche, sur l'autre rive de la Rance, le minihi de Saint-Suliac, attesté dans la Vie du saint, ne survécut que sous forme de vagues traditions populaires.

Les limites des minihis étaient matérialisées de différentes manières. Les Vies des saints évoquent l'érection miraculeuse d'un talus autour des terres accordées aux saints Goueznou, Goulven, Domnec et Lunaire. Ces terres pouvaient être bornées aussi par des croix suivant un usage répandu dans toute la Chrétienté pour indiquer la présence d'une « sauveté » : il en existe encore un certain nombre que l'on peut rapporter à cette période ou à une plus ancienne comme la Croas Kebenn à Locronan. Sur les minihis les plus étendus, dont une partie demeura sûrement longtemps en friches, les religieux jugèrent plus efficace d'en faire parcourir le périmètre par la population avoisinante sous la forme d'une procession solennelle appelée « troménie » (« tour du minihi ») ou encore, comme à Bourbriac, « leo-dro » (« tour d'une lieue »). En un temps où le droit s'inscrivait surtout dans la mémoire des hommes, ce procédé qui consistait à établir des témoignages vivants était usuel : plus d'un texte qui relate la donation d'une terre évoque la « perambulation » de celle-ci par les parties accompagnées de témoins ; la procession avait en plus l'avantage de donner un caractère religieux à la cérémonie et d'être indéfiniment renouvelable. Des processions de ce genre ont encore lieu de nos jours à Bourbriac, Gouesnou, Landéleau, Plouzané et surtout à Locronan où se déroule tous les six ans la grande troménie. Celle-ci, sur douze kilomètres, longe en gros les limites actuelles de la commune de Locronan et passe pour suivre le chemin que le saint parcourait lui-même chaque semaine à jeûn et pieds-nus : il s'agissait en fait jadis de garantir les limites de la *monachia* accordée en 1031 avec l'église de Locronan aux moines de Sainte-Croix de Quimperlé. Il existe à Locronan une seconde procession qui a lieu chacune des cinq années qui séparent deux grandes troménies. Elle porte improprement le nom de « petite troménie » puisqu'elle ne fait pas le tour du minihi mais se limite à l'ascension selon un circuit bien précis de la « montagne » de Locronan.

Il n'est pas aisé de dater les minihis. Il n'est pas certain qu'ils se soient multipliés à l'époque féodale : l'Eglise avait des domaines très nombreux ; quelques-uns seulement eurent le titre de minihi. Le plus récent est peut-être celui qui est mentionné dans une charte de 1202 dans laquelle Alain de Goëlo donne aux chanoines de Beauport l'île de Saint-Rion « pour qu'elle soit un minihi », encore que le terme puisse être pris ici dans le sens primitif de *monachia*. Il est vraisemblable aussi que le Minihi-Briac devait exister avant que les moines de Saint-Melaine ne le reçoivent : en tout cas, on ne leur connaît pas d'autre domaine de ce genre, ni avant, ni après. En était-il de même de l'*asilum beati Thome martiris* à Bénodet où des navires furent indûment saisis en 1232 ? A en juger par son saint patron, Thomas Becket, assassiné en 1170, il ne devrait dater que de la fin du XIIe siècle. En Guiscriff, un acte de 1057/1059 du cartulaire de Quimperlé mentionne « la terre appelée vulgairement le Vieux-Minihi » comme s'il s'agissait là d'un minihi tombé en désuétude. Il y avait aussi des minihis à l'époque carolingienne : trois sont mentionnés dans le Cartulaire de Redon dont un seul a un caractère ecclésiastique, le *menehi sancti Petri apostoli* à Réminiac (Morbihan) ; les deux autres appartiennent à des laïques.

Mais ne faut-il pas remonter plus haut encore et reconnaître aux minihis un caractère plus religieux qu'ecclésiastique, ce qui expliquerait qu'ils aient toujours été considérés comme tels même s'ils étaient passés entre des mains laïques. C'est ce que soutint J. Loth qui fit des minihis — ou du moins d'un certain nombre d'entre eux — les successeurs des sanctuaires païens ou *nemeton*. Il assimila en effet le minihi breton et le *nemed* irlandais qui avait initialement désigné un sanctuaire païen. La forme gauloise de ce terme est *nemeton* que l'on retrouve par exemple dans le nom de Nanterre = Nemetoduron, « la forteresse du sanctuaire ». Or, avec la christianisation, *nemed* s'appliqua à l'église avec le terrain qui lui appartenait ou même au terrain seul. Prenant le cas de Locronan, J. Loth attira l'attention sur le fait que saint Ronan s'était établi dans la forêt de Névet, appelée encore Német au XIe siècle ; affirmant en outre que les croix avaient d'ordinaire pris la place de menhirs, il pensait encore retrouver à Locronan des pierres sacrées, notamment la « Jument de pierre » ou « Chaise de saint Ronan » à laquelle demeura attaché jusqu'aux temps modernes un culte païen de fécondité. Pour J. Loth, le minihi serait le successeur direct du *nemeton* ; il y a dû avoir plus vraisemblablement superposition de deux structures, l'une religieuse, « sacrée » si l'on préfère, marquée par la petite troménie, l'autre de nature ecclésiastique, illustrée par la grande troménie. En fait, l'origine des minihis fut diverse. Ici ou là, il y a eu christianisation d'une enceinte sacrée païenne, comme sans doute à Locronan. D'autres ont été établis au haut Moyen-Age à l'imitation des précédents dont l'image s'était bien conservée dans le milieu resté plus gaulois que romain ; c'est sûrement le cas à Tréguier, Saint-Pol et Saint-Malo. Ceux-ci et ceux-là perdirent parfois au cours des siècles leur signification première et devinrent de simples noms de lieux, nombreux surtout à l'est de la péninsule où l'influence celtique était moins marquée. Enfin, des minihis furent créés à l'époque féodale, tantôt asiles, tantôt immunités, l'incertitude du vocabulaire facilitant la confusion entre ces deux notions.

L'Eglise eut d'ailleurs bien du mal, en dépit de toutes les précautions prises, à conserver les minihis dont elle jouissait. C'est ce qui arriva pour Saint-Melaine à Bourbriac dès la fin du XIIe siècle où les *vicarii* que l'abbaye avait établis là pour gérer ce domaine bien éloigné de Rennes, s'en emparèrent et en firent l'assise d'une importante châtellenie dont il subsiste encore une motte.Celui de Saint-Aouenn en Plougonvelin (Finistère) dut connaître le même sort car il y a là aussi les restes d'un retranchement en terre, au demeurant mal daté. Même lorsque les minihis ecclésiastiques furent reconnus, les autorités civiles s'efforcèrent d'en restreindre les privilèges. Nous en avons des exemples surtout pour la fin du Moyen-Age : à Tréguier, le droit d'asile fut restreint à la ville elle-même et nul ne pouvait en profiter plus d'un an ; à Plouzané (Finistère), il était localisé à l'étroit espace compris entre deux grandes croix de pierre situées de part et d'autre d'un chemin. On a alors la preuve d'une distinction entre l'asile et la seigneurie ecclésiastique immunitaire.

Quoi qu'il en soit, les minihis n'offraient pas un cadre particulièrement favorable au développement d'agglomérations. Ou bien leur étendue était comparable à celle d'une paroisse, avec plus le caractère d'une immunité que celui d'un asile : leurs privilèges étaient alors difficiles à garantir et l'implantation humaine ne pouvait guère différer, hormis sa densité, de ce qu'elle était dans un milieu ordinaire. Ou bien ils étaient limités aux abords immédiats d'un sanctuaire et, cette fois, asiles plutôt qu'immunités, ils n'offraient pas de privilèges bien différents de ceux dont jouissaient les cimetières dont nous allons maintenant parler. Seul, finalement, le minihi de Saint-Malo a joué un rôle évident dans l'essor d'une agglomération.

L'habitat dans les cimetières

Les églises et les cimetières ont bénéficié dans l'ensemble de la Chrétienté d'un droit d'asile reconnu de tout temps : non seulement on pouvait s'y réfugier mais toute violence y était prohibée ; leur accès fut même interdit aux hommes en armes. Le texte le plus ancien qui y fasse allusion en Bretagne figure dans la *Chronique de Nantes* rédigée au XIe siècle. Elle rapporte qu'en 960, un malheureux qui fuyait aux portes de Nantes l'approche des Normands alors christianisés et qui voulait chercher refuge dans l'église Saint-Donatien-et-Saint-Rogatien, fut encerclé avant d'y parvenir ; il aurait péri s'il n'avait pu se réfugier dans un chêne, issue miraculeuse destinée sans doute à christianiser la vénération de nature païenne qui devait entourer cet arbre. L'asile qu'offraient les églises ne pouvait être que provisoire ; en revanche, le cadre et l'espace des cimetières convenaient mieux à des établissements durables. La proximité du sanctuaire, celle aussi des défunts que l'on ne craignait plus ou que l'on ne respectait plus de la même façon qu'au haut Moyen-Age où ils étaient isolés dans des nécropoles, attiraient aussi les hommes. L'habitat dans les cimetières est une réalité de la France médiévale, mais le phénomène apparaît d'autant plus nettement que l'on va vers l'ouest. Cette familiarité croissante avec la mort doit-elle quelque chose à la mentalité celtique ? L'hypothèse est séduisante, même si, du fait de notre documentation, les exemples qui suivent sont empruntés plus à la Haute-Bretagne qu'à la zone bretonnante. La relative richesse des textes, le pittoresque de la chose ont suscité la curiosité des historiens qui ont consacré depuis un siècle plusieurs études à ce sujet.

Toute paroisse avait un cimetière ; dans les plus vastes où, pour faciliter le culte, des chapelles avaient été érigées, certaines aussi avaient leur cimetière, c'était en général le cas pour les églises tréviales. Des conciles avaient légiféré sur l'étendue des cimetières ; quelques textes font allusion à une dimension exprimée en cordes, sans que l'on sache si c'est une unité de mesure linéaire ou de superficie. Certains sont clos d'un fossé ou bornés par des croix, mais d'autres paraissent mal délimités ou du moins ne pas avoir une clôture spécifique. Comme les autres biens d'Eglise, les cimetières furent souvent usurpés par les laïques : à partir de la seconde moitié du XIe siècle, ceux-ci les restituèrent en tout ou en partie. Eglises et cimetières furent d'ailleurs fréquemment restitués en même temps, ce qui montre bien qu'aux yeux des contemporains ils formaient un ensemble indissociable. Ces restitutions profitèrent plus, comme nous l'avons vu, aux moines qu'aux évêques. Il s'ensuivit des conflits entre réguliers et séculiers, tel celui qui, vers 1160, donna lieu à une formule célèbre. L'évêque de Rennes ayant béni un cimetière à La Chapelle-Saint-Aubert qui relevait alors de Saint-Sauveur-des-Landes, propriété des moines de Marmoutier, ceux-ci s'élevèrent contre ce qu'ils considéraient comme un empiètement sur leurs droits ; l'évêque, à titre d'excuse, affirma qu'il avait béni ce cimetière « non pas pour la sépulture des morts mais pour qu'il serve de refuge aux vivants », ce qui ne signifie pas pour autant que ce cimetière était dépourvu de fonction funéraire.

Aussi loin que remonte la documentation, les cimetières apparaissent largement ouverts aux activités humaines. Des maisons y étaient construites. Il s'agit parfois d'un habitat temporaire, surtout au début de la période. Ainsi, à Tréméheuc près de Combourg, où vers 1050 Evrouin donne le cimetière à Saint-Florent de Saumur, à condition de pouvoir y demeurer en temps de guerre. Mais, presque à la même époque, quand Main, fils de Raoul le Large donne également à Saint-Florent le cimetière de Saint-Germain-sur-Ille, il cède tous les revenus qu'il y percevait, sauf ceux que lui verseraient ses hommes tant qu'ils y demeureraient pour cause de guerre, « mais lorsqu'ils en partiraient la paix venue, ce qu'il y aurait construit reviendrait aux moines ». Peu après, à Romazy, dans la même région, les habitants de la paroisse peuvent, la guerre finie, transporter ailleurs leurs maisons. Au début du XIIe siècle, les cimetières, du moins bon nombre d'entre eux, sont habités de manière permanente. Des maisons sont occupées ou possédées par des clercs comme celui, nommé Guillaume, qui en avait trois dans le cimetière de Guer vers 1110. Il y avait encore davantage de laïques qui cèdent progressivement ce qu'ils y ont. Non seulement, les moines conservent ces constructions, ils en font élever d'autres ou accensent des emplacements dans ce but. Ces maisons sont entourées de courtils ou de jardins ; elles sont surtout occupées par de petites gens encore que, vers 1120, le prieur de Combourg donne un emplacement dans le cimetière de

Saint-Martin à un vassal de Gilduin de Dol qui était certainement un chevalier.

Les cimetières n'offraient pas seulement la sécurité. C'était également des lieux de réunions au cours desquelles la justice était rendue. Des marchés s'y tenaient aussi comme celui qui est attesté à Rennes à Saint-Pierre-du-Marché ou bien on s'y livrait à des activités commerciales comme à Gennes-sur-Seiche (Ille-et-Vilaine) ou à Oudon (Loire-Atlantique) dès la fin du XIe siècle ou encore, un siècle plus tard, à Lannion comme il ressort d'un acte de la duchesse Constance dans lequel elle confirme à la fois le droit d'asile du cimetière pour ceux qui s'y réfugieraient et le droit de vendre toutes sortes de marchandises pour ceux qui y résident. De telles activités risquaient quand même de pervertir l'institution et de transformer la sauvegarde qu'offrait le cimetière en un instrument de fraude : dès 1138, le duc Conan III restreint les privilèges du cimetière de Sainte-Croix de Nantes en donnant seulement un délai de quatre jours pour que lui soient restituées les marchandises qui, lui appartenant, auraient été déposées là.

Finalement, un certain nombre de cimetières durent finir par ressembler fort aux bourgs dont il est question dans le chapitre suivant. Ils étaient souvent voisins l'un de l'autre comme à Gennes-sur-Seiche (Ille-et-Vilaine) où Geoffroy de Moûtiers, à la fin du XIe siècle, cède une partie de ses droits sur les ventes à la fois dans le cimetière et dans le bourg « qui était situé et qui se développait autour du cimetière et du prieuré ». Il pouvait même y avoir interférence entre les deux institutions comme à Louvigné (Ille-et-Vilaine) où, à la même époque, Main II de Fougères aumône entre autres choses « le bourg qui est situé tant à l'intérieur qu'à l'extérieur du cimetière ». De même, à Romazy (Ille-et-Vilaine), il est précisé que les étrangers qui viendraient s'établir dans le cimetière devront payer aux moines ce que les bourgeois ont coutume de verser. Le bourg et le cimetière sont pourtant de nature bien distincte. Les cimetières valent surtout par la sécurité qu'ils procurent à ceux qui s'y établissent. Sauvegarde d'autant plus précieuse en Bretagne que le pouvoir ducal ne fut pas pendant longtemps en état d'imposer son autorité et qu'il ne put même pas tirer parti des institutions de paix, notamment la « paix de Dieu », qui ailleurs contribuèrent à assurer l'ordre. En revanche, les cimetières n'étaient pas des immunités, c'est-à-dire que ceux qui y résidaient demeuraient soumis pour tout ce qui relevait de l'autorité publique à ceux qui jouissaient du droit de ban : ces derniers pouvaient en concéder une part plus ou moins étendue aux religieux ; alors seulement le cimetière tendait à ressembler au bourg. Si l'asile offert dans les cimetières attirait les populations, les seigneurs laïques ou ecclésiastiques avaient eux aussi intérêt à l'affaire car c'était un moyen pour regrouper les hommes et par conséquent pour mieux les contrôler. L'attrait que présentait les cimetières ne tarda pas cependant à décroître. La sécurité peu à peu mieux assurée dans un monde plus stabilisé donna moins de prix à ces « zones neutres » ; la tendance persistante à la dispersion de l'habitat amena la désertion de ceux qui étaient situés en milieu purement rural ; il est vraisemblable aussi qu'à partir de la fin du XIIᵉ siècle, les autorités ecclésiastiques et le pouvoir laïque — avec des motivations différentes — ne furent plus aussi favorables que naguère à la cohabitation des morts et des vivants.

En réalité, les regroupements de population n'ont réussi que là où les incitations de nature économique sont venues donner plus de valeur aux avantages institutionnels ; seuls les « bourgs » ont donné naissance à de véritables agglomérations dont le succès fut tel que la plupart d'entre eux devinrent en Bretagne plus que des villages. Mais nous entrons là dans un domaine qui n'est plus à proprement parler celui du monde rural.

BIBLIOGRAPHIE

La mise en valeur de la Bretagne n'a pas encore fait l'objet d'études d'ensemble. Quelques analyses d'exemples locaux comme D. Pichot, « La grange du Fayel et la mise en valeur du pays de Vitré au XIIᵉ siècle », **MSAIV**, t. 79, 1976, pp. 21-30, A. Chédeville, « Un projet de défrichement près de Combourg à la fin du XIᵉ siècle », **AB**, t. 85, 1978, pp. 641-645 ou encore, à l'aide de la toponymie, dans la remarquable monographie publiée sous la direction de M. Dilasser, **Locronan et sa région**, Paris, 1979, la contribution de B. Tanguy, « Toponymie et peuplement jusqu'aux abords du XIIIᵉ siècle », pp. 69-101. Le rôle des cisterciens a été analysé par A. Dufief, **Les cisterciens en Bretagne aux XIIᵉ et XIIIᵉ siècles**, 2 vol. dactyl. Rennes, 1978 et, parmi eux, celui des moines de Buzay par A. Lebigre, « Les débuts de l'abbaye cistercienne de Buzay », **Revue hist. de droit français et étranger**, t. 45, 1967, pp. 451-482 et par J.L. Sarrazin dans son introduction au **Recueil et catalogue des actes de l'abbaye cistercienne de Buzay en pays de Rais (1135-1474)**, 4 vol. dactyl., Nantes, 1977. Pour le sens du terme *terguisaieth*, voir L. Fleuriot, **Dictionnaire des gloses en vieux breton**, Paris, 1964, pp. 316-317. La vaste bibliographie relative au bocage et au parcellaire est encore dominée par les travaux d'A. Meynier dont on trouvera la liste dans **La pensée géographique française contemporaine (Mélanges offerts au professeur André Meynier)**, Rennes, 1972. Parmi eux, signalons notamment « La genèse du parcellaire breton », **Norois**, t. 13, 1966, pp. 595-610. L. Chaumeil a proposé sa propre synthèse dans « L'origine du bocage en Bretagne », **Hommage à L. Febvre**, 2 vol., Paris, 1954, t. I, pp. 163-185. Le point sur les recherches récentes figure dans P.R. Giot, M. Batt,

M.Th. Morzadec, **Archéologie du paysage agraire armoricain** (Equipe de recherche n° 27 du CNRS), multig., Rennes, 1982. Deux articles sur les documents les plus anciens : A. Guilcher, « Le finage des champs dans le cartulaire de Redon », **AB**, t. 53, 1946, pp. 140-144 et P. Flatrès, « Les anciennes structures rurales de Bretagne d'après le cartulaire de Redon », **Etudes rurales**, t. 41, 1971, pp. 87-93. Pour comparer : P. Flatrès, « La structure agraire ancienne du Devon et du Cornwall et les enclôtures des XIIIe et XIVe siècles », **AB**, t. 56, 1949, pp. 124-134. Sur un point particulier : M. Debary, « Le mot **cleuz** dans la toponymie et l'hagiographie celtiques », **MSHAB**, t. 36, 1956, pp. 47-60.

Peu de travaux ont été consacrés aux productions agricoles. Pour l'équipement rural : M. Batt, « Un soc d'araire en pierre mis au jour à Karhaes Vian en Brennilis (Finistère) », **Archéologie en Bretagne**, 1980, n° 25, pp. 43-46 et Cl. Rivals, « Moulins à marée en France », **The international molinological society, third symposium**, mai 1973, tiré-à-part, 17 pp. La vigne est mieux connue grâce à A. de La Borderie, « Notes sur la culture de la vigne en Bretagne avant le XVIe siècle », **Association Bretonne**, 1891, pp. 65-110, H. Jouin, « La vigne en Bretagne autrefois », **Revue bretonne de botanique pure et appliquée**, 1927, pp. 21-39 et 125-188 et 1928, pp. 53-67 et R. Grand, **Le contrat de complant des origines à nos jours**, Paris, 1917, plus G. Devailly, « L'usage du cidre en Bretagne aux VIIIe et IXe siècles », **MSAIV**, t. 79, 1976, pp. 13-19.

Les archéologues ont été plus actifs. Un premier bilan de l'expérience de G. Astill et W. Davies, « Un nouveau programme de recherche sur le terrain dans l'est de la Bretagne — Buts, méthodes et premiers résultats », figure dans **Archéologie en Bretagne**, 1982, n° 35, pp. 29-41. Sur l'habitat isolé, voir P. Aumasson, « Pancé, l'enceinte circulaire du XIIIe siècle de La Saudrais », **ibidem**, 1978-1979, n° 21-22, pp. 77-80 et « L'enceinte médiévale du bois de La Saudraie en Pancé-Poligné », **ibidem**, 1980, n° 28, pp. 13-14. Pour les « villages disparus », deux comptes-rendus majeurs : R. Bertrand et M. Lucas, « Un village côtier du XIIe siècle en Bretagne : Pen-er-Malo en Guidel (Morbihan) », **Archéologie médiévale**, t. 5, 1975, pp. 73-101 et P. André, « Un village médiéval breton du XIe siècle : Lann-Gouh en Melrand (Morbihan) », **ibidem**, t. 12, 1982, pp. 155-174. Voir aussi P. André, « Le site médiéval de Kerlano en Plumelec (Morbihan) », **Archéologie en Bretagne**, 1974, n° 2, pp. 27-34, M. Batt, « Finistère : Brennilis, Kerhaes-Vihan : un village médiéval déserté », **ibidem**, 1978-79, n° 20-21, pp. 37-42 et 1979, n° 24, pp. 18-22 et J.P. Bardel, « Morbihan : Berné, Pont-Calleck : le village déserté », **ibidem**, 1978-79, n° 20-21, pp. 68-71 et 1979, n° 24, pp. 37-38. La « maison-longue » ou « maison-mixte » en Bretagne a été étudiée par G.I. Meirion-Jones, **The vernacular architecture of Brittany**, Edimbourg, 1982, ou, à défaut, « L'architecture vernaculaire en Bretagne : un résumé », **MSHAB**, t. 57, 1980, pp. 31-52, ou encore « La maison-longue en Bretagne », **Archéologie en Bretagne**, 1980, n° 26, pp. 41-57 et n° 27, pp. 31-44. La controverse à propos de la forme elliptique a été illustrée par P. André, R. Bertrand, M. Clément, « En Morbihan, permanence d'un type d'habitat : la maison en pignons en abside », **Archéologia**, n° 97, 1976, pp. 28-36 et par P. Gaillard-Bans, « A propos du concept de « maison-longue » : le mot et la chose », **Archéologie en Bretagne**, 1980, n° 27, pp. 45-49.

Les minihis n'ont pas été négligés : P. Delabigne-Villeneuve, « Du droit d'asile en Bretagne au Moyen-Age — Minihis », **MSAIV**, t. 1, 1861, pp. 164-215, R. Largillière, « Les minihys », **MSHAB**, t. 8, 1927, pp. 183-216 et, sur un plan plus général, P. Timbal Duclaux de Martin, **Le droit d'asile**, Paris, 1939. Egalement, J. Loth, « **Fanum** et **simulacrum** dans la Vie la plus ancienne de saint Samson — Minihi breton et **nemed** irlandais », **Revue archéologique**, t. 20, 1924, pp. 121-137. Sur Locronan, dans l'ouvrage cité ci-dessus, deux études à retenir : B. Tanguy, « Du **nemeton** au **locus sanctus** », pp. 102-107 et D. Laurent, « La troménie », pp. 195-223, à compléter par B. Tanguy, « La troménie de Gouesnou — Contribution à l'histoire des minihis en Bretagne », **AB**, t. 91, 1984, pp. 9-25. Enfin, pour les cimetières : L. Musset, « **Cimiterium ad refugium tantum vivorum non ad sepulturam mortuorum** », **Revue du Moyen-Age latin**, t. 4, 1948, pp. 56-60, P. Duparc, « Le cimetière séjour des vivants (XIe — XIIe siècles) », **Bulletin philologique (jusqu'en 1610)**, 1964, pp. 482-504 et H. Guillotel, « Du rôle des cimetières en Bretagne dans le renouveau du XIe et de la première moitié du XIIe siècle, **MSHAB**, t. 52, 1972-74, pp. 1-26.

CINQUIEME PARTIE

L'ELARGISSEMENT DES HORIZONS
ET
L'EVEIL URBAIN

Dans les chapitres précédents, nous avons vu que la population de la Bretagne s'était accrue : tout prouve cet essor même si on ne peut le mesurer. De même, la production agricole avait augmenté ; les deux phénomènes sont d'ailleurs liés au point que l'on ne peut guère faire la part entre les causes et les conséquences. Quoi qu'il en soit, leur combinaison s'est accompagnée d'un essor des échanges favorisé aussi par l'amélioration même relative des conditions de vie sur lesquelles lui-même n'a pas été sans influence. Si l'auto-subsistance est encore très répandue, des intermédiaires apparaissent ; les uns se contentent d'acheter pour revendre ; les autres, plus nombreux, transforment plus ou moins la matière première qu'ils ont acquise avant de la mettre sur le marché. Tout naturellement, les uns et les autres se regroupent soit dans ou aux portes des anciennes agglomérations, rares en Bretagne, soit au pied de ces nouveaux points de cristallisation que sont les châteaux. C'est ainsi, avec le développement des échanges que naquit ce phénomène urbain qui, avec les siècles, devait prendre de plus en plus d'ampleur et auquel, aujourd'hui, nous sommes liés pour la plupart. Avant d'aborder les différents aspects, souvent originaux, de l'éveil des villes dans la Bretagne médiévale, il convient donc de voir auparavant quels furent les éléments favorables à ce développement.

CHAPITRE PREMIER

LE DEVELOPPEMENT DES ECHANGES

Il est bien évident que les villes et les bourgades ne doivent pas tout à l'incitation économique. Au moment surtout de leurs débuts, d'autres fonctions ont joué leur rôle : politique, religieuse, militaire surtout. Ensuite pourtant, c'est la fonction économique qui a été essentielle pour favoriser leur croissance ; là où elle a fait défaut, l'agglomération est demeurée chétive quand elle n'a pas périclité.

Faut-il encore pouvoir apprécier les éléments qui composaient cette fonction économique. Il fallait tout d'abord qu'une partie de la production soit susceptible de faire l'objet d'échanges ou de transformations. Il fallait aussi disposer d'une infrastructure ou la mettre en place. Cela concerne aussi bien les routes et les ponts que les foires et les marchés mais il fallait disposer aussi de cet auxiliaire indispensable des échanges et de l'épargne qu'est la monnaie. Là encore, causes et conséquences sont étroitement mêlées, de même que ces différents facteurs vont souvent de pair : ce n'est que pour la commodité de l'exposé qu'ils sont présentés successivement.

A — LES PRODUITS

Au Moyen-Age, le volume des échanges était limité au niveau local par l'auto-subsistance qui demeurait l'idéal d'un monde demeuré très majoritairement rural et, à plus grande distance, par la médiocrité des moyens de transport. Sur place, tout pouvait donner lieu à transactions, des céréales aux matériaux de construction en passant par des produits déjà plus élaborés. Mais ces échanges pouvaient se faire sous forme de troc immédiat ou à terme ; ils n'avaient même pas à se traiter sur le marché. Si c'était le cas, en raison de leur faible montant ou de leur caractère accidentel, ils ne donnaient pas lieu à une imposition spécifique ; soumis seulement au tonlieu, l'historien ne peut en connaître la nature.

Les produits de l'artisanat

Même les produits de l'artisanat, fabriqués partout dans les mêmes conditions et selon les mêmes méthodes, ne sortent pas pour la plupart d'un cadre local seulement un peu plus vaste que dans le cas précédent, qu'il s'agisse du textile, des arts du feu, de la vannerie ou même de la métallurgie puisque chaque forêt avait sa ou ses forges. Les textes ne nous apprennent rien ou peu de chose : ainsi, lorsque vers 1085, le comte Geoffroy Botrel donne aux moines de Marmoutier à Lamballe des coupes et des plats pour une valeur de 24 sous chaque année pour le service de leur maison, faut-il en inférer que les ateliers voisins de La Poterie étaient déjà actifs ? Heureusement, l'archéologie médiévale commence à savoir tirer parti de ces tessons qui ont tant apporté pour la connaissance de l'Antiquité. Le Moyen-Age a aussi utilisé beaucoup de poterie, moins coûteuse que le métal pour aller au feu, plus sûre que les sacs ou la vannerie pour conserver les produits, bien commode à une époque où l'on mesurait plus volontiers que l'on ne pesait. La poterie la plus utilitaire était élaborée sur place, d'autant qu'en Bretagne l'argile de décomposition ne manque pas. Pourtant, il y eut très tôt des ateliers plus importants et plus réputés comme ceux qui ont été retrouvés à Trans (Ille-et-Vilaine) et à Planguenoual (Côtes-du-Nord) : aux Xe et XIe siècles, ils produisirent une poterie commune de pots globulaires à fond plat, de pichets, de jattes tronconiques et de grandes jarres de stockage réalisés en pâte claire ; le décor en est inexistant ou limité à des boudins verticaux décorés par l'impression de doigts.

La céramique la plus célèbre est celle que l'on a appelée « onctueuse » en raison de son toucher particulier dû à la présence de talc utilisé comme dégraissant. Sa pâte rouge foncé n'est pas dure et peut se couper au couteau mais sa grande cohésion lui vaut de ne pas être fragile pour autant. Les tessons, qui, en bon état, offrent des traces de tournage, appartiennent à des terrines plates, sortes de galettières et surtout à des marmites à bords verticaux, de bonne qualité calorifuge, dont le diamètre est compris entre 25 et 60 cm. Cette céramique à destination utilitaire n'offre que des décors frustes sur les anses ou sur le rebord. La présence de talc en a fait rechercher l'origine dans la seule région où l'on peut en trouver en Bretagne : le gisement de serpentines de la baie d'Audierne où le talc apparaît comme altération en bordure des massifs. P.R. Giot en a retrouvé un atelier au village de Bodérès, dit aussi La Poterie, en Plounéour-Lanvern. Cet atelier est situé au centre de la région où l'on a relevé le plus de tessons, dans le Cap-Caval et dans le Cap-Sizun. Les prospections en ont retrouvé dans l'intérieur jusque vers Rostrenen mais les tessons les plus nombreux ont été recueillis le long des côtes ou à proximité, un peu au nord jusqu'à l'archipel de Bréhat, surtout au sud jusque dans la

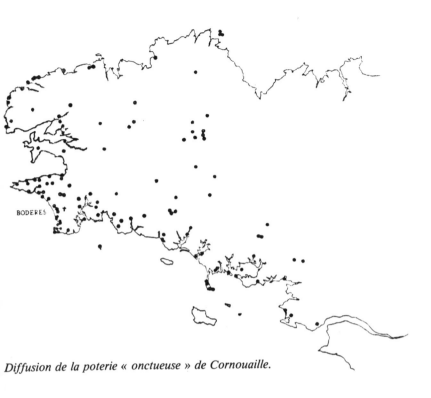

BODERES

Diffusion de la poterie « onctueuse » de Cornouaille.

région de Guérande : c'est la preuve de l'existence d'un cabotage sur lequel nous reviendrons. Sans doute cette céramique commença-t-elle de se répandre dès l'époque carolingienne ; on la trouve en tout cas fréquemment dans les milieux des XIe, XIIe, XIIIe et XIVe siècles ; elle survécut plus tard encore, limitée au pays bigouden et sous des formes moins riches en talc.

Un autre type de céramique fait actuellement l'objet de recherches : il s'agit de la poterie dite « à œil de perdrix » en raison de son décor caractérisé par un poinçon circulaire ornant la panse et formant les yeux de cabochons anthropomorphes. Cette céramique a été élaborée à partir du XIIIe siècle aux marges de la Bretagne et du Maine, surtout vers Laval mais aussi à Landéan, près de Fougères, où la tessonnière, outre des vases ainsi décorés, a livré également des pots ovoïdes, de gros récipients ornés d'impressions au pouce ainsi que des matériaux de construction : tuiles, carreaux, conduits rectangulaires. Au château de Suscinio, dans la presqu'île de Rhuys, l'étude des débris d'un pavement découverts en 1975 près de la chapelle a

369

Fragment de poterie « à œil de perdrix » retrouvé sur la motte de Balazé (Ille-et-Vilaine) (cliché A. Chédeville)

permis de prouver qu'il s'agissait de carreaux de terre cuite ornés par incrustation, importés au XIIIe siècle depuis des ateliers angevins.

Avec ce dernier exemple, nous touchons aux produits de luxe d'origine parfois lointaine, que recherchait l'aristocratie : épices, tissus, objets d'art. De ces deux premières catégories nous ne savons

Châsse émaillée d'origine limousine, trouvée au Sel-de-Bretagne (Ille-et-Vilaine), actuellement au Musée de Bretagne à Rennes (cliché Musée de Bretagne).

rien si ce n'est que vers 1060 les moines de Quimperlé remercient un donateur en lui offrant un tapis précieux. Quant à la dernière, moins fragile, qui concernait aussi les sanctuaires, elle n'a laissé que peu de témoignages dont quelques émaux de Limoges comme le Christ en croix de Tresbœuf (Ille-et-Vilaine), la petite châsse émaillée du Sel-de-Bretagne (Ille-et-Vilaine) ou la figure d'applique et la plaquette trouvées dans la forêt de La Guerche, tous datés du XIIIe siècle ; ceux-là faisaient alors l'objet d'une commercialisation régulière. Plus original est le coffret de mariage conservé dans la cathédrale de Vannes. Daté de la fin du XIIe siècle, long de 50 cm, large de 24 et haut de 20, sans doute d'origine méridionale, il est orné de pièces de parchemin collées sur lesquelles sont peintes des scènes « courtoises » où figurent chevaliers, dames, clercs et troubadours.

Le sel et le vin

Restent deux produits indispensables à l'homme ou considérés comme tels, qui dans tout le monde médiéval ont fait l'objet de transactions importantes : le vin et surtout le sel, au demeurant souvent associés dans nos sources. En ce qui concerne le vin, nous avons déjà vu que celui-ci avait fait très tôt l'objet d'échanges là où l'on pouvait cultiver la vigne. Un trafic à plus grande distance ne tarda pas à s'établir. Dès 1060, les moines de Redon ont à La Roche-Bernard un agent pour lever leur part des taxes sur le sel et le vin qu'apportent les navires ; avant la fin du siècle, le seigneur du lieu en donne à Saint-Gildas la dîme de tous les bateaux. De même, entre 1084 et 1096, Alain Fergent cède à Saint-Georges de Rennes le droit sur le vin appelé *vinagium* qu'il percevait à Quimper, qui n'était sûrement pas alimenté par le vignoble local. Le *vinagium* de Vannes, attesté en 1164 devait être beaucoup plus ancien ; peut-être pas celui de La Roche-Derrien, sur la côte nord, appelé là *levagium*, mentionné à la même époque. Ce vin pouvait venir des vignobles du Nantais ; il pouvait aussi être importé du Poitou — nous en aurons bientôt des indices — ou de l'Anjou. Cette dernière région n'est pas mentionnée avant le XIVe siècle, encore qu'elle puisse être concernée par la taxe qu'en 1243 le duc Jean le Roux avait voulu lever à Nantes sur les tonneaux exportés vers l'Angleterre.

Le sel, qui non seulement servait à rehausser la saveur des aliments mais qui était aussi indispensable à la conservation de la viande et du poisson, était produit en Bretagne de deux manières différentes. Sur la côte nord, sans doute aussi sur les côtes de Cornouaille, en raison d'une évaporation naturelle insuffisante, il fallait chauffer l'eau de mer dans des récipients : on obtenait ainsi du sel « ignigène » depuis les temps les plus reculés. En 1128, Hervé 1er, vicomte de Léon, donne aux moines de Marmoutier à Morlaix une

« poêle » (*patella*) pour faire du sel, ainsi que le bois pour alimenter le foyer en suffisance ; vingt ans plus tard, son successeur Hervé II confirme la même chose à l'autre prieuré de Morlaix qui relevait de Saint-Melaine de Rennes. Dans ces régions, le sel avait été longtemps une denrée précieuse : vers 1085, lors de la fondation du prieuré de Lamballe, Goeffroy Botrel « donna aussi de son sel pour l'usage des moines, partout où ils en auront besoin chaque jour, comme pour sa propre maison ». A partir du golfe du Morbihan, au moins, il y avait des marais salants. Très anciens, ceux de la région de Guérande, déjà bien connus à l'époque carolingienne, reparaissent très tôt dans la documentation puisque, dès 971, l'abbaye Saint-Aubin d'Angers reçoit des salines à Saillé. La grande région salicole était celle du Marais breton, aux confins du Poitou ; ce que l'on appela à la fin du Moyen-Age « la Baie » (de Bourgneuf), alors le principal fournisseur de l'Europe du Nord. Elle se développe déjà beaucoup au XIIIe siècle ; les cisterciens de Buzay, notamment, y acquirent de nombreuses « aires » de salines. Sur la côte, le sel était également utilisé pour la préparation de salaisons. En 1980, un site médiéval à Saint-Brévin (Loire-Atlantique) a livré un amoncellement de coquilles de moules à côté de tessons appartenant à des vases globulaires dont la lèvre, comportant une gorge, pouvait permettre la pose d'un couvercle : il s'agit certainement des restes d'une installation où l'on conditionnait dans ces sortes de bocaux des moules décortiquées conservées dans le sel. Six autres amas coquilliers de ce genre ont été repérés entre Saint-Brévin et Bourgneuf.

Qu'il soit produit au nord ou au sud de l'estuaire de la Loire, le sel était, pour l'essentiel, transporté sur le fleuve. Dès 958, Saint-Florent de Saumur obtient la confirmation d'anciens préceptes royaux qui lui accordaient la libre circulation sur la Loire et ses affluents pour ses navires chargés de sel. Nous connaissons une bonne vingtaine d'autres exemptions de ce genre d'ici le début du XIIIe siècle en faveur d'établissements ecclésiastiques bretons mais plus encore angevins et tourangeaux qui, pour la plupart, disposaient de leurs propres marais salants. Le plus explicite fut consenti en 1163 en faveur de Fontevraud par le comte de Nantes Hoël : les moniales auront droit chaque année à un navire, quelle qu'en soit la taille, qui remontera la Loire chargé de sel et libre de toute coutume ; le sel dont ce navire aura été chargé à Nantes, quel que soit le nombre de bateaux qui l'auront amené de Beauvoir (dans la baie de Bourgneuf) ne devra aucune taxe, ni *estimagium*, ni *pictavinagium*. Depuis la baie de Bourgneuf, le sel était plutôt amené dans des barques qui suivaient les vallées du Tenu et de l'Acheneau pour gagner la Loire. Quand le trafic empruntait la voie maritime, à l'estuaire, le premier port où pouvaient relâcher les navires était celui de Donges. Un texte très intéressant de la fin du XIe siècle nous apprend que Frioul, vicomte de Donges, a exempté de tonlieu le sel que Marmoutier faisait venir par la Loire parce que le prieur de Sallertaine, près de Challans, devait lui fournir de la chaux qui serait transportée sur un navire appartenant à Marmoutier. A en juger d'après la charte en faveur de Fontevraud citée ci-dessus, il devait y avoir une rupture de charge à Nantes, à la fois pour changer de type de navire encore que l'on ne sache rien là-dessus et surtout pour prélever des taxes. Le tonlieu du sel y est attesté explicitement dès 1063 si les « salorges » (*portus salnerius*) ne le sont qu'en 1182. Ces taxes étaient partiellement au moins levées en nature par les agents ducaux : dès le milieu du Xe siècle, Alain Barbetorte peut ainsi donner à Landévennec une rente annuelle de dix muids de sel ; à la fin du XIIe, la duchesse Constance en fait autant en faveur de l'hôpital Saint-Jean d'Angers. Au-delà, d'autres péages étaient perçus par des seigneurs locaux sur la rive gauche à Champtoceaux, sur la rive droite à Ancenis, Oudon et Varades avant que les bateaux remontant le fleuve ne quittent la Bretagne. Au début du XIIIe siècle, le duc Pierre Mauclerc renforça son droit de ban sur la Loire pour vendre le sel à son gré, « que ce soit en temps de paix ou en temps de guerre ».

D'autres navires longeaient les côtes de la Bretagne. Certains s'arrêtaient à La Roche-Bernard : de là, par la Vilaine, le sel gagnait Redon puis Rennes où la taxe appelée *salagium* est attestée en 1141. D'autres allaient plus loin pour compléter la production de sel ignigène : dès 1108, le vicomte de Poher lève le *salagium* sur le marché de Carhaix ; enfin, en 1160, le sel figure parmi les revenus du port de La Roche-Derrien.

B — VOIES TERRESTRES ET MARITIMES

Le trafic du sel et du vin montre bien l'importance de la voie d'eau, qu'elle soit maritime ou fluviale. C'est la mieux connue, ne serait-ce que parce qu'elle suivait des itinéraires obligés vers des étapes spécifiques, ports ou débarcadères. Pourtant, l'essentiel des déplacements se faisaient par terre. C'est évident en ce qui concerne la vie quotidienne au long des chemins qui joignaient les champs à la ferme ou au village. C'est vrai aussi pour la plupart des échanges régionaux, mais en raison de son caractère diffus, le réseau routier est plus difficile à restituer.

Les routes et les ponts

En dépit de l'essor évident des échanges, on a des mentions de grandes routes plutôt au début de notre période alors que les actes du XIIIe siècle mentionnent davantage des chemins. Cela s'explique par plusieurs raisons. Les chartes ou les notices du XIe siècle s'appliquent parfois à des donations importantes pour lesquelles les grands axes offrent des limites commodes : les donations en faveur de Gahard et de Livré nous font ainsi connaître la route de Rennes au Mont-Saint-Michel et celle de Rennes à Vitré. Mais la notion de *via publica* était une notion carolingienne qui s'estompe dès 1050 comme celle des crimes commis sur la voie publique dont il est fait mention encore dans une pièce de 1060 (*assalatus de via*). Au contraire, la multiplication des voies secondaires et des chemins dans les confronts du XIIIᵉ siècle s'explique par le caractère plus restreint des donations ou des ventes, davantage encore par le resserrement du maillage des voies de desserte consécutif à une occupation plus dense des sols. Au XIIᵉ siècle, la notion de voie publique a pratiquement disparu : les textes évoquent la *via antiquissima* qui, près de La Vieuville, doit correspondre à la voie romaine de Rennes ou de Jublains à Alet, la *vetus via Dinanni* « la vieille voie de Dinan », qui, mentionnée dans l'enquête de 1181, devait suivre le tracé de la voie de Corseul à Avranches ou encore, vers 1170, la grand-route (*magna via*) qui passait à Nivillac. On peut donc seulement imaginer quels pouvaient être les grands axes du réseau routier à cette époque, puisqu'ils devaient relier les principaux centres mais on ne dispose pas d'éléments sûrs. En revanche, il est certain qu'il n'existait que deux voies essentielles pour pénétrer en Bretagne : l'une au nord par Pontorson, soit vers Dol, soit vers Rennes, pendant que l'autre suivait et doublait la Loire d'Angers vers Nantes par Ancenis. Entre elles, il y avait de nombreux contacts entre la Bretagne, le Maine et l'Anjou mais sans qu'ils se concentrent sur des itinéraires importants, même si à Laval il y avait une porte de Rennes dès le XIIᵉ siècle.

On en sait un peu plus sur les ponts que sur les routes, ce qui ne doit pas surprendre. D'une part, le pont était un lieu de passage obligé, qui avait exigé un investissement pour sa construction et qui devait être entretenu alors que la route médiévale était plutôt, comme on l'a dit, « ce qui sépare deux étapes », étant entendu que le voyageur avait souvent à choisir parmi plusieurs itinéraires possibles celui qui était dans l'état le moins mauvais. D'autre part, en Bretagne où « le relief est en creux », le difficile franchissement des vallées donnait encore plus d'importance aux ponts comme le prouve le nombre des agglomérations qui leur doivent leur nom : Pontorson, Pontrieux, Pontcroix, Pont-l'Abbé, Pont-Aven, Pont-Scorff, Pontivy ou Pontchâteau. Celui de Pontchâteau est connu dès le XIᵉ siècle ; vers 1125, le seigneur du lieu rappelle que les habitants du bourg des moines de Marmoutier sont libres de toute taxe à condition qu'au cas où le pont serait rompu, ils lui fournissent une aide pour le réparer.

A Nantes, « le pont sur la Loire qui, de rive à rive, s'étend sans interruption de Pirmil jusqu'au mur de la cité » mentionné comme

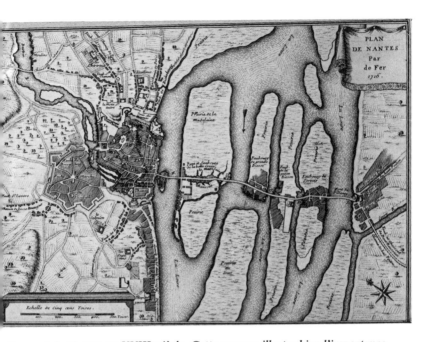

Le pont de Nantes au XVIIIᵉ siècle. Cette gravure illustre bien l'importance de l'ouvrage qui franchissait le fleuve, constitué en fait de cinq ponts successifs qui prenaient appui sur des îles (cliché Musées de Loire-Atlantique).

tel en 1118, existait au moins depuis Alain Fergent (1084-1112). En 1118, le duc Conan III en fait don aux chanoines de Toussaint d'Angers avec ses revenus perçus « tant sur eau que sur terre (grâce à un péage), sur la pêcherie, les moulins et les ports » ainsi que ceux fournis par l'exercice du droit de justice, à condition que les chanoines l'entretiennent. A cet effet, il leur donne un droit d'usage dans toutes ses forêts : le pont devait être pour l'essentiel en bois ; il le demeura d'ailleurs pendant tout le Moyen-Age. Au-delà du pont de Pirmil, pour franchir la Sèvre, il y avait le Pont-Rousseau dont les moines de Tyron reçurent également de Conan III en 1132 le péage pour acheter du beurre et du poisson : son revenu ne devait pas être bien considérable. Le duc amplifia ensuite cette donation, y ajoutant le droit d'y prendre du bois sec dans sa forêt pour entretenir la chaussée, c'est-à-dire soit le tablier du pont, soit, dans cette zone alluvionnaire instable, la route proprement dite constituée de traverses selon un procédé que l'archéologie a révélé en Angleterre ; en outre, toute charrette empruntant cette chaussée fut soumise à une taxe de deux deniers au profit des moines. Participer à l'entretien des ponts était

375

considéré comme une œuvre pie. Dans le plus ancien testament dont nous disposons, rédigé vers 1200, André de Varades lègue des sous à trois ponts dont dix à celui de Nantes. En 1215, dans le sien, Guillaume le Borgne, sénéchal de Goëllo, unit dans une même sollicitude les églises et les ponts de Châtelaudren (Côtes-du-Nord) auxquels il lègue quatre livres pendant que les ponts et les églises du Goëllo ainsi que la léproserie de Châtelaudren auront ensemble quarante livres à diviser selon la volonté de ses exécuteurs testamentaires.

Rien ne permet en ce qui concerne les transports terrestres de se faire une idée de ce que l'on a appelé « la révolution des charrois » due essentiellement à la substitution du cheval au bœuf comme animal de trait. Le phénomène est d'importance car dans la mesure où le cheval est susceptible de se déplacer plus vite que le bœuf, son rayon d'action est notablement accru. De ce fait, les marchés disposent d'une aire d'influence beaucoup plus étendue, d'où des matières premières plus abondantes, des clients plus nombreux, des liaisons plus fréquentes, etc., tous éléments favorables au développement des agglomérations. Cette évolution qui a pu être étudiée en Flandre par exemple, n'a pu l'être en Bretagne soit parce qu'elle y fut encore trop peu sensible, soit parce que la documentation n'est pas suffisamment riche.

La navigation

Pour ce qui est des voies navigables, la configuration péninsulaire de la Bretagne peu propice aux cours d'eau importants n'offrait pas des conditions favorables. A part la Loire, axe somme toute excentrique et à part les profonds estuaires, on ne peut guère citer que la Vilaine qui connaissait un trafic suivi au-delà de Redon avec des ports mentionnés à Messac et à Guichen en 1101 ainsi que le Blavet.

En revanche, la Bretagne offre une grande longueur de côtes qui, de tout temps, avaient été fréquentées. Elles n'étaient même pas inconnues du monde méditerranéen avec lequel les relations n'avaient jamais complètement cessé. Les reliques de saint Matthieu, amenées à une date inconnue en Bretagne où elles sont attestées vers 855, avaient été transférées par mer en Italie au début du Xe siècle, d'abord en Lucanie, puis à Salerne en 955. A en croire la Vie de saint Goueznou, dont la valeur historique, il est vrai, a été contestée, une partie de ces reliques auraient été ramenées dans le Léon par l'évêque Eudon en 1012. Peut-être celui-ci avait-il emprunté la voie de terre. Mais l'existence d'un itinéraire maritime est attestée par un auteur de langue arabe contemporain. Ibrahim ben Yaqûb était un juif espagnol qui parcourut l'Europe vers 965. Sa relation est succincte ; elle soulève aussi de sérieux problèmes d'identification. Après Bordeaux, il décrit une île FRMNTIRA qui, d'après le goulet de Fromentine, doit être Noirmoutier ; elle aurait été célèbre par ses cultures de safran (?). Il cite ensuite KRMALH (Kermalo) qui, plutôt que Saint-Malo doit désigner Alet car la forme *ker* pouvait encore, comme nous l'avons vu, s'appliquer à un lieu fortifié, notion dont rend compte aussi le terme *hisn* employé par ben Yaqûb. A son propos, il rapporte seulement un miracle qu'y aurait fait saint Martin, puis il passe à Rouen. Un second texte arabe, postérieur de près de deux siècles, est beaucoup plus explicite ; il est aussi beaucoup plus connu. Il est l'œuvre d'Abû Abdallah ibn Idrisi, d'origine marocaine, qui termina en 1154 à la cour du roi normand de Sicile un grand traité de géographie. Il y cite les principales villes de Bretagne depuis Beauvoir dans la baie de Bourgneuf jusqu'au Mont-Saint-Michel par Nantes et de là soit par terre par Rennes, soit par mer. Il énumère ainsi Retz (?, Rezé ne paraît pas possible d'après le contexte, on a avancé Paimbœuf ou Le Croisic), Redon, Vannes, Quimperlé, Quimper, Laïounes (identifié tantôt avec Brest, tantôt avec Saint-Pol-de-Léon ; Lannion n'est pas non plus impossible en raison de la distance entre les deux étapes suivantes), Saint-Mathieu, Saint-Malo, Dinan et Dol. Idrisi indique la distance d'une ville à l'autre de manière souvent très inexacte. Il accompagne aussi son itinéraire de commentaires fort louangeurs mais certains sont peu crédibles ; au demeurant, son œuvre est coutumière de l'hyperbole. Ceux qui, par amour de la Bretagne, en ont fait état ont d'ordinaire passé sous silence la dernière phrase : « La population y est généralement ignorante, grossière et insouciante »...

Les insuffisances du rapport d'Idrisi prouvent que si la route pour gagner l'Europe du Nord par l'Atlantique n'était pas inconue, elle n'était pas suffisamment fréquentée pour que le géographe arabe ait pu en obtenir une description précise. L'existence de havres de relâche éventuels ne suffit pas à prouver une véritable activité portuaire : l'étude des voies maritimes est donc inséparable de celle des ports. Les renseignements fournis à cet égard par les archives sont de valeur inégale.

L'activité de la façade atlantique apparaît bien plus nettement que celle de la Manche. La navigation n'avait jamais cessé au long des côtes de Bretagne et d'Aquitaine. Pour les périodes les plus anciennes, l'hagiotoponymie montre que saint Nazaire est également honoré à l'embouchure de la Loire et à celle de la Charente et si saint Rogatien a donné son nom à une paroisse proche de La Rochelle, Radegonde, la sainte poitevine, est la patronne de Riantec près de Lorient. La première mention d'un commerce par mer date du premier tiers du IXe siècle quand la chronique d'Ermentaire fait état de Bretons qui apportent du blé à Noirmoutier et s'en retournent avec du sel en faisant escale à Batz, près de Guérande... Au XIᵉ siècle, le Vannetais et au moins le sud de la Cornouaille sont en rapports constants avec le Poitou. Le Cartulaire de Redon contient deux actes — l'un doit être faux — par lesquels les seigneurs de Beauvoir et de Noirmoutier, peu avant 1060, autorisent les moines à ramener dans leur ressort deux navires libres de toute taxe. A peu près à la même époque, les moines de Talmont, près des Sables-d'Olonne, sont exemptés pour leurs bateaux de la dîme quand ils vont en Bretagne et d'une taxe de douze deniers quand ils en reviennent. C'est à Talmont que mourut saint Goustan alors qu'il y était pour les affaires de l'abbaye de Saint-Gildas de Rhuys dont il était l'économe. A la fin du siècle, Alain Fergent entend des témoins selon lesquels dans le bourg de Quimperlé il n'a droit qu'à la moitié du droit de ban quand l'un de ses hommes doit se battre en duel « avec un homme de l'abbaye Sainte-Croix, un Poitevin ou quelqu'autre étranger » : les Poitevins devaient donc être suffisamment nombreux pour être les seuls à être nommément désignés. Les relations continuèrent sûrement à se renforcer — nous en avons vu les conséquences dans le domaine artistique — car, lorsqu'en 1224 le roi Louis VIII fit prêter serment de fidélité aux quelque 1750 chefs de famille établis à La Rochelle, cinquante-sept, soit plus du quart des habitants venus d'une distance supérieure à 70 km, ont des noms ou des surnoms géographiques bretons ou s'appellent *Brito*, « Le Breton ».

Non loin de Quimperlé, Doélan, dès avant 1050 est considéré comme « un port très approprié pour ceux qui voyagent ». Au-delà, les ports apparaissent plus tardivement. Quimper en 1224, mais nous savons que le *vinagium* y était perçu depuis plus d'un siècle ; Bénodet en 1233, plus récent sans doute car les bateaux y relâchent dans l'« asile » — ou minihi — de saint Thomas martyr, c'est-à-dire saint Thomas Becket, archevêque de Cantorbéry, assassiné en 1170. Le « havre » de Brest est mentionné dans le *Roman d'Aquin* rédigé à la fin du XIIᵉ siècle mais il doit être encore bien modeste en 1239 puisque cette année-là le vicomte de Léon le cède au duc Jean le Roux avec le château contre 100 livres de rente.

La côte nord de la Bretagne est très mal connue : les actes relatifs à Morlaix ou à Lannion ne font pas mention d'activités portuaires assurées seulement à La Roche-Derrien en 1160. Dans sa partie orientale pourtant, un port près de Cancale est mentionné dès 1030 ; en 1032, un autre acte précise qu'il s'agit de Port-Pican. Avant la fin du siècle, il y a un port au pied du pont de Dinan sur la Rance. Nous n'avons aucune preuve directe de l'activité malouine d'ici la fin du XIIIᵉ siècle ; seuls sont cités autour de 1250 les ports du Guildo, de Dinard, de Jouvente (en Pleurtuit) et de Port-Stablon (auj. Port-Saint-Jean en Saint-Suliac). Il faut aller au-delà de cette documentation déficiente. Tout indique par ailleurs que la Manche était très fréquentée : l'essor de Saint-Malo ne peut s'expliquer autrement. Au cabotage au long des côtes bretonnes, il faut ajouter les rapports constants avec les îles britanniques : dans le domaine linguistique, le cornique leur doit d'avoir évolué en symbiose plus avec le breton qu'avec le gallois. Comme nous l'avons vu, les Bretons participèrent largement à l'expédition de 1066 : les ducs, de grandes familles y furent possessionnées ; tous firent partager leur fortune aux abbayes bretonnes. Les relations avec la Normandie devaient aussi se faire pour une bonne part par mer : l'abbaye de Saint-Valéry, près de Fécamp, n'eut-elle pas un prieuré dans la région de Matignon (Côtes-du-Nord) jusqu'en 1259 où elle le céda à Saint-Aubin-des-Bois ?

Pour illustrer la place de la Bretagne dans les relations maritimes, il est tentant d'utiliser le plus ancien corps de coutumes maritimes connu sous le nom de « Rôles d'Oléron », qui évoquant la navigation depuis Bordeaux vers l'Europe du nord jusqu'en Ecosse mentionne les mariniers bretons en général et ceux de Saint-Malo en particulier, mais les historiens sont de moins en moins d'accord sur le lieu où ces coutumes furent rédigées et surtout sur la date sûrement antérieure à la fin du XIIIᵉ siècle mais pas forcément beaucoup plus ancienne.

Nous ne savons rien des conditions techniques de cette navigation souvent périlleuse. Aux dangers de la mer s'ajoutaient les exactions des hommes sous forme du « droit de bris » par lequel les maîtres du ban affirmaient pouvoir disposer de tout ce que rejetait la mer, notamment les navires désemparés, échoués ou naufragés. Un acte de 1040 en faveur de Saint-Georges de Rennes en fait explicitement mention mais c'est un faux rédigé nettement plus tard. Le concile régional de Nantes de 1128 condamna cette pratique ; en 1174, le roi d'Angleterre la remplaça par une taxe, le système des brefs qu'il fallait acheter pour se garantir contre ce droit de bris. En 1182, la duchesse Constance reconnut à l'abbé de Quimperlé de pouvoir exercer le droit de bris à l'encontre d'un certain Geoffroy du Maine qui avait fait naufrage à Belle-Ile mais elle-même vendit peut-être des brefs si l'on fait confiance à un acte très tardif selon lequel elle en aurait cédé la dîme à l'abbaye de Bégard.

C — LA MONNAIE ET LES LIEUX D'ECHANGE

Des communications plus faciles et à plus grande distance, une production plus abondante et plus diversifiée, le développement aussi d'autorités au ressort plus vaste et aux besoins grandissants amenèrent un recours croissant à la monnaie. Celle-ci pouvait servir en de nombreuses occasions. Elle apparaît lors des opérations de crédit dont les instruments se perfectionnent lentement mais c'était surtout sur les marchés et à l'occasion des foires qu'elle changeait de mains, sur ces lieux d'échange où l'on retrouve les produits dont nous avons parlé plus haut.

La monnaie et ses fonctions

La monnaie remplissait déjà ses fonctions essentielles qui sont d'être la mesure de la valeur des choses, l'instrument des échanges et le moyen d'épargner en vue d'une dépense ultérieure : son étude permet donc d'illustrer efficacement l'évolution de l'économie. La monnaie elle-même peut-être approchée à l'aide de trois méthodes de valeur inégale, dont la somme est loin d'apporter tout ce que nous souhaiterions : la numismatique, c'est-à-dire l'étude des pièces elles-mêmes, l'examen des textes, le témoignage des trésors enfouis et retrouvés.

Pour l'étude des différentes monnaies bretonnes, le travail d'A. Bigot, qui est plus que centenaire, demeure l'ouvrage de référence. Il ne fournit que des éléments descriptifs ou qui illustrent plutôt la situation politique. Comme dans tous les pays issus de l'empire carolingien, le monnayage repose sur le denier d'argent qui pèse autour de 1 gramme ; il exista parfois des demi-deniers ou oboles et des quarts de deniers ou pites mais il n'y eut pas jusqu'au milieu du XIIIe siècle de pièces de valeur supérieure. Le denier est donc la seule monnaie « réelle » ; les sous (un sou = 12 deniers) et les livres (une livre = 20 sous) ne sont que des unités de compte. Régalien par excellence, le droit de battre monnaie fut peu affecté par le morcellement de l'autorité publique. En dehors des ducs, les comtes de Penthièvre furent les seuls vassaux, apanagistes il est vrai, à avoir leur propre monnayage. Il n'y eut que trois ateliers : Rennes, Nantes et Guingamp. Frapper monnaie supposait que l'on disposât de domaines suffisamment étendus pour la faire circuler, au moins au début. Cela supposait aussi une certaine technicité : c'est pourquoi des compétiteurs au pouvoir ducal qui tinrent Rennes et son atelier, comme Geoffroy en 1084-1085 ou Eudon après 1148, purent diffuser des pièces à leur nom.

L'atelier de Nantes, en activité sous Alain Barbetorte, cessa d'émettre dès Conan 1er sans doute parce que la ville passa alors sous la tutelle angevine ; il ne fonctionna à nouveau qu'à la fin du XIIe siècle. Au contraire, celui de Rennes frappa régulièrement pendant toute la période considérée. Les premières monnaies qu'il émit portent le monogramme de Charlemagne mais celui-ci dégénéra à l'unisson des institutions carolingiennes. Avant 1047, il fut remplacé par une figure linéaire à éléments incohérents qui pourrait bien avoir été imitée du monogramme d'Herbert, comte du Maine (1015-1036) dont les monnaies étaient réputées. Conan II adopta un monogramme simple C(o)N(anus)S qui se déforma lui aussi du fait de la maladresse des monnayeurs tout comme celui d'Hoël, initialement HL, qui devint III. A la fin du XIᵉ siècle, les deniers de Rennes portent dans le champ, en triangle, les lettres IVS (« le droit ») plutôt que VIS (« la force »), sans doute à l'imitation des deniers de la Normandie voisine dont l'influence était alors grande en Bretagne. C'est seulement à partir de Conan IV qu'apparut dans le champ le titre DUX (« le duc »). Les comtes de Penthièvre disposaient d'un atelier à Guingamp qui fonctionna à partir du comte Etienne (1093-1138) ;

Denier de Hoël II (1066 - 1084) : monogramme pur et monogramme dégénéré.

a - denier de Geoffroy, comte de Rennes (1084 - 1085) avec au centre du revers IVS ou VIS.
b - denier de Conan IV (1156 - 1169) avec DUX dans le champ.

ornés d'une tête grossière, ces deniers continuèrent à être frappés par ses successeurs au nom d'Etienne (sauf par Alain le Noir, 1174-1212) : c'est ce que l'on appelle un type « immobilisé ». A une date inconnue, vers le milieu du XIIᵉ siècle, cet atelier dut émettre de curieux deniers qui portaient QUIMPERLI au droit et GUINGAM au revers. Avec Pierre Mauclerc s'ouvre une nouvelle période dans l'histoire du monnayage breton : à partir de quatre ateliers (Rennes, Nantes, Guingamp et Vannes), les deniers dont le poids et l'aloi ne furent pas modifiés, portèrent désormais en majorité les armes de Dreux avec des mouchetures d'hermine.

Les documents écrits fournissent trois sortes d'informations. Ils donnent tout d'abord des renseignements — rares — sur la frappe elle-même. Ainsi, en 1139, Conan III confirme aux moines de Saint-Melaine le don fait par son aïeul Alain III (1008-1040) à savoir la dîme de son monnayage (ou plus exactement la dîme du bénéfice de la frappe) et il leur concède les revenus issus de l'une des huit livres qui servaient d'étalons lors de la frappe ; cette livre, ils l'avaient reçue de l'un des monnayeurs qui affirmait l'avoir possédée auparavant dans son patrimoine. D'autres textes évoquent des mouvements monétaires. Un passage postérieur à 1040, inséré dans la charte de restauration de Saint-Méen, évoque la concession aux moines du change de l'or, de l'argent et des deniers, compte tenu « de la fixité ou de la baisse de la monnaie de Rennes ». Il est possible que cette interpolation ne soit pas antérieure à la fin du XIᵉ siècle. A ce moment, en effet, l'essor de l'économie fit paraître insuffisant dans de nombreuses régions le stock de numéraire dont on disposait : il fallut donc dévaluer les deniers pour en avoir davantage, soit en les faisant plus légers, soit en abaissant le titre. Un texte est particulièrement révélateur : un peu avant 1096, Raoul de Fougères vendit à Marmoutier la collégiale proche de son château pour 225 livres « de vieux deniers de Rennes qui avaient cours avant les deniers *popelicani* ». Il y avait donc eu une mutation monétaire qui s'était certainement traduite par un affaiblissement car on appelait *popelicani* les tenants de l'hérésie paulicienne ou manichéenne ; c'est-à-dire que l'on considérait ces nouveaux deniers comme hérétiques, donc mauvais.

D'autre part, les textes aident à se faire une idée des monnaies en circulation. A l'époque féodale, les monnaies couraient librement, d'autant que tous ces deniers étaient issus du prototype carolingien ; nul n'était tenu d'utiliser exclusivement la monnaie de son prince : il faut attendre le XIIIᵉ siècle pour voir Pierre Mauclerc tenter d'interdire l'usage de la monnaie royale à Nantes. Or, à des dates différentes selon les régions, devant la variété des espèces en circulation due à des échanges plus actifs et à plus grande distance, devant aussi les divergences croissantes de poids ou de titre entre les deniers d'ateliers différents, on spécifia parfois la nature de la monnaie utilisée. En Haute-Bretagne, vers le milieu du XIᵉ siècle, des transactions se soldent en deniers du Mans ou mansois dont on appréciait la qualité puisqu'ils furent durablement reçus au double de la valeur des autres. On a ensuite des mentions de monnaie de Rennes, puis à partir de 1150, l'angevin se répand ; cette monnaie des Plantagenêts traduit certes l'influence politique grandissante qu'ils exercent sur la Bretagne mais elle était aussi d'usage commode puisqu'elle circulait dans tout l'Ouest de la France jusque dans le Chartrain. A partir de 1210, le tournois, monnaie des Capétiens victorieux, se répand lentement pendant que les mentions de monnaie de Rennes se raréfient et qu'il en apparaît quelques-unes de celle de Guingamp.

La troisième source de documentation est fournie par l'examen de la composition des trésors monétaires. Celle-ci traduit l'importance relative des différents ateliers ainsi que le niveau des relations avec les régions voisines ou plus éloignées. Dans une certaine mesure seulement car un trésor, fruit d'une lente épargne, n'est pas formé de la même manière que celui qu'a dissimulé un marchand ou celui qu'avait préparé un futur croisé. Il faudrait donc pouvoir disposer de séries ; malheureusement, peu de trésors du Moyen-Age ont été conservés : les monnaies d'allure médiocre qu'ils contenaient, souvent très oxydées du fait de leur mauvais aloi, n'ont pas suffisamment retenu l'attention. Voici trois exemples qui paraissent significatifs. En 1932, un trésor fut trouvé à Bais (Ille-et-Vilaine) dont 597 pièces furent étudiées. Enfoui entre 1165 et 1205, il comprenait 289 monnaies de Guingamp, les plus mauvaises, 4 de Rennes ou de Nantes, 148 d'Angers, 84 du Mans, 13 de l'Orléanais et 8 d'Angleterre, les mieux frappées. A Trédaniel, près de Moncontour, donc au cœur de la Bretagne, un autre trésor découvert en 1978 comptait 1408 deniers enfouis entre 1225 et 1230 : 85 % sont des monnaies bretonnes (906 de Rennes, 203 de Nantes, 86 de Guingamp), 12 % des deniers tournois et 2,5 % des deniers mansois ; seules deux monnaies champenoises ont une origine lointaine ; au total, 4 % seulement de ces monnaies avaient été frappées au nom du roi. Plus à l'ouest encore, le trésor de Plourivo (Côtes-du-Nord) trouvé en 1980, qui date de vers 1240, sur 2427 deniers, n'offre plus que 57 % de monnaies bretonnes (surtout de Nantes cette fois) alors qu'il y a 39 % de deniers tournois plus 92 mansois et un denier de Valence pendant que les monnaies qui portent le nom du roi de France atteignent 24 % de l'ensemble. Textes et trésors s'accordent ainsi pour donner l'idée d'échanges limités au milieu local ou régional mais encore en dehors des grands courants de circulation qui commencent à se développer dans le monde médiéval.

L'or n'était pas utilisé comme monnaie, essentiellement parce que sa valeur était trop forte pour en faire un intermédiaire commode des échanges dans une économie encore contractée. Dans les actes, les clauses pénales en cas de non-exécution qui étaient stipulées en livres d'or, formule carolingienne depuis longtemps vide de sens, disparaissent définitivement après 1060. Les mentions de petites quantités d'or offertes à l'épouse de tel ou tel donateur, que l'on rencontre ailleurs, n'apparaissent pas en Bretagne. Pourtant, ceux qui avaient besoin d'or pouvaient en trouver et pas seulement sous forme de métal. Comme nous l'avons déjà vu, l'évêque de Nantes Airard, qui venait de Rome, pour assurer le prééminence de son siège, exige que les moines lui versent un cens d'un denier d'or pour les églises qu'ils ont reçues des laïques. Peut-être ceux-ci furent-ils parfois frappés uniquement pour cet usage, mais au début du XIIᵉ siècle, on utilise soit des besants, soit des marabotins émis par la dynastie marocaine et espagnole des Almoravides. Non sans qu'on les confonde parfois, ce qui prouve qu'ils ne devaient pas être très courants : en 1114, les moines de Saint-Serge s'engagent à verser à l'évêque de Nantes pour leur chapelle de Pornic « un besant que l'on appelle marabotin »! Les moines de Saint-Melaine devaient, eux, les deux tiers d'un *aureus* à l'abbaye de Pontlevoy en Sologne pour leur prieuré de Noyal : à la fin du XIIᵉ siècle, ils préférèrent donner à la place 5 sous d'angevins « parce qu'il leur était difficile de trouver une aussi petite quantité d'or au juste poids ». Bientôt les princes, pour soutenir leur politique dispendieuse eurent besoin de l'or à fort pouvoir d'achat, d'origine byzantine ou arabe : en 1230, Pierre Mauclerc reçoit la promesse d'un versement de 700 pièces d'or, montant du bail de la régale de l'évêché de Nantes.

La monnaie était donc d'abord un instrument de la mesure de la valeur des choses : de ci, de là, les actes évoquent un cheval « de la valeur de 50 sous » ou un haubert qui en vaut 40. Elle est aussi l'intermédiaire le plus commode pour les échanges. Le troc existait sûrement, au niveau le plus modeste, au sein des diverses communautés humaines, mais il n'apparaît pas dans nos sources. On a prétendu que bon nombre de transactions stipulées en espèces étaient en fait réglées en nature mais il n'y a de cela aucune preuve. L'argent-métal, sous forme de lingots, n'a pas non plus été employé même dans le cas de sommes importantes (la vente de la collégiale de Fougères pour 225 livres de vieux deniers de Rennes représentait 60.000 pièces !) : un seul exemple lorsqu'à la fin du XIIᵉ siècle, Alain de Rohan donne aux moines de La Vieuville cinq marcs d'argent pour qu'ils achètent des rentes avec ; encore ce poids de métal pouvait-il être composé de pièces d'origine variée. Dans notre documentation d'origine ecclésiastique, les termes de l'échange sont toutefois souvent faussés par le fait que les vendeurs attendent aussi une contrepartie de nature spirituelle : ainsi, à la fin du XIᵉ siècle, Groegen, fils d'Harnou « poussé par le besoin d'argent » vend ses dîmes aux moines de Quimperlé pour quatre livres et la « fraternité », c'est-à-dire l'association aux bénéfices des prières des religieux dans ce monde et dans l'autre. Il arrive même que ce second aspect soit considéré comme essentiel, le versement d'une somme d'argent ne servant alors qu'à donner une sûreté plus grande au contrat : comme Alain Fergent, vers 1085, avait donné une terre aux moines de Quimperlé, ceux-ci lui remirent dix livres « parce qu'il leur paraissait qu'ainsi la donation serait mieux assurée ». Pour cette raison, la limite fut longtemps indécise entre la donation récompensée par un contre-don important et la vente à des conditions particulièrement avantageuses ; c'est seulement à la fin du XIIᵉ siècle que la nature économique des contrats de vente apparut de manière de plus en plus évidente.

L'apparition du crédit

La troisième fonction de la monnaie est de pouvoir servir de réserve pour une dépense ultérieure, ce qui pose à la fois le problème de l'épargne et celui du crédit. Une telle fonction suppose que certains aient des revenus en espèces nettement supérieurs à leurs besoins courants ; il faut aussi que l'argent soit la promesse assurée de pouvoir satisfaire plus tard un besoin : il est inutile d'épargner s'il n'y a rien à acheter ou si l'on n'a pas d'occasions de dépenser. Ces deux aspects ne se sont dégagés que progressivement. L'aristocratie n'était guère incitée à investir : les fortunes terriennes rapportaient peu et les redevances, souvent en nature, servaient à nourrir la cour seigneuriale ; au cas de surplus importants, les possibilités de vente étaient limitées par la médiocrité des centres consommateurs que sont les villes et par les difficultés des transports. Même s'ils le pouvaient, les nobles en raison même de leur mentalité, ne cherchaient pas à épargner. Jusqu'à la fin du XIIᵉ siècle, le fief, élément déterminant de la société aristocratique, est foncier : la fortune terrienne est seule gage d'honorabilité. Pendant que l'Eglise condamne l'avarice, l'idéal chevaleresque, de son côté, exalte la largesse.

Pendant longtemps, on eut d'autant moins envie d'épargner qu'il n'y avait pas grand-chose à acheter en raison de l'étroitesse du marché : nous avons vu que le duc lui-même n'arrivait pas toujours à se procurer du vin. Ce n'est que progressivement que des goûts de luxe se répandirent dans l'aristocratie au risque de déstabiliser les fortunes. En revanche, celle-ci n'échappait pas aux aléas de son existence qui ont pour nom : guerre, croisade ou rançon. Vers la fin du XIᵉ siècle, Daniel, fils d'Harnou, doit céder des dîmes aux moines de Quimperlé qui lui donnent un palefroi de grande valeur et 60 sous avec lesquels il rachète la captivité de son fils. Pour la masse de la population, aux méfaits de la guerre s'ajoutent le risque de la maladie ou de l'accident, plus souvent encore les conséquences d'une mauvaise récolte. Dans tous les cas, il s'agit d'un crédit de consommation et non d'investissement.

En cas de besoin, chacun essaie d'abord de trouver de l'argent auprès de ses proches, parents ou amis. Comme les lignages étaient aussi étendus que cohérents et que les liens d'homme à homme étaient aussi divers que solides, la plupart parviennent à emprunter à bon compte dans leur entourage, quitte à prêter à leur tour à d'autres avant même d'avoir rendu ce qu'ils devaient. Ainsi le crédit n'a pas de direction fixe et, comme dans ces conditions, ceux qui prêtent en attendent moins du profit que de la reconnaissance, on ne peut guère le considérer en termes purement économiques. « Taisibles » par définition, ces prêts n'ont laissé aucune trace sinon dans les testaments ou à moins que leur ampleur n'ait eu des implications politiques : en 1218, Geoffroy, vicomte de Rohan, prête à Eudes de La Roche-Derrien qui partait pour la croisade, 600 livres pour lesquelles ce dernier met en gage toutes ses terres de Bretagne, étant entendu que tous leurs revenus, sauf ceux consacrés à l'entretien des biens, serviront à l'extinction de la dette.

Dans l'exemple que nous venons de citer, le prêt était sans intérêt ; ce devait être souvent le cas quand les opérations se faisaient dans le cadre familial ou féodal. Sinon, obtenir du crédit était compliqué par la position de l'Eglise qui condamnait tout intérêt, assimilé à l'usure, quel que soit son taux. Les maîtres du ban pouvaient tout simplement contraindre leurs hommes à leur fournir une « aide ». Ils pouvaient aussi leur emprunter à court terme : en 1094, le seigneur de Vitré a le droit de demander aux bourgeois qui relèvent de Marmoutier de lui faire crédit à condition qu'il leur laisse des gages ; en 1158, il ne peut leur emprunter plus de vingt sous qu'il devra rendre à la première réquisition. Autrement, nobles et non-nobles doivent s'adresser soit à des prêteurs sur gages soit engager une partie de leur patrimoine par un contrat de mort-gage ou, plus tard, constituer une rente.

Il y avait sûrement des usuriers dont l'activité, délictueuse par définition, est de ce fait occultée dans notre documentation. Les juifs avaient le droit de prêter à intérêt puisqu'ils n'étaient pas chrétiens (ils ne devaient en revanche exiger aucun intérêt de leurs propres coreligionnaires pour rester fidèles à la loi mosaïque). En Bretagne, ils apparaissent seulement au XIIIe siècle — la première fois dans la région de Savenay en 1209 — alors qu'en Normandie ils sont mentionnés dès le XIe. Comme ailleurs, ils sont placés sous la juridiction des évêques ainsi que Pierre Mauclerc le reconnut en 1222 pour celui de Nantes. Ils avaient des clients de tout rang : en 1235, des juifs de Guérande concluent un accord avec le prieur de Marmoutier à Donges qui leur avait engagé les biens du prieuré, accord scellé par Triscan, « alors sénéchal des juifs », qui devait être l'officier épiscopal chargé de gouverner la colonie israélite de Nantes. Leur activité est mentionnée dans la région de Crozon en 1227, dans celle d'Auray en 1233 et à Plédéliac, près de Lamballe, l'année suivante. En 1231, toujours à Nantes, un bourgeois vend à Dieudonné, juif de Rennes, et à tous les juifs de Nantes un terrain proche de la muraille de la ville pour qu'ils y établissent un cimetière. Si leur installation était récente, elle fut peu durable : en 1236, ils furent victimes de pogroms au témoignage des *Chroniques annaulx* ; quatre ans plus tard, en 1240, le duc Jean le Roux décida de les expulser de Bretagne. On ne sait s'ils étaient déjà concurrencés ou s'ils furent ensuite remplacés par les Italiens ou par ceux que l'on appelait les Cahorsins : les uns comme les autres ne sont pas mentionnés avant 1271.

Le mort-gage était un autre moyen — mieux connu — pour se procurer de l'argent. Ce procédé consiste à engager des biens frugifères, c'est-à-dire qui fournissent des revenus, tels des terres ou un moulin, ou les revenus eux-mêmes, telles des dîmes, étant entendu que le créancier perçoit ces revenus à son profit pendant la durée du prêt. Quand cette durée, souvent stipulée au départ, est écoulée, le débiteur récupère son bien s'il rend l'argent ; sinon, il le perd avec en général toutefois un accroissement du capital prêté (ce qui revient à dire que ce capital était notablement inférieur à la valeur du bien engagé). Le mort-gage comportait donc une « usure » au sens médiéval du terme ; il fut pourtant considéré comme licite : moines et chanoines en tirèrent volontiers profit. Il fut très tôt pratiqué puisqu'il ne concerne pas moins de 5 % des actes carolingiens du Cartulaire de Redon. Il réapparaît ensuite dès 1025 environ quand le seigneur de Poilley, près de Fougères, engage pour quatre livres l'église du lieu aux moines du Mont-Saint-Michel. Des exemples se succèdent ensuite, portant sur les biens les plus divers, de préférence sur des dîmes puisqu'il suffisait de les lever sans avoir les soucis et les frais de la mise en valeur. Ils furent certainement bien plus nombreux mais les chartriers ne conservèrent que les contrats dont le gage, faute de remboursement, était venu grossir le patrimoine des créanciers.

En 1163, le concile de Tours, considérant que le mort-gage était usuraire en prohiba l'usage. Il fut seulement autorisé pour des dîmes que l'on continua jusque vers 1250 d'engager à l'Eglise puisque c'était là un moyen pour elle de les récupérer. Le mort-gage disparut donc au profit d'un système beaucoup plus souple, celui de la rente constituée : en échange d'un capital, le débitrentier s'engage à verser à perpétuité une rente créée dans ce but et gagée sur ses biens dont il garde la jouissance. En Normandie, par exemple, ce nouveau système fonctionne au début du XIIIe siècle, au milieu du siècle dans le Maine et en Anjou. En Bretagne, les véritables rentes constituées n'apparaissent guère avant la fin du siècle ; par contre, le mort-gage continue d'y être pratiqué, non seulement sur des dîmes, mais sur toutes sortes de biens. Des chevaliers y ont recours mais aussi de petites gens : en 1271-1272, les prémontrés de Beauport ne concluent pas moins de douze contrats de ce genre avec des emprunteurs qui n'engagent que quelques sillons contre deux ou trois livres.

L'archaïsme des procédés de crédit est évident ; reste à savoir s'il tenait aux mentalités ou au niveau de développement de l'économie bretonne.

Foires et marchés

Les produits, les routes et l'argent avaient pour points de convergence communs les marchés et les foires. Il faut toutefois se garder d'y transposer des notions modernes qui seraient anachroniques. Lieux d'échanges, les marchés et surtout les foires étaient en même temps des lieux de rencontre largement sacralisés. Non seulement, les foires étaient désignées par la fête du saint mais le mot lui-même vient du latin *feria* qui désigne une fête religieuse. *Feria* employé régulièrement aux XIe et XIIe siècles, fut ensuite remplacé dans les textes par le terme plus classique, plus technique aussi de *nundinae*. Comme tout ce qui touche au sacré, les foires pouvaient avoir une origine très ancienne. Certaines se rattachent aux rassemblements pré-chrétiens, ensuite christanisés, qui se tenaient sur les hauteurs comme le Mont-Dol, le Méné-Bré ou le Menez-Hom, ou auprès de fontaines comme le « Carrouge Saint Gicquel » établi près de la Trinité-Porhoët à la Fontaine d'Enfer. Plus difficiles à dater sont les foires qui se tenaient en un point donné d'une ancienne voie comme celles de La Bouillie, près de Lamballe, sur l'antique Chemin Chaussé ou à Dompierre-du-Chemin aux confins du Maine. Dans les anciennes cités, les foires étaient situées *extra-muros* pour des raisons d'espace et de sécurité mais aussi pour profiter de la protection d'un sanctuaire ou de l'asile d'une nécropole. A Vannes, il devait déjà y avoir celle de Saint-Symphorien, près de l'église de ce nom. A Rennes, celle qui se tenait à l'ouest de l'enceinte, entre la Vilaine et son confluent avec l'Ille, appelée Poliandrum, plus tard les Polieux, devait être sous la protection de l'église Saint-Pierre-du-Marché, à condition d'être assuré que ce sanctuaire était localisé dans ce quartier et non ailleurs ; dès le milieu du XIe siècle, les comtes Alain et Eudes donnent à Saint-Georges de Rennes le péage qu'ils levaient à Acigné, sur la route de Vitré, huit jours avant cette foire et huit jours après : elle devait être déjà bien achalandée.

Etablir une foire était un privilège de l'autorité publique ; cela relevait donc des maîtres du ban. Nous en verrons l'illustration lors de l'étude des bourgs : il n'y eut pas de bourg, promis à un large avenir, sans foire, qu'il s'agisse de Vitré, de Fougères, de Dinan ou de Lamballe. C'était à la fois un moyen pour stimuler l'activité de l'agglomération et l'occasion d'accroître les revenus du fondateur ou de ceux à qui il concédait tout ou partie des diverses taxes perçues lors de sa tenue. Ce second aspect finit parfois par l'emporter : en

1202, Conan de Penthièvre établit une foire à Beauport au profit des chanoines du lieu ; elle aura lieu le vendredi, le samedi et le dimanche de la Pentecôte et le comte prend sous sa protection tous ceux qui iront ou en reviendront ainsi que leurs biens. Au XIIIᵉ siècle, il y a des foires dans des localités aussi modestes que Plémet, Merdrignac ou Saint-Grégoire près de Rennes. Le rôle de certaines de ces foires n'est pas à négliger si l'on en juge par le fait qu'à partir du début du XIIIᵉ siècle, elles servent de terme pour le payement de cens et de rentes et pour le remboursement de prêts. Le premier exemple, en 1197, concerne la foire de Saint-Melaine à Rennes ; celle de Dinan est ainsi mentionnée vers 1210, celle de Dol en 1226. Il serait intéressant de savoir si elles coïncident aussi avec le moment où les paysans peuvent se procurer du numéraire en monnayant le surplus de leur récolte ou de leur vendange ; c'est au moins le cas pour celle de Saint-Melaine qui avait lieu en octobre. D'autres sont demeurées davantage des « assemblées villageoises » que des centres d'échanges importants, économiquement plus proches du marché que de la foire telle qu'on l'imagine.

La foire était d'ailleurs souvent une extension topographique du marché hebdomadaire. Au XIᵉ siècle, le vocabulaire est encore incertain : la foire des Polieux à Rennes est appelée une fois *forum* ; lorsque le seigneur de Champtoceaux cède à Marmoutier les coutumes du *mercatum* qui se tient près du château à la Nativité de saint Jean-Baptiste, il s'agit évidemment d'une foire. Comme les foires, certains de ces marchés peuvent être très anciens ; peut-être même avaient-ils déjà cristallisé la population avant que le château ne soit édifié. A Lamballe, il y avait un marché là où Geoffroy Botrel installe vers 1085 les moines de Marmoutier ; il le transféra dans son château mais, « comme les hommes du pays ne le fréquentaient pas en raison de l'incommodité du lieu », le comte le rétablit dans son site primitif : la tradition l'avait emporté. Un peu plus tôt, les mêmes moines de Marmoutier s'étaient établis à Fougères d'une manière identique en faisant déplacer le marché. Simple coïncidence ou habile démarche pour s'assurer la fréquentation de ceux qui étaient habitués à venir là ? Ces marchés étaient hebdomadaires : celui de Vitré avait lieu le samedi, celui de Donges le mercredi. A la fin du XIIᵉ siècle, dans les centres les plus importants, un bâtiment spécial, appelé cohue, fut affecté au marché. En 1199, la duchesse Constance donne à Saint-Sulpice dix livres de rente sur la cohue d'Auray ; en 1206, Guillaume de La Guerche donne la dîme de la cohue du lieu à la collégiale qu'il vient de fonder ; en 1209, l'évêque de Cornouaille ouvre une nouvelle cohue à Quimper. A Vannes, il en subsiste encore la longue nef centrale et les bas-côtés que séparent des arcades en plein-cintre qui pourraient bien dater de cette époque.

Sur les marchés sont perçues des taxes qui portent sur les transactions en général (tonlieu), sur le mesurage des céréales (*minagium*) ou sur la vente du vin (*vinagium, botellagium*) et du sel (*salagium*). Elles sont levées par l'autorité banale, à moins que celle-ci ne les aient inféodées ou aumônées : dès le milieu du XIᵉ siècle, l'abbaye Saint-Georges de Rennes perçoit un flacon de vin par tonneau vendu à Rennes dans le cimetière de l'église Saint-Pierre-du-Marché. L'autorité banale avait seule en effet pouvoir d'établir un marché mais son morcellement croissant ne put que favoriser la multiplication de ces centres d'échanges pour lesquels il n'y avait pas à assurer sur une grande distance la sécurité des vendeurs et des acheteurs comme dans le cas des foires. Cette multiplication fut justifiée aussi par le développement de l'économie. Des aménagements furent même nécessaires : quand Pierre Mauclerc eut fondé Saint-Aubin-du-Cormier, il y créa un marché qui se tenait le mardi ; mais c'était le jour de celui de Chevré, à une douzaine de kilomètres de là, de l'autre côté de la forêt de Sevailles ; comme il était établi « de toute antiquité », le duc dut changer le jour du sien.

On assiste donc du XIᵉ au XIIIᵉ siècle à un renforcement indéniable des échanges, mais cet essor est lent au point que nous avons dû pousser l'enquête au cours du XIIIᵉ siècle, au-delà de la limite chronologique de cet ouvrage. L'élargissement des horizons est illustré surtout par le développement de la navigation, par l'utilisation croissante de la monnaie et par la multiplication des lieux d'échanges. Il ne touche pas également l'ensemble de la péninsule : la façade maritime, la vallée de la Loire, la Haute-Bretagne en ont bénéficié davantage. Ce contraste que nous avons mainte fois relevé, notamment à propos de l'économie agraire, ne peut que se retrouver si l'on considère maintenant les agglomérations dont le développement était pour une large part fonction à la fois du niveau de la production et de l'importance des échanges.

BIBLIOGRAPHIE

Parmi les produits qui faisaient l'objet de transactions, la poterie est le mieux connu, notamment grâce à P.R. Giot, « La céramique onctueuse de Cornouaille, contribution à l'étude de l'économie médiévale », **BSAF**, t. 97, 1971, pp. 109-130. Voir aussi les comptes-rendus plus brefs de L. Langouet, « Deux productions autour de l'an mil : la céramique carolingienne de Trans et la céramique du XIᵉ siècle de Planguenoual », **Artistes, artisans et production artistique en Bretagne au Moyen-Age**, Rennes, 1983, pp. 263-265, J. Naveau, « Les productions de céramique médiévale aux marges de la Bretagne », **ibidem**, pp. 271-273 et P. André, « Un pavement inédit du XIIIᵉ siècle au château de Suscinio (Morbihan) », **Arts de l'Ouest, études et documents**,

1980, pp. 19-22. Sur le commerce des objets de luxe : M.M. Gauthier, « Emaux du XIIIe siècle en forêt de La Guerche », **Archéologie en Bretagne**, 1983, n° 37, pp. 45-46 ; X. Barral i Altet, « La circulation des objets de Limoges : deux importations en Bretagne », **Artistes, artisans... op. cit.** pp 319-320 et du même, « L'iconographie du plaisir sur un coffret du XIIe siècle », **ibidem**, pp. 315-317. Pour les salaisons : M. Tessier, « Exploration d'un dépotoir médiéval à Saint-Brévin (Loire-Atlantique) », **Archéologie médiévale**, t. 14, 1984, pp. 259-266. Les translations des reliques de saint Matthieu ont été exposées par L. Fleuriot, « Sur quatre textes bretons en latin... » **Etudes celtiques**, t. 18, 1981, pp. 197-206. La relation d'Ibrahim ben Yaqûb a été commentée par A. Miquel, « L'Europe occidentale dans la relation d'Ibrahim b. Ya'qûb (Xe siècle) », **Annales E.S.C.**, t. 21, 1966, pp. 1048-1064. Le texte d'Idrisi figure dans A. de La Borderie, **Histoire de Bretagne**, t. 3, Rennes-Paris, 1899, pp. 148-150 et dans l'article de J.M. Ropars, « Le géographe arabe Edrisi, les villes de Bretagne et le nom ancien de Brest », **Archéologie en Bretagne**, 1980, n° 25, pp. 3-14.

L'ouvrage de base, purement descriptif, sur les monnaies demeure celui de A. Bigot, **Essai sur les monnaies du royaume et duché de Bretagne**, Rennes, 1857, que suit pour l'essentiel J. de Mey, **Les monnaies de Bretagne (781-1547)**, Bruxelles-Paris, 1970. Une synthèse rapide dans A. Blanchet et A. Dieudonné, **Manuel de numismatique française**, t. 4, Paris, 1936, pp. 121-130. Les trésors cités ont été analysés par H. Bourde de La Rogerie, **Note sur un trésor de monnaies du XIIe siècle découvert à Bais**, Rennes, s.d., M. Dhénin, « Le trésor de Moncontour (Côtes-du-Nord) », **Archéologie en Bretagne**, 1981, n° 29, pp. 46-48 et du même, « Le trésor médiéval de Plourivo (Côtes-du-Nord) », **ibidem**, 1982, n° 35, pp. 25-26. Sur l'ensemble des phénomènes monétaires et dans un cadre plus vaste, voir A. Chédeville, « Le rôle de la monnaie et l'apparition du crédit dans les pays de l'ouest de la France (XIe - XIIIe siècles) », **Cahiers de civilisation médiévale**, t. 17, 1974, pp. 305-323. Pour les lieux d'échanges, on peut consulter M. Duval, **Foires et marchés en Bretagne à travers les siècles**, Elven, 1982 et, sur un point particulier, A. Degez, « Vannes - La Cohue », **Congrès archéologique de France**, 1983 (1986), pp. 351-360.

CHAPITRE SECOND

BOURGS ET CITES

Pendant le haut Moyen-Age, la civilisation urbaine, si brillante dans l'Antiquité, avait connu une éclipse très marquée. Les « cités », vitrines de la civilisation gallo-romaine, n'avaient survécu que grâce à leur muraille héritée du Bas-Empire qui leur conférait une valeur militaire et grâce à la présence de l'évêque garant d'une fonction religieuse : aussi n'abritaient-elles plus que quelques poignées de guerriers ou de clercs. Quand le monde s'éveilla, l'économie d'échanges se cristallisa à nouveau en des points privilégiés. Elle profita certes à ces anciennes cités dont la situation géographique était favorable : elles retrouvèrent ainsi leur fonction économique et purent demeurer au premier rang. Mais, surtout en Bretagne, elles n'étaient pas assez nombreuses pour répondre au frémissement général et multiforme des activités humaines. Partout apparurent des centres nouveaux, définis souvent par le nom de « bourgs », dont ceux qui réussirent le mieux sont devenus nos actuelles sous-préfectures pendant que les autres ne sont que des chefs-lieux de canton. C'est dire que la période qui nous occupe ici a joué un rôle essentiel dans la genèse des agglomérations contemporaines.

A — L'APPARITION ET L'ESSOR DES BOURGS

Au début du XIᵉ siècle, le réseau de l'occupation humaine est encore mal défini. Seules sont bien caractérisées les anciennes cités de Nantes, Rennes, Vannes et Alet fortes de leur muraille ; les autres centres épiscopaux issus de monastères celtiques auxquels on peut ajouter Quimper, doivent constituer aussi de petites agglomérations mais de celles-ci on ne sait rien ; il doit en être de même autour de l'abbaye de Redon, plus récente. Dans les campagnes, les villages commencent à peine à s'individualiser, au milieu d'une nature qui reste largement à dominer ; ce sont d'ailleurs plus des espaces cernés

392

par des limites paroissiales établies depuis peu que des concentrations humaines cohérentes : le village breton souffrit toujours d'une dispersion croissante. On ne sait pas avec certitude s'il existait des agglomérations intermédiaires. Au haut Moyen-Age, il y avait eu des *vici* qui regroupaient des paysans libres et des artisans ; seule la toponymie y fait allusion en Haute-Bretagne à Visseiche (*Vicus Sipiae*, « le *vicus* de la Seiche ») ou à Vieuxvy (*Vetus Vicus*, « le vieux *vicus* ») ; il ne semble pas que l'on puisse y assimiler d'emblée les toponymes bretons en Gui-, du type Guimiliau, issus de la même racine *vicus* mais dont la nature paraît avoir été différente. Les temps troublés de la fin de l'époque carolingienne durent faire table rase de cet héritage.

L'apparition de centres nouveaux

C'est vers la fin de la première moitié du XIe siècle que des centres nouveaux apparaissent. Ils sont étroitement liés à la fois à l'essor démographique, à l'augmentation de la production et des échanges ainsi qu'à l'établissement de pouvoirs nouveaux. Leur localisation dépendit de facteurs très variés. Presque toutes les agglomérations nouvelles grandirent le long des voies de communication, de préférence à un carrefour, qu'il s'agisse du croisement de deux ou de plusieurs voies de terre ou mieux encore de la rencontre de la route terrestre avec un cours d'eau ; même si celui-ci n'était pas à proprement parler navigable, sa présence nécessitait au moins l'établissement d'un gué ou la construction d'un pont, c'est-à-dire d'un point de passage obligé. Elles s'établirent aussi là où existait une clientèle susceptible d'acheter les produits élaborés par les artisans ou amenés de plus loin par les marchands : sièges épiscopaux, abbayes et châteaux abritaient de tels clients dont les ressources leur permettaient de ne pas se contenter de l'auto-subsistance. D'autre part, ces lieux-là — surtout les châteaux — offraient une protection éventuelle à ceux qui n'étaient plus ou pas seulement des paysans, dont la richesse, même toute relative, en raison de sa nature mobilière suscitait d'autant plus les convoitises qu'elle se prêtait à une facile rapine. Enfin, les hommes ne peuvent se passer de structures sociales ; ils en ont encore plus besoin à mesure que leurs activités, leur genre de vie et leurs ressources se diversifient. Or les maîtres des châteaux, mais aussi les évêques ou les abbés, étaient des seigneurs qui disposaient de manière plus ou moins complète de ces pouvoirs banaux grâce auxquels ils pouvaient donner à ceux qu'ils commandaient la cohésion nécessaire. Les abbayes n'ont joué en Bretagne qu'un rôle très secondaire par rapport aux châteaux. Les abbayes anciennes, peu nombreuses, sont demeurées à peu près isolées — sauf Redon et Quimperlé —, qu'il s'agisse de Landévennec, de Saint-Gildas ou de Saint-Jacut, soit parce qu'elles n'aient pas suffisamment attiré les foules, soit que les religieux aient préféré préserver leur quiétude. C'est cette dernière raison qui conduisit au XIIe siècle les cisterciens à rechercher la solitude ; leurs contemporains, les chanoines augustins n'avaient pas les mêmes motivations : on peut seulement porter à leur crédit Daoulas ; sinon, ils préférèrent s'installer à peu de distance des châteaux.

Finalement, si l'on prend comme critères les conditions de leur naissance, il y eut trois catégories d'agglomérations nouvelles dont deux, à vrai dire, sont proches l'une de l'autre. Ce sont celles dont la localisation fut apparemment commandée surtout par la présence d'un château. Les unes sont proches de la frontière du duché. Fougères, Vitré, Châteaubriant, Ancenis ou Clisson sont peut-être nées d'abord de la volonté des premiers ducs de jalonner solidement leur frontière ; elles grandirent ensuite grâce à leur situation dans des zones de contact favorables aux échanges mais dépourvues toutefois de voies majeures, sauf la Loire dont Ancenis profita. Les autres parsèment l'intérieur de la péninsule. Elles étaient surtout le siège d'autorités locales comme à Châteaugiron, à Malestroit ou à Châtelaudren ou de pouvoirs mieux affirmés comme celui des comtes de Penthièvre qui furent à l'origine de Guingamp, Lamballe et Moncontour. Leur avenir fut commandé ensuite à la fois par l'importance des ressources locales qui alimentaient leur marché et leurs artisans et par le rôle des routes terrestres qui les desservaient. Moncontour, place forte redoutable mais isolée aux portes du Méné, n'eut pas le destin de Lamballe établie dans un pays plus fertile et sur la grande voie qui suit à quelque distance la côte nord.

Beaucoup plus caractéristiques sont les agglomérations qui constituent la troisième catégorie, celles qui sont nées au fond des estuaires, là où s'arrête la navigation maritime, là où, en revanche, l'on peut construire le premier pont. Ce site précis a d'ailleurs pu varier avec le temps. Ainsi, le franchissement de la Rance fut-il tributaire des conditions géographiques générales : tout paraît indiquer un ennoyage progressif de la vallée impliquant une rupture de charge sur les bateaux et un franchissement du fleuve situés de plus en plus en amont ; établis d'abord l'une et l'autre à La Vicomté, ils furent ensuite reportés à l'époque gallo-romaine à la hauteur de Taden, d'où l'importance des vestiges de cette époque qu'on y a retrouvés, enfin à Dinan, mais pas jusqu'à Léhon qui existait pourtant avant Dinan mais dont le site, resserré, n'était pas suffisamment favorable à la circulation des hommes.

On a l'habitude de donner à ce dernier type d'agglomérations le nom de « villes fluvio-maritimes ». En fait, elles n'avaient rien à voir en amont avec le fleuve — sauf La Roche-Bernard et Hennebont — puisqu'il n'était pas navigable et que sa profonde vallée était délaissée comme voie de pénétration vers l'intérieur au profit des routes de plateau plus faciles à utiliser. Quant à leur rôle maritime, comme nous l'avons vu, il s'est éveillé tardivement, au moment même où, à cause d'une sécurité plus grande, il n'était plus nécessaire d'aller se cacher au fond des estuaires pour relâcher. Le port de Dinan, attesté pourtant dès le milieu du XIe siècle, vit son essor paralysé ensuite par le développement de Saint-Malo ; il en fut de même à terme pour La Roche-Derrien relayée par le port de Tréguier. Le facteur essentiel de développement fut apporté par la route et le passage obligé au pont, d'autant que compte tenu de la configuration de la péninsule, le courant majeur de circulation qui se faisait selon la latitude coupait nécessairement les estuaires établis perpendiculairement ou à peu près. Le nombre des agglomérations qui ont le terme « pont » dans leur nom, que nous avons relevées dans le chapitre précédent, prouve bien l'importance de cet élément dans leur essor. Le rôle des ponts dans la genèse du phénomène urbain, alors que la Bretagne n'a que des cours d'eau modestes, offre un apparent paradoxe qui s'explique par le relief « en creux » marqué par de profondes vallées qui ne s'élargissent que vers les estuaires. Bien entendu, ces agglomérations furent précédées, accompagnées ou suivies de peu par la construction d'un château parce que l'endroit présentait un intérêt stratégique et parce qu'il était l'occasion de percevoir des taxes fructueuses. Mais ce château est, somme toute, un élément accessoire. D'ailleurs, près de la mer, un château seul ne suffisait pas à attirer les hommes : celui de La Roche-Goyon (auj. Fort-La-Latte, Côtes-du-Nord) ou celui de Trémazan (Finistère) qui orne la couverture de cet ouvrage, sont restés isolés ; seul fait exception Pornic dont l'agglomération connut un essor certain dès le XIIe siècle.

Des paroisses nouvelles

La géographie et l'histoire se penchèrent donc également sur le berceau des nouvelles agglomérations. Sans doute ne furent-elles pas, en règle générale, le résultat d'une génération spontanée. Il est difficile de déterminer si des lieux de rencontre anciens servirent de bases à des centres nouveaux. Comme ailleurs, les foires ne sont pas à l'origine des villes : cela tient au fait que les rassemblements auxquelles elles donnaient lieu étaient trop épisodiques pour justifier à cet endroit le maintien d'une population permanente. En outre, celles qui, pour des motivations religieuses fort anciennes, se tenaient sur les hauteurs telles le Méné Bré ou le Menez Hom étaient trop à l'écart des voies de circulation les plus commodes pour engendrer des activités régulières entre leurs tenues. Les foires ont été un élément ultérieur de développement, elles ne suffisaient pas à déclencher un processus d'urbanisation. Ce n'est déjà pas la même chose pour les marchés qui ont lieu chaque semaine, qui drainent régulièrement la population d'un canton assez restreint pour être cohérent : il y avait là un moyen pour mieux encadrer les hommes. A ce sujet, on croit pouvoir reconstituer avec quelque vraisemblance les origines de Lamballe. Le comte de Penthièvre Geoffroy Botrel n'avait encore en 1084 qu'une résidence modeste, un « plessis », lorsqu'il accorde aux moines de Marmoutier de fonder un prieuré dédié à saint Martin ; il y avait sûrement déjà là un marché, sans doute à l'emplacement de l'actuel champ de foire. En effet, le comte entreprit ensuite de transférer ce marché dans le *castrum* qu'il avait édifié entre temps ; ce à quoi il dut bientôt renoncer comme nous l'avons vu plus haut. D'autres agglomérations grandirent près de chapelles ou de lieux de dévotion qui pouvaient être fort anciens comme ce sanctuaire de Notre-Dame-du-Roncier proche de l'endroit où fut élevé le château de Josselin.

Même si, compte tenu de notre documentation, nous voyons ces agglomérations surtout naître et grandir à proximité des châteaux, elles ne partirent pas pour autant de rien : il y avait déjà là souvent un village à vocation rurale. L'étendue du finage qui entoura ultérieurement l'agglomération permet d'en identifier un certain nombre. Vitré, dont le nom évoque déjà une origine gallo-romaine, a un territoire qui couvre actuellement 3.679 ha ; Tinténiac, au nom aussi ancien, compte 2.335 ha et nous savons que son territoire fut largement diminué par l'érection de nouvelles paroisses rurales aux XIIe et XIIIe siècles ; il était auparavant comparable à celui de Combourg qui atteint 6.355 ha : dans ces trois cas, le château est venu se greffer sur une paroisse rurale primitive. Parfois, le nom original a disparu mais l'étendue du finage trahit encore une vocation rurale initiale comme à Châteauneuf-du-Faou avec 4.193 ha ou même à Châteaulin avec 2.017. Ailleurs, la paroisse primitive périclita lentement à côté de l'agglomération nouvelle dont elle devint une trève comme Missiriac par rapport à Malestroit ou un simple faubourg comme Saint-Jean-de-Béré à Châteaubriant. Le cas le plus curieux est celui de Fougères dont l'expansion pourtant mesurée (405 ha) semble avoir valu à sa paroisse primitive d'être surnommée La Dépouillée, en latin *Excussa*, d'où son nom actuel de Lécousse... Quelques-unes ne réussirent à gagner leur autonomie qu'au moment de la Révolution : ce fut le cas de La Guerche, dont le nom indique pourtant un site défensif du haut Moyen Age, qui dépendait de Rannée, ainsi que de Hédé, dépendance de Bazouges (sous-Hédé) ou de La Roche-Bernard qui était demeurée dans la paroisse de Nivillac.

Beaucoup, pourtant, devinrent le siège de paroisses indépendantes parce que la pastorale destinée à leurs habitants, compte tenu de leur genre de vie, devait être différente de celle qui était appliquée aux paysans, aussi parce que cela coïncidait avec l'intérêt des seigneurs laïques ou ecclésiastiques qui, comme nous l'allons voir, se partageaient l'autorité sur ces centres nouveaux. Ces paroisses peuvent être classées en deux catégories. D'une part, celles qui, à la rigueur, pourraient être confondues avec les plus petites paroisses rurales, qui couvrent entre 300 et 400 ha, qui de nos jours forment une seule commune mais qui, au Moyen-Age, regroupaient plusieurs paroisses : Josselin (444 ha en quatre paroisses), Fougères (405 ha en trois paroisses) ou Dinan (398 ha en deux paroisses) mais Lannion (349 ha) n'en avait qu'une. D'autre part, celles d'étendue vraiment très restreinte que l'on ne saurait confondre avec des paroisses rurales : Pont-Aven et La Roche-Derrien (183 ha), surtout Châteaugiron (51 ha), Rohan (50), Moncontour (47) et Châtelaudren (46). Le cas de Rohan est d'ailleurs particulier : quand Geoffroy de Porhoët eut cédé à son frère Alain en 1120 une partie importante de ses fiefs, celui-ci s'installa d'abord à Castennec sur le Blavet, qui devint une paroisse détachée de Bieuzy mais ne tarda pas à y faire retour car Alain préféra transférer le siège de son pouvoir sur l'Oust à Rohan sur un territoire qui dépendait de Saint-Gouvry ; une église attestée en 1127 fut érigée en paroisse avant 1387 mais l'agglomération déclina après le départ de ses seigneurs : en 1610, Rohan fut à nouveau rattachée à Saint-Gouvry et en dépendit jusqu'à la Révolution. La plus petite, Le Plessis-Balisson, près de Dinan, où les huit hectares n'abritent guère que le château et ses annexes, n'a peut-être été une paroisse que dans la seconde moitié du XIVe siècle. C'est aussi la seule paroisse a être entourée de tous côtés par le finage de sa paroisse-mère, Ploubalay.

En effet, la ou les paroisses que constituèrent ces agglomérations furent d'ordinaire prises sur le territoire d'une seule paroisse. Mais elles n'y sont jamais complètement enclavées : elles ont des limites communes avec au moins une autre paroisse peut-être parce qu'elles furent souvent fondées, comme nous l'avons déjà indiqué, le long de voies ou plus encore auprès de cours d'eau qui formaient précisément les frontières des paroisses primitives. Par contre, lorsque la ville grandit, ce fut parfois aux dépens d'une autre paroisse : Auray, sur le Loc, eut sa première paroisse, Saint-Gildas, en Brech puis, sur l'autre rive, celle de Saint-Goustan sur Pluneret, comme sur le Blavet Hennebont grandit d'abord sur Caudan alors qu'ensuite, en face, Saint-Gilles se développa sur Languidic. Il arriva que ces paroisses ne relèvent pas du même diocèse comme à Josselin où Notre-Dame-du-Roncier, Saint-Martin et Saint-Nicolas étaient dans le diocèse de Saint-Malo alors que, sur l'autre rive de l'Oust, Sainte-Croix était dans celui de Vannes. Ou comme à Morlaix dont les paroisses Saint-Melaine et Saint-Matthieu relevaient du diocèse de Tréguier pendant que celle de Saint-Martin dépendait de l'évêché de Léon.

La naissance des bourgs

Dans l'Europe de langue romane, on employa dès le haut Moyen Age le mot « bourg » pour désigner des agglomérations nouvelles annexées à des centres plus anciens. Ce terme, en latin *burgus*, est vraisemblablement d'origine germanique encore que là il soit féminin et non plus masculin et qu'il ait eu le sens primitif de hauteur fortifiée d'où l'allemand moderne *die Burg* = le château fort. Comme beaucoup de termes médiévaux, il eut un champ sémantique étendu qui évolua aussi avec le temps. S'il désigna d'abord des agglomérations dont nous étudierons plus loin les caractéristiques, il s'affaiblit ensuite. D'un côté, à la campagne, il prit le sens du mot « bourg » tel que nous l'entendons aujourd'hui, c'est-à-dire le village, pas toujours le plus important, qui entoure l'église paroissiale ; ainsi en va-t-il dès 1181 dans un acte qui évoque autour de Dinan les « bourgs » d'Evran, Saint-Juvat, Trévron, Trigavou et Saint-Judoce. D'un autre côté, dans les villes, il finit par désigner une simple rue, comme son synonyme *vicus* que l'on continuait d'employer ici et là. *Burgus* eut donc une destinée inverse de celle du mot *villa* qui, appliqué d'abord aux domaines ruraux puis aux villages, finit par désigner les véritables agglomérations urbaines.

L'emploi de *burgus* connut son apogée aux XIe et XIIe siècles, plus précisément entre 1050 et 1150. En Bretagne, la mention la plus ancienne se situe entre 1040 et 1047 et concerne Louvigné-du-Désert (Ille-et-Vilaine), celles relatives à Frossay et à Rouans (Loire-Atlantique) doivent être contemporaines. Une mention d'un bourg à Rennes vers 990, une autre relative à Locronan en 1031, une autre enfin concernant Gaël entre 1024 et 1034, figurent dans des textes rédigés *a posteriori*. Comme il se doit pour un vocable venu du domaine roman, ses mentions se raréfient d'est en ouest : on en a relevé 39 en Ille-et-Vilaine, 22 en Loire-Atlantique, 19 dans les Côtes-du-Nord, 14 dans le Morbihan et 5 seulement dans le Finistère ; elles sont également de plus en plus tardives vers l'ouest. Ces mentions peuvent être regroupées en trois catégories. Certaines se rapportent à des fondations à vocation rurale, en net rapport avec une mise en valeur du sol plus poussée, d'ordinaire à la suite de défrichements. D'autres désignent des agglomérations vite plus importantes, aux fonctions plus diversifiées, qui grandissent servies par des conditions économiques favorables près d'un château ou, exceptionnellement, près d'une abbaye ; ce sont celles qui nous intéressent le plus. Les dernières, enfin, s'appliquent aux quartiers qui, bourgeonnant à la périphérie des anciennes cités, prouvent leur réveil. Cette dernière catégorie, vu la rareté des cités en Bretagne, est la moins nombreuse ; il en sera fait état à propos de Nantes et de Rennes.

Les bourgs ruraux

Les bourgs ruraux sont beaucoup plus rares en Bretagne qu'en Normandie où ils ont fait l'objet de plusieurs études. Il y en a bien 45 mentions mais elles sont pour la plupart peu explicites et tardives, souvent du XIIIᵉ siècle, à un moment où, comme nous venons de le voir, le sens du terme devenait incertain. Voici l'exemple le plus ancien : vers 1050, un chevalier appelé Quirmahoc donne à Saint-Nicolas d'Angers l'église de Saint-Pern près de Bécherel (Ille-et-Vilaine) plus une terre de deux charruées et demie, soit une soixantaine d'hectares, pour y établir un bourg : il s'agit là d'une fondation qui vient doubler un village préexistant. Au contraire, vers 1085, c'est sur une terre qui ne dépendait encore d'aucune paroisse, à La Lande-Huan, au sud de Combourg (Ille-et-Vilaine), qu'un vassal de Jean de Dol donne aux moines de Saint-Florent de quoi « construire une église ou un bourg » ; nous avons vu à l'occasion des défrichements que l'entreprise connut un temps le succès avant d'échouer. On ne sait rien du Bourg-Neuf mentionné à la fin du XIIᵉ siècle sur le territoire de l'actuelle commune du Val d'Izé près de Vitré. De cette époque aussi date, dans le marais de Dol, la paroisse Saint-Nicolas-de-Bourgneuf que la mer recouvrit avant le XVIᵉ siècle. Ces bourgs ruraux apparaissent le plus souvent comme des centres de peuplement complémentaire proches des anciens villages. Le cas est particulièrement net dans cette notice de la seconde moitié du XIᵉ siècle dans laquelle Geoffroy de Moûtiers cède à Saint-Serge d'Angers des droits qu'il percevait à Gennes-sur-Seiche (Ille-et-Vilaine) « dans le cimetière et dans le bourg qui, situé dans le cimetière, en débordait alors ». On tient aussi dans ce texte l'une des raisons pour lesquelles les bourgs ruraux sont relativement rares en Bretagne : les cimetières et, dans une moindre mesure, les minihis étaient susceptibles de jouer le même rôle pour abriter les hommes.

La distinction entre les différents types de bourgs ne doit pas être maintenue avec trop de rigueur. A Gennes-sur-Seiche, justement, des transactions avaient lieu dans le bourg et le seigneur pouvait y acheter à crédit ; le texte du XIᵉ siècle n'y mentionne pas de château mais un document du XIIIᵉ siècle y fait état d'une motte. Si un bourg rural se développait rapidement, son succès pouvait en effet justifier qu'un seigneur édifie un château à proximité ; inversement, un bourg castral privé de son château risquait de n'avoir plus que des activités rurales : c'est ce qui arriva à Castennec quand Alain de Rohan abandonna l'endroit pour aller s'installer à Rohan. De même, le bourg Sainte-Marie de Frossay (Loire-Atlantique), fondé pour aider à la renaissance d'un ancien monastère que l'on disait avoir été fondé là par saint Front de Périgueux n'eut finalement qu'un rôle purement rural.

Les bourgs castraux

Les bourgs castraux sont beaucoup plus intéressants parce qu'ils témoignent d'un premier essor urbain. On a aussi la chance de les connaître beaucoup mieux car, compte tenu de leur importance, leur souvenir a survécu dans les archives, surtout celles des établissements religieux qui leur furent souvent associés.

Même s'il avait été édifié dans un site qui n'était pas encore occupé, le château ne tardait pas à attirer les hommes. S'il jouxtait un village antérieur, les activités de ce dernier cessaient bientôt d'être exclusivement rurales ; son plan aussi devait être modifié, soit brutalement lors de l'érection des retranchements, soit à terme à mesure que la fonction d'échanges privilégiait certains axes. Comme les premières enceintes au-delà de la motte étaient vastes, elles englobèrent l'agglomération primitive : aussi porte-t-elle le nom de *castrum* ou de *castellum* qui s'applique aussi au château proprement dit : ainsi, vers 1060, le desservant de la chapelle de celui de Tinténiac perçoit-il la moitié des offrandes des paroissiens « habitant à l'intérieur du rempart (*vallum*) du *castellum* ». La toponymie urbaine en a parfois gardé le souvenir : c'est le cas du quartier du Vally à Guingamp et peut-être bien de la paroisse Saint-Jean-du-Baly à Lannion. Vers 1070, le seigneur de Dinan cède aux moines de Saint-Florent une taxe de douze deniers sur chaque bateau où qu'il relâche « en tout endroit du *castrum* » : ce terme ne peut s'appliquer au seul château bâti sur un escarpement qui dominait brutalement le fleuve. Encore en 1096, le seigneur de Pontchâteau donne à Marmoutier « une partie du *castrum*, depuis l'église jusqu'à la porte proche de la maison d'Elie vers l'est ».

Cependant, la proximité d'un château ne présentait pas que des avantages : s'il offrait une protection, il attirait aussi les coups des ennemis ; d'autre part, l'éveil économique ne se faisait pas toujours d'une manière assez dynamique pour susciter rapidement des activités extra-rurales. Enfin, vivre au pied de la motte présentait le grave inconvénient de subir sans arrêt la tutelle seigneuriale alors que justement la dispersion de l'habitat, gage d'une plus grande indépendance, semblait avoir la faveur de la population. C'est pourquoi la plupart des seigneurs ont-ils voulu donner un « coup de pouce » à l'essor de leurs agglomérations castrales dont l'importance était pour eux source de revenus, de puissance et de prestige. Pour cela, ils ont cherché à fonder des quartiers nouveaux, topographiquement distincts de l'agglomération primitive, dotés de privilèges plus ou moins étendus, auxquels on réserva d'abord le nom de « bourgs ». Parfois, ils en ont pris l'initiative. Comme ces bourgs seigneuriaux n'ont pas laissé d'archives, on ne les connaît que par référence ou par allusion : c'est à l'occasion de la fondation d'un bourg à Donges (Loire-

Atlantique) en faveur de Marmoutier à la fin du XIe siècle par le vicomte Frioul que l'on apprend que celui-ci avait là aussi son propre bourg. Ils ont pu aussi en concéder à des vassaux : tel doit être le cas du *burgus Rehalardri*, « le bourg de Rehalard » qui, en 1128, était tout proche de celui du vicomte de Léon à Morlaix.

Le rôle des monastères

Le plus souvent, du moins à ce que l'on sait, les seigneurs laïques se sont adressés à des établissements monastiques. Ceux-ci jouissaient d'abord d'une réputation et d'un préjugé favorables auprès de ceux dont on attendait qu'ils viennent s'installer dans le bourg : c'était une sorte de garantie. Les seigneurs ont aussi fait appel à des monastères parce qu'ils espéraient de ce genre de donation pieuse une récompense dans l'Au-delà, parce que c'était une dotation commode pour la fondation d'un prieuré qui donnerait un lustre supplémentaire au siège de leur autorité : sur la vingtaine de prieurés créés au XIe siècle dans le diocèse de Nantes, douze furent accompagnés d'un bourg. Enfin, ils se déchargeaient ainsi d'un certain nombre de tâches pratiques sur des institutions qui avaient l'expérience de l'organisation et de l'administration. Pour toutes ces raisons-là, ils se sont plutôt adressés à des abbayes des pays de la Loire. Ils avaient d'ailleurs raison si l'on en juge par ce qui se passa à Châteaubriant. Avant 1040, la mère de Briant, éponyme du lieu, avait demandé à l'abbé de Redon d'établir un prieuré près du château. Un moine du nom de Glaimonoc fut chargé de l'entreprise mais se révélant bientôt incapable de la réaliser, il fut renvoyé à Redon. Un autre moine, Jean, qui avait été abbé à Saint-Melaine de Rennes, ne réussit pas mieux. Marmoutier, sollicitée à son tour, mena alors l'affaire à bien non sans un long procès avec Redon qui dura jusqu'au début du XIIe siècle : à ce moment, le prieuré était entouré d'un bourg. Des liens familiaux jouèrent aussi : les sires de Dol-Combourg et leurs cousins de Dinan s'adressèrent à Saint-Florent de Saumur quand l'un des leurs, Guillaume, en devint l'abbé dans la seconde moitié du XIe siècle.

Il arriva que les seigneurs ne s'en tiennent pas à un seul ou à deux bourgs, l'un laïque, l'autre monastique ; ils consentirent plusieurs fondations en faveur d'établissements religieux différents. C'était peut-être un moyen de diviser pour régner ou encore, comme l'on dit, de ne pas « mettre tous leurs œufs dans le même panier ». Il faut aussi tenir compte de l'évolution de l'Eglise régulière bretonne dont les progrès dispensèrent progressivement de faire appel à des monastères étrangers : en 1128, le vicomte de Léon fit appel à Marmoutier pour fonder un premier bourg à Morlaix mais trente ans plus tard, c'est à Saint-Melaine de Rennes qu'il s'adressa. Certaines contraintes ou certaines incitations favorisaient aussi une structure éclatée : bâti sur un éperon, le château était forcément distinct d'une partie au moins de l'agglomération ; outre-l'eau, le quartier établi à la tête du pont avait aussi son autonomie topographique. D'autres quartiers se sont développés autour de la place du marché, au débouché d'une route ou encore au bord de la rivière qui attirait les artisans du textile et du cuir : ceux-là grandirent spontanément ; ils furent repris seulement *a posteriori* par l'autorité seigneuriale qui n'eut plus autant de raisons de faire appel à des religieux.

Peut-être faut-il aller chercher plus loin. La structure polynucléaire était depuis le haut Moyen Age caractéristique des cités épiscopales qui représentaient encore le paysage urbain par excellence. Reconstituer une telle structure à Fougères ou à Morlaix en fondant plusieurs bourgs contribuait à donner à ces agglomérations une allure — et une stature — urbaine : Guillaume de Normandie n'agit pas autrement quand il voulut faire du château de Caen le centre d'une ville nouvelle. De même, il importe de remarquer que ces agglomérations qui regroupent château, prieuré(s) et bourg(s) traduisaient dans la réalité du paysage le fameux schéma idéologique d'une société organisée en trois « ordres » : les *bellatores*, « ceux qui combattent », les *oratores*, « ceux qui prient » et les *laboratores*, « ceux qui travaillent ».

La superficie des bourgs est rarement déterminée à l'avance avec précision : on sait seulement qu'en 1095 l'abbaye de Redon reçut à La Roche-Bernard trois *jugera* de terre pour faire un bourg, c'est-à-dire sans doute un peu moins d'un hectare et demi. Les fondateurs ne tenaient d'ailleurs pas à s'embarrasser de précisions de ce genre car ils ignoraient ce que serait la destinée du nouveau bourg. Dans la seconde moitié du XIe siècle, Raoul de Fougères se contente d'accorder à Marmoutier le droit d'établir un bourg depuis la tête du pont sur le Nançon et au-delà autant qu'il en sera nécessaire pour son étendue. Quand les textes indiquent leur localisation, celle-ci est déterminée par rapport au château, plus précisément devant sa porte comme à Jugon (Côtes-du-Nord), ou bien autour d'une église ou d'un prieuré comme à Vitré ou enfin par rapport à un pont comme dans l'exemple ci-dessus qui se rapporte à Fougères ou comme à Dinan ; le château, le prieuré, le pont : on retrouve là les facteurs militaire, religieux, économique indispensables à l'essor de l'agglomération. Certains paraissent avoir été construits de toutes pièces comme celui qu'Alain de Porhoët confia en 1128 à Marmoutier « devant la porte de (son) nouveau château qui s'appelle Rohan ». D'autres correspondent davantage à la reconnaissance, à l'aménagement et à l'exploitation d'un état de fait comme en 1108 à Jugon où Olivier de Dinan donne à Marmoutier une terre « avec les hôtes qui y étaient déjà » pour y construire une église et un bourg. Le prieuré est alors une première étape avant l'érection d'une paroisse ; il peut être doté d'un cimetière comme à Vitré où un texte pittoresque antérieur à 1076 déjà cité nous montre l'évêque de Rennes qui le délimite « en faisant le tour avec son bâton pastoral, précédé de l'eau bénite », accompagné d'une foule qui crie avec allégresse : « Bonne chance ! Bonne chance ! ».

Ces bourgs étaient-ils fortifiés ? La controverse a été vive sur ce point, ne serait-ce qu'en rapport avec l'étymologie du terme. Il ne semble pas y avoir eu de véritable règle, d'autant que pendant longtemps, en raison du caractère sommaire des fortifications, il y avait peu de différence entre une simple clôture et un véritable retranchement. Nous pouvons toutefois verser trois pièces au dossier. Le bourg de Vitré que nous venons de citer avait été établi là « où jadis il y avait un vieux château » : ce qui restait de ses retranchements put servir à nouveau. A Fougères, en 1143, les moines de Pontlevoy reconnurent aux chanoines augustins le bourg de Rillé « tel qu'il est entouré d'un fossé et d'un retranchement (*vallum*) ». Un dernier texte serait fort intéressant si l'on veut bien admettre que la version que l'on en a est altérée. En 1172, donc assez tard dans la période, Harscouet de Retz confirme à Saint-Serge d'Angers son bourg de Pornic et met fin à un conflit à propos de deux terrassements (*terraria*) situés de chaque côté du bourg sur lesquels les bourgeois avaient établi des jardins alors que ces terrassements appartenaient aux fortifications du *castellum* et non comme le prétendaient ces bourgeois « à la clôture du jardin » (*ad clausuram orti*), formule que nous proposons de corriger par celle de « clôture du bourg » (*clausuram burgi*) qui paraît beaucoup plus logique. Harscouet les autorisa d'ailleurs à les raser pour y établir des maisons ou des jardins. Ce texte prouverait à la fois que les bourgs pouvaient être fortifiés mais que cette fortification n'était pas ou n'était plus nécessaire. Cela devait dépendre aussi pour une part du plan de ces bourgs : si celui-ci était ramassé auprès d'un pont ou autour d'une église ou d'une place, il n'était pas difficile de l'entourer d'un rempart ; il en allait tout autrement s'il s'étirait au long d'une rue à la manière d'un faubourg moderne.

Origine et statut des bourgeois

Pour assurer le peuplement des bourgs, leurs fondateurs comptaient sur le solde positif de l'essor démographique des campagnes. Partout, des familles trop nombreuses ne pouvaient assurer la subsistance de tous leurs enfants. Certains allaient créer des exploitations nouvelles issues de défrichements ; d'autres étaient attirés par la vie différente que l'on menait dans les agglomérations. Mais ces fondateurs recherchaient moins un simple transfert de population à l'intérieur de leur propre seigneurie que l'arrivée de gens qui lui étaient extérieurs, qui viendraient grossir le nombre de leurs dépendants. Aussi interdisent-ils souvent à leurs propres hommes d'aller s'installer dans les bourgs monastiques. A Vitré comme à Donges, les moines reconnaissent qu'ils ne peuvent accueillir dans leur bourg les hommes du seigneur laïque sans son consentement. A La Guerche, en 1121, la clause est réciproque : si les bourgeois castraux ne peuvent aller s'établir dans le bourg des moines sans l'accord du seigneur, il en est de même pour ceux des moines vers le *castrum* sans l'aval de ces derniers.

Les nouveaux habitants sont attirés par la promesse d'un statut privilégié ou du moins garanti contre l'arbitraire. Chaque bourg eut son statut particulier : il n'y eut pas de modèle qui se répandit ensuite comme ce fut le cas pour la charte de Breteuil, qui fut importée de Normandie en Angleterre. Il n'existe pas non plus de charte qui traite de l'ensemble du statut accordé aux bourgeois ; certaines clauses qui figurent ici sont passées là sous silence. Nous ne connaissons pas le régime du sol dans les bourgs bretons ; rien n'apparaît qui évoque la « tenure en bourgage » pratiquée en Normandie. Il n'y a pas d'allusions non plus au statut juridique des habitants des bourgs : en Bretagne, il était inutile d'offrir la liberté civile puisque le servage y disparut très tôt. Pendant toute la période, des bourgeois résidant en terre seigneuriale sont ici ou là « donnés » à des établissements religieux : il s'agit seulement du don des taxes dont ils étaient redevables et non de la cession de leur propre personne ; dans le cas d'abbayes cisterciennes, ils paraissent jouer ensuite dans les agglomérations le rôle de « correspondants » des moines qui en vivaient éloignés.

Les bourgeois ont reçu surtout des garanties de nature militaire, judiciaire et fiscale. De telles garanties ne pouvaient etre concédées que par les maîtres du ban, c'est-à-dire ceux qui avaient des châteaux, raison supplémentaire pour expliquer la conjonction bourg-château. Dans le domaine militaire, les bourgeois ne présentaient pas un grand intérêt pour des opérations offensives : c'était le rôle de la cavalerie aristocratique. Toutefois, en 1051 à Savenay, à une date où la société était encore peu différenciée, il est précisé que les bourgeois des moines de Redon poursuivront les ennemis avec les autres hommes du seigneur. Encore en 1128 à Morlaix, il est prévu que « s'il arrive une guerre publique au vicomte (de Léon) les hommes des moines iront avec lui ». Ils étaient beaucoup plus utiles d'abord pour entretenir les fossés et les fortifications, ensuite pour renforcer la garnison en cas de siège ; sans doute cela allait-il de soi car il n'y en a pas de mentions vraiment explicites.

Les clauses relatives à la justice sont très fréquentes. Les seigneurs laïques renoncent assez souvent à l'exercice de la justice — et à ses revenus — dans les bourgs monastiques. Soit totalement comme à Rohan, Bécherel, Prigny (cne. des Moûtiers, Loire-Atlantique) ou Malestroit. Soit partiellement comme à Donges, Vitré, Morlaix ou Pornic : dans ce cas, les moines ont connaissance seulement des délits ou des crimes commis dans leur bourg ou bien ils n'ont compétence que pour certaines causes concernant leurs bourgeois où qu'ils se trouvent. Il peut y avoir aussi partage de l'acte judiciaire : les moines rendent la sentence et le seigneur laïque perçoit l'amende ou exécute le châtiment. La fiscalité directe est rarement évoquée avant la fin du XIIe siècle. Trois chartes y font allusion pour le bourg Sainte-Croix de Vitré. En 1158, il est prévu que lorsque le sire de Vitré lève dans son *castellum* une taille qui ne dépasse pas cent livres, le prieur de Sainte-Croix est appelé pour en répartir à son gré une part convenable sur ses hommes, cela seulement une fois par an. Le montant de cette taille est donc déjà à peu près fixe. En 1196, André de Vitré abandonne aux moines la taille de vingt livres levée sur les habitants du bourg en compensation de dommages causés aux religieux. En 1237 enfin, son montant est réduit à cinq livres à cause des dégâts consécutifs au renforcement de son château. Vers 1200, aussi bien à Dinan qu'à Hennebont est reconnue aux habitants des bourgs l'exemption de l'aide féodale en cas d'adoubement, de mariage ou de rançon.

Beaucoup plus significatives sont les charges que doivent les bourgeois castraux au titre de leurs activités. Nulle part, celles-ci ne sont spécifiquement agricoles. Tout au plus ont-ils, à Louvigné-du-Désert ou à Jugon par exemple, le droit de faire paître leurs porcs sans payer de pasnage ou en le payant aux moines ; mais il y avait des porcs au Moyen-Age dans toutes les villes même les plus importantes. Ils peuvent avoir aussi des droits d'usage dans les bois seigneuriaux pour le chauffage ou pour la construction comme à Lamballe ou à Morlaix. Dans la plupart des cas, les fondations de bourgs sont accompagnées du don aux moines de moulins ou d'emplacements pour en construire. A partir de la fin du XIIe siècle — 1198 à Châtelaudren (Côtes-du-Nord) — un certain nombre de ces moulins à Josselin, Clisson, Malestroit, Lamballe, etc. sont appliqués à fouler la laine, plus rarement à broyer le tan. Les bourgs sont aussi dotés de fours, leur banalité est attestée à Saint-Julien-de-Vouvantes (Loire-Atlantique) vers 1150, de manière moins explicite à Guingamp en 1214.

Les bourgs abritent très souvent des marchés et des foires qui sont l'occasion de percevoir des taxes diverses regroupées en général sous le nom de *consuetudines* ou « coutumes », dont les plus fructueuses sont le tonlieu sur les transactions et le péage. Ces droits sont mentionnés dans 14 bourgs mais il semble bien qu'il n'y avait pas de bourg à ne posséder au moins un marché hebdomadaire. A Jugon vers 1108, Olivier de Dinan reconnaît que les hommes des moines paieront à ceux-ci les *consuetudines* quel que soit le commerce qu'ils exercent soit dans son *castrum* soit dans n'importe quel endroit de sa terre ou de celle de son père (c'est-à-dire la châtellenie de Dinan) ; de même, les bourgeois de Chemeré ont libre accès dans toute la terre des sires de Retz et ils « peuvent commercer en sécurité comme les bourgeois du *castellum*, que ce soit lors des foires ou ailleurs » : leur rayonnement n'était donc pas seulement local. Donges, Fougères, Vitré, La Guerche ou Morlaix fournissent des exemples à peine moins significatifs. Ces revenus sur les transactions sont partagés entre les seigneurs laïques et les moines selon des modalités très variées. L'emploi de fausses mesures est sévèrement puni : à Vitré en 1158, les moines saisissent les biens du coupable pendant que sa personne est remise au seigneur pour être châtiée. La fameuse notion du « juste prix » apparaît une fois : vers 1070, les moines de Marmoutier s'engagent à ce que rien ne soit vendu plus cher dans leur bourg de Donges que dans celui du vicomte ; ils vendront en employant les mêmes mesures et au même prix ou « par hasard, moins cher ».

Les conditions faites aux habitants des bourgs ne doivent pas faire illusion sur le poids que ceux-ci représentaient dans la société de leur temps. Nulle part, les bourgs n'ont échappé en quoi que ce soit à l'autorité seigneuriale directe ou concédée aux religieux. C'est uniquement dans l'espoir d'augmenter globalement leurs revenus en attirant les hommes que les seigneurs leur ont consenti des accommodements. On peut même dire que l'étendue des privilèges consentis évoluait en raison inverse du dynamisme des bourgs. Plus l'avenir d'un bourg paraissait douteux, plus le seigneur était porté à accroître ses concessions. Aussi, les privilèges furent-ils étendus surtout dans les sites les moins favorisés et plutôt au début de notre période quand l'essor économique n'était pas suffisamment affirmé pour servir d'unique moteur au développement de l'agglomération.

Trois exemples : Fougères, Dinan et Guingamp

Les nouvelles agglomérations se développèrent donc selon des processus divers. Fougères est sans doute l'exemple le mieux connu parmi celles qui sont issues d'une pluralité de bourgs. Protégé par des marais convertis en étangs dans une boucle du Nançon, le château de Fougères avait été construit au début du XIe siècle. Son étendue, telle qu'elle fut plus tard emmuraillée — 1 ha 70 — était suffisante pour abriter une agglomération primitive desservie dans le cadre de la paroisse de Lécousse par une chapelle Notre-Dame qui devint dans le courant du siècle le siège d'une collégiale de chanoines. Ce peuple-

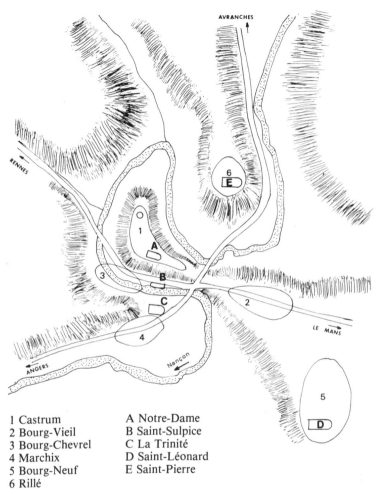

1 Castrum
2 Bourg-Vieil
3 Bourg-Chevrel
4 Marchix
5 Bourg-Neuf
6 Rillé

A Notre-Dame
B Saint-Sulpice
C La Trinité
D Saint-Léonard
E Saint-Pierre

Fougères au XIIᵉ siècle

ment dut se prolonger très tôt le long du chemin qui, suivant le promontoire déterminé par le méandre, menait au château : c'est le
Bourg-Vieil qui demeura sous l'autorité des sires de Fougères. Peut-
être fait-il déjà partie du *castrum* quand Main II, avant 1047, donne
à Marmoutier une maison *in castro Filgerio*. Entre 1050 et 1060
apparaît l'église Saint-Sulpice qui fut très vite émancipée de Lécousse
et qui fut ainsi la première paroisse de Fougères. Elle fut bâtie dans
un site humide et resserré entre le château et une colline. Mais passait

407

là, déviée sans doute lors de la construction du château qu'elle ne pouvait plus traverser, l'ancienne voie qui menait vers la Bretagne. Là grandit le Bourg-Chevrel (*Burgus Capreoli*) qui peut devoir son nom à un vassal à qui il aurait d'abord été concédé ; en tout cas, il passa sous le contrôle de Marmoutier avant 1092. De l'autre côté de Saint-Sulpice passait un autre chemin qui doit correspondre à la voie Avranches-Angers ; un marché s'y tenait : les moines de Marmoutier en reçurent aussi l'emplacement et construisirent leur prieuré de La Trinité à proximité : c'est l'actuel Marchix.

En 1092, Raoul de Fougères remet également à Marmoutier l'église Saint-Nicolas située sur le plateau « à l'extrémité du bourg » que l'on appela le Bourg-Neuf. Les moines de Pontlevoy en Touraine qui y étaient établis depuis qu'ils avaient reçu la paroisse de Lécousse, s'empressèrent d'édifier dans ce Bourg-Neuf une église dédiée à saint Léonard avant d'obtenir que Marmoutier ne leur cède également Saint-Nicolas ramenée au rang de chapelle succursale de Saint-Léonard promue paroisse avant 1141. Vers 1100, Fougères présente donc trois noyaux bien distincts : le château et le Bourg-Vieil dans le méandre du Nançon, le bourg de Marmoutier avec Saint-Sulpice et le Marchix dans la vallée ; enfin, sur le plateau le Bourg-Neuf avec Saint-Léonard. Au nord-est du château, sur une colline qui le domine, un nouveau quartier grandit encore : le bourg de Rillé qu'en 1143 Henri de Fougères remit aux chanoines de Notre-Dame, devenus chanoines augustins, pour qu'ils y soient plus à l'aise : ce bourg était alors clos d'un fossé et d'un retranchement ; les chanoines le reçurent plus pour bénéficier de ses revenus que pour véritablement le promouvoir. Leur seigneurie sur ce bourg fut confirmée par Raoul II de Fougères en 1163. L'église Saint-Pierre de Rillé fut alors érigée en paroisse avec l'accord des moines de Pontlevoy qui se firent reconnaître que « si Fougères venait encore à s'étendre », ce serait uniquement au bénéfice de leur paroisse de Saint-Léonard. Rillé s'accrut assez vite pour qu'avant la fin du siècle apparaisse à sa porte un *burgus Escambiae*, l'actuel faubourg L'Echange : le terme avait pris son sens moderne.

Toutes les agglomérations bretonnes n'ont pas présenté un structure polynucléaire aussi affirmée. Voyons rapidement l'exemple de Dinan et celui de Guingamp. A Dinan, comme nous l'avons vu plus haut, un *castrum* entourait déjà le château au milieu du XIᵉ siècle. Dans les années 1070, Geoffroy de Dinan et son frère Rivallon concèdent à Saint-Florent de Saumur sur l'autre rive de la Rance le droit de construire un bourg destiné à tirer profit de la circulation terrestre qui empruntait le pont sur le fleuve et de la navigation qui remontait jusque-là. Ce bourg végéta ; il n'obtint pas le statut paroissial même si les privilèges de ses bourgeois furent encore reconnus à

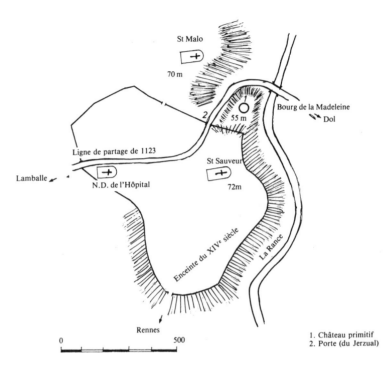

St Malo

70 m

Bourg de la Madeleine

Dol

2

55 m

Ligne de partage de 1123

St Sauveur

Lamballe

N.D. de l'Hôpital

72m

Enceinte du XIVe siècle

La Rance

Rennes

0   500

1. Château primitif
2. Porte (du Jerzual)

Dinan au Moyen-Age

la fin du XIIe siècle ; sans doute le trafic maritime fut-il détourné au profit de Saint-Malo qui se développe alors. L'étape terrestre fut aisément reportée sur le plateau où une agglomération se développe très vite autour de deux églises établies sur le territoire primitif de la paroisse de Léhon : Saint-Malo, peut-être issue d'une chapelle plus ancienne, et Saint-Sauveur qui ne doit dater que du début du XIIe siècle. Elles étaient flanquées l'une et l'autre d'un prieuré, relevant de Marmoutier pour la première, de Saint-Jacut pour la seconde mais ni l'un ni l'autre ne semble avoir exercé de pouvoirs seigneuriaux sur son quartier. En 1123, l'essor justifie que l'on délimite précisément les deux paroisses : celles-ci n'étaient donc pas ou n'étaient plus distinctes ; la mention d'une porte qui doit être celle du Jerzual implique l'existence d'une clôture même rudimentaire. A la fin du siècle, la partie nord de la ville autour de Saint-Malo passa dans le domaine ducal alors que le reste demeurait aux Dinan ; ce partage des pouvoirs n'empêchait pas l'agglomération de se présenter comme un ensemble cohérent.

Le premier document relatif à Guingamp date seulement de 1120. Il nous fait connaître le château des comtes de Penthièvre, qui porte toujours le nom de motte, construit au-dessus du Trieux ; il le distingue expressément du *castrum* qui s'étend au nord-est. Ce *castrum* était entouré d'un retranchement dont on ignore la nature mais qui s'ouvrait par des portes dont l'une, celle de Rennes, est explicitement citée. Il est le siège d'une paroisse dédiée à Notre-Dame qui fut peut-être la chapelle castrale primitive mais une autre chapelle fut ensuite construite dans le château proprement dit. Hors du *castrum*, l'abbaye Saint-Melaine avait reçu deux sanctuaires. En amont du Trieux, l'église de La Trinité devint le siège d'un prieuré avant 1152 ; un bourg privilégié y est attesté en 1213 ; en aval, Saint-Sauveur fut élevée au rang d'abbaye dès 1123 mais son pàtrimoine demeura insuffisant et elle fut ramenée au rang de prieuré dans le courant du XIIIᵉ siècle ; une paroisse y apparut à une date inconnue. Sur la rive gauche du Trieux, à un bon kilomètre du *castrum*, le comte Etienne fonda en 1130 l'abbaye d'augustins de Sainte-Croix ; son bourg apparaît dans une bulle pontificale de 1190 ; il fut ensuite érigé en paroisse. La capitale des comtes de Penthièvre offrait ainsi le paysage d'une ville traditionnelle. Pourtant, aucun de ces bourgs ne connut un grand essor et ne concurrença vraiment le *castrum* ; ils en apparurent plutôt comme de simples faubourgs.

Les bourgeois : un genre de vie

Les fondations de bourgs prirent fin dès le milieu du XIᵉ siècle ; l'un des derniers doit être celui de Bécherel confié à Marmoutier. Les raisons en sont multiples : assoupissement des ordres religieux traditionnels alors que les cisterciens qui ont pris leur relais refusent ce genre de concessions, évolution des formes de piété de l'aristocratie, évolution aussi de ses capacités administratives qui lui font se réserver le contrôle de ses sujets d'autant que ses besoins financiers augmentent, dynamisme plus grand de l'économie qui draîne naturellement les surplus de population vers les agglomérations, etc.

Il y eut encore deux fondations au début du XIIIᵉ siècle dans des conditions bien distinctes de celles des bourgs. Toutes deux furent le fait du duc Pierre Mauclerc : Saint-Aubin-du-Cormier en 1223 et Le Gâvre en 1225. L'une et l'autre furent établies dans une forêt ducale pour en assurer une meilleure exploitation ; sur une route importante, l'une vers Rennes, l'autre vers Nantes ; pour surveiller de grands vassaux, les sires de Vitré dans un cas, ceux de Blain dans l'autre. Surtout, Saint-Aubin-du-Cormier et Le Gâvre furent des créations de toutes pièces semblables aux « bastides » du Sud-Ouest et non des fondations complémentaires ; un château fut érigé dans chacune d'elles mais il n'y eut pas de prieuré. Dans les deux cas, les privilèges furent concédés aux bourgeois directement par le duc. Ces avantages n'étaient pas plus étendus que ceux qui avaient été accordés à la plupart des bourgs mais, signe de l'essor de l'autorité ducale, les grands vassaux s'engagèrent à les respecter même si les bourgeois venaient vivre sur leurs terres.

L'essor urbain ne fut pas le seul fait des bourgs ; cela explique que le nom de bourgeois ne fut pas réservé seulement à ceux qui y habitaient. Certes, au début, les deux termes sont liés : le bourg et les bourgeois de Savenay sont mentionnés en même temps en 1051, à Frossay sans doute un peu avant, à Dol, à Vitré et à Donges avant 1080. Mais ils ne le sont pas toujours. D'une part, les textes emploient volontiers la formule vague d'*homines monachorum*, « les hommes des moines », pour désigner les habitants des bourgs. Surtout, les habitants du *castrum* peuvent être appelés bourgeois, *burgenses* ; le premier exemple doit être celui de La Guerche où en 1121 sont mentionnés les *burgenses castri* ; ceux de Ploërmel apparaissent peu après. Le texte le plus significatif concerne la confirmation des biens de l'abbaye de Rillé en 1150 quand son fondateur, Henri de Fougères, sentant sa fin prochaine, fait venir tous les clercs de sa terre, ses fils et « un grand nombre de barons, de bourgeois et de paysans ». La théorie des trois « ordres » était caduque : en plus des clercs et des chevaliers, l'ordre des *laboratores* s'est scindé en deux : à côté d'une majorité de paysans, il y a désormais, bien distincts, les bourgeois.

Les bourgeois bretons ne se distinguent pas par la liberté civile que connaissent aussi les paysans, pas tellement par le statut privilégié dont ils peuvent bénéficier, dont le contenu est très variable, qui diffère en degré mais non en nature de la condition paysanne. Leur originalité tient à leur genre de vie. Même s'ils cultivent des jardins ou des vignes ou s'ils élèvent des porcs, leur activité principale n'est pas de nature rurale ; les uns fabriquent — le quartier de la Pelleterie est mentionné à Fougères dans l'acte de 1150 mentionné ci-dessus — les autres vendent ; la plupart d'ailleurs vendent eux-mêmes ce qu'ils ont élaboré : ils sont donc plus proches des artisans que des marchands même si les textes les appellent *mercatores*. Un acte un peu antérieur à 1066 fait connaître une partie des activités des habitants de Redon. Redon qui n'est jamais qualifiée de *burgus*, qui n'était pas non plus un *castrum* est appelée là simplement *villa* : on y vend du pain, de la viande, du vin, du vin épicé, de l'hydromel et de la bière ; il y a là des drapiers, des tanneurs, des cordonniers, des selliers et des bourreliers.

Alors que la population rurale est de plus en plus dispersée, eux — notamment là où les bourgs en s'étendant tendent à se rejoindre — vivent de plus en plus groupés. Cette communauté s'exprime rarement ; toutefois, lors de l'enquête de 1181 sur les droits de l'archevêque de Dol, alors que les témoins des paroisses rurales sont cités individuellement ou par petits groupes, les bourgeois de Dol témoignent « ensemble » (*communiter*). Leur mentalité est différente aussi car c'est à eux que l'élargissement des horizons profite le plus. Leur richesse est d'abord mobilière même s'ils cherchent bientôt à acquérir des biens en ville ou des terres à la campagne. Tous ne voyagent pas mais il sont les premiers à connaître les nouvelles qui courent le long des routes. Leur savoir n'est pas seulement vécu : un acte nous apprend qu'à la fin du XIe siècle, il y avait à la tête des « écoles » de Fougères un maître appelé Hardouin de Chartres ; il portait le nom du centre d'études alors le plus réputé du royaume... Enfin, pour ceux que frappent la maladie ou la misère et pour accueilllir ceux qui passent, il existe des établissements charitables. L'hôpital le plus ancien que nous connaissions en Bretagne fut fondé vers 1080 à Dinan par l'épouse du seigneur du lieu. A Fougères, l'aumônerie Saint-Nicolas dut être établie avant 1150. Le règlement de celle de Vitré fut revu à la fin du XIIe siècle : les bourgeois n'ont pas encore part à son administration. Il faut pour cela attendre 1253 : deux bourgeois assistent alors l'évêque lors de la reddition des comptes de l'hôpital de Saint-Malo.

Pas plus que dans les bourgs, les bourgeois établis dans un *castrum* n'obtiennent le moindre pouvoir. Certes, dès 1123, cinq bourgeois de Guingamp nommément désignés sont choisis comme témoins d'un acte comtal ; de même, en 1196, un certain nombre de personnages « tant chevaliers que bourgeois » se portent garants d'un accord conclu entre André de Vitré et le prieur de Sainte-Croix. Mais l'exercice de l'autorité et même la répartition des charges dues par les habitants restent aux mains du seigneur et de ses agents dont certains, toutefois, devaient être choisis parmi les bourgeois.

La difficulté qu'eurent les bourgeois à faire reconnaître leur être collectif provient surtout du fait qu'individuellement ils ne s'enrichirent et ne s'élevèrent que très lentement. Le premier bourgeois à être impliqué dans une transaction foncière apparaît seulement vers 1120 lors de la vente d'une vigne au prieuré de Pontchâteau. Il faut attendre ensuite la fin du XIIe siècle pour voir Ruellan Rigaut, « bourgeois de Dinan », léguer deux arpents de terre aux cisterciens de La Vieuville au moment de partir pour Jérusalem. Au XIIIe siècle, quelques individus, parés du nom de bourgeois comme d'un titre, se distinguent à Dinan et à Lamballe. A Dinan, on connaît ainsi Gormil Pied d'Ours, pelletier, qui vers 1225 a des biens à la ville et à proximité. A Lamballe, plus tard, trois bourgeois tiennent dans la société un rang honorable. En 1246, Geoffroy dit l'Abbé figure parmi les créanciers du seigneur de L'Argentaie ; en 1256, alloué, c'est-à-dire fondé de pouvoir de Geoffroy, sire de La Soraie, il est nommé exécuteur testamentaire de ce dernier avec l'abbé de Saint-Aubin-des-Bois : il dispose d'un sceau personnel. L'année précédente, Roland Rivallon avait arbitré un conflit relatif à une dîme en compagnie de Geoffroy Tournemine, de la puissante famille qui possédait le château de La Hunaudaye. Toujours en 1256, Geoffroy Fessard, qui scelle de son propre sceau un don à l'abbaye de Saint-Aubin, fait partie d'une famille qui fut ensuite apparentée au petit lignage des seigneurs de Mouésigné en Maroué.

Nous n'avons donc que des exemples rares, modestes et tardifs pour illustrer la promotion des premiers bourgeois bretons. Cette situation contraste avec la multiplication précoce des agglomérations ; celle-ci était née d'un éveil économique général mais qui ne dépassa pas le stade local ou étroitement régional, sans que s'instaurent des courants majeurs d'échanges, ceux qui font à la fois les villes actives et les grandes fortunes. L'étude des anciennes cités ne conduit pas à une conclusion différente.

B — LES CITES DE RENNES ET DE NANTES

La Bretagne était l'une des régions les plus dépourvues en « cités » bien qu'elle comptât neuf évêchés puisque quatre seulement étaient hérités de l'époque gallo-romaine. De toute manière, nous ne savons rien avant le XIVe siècle de Saint-Pol, Tréguier et Saint-Brieuc ; deux ou trois documents se rapportent à Quimper, Vannes ou Alet. Ce dernier siège, déserté au milieu du XIIe siècle, fut remplacé par Saint-Malo sur lequel nous ne sommes pas mieux renseignés. Dol apparaît à peine mieux, semblable aux *castra* voisins avec sa motte que reproduit la Tapisserie de Bayeux et son bourg confié à Saint-Florent de Saumur. Seules Rennes et Nantes offrent un volume documentaire qui ne soit pas dérisoire ; il est permis de penser que cela traduit la primauté réelle de ces deux cités qui avaient le mieux conservé l'héritage des siècles passés et qui furent bientôt considérées comme les capitales du duché.

Rennes

Rennes avait pour monument essentiel la muraille qui l'entourait. Celle-ci avait été élevée à la fin du IIIe siècle ; la ville n'en connut pas d'autre avant le XVe : il n'est guère d'exemples de dépenses militaires d'effet aussi durable ! Initialement, elle avait été revêtue d'un parement de petits moellons cubiques jointoyés au fer avec des chaînages de briques qui auraient donné à Rennes le surnom de « Ville Rouge » (*Urbs rubra*) qu'en réalité aucun document médiéval n'atteste. Dans certains endroits, cet *opus quadratum* avait fait place à un appareil en feuille de fougère qu'on a cru à tort être le fait de réfections postérieures. Cette enceinte fut endommagée à plusieurs reprises à l'époque carolingienne puis à l'occasion des compétitions dynastiques ou des interventions des princes voisins ; d'autre part, comme ailleurs, les autorités n'entretenaient guère lors des périodes de paix les murailles qui se dégradaient alors : pour ce double motif, de nombreuses restaurations furent nécessaires sans qu'on en ait conservé de preuves.

Le rempart, long de 1.200 m, rectiligne le long de la Vilaine, avait autrement un tracé arrondi. En partant de la porte Mordelaise qui est de nos jours le témoin le plus imposant de cette enceinte refaite au XVe siècle, le mur passait du côté sud de la place des Lices puis gagnait le bord ouest de la place du Champ-Jacquet avant de descendre vers le sud le long de la rue Châteaurenault jusqu'à la Vilaine qu'il suivait jusqu'à la place de la Mission et de là à la porte Mordelaise ; cette dernière portion du tracé étant encore jalonnée par la tour Duchesne rebâtie après 1447. Cinq portes devaient sans doute ouvrir cette enceinte depuis sa construction : une seule est attestée dès 1032 : « la grande porte de la cité » que l'on croit devoir identifier avec la porte Mordelaise. Au nord, il devait y avoir déjà la porte Saint-Michel, dite aussi porte Chastelière en raison de la proximité du château, au nord-est la porte Jacquet, au sud-est la porte Baudrière (près de l'actuelle rue Beaumanoir) enfin au sud, dans le prolongement de l'actuelle rue Le Bouteiller la porte Aivière dont le nom, fréquent dans les villes médiévales, vient de ce qu'elle permettait d'accéder à l'eau de la Vilaine. A l'intérieur de cette enceinte qui englobe une surface de neuf hectares, nous ignorons tout du réseau de la voirie : il devait déjà juxtaposer des rues héritées du plan orthogonal romain (rues du Griffon, Le Bouteiller et Dottin) et d'autres qui épousaient le tracé curviligne de l'enceinte (rue de la Monnaie ou rue des Dames) ; il ne paraît pas y avoir eu un axe majeur de circulation.

Deux monuments reflètent à la fois les fonctions primitives de la ville et la répartition des pouvoirs : le château et la cathédrale, tous deux relativement périphériques. Surtout le château qui renforce l'angle nord de l'enceinte. C'est là un phénomène très fréquent : les châteaux urbains s'appuyaient à la courtine car cela avait facilité leur construction surtout à l'époque où les moyens et les compétences étaient encore limités et aussi parce que cette situation renforçait encore la valeur militaire de l'enceinte. Aussi avait-il été bâti dans ce saillant plutôt que sur la partie rectiligne de la muraille déjà protégée par la Vilaine. Ce château rasé au début du XVe siècle, soulève un certain nombre de problèmes. D'abord, quel crédit faut-il accorder à la représentation de la fin du XIe siècle qu'en donne la Tapisserie de

Rennes (RED(O)NES) au XIᵉ siècle d'après la Tapisserie de Bayeux
(cliché Tapisserie de Bayeux)

Bayeux ? Il y est figuré sous la forme d'une tour couverte d'une sorte de coupole, entourée d'une enceinte crénelée, sans qu'on puisse déterminer avec certitude s'il s'agit d'une construction en bois ou en pierre. Cette tour est au sommet d'une motte couverte d'écailles où paissent deux moutons ; ces écailles doivent correspondre à une chape de pierres sèches analogues à celle qui a été dégagée à Leskelen en Plabennec (Finistère). La motte elle-même paraît protégée par ce qui doit être un mur plutôt qu'un talus en dépit du schématisme de l'image. Par sa motte, ce château ressemble donc à ceux de Dinan et de Dol qui figurent également sur la Tapisserie ; il s'en distingue toutefois par le fait qu'une architecture de bois y est beaucoup moins évidente. L'existence d'une motte ne saurait se déduire de la Tapisserie ; elle y figure surtout comme symbole de l'autorité : Bayeux, autre cité d'origine gallo-romaine, est représentée de la même manière. Toutefois, à la fin du Moyen-Age, l'emplacement du château de Rennes était connu sous le nom de la « Motte du vieil chastel ». On ne sait pas plus si cette localisation correspond à son emplacement primitif dans la mesure où, en 1141, Conan III donne aux chanoines de La Roë « le cens du bourg qui a été construit là où il y avait le/un château ». Ou bien le château ducal avait été reconstruit ailleurs, ou bien il s'agit d'une autre construction fortifiée qui a été détruite qui aurait pu, par exemple, avoir appartenu au vicomte, ou enfin, ce qui paraît plus plausible, le château primitif a été reconstruit, comme beaucoup d'autres à cette époque, sur un plan plus resserré, sa basse-cour étant alors lotie sous forme de bourg. De cette basse-cour pouvait aussi dépendre le « vieux fossé » où avaient été bâties au moins quatre maisons, mentionné dans le même acte. En 1182, Henri II Plantagenêt assiégea ce château et l'incendia puis il le reconstruisit et le fortifia. En 1187, un acte est passé devant la duchesse Constance « à Rennes, dans la Tour du comte », expression qui paraît s'appliquer à une construction peu étendue. Comme dans bien d'autres villes, un marché se tenait près du château. Ce doit être le *forum Anxeis* qui, dès avant 1034, appartenait au duc et dont l'étymologie demeure incertaine ; plus tard, ce fut la Cohue attestée seulement en 1261, qui se trouvait entre les rues de Clisson, Du Guesclin, Châteaurenault et de Toulouse.

De la cathédrale, on ne sait absolument rien avant que l'évêque Philippe n'entreprenne d'en construire une nouvelle en 1180, aidé en cela par la découverte opportune d'un trésor de monnaies antiques. La résidence épiscopale était située au nord de la cathédrale : les travaux qu'y aurait exécutés l'évêque Etienne de Fougères concernent en réalité sa résidence rurale de Rannée ; à Rennes, il édifia seulement une chapelle ornée d'un porche et décorée de vitraux et ajouta à la grande salle une construction en bois. La cathédrale était le siège de l'unique paroisse à l'intérieur de la cité. Il y avait deux autres églises qui n'avaient pas rang paroissial. D'abord Saint-Symphorien, tout près de la porte Jacquet qui doit son nom au Champ-Jacquet voisin, sans doute lieu de réunion pour les pèlerins vers Saint-Jacques-de-Compostelle ; elle finit par en prendre le nom pour devenir Saint-Jacques ou Saint-James ; mentionnée en 1166 à l'intérieur de la cité dans une charte de Saint-Melaine, elle est indiquée hors les murs en 1185 mais dans une bulle pontificale sûrement moins au fait des données locales. Ensuite, Saint-Sauveur, qualifiée d'église au début du XIIIᵉ siècle et de chapelle en 1230. Parmi les chapelles moins importantes qui existaient déjà, citons Notre-Dame-de-la-Cité qui avait dû faire partie du groupe cathédral au haut Moyen-Age et celle qui, dédiée à Notre-Dame, Marie-Madeleine et saint Lazare, avait été élevée par la duchesse Ermengarde au début du XIIᵉ siècle sur une tour qui faisait partie du château plutôt que de l'enceinte. Au XIIIᵉ siècle, quatre prieurés qui demeurèrent toujours modestes furent établis dans la cité : Saint-Michel, près du château, à partir de la chapelle mentionnée ci-dessus, confié aux chanoines de La Roë ; Saint-Denis desservi par ceux de Rillé avant la fin du XIIᵉ siècle, situé à l'angle sud-ouest ; Saint-Martin, proche de Notre-Dame-de-la-

Cité, tenu par les chanoines de Paimpont après 1234 ; enfin, Saint-Morand, fondé entre la cathédrale et les Lices en 1224 en faveur des chanoines de Montfort. Il convient de remarquer que ces quatre prieurés furent tous confiés à des chanoines réguliers qui pouvaient avoir vocation à la charge d'âmes ; certes, ce ne furent pas des prieurés-cures mais on peut penser qu'ils jouèrent dans le milieu urbain le rôle qui fut peu après celui des ordres mendiants (les franciscains ou cordeliers s'installent peu avant 1238).

Comme toutes les cités médiévales, l'agglomération débordait l'enceinte pour former des bourgs ou des faubourgs souvent regroupés autour d'établissements religieux, souvent aussi d'allure très rurale. Au nord-est, l'abbaye Saint-Melaine, la plus ancienne, était flanquée, parallèlement à son abbatiale, d'une église paroissiale dédiée à saint Jean. En descendant le coteau vers le sud, c'était l'abbaye Saint-Georges avec une église Saint-Pierre-en-Saint-Georges de date inconnue ; de là partait le vieux chemin vers Le Mans, appelé rue Hux au XVe siècle : ce doit être la *rua Hugonis* mentionnée en

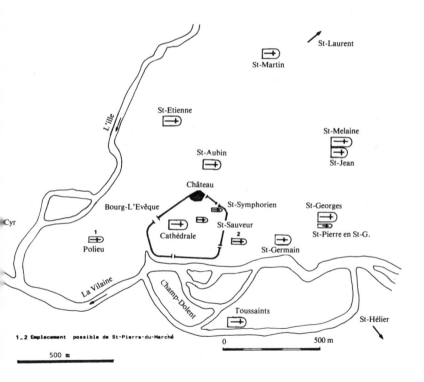

Rennes au XIIe siècle.

1261, le plus ancien nom de rue connu à Rennes. Entre Saint-Georges et la cité, Saint-Germain apparaît pour la première fois un peu avant 1066 ; l'église dépend alors de l'évêque. De l'autre côté de la Vilaine, Saint-Hélier, mentionnée comme paroisse avant la fin du XIe siècle, paraît bien éloignée, mais Toussaints, construite à l'emplacement actuel des Halles, qui dépend de Saint-Georges depuis le XIIe siècle, est érigée en paroisse vers 1230. Cette église desservait un quartier parcouru par des bras de la Vilaine, qui devait déjà abriter des artisans. Le Champ-Dolent, attesté en 1265, doit son nom à cette situation proche d'un cours d'eau — que l'on retrouve dans le nom de Dol — plus que, comme on le dit souvent, à la présence des bouchers établis là hors de la cité pour des raisons d'hygiène, sans doute aussi à cause du tabou du sang qui conduisait alors à pratiquer également les exécutions capitales hors de l'enceinte. Dans cette zone se trouvaient aussi l'hôpital Saint-Thomas qui, dédié à l'archevêque de Cantorbéry martyr en 1170, ne doit pas être antérieur à cette date et la léproserie Saint-Lazare sans doute plus ancienne. En franchissant à nouveau la Vilaine, le prieuré Saint-Cyr confié en 1037 à Saint-Julien de Tours, situé au-delà du confluent de l'Ille, était bien extérieur à la ville. Plus près d'elle, Saint-Etienne (auj. le Vieux-Saint-Etienne) attestée aussi avant 1066, contrôlée par l'évêque, passera plus tard pour le plus ancien sanctuaire rennais. Au nord, Saint-Aubin appartient à Saint-Melaine au moins depuis 1158, tout comme Saint-Martin. Tout au nord, Saint-Laurent ne doit pas avoir plus de rapports avec la cité que Saint-Hélier ou Saint-Cyr. Ces trois sanctuaires étaient d'ailleurs au-delà d'un retranchement sommaire en terre, appelé plus tard les « fossés à Gahier », dont la muraille du XVe siècle reprit le tracé au sud de la Vilaine et qui, vers le nord, allait aussi loin que l'actuelle rue Brizeux. On l'a attribué sans preuves véritables à Pierre Mauclerc ; un fossé de ce genre a été signalé autour d'autres villes comme Chartres ou Senlis sans qu'on en connaisse ni la date ni la véritable fonction.

Reste un problème épineux : celui de la localisation de l'église Saint-Pierre-du-Marché. Elle apparaît entre 1024 et 1034 lorsque le duc Alain en fait don à Saint-Georges ; elle est alors qualifiée de *monasterium* mais c'est un prêtre qui la détient. Vers le milieu du siècle, un procès a lieu à propos des droits sur le vin vendu dans son cimetière. En 1230, comme cette église était ruinée ou détruite, le chapitre cathédral donna à Saint-Georges à la place la chapelle Saint-Sauveur pour qu'elle devienne paroissiale, ce qui d'ailleurs ne fut pas réalisé. Les premiers historiens de Rennes ont situé cette église à l'est de la cité, vers l'actuelle place de la Mairie. A. Lombard-Jourdan, en 1951, reliant cette église Saint-Pierre-du-Marché à la foire Saint-Pierre *de Poliandro* ou du Polieu dont le site est certain, l'a localisée au contraire, à l'ouest de la cité, près du confluent de la Vilaine et de l'Ille ; son argumentation toutefois n'est pas pleinement convaincante. Il est sûr en tous cas qu'entre la porte Mordelaise et ce champ de foire s'étendait un faubourg appelé le Bourg-l'Evêque dès 1084, construit au long de l'ancienne voie vers Carhaix. Il tirait aussi parti de la présence de l'eau : avant 1171, l'évêque Etienne y refit deux moulins et en bâtit un troisième pour écraser le tan nécessaire au travail du cuir. La vocation artisanale, sinon marchande, de ce faubourg dépourvu de tout point de fixation de nature religieuse est évidente. L'archéologie confirme non loin de là le témoignage d'Etienne de Fougères : les fouilles menées près de l'actuelle rue de Dinan attestent que cette zone, désertée depuis la fin de l'Antiquité, fut à nouveau habitée dans le courant du XIIe siècle.

Nos sources ne permettent pas de mesurer davantage l'évolution topographique de Rennes. Elle se fit surtout — à part le Bourg-l'Evêque — autour de sanctuaires qui existaient depuis longtemps : ce bourgeonnement à l'allure polynucléaire n'est pas fait pour nous surprendre mais ici, encore au XIIIe siècle, il n'est pas prêt d'aboutir à cette unification topographique qui se réalise alors à Chartres ou à Angers mais aussi à Nantes. L'économie rennaise semble d'ailleurs peu active. A lire les archives, Rennes est une ville de moulins — Saint-Georges en reçoit six dès sa fondation — et de vignobles qui cernent la ville au nord sur les côteaux qui vont de la Vilaine à l'Ille. A part la foire du Polieu et celle, plus tardive, de Saint-Melaine, les activités d'échanges courantes paraissent se limiter à des transactions sur le vin. Ceci explique l'émergence tardive de la bourgeoisie. Ecartons tout de suite la notice datée entre 996 et 1008 qui évoque les citoyens de la ville réunis en corps pour faire une donation aux chanoines de la cathédrale : c'est un faux manifeste auquel on accorde encore trop souvent crédit. Les premiers bourgeois apparaissent autour de 1200 comme témoins des actes du sénéchal de Rennes ; notons parmi eux Guillaume le Tourneur et Ernoul le Poivrier dont les surnoms suggèrent que leur promotion dut avoir l'artisanat et le commerce pour origine. Peut-on y joindre Bertrand le Saunier qui, à la même époque, devient chanoine de la cathédrale ? En 1231, Pierre Mauclerc obtient un prêt de 20 livres 16 sous et sept « oboles d'or » que lui consentent cinq personnages dont deux bourgeois : Pierre fils d'Arnoul et Durant le Tourneur. Sinon, il faut attendre 1265 pour voir un bourgeois, Simon Foucaud, disposer d'un sceau personnel.

La ville pourtant devient capitale du duché en concurrence avec Nantes : du début du XIe siècle à 1166 subsistent 14 actes ducaux passés dans la première ville et 16 dans la seconde. Mais plus qu'à Nantes, l'autorité ducale s'exerce continûment sur la cité où, en outre, la seigneurie épiscopale n'est ni puissante ni étendue. A partir de la fin du XIIe siècle le sénéchal de Rennes prend le titre de sénéchal de Bretagne. Surtout, c'est à Rennes que sont intronisés les ducs suivant un usage reconnu comme coutumier en 1240. Dans sa chronique, Robert de Torigni, abbé du Mont-Saint-Michel, écrit qu'en 1166, le roi Henri II, après avoir reçu l'hommage de presque tous les barons bretons, « vint à Rennes et par la prise de cette ville qui est la capitale de la Bretagne, il se saisit ainsi de tout le duché ».

Nantes

Nantes a en commun avec Rennes un certain nombre de traits caractéristiques de l'histoire urbaine générale mais elle s'en distingue aussi nettement sur des points dont l'originalité tient à l'histoire, à la situation de la ville ou à son économie.

Après 276, la cité avait été ceinte elle aussi d'une muraille large de 4 m à 4 m 50 où alternent par trois les assises de moellons et les rangées de briques. Renforcée de tours, ouverte de plusieurs portes dont subsiste la porte Saint-Pierre, elle englobait dans un périmètre de 1.665 m une superficie de 16 ha qui la place ainsi parmi les plus vastes enceintes de la Gaule du Bas-Empire. En partant de la porte Saint-Pierre vers le nord, la muraille tournait vers l'ouest dès la rue Chauvin pour aboutir rue Garde-Dieu et la longer avant de repartir vers le sud un peu en-deçà de la rue Saint-Léonard et de la rue des Carmes. Par la place Sainte-Croix, elle gagnait la Loire ou plutôt ses berges encore indécises qu'elle suivait jusqu'à la hauteur du château actuel puis passait à travers la cour de celui-ci avant de rejoindre la porte Saint-Pierre, le long du cours de ce nom où elle apparaît encore nettement, flanquée de trois tours. Elle épousait ainsi sur trois côtés le double angle droit que formait le confluent de l'Erdre et de la Loire.

Soit à cause du mauvais état de cette muraille, soit parce que la ville était largement dépeuplée, l'évêque Foucher au début du Xe siècle, afin de mieux résister aux Scandinaves, s'était replié derrière une enceinte plus fruste et plus restreinte qui, autour de la cathédrale, n'occupait que la partie est ou même nord-est de la cité : un phénomène identique a été relevé à la même époque à Chartres et à Paris. Les Normands s'en emparèrent quand même à nouveau. Quand Alain Barbetorte les eut vaincus, il restaura cette enceinte par des retranchements en terre, ce qui expliquerait que le niveau de ce quartier ait été exhaussé. Cette zone était d'ailleurs la plus sensible de la défense car elle barrait l'échine en dos d'âne qui descend vers le confluent. C'est pourquoi elle fut peut-être renforcée à une date indéterminée par des ouvrages avancés devenus plus tard la Motte Saint-André, la Motte Saint-Pierre et, plus près de la Loire, le Château-Gaillard. On attribue également à Alain Barbetorte le partage de la ville en trois parties : le fief épiscopal dut correspondre à l'enceinte de Foucher, le fief ducal occupa le reste sauf plusieurs fiefs qui formèrent la troisième partie. Les revenus de la cité — en particulier le tonlieu — furent aussi partagés.

Les relations difficiles entre les ducs ou les comtes et les évêques retentirent sur l'espace urbain. Quand le Rennais Conan s'empara de Nantes en 990, pour mieux s'imposer, il construisit en profitant de l'angle sud-ouest de la muraille le château du Bouffay dont la localisation présentait aussi l'avantage de contrôler à la fois la Loire et l'Erdre à leur confluent. Les comtes de la maison de Nantes ne s'entendaient pas mieux avec les évêques : vers 1030, le comte Budic, profitant d'un pèlerinage à Jérusalem de l'évêque Gautier, rasa son château situé au sud de la cathédrale sans pour autant peut-être occuper l'emplacement du château actuel. C'est seulement l'évêque Brice (1112-1140) qui abandonna le château épiscopal primitif et qui bâtit une nouvelle résidence située cette fois au nord de la cathédrale. De leur côté, les princes de la maison de Cornouaille, pour mieux affirmer leur autorité dans un milieu qui leur était d'abord hostile, renforcèrent après 1050 les défenses du Bouffay dont l'enceinte s'étendit jusqu'aux abords de Sainte-Croix.

Si la fonction militaire marquait bien le paysage urbain, la fonction religieuse n'était pas moins sensible. Proche de la muraille et d'une porte importante comme à Rennes, la cathédrale fut, comme nous l'avons vu, l'objet de chantiers importants à la fin du XIe et pendant la première moitié du XIIe siècle ; elle était flanquée au nord de l'église Saint-Jean qui n'avait peut-être pas été dès l'origine un baptistère mais qui avait fait partie du groupe cathédral au haut Moyen-Age avant de devenir paroissiale. Il y avait en outre *intramuros* plusieurs églises dont les paroisses durent être délimitées au début ou dans le courant du XIIe siècle. Au nord, Notre-Dame (place Dumoustiers) avait été fondée par Alain Barbetorte en faveur de Landévennec ; elle passa ensuite sous le contrôle du Ronceray d'Angers puis de Sainte-Croix de Quimperlé avant que l'évêque Brice ne la récupère après 1130. Au centre de la cité, les rues Saint-Vincent et Saint-Denis rappellent de nos jours l'emplacement de ces églises mentionnées respectivement entre 1038 et 1041 et en 1063. Quelques éléments de l'église Saint-Vincent servent de nos jours de décor à un restaurant. Entre la cathédrale et l'enceinte, vers le sud, l'église Saint-Laurent, dans l'impasse de ce nom, offrait encore au début du siècle des vestiges intéressants : elle fut en 1105 le siège d'un concile régional ; Sainte-Radegonde, au vocable fort ancien, se trouvait près de l'entrée du château actuel. Sainte-Croix, qui fut plus tard la paroisse la plus étendue, semble n'avoir encore qu'un chapelain vers 1110 lorsque le duc la cède à Marmoutier. Reste à localiser une église Saint-Aubin mentionnée en 1134 et 1135, qui avait alors pour desservant un prêtre nommé Akarias ; on la confond parfois avec l'église Saint-Vincent.

Le nombre de ces sanctuaires, bien plus élevé qu'à Rennes, ne permet pas pour autant de conclure à une forte densité de l'habitat : en 1074, le comte Hoël donne à Sainte-Croix de Quimperlé une vigne proche de l'église Notre-Dame. En revanche, l'étude de la voirie telle qu'on la connut plus tard mais qui était déjà sûrement en place dans ses grandes lignes révèle qu'au réseau orthogonal gallo-romain, dont subsistent notamment la rue de Briord et la rue du Château, s'était surimposée une grande voie qui parcourait la cité en diagonale, de la porte Saint-Pierre à une autre porte située au sud-ouest. De la première de ces portes, l'on pouvait gagner l'Anjou ; de la seconde on allait aussi bien vers Vannes que vers le sud de la Loire grâce au pont qui commençait en dehors de l'angle sud-ouest de l'enceinte. L'existence de cet axe appelé plus tard Grand-rue et Haute-grand-rue, qui correspond aux rues de la Marne et de Verdun actuelles, est le premier indice de la vocation économique de Nantes.

Hors les murs, le paysage nantais n'est pas sans originalité : il n'y a là en effet aucun établissement ecclésiastique important. A cause de la distance, on ose à peine mentionner Doulon. Cette fondation carolingienne ne se releva d'ailleurs jamais. Donnée d'abord à Landévennec par Alain Barbetorte, elle tomba ensuite en des mains laïques ; les chanoines réguliers qui y furent installés en 1106 n'y réussirent pas et elle finit comme prieuré de Marmoutier. Plus proches de la cité, connues depuis le haut Moyen-Age, Saint-Donatien et Saint-Similien étaient de simples paroisses suburbaines tout comme Saint-Clément plus récente. Au nord, entre l'enceinte et l'Erdre, se dressaient l'église et le prieuré de Saint-Cyr-et-Sainte Julitte. Cet établissement au vocable fort ancien souvent associé à un gué ou à un pont — on le retrouve à Rennes dans un site analogue — était en ruines quand le comte Budic le relève en 1038, son successeur Mathias en fait don peu après aux moniales du Ronceray d'Angers qui ne peuvent empêcher que des clercs mariés s'y installent puis leurs descendants jusqu'à ce qu'en 1128 Conan III y mette bon ordre. De ce sanctuaire dépendait un cimetière plus ou moins confondu avec un autre établi autour de la chapelle Saint-André, à l'emplacement d'une ancienne nécropole où se tenaient aussi des foires. Enfin, au sud-ouest, entre l'Erdre et la muraille à hauteur de Sainte-Croix, il y avait l'église Saint-Saturnin attestée au début du XIIe siècle, si proche de l'enceinte qu'on la situe parfois *intra-muros*.

Toutes ces églises avaient un environnement à prédominance rurale ; les vignes étaient surtout nombreuses sur les deux versants de la vallée de l'Erdre au nord de la cité. L'essor général y retentit pourtant avec l'apparition de bourgs spontanés. Au nord-ouest, près de

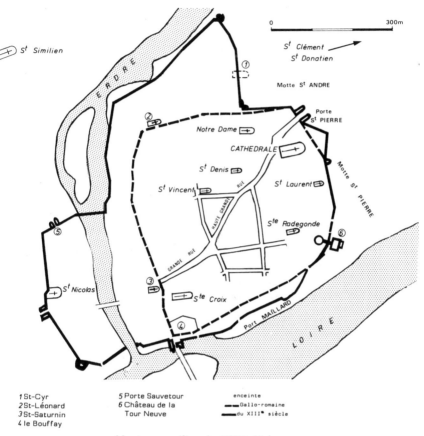

Légende de la carte :

St Similien

0 · · · · · 300m

St Clément
St Donatien

Motte St ANDRE

Porte
St PIERRE

①

②

Notre Dame

CATHEDRALE

St Denis

St Vincent

St Laurent

HAUTE GRANDE RUE

Motte St PIERRE

Ste Radegonde

⑥

⑤

GRANDE RUE

St Nicolas

③

Ste Croix

④

Port MAILLARD

L O I R E

E R D R E

1 St-Cyr
2 St-Léonard
3 St-Saturnin
4 le Bouffay

5 Porte Sauvetour
6 Château de la
Tour Neuve

enceinte
▬▬ Gallo-romaine
▬▬ du XIIIe siècle

Nantes au milieu du XIIIe siècle.

Saint-Similien, le Marchix n'est pas mentionné explicitement avant 1219. Mais sur la rive droite de l'Erdre, à son confluent avec la Loire, un quartier nouveau s'est développé, peut-être à partir d'éléments fort anciens. La première mention doit en être de 1141 quand Conan III donne aux templiers cent sous de rente sur « les bancs de la boucherie du faubourg (*suburbium*) », établie vraisemblablement au bord de l'Erdre près de la rue qui en porte encore le nom. La même année, les templiers reçoivent un pré pour installer leur maison qui a laissé son nom à la rue Sainte-Catherine : on connaît la propension des ordres militaires à s'installer à proximité des lieux de passage et d'échange. Le renforcement du pont sur la Loire après 1118 marqué aussi par la fondation du prieuré Saint-Jacques sur la rive sud et du

423

prieuré de la Madeleine dans l'île de ce nom dut favoriser l'essor du quartier Saint-Saturnin mais dut retentir aussi sur l'autre rive de l'Erdre. Ce quartier nouveau appelé Borc Men (*Burgus Magnus*) en 1182 devint ensuite le Bourg-Main : il y avait là notamment le *portus salnerius*. En 1186 est mentionnée pour la première fois l'église Saint-Nicolas dont le vocable souvent utilisé dans les quartiers neufs était à la mode depuis à peu près un siècle. D'ailleurs, à cette date, l'église est déjà entourée d'un cimetière ; elle ne devint pourtant paroissiale qu'au XIVe siècle.

L'essor du Bourg-Main justifie en bonne partie le tracé d'une nouvelle enceinte entreprise dès les premières années du XIIIe siècle par Guy de Thouars mais qui fut édifiée pour l'essentiel par Pierre Mauclerc. A l'est, l'ancien tracé fut conservé bien que dominé par la hauteur de Saint-Clément car ç'eut été intervenir au cœur du domaine épiscopal et de ce côté-là, il n'y avait pas de quartier neuf à protéger. Par contre, vers le nord, la muraille fut prolongée pour tirer partie du fossé naturel qu'offrait l'Erdre. De ce fait, l'église Saint-Cyr fut détruite puis reconstruite après 1234 un peu plus à l'ouest tout contre l'ancienne enceinte, rue de la Chalerie (la première à être mentionnée, qui doit correspondre à la rue Saint-Léonard) ; on l'appela ensuite l'église Saint-Léonard. La muraille suivit l'Erdre jusqu'à la place des Petits-Murs ; de là elle passa sur la rive droite pour enclore le Bourg-Main. Comme le Marchix était en surplomb un profond fossé fut entrepris, peut-être avec l'intention de dériver l'Erdre : c'est la rue de l'Arche-Sèche.. Après la porte Sauvetout, elle revint vers la Loire en passant par la place Royale et l'ancien Hôtel des Postes. Enfin, elle suivit le fleuve — avec des défenses renforcées mais plus tardives à l'embouchure de l'Erdre — pour venir une trentaine de mètres en avant de l'enceinte primitive jusqu'au château actuel, protégeant le Port Maillard dont on attribue aussi la réalisation à Pierre Mauclerc. Son développement atteignit alors 2.200 m et la surface enclose passa de 16 à 24 ha. Même si cette entreprise doit être replacée dans le contexte politique de l'époque, même si elle est inséparable de la lutte d'influence entre le duc et l'évêque, elle est quand même la preuve indiscutable du dynamisme de l'agglomération. En même temps, le duc se dota d'une nouvelle résidence, la Tour Neuve, ancêtre du château actuel : sa description figure dans la seconde partie de cet ouvrage, dans le chapitre consacré aux châteaux.

L'essor de la ville et son dynamisme croissant ressortent donc nettement de l'étude topographique. On connaît beaucoup plus mal les habitants et leurs activités parce que nous ne disposons pas des archives que nous auraient léguées de grands établissements monastiques s'il y en avait eu à Nantes. Comme dans bon nombre d'autre villes, les premiers bourgeois apparaissent surtout comme des agents du pouvoir seigneurial, qui semblent s'intéresser plus à la terre qu'aux affaires. C'est le cas du premier que l'on rencontre, un percepteur de tonlieu au service de l'évêque qui donne en 1093 à Sainte-Croix de Quimperlé le tiers de ses biens ; il possède notamment des arpents de vigne dont l'un au moins a été planté par ses soins. Deux ans plus tard, Hildebert Escarcel, *civis Nannetensis*, donne un moulin à Marmoutier ; il en avait donné un autre à son gendre qui le cède à son « homme », *miles et civis Nannetensis*, pour qu'il en fasse également don à l'abbaye en devenant moine : à cette époque, les conditions sociales n'étaient pas encore clairement définies. Il faut ensuite attendre plus d'un siècle pour assister à des ventes ou à des dons consentis par d'autres *cives* qui désormais sont bien des bourgeois, mais sans que des familles se distinguent particulièrement par la fréquence de leurs transactions. Le port, le marché et les foires apparaissent dès 1083 au hasard d'un texte. En 1138, Conan III s'accorde avec les moines de Marmoutier sur les marchandises que « ses bourgeois ou ses hommes » déposeraient dans les celliers ou dans les maisons des moines construits dans le cimetière de Sainte-Croix. Nous avons vu aussi dans le chapitre précédent le rôle que jouait la Loire dans les échanges. Mais ce n'est qu'au début du XIIIe siècle que sont mentionnés les premiers marchands qui associent encore le service des grands et leurs propres affaires : en 1229, le roi d'Angleterre Henri III accorde à Ulric de Corbie, sergent de Gualon, sénéchal de Nantes, l'autorisation de commercer librement en Angleterre ; l'année suivante, c'est le sénéchal lui-même qui reçoit un privilège comparable. En revanche, on ne peut tenir compte d'un acte de 1249 dans lequel un marin *(marinarius)*, *Nannetensis civis*, passe contrat avec huit nobles pour les transporter vers Damiette à l'occasion de la Septième croisade : il s'agit d'un faux confectionné au XIXe siècle afin d'assurer à des familles de noblesse récente les illustres ancêtres dont elles manquaient. Bien entendu, nous n'avons aucune trace d'institutions municipales encore que les bourgeois aient part, au moins de manière indirecte, au gouvernement de leur ville puisque, comme nous venons de le voir, les agents de l'autorité étaient choisis par les seigneurs — duc ou évêque — parmi eux, à moins que ces fonctions ne soient un autre moyen pour accéder aux premiers rangs de la bourgeoisie.

Faute d'une documentation suffisante, l'historien reste une fois de plus sur sa faim. Certes, le cas de Nantes est un peu particulier en raison des conditions historiques, plus encore à cause de l'axe de communication privilégié qu'offre la Loire, d'abord vers l'intérieur avant que ce ne soit vers l'Océan. Il n'en illustre pas moins l'essor de la Bretagne puis son accélération à partir du début du XIIIe siècle, justifiant ainsi le terme chronologique adopté pour cet ouvrage.

BIBLIOGRAPHIE

Sur les débuts du phénomène urbain en Bretagne, voir d'abord le premier chapitre de la thèse de J.P. Leguay : **Un réseau urbain au Moyen-Age : les villes du duché de Bretagne aux XIVᵉ et XVᵉ siècles**, Paris, 1981. La thèse d'H. Miyamatsu, **Bourgs et bourgeois dans l'ouest de la France (XIᵉ-XIIIᵉ siècles) : Maine, Anjou, Bretagne**, Rennes, 1986, est encore inédite. On peut se rapporter aussi à l'étude d'H. Bourde de La Rogerie, « Les fondations de villes et de bourgs en Bretagne du XIᵉ au XIIIᵉ siècle », **MSHAB**, t. 9, 1928, pp. 69-106, et de manière plus limitée à P. Thomas-Lacroix, « Développement des villes et bourgs en Bretagne au début du Moyen-Age (Morbihan) », **Bull. philologique et historique**, 1966, (1968), pp. 301-309. Sinon, on dispose de monographies qui traitent au moins partiellement de cette période parmi lesquelles on peut citer A. Chédeville, « Dinan au temps des seigneurs ; des origines à 1283 » dans **Dinan au Moyen-Age**, Dinan, 1986, pp. 15-30, H. Guillotel, « Les origines de Guingamp ; sa place dans la géographie féodale bretonne », **MSHAB**, t. 56, 1979, pp. 81-100, Y. Labbé, « Les débuts d'une ville bretonne : Vitré au XVᵉ et au XVIᵉ siècle », **MSHAB**, t. 24, 1944, pp. 61-145, J.P. Le Gal La Salle, « Histoire du prieuré et du bourg Saint-Martin de Lamballe (1084-1790) », **Les amis du Vieux Lamballe et du Penthièvre**, 1982, nᵒ 9, pp. 35-100 et le vicomte Le Bouteiller, **Notes sur l'histoire de la ville et du pays de Fougères**, 4 vol., Rennes, 1912-1913 (t. II).

Sur Rennes, outre l'ouvrage ancien de P. Banéat, **Le Vieux Rennes**, réédité en 1972, il n'y a guère que l'article d'A. Lombard-Jourdan, « Aux origines de Rennes ; Bourg-l'Evêque et Polieu », **MSAIV**, t. 68, 1951, pp. 1-58 et celui d'A. Chédeville, « L'emplacement de l'église Saint-Pierre-du-Marché à Rennes au Moyen Age », **Charpiana** (Mélanges J. Charpy), s.l., 1991, pp. 151-158. Nantes a davantage intéressé les historiens : G. Durville, **Etudes sur le vieux Nantes,** Nantes, 1900 et dans BSANLI, t. 40, 1899 et 41, 1900, E. Mollat, « La transformation de la place de Nantes au début du XIIIᵉ siècle », **ibidem,** t. 79, 1939, pp. 1-8, M. Giraud-Mangin, **Histoire de Nantes des origines à nos jours,** 2 fasc., Nantes s.d., Ch. Russon, « Les anciennes églises et chapelles de la ville de Nantes », **BSANLI**, t. 90, 1951, pp. 111-114, J. Stany-Gauthier, « Les enceintes primitives du château des ducs de Bretagne, à Nantes », **ibidem,** t. 93, 1954, pp. 112-116, N.Y. Tonnerre, « Le haut Moyen-Age (Vᵉ-XIIIᵉ siècles) » dans **Histoire de Nantes** sous la direction de P. Bois, Toulouse, 1977, pp. 47-76, A. Jarnoux, **Les anciennes paroisses de Nantes, étude historique,** I, **Les paroisses de la cité,** Nantes, 1981. Toutefois, la synthèse la plus commode et la plus précise figure dans H. de Berranger, **Evocation du vieux Nantes,** Paris, 1966.

INDEX DES NOMS DE LIEUX ET DE PERSONNES

Seuls figurent dans cet index les noms mentionnés plusieurs fois ou qui occupent une place significative dans le texte.

A

D

TABLE DES MATIERES

Cet ouvrage a été imprimé en France
par l'imprimerie Hérissey à Évreux (27)

ISBN : 2.7373.0014.2
Dépôt légal : octobre 1987

N° d'éditeur : 1026.03.0,5.07.06
N° d'imprimeur : 102398